AF523578

Duchhardt
Stein

Zeichnung von Julius Schnorr von Carolsfeld aus dem Jahr 1821

Heinz Duchhardt

STEIN

Eine Biographie

Zweite Auflage

DER AUTOR

Prof. Dr. Heinz Duchhardt, Direktor des Instituts für Europäische Geschichte Mainz (seit 1994), zuvor Lehrstühle in Bayreuth und Münster; Mitglied der Akademie der Wissenschaften und der Literatur Mainz und der Historischen Kommission bei der Bayerischen Akademie der Wissenschaften, korrespondierendes Mitglied der österreichischen und finnischen Akademien der Wissenschaften; Gastprofessor an der Ocean University of China in Qingdao; Stiftungsratsvorsitzender der bundesunmittelbaren Stiftung DGIA; Autor bzw. Herausgeber zahlreicher Bücher insbesondere zur Verfassungsgeschichte des Alten Reiches, zur Geschichte der internationalen Beziehungen, zur Geschichte des Europa-Diskurses und zur Wissenschaftsgeschichte.

Bildnachweise
Umschlag: Stein im Alter von 47 Jahren, gemalt im November 1804 von Johann Christoph Rincklake. Privatbesitz, Schloss Nassau, Graf von Kanitz.
Seite II: Zeichnung von J. Schnorr von Carolsfeld, 1821.
Hamburger Kunsthalle.

Zweite, durchgesehene Auflage 2010

Gesamtherstellung: Aschendorff Druckzentrum GmbH & Co. KG, Münster
ISBN 978-3-402-05365-2

Für G.

Inhalt

Vorwort

Autoren geben Manuskripte im allgemeinen nur ungern aus der Hand, weil ihnen – selbstkritisch, wie sie meist sind – deutlicher als den Rezipienten (und den Rezensenten) bewusst ist, dass ihr Werk weit vom Zustand der Perfektion entfernt ist, seine „Schwachstellen" hat und in manchen Feldern eher einem Holzschnitt ähnelt denn einer Federzeichnung. Das gilt um so mehr bei einem Buch, dessen Umfang „leserfreundlich" sein sollte und das deswegen bei aller Wissenschaftlichkeit und Quellennähe zu Verkürzungen zwang, die niemandem mehr als dem Autor bewusst sind. Es würde angesichts des zugänglichen und noch zu erhebenden Quellenmaterials heute sicher keine Mühe bereiten, eine mehrbändige Stein-Biographie – vielleicht nicht unbedingt eine siebenbändige, wie Pertz das Mitte des 19. Jahrhunderts tat – zu erarbeiten, die jeder Facette des Lebens und Wirkens des preußischen Reformers nachginge. Das konnte und sollte hier nicht gewagt werden (und würde wahrscheinlich auch von der „Zielgruppe", die nicht in Forschungseinrichtungen tätig ist, kaum goutiert).

Am Ende einer mehrjährigen Beschäftigung mit dem Gegenstand dieses Buches, einer der markanten Persönlichkeiten der deutschen Geschichte des frühen 19. Jahrhunderts, gilt es Dank zu sagen: Dem Westfälischen Archivamt Münster und namentlich seinem Direktor Prof. Dr. Norbert Reimann, die mir Teile des Stein-Nachlasses aus dem Privatarchiv des Grafen Kanitz in Cappenberg zugänglich machten, dem ich mich für seine freundliche Benutzungserlaubnis verbunden weiß; dem Institut für Stadtgeschichte Frankfurt, das mir aus den Beständen des dortigen Stadtarchivs kurzfristig einige Akten zum Frankfurter Ehrenbürger Stein vorlegte; Herrn Landesrat Prof. Dr. Karl Teppe (Münster), dem geschäftsführenden Vorstand der Freiherr-vom-Stein-Gesellschaft, der mir in selbstloser Weise von ihm gesammeltes Material (Literaturkopien) zur Verfügung stellte; Herrn Dr. Gerd Dethlefs (Münster), der spontan einige Recherchen zu den regionalen Reaktionen auf Steins Tod unternahm; meinem Mainzer Mitarbeiter Dr. Martin Peters, der als Schlözer-Spezialist eine ganze Reihe von Hinweisen zu Steins Beziehungen zu dem Göttinger Historiker und zur „Göttinger Schule" gab; den Teilnehmern eines einschlägigen Hauptseminars an der Johannes Gutenberg-Universität Mainz im WS 2005/06 für manche Anregung; meinem „Team" am Institut für Europäische Geschichte für vielfältige Recherchen und Hilfestellungen (Monika Schnatz, Anna Matzkowitz), für bibliothekarische Betreuung und für die Erstellung der Druckvorlage (Barbara Kunkel).

Meine Mitarbeiter Małgorzata Morawiec, Joachim Berger und Martin Peters lasen das Manuskript (oder doch Teile von ihm) und gaben wichtige Hinweise; ich weiß mich ihnen dafür herzlich verbunden. Der Aschendorff-Verlag, namentlich Herr Dr. Dirk Paßmann, verlor über die Jahre hinweg seit der Unterzeichnung des Verlagsvertrags nie seinen Optimismus, dass das Buch rechtzeitig zum Stein-Jubiläum 2007 vorliegen würde; auch für dieses Vertrauen und das verlegerische Engagement sei gedankt.

Mainz, Silvester 2006 Heinz Duchhardt

Vorwort zur 2. Auflage

Gut drei Jahre nach Erscheinen der 1. Auflage, die von der Fachwissenschaft und in der Öffentlichkeit überaus freundlich aufgenommen wurde, wird eine Neuauflage der Stein-Biographie notwendig. Es handelt sich um eine „durchgesehene" Auflage, in der eine Reihe kleinerer Versehen und Druckfehler ausgemerzt wurde. Auf e i n Versehen hatten mich gleich mehrere Leser hingewiesen, denen ich auch an dieser Stelle für ihre akribische Lektüre danke.

Inhaltliche Veränderungen wurden nicht vorgenommen, was um so leichter fiel, als selbst im Gedenkjahr 2007 Zahl und Gewicht der Neuerscheinungen zum Freiherrn vom Stein höchst begrenzt blieben.

Ich danke dem Verlag, dass er sich auf das Wagnis einer 2. Auflage einließ.

Mainz, Juli 2010 Heinz Duchhardt

Einleitung

Was veranlasst einen Historiker, sich angesichts eines Schrifttums, das eine ganze Bibliothek füllen würde, erneut biographisch mit einer historischen Gestalt zu beschäftigen, die, vor einem knappen Vierteljahrtausend (1757) geboren, von unserer Gegenwart doch recht weit entfernt erscheint? Ich will auf alle Gemeinplätze verzichten, unter denen jener, dass jede Generation mit ihren spezifischen Erfahrungen und neuen Fragestellungen die Geschichte neu zu schreiben habe, ganz obenan steht – die letzte große, ungeachtet einiger an ein breiteres Publikum gerichteter monographischer Aufarbeitungen[1] nach wie vor als verbindlich angesehene, dem zeitüblichen nationalen Pathos verpflichtete Stein-Biographie aus der Feder Gerhard Ritters datiert immerhin schon aus dem Jahr 1931! Stattdessen sollen einige Sachgesichtspunkte benannt werden, die mich bewogen haben, mich dieser Aufgabe zu unterziehen.

Der erste Beweggrund ist eher banaler Art: Seit Gerhard Ritters zweibändigem *opus magnum* hat sich die Quellengrundlage erheblich vergrößert. Das bezieht sich nicht nur auf die „neue", von Walther Hubatsch seit den späten 1950er Jahren verantwortete Edition der Briefe und amtlichen Schriften Steins[2], die die „alte" Edition Erich Botzenharts aus den 1930er Jahren weit hinter sich lässt, auf die von DDR-Seite ausgegangene Dokumentation des sog. Reformministeriums[3], auf Quellenpublikationen zum Wiener Kongress[4] und auf das großrahmige Editionsvorhaben zum Deutschen Bund[5], sondern auch auf Editionen zu Personen aus Steins unmittelbarem Umfeld. Genannt seien hier etwa die seit kurzem im Druck vorliegenden Tagebücher Hardenbergs[6] und die autobiographischen Fragmente Theodor von Schöns[7]. Zudem ist der in Cappenberg aufbewahrte Stein-Nachlass inzwischen in Repertorienform erschlossen worden, der wichtige Korrekturen und Ergänzungen des Bildes im Kleinen ermöglicht, u. a. aus einer kulturgeschichtlichen Perspektive, die Ritter seinerzeit allenfalls bedingt interessierte. Die in Nassau noch vorhandenen Urkunden und Akten der Güterverwaltung konnten demgegenüber für diese Biographie unberücksichtigt bleiben[8]. Schließlich riefen 75 Jahre Forschung seit 1931 geradezu danach, in einer wissenschaftlichen Ansprüchen genügenden modernen Biographie neu bilanziert und gewichtet zu werden.

Die Abundanz des Schrifttums, das meist aus Anlass der „runden" Jahrestage „explodierte" und zu einem hohen Prozentsatz allgemeine und wertende Würdigungen der „Gesamtpersönlichkeit" vornimmt, machte es zu einem reizvollen Unternehmen, sich ideologiekritisch mit Steins Bild in der „öffentlichen Meinung“ und in der Erinnerungskultur zu befassen. Kein deutscher Politiker des frühen und mittleren 19. Jahrhunderts, ob er nun Gneisenau, Hardenberg oder Humboldt hieß, von Friedrich Wilhelm III. ganz zu schweigen, wurde in auch nur annähernd vergleichbarer Weise biographisch aufbereitet. Stein wurde für Generationen von Historikern (und Politikern) zu einer Identifikationsfigur, zum Prototyp des Deutschen, der schon früh den Weg zum Nationalstaat erkannt und vorgedacht habe – wir wissen freilich inzwischen zur Genüge, dass Stein keineswegs den Bozzetto des Bismarckschen Nationalstaats entworfen hat, wissen, dass die nationalen Überhöhungen oft an der Sache entschieden vorbei liefen. Auch seine menschlichen und sonstigen politischen Qualitäten waren vor hagiographischer Verklärung längst nicht sicher, die bis zu Bildern des „guten Deutschen“ schlechthin oder des „Inbegriffs nationaler Tugenden“ reichte – hier musste für den Historiker eine Herausforderung liegen, Mythen und Mythisierungen aufzudecken und verschobene Geschichtsbilder zurechtzurücken.

Die Herausforderung gründete aber auch darin, dass die preußischen Reformen und damit auch die sie wesentlich tragenden Gestalten zu einem geradezu unverrückbaren Bestandteil der deutschen Modernisierungsgeschichte geworden sind. Hans-Ulrich Wehlers Ansatz zufolge hätten sie eine spezifisch preußisch-deutsche Tradition „defensiver“ Modernisierungen begründet, die auf den revolutionären Druck ihrer Zeit reagierten und gesellschaftspolitische Anpassungsprozesse angestoßen hätten, dies alles letztlich aber nur, um die Vorherrschaft der traditionellen Eliten auf Dauer zu sichern[9]. Dass Wehler Stein von seinem teils selbstgezimmerten, teils für ihn gezimmerten Podest herunterzuholen sucht und ihn als „maßlos überschätzt“[10] charakterisiert, ist im Prinzip nicht auszustellen, wird uns am Ende dieses Buches aber noch einmal zu beschäftigen haben. Auch Reinhart Kosellecks Interpretation kreiste um das Modernisierungsparadigma; in seinem magistralen Preußen-Buch[11] stellte sich Modernisierung aber eher als eine Art nicht intendierte Nebenwirkung der Politik einer Bürokratie dar, die zunehmend ihre eigene Legitimationsgrundlage untergraben habe. Wie auch immer: das Klischee, das man den (preußischen) Reformern anhängte, war das des „Liberal-Sein-Wollens“ im Sinn der (kalkulierten, bewussten, unbewussten) Systemüberwindung mit dem Fluchtpunkt einer nachständischen „modernen“ Gesellschaft – oder aber das der Konservierung der bestehenden gesellschaftlichen Verhältnisse. Schon hier stellt sich mit Nachdruck die Frage: War Stein wirklich (und durchgehend) „liberal“, oder waren seine Bemühungen gar im Gegenteil „nicht-intendiert“, zielten sie auf die Systemkonservierung oder doch die zumindest partielle Systemüberwindung?

Wenn sich schon die modernen, auf einer breiten Quellengrundlage und mit einem hoch ausdifferenzierten methodischen Instrumentarium arbeitenden Historiker mit Stein schwer tun – wie sehr galt das erst für ihre (und unsere) Vorgänger? Georg Heinrich Pertz, sein Freund und *Monumenta*-Gefährte, sah in ihm Mitte des 19. Jahrhunderts im unmittelbaren Gefolge der 48er Revolution – der erste Versuch, die Deutungshoheit zu gewinnen – den großen antirevolutionären Nationalliberalen, auf den sich der deutsche Liberalismus auf immer und ewig berufen könne. Die Frage, wie Stein in das Gesamtgeschehen des revolutionären Zeitalters eingeordnet werden könne, bewegte selbstverständlich dann auch die Historiker auf dem Höhepunkt des deutsch-französischen Antagonismus und führte zu einer der „klassischen" Kontroversen in der Geschichtswissenschaft, der Frage, ob Stein ein „Schüler der Ideen von 1789" gewesen sei oder im Gegenteil ein strikt und dezidiert antifranzösischer Konservativer. Ob ihm Ernst von Meier ein Defizit an Liberalität attestierte oder Max Lehmann ein Defizit an Freisinnigkeit – seine Gestalt wurde geradezu zu einem „Nebenkriegsschauplatz von liberaler und konservativ-nationalistischer Geschichtsschreibung" (Heffter). An Stein schieden sich die Geister, so wie es im Gedenkjahr 1931 erneut sichtbar wurde, als Franz Schnabel ihn als einen konstitutionellen Liberalen, Gerhard Ritter in scharfem Kontrast dazu als einen inkonsequenten nationalen Machtpolitiker einstufte (ein Urteil, das er später freilich modifizieren sollte).

Vor einem solchen Forschungshintergrund stellt sich mit Macht die Frage, ob eine Biographie zwingend einer Generalthese, sozusagen einer Grundierung bedarf, die zudem den Nebeneffekt hätte, seine Akzeptanz beim Lesepublikum zu befördern. Um es frei zu gestehen: Das, was Ritter, noch ganz dem Trauma ‚Versailles' verhaftet, in der Einleitung zu seinem *opus magnum* ausführte – Stein als der nationale Heros, als Inkarnation des „volkstümlich-deutschen Patriotismus", als „einer der Erzieher des unpolitischen Volkes der Deutschen für den Staat, zugleich als leidenschaftlichster Vorkämpfer eines starken deutschen Volks- und Nationalstaates und einer gesunden Staatenordnung des alten Europa" –, wirkt auf „den" heutigen Historiker, der eine andere politisch-gesellschaftliche Sozialisation hatte, der mit dem Europäisierungsprozess aufgewachsen ist und bei allem Respekt gegenüber dem Nationalen auch noch andere Werte kennt, derart befremdlich, dass er in dieses Gleis nicht zurückfallen möchte. Auch die angesprochene alte Kontroverse vom Beginn des vergangenen Jahrhunderts, ob die Reformen Steins sich eher „revolutionärer" oder britisch-germanischer Inspiration schuldeten (Lehmann *vs.* Meier), sind heute obsolet geworden und können nicht mehr als roter Faden einer ganzen Biographie herhalten. Der Leser wird deswegen in diesem Buch auch nicht die häufigen Vergleiche Steins mit Bismarck finden, die Ritter über alles liebte – wenn überhaupt, kann eine historische Gestalt verantwortungsvoll nur mit einem Zeitgenossen verglichen werden, mit dem ihn gleiche Rahmenbedingungen, das gleiche geistige Umfeld, ein ähnliches Weltbild verbinden. Der Verfasser dieses Buches glaubt auch nicht an das Konstrukt des Lebensentwurfs, also eines ideologischen

Gebäudes und eines klar fixierten Ziels und entsprechender Entschlossenheit, dieses Gebäude umzusetzen bzw. ihm bis zum letzten Blutstropfen treu zu bleiben. Das vermögen nur wirkliche Idealisten oder Ideologen, und zu beiden Gruppen zählte Stein nicht. Menschen sind Pragmatiker: sie lernen hinzu, sie passen sich, manchmal *nolens volens*, an, sie legen ihre Scheu ab, Kompromisse zu schließen. Das soll nicht heißen, dass es nicht in jedem Leben bestimmte, mehr oder weniger unverrückbare Maßstäbe gäbe – den Glauben, ethische Prinzipien –, an denen sich jedes Individuum zu orientieren suchte; aber auch in dieser Hinsicht ist die reine Lehre nicht alles, Krisensituationen waren und sind durchaus geeignet, solche „unverrückbaren" Prinzipien auch wieder in Frage zu stellen.

Die Frage nach der Generalthese führt mitten ins Zentrum des Problems der „biographischen Illusion" (Bourdieu)[12]. Jeder Biograph nähert sich seinem „Helden" mit einem unbewussten Determinismus, in letzter Instanz einem teleologischen Prinzip, dessen Umsetzung in die Narration die große Gefahr birgt, einer Vita ein Übermaß an Kohärenz zu verleihen. Diese Gefahr wurde erkannt, und ich denke, dass die folgenden Kapitel zeigen werden, dass der Verfasser ihr nicht erlegen ist: der Protagonist wird mit all seinen Widersprüchen, mit seinen Volten, mit seinen Lernprozessen, aufgrund derer frühere Denkmuster über den Haufen zu werfen waren, gezeichnet, mit allen Lücken und Mängeln der Quellenüberlieferung auch, die nicht durch Konjekturen oder Analogieschlüsse zugedeckt wurden.

Ein nicht minder wichtiger Gesichtspunkt, sich dem Wagnis einer neuen Stein-Biographie auszusetzen, wurde nicht zuletzt darin gesehen, dass gegenüber dem „öffentlichen" Stein, dem preußischen Beamten und Minister, dem Reformer, dem Organisator und Logistiker des europäischen Befreiungskriegs gegen Napoleon, der „private" Stein immer zu kurz gekommen ist und namentlich die letzten eineinhalb Jahrzehnte seines Lebens forschungsmäßig nach wie vor ein ziemlich unbeackertes Feld darstellen. Für Lehmann und Ritter war Stein vor allem der Staatsmann, ja, enger noch: der Verwaltungsmann, der als Nicht-Preuße ein damals noch geradezu nostalgisch verklärtes, quasi-religiöses Preußentum in einen modernen bürokratischen Staat habe überführen wollen. Bei aller Stilisierung durch die Nachwelt (und bei aller Selbststilisierung des Protagonisten): der *homo politicus* war nicht alles, dahinter stand ein privater Stein, ein „Stein intime", von dem die Öffentlichkeit noch nicht viel weiß. Das ist auch schon oft genug beklagt[13], aber noch nie wirklich als wissenschaftliche Herausforderung begriffen und angegangen worden. Otto Hintzes vor 100 Jahren formulierte Beobachtung, Stein sei „sehr sparsam in der Äußerung seiner Gefühle und Ansichten [gewesen], soweit sie nicht Gegenstände von öffentlichem Interesse betreffen"[14], lässt sich vor dem Hintergrund seitdem zugänglich gewordenen Quellenmaterials, veränderter Zugriffsarten und gewandelter Forschungsinteressen heute nicht mehr halten.

Der Mann, dessen Vita im folgenden zu schildern und in die Wechselwirkung von Struktur und Persönlichkeit zu stellen ist, ist mithin viel differenzierter, viel ziselierter – wenn dieser Begriff erlaubt ist –, als ihn die meisten seiner Biographen des 19. und frühen 20. Jahrhunderts wahrnahmen: nicht nur der Mann, der – vermeintlich – seit seiner Jugend einen klaren Lebensentwurf hatte, der streng umzusetzen versucht wurde, nicht nur der politische Riese, der einen ganzen Kontinent zu organisieren verstand, nicht nur derjenige, der (angeblich) den deutschen Einheitsstaat von 1871 vorgedacht hatte, nicht nur der Reformer, der für Preußen das Tor in eine neue Zeit aufstieß, nicht nur der Mann mit dem immer wieder zitierten „vulkanischen Wesen", der ungestüm und leidenschaftlich auf Veränderungen hinzuwirken versuchte. Aber auch wenn diese Deutungsmodelle alle nur halb zutreffen oder zur Gänze problematisch sind, zählt er zu den markanten Figuren der neueren deutschen Geschichte. Seine Aufnahme in das Referenzwerk der „Großen Deutschen" in den 1950er Jahren (und damit seine Aufnahme in diesen Kreis) mag sich einem bestimmten, sehr einseitig-nationalen Bild der Protagonisten verdanken, es mag Gründe gegeben haben, ihn in das repräsentative Unternehmen der „Deutschen Erinnerungsorte" nicht aufzunehmen, die Zahl der nach ihm benannten Schulen mag sich, einer Erhebung aus dem Jahr 1981 zufolge, mit 34 eher bescheiden ausnehmen: dass er seinen Platz im kollektiven Gedächtnis der Deutschen hat, das ist unstrittig und wird durch die ungewöhnlich intensiven Aktivitäten in den Gedenkjahren – 1931, 1957, 1981 – unterstrichen, aber beispielsweise auch dadurch, dass sein Ehrenmal in Nassau 1951 vom damaligen Bundespräsidenten eingeweiht wurde und dass die verschiedenen Gedenkveranstaltungen der Freiherr-vom-Stein-Gesellschaft in aller Regel von den höchsten Repräsentanten der Republik beehrt wurden. Nach wie vor hat Hugo Preuß', des geistigen Vaters der Weimarer Reichsverfassung, Urteil aus dem Jahr 1917 geradezu kanonische Gültigkeit, der in Stein „Deutschlands größten inneren Staatsmann" sah[15] – auch darauf wird zurückzukommen sein. Historische „Größe", eine geschichtswissenschaftliche Kategorie, der sicher viele Facetten innewohnen, hat immer auch etwas mit der Wirkungs- und Rezeptionsgeschichte zu tun. Von der Hochschätzung Steins in der Bundesrepublik Deutschland hob sich die gelegentlich geradezu die Superlative suchende Würdigung in der damaligen DDR im übrigen nicht grundsätzlich ab; es war kein Zufall, dass ihm die Postverwaltungen sowohl der Bundesrepublik Deutschland als auch der DDR im Abstand weniger Jahre (1953/1957) Gedenkbriefmarken widmeten. Es dürfte wenige Persönlichkeiten der neueren deutschen Geschichte geben, über die systemübergreifend und trotz „Kaltem Krieg" so viel Konsens herrschte[16]. Demgegenüber haben sich Urteile, die pointiert Steins politisches Scheitern zu vermitteln versuchten, auf breiter Front nicht durchsetzen können[17].

Die geradezu inflationäre Bezugnahme auf Stein vor allem im 20. Jahrhundert darf allerdings die kluge Beobachtung eines Juristen aus dem Gedenkjahr 1957 nicht vergessen machen: dass nämlich der Rekurs auf Stein nicht selten dazu diente, gerade Verstöße gegen den Geist oder gar den Buchstaben seines Reformwerks zu kaschieren. Das bekannteste und schlagendste Beispiel für diese wissentlich falsche Vereinnahmung und Instrumentalisierung Steins stellt sicher die Deutsche Gemeindeordnung von 1935 dar, die – mit ausdrücklichem Hinweis auf Stein, in Wirklichkeit aber im konträren Gegensatz zu seiner politischen Philosophie – das Ethos der Selbstverantwortung der Bürger durch das Führerprinzip ersetzte[18].

So wie die Biographie sich unverändert – oder zumindest doch wieder – eines besonderen Interesses der Öffentlichkeit erfreut, so gilt das namentlich für historische Figuren, die sozusagen auf der Grenze zweier Zeitalter stehen: aus einer bestimmten sozial-politischen Umwelt, einem Weltbild, spezifischen Bildungstraditionen erwachsen und dann vor der (ernüchternden oder aber herbeigewünschten) Erkenntnis stehend, dass „ihre" Welt aus den Fugen gerät und sich metamorphosenartig in eine neue verwandelt – eine Welt, mit der man sich arrangieren muss, die man mitträgt, mit der man vielleicht aber auch nicht mehr zurechtkommt. Vor all diesen Fragen stand auch der Reichsritter Stein, der 1789 gerade einmal 31 Jahre alt war, also sich in einem Alter befand, in dem es von der „normalen" Persönlichkeitsentwicklung her eher schon schwer fällt, sich mit einer völlig veränderten Welt zu arrangieren. Das vorliegende Buch hütet sich, um es zu wiederholen, den Protagonisten in eine (ideologische) Schublade zu stecken, eine geschlossene politisch-programmatische „Weltanschauung" zu konstruieren, die vermeintlich sein ganzes Leben bestimmt habe; sie wird vielmehr all die Widersprüchlichkeiten beim Namen nennen, all die Gleichzeitigkeiten des Ungleichzeitigen, die bei Stein (wie bei anderen Angehörigen seiner Alterskohorte) fassbar sind (und die es vielleicht hätten nahe legen können, sich künstlerisch – von Dramatikern, von Opernkomponisten – viel häufiger mit ihm zu beschäftigen als nur in einem chorischen Festspiel Alfons Paquets im Jahr 1931).

Diese Bemerkung, dass ein Faszinosum der historischen Gestalt Stein darin liegt, sozusagen zwei „Welten" anzugehören, soll zu einigen Reflexionen Anlass geben, worin das Publikumsinteresse an ihm und damit an diesem Buch gründen könnte – denn die Schnelllebigkeit des frühen 21. Jahrhundert lässt die Distanz zu der Welt „um 1800" noch viel fühlbarer werden. Es ist neben dieser Grenzerfahrung, die viele Menschen des 20. Jahrhunderts, die in verschiedenen Systemen lebten, in ähnlicher Weise machen mussten, dem Bewusstwerden, von der einen Welt in die andere wechseln zu müssen, die Leistungsbilanz, die, ohne nochmals die historistische Kategorie der historischen „Größe" zu bemühen, dem Lebensweg Steins eine besondere Prägnanz und eine bis in die Gegenwart ausstrahlende Relevanz verleiht:

des Mannes, der mit der Teilmodernisierung der einen der beiden deutschen Großmächte als erster Ernst machte, der mithalf, eine europäische Koalition gegen einen geradezu ideologisch konnotierten Mann aufzubauen, der für die Logistik eines „Weltkriegs" die Letztverantwortung trug, der daran mitwirkte, den Übergang zum Verfassungsstaat des frühen 19. Jahrhunderts nicht zu einer Bruchlandung werden zu lassen, der – nicht zuletzt – in der deutschen Wissenschaftsgeschichte seinen festen Platz hat.

Von daher erklären sich dann auch die erkenntnisleitenden Prinzipien, die diese Biographie strukturieren. Ohne die aktuelle Diskussion über Biographik, also das Genre der Biographie hier referieren zu wollen[19], geht es um die Herausbildung einer Persönlichkeit – teils durch Prägungen, teils durch Erfahrungen –, geht es um den Versuch, einen Kleinadligen, der sich vom Anspruch her auf dem Niveau des Hochadels bewegte, in all seinen Bindungen und Denkmustern, die von denen unserer Gegenwart weit entfernt sind, „verstehbar" zu machen, geht es um die Grundannahmen, auf denen sein Handeln aufruhte, das längst nicht immer intentional begründet wurde, obwohl Stein in einem Umfang wie kaum einer seiner Zeitgenossen sich und anderen schriftlich Rechenschaft über sein Tun ablegte. Von diesen erkenntnisleitenden Prinzipien her wäre es an sich auch denkbar gewesen, sich Stein so zu nähern, wie Ewald Frie das in seiner Marwitz-Biographie getan hat[20]: nicht chronologisch, sondern von den verschiedenen Lebensbereichen (Familie, Religion, Gutsherr usw.) her. Dennoch wurde diese Option wieder verworfen und einer im wesentlichen chronologisch voranschreitenden Darstellung der Vorzug gegeben, die im Blick auf das Zielpublikum als die angemessenere erscheint. Die Zäsuren orientieren sich dabei an den Etappen von Steins Werdegang, wobei innerhalb der Kapitel selbstredend keine annalistische, sondern eine strukturierende Betrachtungsweise obwaltet.

1. Von der Lahntal-Idylle nach Göttingen: Kindheit, Jugend, Ausbildung

Als er sein irdisches Dasein auf seinem westfälischen Herrensitz Cappenberg beschloss, am 29. Juni 1831, hatte ihn die Geschichte längst eingeholt – er war noch zu seinen Lebzeiten zur Legende, zum Mythos geworden. In seinen letzten Lebensjahren krankheitsbedingt – auf einem Auge erblindet, gegen Erkältungskrankheiten nicht gefeit, an einer Lungenkrankheit leidend, sieht man einmal von der Gicht ab, die ihn schon seit Jahrzehnten heimsuchte – mehr oder weniger auf sein Altersrefugium verwiesen, hatten die Bemühungen, ihm den Ehrenkranz eines Großen der nationalen Geschichte zu flechten, schon in den frühen 1820er Jahren eingesetzt. Verschiedene Gruppen des liberalen Lagers reklamierten ihn im politischen Tageskampf, nicht völlig grundlos, als einen der ihren, Verlage waren an ihn herangetreten mit der Bitte, seine Autobiographie zu schreiben bzw. für den Druck freizugeben, mit Männern aus seiner engeren Entourage wurde wegen einer Biographie verhandelt. Er galt gemeinhin als der Mann, der mit dem Geistesheros der Deutschen, mit Johann Wolfgang von Goethe, auf Augenhöhe und einer Stufe stand – und das, obwohl sich sein wirklich gestaltendes politisches Wirken auf einige wenige Monate reduzierte, obwohl er schon auf dem Wiener Kongress ins politische Abseits geraten war und, mit allen damaligen Führungsfiguren mehr oder weniger über Kreuz liegend, einen hoffnungslosen Kampf kämpfte, um der Verfassungskonstruktion vielleicht doch noch eine Richtung zu geben, die seinen Vorstellungen entsprach. Vielleicht hatte gerade das ihn so populär gemacht, dass er die Szene nicht als strahlender (und erfolgreicher) Held verlassen konnte, sondern als jemand, über den die rationale Politik der entscheidenden Akteure des Wiener Kongresses hinweggegangen war.

Dass ihm noch zu seinen Lebzeiten die ersten Kränze gewunden wurden, dass sich die hochrangigen Besucher in Cappenberg sozusagen die Klinke in die Hand gaben, ließ ahnen, wie sehr sich nach seinem Tod seine Stilisierung beschleunigen würde. Zwar steht am Beginn einer langen Reihe von Biographien[21] nicht diejenige seines engsten Mitarbeiters und Freundes der letzten Lebensjahre, Ernst Moritz Arndt, der von verschiedenen Seiten, unter anderem dem Leipziger Verleger Karl August Reimer, darum angegangen worden war, der aber aus politischen Gründen vorläufig davon Abstand genommen hatte. Aber auch der an seine Stelle tretende erste Biograph, der

Mittelalter-Historiker Georg Heinrich Pertz, konnte auf eine über zehnjährige Zusammenarbeit mit Stein im Rahmen der „Gesellschaft für ältere deutsche Geschichtskunde" verweisen, die ihn sicher autorisierte und legitimierte, die erste Wegmarke zu setzen – auch wenn die Töchter Steins ihm die Benutzung des Stein-Nachlasses nur mit Vorbehalten gestatteten. Und diese erste – stattliche sieben Bände umfassende, unter dem (den Autor erschreckenden) Eindruck der Revolution von 1848 zwischen 1849 und 1855 erschienene – Wegmarke war an Deutlichkeit kaum zu übertreffen: die „Feuerseele", ein (dann gewissermaßen zum Signum Steins gewordener) Begriff, mit dem Steins Energie und Unbeugsamkeit auch vor Fürstenthronen, Durchsetzungswillen und Schroffheit, die mit seiner Bindung an eine höhere Instanz in eine Korrelation gesetzt (und damit gemildert) wurde, leidenschaftliche Vaterlandsliebe und Sittlichkeit umrissen wurde und die ihn geradezu zu *der* Identifikationsfigur einer Gesellschaft machte, die die fehlende staatliche Einheit immer stärker als ein Manko empfand. Wenig später (1858) dann Arndts *Wanderungen und Wandelungen mit dem Reichsfreiherrn Heinrich Karl Friedrich vom Stein*, nun die mit unendlich vielen Anekdoten vollgepfropfte[22] vollendete Hagiographie, die die Parallelisierung Stein – Goethe bis in die beiden gemeinsame (braune) Augenfarbe betrieb, Stein geradezu in den Rang eines Halbgotts, eines „imperatorischen", königlichen Manns erhob und ihn, psychologisierend, als eine Inkarnation seines eines „Löwen" gemäßen Wahlspruchs „Gradheraus und Graddurch" stilisierte. Schon in seinem (anonymen) Nekrolog in der Augsburger *Allgemeinen Zeitung* hatte sich Arndt eine Art Deutungshoheit angeeignet, die sich nach seinem Buch noch verstärkte und auf Jahrzehnte hinweg wirksam blieb. Dass die phasenweise stark autobiographische Züge tragende Darstellung des Protagonisten, in dem der Verfasser „Deutschlands politischen Martin Luther" erkennen zu glauben meinte[23], erst mit ihrem erstmaligen Zusammentreffen 1812 einsetzt, wichtige Phasen von Steins Lebens also ausgespart blieben, soll nicht unerwähnt bleiben. Zum gleichen Zeitpunkt, 1857/58, also im Umfeld von Steins 100. Geburtstag, wurden in Westfalen, angestoßen durch den Industriellen Friedrich Harkort, und in Berlin im übrigen auch die ersten Pläne für Stein-Denkmäler entwickelt, aus denen in Berlin nach langer Vorbereitungszeit dann das Schievelbein-Denkmal auf dem Dönhoffplatz hervorging. Mit der vierbändigen Biographie des Cambridger *Regius Professor* John Robert Seeley (1878), die rasch auch ins Deutsche übersetzt wurde, wurde Stein dann gewissermaßen „europäisiert" und zum Sinnbild des europaweiten Widerstands gegen Napoleon aufgewertet.

Erstaunlicherweise blieben in der Bismarckzeit die großen neuen Analysen und Würdigungen aus, vielleicht weil die enge Verflechtung von Individualbiographie und (notwendiger) Aufarbeitung der gesamten preußischen Verfassungs- und Verwaltungsgeschichte diesen und jenen Autor abschreckte. Das traf allerdings nicht zu auf den Archivar des Geheimen

Staatsarchivs Max Lehmann, der sich über Jahrzehnte hinweg mit den preußischen Verwaltungsakten der fraglichen Zeit beschäftigt hatte und nach etlichen Studien zu Zeitgenossen Steins (Scharnhorst, Wrangel, Knesebeck) seit 1902 seine von einer guten Portion Reserven gegen Friedrich Wilhelm III. durchtränkte dreibändige Biographie herausbrachte. Mit ihr kam die Thematik der Eigenständigkeit oder Beamtenabhängigkeit Steins auf die wissenschaftliche Agenda und zugleich das auf dem Höhepunkt des wilhelminischen Reichs hoch brisante Thema des Rückgriffs Steins auf die „Ideen von 1789“. Während Lehmann dennoch am „deutschen Charakter“ Steins keinen Zweifel ließ, sorgte fast zeitgleich Friedrich Meineckes Ansatz, das Steinsche Denken aus dem kosmopolitischen Weltbild des 18. Jahrhunderts abzuleiten[24], für neue Diskussionen. Mit Gerhard Ritters zweibändiger Biographie von 1931 wurde dann vor allem das Motiv seines nationalen Verantwortungsbewusstseins und seines nationalen Scheiterns angeschlagen, aber auch eindringlich davor gewarnt, Steins Gedankengebäude als in irgendeiner Weise brauchbar für die Lösung der (damals) aktuellen innenpolitischen Probleme mißzuverstehen. Vor einer solchen Verkürzung und problematischen Aktualisierung haben im Krisenjahr 1931 auch noch andere Große der Disziplin gewarnt, etwa Hans Rothfels. Kürzere Darstellungen seit den 1950er Jahren, etwa die Stein-Biographie von Hellmuth Rößler oder ein Buch des Journalisten Franz Herre, können, weil sie nur bedingt auf den Akten fußen, hier außer Betracht bleiben.

Die Forschungsgeschichte, in der letzten Zeit besonders intensiv in Angriff genommen, könnte einen eigenen Band füllen – hier muss es mit den Hinweisen auf einige wenige Wegmarken der Forschung sein Bewenden haben. Zu diesen Wegmarken zählt freilich auch, dass sich das Interesse der Forschung an der historischen Gestalt in den zurückliegenden Jahrzehnten deutlich vermindert hat und dass die seit den 1930er Jahren dominierende Interpretationsrichtung, in Stein gewissermaßen einen der *founding fathers* des deutschen Nationalstaats zu sehen und seine „Deutschheit“ über alles zu stellen, obsolet geworden und zumindest stark relativiert worden ist. Konnten im Gedenkjahr 1957 in einer Erhebung insgesamt 37 Dissertationen ermittelt werden, die sich seit dem Ersten Weltkrieg mit Einzelaspekten von Steins Leben und Wirken beschäftigten[25], so hat sich diese Kurve seitdem deutlich abgeflacht.

Mit dem angesprochenen, vor allem im Umfeld der beiden Stein-Jubiläen von 1931 und 1957 angesiedelten Forschungs-*Boom*, der kaum einen der Großen des Fachs in Deutschland unbeeinflusst und nicht zur Feder greifen ließ[26], korrespondierte die Zugänglichmachung seiner Briefe und Schriften nicht unbedingt. Gewiss, schon Hans Christoph von Gagern, der nassauische Minister und Bundestagsgesandte, hatte zwei Jahre nach Steins Tod dessen Briefe an ihn mitgeteilt[27], schon Pertz hatte viele Auszüge aus Steins dienstlicher und privater Korrespondenz und aus seinen Denkschriften abgedruckt, an denen sich die nachfolgende Forschung, insbesondere Seeley, dann auch ausgiebig orientierte. Aber es dauerte seit seinem Tod dann doch ein Jahrhundert, bis Anfang der 1930er Jahre eine erste Auswahledition auf den Weg gebracht werden konnte, für die Erich Botzenhart verantwortlich zeichnete. Bemerkenswerterweise hatte Stein im Zuge der umfangreichen Editionstätigkeit „aus den preußischen Staatsarchiven" in den der Reichsgründung folgenden Jahrzehnten explizit keine Berücksichtigung erfahren – sieht man einmal von Georg Winters Edition zur Behörden- und Verwaltungsreform ab, die freilich nicht auf die Stein-Ära begrenzt war, und Paul Bailleus aktenmäßige Erhellung der preußisch-französischen Beziehungen 1795–1807[28], für die Stein aber keine primäre Verantwortlichkeit hatte. Vielleicht war das eine späte „Vergeltung" seiner Friedrich Wilhelm III. gegenüber deutlich an den Tag gelegten Distanz. Man wird zwar nicht umhin können festzuhalten, dass das preußische Königshaus irgendwann doch seinen Frieden mit Stein machte, ablesbar vielleicht daran, dass das Königspaar im Juli 1872 gemeinsam mit vielen Honoratioren Preußen-Deutschlands persönlich an der Einweihung eines Stein-Denkmals im Park des Schlosses Nassau teilgenommen hatte. Aber die erste Initiative, seine „Werke" wissenschaftlich aufzuarbeiten und zu edieren, ging dann doch nicht von preußischer Seite aus, sondern von einer stark in Westfalen verwurzelten Bewegung, die Schloß Cappenberg zu einer Art – *avant la lettre* – nationalem *lieu de mémoire* zu stilisieren suchte. Die „alte" Stein-Edition, die im Gedenkjahr 1931 zu erscheinen begann, war freilich trotz ihres beträchtlichen Umfangs nicht mehr als eine Auswahledition, und das war bei ihrer – dann schon unter der Ägide der 1951 begründeten Freiherr-vom-Stein-Gesellschaft publizierten – neuen Stein-Ausgabe, die sich auf der Grundlage des Botzenhartschen Unternehmens[29] vor allem der Energie des Bonner Historikers Walther Hubatsch verdankte, nicht anders. Wie sehr die Forschung nach wie vor auf den Weg in die Archive verwiesen ist, hat ein Anfang dieses Jahrzehnts abgeschlossenes Erhebungs- und Regestierungsunternehmen der Cappenberger Bestände veranschaulicht, das gemeinsam von der Stein-Gesellschaft und dem Westfälischen Archivamt initiiert worden war. Es bleibt festzuhalten: Die wissenschaftliche Erschließung von Leben und Werk Steins war im wesentlichen ein westfälischer Reservatbezirk, kein preußischer, im übrigen auch kein nassauischer – seine Heimatregion blieb wissenschaftlich erstaunlich lange auf Distanz zu ihm.

***

Dass das so sein würde, war dem im Herbst 1757, am 25. Oktober, auf dem Familienstammsitz im Zentrum des damals kaum 300 Seelen zählenden Städtchens Nassau geborenen reichsritterschaftlichen Adligen gewiss nicht an der Wiege gesungen worden. Die soziale Schicht, in die hinein er geboren wurde, hatte sich längst daran gewöhnen müssen, in einer Art permanenten Existenzkrise zu stecken: Soweit sie, wie die Stein, protestantisch geworden war, standen ihr die traditionellen Versorgungseinrichtungen des deutschen Niederadels, die Domkapitel und (katholischen) Stifte, nicht mehr zur Verfügung, und das verwies sie mit fast zwingender Notwendigkeit auf andere Berufsfelder: den (immerhin die Subsistenz garantierenden) Dienst an einem der weltlichen Höfe der näheren oder weiteren Umgebung oder aber an einem der Höfe der protestantischen „Orientierungsstaaten", insbesondere Kurhannovers oder Preußens. Reichsritterschaftlicher Kleinadel: das bedeutete zugleich aber immer strikte Orientierung an der Verfassung, den Traditionen und den Gepflogenheiten des Alten Reiches, das allein dieser ständig von Mediatierungsängsten geplagten Schicht seine Existenz garantierte, und das baute zugleich nicht selten eine logische Spannung zu jenem Staatswesen auf, das in der Person König Friedrichs II. die Existenz des Reiches und seinen Ordnungsrahmen zunehmend in Frage gestellt hatte, zu Preußen.

Dieses Bewusstsein wird in den Tagen von Heinrich Friedrich Karls Geburt – so der vollständige Name – um so ausgeprägter gewesen sein, als das Getöse des im Vorjahr vom Zaun gebrochenen Krieges, der dann zum Siebenjährigen werden sollte, gerade im Herbst 1757 besonders laut war; die vielen Schlachten – Prag, Kolin, Rossbach, Leuthen – hallten selbstredend auch im idyllischen Lahntal nach, um so mehr als wenigstens ein Bruder der Hausherrin aktiv an ihnen teil nahm[30]. Und auch wenn diese Kriegsschauplätze zunächst räumlich weit entfernt schienen: eine Garantie, dass der Krieg seinen Schwerpunkt veränderte und in stärkerem Maß auch wieder die „traditionellen" Konfliktzonen des Ancien Régime erreichen würde, zu denen immer auch der Rheingraben zählte, war das nicht. Es sollte in der Tat in den folgenden Jahren dann auch zumindest zu Truppendurchzügen in einem nicht geringen Umfang kommen. Und überhaupt wird der Krieg nicht nur seiner Dauer wegen in der Reichsritterschaft die Existenzsorgen noch einmal erhöht haben, denn sein Urheber war ja allem Anschein nach – die Wiener Propaganda wurde nicht müde, das zu betonen – das aggressive Preußen, von dem im Siegesfall Schlimmes zu erwarten man in dieser Standesgruppe allen Anlass hatte. Auch wenn dieser Begriff noch nicht zum Wortschatz des mittleren 18. Jahrhunderts zählte: dass seit der preußischen Annexion Schlesiens als eines Kernlandes der Habsburgermonarchie das Reich in der Gefahr stand, in dem österreichisch-preußischen „Dualismus" wenn nicht zerrieben, so doch nachhaltig verändert zu werden, war vielen Beobachtern und Analytikern des Reichssystems schon damals bewusst. Diese Sorgen reduzierten sich keineswegs vor dem Hintergrund der Tatsache, dass Wien seit dem *Renversement des alliances* (1756) mit dem traditionellen Gegner in Versailles verbündet war (und sich somit militärische Bedrohungen des Rheingebiets von westlicher Seite wohl eher ausschlossen); diese neue Allianz der Hofburg hat in der kleinteiligen Staatenwelt des Rheintals eher Befremden und Kopfschütteln hervorgerufen denn Erleichterung oder ein neues Gefühl von Sicherheit.

Wie viel man in Nassau und in dem vom Großvater um 1700 gebauten und nach einem Brand seit 1755 umgebauten Schloss von den außereuropäischen Kriegsereignissen wusste, also den kolonialen Auseinandersetzungen zwischen Großbritannien und Frankreich bzw. den bourbonischen Kronen in der Karibik, in Nordamerika und in Indien, muss hier auf sich gestellt bleiben. Dass der (mitteleuropäische) Krieg noch eine andere Komponente, nämlich eine globale, hatte, mag selbst an den kleineren Höfen nicht jedermann bewusst gewesen oder in seiner Tragweite erkannt worden sein; das Interesse der Menschen richtete sich selbstredend zunächst einmal auf das, was in der eigenen (mitteleuropäischen) Bannmeile vor sich ging. Immerhin werden die Besucher aus dem nahe gelegenen Ems – Persönlichkeiten mit einem weiteren Blick und anderen Kommunikationsnetzwerken – in das Haus Stein schon früh auch diese globale Dimension des aktuellen Konflikts hineingetragen haben, vor allem die Nachrichten von dem phänomenalen britischen Siegeszug auf den Meeren und in den Kolonien.

Der Vater, Karl Philipp, stand, eher atypisch, als Protestant in den Diensten des Kurfürst-Erzbischofs von Mainz und hatte am dortigen Hof eine (erst unbesoldete, später besoldete) Kammerherren- und dann Geheimratsstelle inne, die es ihm immerhin ermöglichte, gleich drei Kaiser- bzw. Königswahlen (1742, 1745, 1764) beizuwohnen. Mit dem unmittelbar benachbarten Landesherrn, dem Grafen von Nassau, dessen Burg sich fast drohend über dem Stammsitz der Stein erhob, gab es, obwohl – oder gerade weil! – die Stein aus einem Burgmannengeschlecht der Grafen aufgestiegen waren, ständige, mehr oder weniger belangvolle Streitigkeiten um *Jurisdictionalia*, Nadelstiche und subtile Bosheiten des Größeren gegen den Kleineren, so dass sich auch von daher – nicht nur des höchst bescheidenen Hofs dieses Kleinfürsten wegen, dessen Hof- und Beamtenstaat schon aus finanziellen Gründen überschaubar bleiben musste – ein näheres Dienstverhältnis ausschloss. Eher war das Gegenteil der Fall: Steins später geradezu manische Aversion gegen die kleinen Territorialfürsten, die sich aus dem Kreis des Niederadels gelöst hatten (und ihn diesen Aufstieg immer wieder spüren ließen), hat mit hoher Wahrscheinlichkeit einen im kollektiven Bewusstsein der Familie liegenden Hintergrund. Es entspricht dieser Linie und diesen Vorbehalten gegenüber dem nassauischen Kleinfürsten, dass Karl Philipps Vater, also der Großvater unseres Protagonisten, Oberjägermeister des Kurfürsten von Trier gewesen war (und im übrigen selbst einer „Mischehe" entstammte). Solche transkonfessionellen dienstlichen Verbindungen waren zwar nicht die Normalität, aber seit dem 16. Jahrhundert auch nie ausgeschlossen – ein eindrücklicher Beleg, wie sehr in dieser sozialen Schicht das

Denken in der Kategorie der Korporation die Konfessionsgrenzen verwischen konnte. Man sollte gar nicht ernsthaft den Versuch machen, daraus eine besondere Affinität „des" geistlichen Staates zu Toleranz und letztlich Aufklärung abzuleiten: Karrieren dieser Art hatten primär etwas mit ständischer Solidarität zu tun, nichts mit Aufgeschlossenheit, Modernisierung oder einer anderen in die Moderne weisenden Kategorie. Die geistlichen Fürsten der „Pfaffengasse" stammten in aller Regel aus derselben Schicht wie ihre Beamten, von deren Interessenkongruenz sie deswegen auch in besonderer Weise überzeugt sein konnten. Es war insofern auch kein Zufall, dass Karl Philipp vom Stein in der in drei regionale Körperschaften organisierten Reichsritterschaft (Schwaben, Franken, Rhein) bzw. dem für ihn zuständigen „Kanton" Mittelrhein verschiedentlich Funktionen übernahm, insbesondere über den langen Zeitraum von elf Jahren hinweg (1773–1784) das Amt eines Ritterrats versah. Auch wenn das politische Denken in Richtung Berlin (oder auch Wien) gehen mochte: die soziale Basis war viel zu wichtig, als dass man sich von ihr gelöst hätte (oder hätte lösen können).

Karl Philipp vom Stein war ein ernster, den kleinen Freuden des Landadelwesens sicher stärker als den geistigen Bewegungen der Zeit zugetaner Mann, was die geistigen Koryphäen der Zeit, die in Nassau Station machten, dann auch folgerichtig davon abhielt, sich mit ihm des längeren und breiten zu beschäftigten. Allenfalls seine Geradlinigkeit wurde von Dritten gewürdigt und von seinem Sohn in der Grabinschrift dann auch beschworen – sie, seine Ehrlichkeit, vielleicht auch sein gelegentlicher Jähzorn[31], haben wohl auch im Charakter Karls ihre Spuren hinterlassen. Er hatte erst im reiferen Alter von 38 Jahren geheiratet, und zwar keine Unbekannte, sondern eine ihm seit den Kindertagen gut bekannte, aber nach nur einjähriger Ehe mit einem Löw zu Steinfurt früh verwitwete Nichte, die nicht nur aus der gleichen sozialen Schicht, sondern auch aus derselben Region stammte: die aus dem rheingauischen Eltville gebürtige Henriette Karoline Langwerth von Simmern[32]. Sie wird uns von Zeitgenossen als eine heitere, feinnervige und liebenswürdige Frau beschrieben, die in Karl Philipp sicher nicht die Leidenschaft suchte, sondern nach unerquicklichen Streitigkeiten mit der Familie ihres verstorbenen ersten Mannes vor allem Geborgenheit und materielle Sicherheit. Das konnte er ihr wohl auch bieten, obwohl die Steinschen Besitzungen – überwiegend auf dem rechten Rheinufer – mit ihren ca. 2400 Nassauer Morgen einem ostelbischen Rittergutsbesitzer wohl allenfalls ein müdes Lächeln entlockt hätten – Besitzungen mit dem Schwerpunkt der rundum von nassauischem Territorium umgebenen beiden Dörfer Frücht und Schweighausen, auf die die Stein ihre Reichsunmittelbarkeit gründeten und wo sie um die Jahrhundertwende durch den Zukauf einiger großer Höfe ihren Besitz noch einmal arrondierten; dazu aber Huben, Felder, Wiesen, Gärten, Weinberge (inbesondere bei Lorch und Assmannshausen) und vor allem Wälder auch in der näheren Umgebung, weiter, typisch in seiner

Mischung, Zehnten und Gülten, freiadlige Höfe, ein Hochgericht, Kirchenpatronate, also ein überaus kleinteiliges, zudem zu einem guten Teil aus Naturalien bestehendes Einkommensgeflecht, das Streitigkeiten mit Rivalen tatsächlich den Rang der Systemimmanenz zuwies. Ganz große Sprünge waren mit diesen Einkünften und Rechten kaum zu machen, und das verwies die Familie fast zwangsläufig darauf, die Nachkommen rasch und gut unterzubringen.

Denn Nachkommen gingen aus der Ehe Karl Philipps und Henriette Karolines in stattlicher Zahl hervor: nicht weniger als zehn in zwölf Jahren, von denen die meisten – drei Brüder und drei Schwestern Karls – auch das Erwachsenenalter erreichten[33]. Bei der an sich in der Mitte des 18. Jahrhunderts nach wie vor erschreckend hohen Kindersterblichkeits-Ziffer waren sieben von zehn überlebenden Kindern – ein Mädchen, Mechthild, starb im Alter von 14 Jahren – ein sehr guter Durchschnitt. Freilich hat die rasche Abfolge der Geburten die Gesundheit der Mutter früh beeinträchtigt: ab 1750 musste sie immer wieder Kuraufenthalte in der näheren Umgebung – in Schwalbach, in Schlangenbad, in Wiesbaden – einschieben, und gelegentlich scheint es um ihre Gesundheit wirklich schlecht gestanden zu haben. Ob es – um sich für einen Moment auf das Feld der Vermutungen zu begeben – diese frühe Einsicht war, dass das Leben der Mutter zeitlich begrenzt war, die den jungen Karl im Heranwachsendenalter eine besondere Affinität zu ihr entwickeln ließ, ist zumindest bedenkenswert. Dass sich Stein später engagiert für Pestalozzi einsetzte, dessen *Credo* ja ganz ausdrücklich war, die Erziehung in die Hände der Mütter zurückzugeben, ist vielleicht eine späte Frucht dieses Nahverhältnisses zur Mutter, die ihre Erziehung, ihrem Wesen gemäß, an einer irenischen Frömmigkeit orientierte: an einem zwar streng kirchlichen – lutherischen – Glauben, der allerdings dem religiösen Gefühl seinen ganz spezifischen Stellenwert zugestand und der sich vor allem in werktätiger Liebe und karitativer Verantwortung niederschlug. Ganz sicher hat diese stark am Gefühl und am Prinzip der tätigen *Caritas* ausgerichtete Frömmigkeit auf den jungen Karl nachhaltig, und zwar lebenslang, eingewirkt.

Dass, um zu Steins Mutter zurückzukehren, bei einer Frau, deren Ehemann in den Diensten eines katholischen Fürsten stand, andererseits ein besonderes Maß an Toleranz (und an Verständnis für Konvertiten) gegeben war, kann kaum überraschen. Es gibt zwar nur einen einzigen Beleg – den Brief des katholischen Münsteraner Regionalpolitikers Geisberg an Steins ersten Biographen Pertz aus dem Jahr 1850 –, der dies behauptet, aber es ist vor dem skizzierten Persönlichkeitsprofil der Mutter hoch bezeichnend, dass in den 1960er Jahren über eine mögliche Konversion der mit manchen geistigen Größen ihrer Zeit auf vertrautem Fuß stehenden Frau eine intensive Forschungsdiskussion einsetzte[34]: für ganz ausgeschlossen konnte man das nicht halten, auch wenn im Abstand einiger Jahrzehnte für Geisbergs

Behauptung doch nicht sehr viel spricht. Nicht zuletzt das Faktum, dass in ihrer Familie das katholische Element durchaus präsent war – verwandtschaftliche Beziehungen bestanden u. a. zu den Eltz, die 1732 bis 1743 einen Mainzer Erzbischof stellten, und über eine Schwester zu den Bettendorf, eine der prominenten Familien des mittelrheinischen Stiftsadels –, hat den Verdacht genährt, dass Geisbergs Aussage, die freilich zu einem Zeitpunkt erfolgte, als niemand sie mehr überprüfen konnte, mehr als eine falsch verstandene oder wiedergegebene Äußerung Steins zugrunde lag. Um es aber zu wiederholen: die These hat alles in allem nicht sehr viel für sich.

Die Geschwister wuchsen in der Idylle des Lahntals und der es einrahmenden bewaldeten Hügel auf, und zumindest Karl erschien es im späteren Rückblick als bedeutsam und prägend, in der Einsamkeit des Landlebens groß geworden zu sein – lebenslang hat er, wie die meisten Standesgenossen der Frühen Neuzeit und entsprechend dem von Otto Brunner so eindringlich beschriebenen „adeligen Landleben", dem bäuerlich-agrarisch geprägten Leben gegenüber dem in den großen Städten Vorrang und Vorzug gegeben. In späteren Jahren sollte Stein gegenüber der Großstadt geradezu eine Phobie entwickeln. Zur frühen Erziehung der Kinder zählte selbstredend die eigene Familiengeschichte: Die Stein, deren längst verfallene Stammburg sich in das Jahr 1235 zurückdatieren lässt, hatten sich, nicht atypisch, im 15. Jahrhundert in zwei Linien geteilt, von denen die jüngere 1701 im Mannesstamm ausgestorben und die ältere 1669 von Kaiser Leopold I. in den Reichsfreiherrenstand erhoben worden war. Das Nassauer Schloss, Mitte des 18. Jahrhunderts trotz aktueller brandbedingter Renovierungen eher ein größeres Herrenhaus und trotz seiner Nähe zu Ems von vielen Besuchern als ein Hort der Einsamkeit qualifiziert, als eine Eremitage, steckte voller Erinnerungsstücke an die Familie, die bisher in keinem ihrer Vertreter über einen arg begrenzten Aktionsraum je hinausgekommen war. In der Nassauer Kirche werden die Kinder mehr als einmal vor den – in bemerkenswerter Zahl erhaltenen – Grabdenkmälern der Vorväter und Vormütter gestanden und entsprechendes Selbstbewusstsein geschöpft haben, und es kann wohl gar keinem Zweifel unterliegen, dass sich Karls im frühen 19. Jahrhundert dann schon fast etwas absonderliche Affinität zur Institution des Rittertums zu einem guten Teil aus dieser Erfahrung seiner Kindheit herleitete. Für ihn war der Ritterstand, der sich – wie die Stein gegenüber den Grafen von Nassau – nur mit Mühe gegen die Zudringlichkeiten der fürstlichen Anrainer und Nachbarn zur Wehr setzen konnte, ein verlässliches Element der Reichseinheit, für den diese Reichseinheit mitsamt den Reichsinstitutionen schlicht überlebensnotwendig war.

Aber das, der Blick zurück in die eigene Geschichte, die Aneignung eines spezifischen Standesbewusstseins, das wir heute nicht mehr mit der Etikettierung der „politische[n] Herrlichkeit dieser Zaunkönige" abqualifizieren[35], war selbstverständlich nicht alles. Die Mutter hat allen Kindern nicht nur, wie erwähnt, jene spezifische Variante des gefühlten Christentums vermittelt, über die sie oft mit Lavater sprach und korrespondierte, direkt und indirekt profitierten die Kinder auch von ihrer Strahlkraft: von den Besuchen der prominenten Gäste, die ihret-, nicht des Ehemanns wegen nach Nassau kamen und auf die noch zurückzukommen ist. Sie war es wohl auch, die ihren Kindern einen sensiblen Umgang mit der Natur vermittelte und sie – Sophie Laroche berichtet davon – anhielt, Verantwortung für ein Stückchen Land zu übernehmen. Und auch die Hauslehrer, die sie verpflichtete, waren in der Lage, es nicht beim trockenen Vermitteln von Wissen zu belassen, sondern die Kinderschar anzuregen, sich aktiv mit dem Bildungsstoff auseinanderzusetzen – zum Beispiel wissen wir, dass die Geschwister Shakespeares *Sommernachtstraum* gemeinsam aufführten – sicher nicht in der Originalsprache, die die Kinder (noch) nicht beherrschten, sondern wohl in der Wielandschen Übersetzung.

Karl vom Stein hat zu seiner früh kränkelnden Mutter eine ganz spezifische Beziehung aufgebaut; sie war es insbesondere, mit der er in der kritischen Heranwachsenden-Zeit in Göttingen korrespondierte, während die Briefe an den Vater, im Ton, im formellen Duktus zudem ganz anders, an Zahl deutlich zurückstehen. Es war bei ihm wohl noch stärker als bei seinen Geschwistern die „weiche, empfindsame, zuweilen überschwängliche Frömmigkeit des Herzens“[36], die ihn anzog und bis ins Alter prägte: die Wendung gegen die kirchliche Orthodoxie, die starken Vorbehalte gegen die nur vom Verstand geleitete Nüchternheit des freigeistigen Berliner Protestantismus sind dafür charakteristisch. Es war kein Zufall, dass Henriette Karoline, wie oben angedeutet, mit dem Zürcher Theologen Lavater einen besonders intensiven Gedankenaustausch pflegte, den sie 1774 in Nassau persönlich als Begleiter Goethes kennen gelernt hatte, an dessen Arbeiten, etwa den *Physiognomischen Fragmenten*, sie lebhaften Anteil nahm[37] und dessen Schriften – so etwa seine *Aussichten in die Ewigkeit* – sie geradezu verschlang[38]. Eine vor einiger Zeit publizierte Bücherrechnung aus dem Jahr 1772/73[39] lässt ahnen, dass Henriette Karoline in Bezug auf die religiöse Literatur ihrer Zeit eine ausgesprochene Expertise gehabt haben muss. Die geradezu die Qualität der Intimität erreichende Korrespondenz zwischen Steins Mutter und Lavater[40], der sie nicht zufällig dann auch um die Patenschaft eines seiner (freilich früh verstorbenen) Kinder bat, spiegelt wider, was sie suchte und brauchte: die Wärme religiöser Empfindung, die undogmatische Freiheit eines jeden Christenmenschen, nicht den Glauben bis in jede Faser geistig zu durchdringen, sondern etwas für seine Mitmenschen zu tun, also tätiges Christentum. Dabei fühlte sie sich ganz fest auf dem Boden der kirchlichen Überlieferung; Basedows antitrinitarische Ketzereien weckten nur ihre Entrüstung: ein Grund dafür, dass es bei einem einzigen Besuch in Nassau blieb. Auch von religiöser Schwärmerei trennten sie Welten, wobei ohnehin hinzugefügt werden muss, dass sie bei aller Empfindsamkeit dann doch wieder mit beiden Beinen im Leben stand. Nachdem sie Goethes *Werther* noch in der handschriftlichen Fassung kennen gelernt hatte, lief ihre Reaktion auf die Klage hinaus, dass der Selbstmord in letzter Zeit leider bedauernswürdig überhand nehme. Wenn der Sohn sich später so vehement gegen die neumodischen Metaphysiker wandte, wenn er Jahrzehnte später seiner (damals allein erziehenden) Frau ans Herz legte, in ihrer (jüngeren) Tochter Therese „das religiöse Gefühl zu wecken [...], da das Wissen in der Religion nur eine Neben-Sache ist“[41], so hat das ganz sicher in der Mutter und der Nassauer Lebensschule ihren Urgrund.

Gegenüber der Mutter trat der Vater in der Erziehung allem Anschein nach deutlich zurück. Zwar ist das älteste erhaltene Schreiben von Steins Hand ein lateinischer Glückwunsch an den Vater aus dem Jahr 1766[42], aber schon allein dessen häufige dienstliche Abwesenheit aus Nassau ließ es zu einer ganz engen Beziehung wohl nicht kommen.

Die Geschwister, von denen Sophie von Laroche begeistert schrieb, sie hätten die moralischen Vorzüge der Eltern in je eigener Schattierung und Form adaptiert, nahmen, soweit sie das Erwachsenenalter erreichten, den für den reichsritterschaftlichen Adel mehr oder weniger typischen Weg. Der älteste, Johann Friedrich (* 1749), schlug nach dem Besuch des Paedagogiums in Halle eine Militärkarriere ein, übernahm 1778 ein preußisches Regiment, wurde dann Hof- und Landjägermeister der Mark, fand aber auch verschiedentlich in diplomatischen Missionen, u. a. in Mainz, Verwendung, insbesondere im Umfeld des Fürstenbundes von 1785, und stand in einem Vertrauensverhältnis zu Karl August von Weimar, der in der Zeit der Gründung des Fürstenbundes nach Rankes (heute freilich erheblich einzuschränkendem) Urteil zu einer politischen Macht in Deutschland wurde, und zu seiner Entourage. Das neue Jahrhundert sollte er allerdings nicht mehr erleben. Friedrich Ludwig (* 1752) bewährte sich im kaiserlichen Militärdienst, unter anderem auch im Türkenkrieg Josephs II. in den ausgehenden 1780er Jahren, starb aber ebenfalls früh, schon 1790. Ludwig Gottfried (* 1762), dessetwegen der jüngere Bruder bereits 1782 in Schuldenangelegenheiten in Schwierigkeiten kommen sollte[43], scheint im französischen Militärdienst, in einem der deutschen Regimenter, sein Glück versucht zu haben, desertierte aber, zur Empörung des älteren Karl[44], 1792 aus einer badischen Einheit, tauchte lange unter – auch seiner Familie war sein Schicksal unbekannt –, und setzte sich dann mit dem älteren Bruder 1814 von Bremen aus wieder in Verbindung[45], der ihm eine jährliche Pension aussetzte[46]. Er lebte, erblindet und offenbar hochgradig alkoholabhängig, unter einem angenommenen Namen noch 1820 in Bremen, als Stein einen ihm nahe stehenden Frankfurter Geistlichen ohne nähere Angaben zum Verwandtschaftsverhältnis bat, Erkundigungen über ihn einzuholen[47]. Auch 1829 ist er noch am Leben gewesen, als Stein seiner alten Freundin Reden – wohl die einzige außerhalb der engsten Familie, die um das gut gehütete Geheimnis wusste – des langen und breiten zu erklären versuchte, warum er keinen Wert darauf lege, noch einmal mit Gottfried zusammenzutreffen[48]. Immerhin hat er sich dann dafür verwandt, dass ihm zumindest geistlicher Beistand geleistet wurde[49]. Es mag für den alten Stein eine besondere Beruhigung gewesen sein, wenige Monate vor seinem Tod noch die Mitteilung von einer religiösen und moralischen Wandlung bei seinem Bruder zu erfahren[50].

Die älteste Schwester Johanna Luise (* 1751) gehörte zu den umschwärmtesten jungen Frauen der Region, auch (der leicht entflammbare) Hardenberg verliebte sich in sie[51] – mit Ranke[52]: eine faszinierende Vorstellung, dass Stein und Hardenberg hätten Schwäger werden und die persönlichen Beziehungen mit Auswirkungen auf den preußischen Reformprozess eine ganz andere Richtung hätten nehmen können! –, bevor sie 1773 den kursächsischen Geheimrat Graf Jakob Friedemann von Werthern heiratete. Freilich wurde die Ehe alles andere als glücklich, was Karl August von Weimar ermutigte, der Gräfin unverkennbar und uverhohlen den Hof zu machen (und Goethe bewog, sie, die „schöne Gräfin", für ihn geradezu das Ideal einer Frau, einer „schönen Seele, die aus den letzten Flammenspitzen eines nicht verdienten Fegefeuers scheidet", und ihren grillenhaften Mann im *Wilhelm Meister* literarisch zu verewigen und ihr seine Werke zur Vorab-Lektüre zu übersenden[53]). Viel weniger im Blickpunkt der Öffentlichkeit standen die beiden nachgeborenen Schwestern Marie Charlotte (* 1754), die den hannoverschen Diplomaten Georg August von Steinberg, den sie wohl am Mainzer Hof, wo er seinen Kurfürsten vertrat, kennen gelernt hatte, heiratete (1779), und die leicht verwachsene Marianne (* 1753), die zunächst bei den Eltern blieb, aber ihrer geistigen Frische und Regsamkeit wegen allen Besuchern des Steinschen Schlosses besonders angenehm auffiel. Später, Anfang der 1780er Jahre, sollte sie dann eine Stiftsstelle im Adelsstift Wallenstein im hessischen Homberg erhalten. Vom Temperament und von der Weite des Blickes her verband Marianne mit ihrem jüngeren Bruder Karl wohl besonders viel; die mit Abstand intimsten Briefe sollte später Stein mit Marianne wechseln, die ihn um wenige Monate überlebte.

Man würde freilich in die Irre gehen, wenn man annähme, die Kinder Karl Philipps vom Stein und Henriette Karolines seien nur in der Abgeschiedenheit des mittleren Lahntals aufgewachsen. Bei aller Affinität zum „adeligen Landleben": die Blicke gingen auch über die engere Region hinaus, nach Mainz, wo der Vater bestallt war, ohnehin, in der Ära Breidbach-Bürresheim und Erthal ja ein besonders glänzender und offener Hof, aber auch an den Oberrhein, wohin die familiär verbundenen Neipperg und die Gemmingen – Henriette Karolines Mutter war eine Gemmingen – beruflich orientiert waren und dem Karls Patenonkel Leopold von Adelsheim im weiteren Sinn noch zugerechnet werden kann. Nicht zuletzt waren die welfischen Territorien im Gesichtsfeld der Familie, denen Henriette Karoline ihrer ersten Ehe wegen verbunden war. Aber das war längst nicht alles:

es kamen Besucher nach Nassau, die den Kindern ganz andere Geschichts- und geistige Landschaften öffneten und sie anregten. Seit den 1770er Jahren Sophie von Laroche, Wielands Jugendliebe, die nach dem Übertritt ihres Gemahls in kurtrierische Dienste in unmittelbarer Nachbarschaft, in Tal-Ehrenbreitstein ihren Wohnsitz nahm und häufig mit ihren Töchtern Luise und Maximiliane bei den Steins zu Besuch weilte (und darüber im 80. Brief ihres Romans *Rosaliens Briefe an ihre Freundin Mariane v. St.*" auch berichtete), seit der Veröffentlichung ihres Romans *Geschichte des Fräuleins von Sternheim* eine europäische Berühmtheit, Hardenberg und der preußische Minister Friedrich Anton von Heinitz, dessen zweite Ehefrau eine Freundin der Hausherrin war und der für Karls Karriere im preußischen Beamtendienst von eminenter Bedeutung werden sollte, nicht zuletzt Goethe, der 1774 im Verlauf der berühmten Rheinreise – „Prophete rechts, Prophete links, das Weltkind in der Mitte" – gemeinsam mit Lavater und später auch mit Basedow im Steinschen Elternhaus Station machte, das ja sozusagen in Sichtweite des Bades Ems lag, einem der bevorzugten Modebadeorte der damaligen Zeit, der die Prominenz geradezu magnetisch anzog. Auch Goethes Frankfurter Künstlerfreund Georg Melchior Kraus ging im Hause Stein wohl recht regelmäßig ein und aus. Die Bewertung ist sicher nicht abwegig, dass sich hier ein attraktiver geselliger Hof ausbildete, dem freilich die Komponente des dirigierenden Mannes fehlte – aber die Zeit mit ihrer Tendenz zu den von Frauen geführten Salons war durchaus schon bereit, über ein solches „Defizit" hinwegzusehen. Wenn man – wie seinerzeit Ritter – das „Überlebte und Ungesunde dieser politischen Zwergherrschaften" des reichsritterschaftlichen Adels ironisiert oder verspottet, beklagt, dass sich „weder eine deutsche noch eine besondere territoriale Staatsgesinnung" hier zu entfalten vermochte[54], dann übersieht man eklatant die eminente kulturelle und kulturpolitische Funktion solcher Herrensitze. Im Mittelrheingraben gewann Nassau rasch eine gesellschaftliche Schlüsselstellung, die sich in den Zahlen der illustren Gäste aus der geistigen und kulturellen Elite dokumentierte.

Mit diesen vielfältigen Bereicherungen durch Dritte korrespondierte eine – dafür reichten die Ressourcen allemal – gute Erziehung der Kinder, zunächst durch Gouvernanten, die immerhin schon die festen Grundlagen des Französischen legten. Diese Spracherziehung in der für den Adel nach wie vor unverzichtbaren *lingua franca* der damaligen Zeit versetzte Karl in die Lage, über einen sehr langen Zeitraum hinweg, bis in die frühen 1790er Jahre, so gut wie nur in dieser Sprache schriftlich zu kommunizieren, um dann allerdings in manchen Bereichen auf das Deutsche überzugehen, weil nur die Muttersprache es erlaube, ernsthafte Gegenstände zu erörtern und „uneigentliche Ausdrücke" zu vermeiden[55]. Hinzugefügt werden mag, dass er trotz dieser Option für das Deutsche, die im übrigen auch politische Hintergründe hatte, in der Familienkorrespondenz und in der mit engen

Freunden bis ans Lebensende beim Französischen blieb. Die Erziehung der männlichen Geschwister ging dann über in die Hände von (ausnahmslos aus Oberdeutschland bzw. dem Elsaß stammenden) theologisch gebildeten Hauslehrern, die, ob sie nun Braun, Göritz, Christlieb, Salzmann oder Rosenstiel hießen, auch nach ihrem Ausscheiden immer wieder einmal auf dem Steinschen Schloss als Besucher auftauchten und von Karl später mehr als einmal mit Privatangelegenheiten betraut wurden; sie scheinen der Hausherrin zudem als literarische Berater gedient zu haben und gelegentlich wohl auch als eine Art geistlicher Zuspruch. Auch in der Malerei wurden die Stein-Kinder unterrichtet, bei Luise wohl mit dem größten Erfolg.

In einem ganz anderen Zusammenhang – der Suche nach einem Hofmeister für eine befreundete Familie – hat Stein über fünfzig Jahre später anklingen lassen, dass er die Unterrichtung nur durch Hauslehrer im familiären Umfeld für problematisch hielt. Knaben, so liest man in einem Brief an Ernst Moritz Arndt, gehörten an sich – wie das ja bei seinem älteren Bruder Johann Friedrich gehandhabt worden war – im Alter von 14 bis 15 Jahren in eine öffentliche Unterrichtsanstalt, denn: „bei der häuslichen Erziehung bleibt der Knabe einseitig, scheu und unbeholfen“[56]. Vieles spricht dafür, dass Stein bei dieser Bemerkung nicht an Kinder Dritter dachte, sondern sich autobiographisch selbst im Blick hatte. Scheu und unbeholfen – das würde die Eingewöhnungsphase außerhalb des Elternhauses auf jeden Fall verlängern.

Damit korrespondieren Aufzeichnungen Steins[57] über seinen Unterricht und seinen Hauslehrer, die undatiert und mit der Überschrift „Erinnerungen ans Vergangene“ versehen sind, also demselben Titel, mit dem Stein 1823 seine autobiographischen Aufzeichnungen versah. Es ist freilich eher unwahrscheinlich, dass Steins Auslassungen über seinen Hauslehrer Karl August Göritz erst im Umfeld der Autobiographie entstanden sind; der Stil schließt das weitgehend aus. Wie auch immer, die Kritik ist überdeutlich: Man habe ihm die Wissenschaften vorgetragen und es „alsdann dem Anblick der in den Wissenschaften selbst liegenden Vollkommenheiten“ überlassen, ihn, den Heranwachsenden, zu den nötigen Anstrengungen zu bewegen. Sprachenlernen habe für ihn vor allem darin bestanden, lateinische Worte durch deutsche zu „surrogieren“, die Theologie sei ihm immer als „sehr unwesentlich“ für einen jungen Mann von Stand erschienen. Wissenschaften, „deren Verbindung ich mit meiner künftigen Bestimmung fühlte“, seien ihm viel wichtiger gewesen, aber leider habe sein Lehrer darin allenfalls mittelmäßige Kenntnisse besessen. Und dann lässt Stein ein vor Ironie und Sarkasmus geradezu sprühendes Feuerwerk zu seinem Lehrer Göritz folgen, das nicht nur seine scharfe Beobachtungsgabe, sondern auch seinen Witz erkennen lässt. Nach einigen Bemerkungen über seine Physiognomie und seinen Körperbau heißt es dort u. a.: „Durch 25jährige Arbeit hatte [er] mit einigen Bruchstücken aus den Wissenschaften sein Gehirn austapeziert, deren Erhaltung ihm so viele Mühe kostete, dass er zureichende Beschäftigung fand, die wenigen vernünftigen Ideen, die beständig wegen der übrigen schlechten Gesellschaft, in der sie sich fanden, auf die Flucht bedacht waren, festzuhalten, und so kam es, dass er in Verbindung des Stückwerks nie dachte, das wegen seiner natürlichen Schwierigkeit zu verdauen sich nie von selbst zusammenfügte. Der Regel nach befand sich seine Seele in dem Zustand, den einige unserer christlichen Mitbrüder den ungetauften Kindern beilegten, und wenn jemand den für ihn so unbequemen Einfall bekam, eine Frage an ihn zu tun, so geriet seine gedankenerzeugende Kraft in solche Arbeit, dass die kleinen Augen mit einer ungewöhnlichen Schnelle rollten und jeder Muskel seines Gesichts in Bewegung kam, so dass die Bewegungen der purpurfarbenen Haut denen Ondulationen glichen, die sich im roten Beiwerk des von Liebe begeisterten Hahnes zeigten, wenn er seine Empfindungen durch den rednerischen Bogen dem Huhn mitteilt, mit dem ihn die Natur gratifiziert". Diesem Mann, dessen Gehirn sich aus Kieselsteinen zusammensetzte, die mit Mohnsaft als *fluidum nervum* vermischt gewesen seien, dessen Seele aus demselben geistigen Stoff bestanden habe, aus dem die Schlafröcke der Engel verfertigt wurden – diesem Mann sei seine Erziehung anvertraut gewesen!

Es ist normal, dass Heranwachsende ihre Lehrer und Erzieher sehr kritisch betrachten, ihre körperlichen Defizite aufspießen, ihre vermeintliche völlige Unfähigkeit anprangern – aber dieser Ausbruch ist wohl nur als eine Anklage an seine Eltern zu verstehen, mit diesem Hauslehrer einen absoluten Fehlgriff getan zu haben (wobei die Kritik an dem Individuum sich mit einer deutlichen „Systemkritik" verbindet). Überhaupt muss man, mit Steins Einschätzung vielleicht sogar korrespondierend, die pädagogischen Erfolge der Hauslehrer, wenn man sich die Entwicklungen der Geschwister vergegenwärtigt, wohl doch alles in allem kritisch bewerten. Leider fehlen im übrigen in Bezug auf die Erziehung der Söhne (oder auch der Kinder allgemein) jegliche Erziehungsrichtlinien der Eltern oder der Mütter, wie sie aus anderen Adelsfamilien, etwa im Haus Sachsen-Gotha-Altenburg, die die Einrichtung eines adligen Hofmeisters kannten, überliefert sind – im überschaubaren Nassau wurde vieles offenbar mündlich geregelt, was anderswo in schriftliche Form gegossen wurde.

Wenn man diese aus welcher Stimmung auch immer heraus niedergeschriebene Fundamentalkritik mit Steins fünf Jahrzehnte später konzipierter Autobiographie vergleicht, ist das Erstaunen freilich groß: Kein Wort der Kritik dort, Harmonie, die über allem thront. Er, Stein, sei unter dem Einfluss des frommen, deutschritterlichen Beispiels der Eltern auf dem Land erzogen worden; „die Ideen von Religion, Vaterlandsliebe, Standes- und Familienehre, Pflicht, sein Leben zu gemeinnützigen Zwecken zu verwenden, und die hierzu erforderliche Tüchtigkeit durch Fleiß und Anstrengung zu erwerben, wurden durch ihr Beispiel und Lehren meinem jungen Gemüt tief eingeprägt". Das war gewiss nicht, wenn man nur seine Bemerkungen in dem Göritz-Papier über die Religion bedenkt, der Stein der frühen 1770er Jahre, der uns hier entgegentritt, das ist die Lebensphilosophie des 66jährigen, die auf seine Kindheit projiziert wird. Seine eigene Stilisierung war es, die Stein in den frühen 1820er Jahren bewegte, und dann wurde eben auch die Jugend „geschönt" im Sinn eines stringenten Lebensentwurfs, der ihn von der Kindheit bis zur Abfassung der Autobiographie charakterisiert habe. Die Autobiographie ist eine Stilisierung von Steins Leben, nicht der Spiegel des Lebens – deswegen wird im folgenden auch eher sparsam darauf rekurriert[58].

***

Karl bezog 1773, begleitet von einem melancholischen Gedicht seines Hauslehrers Christlieb, das sich in einer Abschrift der Mutter erhalten hat[59], die Universität – damit setzt die große Auswahledition seiner „Briefe und amtlichen Schriften" ein, die zu den Nassauer Kinder- und Jugendtagen leider keine Dokumente mitteilt. Es hing wohl weniger mit der angesprochenen Affinität der Mutter zu den welfischen Landen zusammen, dass er nach Göttingen ging, sondern damit, dass die Göttinger *Alma Mater*, obwohl nun auch schon über 30 Jahre in Aktivität, nach wie vor als die erste Adresse unter den deutschen Hochschulen galt (und deswegen, nicht zufällig, auch von vielen katholischen Adligen frequentiert wurde). Das bezog sich auf ihr Fächerspektrum, aber auch die Qualität ihrer Professoren Es war kein Zufall, dass der preußische „Universitätsbereiser" Friedrich Gedike einige Jahre später ein Viertel seines (insgesamt 14 Hochschulen gewidmeten) Berichts Göttingen widmete[60]. Gerade in den Fächern, denen sich der am 14. Oktober 1773 immatrikulierte „stud. jur." Karl vom Stein[61] unter Anleitung eines Hofmeisters, des später als Schriftsteller und Buchhändler zu Ehren gekommenen und mit Goethes „Aktuar" verwandten Straßburgers Friedrich Rudolf Salzmann[62], vorrangig widmete – dem Staatsrecht, der Wirtschafts- und Finanzwissenschaft, der Geschichte –, versammelte Göttingen die *Crême* der deutschsprachigen Wissenschaft, ob man nun an die Pütter oder Schlözer, die Gatterer oder Meiners, denkt. Für einen protestantischen reichsritterschaftlichen Adligen, der seiner Konfession wegen an den Nachbaruniversitäten Mainz oder Trier nach wie vor *persona ingrata* war, lag Göttingen in der Logik der Sache begründet: Göttingen war *die* Exzellenzuniversität des zweiten und dritten Drittels des 18. Jahrhunderts schlechthin.

Göttingen lag aber auch deswegen in der Logik der Sache, weil es gegenüber anderen Universitäten etwas auszeichnete, was Friedrich Karl von Moser in den Begriff der „praktischen Gedenkungsart" kleidete: die Praxisbezogenheit seiner Professoren, ihre „lebendige Kenntnis" der Politik, der Verfassung, der Realien. Die *Georgia Augusta*, die kein in der Nähe residierender (und über die Einhaltung von Staatsprinzipien sorgsam wachender) Landesherr in irgendeiner Weise einschränkte, stand nicht zuletzt wegen ihres (Adligen, ihren Interessen und ihren Zivilisierungerfordernissen besonders entgegenkommenden) Fächerspektrums und ihrer Offenheit für moderne geistige Strömungen an der Spitze aller *Rankings* der damaligen Zeit (die sich freilich damals, anders als heute, durch die Abstimmung nach Füßen konstituierten). Göttingen war alles in allem der Gegenpol zu jener trockenen Pedanterie, die die weitaus überwiegende Mehrzahl der übrigen deutschen Hochschulen der frühen 1770er Jahre „auszeichnete".

Ob noch weitere Aspekte bei der Entscheidung für Göttingen eine Rolle spielten, etwa die dortige konfessionelle „Heterodoxität", die sich scharf abgrenzte von dem Halle beherrschenden Pietismus oder von der konfessionellen Traditionalität der Universität Leipzig, mag offen bleiben – dem gesamten Bündel der Faktoren, die den Ausschlag für gerade diese Option gaben, wird man wahrscheinlich nie auf die Spur kommen.

Stein hat die neue, ihm bisher nicht vertraute Freiheit mit vollen Zügen einzusaugen begonnen – es war seine erste längere Reise weg von den Eltern[63], und dieses Einschnitts ist sich, wie der erste Brief schon aus Wetzlar an die Mutter belegt, der junge Mann voll bewusst gewesen. Aber bevor er sich uneingeschränkt dem Studentenleben – obschon unter der (wir werden sehen: strengen und peniblen) Aufsicht eines Hofmeisters und unter indirekter Kontrolle der regelmäßig auf dem laufenden gehaltenen Mutter – hingeben konnte, war noch eine familiäre Angelegenheit von einigem Belang zu klären. Es gehörte zu den Überlebensstrategien zahlreicher Kleinadelsfamilien des mittleren 18. Jahrhunderts, das gesamte Hausgut zum Fideikommiss zu erklären, um weitere Verschuldung und Zersplitterung zu verhindern, und zu diesem Schritt entschloss sich Anfang der 1770er Jahre auch Karl Philipp, immerhin als Angehöriger des Jahrgangs 1708 bereits in seinen sechziger Jahren stehend und mit gutem Grund bemüht, sein Haus zu bestellen. Angesichts der Entscheidung der beiden älteren Söhne, sich dem Deutschen Orden anzuschließen und faktisch eine militärische Karriere zu starten, nahmen der Chef des Hauses und seine Frau ausdrücklich davon Abstand, ein Majorat zu errichten, und es musste Karl klar sein, dass in der gegebenen Situation die Eltern vor allem an ihn dachten als denjenigen, der als Gesamterbe die Familie fortzusetzen hatte: derjenige, der „zum Heurathen wird ernennet werden"[64]. Den zweitjüngsten Sohn zum Gesamterben zu bestellen – was nichts mit dem in anderen Regionen und in anderen Sozialschichten praktizierten „Jüngstenrecht" zu tun hat –, wird im Schoß der Familie sicher für Diskussionen gesorgt haben, wobei nur darüber spekuliert werden könnte, was die Eltern zu dieser Entscheidung bewogen hat – was die Übergehung Johann Friedrichs betrifft, wohl dessen damals schon erkennbare Leichtlebigkeit und Verschwendungssucht. In Ansehung der nicht zum Erbe gelangenden Söhne und der Töchter unterscheidet sich das Dokument nicht grundsätzlich von anderen Urkunden dieser Art – ein Dokument, zu dessen Hauptzweck erklärt wurde, das Geschlecht vor dem Verderben zu bewahren und nicht in die Überschuldung absinken zu lassen. Zu der endgültigen Entscheidung, welcher der Söhne die Familie fortsetzen sollte, sollte es dann freilich erst nach Karls Studium, mittels einer Urkunde vom 20. Oktober 1779, technisch gesprochen eines Kodizills zum Steinschen Familienvertrag[65], kommen. Dass aus Steins Ehe dann – um dies vorwegzunehmen – nur Töchter hervorgehen sollten, diese Maßnahme zur Sicherung des Familienerbes sich also in letzter Instanz als wirkungslos erwies, war damals nicht vorherzusehen. Im übrigen sollte dieser Fideikommiss, der 1808 noch einmal gerichtlich hinterlegt wurde, unter den Vorzeichen der Sequestration über die Steinschen Güter später noch Gegenstand intensiver innerfamiliärer Diskussionen werden[66] und bei der Erhebung der Steinschen Domänen Cappenberg und Scheda zur Standesherrschaft 1825 eine wichtige Rolle spielen[67].

Die Errichtung des Familienfideikommisses entsprach den Überlebensstrategien von Kleinadelsfamilien, eine andere Zukunftsplanung fällt dagegen aus dem Rahmen des Üblichen um so deutlicher heraus. Im Cappenberger Stein-Nachlass findet sich ein gesiegeltes Attestat einiger mittelrheinischer Reichsritter für das Naumburger Domkapitel, in dem dem jungen Stein die Herkunft „aus einem alten untadelhafften adelichen Geschlecht" bescheinigt wird und die Ahnen, wie bei Aufschwörungsurkunden zu den Domkapiteln üblich, im einzelnen aufgelistet werden[68]. Offenbar hat im Schoß der Familie zumindest zeitweise die Absicht bestanden, Karl im (säkularisierten, also rein evangelischen) Naumburger Domkapitel unterzubringen. Dass sich das erwähnte Dokument im Original im Stein-Nachlass befindet, ist kein Grund zu der Vermutung, es sei vielleicht gar nicht verwendet worden. Als Option ist das Ganze nicht ohne Reiz: Stein in einem protestantischen Kapitel in Mitteldeutschland! Kein Wunder, dass Ritter diesen Vorgang völlig mit Schweigen übergeht – es ging nicht an, der Assoziation Raum zu geben, Stein sei für bloßes Nichtstun entlohnt worden! Und um auch hier schon einen Blick nach vorne zu werfen: Stein wurde tatsächlich Domherr – allerdings nicht in Naumburg.

Das Dokument und die Immatrikulation in Naumburg legen, wie es scheint, eine Doppelstrategie der Familie offen. Ob von den Nassauer Stein überhaupt jemand vor Karl zum Studium gelangte, ist eher zweifelhaft, und im Schoß der Familie scheint es deswegen auch Bedenken gegeben haben, ob man – konkret also: der künftige Chef des Hauses – auf der Grundlage eines Studiums der Rechte wirklich ein angemessenes Auskommen werde finden können. Man setzte deswegen auf eine Doppelgleisigkeit: Dem Vater war in Mainz das Institut der Dompräbende hinlänglich bekannt geworden, und Präbenden gab es selbstverständlich auch noch an den protestantisierten mitteldeutschen Stiften, für die man keine Weihen benötigte. Sollte das Studium nicht zu der erwünschten finanziellen Unabhängigkeit führen, schienen Dompräbenden ein Ausweg zu sein, eine neue Option und eine alternative Versorgung zu eröffnen.

1772, unmittelbar vor Steins Übergang an die Universität, war angesichts seines Alters – er wurde gerade einmal 15 Jahre alt – in Naumburg selbstverständlich nur eine (vage und unsichere) Exspektanz zu erwarten. Gleich damals tauchte aber der Gedanke auf, die Anwartschaft auf eine Major-Präbende zu kaufen[69]. Dabei gingen die Blicke freilich eher zu einem anderen 1648 säkularisierten Mediatbistum, nach Merseburg, von wo denn auch positive Signale kamen[70]. Auch dort befanden sich allerdings 47 Bewerber vor Stein auf einer geradezu unabsehbar langen Warteliste[71]. Dennoch wurde 1773 um Immatrikulation für den jungen Stein gebeten. Zwar ergaben sich einige formale Schwierigkeiten, die zum Teil mit dem vorgelegten Stammbaum zusammenhingen[72], aber schlussendlich wurde Karl vom und zum Stein im Merseburger Generalkapitel vom 1. Oktober 1773 dann doch „in numerum expectantium canonicorum" aufgenommen[73]. Die Akte in Steins Nachlass schließt damit; es muss daher angenommen werden, dass Stein nie in das Merseburger Domkapitel gelangte. Ob er sich jemals darum bemühte, bedarf noch der Erhellung. Aber auch damit war – es ist darauf zurückzukommen – das Thema einer mitteldeutschen Dompräbende noch nicht vom Tisch.

Mit diesen Perspektiven – präsumtiver Gesamterbe des Hauses, Präbenden in protestantischen Stiften – im Hinterkopf, absolvierte Stein dann sein Studium in Göttingen, über das im übrigen die universitären Quellen nur sehr ausschnitthaft Auskunft geben; außer dem Eintrag im Matrikelbuch und einem Verzeichnis der aus der Universitätsbibliothek entliehenen Bücher haben sich nur der Stundenplan des jungen Studenten und eine Disziplinarakte erhalten, die immerhin von einigem anekdotischen Wert ist: Stein musste nur ein einziges Mal vor dem Universitätsgericht erscheinen, dieses Auffällig-Werden resultierte aus einem Streit mit einem Kommilitonen[74] um die gemeinsame Benutzung eines Tintenfasses – eine Lappalie, die das Universitätsgericht auch vor überhaupt keine Probleme stellte, die beiden „Kontrahenten" wieder zu versöhnen. Stein bezog mit seinem „Zerberus" ein Privatquartier bei dem Tischler Mäder in der Weender Straße, im übrigen beileibe keine „Studentenbude", sondern eine Siebenzimmerwohnung, die er ab dem Sommersemester 1774 dann mit einer (etwas billigeren) Wohnung im Haus der Witwe des Hutstaffierers Scharf in der Paulinerstraße vertauschte, übrigens in unmittelbarer Nähe des Domizils seines akademischen Lehrers Schlözer.

In Göttingen, einer Universität mit (damals) beachtlichen 850 Studenten, von denen sich ca. zwei Drittel in der Juristischen Fakultät eingeschrieben hatten, wurde der eben genannte August Ludwig Schlözer[75] zu der Lehrerpersönlichkeit, die Stein – wie viele seiner Kommilitonen, seine Vorlesungen waren geradezu überlaufen – wohl am nachhaltigsten beeindruckte und prägte. Geschichte: das gehörte im Göttingen der damaligen Zeit als Leit- und Neigungsfach bei jungen Adligen geradezu zum Pflichtkanon. Bei Stein kam hinzu, dass er seit seiner Kindheit, in der er sich bereits an Tacitus und Thukydides versucht hatte, der Geschichte ein ausgeprägtes und spezifisches Interesse entgegenbrachte, nicht im Sinn einer „Wisserei von hunderttausend Erscheinungen, in die hunderttausend Hände auf eine verworrene Art eingegriffen haben", sondern in der Absicht, irgendwie einer „höheren Weltregierung" auf die Spur zu kommen. Die Präferenz Schlözer erklärt sich leicht aus dessen Fähigkeit, seinen Studenten und also auch Karl vom Stein einen historischen Kompromiss zwischen altdeutscher „Libertät" und moderner, auf Gewaltenteilung zielender Verfassungslehre zu vermitteln. Aber auch die Weite von Schlözers geschichtlichem Denken – er hatte knapp fünf Jahre in Stockholm und Uppsala sowie ebenso lange in St. Petersburg gelebt, hatte in den ausgehenden 1760er und frühen 1770er Jahren sehr eingehend über Russland und den „Norden" publiziert und sich dann der „Universalgeschichte" zugewandt, freilich damit eine recht heftige Kontroverse ausgelöst[76], bei der neben dem Berliner Geographen Anton Friedrich Büsching und dem Hallenser Philosophen und Historiker Johann Erik Thunmann auch sein Göttinger Fachkollege Gatterer Stellung gegen ihn bezog – wird den jungen Stein fasziniert haben. Es spricht vieles dafür, dass Stein 1773 an Schlözers Universalgeschichte-Kolleg teilnahm und im übrigen wohl auch von Schlözers Interessen an Bergbau und Mineralogie profitierte – für seinen weiteren Lebensweg nicht unerheblich. Nicht unerheblich in der *longue durée* mag auch gewesen sein, dass Stein noch einen „Nachklapp" mitbekommen haben könnte von Schlözers Nikon-Edition[77], die ihn sensibilisierte für alle Fragen der Quellenkritik und insofern in einem zugegebenermaßen sehr weiten Sinn mit in die Ahnengalerie der *Monumenta Germaniae Historica* zu rechnen ist. 1771 hatte sich Schlözer erneut mit der Vision einer Edition – diesmal deutscher Geschichtsquellen – beschäftigt.

Schlözer wurde vor allem aber deswegen für Steins geistige Entwicklung wichtig, weil er ihm die neuen westeuropäischen Staatstheoretiker, insbesondere Montesquieu vermittelte, ihm die Eigenart der englischen Staatsstruktur und -entwicklung nahebrachte und ihm zudem eine ganz spezifische Hochschätzung ständischer Vertretungen zum Zweck der Zügelung despotischer Fürstenwillkür einpflanzte.

Da Stein, formal Student der Jurisprudenz, damals nicht ausschloss, eine Karriere an einem der Reichsgerichte zu starten, wurde Johann Stephan Pütter, eins der Glanzlichter der damaligen Göttinger *alma mater*, der beste Kenner des Reichsrechts und der Reichsinstitutionen und einer der letzten großen Systematiker des Ancien Régime, zu seinem zweiten akademischen Lehrer, der ihm insbesondere das für eine solche Karriere notwendige Wissen im Reichsrecht und in der Reichsgeschichte vermittelte, aber ihn wie

Schlözer auch sensiblisierte für Wesen und Volumen ständischer Freiheit und Partizipation. Der Jurist Georg Ludwig Boehmer sah ihn in seiner „Institutionen"-Vorlesung, der Jurist Johann Heinrich Christian v. Selchow in seinem Kolleg zum öffentlichen Recht im Mittelalter – Gelehrte, denen er neben vielen anderen Einsichten die Kenntnis der alten Editionen deutscher Geschichtsquellen verdankte, an deren Stelle später dann die *Monumenta* treten wollten (und sollten). Aber auch der Philosoph Johann Georg Heinrich Feder, von der Disziplingeschichte nicht als einer der Großen des Fachs eingeordnet, und der Polyhistor, Philologe und Ethnologe Christoph Meiners zählten zu den von ihm besonders geschätzten Dozenten, wohingegen er sich aus dem Kolleg Gatterers recht bald wieder verabschiedete[78], das insofern aber für Stein von Bedeutung war, als er dadurch erstmals mit der ältesten Geschichte Germaniens in Berührung kam.

Aber das Göttingen der frühen 1770er Jahre wurde für Stein nicht nur der akademischen Lehrer wegen zu einer wegweisenden Etappe seines Lebenswegs, um so mehr als namentlich Schlözer ihn auch mit Regionen bekannt gemacht haben wird, die bisher außerhalb seines Gesichtskreises gelegen hatten (Russland), sondern auch deswegen, weil er hier Freundschaften für das ganze Leben schloss. Neben seinem entfernten Verwandten Johann Karl Löw von Steinfurt sind in diesem Zusammenhang die späteren hannoverschen Staatsbeamten August Wilhelm Rehberg, Ernst Brandes und Franz von Reden zu nennen, von denen insbesondere letzterer dem Stein überwachenden Hofmeister Salzmann anfangs gar nicht zusagte[79]. Die drei Kommilitonen sollten in der Folgezeit zu wichtigen Gesprächspartnern vor allem über englische Angelegenheiten und über die Übertragbarkeit englischer Ansätze, etwa was die politische Partizipation adliger Grundbesitzer und des Großbürgertums betraf, werden. Stein hat ihre Karrieren und Veröffentlichungen genau verfolgt[80], auch wenn sie nicht immer seinen ungeteilten Beifall finden sollten[81]. Leider hat sich ein wichtiger Quellenbestand, der viele Einsichten verspräche, die Korrespondenz Steins mit Rehberg, nicht erhalten[82] – Rehberg hat Steins Briefe vernichtet –, was um so mehr zu bedauern ist, als Stein in einem bekenntnisartigen Brief aus dem Jahr 1792 ihn neben seiner Schwester Marianne und Karoline von Berg zu den Personen rechnete, „mit denen ich in einem vollkommenen Verhältnis der Übereinstimmung, der Empfindungen und Begriffe stehe, in deren Umgang es mir unbedingt wohl ist, deren Meinungen, Handlungen und Betragen im wesentlichen mit den meinigen übereinstimmen, für die ich keinen verborgenen Gedanken haben mag"[83]. Wenn man bedenkt, dass Rehberg Stein 1780 einen kleinen philosophischen Dialog *Cato* widmete[84], kann man die Enge der freundschaftlichen Beziehung leicht nachvollziehen. Gerade in den Jahren nach 1792, als Stein von Minden aus ohne große Mühe nach Hannover reisen konnte, hat das Gespräch an Intensität wieder erheblich gewonnen, nun auch begünstigt dadurch, dass Rehberg als Geheimer Kanzleisekretär sozusagen an der Quelle aller Informationen aus dem Inselstaat saß. Die Beziehungen zu Franz von Reden, seit 1825 hannoverscher Gesandter in Berlin, waren dagegen über einen längeren Zeitraum unterbrochen[85], nachdem die beiden noch die (sicher ganz besonders zusammenschweißende) berufsorientierende Kavalierstour gemeinsam absolviert hatten.

Aber außer an dieses hannoversche Dreigestirn ist auch an einen der Spiegel-Brüder zu denken[86], den fast sechs Jahre älteren Sohn des westfälischen Landdrosten Franz Wilhelm, den Stein über einen anderen „Niedersachsen", Georg Friedrich von Steinberg, kennen gelernt hatte, auch wenn sich der kontinuierliche Gedankenaustausch mit ihm, der freilich nach eineinhalb Jahren Göttingen auch schon wieder verließ, über die Jahre hinweg nicht nachweisen lässt. Franz Wilhelm Spiegels Stiefbruder Ferdinand August dagegen sollte dann in Steins „westfälischer Periode" zu einem seiner maßgeblichen Gesprächspartner werden[87]. Auf ihn wird zurückzukommen sein.

Diesen überhaupt nicht organisierten, insofern rein informellen Freundeskreis, dessen Mitglieder sich, kaum überraschend, dann auch in den Listen der verschiedenen Göttinger Studentenorden nicht finden[88], einte neben ähnlich gelagerten wissenschaftlichen Interessen wohl vor allem eins: die Animosität gegen alles Eitle und Leere, die Entschlossenheit, künftig etwas für die Gestaltung und Weiterentwicklung der Gesellschaft tun zu wollen, wo auch immer der Lebensweg sie hin führte. Das hatte nichts Geheimbündlerisches an sich: diese Gruppe einte schlicht die Vision, sich in die Transformation der Gesellschaft in dem Maß einzubringen, das ihr Karriereweg eröffnen würde.

Es war wohl dieser Umgang mit Menschen, die anders sozialisiert waren, die andere Mentalitäten hatten[89], anders dachten, der Stein in den Göttinger Jahren nachhaltig veränderte. Salzmann, sein Erzieher, beobachtete das zum Teil mit Sorge[90]. Dass er, der reichsritterschaftliche Adlige, früh Gedanken nachhing, bestimmte Vorrechte des Adels an den Universitäten abzubauen[91], mochte noch hingehen, wichtiger war wohl, dass Salzmann den Eindruck wachsender Herzenskälte bei seinem Zögling gewann[92], von dem er zwar früh annahm, er werde eines Tages ein „grand homme", den er aber beispielsweise für unfähig hielt, eine echte Freundschaft zu entwickeln[93] – in einer Zeit, die das Rousseausche Freundschaftsideal über alles stellte, ein besonders harter Vorwurf. Das wird man nicht alles auf die Goldwaage legen dürfen, denn es gehörte für einen Hofmeister zur Profession zu klagen, um seine eigenen Erziehungserfolge um so strahlender erscheinen zu lassen (oder um sich rechtzeitig gegen Misserfolge abzusichern). Karl vom Stein traf immerhin jetzt erstmals mit einer Welt zusammen, die nicht mehr die behütete Welt des Schlosses Nassau war – das führt verständlicherweise zu Unsicherheiten. Siebzehnjährige neigen zudem – ein ganz natürlicher Vorgang – in bestimmten Grenzen zur Renitenz, zur Verschlossenheit, auch zum Testen, wie weit man gehen kann. Insofern ist man geneigt zu sagen, dass die Unruhe eines mitten in der Pubertät steckenden jungen Mannes, seine Sprunghaftigkeit, seine Versuche, mit möglichst vielen und möglichst unterschiedlichen Menschen, Briten wie dem Grafen O'Donell, der später für ihn noch einmal wichtig werden sollte, Schweizern, Livländern, Kurländern, Schweden, in Kontakt zu treten, ein völlig normaler Vorgang war. Das hielt die Eltern, namentlich die Mutter, selbstredend nicht davon ab, ihm sehr ernsthaft ins Gewissen zu reden (und fast resignativ zum Ausdruck zu bringen, dass Söhne wohl immer störrisch würden, die Zärtlichkeiten, Sorgen und Mühen der Eltern nicht honorierten und vergelten könnten, Mütter nur noch als „Phantome" ansähen[94]). Mit dem Übermaß an Pädagogik und Erziehung, das die Mutter, Salzmann, zudem Göttinger Freunde der Familie wie insbesondere das Ehepaar Feder über ihn auszugießen versuchten, wollte und konnte sich Stein nicht befreunden. Salzmann, der sich offenbar sogar in einer eigenen tiefen Krise befand und zwischen einem religiösen Rationalismus und einem weichen, auf einen Mystizismus hinweisenden Gefühlschristentum einen Mittelweg suchte[95], hatte im übrigen auch eigene Interessen, besuchte andere Vorlesungen als sein Zögling, hatte wissenschaftlichen Ehrgeiz, den er vor allem auf Gatterer projizierte[96], mit dem Stein bald nicht mehr viel anfangen konnte. Und ob der junge Stein begeistert war von Salzmanns Plan, ihn schon 1774 in die Göttinger Freimaurerloge aufnehmen zu lassen[97] und sich damit allen Verpflichtungen einer solchen Gesellschaft zu unterwerfen, bleibe vorläufig auch auf sich gestellt; die Antipathie seines Zöglings gegen alle Formen gesellschaftlichen Zwangs erschien seinem Erzieher jedenfalls evident[98]. Stein wurde jedenfalls erst etliche Jahre später in die Wetzlarer Loge „Joseph zum Reichsadler" aufgenommen[99], der bereits einige Assessoren angehörten, die dann im Illumatismus eine Rolle spielen sollten[100]. Ein wirklich aktives Mitglied der Maurerei ist Stein aber nie geworden.

Es kann vor diesem Hintergrund eines unruhigen jungen Mannes, der in den Augen des Hofmeisters zu einem guten Teil falsche Freunde hatte[101], renitent war und zum Spott neigte, sich Salzmann und seinem Drängen, wenigstens einmal im Monat die Kirche zu besuchen, zu entziehen suchte, nicht grundsätzlich erstaunen, dass der Pädagoge nach einer gewissen Zeit, von Selbstzweifeln ob seiner pädagogischen Fähigkeiten umgetrieben[102], resignierte[103] und durch den sanften Hofmeister Christlieb ersetzt werden musste. Der neue „Zerberus" ist im übrigen mit dem Studiosus dann offenbar viel besser zurechtgekommen[104], weil er ihm mehr Freiraum zugestand, und hat sich besonders eingehend mit seiner richtigen Ernährung beschäftigt[105] – die gesunde Ernährung, um alle gesundheitlichen Risiken bei dem (wie wir wissen: zur Fortsetzung des Geschlechts vorgesehenen) Sohn auszuschließen, stand für die stets kränkelnde Mutter immer ganz obenan bei ihren Nachfragen.

Salzmanns Stellung war aber natürlich auch deswegen problematisch, weil er unter einem doppelten Druck stand: dem seines Zöglings, der seinen eigenen Weg zu finden suchte, und dem der über alle Maßen besorgten Mutter, die ihn keinen Augenblick unbeaufsichtigt und unbegleitet wissen wollte, die von den tiefsten Sorgen geplagt war, der Sohn könne in das studentische Lust- und Lasterleben abgleiten. Diese „Gefahr" bestand übrigens nie, auch nicht die, dass der junge Stein, ein Muster an Sparsamkeit, das Geld zum Fenster hinauswerfen würde. Diesem doppelten Druck seines Schutzbefohlenen und der Mutter war Salzmann am Ende nicht gewachsen, wobei neben (und vor) allen anderen Momenten ein fundamentaler Gegensatz zwischen Stein und Salzmann im Hinblick auf die Soziabilität hinzutrat: mit einem Menschen, der sich – an sich ja kein Widerspruch – vom gefühlsbetonten Christen rasch zum begeisterten Freimaurer wandelte und der als Konventikler die ständige „Selbstbestätigung und Selbstabspiegelung" durch Dritte suchte und benötigte[106], konnte Stein auf Dauer nichts anfangen. Bezeichnenderweise taucht der Name seines Göttinger „Aufpassers" in Steins Autobiographie kein einziges Mal auf. Salzmann sollte nach seiner Resignation dann im geistigen Leben seiner Heimatstadt Straßburg noch eine gewisse Rolle spielen, unter anderem durch die Begründung einer „Deutschen Gesellschaft", die er gemeinsam mit Jakob Lenz, Goethes Rivalen, leitete – auch wenn er die offenbar eine Zeitlang angestrebte Professur an der dortigen Universität nie erhielt. Aber die Nobilitierung durch den Meininger Hof, an der offenbar auch die Familie Stein hinter den Kulissen mitgewirkt hat[107], mag ihn darüber hinweg getröstet haben.

Um zu dem Göttinger Studiosus zurückzulenken: das Entscheidende war, dass das Studium nicht etwa zu einer lästigen Pflichterfüllung wurde, sondern – obschon nicht immer mit den von Salzmann gewünschten Schwerpunkten – überaus ernsthaft betrieben wurde[108]. In einem seiner ersten Briefe an die Nassauer Familie hatte er eingestanden, dass es dazu gar keine Alternative gebe, weil, wenn man in Göttingen nicht vor Langeweile umkommen wolle, man schlicht arbeiten müsse[109]. Und Göttingen *war* eine „Arbeits-Universität": die üblichen studentischen Rituale und Exzesse in Form von Saufgelagen oder Duellen hatten kaum einen Platz. Über den Reit-, Tanz- und auch Musikstunden[110], die für einen Adligen ein Muss waren, aber in allen Fällen von dem Studiosus Stein nicht sonderlich goutiert wurden, kam das ernsthafte Studium, allen Klagen des Pädagogen ungeachtet, keineswegs zu kurz. Die Listen der von ihm entliehenen Bücher weisen das aus, und es ist in diesem Zusammenhang überaus bezeichnend, dass Stein dafür sorgte, dass das Elternhaus fortan regelmäßig mit den *Goettingischen Gelehrten Anzeigen* beliefert wurde[111]. Stein lernte zudem Sprachen: das Englische, in dem er es zu einer beachtlichen Fertigkeit brachte, und das Italienische, das einzusetzen er in der Folgezeit freilich dann nicht zu oft Gelegenheit fand – ob 1820 auf seiner Italienreise noch ein großer Wortschatz und eine entsprechende Sprachfertigkeit vorhanden waren, ist wohl eher mit einem Fragezeichen zu versehen. Alles machte auf jeden Fall den Eindruck von Ernsthaftigkeit, von Zielgerichtetheit; eine Sturm- und Drangzeit, die Jugendliche normalerweise in diesem Alter hinter sich bringen (müssen), lässt sich bei Stein aktenmäßig nicht festmachen. Auch einer seiner Professoren, der Philosoph Feder, den die Mutter über Dritte um eine vertrauliche Einschätzung gebeten hatte, hatte den Eindruck zielgerichteter Ernsthaftigkeit. Der Satz: „Der Herr vom Stein hat solche Eigenschaften, dass er auch ohne alle fremde Empfehlung mich interessieren würde", wird der besorgten Mutter gut getan haben[112], mit der der Sohn zwar Briefe wechselte, deren Zahl dann aber doch wieder hinter den Erwartungen (der Mutter und des Historikers) zurückblieb.

Was das Studium an sich betrifft, so hat die Forschung sicher noch einigen Nachholbedarf, was u. a. damit zusammenhängt, dass Steins letztes Studienjahr fehlender Korrespondenzen wegen völlig undokumentiert ist. Wir wissen seit längerem, welche Bücher Stein aus der Göttinger Universitätsbibliothek entliehen hat[113], aber bisher fehlt über das bloß Enumerative hinaus und die pauschale Einschätzung, dass Staatsrecht, historische Quellenwerke, die englische Geschichte und die Finanzwissenschaften besonders hervorzutreten scheinen, eine wirkliche Analyse, die dieses Material erschlösse. Von seinen akademischen Lehrern war oben schon kurz die Rede, aber wie sich die von der älteren Literatur immer wieder liebevoll bemühte Synthese von Idealität und Faktizität, von Wissenschaft und Wirklichkeit im einzelnen bei Stein ausbildete, harrt noch der Erhellung. Allerdings – es wird darauf zurückzukommen sein – formten sich wesentliche Elemente seines „Weltbildes", seines geistig-politischen Koordinatensystems: das Wissen um die Interdependenz von Recht und Geschichte, um das Gefüge von Reich und Einzelstaat, also von Universalismus und Dezentralisierung, von öffentlichem Geist und staatlich-gesellschaftlicher Bindung jedes Menschen. Die „Göttinger Schule" hat ihn mit Gewissheit auch mit den sozialen Problemen der Zeit bekannt gemacht: dem großen Themenfeld der Bauernbefreiung, der Armenproblematik, dem Schlagwort der „Gemeinnützigkeit". Dass er in Göttingen auch sein spezifisches Interesse an der Diplomatik ausleben konnte, verweist schon weit nach vorne auf die Gründung der *Monumenta*.

Natürlich hat Stein am gesellschaftlichen Leben seiner Universitätsstadt teilgenommen, aber dies in Maßen. Selbstredend hat er viele Abende mit dem oben bezeichneten Kreis seiner Kommilitonen verbracht, gewiss hat er manchen Abend im Hause Feder geweilt – aber von allen schwärmerischen Auswüchsen des Göttinger Studentenlebens, die freilich in jenen Jahren verhältnismäßig wenig ausgebildet waren, hielt er sich fern. Wir hören insbesondere nichts davon, dass Stein jemals in irgendeinen Kontakt zu dem vor allem von Literaten getragenen Hain-Bund getreten wäre, der gerade in den Jahren seines Studiums den Höhepunkt seiner Aktivitäten erlebte: Aktivitäten, die in starkem Maß deutschtümelnd und für altdeutsche Heldengröße schwärmend ausgerichtet waren. Für viele Angehörige seiner Alterskohorte, etwa seinen aus dem mainzischen Umfeld stammenden Jura-Kommilitonen und späteren Komponisten Joseph Martin Kraus[114], waren diese Aktivitäten immerhin reizvoll genug, in diese merkwürdig nach hinten orientierte Welt einmal „hineinzuschnuppern“ – Stein, ästhetischer Liebhabereien allem Anschein nach schon damals abhold, kam offenbar nie in Versuchung, einen Blick hinter die Kulissen des Hain-Bundes zu werfen.

Das Studium fand zwar nicht – bei Personen seines Standes ohnehin nicht üblich – mit einem Examen und einer förmlichen Graduierung seinen Abschluss, aber dass Stein die Universität reich gebildet verließ, steht außer Frage. Göttingen und die Reisen in die Umgebung, etwa nach Pyrmont, hatten es ihm auch ermöglicht, seinen ohnehin schon beachtlichen Bekanntenkreis erheblich auszuweiten; in Pyrmont war er im Sommer 1774 beispielsweise mit etlichen regierenden Fürsten und mit Johann Gottfried Herder und Moses Mendelssohn zusammengetroffen[115]. Wenn er überhaupt etwas an Göttingen auszusetzen gehabt hatte, dann war es die Qualität des Essens[116] – aber das interessierte ihn in diesen Jahren nicht wirklich.

Bis zum Abschluss des Studiums hatte Stein sicher einen Entwicklungssprung gemacht: Aus dem schon vom Elternhaus an den Umgang mit der „großen Welt“ gewöhnten Heranwachsenden war ein junger Mann geworden, der seine Ecken und Kanten hatte, der hartnäckig, wohl auch auffahrend und brüsk sein konnte, der kühle Ironie, einen Hang zur Schroffheit entwickelte, der aber trotzdem Freundschaften hatte schließen können, die in den meisten Fällen ein ganzes Leben halten sollten und die belastbar waren. Er hatte keine im eigentlichen Sinn „wilde“ Sturm- und Drang-Zeit hinter sich bringen müssen, sondern war auch ohne diese Erfahrung gereift: durch ausgedehnte Lektüre, durch das *Convivium* mit einer internationalen Freundesgruppe, durch die Selbständigkeit, die er Hofmeistern und mütterlichen Briefen zum Trotz zu entwickeln hatte, durch die Bestätigung der ihm wohl schon in Nassau vermittelten Einsicht, dass sich im Leben nur etwas durch Leistung, diszipliniertes Arbeiten und Charakterstärke erreichen lasse.

Seine Briefe an die Familie vermögen diesen Entwicklungssprung wohl anzudeuten: Waren sie anfangs noch einigermaßen kindlich, naiv, von Unerfahrenheit zeugend, manchmal auch vorlaut, renitent, freilich früh auch mit Elementen der Altklugheit und der zielsicheren Präzision gemischt, so waren sie im Lauf der Göttinger Jahre ironischer, moralischer geworden, die Schwächen und Lächerlichkeiten seiner Mitmenschen stärker pointierend, aber nicht selten auch schon von einem Gefühl der geistigen Überlegenheit durchdrungen. Als Stein Göttingen verließ, war er ein gereifter junger Mann, der – bei aller unveränderten Affinität zur Familie – in der Lage war, seine Zukunft in die eigene Hand zu nehmen.

Was folgte, war die im Adel übliche Kavaliersreise. Über diese Praxis ist in den zurückliegenden Jahren intensiv geforscht worden, und es hat sich dabei unter anderem ein „typischer“ Verlauf herausgeschält, der auf jeden

Fall Frankreich als den europäischen Vorbildstaat schlechthin und das Kulturzentrum Italien einschloss. Auch die Brüder Stadion, die später während seines Exils in Böhmen für ihn wichtig werden sollten, folgten dieser „klassischen" Route[117]. Steins Reise, die man freilich eher als eine Studienabschluss- und Berufsorientierungsreise charakterisieren sollte, differierte von diesem Muster, das generell seit dem Siebenjährigen Krieg einem allmählichen Wandel unterworfen war[118], erheblich. Sie führte zunächst nach Wetzlar, wo Stein schon auf der Reise nach Göttingen Station gemacht und ein längeres Gespräch mit einem der prominenten Assessoren, Johann Heinrich von Harpprecht, geführt hatte[119] (sicher nicht über ein schwebendes Verfahren der Familie über Besitzstreitigkeiten auf dem linken Rheinufer[120]) und wo er sich nun einige Monate aufhielt, um unter der Aufsicht und Mentorschaft des Advokaten Kaspar Friedrich von Hofmann[121] die Reichskammergerichtspraxis kennen zu lernen. Dieser Aufenthalt als „Praktikant" in Wetzlar[122] hatte also schon einen durchaus berufsperspektivischen Akzent, wiewohl ein Schreiben Steins an seinen Freund Franz von Reden ziemlich klar erkennen lässt, dass ihn diese Kleinstadt mit ihren steilen Gassen und ihrer eher noch ländlich-ackerbürgerlichen Ausstrahlung wohl nicht auf Dauer an sich binden würde[123]. Insofern ist die oben erwähnte Aufnahme in die Wetzlarer Loge noch auffälliger und eher im Licht einer Art „rite de passage" – dem Übergang von der ungebundenen studentischen Geselligkeit zur „verfassten" Geselligkeit – zu sehen. Die Reise führte dann weiter nach Mainz und an dessen „glänzenden" Hof, an dem sich der junge Mann, dessen Vater, um dies in Erinnerung zu rufen, Beamter dieses Kurstaats war, einige weitere Monate aufhielt und einen Eindruck von dem erbitterten Ringen von „Reformern" hie und „reaktionären" Kräften dort gewann, denen die Bentzel-Stadionschen Reformen viel zu weit gingen[124]. Sie setzte sich dann weiter nach Mannheim, Darmstadt, Stuttgart und München fort und fand eine erneute längere – dreimonatige – Unterbrechung in Regensburg, wo Stein sich die Reichstagspraxis anzueignen suchte (ein Feld, auf dem man nie auslernte!) und manche Koryphäe des Reichsverfassungsrechts kennen lernte. Im Frühjahr 1779 wurde die Reise über Salzburg, wo Mozarts Landesherr Hieronymus Graf Colloredo das Zepter schwang, und über Passau nach Wien fortgesetzt, wo Stein sich ganze neun Monate aufhielt, unter anderem um den Reichshofrat kennen zu lernen, also das „andere" Reichsgericht, vor allem aber wohl, wie er in seiner Autobiographie anmerkt, um sich „sehr zerstreut dem geselligen Leben allein [zu] ergeben"[125]. Von hier aus unternahm er kleinere Reisen nach Ungarn und in die Steiermark, nachdem er – „Carl Baron von Stein aus Maynz", wie er sich in ein Gästebuch eintrug – schon von Salzburg aus die Halleiner Salzbergwerke besucht hatte. Im Dezember 1779 reiste er schließlich über Dresden nach Berlin weiter.

Der Reiseverlauf allein spiegelt wider, dass über die berufliche Zukunft des Absolventen der Göttinger Universität noch keinerlei Vorentscheidung gefallen war, wiewohl das Thema nicht nur ihn, sondern auch die Familie in Nassau in Permanenz beschäftigte. Die Stationen Wetzlar, Regensburg und Wien assoziieren, dass eine Option trotz seiner in Göttingen verschiedentlich geäußerten Aversion[126] eine Karriere in der Reichsjustiz war bzw. der Reichsverwaltung im weiteren Sinn, der lange Aufenthalt in Mainz gibt zu der Vermutung Anlass, dass auch die Möglichkeit, in die Fußstapfen des Vaters zu treten und sich in den Mainzer Verwaltungsdienst einzugliedern, ein Denkmodell war. Beides, der Reichsdienst und der Dienst für den ersten Kurfürsten des Reichs, wären honorige Karrieremuster gewesen, mit dem Reichsdienst – als Assessor in Wetzlar, als (protestantischer) Reichshofrat, als Reichstagsgesandter – hätte Karl vom und zum Stein sogar eine prestigeträchtigere Stellung als sein Vater erreicht und zudem vielfältige Gelegenheit erhalten, sich um kaiserliche Gunstbezeigungen und Auszeichnungen zu bemühen. Das wäre, alles in allem, ein Karriereprofil gewesen, wie es für einen reichsritterschaftlichen Adligen nahe gelegen hätte und wie es für seine soziale Schicht in der Geographie, in der sie verortet war, gewissermaßen „normal" gewesen wäre. Dass der junge Mann dann aber, ganz und gar atypisch, von Wien aus nicht nach Italien, sondern nach Berlin reiste, gibt zu der Vermutung Anlass, dass die Gestalt Friedrichs des Großen, den er seiner (immer wieder zu erinnern: viel später niedergeschriebenen und in diesem Licht längst nicht immer als bare Münze zu verstehenden!) Selbstbiographie zufolge inzwischen tief verehrte, ihn anzog und ihn eine Karriere in preußischen Diensten ernsthaft in Erwägung ziehen ließ. Und wenn er Friedrich II. in seiner Autobiographie nur stilisierte: was war es dann, was ihn nach Berlin zog, der Staat an sich als zweites Gravitationszentrum im Reich, seine (begrenzte) Reformbereitschaft? Der Gedanke hat ihn mit Gewissheit schon länger beschäftigt, wie ein in der Werkausgabe nicht gedruckter, im Autographenhandel aufgetauchter Brief an Franz von Reden aus dem März 1777 ausweist, in dem vorgeschlagen wird, die gemeinsame Rundreise in Berlin enden zu lassen[127]. Dass das in seiner Familie nicht unumstritten gewesen war, wird man annehmen müssen; leider zählt, um es zu wiederholen, das Jahr 1779/1780 zu den am schlechtesten dokumentierten in Steins Leben.

2. Steins geistig-politisches Koordinatensystem

Ob Steins „Weltbild“, seine politisch-sozialen Grundannahmen, am Ende des Studiums und der Kavaliersreise schon zur Gänze ausgebildet war, mag man zwar bezweifeln, aber es hatte zumindest doch seine für seine Zukunft entscheidenden Konturen gewonnen. Maßgeblich war wohl, dass das Mitglied einer (von der finanziellen Dispositionsmasse und dem politischen Einfluss her) eher bescheidenen Kleinadelsfamilie gelernt hatte, über einen sehr überschaubaren geographischen Raum, den er in seiner Kindheit und frühen Jugend nie wirklich verlassen hatte, hinauszublicken und für seinen eigenen „Lebensentwurf“ als zu klein einzuschätzen. Dafür spricht schon die Entscheidung, nicht in den Dienst eines der Nassau benachbarten kleinen oder mittleren Territorialherren einzutreten, sondern in den Preußens. Von dem Preußen des alten Friedrich II., das innerhalb nur einer Generation zur europäischen Großmacht aufgestiegen und seine Bevölkerung von 2,2 auf 5,5 Millionen Menschen gesteigert hatte, ging zwar nicht mehr jene Faszination aus wie in den kritischen Jahren des Siebenjährigen Krieges, als dieser Aufsteiger-Staat einer wahren Phalanx von Gegnern Paroli geboten und bei einer ganzen Generation von jungen Intellektuellen mit Thomas Abbt, Johann Wilhelm Ludwig Gleim und Johann Ewald von Kleist an ihrer Spitze geradezu pränationale Gefühle ausgelöst hatte[128]. Das Preußen des Jahres 1780 hatte im Vergleich mit diesen stürmischen Jahren entschieden an Dynamik verloren und sich bezeichnenderweise 1778 im Konflikt mit der Wiener Hofburg, der von der bayerischen Erbfolge und den Auseinandersetzungen um Annexionsversuche zu Lasten der Wittelsbacher ausgelöst worden war, mit einigen wenigen militärischen Demonstrationen begnügt, die dann nicht zufällig unter dem Namen „Kartoffelkrieg“ in die Geschichtsbücher eingehen sollten. Neutrale Beobachter schätzten zudem Preußens Zukunft eher skeptisch ein, weil der einzige Verbündete – Russland – zunehmend als ein unsicherer Kantonist eingestuft wurde und die Gestalt des präsumtiven Nachfolgers einen Vergleich mit seinem Onkel überhaupt nicht standzuhalten schien. Aber trotz all dieser Defizite und unsicheren Perspektiven: Für weite Teile des kleinteiligen Reiches galt der Hohenzollernstaat dennoch als ein Vorbild- und Orientierungs-Staat, als ein Staat mit erheblicher politischer Strahlkraft, ein Staat, dessen militärische Leistungsfähigkeit ins Legendäre erhoben wurde, als ein Staat, der mit der Modernisierung wirklich Ernst machte, als ein Staat auch, der weiten Teilen des *Corpus Evangelicorum* als eine Art Schutzmantelmadonna erschien

– wenn dieses absurde Bild hier einmal verwendet werden darf. Es waren mit Sicherheit indes nicht konfessionelle Gründe, die den jungen Stein bewogen, sich anstelle der Optionen Reichsdienst oder Karriere am Kaiserhof für Preußen zu entscheiden, ganz sicher auch nicht das, was seit dem Basler Frieden von 1795 dann Realität werden sollte: Preußen als der Staat, der als erster das altehrwürdige Heilige Römische Reich zur Disposition stellte.

Die politische Entwicklung seit Göttingen wird Stein darüber hinaus aber auch vermittelt haben, dass dieser Staat seine alten verfassungsrechtlichen Strukturen abzulegen im Begriff stand: die Erarbeitung und Inkraftsetzung eines Gesetzeswerkes, das über den – ansonsten für die Epoche typischen – Charakter einer bloßen Kodifikation deutlich hinausging (und 1794 als *Allgemeines Landrecht für die preußischen Staaten* dann in Kraft gesetzt wurde), die vielen, oft auf die Berliner „Mittwochsgesellschaft" zurückgehenden Ansätze in den Ministerien, die „Untertanen" zur aktiven Teilhabe am Staatsleben zu ermuntern und durch Erziehung und die Zuerkennung bestimmter unveräußerlicher Rechte, die freilich noch nicht die bürgerliche Gleichheit implizierte, auch dazu zu befähigen, ließen zumindest erahnen, dass sich der Zug in Richtung einer konstitutionellen Monarchie bewegte. Das musste es freilich für einen jungen Mann, der im quasi-englischen Göttingen ganz nah an das britische Staatsmodell herangerückt war und es bewunderte, nur noch attraktiver machen, sich gerade für ein solches Staatswesen zu engagieren.

Allerdings, trotz dieser Entscheidung für das als modern geltende oder sich doch in die Moderne hinein bewegen könnende Preußen: An Steins ausgeprägter Affinität zum Alten Reich darf nicht gezweifelt werden. Weder 1780 noch auf dem Wiener Kongress ein Menschenleben später war Stein ein Protagonist einer neuen Form der Vergemeinschaftung des Reiches, dessen Grundidee – ein Verbund von Gemeinwesen, die sich im wesentlichen selbst genügten, keinen europäischen Ehrgeiz entfalteten, ihre Konflikte mittels eines gut aufgestellten und hoch elaborierten rechtlichen Instrumentariums lösten – ihm, dem Reichsritter, unverändert als bewahrungswürdig galt. Stein war weder 1780 noch 1814/15 ein Mann, der den deutschen Nationalstaat von 1871 vor-dachte. Stein war in vielem viel konservativer, als es dem großen Chor jener erschien, die ihm seit dem Bismarckreich den Rang eines Urvaters des Nationalstaats zusprachen. Ritter mag noch so beredt den Reichspatriotismus der sozialen Schicht als „im Wesentlichen rückwärts gewandt und egoistischer Natur" abqualifiziert haben[129] – es führt kein Weg daran vorbei, dass Stein sich dieses politische Denken bis an sein Ende bewahrt hat, bei aller Würdigung, dass Preußen für den weiteren Verlauf der deutschen Geschichte ein Ferment werden könnte (und werden müsse).

Wie hätte das bei einem jungen Mann, der wusste, wem sich die Sicherheit seines Standes verdankte, der in Mainz und durch seinen Vater gelebtes Reich erfahren hatte, der mit Pütter einem akademischen Lehrer begegnet war, der das Reich bis in seine letzten Verästelungen erforscht hatte, auch anders sein können? Was ihm seine jungen Jahre freilich auch verdeutlicht haben werden, war, dass dieses Reich des ausgehenden 18. Jahrhunderts nicht mehr das des 16. Jahrhunderts war, dass mit dem preußisch-österreichischen Dualismus ein Element eingezogen war, das zumindest tendenziell das Reich zu sprengen drohte. Einen Machtgegensatz zweier Staaten, die sich auf Großmachtniveau wähnten, konnte das Reich auf Dauer nicht aushalten – sofern dieser Gegensatz denn auf dem Boden des Reiches und mit den Instrumentarien des Reiches ausgetragen wurde.

Zu seinem geistig-politischen Koordinatensystem, wie es sich in Göttingen konturierte, zählte freilich noch eine andere Affinität: die zum modernsten Staatswesen seiner Zeit – wenn man den jungen Staat jenseits des Atlantik einmal außer Betracht lässt, über dessen Aufstieg und dessen Emanzipation man im Freundeskreis in Göttingen aber sicher auch gesprochen hat, um so mehr als die Informationslage als sehr gut eingestuft werden kann[130]. Steins Nahverhältnis zu Großbritannien, Ausläufer einer ganzen anglophilen Modebewegung in Deutschland[131], lässt sich allein schon an seiner Bibliothek ablesen, in der sich nicht nur die Klassiker des britischen Staatsdenkens, sondern auch etliche Periodika finden, die Stein auch in den angespannten Hoch-Phasen seiner beruflichen Tätigkeit konstant zur Kenntnis nahm. Noch in seinen letzten Lebensjahren hat er offenbar regelmäßig die *Monthly Review* und die *Edinburgh Review* gelesen[132], noch im Januar 1824 bestätigte er den Erhalt einer Sendung englischer Bücher, ohne dass wir im einzelnen wüssten, worum es sich gehandelt hat[133], wenige Monate später bestellte er gezielt weitere[134]. Freilich ginge man, wie die neueste Forschung betont[135], in die Irre, wenn man annähme, er habe sich ein sozusagen konsistentes, fixes Englandbild angeeignet und daraus dann ganz konkret „Material“ für seine eigenen Reformprojekte der späteren Jahre gesogen. Es war nicht die Nachahmung englischer Modelle *à tout prix*, die ihn in der Zeit seines großen politischen Einflusses leitete, wohl aber ein entscheidender Grundzug der englischen politischen Kultur, der ihn stets aufs neue faszinierte: die Stabilität der Prinzipien und des institutionellen Rahmens mit dem Parlament als Basis, die ihm das Optimum der Verankerung eines Staates zu sein schienen, die damit im Zusammenhang stehende parlamentarische Transparenz und überhaupt der gesamte Bereich der dortigen „Öffentlichkeit“. Wenn wir nach dieser Facette seines Weltbilds fragen, ist die Bemerkung in seiner Autobiographie zumindest der Erwähnung wert, dass er sich schon in seiner Kindheit im Nassauischen von den großen Charakteren der englischen Geschichte habe beeindrucken lassen[136]. Wir wissen, dass Stein in Göttingen mit Rehberg und Brandes, der übrigens mit Burke persönlich befreundet war, sehr regelmäßig über englische Staatstheoretiker und Geschichtsschreiber diskutierte, wissen spätestens seit der Studie von Dieter Schwab, wie sehr ihn und seine späteren Selbstverwaltungskonzepte die englisch-schottische, auf Shaftesbury zurückgehende *moral-sense*-Ethik prägte, aus der er auch die Begriffe seiner allgemeinen politischen Wertungen übernahm, und ebenfalls allgemein bekannt ist, wie sehr er sich als preußischer Bergwerksbeamter in Wetter danach sehnte, eine Studienreise nach England unternehmen zu dürfen, um sich dort neue Anregungen zu holen – eine Reise im übrigen, die sich einordnet in ein allgemeines Bemühen um Technologietransfer, die letztlich aber zu einem ziemlichen Fehlschlag wurde und Stein weder in größerem Stil mit englischen Industriellen noch mit englischen Politikern zusammenbrachte. Dies unterscheidet Stein nicht von anderen Männern, die den auf der Insel in den 1780er Jahren erreichten technischen Standard in höchsten Tönen priesen und durchaus im Sinn von Industriespionage davon zu profitieren suchten. Was ihn vielleicht von ihnen unterscheidet, ist die Konstanz, mit der er über den Kanal blickte, und der Enthusiasmus über die dortige politische Kultur, die ihn noch wenige Monate vor seinem Tod angesichts der Debatten über die Wahlrechtsreform geradezu ins Schwärmen geraten ließ.

Aber das Interesse an England lässt sich nicht auf die spannenden Phasen der englischen Politik reduzieren: es war kontinuierlich. Mit Friedrich Wilhelm von Reden, seinem engsten Freund seit seinem Eintritt in den preußischen Staatsdienst, der schon vor ihm in England gewesen war, diskutierte er die Vorteile des leistungsfähigen englischen Wirtschaftssystems und der technischen Errungenschaften des dortigen Bergbau- und Hüttenwesens, und das über Jahre hinweg. Er studierte eingehend eine Druckschrift, die der Schweizer Nationalökonom François d'Ivernois, Begleiter des nachmaligen preußisch-westfälischen Spitzenbeamten Ludwig Vincke auf dessen erster Englandreise, 1800 publizierte – so eingehend, dass er später in der Nassauer Denkschrift aus ihr zitierte. Ebenso intensiv befasste er sich mit Vinckes eigener (ungedruckt gebliebener) Englandschrift aus dem Sommer 1808[137], deren *Conclusio* – „die Fähigkeit eines Volks, öffentliche Geschäfte zum eignen und allgemeinen Besten auszuüben, setzt freilich allgemeinere Existenz von Verstand und Rechtlichkeit, Vaterlandsliebe und Gemeingeist, Gewandtheit und Selbständigkeit voraus, welche anscheinend erst Wirkung einer, die Ordnung, Industrie und Freiheit begünstigenden Verfassung sein können" – ihn in der damaligen Situation, als es ihm in Preußen um die Implementierung ganz ähnlicher Werte ging, besonders angesprochen haben wird. Vinckes lange Berichte von seiner Englandreise, die keinen Aspekt ausgelassen hatten, hat er 1800 geradezu begierig gelesen[138]. Von Gneisenau, der sich 1809–1812 in England aufhielt, wurde er ebenso über die dortigen gesellschaftlichen und politischen Wandelprozesse auf dem laufenden gehalten wie von dem hannoverschen Staatsminister Graf Ernst Herbert von Münster.

Das heißt auf der anderen Seite aber nicht, dass er glaubte, die englischen Positiva – langsam gewachsene Verfassungen und Einrichtungen, die ihres langsamen Wachstums wegen Konstanz und Kontinuität und damit Stabilität garantierten – sozusagen Eins zu Eins auf andere Staaten, insbesondere Deutschland, übertragen zu können. Die Monate des Wiener Kongresses sollten ihm zeigen, dass an völlig neuen Einrichtungen und Verfassungen kein Weg vorbei führte, die allerdings, so sein „Nachhutgefecht", in der Vergangenheit wurzeln müssten. Gerade das englische Parlament, anfangs hoch geschätzt, scheint für Stein im Laufe der Zeit eine immer weniger positive Konnotation erhalten zu haben.

Steins England-Bild hatte also Konjunkturen, hatte Ausschläge nach oben und nach unten; und die Ausschläge nach oben scheinen in der ersten Hälfte seines Lebens deutlich ausgeprägter gewesen zu sein als in der zweiten. Im Herbst 1828 sollte Stein beispielsweise Englands Irland-Politik heftig verurteilen[139]. Aber noch einmal: das waren allenfalls graduelle Unterschiede. 1825 ermunterte er den gerade examinierten Grafen Adolf Heinrich von Arnim-Boitzenburg, für den er eine Zeitlang die Vormundschaft ausgeübt hatte, mit dem Studium der Geschichte fortzufahren, „und insbesondere der englischen Geschichte, weil dieses Volk vermöge seiner freien, ausgebildeten repräsentativen Verfassung seine Angelegenheiten öffentlich verhandelt, nicht im Dunkel der Büros und Kabinette, und, indem die Art der Teilnahme aller Staatsmänner zur allgemeinen Kenntnis kommt, ein öffentlicher Charakter und ein allgemeines Urteil über ihn und die Sache sich bilden kann"[140]. In diese Bewertung, der er dann eine ganze Liste mit Literaturempfehlungen folgen ließ, waren inzwischen Erfahrungen aus seinen Berliner Ministeriaten eingeflossen und vor allem eine im Lauf der Zeit immer heftiger werdende, im übrigen längst nicht nur bei Stein sich ausbildende Antipathie gegen die Kaste der geistlosen Bürokraten. Auch die Begründung – Öffentlichkeit als Staatsmaxime – mochte sich gegenüber früheren Jahrzehnten etwas verändert haben. In der grundsätzlich positiven Konnotation des Inselstaats blieb sich Stein aber immer treu.

Sein Frankreichbild war im Vergleich dazu um Längen kritischer, und diese kritische Haltung erklärt sich zum Teil gerade aus dem Vergleich mit England. Konstanz der Institutionen und der politischen Kultur dort – und in Frankreich das gerade Gegenteil: ständiger Kampf der Parteien seit Beginn der Revolution, permanente Verfassungswechsel, eine zerrüttete Administration ohne feste Prinzipien. Dabei darf man nicht übersehen, dass er in der Revolution anfangs, wie viele deutsche Intellektuelle, ob sie nun Klopstock, Schiller, Hegel, Hölderlin oder Schlözer hießen, manch Positives erkannt hatte. Seinem Freund Reden gestand er als aufmerksamer Beobachter ein Jahr nach dem Bastillesturm: „Es liegt doch sehr vieles in denen Procès Verbaux der National Versammlung, und man findet viel Belehrendes darin, und ich wünschte doch, eine Zeitlang unter diesem aufbrausenden gährenden Volk zu leben, um Zeuge von allen diesen erschütternden Auftritten zu sein"[141]. Wie andere auch, muss Stein ein Gespür dafür gehabt haben, dass die Französische Revolution, ganz ähnlich wie die Amerikanische – die aber schließlich nicht vor der Haustür stattgefunden hatte –, mit ihren Schlagworten der Volkssouveränität, der Abschaffung der feudalen Gesellschaftsordnung und der Gleichheit aller Bürger geeignet war, den ganzen Kontinent umzustürzen. Er hielt eine solche Revolution, ganz so wie seine beiden niedersächsischen Freunde, zeitweise sogar für notwendig! Aber diese anfängliche Euphorie, wenn dieser Begriff nicht ohnehin um einiges zu hoch gegriffen ist, verflog dann rasch wieder, wobei gemutmaßt worden ist, dass die Gestalt der neuen Verfassung, die die königlichen und die ständischen Rechte beseitigte, wohl der Wendepunkt gewesen ist[142]. Dem Austausch mit seinen ehemaligen Göttinger Kommilitonen, die jetzt in hannoverschen Diensten standen, kam bei diesem Umdenkprozess Steins sicher eine Schlüsselrolle zu, die sich nach einer kurzen Phase der Begeisterung wie er Reformen im Sinn „bürgerlicher Freiheit" erhofften, aber nicht Umsturz, radikaler Neubau durch Menschen, die keine Wurzeln und letztlich auch kein Verantwortungsgefühl gegenüber einem Abstraktum wie dem „Staat" hatten. Der Umbruch war unter dem Eindruck der gewaltsamen Zerstörung aller Standesunterschiede, aller Traditionen, vor der Folie der unbedingten Gleichmacherei, der Liquidierung der Monarchie und der Dynastie radikal, und er war irreversibel. Stein, als rheinischer Kleinadliger Frankreich ohnehin distanziert gegenüberstehend, projizierte in die Geschichte Frankreichs seit 1789 alles hinein, was er für schädlich im Sinn staatlicher Entwicklung hielt, und es kann – um noch weiter vorzugreifen – dann auch kaum erstaunen, dass er in seiner Verfassungsdenkschrift für Kaiser Alexander I. geradezu dazu aufrief, die französischen „Institutionen", die durch Bonaparte und den *Code civil* auf dem linken Rheinufer implementiert worden waren, wieder abzuschaffen – ein Thema, das ihn übrigens bis an sein Lebensende begleiten sollte[143]. Dabei waren grundsätzliche Erwägungen im Spiel („die Beibehaltung eines fremden, mit Gewalt der Waffen aufgedrungenen Gesetzbuchs bleibt immer eine Schmach für das Volk"), aber auch die strikte Ablehnung einzelner sachlicher Bestimmungen (Erbfolgerecht des Adels[144], Jagdgerechtsame[145]). Zumindest nach außen hin war Stein ein heftiger Gegner dieser Reformkodifikation, die, wie er Vincke schrieb, „alle bürgerlichen Verhältnisse zerrüttet"[146] – sein „Bürgerlichkeits"-Begriff war selbstredend noch altständisch konnotiert und zielte auf das Gemeinwesen, nicht etwa einen sozialen Stand. Stein geriet in diesem Punkt in einen überdeutlichen Gegensatz zu den südwestdeutschen Liberalen, die gerade in dieser Hinsicht einen Vorsprung ihrer Region vor dem übrigen Deutschland registrierten und dies als eine der segensreichsten Hinterlassenschaften des napoleonischen Systems bewerteten, die auf keinen Fall zur Disposition gestellt werden dürfe. Der Flirt der südwestdeutschen Liberalen mit den revolutionären Errungenschaften ging ihm viel zu weit; 1819 nach der Ermordung des russischen Diplomaten Kotzebue durch einen Burschenschaftler[147], geriet er geradezu in Panik, als er von Bauernausschüssen in den hessen-darmstädtischen Ämtern erfuhr, die von einem „bösartigen jakobinischen Geist“ geleitet würden und Schriften zirkulieren ließen, die „die ganze Theorie des Jakobinismus“ enthielten[148]. Für Stein schrumpfte der Unterschied zwischen Jakobinismus und rheinischen Institutionen immer mehr gegen Null. Ironie der Geschichte: Manchen in Berlin und in Königsberg galt er selbst als „Jakobiner“, und gegen Ende seines Lebens schwächte sich die Perhorreszierung der rheinischen Institutionen deutlich ab.

Um noch etwas tiefer einzudringen: Die Französische Revolution wurde ihm zum Schlüsselerlebnis seines Lebens schlechthin, und wenn er überhaupt die positiven Aspekte des säkularen Emanzipationsvorgangs würdigen konnte, so ruderte er hier spätestens mit dem 1. Koalitionskrieg dezidiert zurück. Stein lehnte seitdem die Revolutionsideen radikal ab. Seine Sorge, Deutschland könne sich infizieren, schlug in fast grenzenlosen, geradezu traumatischen Hass gegen die „französische Raserey“[149] um. Die ohnehin in ihm angelegte Abneigung gegen „die Franzosen“, die ihn schon 1794 bewog, ihren eklatanten Mangel an „Wahrheit und Charakter, von gesundem Verstand und von Gutmütigkeit“ anzuprangern[150], wurde zu einem Leitthema seines weiteren Lebens, so wie er dann auch deren Repräsentanten, mochten sie nun Robespierre oder Napoleon heißen, mit den schärfsten pejorativen Bezeichnungen bedachte, von denen „Ungeheuer aus der Hölle“ noch zu den zahmsten zählte. Bonaparte entsprach in seiner Sicht seiner „Rohheit“ wegen dem Durchschnitt und der Masse des französischen Volkes und vereinigte in sich „leidenschaftliche blinde Wut, systematische Rachsucht, Hang zur Ungebundenheit“ – für einen Mann wie Stein, der im Maßhalten, in der Affektkontrolle das A und O menschlichen Daseins erblickte, waren schlechterdings keine darüber hinausgehenden Verdikte mehr denkbar. Sein mehr und mehr aufbrechender Frankreichhass – das verdient festgehalten zu werden – entsprang nicht etwa einem vagen deutschen „Nationalismus“, sondern seiner europäisch dimensionierten Sorge um die Grundlagen zwischenstaatlichen Zusammenlebens und des kulturellen Fortschritts. Er bestätigte ihm möglicherweise auch Herders Erkenntnis, dass sich in jeder historischen Entwicklung eines Volkes dessen ursprüngliche Eigenart erhalte, dass die Revolution nur etwas potenziert habe, was im Wesen dieses Volkes angelegt sei.

Wie sehr ihn die Ereignisse im Nachbarland herausforderten, mag unter anderem daran abgelesen werden, dass Stein erst durch den revolutionären Prozess bewogen wurde, sich erstmals wirklich politisch zu artikulieren. Aus den 1780er Jahren fehlen fast alle Spuren eines ausgeprägt politischen Interesses: Stein ging in seinen westfälischen Sachaufgaben auf, Kommentare und Bewertungen der großen Politik, ob man nun an die Gründung und Konsolidierung des neuen Staatswesens jenseits des Atlantik oder den Türkenkrieg der ausgehenden 1780er Jahre denkt, haben sich nicht erhalten. Eine

Änderung trat diesbezüglich erst unter dem Eindruck der Revolution ein, die ihn kurzzeitig, aber wirklich nur sehr kurzzeitig so in ihren Bann schlug, dass er für einen Augenblick sogar mit dem Gedanken seiner Übersiedlung nach Straßburg spielte – eine Stadt, die er Anfang der 1770er Jahre auch einmal als einen möglichen Studienort in Erwägung gezogen hatte und deren Universität in der Tat eine Reihe von Gemeinsamkeiten mit Göttingen aufwies. Auch wenn der in einem Brief an Reden artikulierte Gedanke ihn nur sehr transitorisch beschäftigt hat: die Vorstellung des preußischen Beamten, sich für einen begrenzten Zeitraum im Land der Revolution niederzulassen, wiewohl in einer Stadt, die noch stark deutsch geprägt war, ist nicht ohne Pikanterie!

Was Stein darüber hinaus in seiner Göttinger Ausbildungszeit vermittelt worden war, war ein spezifisches Verständnis für europäische Interaktionen, zu deren Trägern man in den 1770er Jahren neben den beiden westlichen Großmächten auch Russland zählen musste. Schlözer, sein wichtigster akademischer Lehrer, war, wie oben erwähnt, ein Russland-Spezialist, der nicht nur die Reformpolitik Katharinas II. illustrierte (*Neu Verändertes Russland*, 1767), sondern die „nordischen" Völker zu klassifizieren und letztlich in die europäischen Zusammenhänge zu integrieren suchte. Sein Europa-Bild war insofern umfassend, viel umfassender als bei manchen seiner Zeitgenossen, weil er den Kontinent als einen Interaktionsraum verstand, der nicht auf die westliche Christenheit beschränkt war. Europa endete für Stein so wie für Schlözer nicht an der polnischen Ostgrenze, sondern schloß – für ihn selbstverständlich – auch die Staaten der Orthodoxie ein. Wie sehr ihm dann Russland, dessen Herrscher er lange nicht ohne Kritik gegenübergestanden hatte, sogar ein politischer Halt wurde, sollte sich am Beginn des zweiten Jahrzehnts des 19. Jahrhunderts zeigen.

Dabei war ihm freilich auch durch Schlözers Kollegs klar geworden, dass Russland nicht schlechterdings mit den Staaten der westlichen Hemisphäre gleichgesetzt werden durfte. Bei aller Würdigung des Zivilisationssprungs, der in und durch Katharinas Regierungszeit erreicht wurde: Russland blieb ein Gemeinwesen mit autokratischem Charakter, ohne wirkliche Partizipation der „Untertanen", in Bezug auf die Freiheits- und Menschenrechte noch um etliches entfernt von den Standards in der Mitte und im Westen des Kontinents. Nachdem er 1812 über ein halbes Jahr in Russland gelebt hatte, ist ihm dieser qualitative Unterschied noch viel fühlbarer geworden.

Man kann sich Steins „Weltbild" letztlich nur über einen *tour d'horizon* der europäischen Nachbarn nähern, denn an eigentlichen *confessiones*, die programmatisch seine Leitbilder oder Denkfigurationen zum Ausdruck gebracht hätten, fehlt es signifikanterweise. Zwar hat Stein in seiner Göttinger Zeit viel, sehr viel gelesen, insofern ist er tatsächlich, um es mit Ritters arg pathetischen Worten zu formulieren, hineingetaucht in die „Flut der modernen politischen Ideenbewegung, wie sie eben damals von Westeuropa her das alte verträumte Deutschland mächtig überschwemmte“[151]. Aber die Zweifel bleiben, ob sich das zu einem wirklichen Gedankengebäude verdichtet hat. Er rezipierte die französischen Physiokraten ebenso wie die schottischen Aufklärer, Autoren wie Möser oder Burke, die der Aufklärung eher reserviert gegenüberstanden, ebenso wie Montesquieu, den er freilich durch eine „eigenwillig ständische Brille“ las[152]. Seine Göttinger Freunde, Rehberg und Brandes zumal, haben ihn mit ihren spezifisch mittelstaatlichen Positionen sicher ebenfalls beeinflusst, aber es ist gleichermaßen evident, dass er sich irgendwann gedanklich von ihnen löste – spätestens in dem Moment, als Stein sich ohne Wenn und Aber entschied, in Preußens Reform und Wiederaufstieg seine Lebensaufgabe zu sehen. Es ist sogar die Vermutung geäußert worden, dass die seit 1801 zu konstatierende allmähliche „Entfremdung“ Steins und Rehbergs hier, in ihrer gänzlich unterschiedlichen Sicht des (mittelstaatlichen) Welfenstaates, ihre eigentliche Ursache hat. Stein, dieser Eindruck drängt sich auf, sog vieles in sich auf, ohne dass es sich (vorläufig) zu einem stimmigen Gesamtbild formte. Sein geistig-politisches Koordinatensystem war längst nicht so konsistent, wie Generationen von Historikern ihren Lesern assoziieren wollten. Schon die Vorstellung eines konsistenten, statischen „Weltbilds“ ist per se fragwürdig. Als er die Universität verließ, zählte er gerade einmal 21 Jahre!

In einem Punkt freilich war sein „Weltbild“ konsistent: in Bezug auf sein Standesethos. Trotz aller Adelskritik unter den Vorzeichen der Aufklärung war und blieb Stein unbeirrt, was die geschichtliche Legitimität des Adels allgemein und der Reichsritterschaft im besonderen anbelangt. In einem oft – nicht nur seines eigenwilligen Englisch wegen – zitierten Satz hat Stein 1790 seinem Freund Reden gegenüber einmal die Grundsätze seines Adelsverständnisses auseinandergelegt: „ease labour, conscious liberty, rural elegance and approving heaven“[153]. Das war in seinen Augen freilich kein ständischer Vorrang um des Vorrangs willen: Der Adel – und hier ganz vorzüglich die Reichsritterschaft – war vielmehr geradezu moralisch verpflichtet, sich für das Allgemeinwohl einzusetzen, und zwar in einem ganz und gar praktischen Sinn, also z. B. auch im Hinblick auf die ökonomische Administration, was ihn zur Aneignung „bürgerlicher“ Kompetenzen zu bewegen hatte. Die Intensität, mit der Stein 1824/25 seinen westfälischen Freund Graf Romberg bearbeitete, das Amt des Regierungspräsidenten in Arnsberg zu übernehmen, beleuchtet diese Haltung ebenso schlaglichtartig[154] wie seine Kritik an der Ablehnung einer Landratsstelle durch den Baron Twickel; ein auf dem Land lebender Adliger sei zur Annahme eines solchen Amtes schlicht „verpflichtet“, „wenn man anders es für Pflicht hält, sich zu bestreben, gemeinnützig zu sein“[155]. Der Adel sei zwar das Entréebillet zu politischen Schlüsselpositionen, er müsse sich aber durch Tugend und Leistung rechtfertigen – im Grunde war das die Reprise des allgemeinen Leistungsdiskurses des ausgehenden 18. Jahrhundert, der etwa auch Monarchen wie

Friedrich II. oder Joseph II. davon reden ließ, sie seien die ersten Diener ihres Staates. „Diener" war in Steins Weltbild dabei ganz wörtlich gemeint: Entlohnung ja, aber nur, soweit die Kosten gedeckt wurden. So hatte er z. B. kaum Verständnis dafür, dass sein in Breslau amtierender Freund Reden, als er den Minister Heinitz in Berlin entlasten sollte, eine Gehaltszulage von 20.000 Écus akzeptierte[156].

Adelsethos und Adelsreform waren bei Stein eng miteinander verschränkt. Diese Grundhaltung sollte bei ihm dann dazu führen, das, was seine beiden hannoverschen Ex-Kommilitonen mehr und mehr beschäftigte, auch für sich zu bedenken: wie eine Adelsreform aussehen könne oder sogar müsse, die nicht nur die Beendigung der Steuerfreiheit des Adels implizieren mochte, sondern auch, ähnlich wie in England, besondere Regelungen für die nachgeborenen Söhne (bis hin zum Entzug des Adelsrangs) und ein permanenteres Nachrücken vom Monarchen ernannter Bürgerlicher in den Adel. Aus dem Geburtsadel, den Stein somit keineswegs abschaffen, allerdings reformieren wollte, müsse ein leistungsbereiter und leistungsfähiger Funktionsadel werden, dem alle, also auch „bürgerliche" Karrieren offen stehen müssten. Im Grunde zeichnete Stein hier sein eigenes Profil: das des gebildeten, selbstlos tätigen Funktionsadligen als Repräsentant der gesellschaftlichen Elite, die mehr will als nur genießen (Hochadel) oder Karriere machen *à tout prix* (verarmter Adel), die sich vielmehr selbst durch freiwillige Mitarbeit in den Staat einbringt und damit anderen Bevölkerungsschichten ein Beispiel sittlicher Grundsätze liefert. Es war die märkische Bergbauverwaltung, wo Stein diesem selbstentworfenen Ideal des für die Gemeinschaft tätigen, professionell gebildeten Adligen erstmals Konturen zu verleihen und zu entsprechen suchte.

Mit diesem präzisen Adelsverständnis hing seine Hochschätzung des Ständewesens zusammen. Über Montesquieus „intermediäre Kräfte" hatte er in Göttingen mit Rehberg, Brandes und anderen immer wieder diskutiert; Montesquieu sollte für ihn ganz allgemein zum großen Anreger werden, schon in seiner Mischung aus empirisch-historischem und deduktiv-philosophischen Denken, in seiner Forderung nach Trennung und gegenseitiger Kontrolle von Legislative, Exekutive und Justiz, in seinem Beharren darauf, dass die „absolutistische" Fürstenbezogenheit des Säkulums durch „gesellschaftliche" Kräfte und Einrichtungen zu begrenzen sei. Adlige Grundbesitzer, aber ggf. auch Repräsentanten des (begüterten) Bürgertums und an die Scholle gebundene Bauern durch ein ständisches Gremium für das Land mitverantwortlich zu machen, das wurde und war seine unverrückbare Position. Stein ist in der Übergangszeit zwischen Ancien Régime und den Anfängen eines prämodernen Parlamentarismus einer der engagiertesten Vertreter einer ständischen Ideologie gewesen, im vollen Wissen darum, dass das nicht dem *mainstream* der Zeit entsprach, der weit mehr auf Bürokratisierung und Zentralisierung zielte. Offen war für ihn allenfalls die Frage, wie weit die Befugnisse von Ständeversammlungen gehen dürften: Versammlungsrecht auch ohne fürstliche Genehmigung, Steuerbewilligung, Einbeziehung einzelner Ständerepräsentanten in die Verwaltung? Für den Erhalt oder aber die sinnvolle Fortschreibung des Ständewesens hat Stein letztlich lebenslang gekämpft, manchmal mit mehr Erfolg, manchmal mit weniger. Dass sich die Dinge in Preußen nach dem Wiener Kongress so überaus zäh anließen, man auf die Einrichtung auch nur von Provinzialständen unverhältnismäßig lange warten musste und die „Reichsstände" im Sinn einer gesamtpreußischen Repräsentativversammlung geradezu zu einem Tabuthema erhoben wurden, sollte zu den großen Sorgen seiner letzten Lebensjahre zählen.

Stein fand letztlich, um es zuzuspitzen, in Burkes *Reflections on the French Revolution*, 1790 erstmals erschienen, jene Staatslehre, die sich aus dem strikten Contra zur „deliberierten Freiheit, konstruierten Gleichheit, dekretierten Brüderlichkeit, oktroyierten Wohlfahrt" der Revolutionsverfassung[157] verstand und definierte und die am ehesten mit seiner besonderen Affinität zum Ständewesen korrespondierte. Sie ging vom Volk im Sinn einer aus der Geschichte eines Raumes gewachsenen Einheit aus, die keines Staatsvertrags bedurfte, sondern sich aus dem Herkommen heraus formierte und organisierte. Der Staat – die geistige Nähe auch zu Justus Möser ist offensichtlich – war demzufolge die Artikulation des durch zahllose geschichtliche Faktoren konstituierten Willens einer Gemeinschaft, die diese Verfassung aber immer als einen Prozess verstand, nicht als einen erratischen Block. Je nach den sich ändernden Naturgegebenheiten, den historischen Erfahrungen und dem freien Willen der Volksangehörigen kann die Staatsverfassung von jeder Generation angepasst, also modernisiert werden, sofern nur zweierlei gewahrt bleibt: Veränderungen nur unter strikter Beachtung landsmannschaftlicher, also spezifischer Besonderheiten, Mitwirkung aller Gruppen der Gesellschaft, die als ständisch gegliedert verstanden wird, an der Herstellung des Gesamtwillens. Dabei kommt der Elite immer eine besondere Rolle zu, dem Adel, der nicht nur über besondere Einsichten verfügt, sondern aufgrund seiner Verwurzelung in dem Gemeinwesen durch Grundbesitz auch ein besonderes Interesse hat, an seiner (positiven) Entwicklung mitzuwirken und sich in seinen Dienst zu stellen: im Heer, in der Administration, generell in Leistungen, die er für den Staat erbringt.

Aus dem eben Gesagten erhellt zumindest indirekt, welchen Stellenwert für ihn die Geschichte hat. Geschichte, das Wissen um die historische Genese des Volks und des Staats, ist für Steins politisches Denken unabdingbar, weil nur sie den Schlüssel für sinnvolle Weiterentwicklungen liefert. Sie ist aber auch wichtig im Sinn der politischen Belehrung. Den „historischen Sinn" zu entwickeln, den zuerst Herder seinen Zeitgenossen nahe zu bringen versucht hatte – nicht zufällig zählten Herders *Ideen zur Philosophie der Geschichte der Menschheit* zu Steins Lieblingsbüchern[158] –, war für Stein ein ständiger Anstoß, sich mit antiker und moderner Geschichtsschreibung in einem Maß zu beschäftigen, das jedem Universitätshistoriker alle Ehre gemacht hätte. Ein reizvoller Gedanke vielleicht, sich kontrafaktisch Stein als Professor vorzustellen, der ja auch ein beachtliches (wir werden davon hören) historiographisches, freilich zu seinen Lebzeiten ungedruckt gebliebenes Œuvre hinterlassen hat – an der *professio* im Sinn des „Bekenntnisses" hätte es bei ihm sicher nie gemangelt... Stein war auch insofern „Fachmann" genug, in der Geschichte das Einmalige, das Besondere, das Unwiederholbare zu suchen – von den in seiner Zeit verbreiteten Zyklentheorien trennten ihn Welten!

Die Göttinger Jahre, in der Botzenhart-Hubatschschen Auswahledition für die spätere Zeit längst nicht so gut dokumentiert, wie sich der Biograph das wünschen würde, die aber offenbar auch wirklich ärmer an Quellenzeugnissen sind, hatten Stein zudem dazu verholfen, sich geistig „freizuschwimmen" und seine eigene Lebensphilosophie zu entwickeln. Aufschlussreich in dieser Hinsicht ist ein Brief an seinen engsten Freund der Nach-Göttingen-Jahre, den Grafen Friedrich Wilhelm von Reden, aus dem Frühsommer 1782[159]. Keine Leidenschaft, so lesen wir dort, könne die ruhige Zufriedenheit bewirken, die „eine beständige bestimmte Thätigkeit für das allgemeine Beste" verleihe. Dieser einzige Weg zu einer dauerhaften Glückseligkeit könne nur von dem beschritten werden, „der den Vorzug eines harmonischen, auf Erfüllung eines Plans gerichteten Lebens fühlt und Sinn dafür hat, vor einem Leben, das eine Reihe unzusammenhängender Befriedigungen einzelner Wünsche ist". Zwei Dinge brächten ihn davon ab: der unwiderstehliche Hang zum Neuen und der Ekel gegenüber dem „Heer sich zudrängender mechanischer Geschäfte". Das sei ein Charakterfehler, den auch Räsonnement, Umstände, Alter und Grundsätze zwar abschwächen, aber nie beseitigen könnten. Sein zweiter Fehler sei „ein äußerst reizbarer und gespannter Stolz", der verletzlich sei gegenüber den Ansprüchen dritter und in dem auch ein gewisses Maß jener Intoleranz gegenüber Mitmenschen gründe, die ihm oft zum Vorwurf gemacht werde. Die Erfüllung eines harmonischen Plans: das war ein hochgestecktes Ziel, das erklärt bis zu einem gewissen Punkt Steins Konsequenz des Denkens und Handelns, das lässt auch erahnen, wie sehr er permanent an sich arbeitete und jeden seiner Schritte auf den eigenen Prüfstand stellte. Ein 25jähriger mit einem hohen ethisch-moralischen Anspruch, klaren, freilich für die Zeit insgesamt typischen Einsichten in sein eigenes *Ego*, notabene ohne je Psychologie studiert zu haben: das muß man entweder dem Rubrum des Maßstäbe-setzen-Wollens zuordnen oder aber der subkutanen Hybris eines ehrgeizigen jungen Mannes.

Steins Selbstbild und Selbstverständnis ist Teil eines umfassenderen Menschenbildes, das sicher nach dem Studium noch nicht in jeder Hinsicht abgerundet war, dessen Grundzüge aber schon feststanden. Der Mensch ist in Steins Augen ein soziales Wesen, dessen Bestimmung darin liegt, gemeinnützig zu sein und im Dienst für das Gemeinwesen seine Erfüllung zu finden. Der Staat kann deswegen gar nicht ein bloßes Macht- und Domestizierungsinstrument sein, auch nicht bloß ein Schutz- und Wohlfahrtsverband, der dem Menschen das (Über)Leben ermöglicht oder erleichtert, sondern eine moralische Anstalt – eine Einrichtung, „die ihre Kraft aus den lebendigen Beziehungen zu den Bürgern zieht und auf Vertrauen, guten Willen und Opferbereitschaft gegründet ist und in der sich der Mensch seinem Wesen gemäß und seiner Bestimmung folgend frei entfalten kann und die andererseits ihn zu erziehen beauftragt ist“[160]. An diesen Maßstäben sollte sich Stein letztlich sein ganzes Leben messen – längst nicht immer zur eigenen Zufriedenheit.

Die Geschichte, vor allem die des Mittelalters und der für ihn neuesten Zeit, war für Stein ein Hilfsinstrument, um seinem Menschenideal – dem von allen Zwängen befreiten Menschen, der sich und seine sittlichen Kräfte einbringt in und für den Staat – näher zu kommen, aber die Grundlagen dieses Menschenideals hatten die Religion und die Kirche zu legen. Wir haben von der spezifischen, sehr das Gefühl betonenden Christlichkeit gehört, die seine Mutter ihm vermittelt hatte, und auch wenn es, Andeutungen zufolge, in seiner Studentenzeit ohne Krisen nicht abgegangen war, was seine Nähe zur Religion betraf: nach seiner Ausbildungsphase scheint er zu den ihm vertrauten Glaubensinhalten und -formen zurückgekehrt zu sein. Für die Cappenberger Zeit wissen wir das verlässlich. Der Glaube eines Individuums ist ein sensibler Bereich, vor allem wenn sich dieses Individuum darüber so sparsam auslässt, wie Stein das tat. Aber es scheint nichts dagegen zu sprechen, dass Stein den Glaubensgemeinschaften in diesem Kampf um den Menschen, um seinen Schutz vor unsittlichen Verführungen, um seine verantwortungsvolle Entfaltung in den gesellschaftlichen Einrichtungen, eine Schlüsselrolle zuordnete. In die Welt wird man durch Gott gestellt, seinem Reich und den menschlichen Organisationsformen hat man in gleicher Weise zu dienen. Das mag schlicht gewesen sein – aber es war lutherisch von Schrot und Korn.

3. Wetter, Kleve, Hamm, Minden, Münster: Ein preußischer Beamter in Westfalen

In seiner Selbstbiographie hat Stein zum Ausdruck gebracht, dass er für den Justizdienst, der seinen Eltern als die nächstliegende Option erschienen war und dessen Vorbereitung ja auch die Praktika in Wetzlar und Wien gedient hatten, immer weniger Neigung verspürt habe. Was Wetzlar betrifft, so wird man das vielleicht sogar nachvollziehen können, war dort doch gerade eine Visitation mehr oder weniger gescheitert und drohte das Reichskammergericht zwischen kaiserlicher Kurzsichtigkeit und preußischem Desinteresse zerrieben zu werden[161]. Man wird auch im Auge zu behalten haben, dass sowohl in Wetzlar und in Regensburg, aber auch in Wien vieles zu Ritualen erstarrt war, was einen 23jährigen neugierigen und gestalten wollenden jungen Mann nicht unbedingt angezogen haben mag. Wie auch immer: Berlin wurde zur entscheidenden Station in Steins Leben, wo er im Januar 1780 dem alten Friedrich II. vorgestellt wurde und wo er dann auch die Protektion fand, die für einen „Berufsanfänger" unabdingbar war.

Die Entscheidung für den preußischen Verwaltungsdienst hatte in der Familie Stein kaum eine Tradition, wenn man einmal davon absieht, dass Karls ältester Bruder Johann Friedrich seit 1778 ein preußisches Regiment führte und seit 1780 in eine nähere Beziehung zum Berliner Hof trat. Der rheinische Kleinadel entwickelte traditionell an sich eine stärkere Affinität zum Wiener Kaiserhof, aber Josephs II. Missachtung der Reichsverfassung, die allein der Reichsritterschaft die Existenz garantierte, hatte viele, vor allem soweit sie protestantischen Bekenntnisses waren, nach der preußischen Alternative Ausschau halten lassen. Man muss zudem bedenken, wie sehr Friedrichs II. Renommee europaweit durch seine militärischen Erfolge im Siebenjährigen Krieg angewachsen war – nicht wenige sahen in ihm den neuen „nationalen" Heros, nicht wenige, darunter auch zahlreiche britische Intellektuelle und die öffentliche Meinung des Inselreichs[162], die politische Vorbildgestalt der Epoche schlechthin. Insofern lag die Option Preußen für einen im Nassauischen beheimateten Reichsritter dann doch nicht gar so fern, auch wenn sich seine Familie in den zurückliegenden Jahren mit einer irgendwie gearteten Nahbeziehung zum preußischen Hof immer schwer getan hatte. Eine Intervention der Mutter bei dem Preußenkönig zugunsten ihres Sohnes, ihn für den preußischen *diplomatischen* Dienst ins Auge zu fassen, bedeutete wohl gleich ein mehrfaches Über-den-eigenen-Schatten-Springen.

Aber die Faszination Friedrichs des Großen gab den Ausschlag. Die erste Äußerung Steins über den Preußenkönig aus dem Spätjahr 1773 lässt, trotz einer bezeichnenden Einschränkung, seine Bewunderung bereits erkennen – „un Roi qui fait trembler l'univers par ses armées, l'étonne par la grandeur de son génie et fait gémir ses sujets sous le poids de son sceptre"[163]. Seine Bewunderung, ja Verehrung des Preußenkönigs sollte sich in der Folgezeit eher noch verstärken denn vermindern; das gilt vor allem auch für die Zeit nach dessen Tod († 1786). Er wurde für Stein zur Folie, vor die seine Nachfolger gestellt wurden – und über dieser Konfrontation schwacher oder doch schwächlicher Nachfolger mit dem Vorgänger wurde dieser – Friedrich – für Stein immer mehr zu einer veritablen „Lichtgestalt".

Dass Stein dann ein halbes Leben lang – letztlich bis Ende 1808 – in preußischen Diensten verbleiben würde, dass er eine solch innige Beziehung zu diesem Staatswesen aufbauen würde, dass er später seine nassauische „Staatsangehörigkeit" förmlich aufkündigte und sich für die preußische entschied, kann und wird er 1780 noch nicht vorausgesehen haben. Es gibt schon aus dem Jahr 1783 Quellenbelege, denenzufolge er, wenn auch nur vage, mit dem Gedanken spielte, den preußischen Staatsdienst zu quittieren und in den eines anderen Fürsten überzutreten[164], und von seinen Überlegungen nach Ausbruch der Revolution, nach Straßburg zu übersiedeln, war oben die Rede. Man mag das in die Schublade jugendlicher Unbekümmertheit und Neugier stecken, möglichst viel von der „Welt" kennen zu lernen, aber dass für ihn die Entscheidung für Preußen zunächst kein unumkehrbarer Schritt war, scheint doch auf der Hand zu liegen.

Aber trotz dieser Gedankenspiele: Preußen war es, für das er nicht nur optierte, sondern das für ihn nun lebenslang zur zweiten – mit Cappenberg wohl zur ersten – Heimat wurde. Für einen Menschen vom Mittelrhein, den viel mit dem südwestdeutsch-alemannischen Raum verband, der in einer Art Gegenwelt zu der des „Militärstaats" Preußen sozialisiert worden war, war das keine Selbstverständlichkeit – bis in die Sprache hinein war Umlernen nötig, und es war auch ein anderer Menschenschlag, mit dem er es schon in Westfalen und dann vollends in Berlin und in Königsberg zu tun haben sollte. Er mag kein wirklicher Preuße geworden sein, wohl aber ein Konfessions-Westfale, wobei ihm freilich die Tatsache, dass er bis an sein Lebensende ein Spielbein im Mittelrheinraum behielt, diese „Westfalisierung" erleichtert haben wird.

Dass Stein, Jurist von seiner Ausbildung her – Juristen, die nicht Juristen wurden, waren im ausgehenden 18. Jahrhundert, man denke nur an Goethe, ein großes Thema –, dann just im Bergwerksbau seine administrative Karriere startete, war bei alledem dann aber doch eine Überraschung. Die Mutter war, wie eben erwähnt, im Januar 1779 beim preußischen König ja mit der Bitte vorstellig geworden, ihren Sohn in den *diplomatischen* Dienst der Krone aufzunehmen[165], was im übrigen die von der älteren Forschung stereotyp verwendete Formel, der Entschluss zum Eintritt in den preußischen Staatsdienst sei „die erste ganz selbständige [...] Lebensentscheidung" Steins gewesen[166], zumindest relativiert – die Familie war in diesen Entscheidungsprozess sehr wohl eingebunden. Gewiss, das Bergwesen galt in Preußen seit einem oder eineinhalb Jahrzehnten als eine Art Zukunftswissenschaft und -technologie und erfreute sich generell in der zweiten Hälfte des 18. Jahrhunderts, namentlich seit der Zeit des *Rétablissement* nach dem Siebenjährigen Krieg, also des konzentrierten Wiederaufbaus eines zerstörten und geschundenen Landes, unter merkantilistisch-kameralistischen Auspizien nachhaltiger Förderung. Bekanntlich verfügte der Gesamtstaat Preußen ja nicht über nennenswerte Edelmetalllagerstätten, was die besondere Förderung militärwirtschaftlich wichtiger und rohstoffliefernder Zweige nahe legte, namentlich des traditionsreichen, aber eher dahinvegetierenden Steinkohlebergbaus in Westfalen und in Schlesien. Es ist zudem zu vermuten, dass der heranwachsende Karl im Lahn-Sieg-Gebiet mehr als einmal Bergwerke besucht haben mag, dass er zusammen mit Göttinger Kommilitonen auch einmal die Bergbauregion Harz besuchte und während seiner Studienabschlussreise – das wissen wir verlässlich – in Österreich (Salzkammergut, Steiermark) und Oberungarn (Schemnitz) gemeinsam mit seinem Jugendfreund Franz von Reden einige Bergwerke besichtigte[167]. Aber die Entscheidung, gerade in diesen Zweig der preußischen Verwaltung einzutreten, der immerhin seit 1768 als eigenständiges Departement im preußischen Generaldirektorium organisiert war, hing letztlich doch wohl nicht nur, wie Srbik meinte[168], von dieser österreichischen Erfahrung und von den Gesprächen mit seinem aus einer traditionsreichen Bergmannsfamilie stammenden Jugendfreund Reden sowie dem Wissen darum, dass einer seiner Erzieher, Friedrich Philipp Rosenstiel, gerade eben in diese Sparte des Staatsdienstes gewechselt war[169], ab, sondern maßgeblich vom Chef dieser Behörde, dem Freiherrn Friedrich Anton von Heinitz. Heinitz war, wie oben erwähnt, im Haus Stein kein Unbekannter, war zudem weitläufig verwandtschaftlich mit der Familie verbunden und war sicher neben der Friedrich-Begeisterung der zweite wichtige, mindestens gleichrangige Faktor, sich für den preußischen Staatsdienst zu entscheiden. Das war wohl dann doch wichtiger als die von einem Biographen gewählte Pointe, sich nach dem Studium der historischen Schichten des Reiches nun den geologischen Schichten zuzuwenden[170].

In seiner Autobiographie weiß Stein Heinitzens Güte und Qualifikation nicht genug zu würdigen: Er sei einer der vortrefflichsten Männer seines Zeitalters gewesen, tiefen religiösen Sinns und von ernstem anhaltendem Bestreben, sein Inneres zu veredlen, erfüllt gewesen, sei bar jeder Selbstsucht, empfänglich für alles Edle und Schöne und fortdauernd bemüht gewesen, tüchtige Männer anzustellen und junge Leute auszubilden[171]. Dass sich in dieses strahlende Bild, das von anderer Seite voll und ganz bestätigt wird, dann im Lauf der Zeit die eine oder andere leichte Trübung einschlich, wird an einem Beispiel noch aufzuzeigen sein. Heinitz, der Neuorganisator des renommierten sächsischen Bergwesens und Begründer der Freiberger Bergakademie, hatte seit seinem Amtsantritt in Preußen (1777) den Prozess der Unterstellung privater Bergwerke unter die staatliche Oberaufsicht und die Entwicklung eines von der übrigen Administration getrennten „Bergstaats" konsequent vorangetrieben und, wie das Zitat widerspiegelt, vor allem in der Schulung der Bergbeamten sein Betätigungsfeld erkannt: durch ihre Entsendung in die zentralen und technologisch besonders hervorstechenden Bergbauregionen, also nach Skandinavien, England und Frankreich, durch die Delegierung preußischer Bergbeamter an die sächsische Bergakademie in Freiberg, durch die Schaffung eigener (preußischer) Fortbildungsstätten, von denen die Berliner „Bergakademie", die vor allem saisonal, also im Winter, betrieben wurde, Erwähnung verdient. Das Bergwesen erfreute sich zudem – primär natürlich unter militärischen Vorzeichen, also solchen der Waffenproduktion und -technologie – der besonderen Fürsorge des Monarchen, so dass es nach dem Gesagten kaum mehr überraschen kann, dass eine stolze Garde künftiger preußischer Spitzenbeamten, ob sie nun Alexander von Humboldt, Friedrich Wilhelm von Reden, Friedrich August Eversmann, Johann August Sack oder eben Stein hießen, sich ihre ersten Sporen im Berg- und Hüttendepartement unter Heinitz verdienten; sein Departement kann mit Fug und Recht als eine Kaderschmiede charakterisiert werden. Stein hat diese für sein ganzes Leben richtungweisende Rolle Heinitz' nie vergessen; in seiner Berliner Ministerzeit, die chronologisch nach Heinitz' Tod begann, war sein Dienstzimmer mit einer Heinitz-Büste ausgestattet, und der Witwe seines besten Freundes bekannte er als fast 60jähriger: „In tiefster Demut erkenne ich, dass ihm [Heinitz] und meiner vortrefflichen Mutter ich die Entwicklung und Richtung meiner Anlagen zu danken habe"[172]. Heinitz, so lässt sich wohl mit Fug und Recht sagen, wurde für diese Generation der jungen Montanfachleute zu einem Idol; noch 1829 sollte Sack, ein Heinitz-Schüler und damals Oberpräsident von Pommern, im vorletzten Brief, den er an Stein richtete, den Geist Heinitzens beschwören[173], wenige Jahre zuvor hatte er sich mit seinem früheren Hauslehrer Rosenstiel getroffen, mit dem die Familie 1773 über Heinitz in Kontakt gekommen war, und das Gespräch drehte sich selbstredend vor allem um – Heinitz[174].

Heinitz nahm sich des jungen Mannes, der erst im zweiten Anlauf die erbetene Anstellung als Referendar im Bergwerksdepartement mit dem Rang eines Kämmerers[175] – eines zum reinen Titel abgesunkenen Hofamts – erhielt[176], offenbar ganz gezielt an, und das bedeutete, ihn zwar auch theoretisch aus- und fortzubilden, aber ihn zunächst einmal die Praxis kennen lernen zu lassen. Und das hieß: Reisen, die Aneignung von Erfahrungswissen, ganz entsprechend der Grundanschauung der Zeit, dass vor allem anderen bergmännische Befahrungen der Königsweg seien, um technische Modernität und technokratischen Dirigismus mit dem dezidiert historisch unterlegten bergmännischen Selbstverständnis zu versöhnen und zur Deckung zu bringen. Stein hat in den ersten drei Jahren seiner Tätigkeit im Berg- und Hüttendepartement, teils in Heinitzens Begleitung, teils alleine, die Bergwerke in Ostfriesland, Holland und Westfalen kennen gelernt (1780), die in Ost- und Westpreußen, in Polen (darunter Wieliczka) und Schlesien (1781) und schließlich (1783) die im Harz. Man kann sich des Eindrucks nicht erwehren, dass Stein sich möglichst rasch ein professionelles Wissen aneignen wollte, um unabhängig zu werden und um gar nicht erst in die Gefahr zu geraten, in die Attitüden eines sich im Bürokratischen erschöpfenden Verwaltungsbeamten abzusinken, den er von Grund auf verachtete.

Stein hat auf diesen Reisen aber nicht nur sein Erfahrungswissen beträchtlich erweitert, sondern auch sein Verständnis für gesellschaftliche Zusammenhänge weiter geschärft: in Österreich etwa in Bezug auf die Verflechtung von Wirtschaftsgefüge, autonomer Verwaltung und einem auf die spezifischen Belange der Wirtschaftszweige zugeschnittenen Recht, im Harz in Bezug auf den Stellenwert der bergbehördlichen Organisation. Überhaupt spiegeln seine Berichte in bemerkenswerter Weise seine Fähigkeit wider, über den Bereich des Berg- und Hüttenwesens hinauszublicken und es als integrierten Teil von Handel und Industrie generell zu verstehen. Zwischen diese Reisen eingestreut war eine einjährige Ausbildung an der Bergakademie in Freiberg und Ausbildungsmodule – wie man heute sagen würde – bei den Professoren Schulze, Achard und Gerhard in Berlin[177], also jener großen, inzwischen ca. 150.000 Einwohner zählenden Hauptstadt des Reiches, die er im Grunde nie lieben lernen sollte. All das scheint nach den Vorstellungen seines Dienstvorgesetzten – und des Monarchen – verlaufen zu sein, so dass Stein, nachdem er bereits 1782 auf Vorschlag Heinitz' und nach einer Rückfrage des Monarchen, wodurch er sich denn überhaupt ausgezeichnet habe[178], zum Oberbergrat ernannt worden war[179], 1784, also gerade 27jährig, mit der Gesamtleitung des Montanwesens in der Grafschaft Mark betraut wurde[180], in dem im übrigen schon einer seiner Göttinger Kommilitonen, Johann August Sack, tätig war[181] – ein Mann, der ihn dann dienstlich sein ganzes Leben begleiten und, Zufall der Geschichte, fast zeitgleich mit Stein sein Leben beschließen sollte. Damit verschwanden auch alle anderen denkbaren beruflichen Optionen (und seine gelegentlichen Gedankenspiele, vielleicht doch den Dienstherrn noch einmal zu wechseln) endgültig in der Schublade; Stein hatte den Bergbau als die Herausforderung dieser Lebensphase begriffen, was ihn dann auch leichten Herzens einen ihm angebotenen Gesandtschaftsposten in Kopenhagen ablehnen ließ[182]. Wie hätte ein 27jähriger auch mit diesem Karriereverlauf bis an die regionale Spitze eines zukunftsträchtigen und entwicklungsfähigen Verwaltungszweigs unzufrieden sein können? Die denkbare Alternative, sich nach dem Tod der Mutter

(1783) als künftiger Chef des Hauses auf die Erbgüter der Familie zurückzuziehen und ein ganz anderes Leben zu beginnen, stellte sich ihm wohl zu keinem Augenblick.

Diese Studien- (oder besser wohl: Ausbildungs-) Reisen schufen zudem neue Verbindungen, die in Einzelfällen ein Leben lang hielten. Das gilt außer für den eben wiederholt genannten Johann August Sack, dessen Beamtenkarriere mit der Oberpräsidentschaft von Pommern enden sollte, etwa für den Freiherrn Friedrich Wilhelm von Reden, der, aus Hameln gebürtig, Absolvent der Göttinger Universität wie Stein[183] (allerdings im Unterschied zu diesem graduiert), seit 1779 das Oberbergamt in Breslau leitete[184] und allem Anschein nach, fünf Jahre älter als Stein, zu dem Jüngeren sofort eine herzliche Beziehung aufbaute. Reden, dessen späterer Aufstieg in der preußischen Beamtenhierarchie bis hin zum Amt des Staatsministers durchaus mit dem Steins vergleichbar ist, begleitete ihn auf seiner Bergwerksreise durch Polen[185], verfasste mit ihm gemeinsam einen Rapport für Heinitz[186] – seinen Onkel, den er 1776 auf einer Reise durch die englischen Reviere begleitet hatte – und wurde zu einem vertrauten Briefpartner Steins, der sich nicht scheute, ihn auch einmal um die Besorgung eines Breslauer Meerschaumpfeifenkopfs zu bitten[187]. Reden beriet Stein im Vorfeld seiner Englandreise 1786/87 und war wiederholt sein Gastgeber in Breslau, so etwa 1788. Man hat das Nahverhältnis Steins zu Reden, dem in der Tat gelegentlich schwärmerische Züge eignen, geradezu in die Nähe eines Freundschaftskultes à la Rousseau gerückt[188], und das ist sicher nicht einmal völlig abwegig. Nachdem Reden Schloss Buchwald – heute Bukowiec – im Hirschberger Tal erworben hatte, weilte Stein viele Male dort, wobei sich die Freundschaft zwischen den Männern dann auch auf Redens wesentlich jüngere Ehefrau Johanne Juliane Friederike aus der Familie Riedesel zu Eisenbach-Lauterbach ausdehnte, die nach Redens Tod (1815) zu einer von Steins vertrautesten Korrespondenz- und Gesprächspartnerinnen werden sollte.

Politisch wirksam wurde diese Freundschaft u. a. dadurch, dass beide ihre Fachkräfte austauschten, die für eine bestimmte Zeit im jeweils anderen Revier sich *Know how* anzueignen hatten. Alle führenden preußischen Bergbaubeamten der Folgezeit haben sowohl westfälische als auch schlesische Erfahrungen erworben – ein Austauschprozess, der sich ganz direkt der Freundschaft der beiden Männer schuldete. Der Steiger Friedrich beispielsweise, der Stein auf seiner England-Reise begleitete, wurde 1788 gewissermaßen nach Schlesien „ausgeliehen", um dann von Stein aber doch, weil unentbehrlich für die Technisierung des westdeutschen Bergbaus, zurück erbeten zu werden[189].

Der wiederholte Aufenthalt Steins in Schlesien erweiterte mit großer Sicherheit aber auch seine allgemeine Perspektive. Die ostdeutsche Kulturlandschaft mit ihrer Großflächigkeit und ihrer Weite, die er auch nach seinem Rückzug aus dem Staatsdienst noch wiederholt aufsuchte, muss dem aus einem sehr klein parzellierten Geschichtsraum stammenden Stein ein neues Gefühl für historisch-geographische Dimensionen vermittelt haben und vielleicht auch für die besonderen Aufgaben, die in diesem gutsherrlich geprägten Raum stärker als anderswo zukünftig anzugehen sein würden – das Stichwort „Bauernbefreiung" mag hier einstweilen genügen.

Ein 27jähriger an der Spitze einer Behörde in einer Zukunftsbranche: im damaligen Preußen nichts, was besonders auffällig gewesen wäre. Ebenfalls im Alter von 27 Jahren hatte Friedrich Wilhelm von Reden 1779 die Leitung des schlesischen Oberbergamts übernommen, 27 Jahre zählte auch Karl Christian von Veltheim, dem 1782 das Rothenburger Oberbergamt mit der militärisch wichtigen Mansfelder Kupferproduktion übertragen wurde. Die vom Alter her frühe Übernahme wichtiger Staatsaufgaben – in diesen Fällen die selbstverantwortliche Leitung der Montanbereiche – kann geradezu als ein Signum der Epoche angesehen werden. Das waren keine „jungen Wilden", die die Dinge auf den Kopf stellen wollten, sondern schlicht junge Adlige mit einer exzellenten Ausbildung, die das Vertrauen von Heinitz und das der Krone genossen. Die Vorgesetzten enttäuscht hat keiner aus dieser Riege.

Freilich war es bei Stein keine aus einem vollen und überströmenden Herzen getroffene Entscheidung, den Posten mit Dienstsitz in Wetter zu übernehmen. Es war eher die Selbsteinsicht, der erdrückenden Stadt Berlin entfliehen zu müssen, in der er sich nie wirklich wohl fühlte, als eine große Begeisterung für eine Region, der mit dem Stichwort „Peripherie" aus Berliner Sicht eher noch geschmeichelt wurde. So waren seine Zukunftsvisionen auch eher düster: „Je sens tout le désagrément attaché à la direction de la Westphalie, la monotonie dans les occupations, un séjour triste et isolé"[190]. Um so mehr fasziniert es, was Stein aus dieser beruflichen Etappe, eher *contre cœur* akzeptiert, gemacht hat – *contre cœur* immer nur mit Blick auf die Region verstanden, denn seine Entscheidung für die Staatsverwaltung und das Departement unterlag keiner Diskussion und war keine nur zweite Wahl.

Mit Kritik an dem preußischen Regierungs- und Verwaltungssystem, wie er es von Grund auf kennen lernte, hielt sich Stein in den frühen 1780er Jahren erkennbar und offenbar bewusst zurück. Dass beispielsweise das „einseitig zugespitzte Merkantilsystem des Königs"[191] damals manche Kritiker auf den Plan rief, nicht zuletzt seinen Mentor Heinitz, thematisieren seine Briefe an die Familie und sonstige Vertraute nicht. Stein empfand sich vorderhand als Lernender, als jemand, dem eine exzellente Ausbildung zuteil wurde, für die in erster Linie Dank angesagt war – für (konstruktive) Kritik war der Zeitpunkt noch nicht gekommen. Aber das war eine Frage der Zeit. Der Stein der 1780er Jahre war an Regimetreue, an Loyalität und Solidarität kaum zu übertreffen!

Die Westprovinzen der Krone waren, ob man die häufig verwendeten Bezeichnungen „Stiefkinder des friderizianischen Staates" oder „Preußen zweiter Klasse" (Lehmann) für berechtigt hält oder nicht, auf alle Fälle im Gesamtspektrum der Monarchie eher problematische Regionen: So weit wie keine anderen von der Zentrale entfernt, zerstückelt, nicht etwa einen geschlossenen territorialen Block bildend, mit verzwickten Grenzverhältnissen ausgestattet, zudem von der Sozialstruktur her mit den ostelbischen Kernprovinzen überhaupt nicht vergleichbar[192]. Auf der anderen Seite zeichneten die niederrheinisch-märkischen Regionen ein natürlicher, in der Bevölkerungsdichte, der hoch entwickelten Landwirtschaft, einem prosperierenden Gewerbe und einer Fülle an Bodenschätzen gleichermaßen gründender Reichtum aus, der sie geradezu prädestinierte, zu einem Laboratorium der Modernisierung zu werden. Es ging Heinitz, dem bald die Gesamtverantwortung für die westlichen Provinzen übertragen wurde, und seiner „Mannschaft" nicht nur um ihre bessere Integration in die Gesamtmonarchie, sondern tatsächlich darum, in und an ihnen Fortschritt zu exemplifizieren. Jedenfalls konnten die in Berlin zeitweise ventilierten, wenn nicht sogar diskutierten Pläne, die Westprovinzen günstig zu verkaufen oder zu tauschen[193], seit den 1780er Jahren als abgetan gelten, und zwar genau seit dem Zeitpunkt, als Heinitz anstelle des Grafen Schulenburg-Kehnert im Generaldepartement die Verantwortung für sie übernahm.

In Steins autobiographischen Aufzeichnungen, die knapp 40 Jahre später niedergeschrieben wurden, finden sich zu seiner Tätigkeit im westfälischen Montanwesen einige sich nicht sofort erschließende selbstkritische Anmerkungen. Er habe sich der Direktion der Bergwerke und Fabriken in Westfalen mit viel Eifer, aber doch „etwas einseitig und durchgreifend" angenommen, was „Missvergnügen und Beschwerden" veranlasst habe, die vermeidbar gewesen wären (und in Zukunft auch vermieden worden seien)[194]. Lassen sich die abstrakten Formeln auflösen?

Stein übernahm – mit Dienstsitz in Wetter an der Ruhr – die faktische Leitung einer (insbesondere das Bochumer Kohlerevier, den Hochofen bei Sundwich und die zahlreichen Eisenhämmer und Schmieden für Breit- und Bandeisen umfassende) Bergwerkregion, die voller Dynamik war und sich inzwischen auch der besonderen Fürsorge der Krone erfreute, u. a. deswegen, weil die Steinkohle als eine geradezu ideale Alternative zur Holzbefeuerung im Salinenwesen galt, das ja eine zentrale fiskalische Einnahmequelle der Krone Preußen bildete und ganz wesentlich zur Kriegsschuldentilgung beitrug[195]. Die besondere Förderung der Region zeigt sich beispielsweise auch darin, dass das kostenträchtige Unternehmen der Schiffbarmachung der Ruhr just 1780 abgeschlossen worden war, die der Vernetzung der verschiedenen Teilregionen zugute kommen sollte – auf die industrialisierungsstrategische Seite dieser Maßnahme wird zurückzukommen sein. Grundlage von Steins Amtsführung war eine 1766 in Kraft gesetzte Bergordnung für Kleve, Moers und die Grafschaft Mark, die die „volle Betriebsführungskompetenz"[196] dem Staat zusprach und den Eigentümern nur noch geringe Mitspracherechte beließ. Manches deutet darauf hin, dass die zitierte Selbstkritik Steins mit diesem staatlichen Ansinnen, alle Entscheidungen in technischen, wirtschaftlichen und sozialen Fragen in die Regie der Bergbaubehörden zu überführen, in einem Zusammenhang steht, insbesondere wohl aber auch mit der oft ungestümen Art und Weise, wie ein Berufsanfänger diese Ziele umzusetzen suchte, der auch vor massiven Drohungen[197] nicht zurückschreckte.

Im Prinzip tat ein Mehr an staatlichem Dirigismus freilich not. Der Ruhrbergbau hatte seine bäuerlichen Wurzeln und war noch längst nicht bei allen seinen Trägern zu der Erkenntnis vorgestoßen, dass rationelles Wirtschaften und verbesserte Abbauverfahren die Forderungen der Stunde waren, wenn man überhaupt überregional konkurrenzfähig werden wollte. Hinzu kam, dass im Löhnungs- und Gedingebereich und bei der sozialen Fürsorge im Krankheits-, Invaliditäts- oder Altersversorgungsbereich noch eine erhebliche Willkür herrschte und das Tor zur Moderne noch mehr oder weniger fest verschlossen war. Das alles war auch schon vor Stein erkannt worden, aber bisher hatte der Mann gefehlt, um hier energisch Hand anzulegen.

Steins Selbstkritik mag allerdings auch etwas damit zu tun gehabt haben, dass ihm rückblickend bewusst geworden war, an dem einen oder anderen Punkt überreagiert zu haben. So war Stein in hohem Maß erbittert über seinen Mentor Heinitz, der ihm 1784, wohl nach sehr genauer Prüfung der Sachlage und der Belastbarkeit Steins, das Präsidium über die ungeteilte märkische Fabrikenkommission vorenthielt, diese vielmehr im Interesse von Steins sonstigen Aufgaben teilte und ihm zumutete, mit einem von Stein als „elender Kerl“ etikettierten Beamten zusammenzuarbeiten[198]. Ein 27jähriger junger Mann kann zwar schon einmal allergisch reagieren, vor allem wenn er subjektiv der Meinung ist, alle fachlichen Voraussetzungen und die entsprechenden Führungsqualitäten für die Stelle mitzubringen; in seinem dienstlichen Umfeld konnte eine so harsche Reaktion, wie sie Stein gegenüber Heinitz für richtig hielt, aber auch einen Autoritätsverlust bedeuten.

Schließlich kann nicht ausgeschlossen werden, dass der über 60jährige, als er diese Selbstkritik zu Papier brachte, viel besser über sich selbst Bescheid wusste denn als 30jähriger. Stein hat seine charakterlichen Defizite – seine abrupte und oft verletzende Art, mit Menschen umzugehen, seine hohen ethischen Erwartungen, denen nicht alle dritten Personen, mit denen er zu tun hatte, entsprechen konnten, seine Prinzipienreiterei – im Lauf der Zeit immer deutlicher erkannt (vielleicht aufgrund der Reaktionen seiner Mitmenschen) und sie gegenüber seiner Schwester Marianne nicht selten auch direkt angesprochen. So sehr Stein später – und auch schon in der Autobiographie – an seinem eigenen Bild feilte: als unfehlbar, als „pflegeleicht“, als einen Ausbund an formvollendeter glatter Höflichkeit gegenüber Dritten hat er sich nie gesehen.

Stein konnte sich bei seinen Modernisierungsmaßnahmen auf ein Gutachten seines Freundes Friedrich Wilhelm Reden stützen, der 1782 in Heinitz' Auftrag die westfälischen Gruben und die ganze Industrielandschaft inspiziert und das „Paket" der nötigen Maßnahmen ziemlich genau definiert hatte. Stein wurde für den Prozess der Reorganisierung des Bergbaus und den Prozess der Frühindustrialisierung in der genannten Region eine entscheidende Figur – und daraus erklärt sich auch seine bis heute ungebrochene Hochschätzung durch die Knappenvereine und andere Traditionsverbände –, aber er brauchte nicht an einem Punkt Null anzufangen.

Wenn man Steins Maßnahmen als nomineller und faktischer Leiter der Industrialisierungspolitik in der Ruhr-Region systematisiert, scheinen vier Kerngedanken nebeneinander zu stehen: Der eine war, dem Ruhrbergbau die neuesten Technologien an die Hand zu geben. Auf seiner ziemlich ergebnislosen England-Reise, auf die noch einmal zurückzukommen ist, war, allen Dementis zum Trotz, das Moment der Industriespionage überhaupt nicht zu übersehen; 1786 entsandte er zudem einen Bergkadetten nach England, um sich modernes *Know how* anzueignen. Es ging ihm um die Maschinen, die dort in Gebrauch waren, zudem um die dortigen Erfahrungen mit dem neuen Kraftfaktor Dampf. Es unterliegt keinem Zweifel, dass der Einsatz der ersten atmosphärischen Dampfmaschine auf der dem Freiherrn von Romberg gehörenden Zeche Vollmond (1799) ganz direkt auf Stein zurückging, auch wenn er damals keine unmittelbare Zuständigkeit mehr besaß. Vom englischen Vorbild hatte man sich inzwischen (unmittelbar vor der Jahrhundertwende) immerhin so weit emanzipiert, dass die Maschine bis auf den aus England importierten gusseisernen Zylinder in Preußen hergestellt worden war. Die Dampfmaschine war die Voraussetzung für den Übergang zum Tiefbau unter der Stollensohle, den Stein zumindest noch mit vorbereitete.

Der zweite maßgebende Gesichtspunkt seiner Tätigkeit als Leiter des Bergwesens in den westlichen Provinzen des Königreichs war, die staatliche Aufsicht über die Grubenbetriebe zu intensivieren, von denen man bei Steins Kommen ca. 170 zählte mit insgesamt 1200 beschäftigten Bergleuten[199]. Das bedeutete im Umkehrschluss, die alte genossenschaftliche Selbstverwaltung in den Montanbetrieben zu reduzieren. Es mag sein, dass seine oben zitierten selbstkritischen Bemerkungen auch auf diesen Zwang zielten, bewährte Strukturen zu ändern, um Effizienz und Staatsnutzen zu steigern, es mag aber auch sein, dass seine Selbstkritik im Persönlichen wurzelte, im Umgang mit Personen seiner weiteren Entourage, zu denen u. a. der Geheime Kriegsrat Heinrich Liebrecht, der Oberbergmeister Christoph Wilhelm Crone und der Bergrat Caspar Heinrich Anton Morsbach zählten. Vor allem das Verhältnis zu dem Berghauptmann Julius Philipp Heintzmann, dessen Vater die oben genannte Bergordnung entworfen hatte, scheint nicht ohne Störungen gewesen zu sein, hatte Stein ihn doch nach seiner Übernahme des Oberbergamts wie folgt charakterisiert: „Il n'a point l'esprit d'ordre, de calcul et cette uniformité dans sa manière d'agir qui est nécessaire pour son état“[200]. Aber auch das Verhältnis zu dem Kanzleipersonal, dessen Faulheit und Ignoranz notorisch sei[201] – was hier bloßer Topos war und was wirkliches Ärgernis, bleibe auf sich gestellt –, ließ ihn wohl eher kritisch zurückblicken. Wie auch immer: In der Sache – Verstärkung der staatlichen Aufsicht über die Grubenbetriebe – war Stein erfolgreich. Schon 1784 setzte er mit ausdrücklicher Rückendeckung des Königs das Direktionsprinzip durch, das die unternehmerische Rolle auf den reinen Kapitalbesitz reduzierte, die gesamte technische und betriebswirtschaftliche Leitung der Gruben dagegen auf die Bergbürokratie übergehen ließ, also die Verfügungsrechte der Unternehmer empfindlich einschränkte. Stein hatte dabei überhaupt kein ungutes Gefühl oder gar schlechtes Gewissen; an Reden schrieb er 1786: „Ich begehre ja nicht, ihnen [den Grubenbesitzern] unter irgend einer Benennung ihr Eigentum zu vermindern, ich will ihnen dessen Genuss nicht beschränken – und eine sehr kurze Zeit wird sie belehren, dass fernerer Widerspruch ungegründet ist“[202]. Das technische Leitungspersonal der Gruben, vor allem die Gruppe der Steiger, wurde in die staatliche Bergbauhierarchie integriert, die Oberaufsicht über die Bergarbeiter, die ihrerseits in eine klare Rangordnung gebracht wurden, und ihre Standesorganisation, die Knappschaft, übte seitdem die Bergbehörde aus, nicht mehr das Gewerke. Stein war es auch, der dafür sorgte, dass die von Heinitz entwickelten schwarzen Bergmannsuniformen in Gebrauch kamen. Hier also sehr deutlich das Moment der Integration des Montanwesens in die staatliche Regie, das Motiv „einer als fürsorglich begründeten Entwicklungsdiktatur“[203] selbst auf Kosten der gewachsenen Strukturen dieses Berufszweigs. Auf dieser Linie liegt es etwa, dass Repräsentanten der verschiedenen Reviere offenbar regelmäßig nach Wetter eingeladen – einbestellt klänge zu hart, träfe aber die Sache – und mit den neuesten technologischen Entwicklungen und staatlichen Verfügungen vertraut gemacht wurden[204]. Dass Stein auch dafür sorgte, dass eine Bergbauhilfskasse eingerichtet wurde, die einen Investitionsfonds vorsah, auf den der Staat kein Zugriffsrecht hatte, verändert die Bewertung nicht grundsätzlich.

Aber die Einschätzung, dass es Stein nur oder doch in erster Linie um Staatsdirigismus gegangen wäre, greift dann auch wieder zu kurz. Er war im Grunde seines Herzens viel zu sehr „Smithianer“, also Anhäger des britischen „Volkswirts“, dessen *Bestseller* aus dem Jahr 1776 *Inquiry into the nature and causes of the wealth of nations* er mehrfach „verschlungen“ hatte, um nicht nach einem Mittelweg zwischen (notwendigem) staatlichen Dirigismus und möglichst freier Entfaltung der Arbeitsenergien der Menschen zu suchen. Stein zeichnete darüber hinaus ein sehr subtiles Gefühl für die Besonderheiten einer Region aus, die ihn davor bewahrte, alles den allgemeinen und generellen Normen zu unterwerfen. So setzte er sich vehement dafür ein, dass die Bergleute und die Eisenfabrikanten von dem preußischen Kantonsreglement eximiert blieben, also nicht der Militärdienstpflicht unterworfen wurden. Nicht weniger hilfreich für die Region war, dass er vor dem Hintergrund der gewerblich-agrarischen Mischstruktur der Provinz Mark dafür Sorge trug, die preußische Akziseverfassung nicht mechanisch zu übernehmen, sondern in ein System fixer Verbrauchssteuern umzuwandeln – man hat für diesen Vorgang, der der Grafschaft eine Ausnahmestellung im preußischen Steuersystem sicherte, den die Dinge in der Tat auf den Punkt bringenden Begriff „wirtschaftliche Entpreußung der preußischen Westgebiete" geprägt[205]. Dass Vergehen gegen die Kohle- und vor allem Kohletransportverordnungen – sog. Defraudationsfälle – nicht mehr mit Festungshaft, sondern mit Geldstrafen geahndet werden sollten[206], um dem Staat zusätzliche Gelder zuzuführen und qualifizierte Experten nicht für längere Zeit aus dem Distributionsprozess herauszuziehen, liegt auf dieser Linie. Stein, so scheint es, wusste trotz wachsender und sich verdichtender Staatsaufsicht ziemlich genau, was der Region und ihrer spezifischen Struktur zugemutet werden konnte. Als es trotzdem zu Unmutsbekundungen und Widerstand gegen das verfügte Maßnahmenbündel kam, wich Stein zwar nicht davon ab, entspannte die Situation aber dadurch, dass er die Selbstverwaltung der Knappschaften wiederherstellte und an die Stelle der staatlichen Ernennung der Knappschaftsältesten deren Wahl durch Bergleute treten ließ. Hier war Stein – einmal – ganz Diplomat, geschmeidig, kompromissbereit.

Der dritte Steinsche Leitgedanke war, die rohstofforientierte Region an der Ruhr mit den Industriestandorten an der Sieg, im Sauerland und im Herzogtum Berg zu vernetzen. Die Kohle sollte zu den Hammerwerken „reisen" können, und da das im letzten Jahrzehnt des 18. Jahrhunderts am ehesten auf dem Wasserweg zu funktionieren schien, wurde jedes Flüsschen, ja beinahe jeder Bachlauf darauf abgeklopft, ob er sich für Wassertransport eigne.

In den weitaus meisten Fällen blieb es beim bloßen Projekt. Hinsichtlich der Ruhr, in den Jahren 1780 bis 1784 bereits schiffbar gemacht, wurde immer wieder überprüft, ob an den Schleusen Verbesserungen im Sinn der Beschleunigung oder Kapazitätserweiterung vorgenommen werden könnten. Es war insofern auch kein Zufall, dass eine der ersten Denkschriften Steins in seinem neuen Amt in Wetter der Ruhrschifffahrt gewidmet war. Unter seiner Regie fand der Prozess des Ausbaus der Ruhr zum „zentral kontrollierten Absatzweg für die Kohle" seinen Abschluss[207].

Aber Verkehrs-Infrastruktur bezog sich nicht nur auf das Wasser. Seit 1786 wurde ein ehrgeiziger Generalplan entwickelt und dann auch umgesetzt, zwei Durchgangschausseen durch die gesamte Grafschaft Mark – die eine von Meinerzhagen nach Steele, die andere von Soest nach Herdecke – zu bauen, die damit in ihrer verkehrstechnischen Erschließung auf einen Spitzenplatz in der Gesamtmonarchie rückte. Es zeichnete Stein aus, immer das „totum“ einer Region im Auge zu haben, nicht nur einseitig ein Segment zu fördern. Dass es bei dem Projekt der beiden Straßen viel Überzeugungsarbeit zu leisten galt, viele Diskussionen über die Trassenführung nötig waren, das Ganze auch mit den Interessen der unmittelbaren Nachbarstaaten in Einklang zu bringen war, derer es in dieser kleinteiligen Region (noch) viele gab, spiegeln die Akten eindringlich wider[208] – das war ein mehrjähriger Prozess, der in einer wild bewegten Zeit zu einem Abschluss gebracht werden musste. Auf jeden Fall: 23 Meilen Kunststraßen waren vor dem Hintergrund der Rahmenbedingungen – der Beschaffenheit des Geländes und des Bodens, der Qualität des vorhandenden Baumaterials, der Verhandlungen mit den Bodeneigentümern und mit den eingesprengten Landesherren und Landesherrinnen, nicht zuletzt der „Grabenkämpfe“ mit den Berliner Behörden um Finanzierungsfragen – ein sogar die Beamten im Generaldepartement beeindruckendes Ergebnis, das für die betroffenen Menschen auch ein Stück mehr Freiheit bedeutete!

Viertes Hauptfeld seiner Tätigkeit schließlich: die Beendigung der „schmutzigen“ Konkurrenz der Gruben, die mit unterschiedlichen Messgefäßen arbeiteten, durch Einführung eines einheitlichen und verbindlichen Maßes, die präzisere Sortentrennung mit der Zielsetzung, nur noch die hochwertige Stückkohle zum Export – insbesondere in die Niederlande – zuzulassen. Wie auf vielen anderen Gebieten, war Stein vorrangig daran interessiert, Vertrauen durch Verlässlichkeit zu schaffen.

Bei seinen Bemühungen, das Wasserstraßennetz in seinem Amtssprengel zu optimieren, konnte Stein auf eine wachsende Flut von Schriften zurückgreifen, die sich der Verbesserung des „Wasserbaus“ widmeten und die, oft ihm mit persönlichen Widmungen dediziert, seine Bibliothek rasch füllten. Ob sie – wie im Fall einer Publikation eines hessen-darmstädtischen Steuerrats und „Ober-Rheinbau-Inspectors“[209] – darauf abgezielt haben, in den preußischen Verwaltungsdienst aufgenommen zu werden, ist zweitrangig – entscheidend war, dass Stein nach kurzer Zeit als eine Kapazität auf den Gebieten des Montanwesens und des Wasserbaus galt, von dem man sicher sein konnte, dass die einschlägigen Veröffentlichungen nicht ungelesen in seine Bibliothek wandern würden. Sein Mitarbeiter Friedrich August Eversmann, später Direktor der russischen Bergwerke im Ural und der dortigen Waffenfabriken, hat ihm sein zweibändiges Werk über *Die Eisen- und Stahl-Erzeugung auf Wasserwerken zwischen Lahn und Lippe*[210] sogar gewidmet[211], ein Werk im übrigen, das geradezu das hohe Lied der Grafschaft Mark sang („Diese Provinz [...] ist in mehrfachem Betracht nicht nur eins der merkwürdigsten Länder [Preußens], sondern behauptet auch in Hinsicht auf Gewerbefleiß eine der ersten Stellen im ganzen deutschen Reiche“). Zwar sollte er später einen Gutteil seiner Bibliothek, soweit sie das Bergwesen betraf, verschenken, aber dass Stein bis an sein Lebensende dem Bergbau nahe und verbunden blieb, wäre leicht zu belegen. Noch 1812 stand er als Flüchtling in Böhmen unmittelbar vor Antritt einer montanistischen Reise ins Salzkammergut und in die Steiermark, die nur deshalb nicht realisiert wurde, weil ihn just in diesem Augenblick die Einladung des Zaren erreichte, in seine Dienste zu treten.

Dass die von Heinitz geleitete preußische Bergbaupolitik, zu deren westlichen Trägern Stein zählte, unter dem Strich in hohem Maß erfolgreich war, wird durch die Zahlen belegt. Die Bergbaupolitik konzentrierte sich ja auf zwei von der Zentrale her gesehen eher periphere Regionen (Westfalen und Schlesien), die bis 1796 zu den ertragreichsten preußischen Provinzen überhaupt aufstiegen. Das lässt sich an den an die Dispositionskasse abgeführten Überschüssen ablesen, aber auch an den nach oben geschnellten Zahlen der Erwerbstätigen in diesem Sektor – von 1.200 im Jahr 1784 auf 2.085 im Jahr 1798[212] – und an dem Vermögen der Bergwerks- und Hüttenkasse, das sich zwischen 1777 und 1802 versiebenfachte. Dass Materialien jedweder Art gemeinsam für alle Gruben von einer Bergfaktorei eingekauft und der Verbrauch streng kontrolliert wurde, mag zusätzlich dazu beigetragen haben, dass dieser Gewerbezweig schnell in die schwarzen Zahlen gelangte. Auch das Anwachsen der Jahresförderung der märkischen Zechen in der genannten Zeit von etwas über 60.000 t auf fast 190.000 t spricht für sich. Alles in allem: eine Erfolgsgeschichte, an der Stein nicht unwesentlich beteiligt war.

1792 wurden sämtliche westfälischen Bergämter, zu denen noch das in Ibbenbüren (für die Grafschaft Lingen) und die Bergwerkskommission für Minden–Ravensberg zählten, dem neugegründeten Oberbergamt in Wetter unterstellt, dessen erster Direktor Stein wurde. Er führte zwar nicht den – ansonsten in Preußen üblichen – Titel eines Berghauptmanns, tatsächlich nahm er dieses Amt aber wahr. Rasch wuchsen Stein dann aber auch zusätzliche Funktionen zu, die jenseits des Montanbereichs lagen. 1785 „drohte" sogar kurzzeitig die Gefahr, dass Stein völlig aus dem Bergwesen ausscheiden würde. Am Ende blieb das, wovon im folgenden zu handeln ist, freilich eine Episode.

In einer für die preußische Reichspolitik ebenso kritischen wie sensiblen Phase, als es um die endgültige Konstruktion des seit einiger Zeit betriebenen Fürstenbundes ging, war der Freiherr Karl Sigmund von Seckendorff verstorben, der als Preußens Interessenvertreter, formal für den Fränkischen Reichskreis zuständig, bisher die geistlichen und weltlichen Fürsten im Westen des Reiches bearbeitet hatte, sich dieser „Assoziation" anzuschließen, die allen gegenteiligen Beteuerungen zum Trotz selbstredend einen antiösterreichischen Affekt hatte und virtuos mit Josephs II. tatsächlichen und gemutmaßten Vergehen gegen die Reichskonstitutionen jonglierte. Der Fürstenbund, der in den vielen Projekten eines „Dritten Deutschland" eine längere Vorgeschichte hatte[213], hatte in der preußischen Strategie nicht nur die Funktion, eine kaiserferne Front aufzubauen, zudem in einer Region, für die an sich die Kaisernähe charakteristisch war, sondern sollte auch dazu dienen, dem Hohenzollernstaat, der aktuell ohne wirklichen europäischen Verbündeten dastand, über die erwartete Krise nach dem Tod Friedrichs II. hinwegzuhelfen. Berlin musste auf den Tod seines Diplomaten schnell reagieren, und man – konkreter: die Minister Finckenstein und Hertzberg – verfiel als „Ersatz“ für Seckendorff auf Stein, von dem man im Frühsommer 1785 glaubte, dass er sich gerade in Nassau aufhielt. Stein verfügte zwar über keinerlei diplomatische Erfahrung, aber er kannte über seinen Vater und durch eigene Anschauung und familiäre Beziehungen den Mainzer Hof hinreichend gut, und deswegen war das Auswärtige Departement, sicher in einer Notsituation, dann auch voll des Lobes: „C'est un jeune homme intelligent et actif qui nous paraît avoir la capacité et les talents nécessaires pour une commission de cette nature“[214]. Freilich ließ sich die Leitung des Auswärtigen Departements dann doch noch eine Hintertür offen: Wenn sich erweise, dass er für diese Aufgabe doch nicht der richtige sei, könne man immer noch ein anderes „sujet convenable“ suchen.

Stein als Diplomat? Er hatte bisher allen Überlegungen dritter in diese Richtung eine klare Absage erteilt, es musste ihm bei seiner reflektierten Selbsteinschätzung wohl auch klar sein, dass sein Temperament und sein Charakter dafür nicht die beste Voraussetzung boten – trotzdem nahm er am Ende, nach einem längeren Hin und Her, den Auftrag an. Rechnete er damit, dass der Name seines Vaters ihm Tür und Tor und zudem die Ohren öffnen würde? Seine Mission wurde dadurch noch delikater, als der Gesundheitszustand des regierenden Kurfürsten Friedrich Karl Joseph von Erthal als labil eingeschätzt wurde – wie häufig, leben solche Menschen dann besonders lange, in diesem Fall bis 1802! – und er vor diesem Hintergrund zugleich das Terrain zu sondieren hatte, wer ihm ggf. nachfolgen würde. Die Instruktion[215] gab ihm vor allem vor, beim Kurfürsten besonders zugkräftige Argumente, die ihm schmeichelten – seine gar nicht hoch genug zu veranschlagende Funktion als erster Fürst des Reiches –, einzusetzen und Erthal jede Unterstützung durch Preußen zuzusagen. Stein sollte dann auch noch an andere Höfe in der Region – Kassel, Darmstadt, Trier, dem besonderes Misstrauen entgegengebracht wurde, Karlsruhe, Zweibrücken – reisen und im gleichen Sinn wie in Mainz tätig werden.

Dass die preußische Regierung überhaupt hoffte und erwartete, einen geistlichen Kurfürsten für das Fürstenbundprojekt – in der Berliner Perspektive war der (protestantische) Dreikurfürstenbund durch andere, vor allem katholische Staaten zu erweitern – gewinnen zu können, war an sich schon eine kleine Sensation. Die Bereitschaft katholischer Fürsten, mit der lange perhorreszierten Vormacht des deutschen Protestantismus in Bündnisverhandlungen einzutreten, erklärt sich vor allem aus Josephs II. unüberlegter und seine traditionelle Klientel nachhaltig verstimmender Reichspolitik: seiner Politik der Schaffung neuer (Landes)Bistümer zu Lasten von Reichsstiften, seinen immer wieder aufgelegten Versuchen, Kurbayern zu erwerben und den pfalzbayerischen Kurfürsten in die Niederlande wegzuloben. Man fühlte sich, zumal in der Residenz des Kurerzkanzlers, der sich in der besonderen Pflicht wusste, die Reichsverfassung intakt und unbeschädigt zu halten, brüskiert und verunsichert – diese Chance nutzte Preußen konsequent aus.

Zum Zeitpunkt, als die Instruktion ausgefertigt wurde, wusste Stein noch überhaupt nichts von der ihm zugedachten Mission; an eben diesem 15. Mai 1785 richtete er einen Brief an Reden[216], in dem von seiner Mainzer Gesandtschaft auch nicht die Spur einer Andeutung enthalten ist. Die Beauftragung des Auswärtigen Departements datiert zwar vom 10. Mai, hatte Stein, der sich damals entgegen der Annahme in Berlin nicht in Nassau, sondern in Minden aufhielt, aber noch nicht erreicht. Seinen eigenen Angaben zufolge erfuhr er erst durch Briefe Heinitz' am 19. Mai von der ihm zugedachten Aufgabe – und er lehnte sie ab[217]. Die Gründe musste jeder objektive Beobachter nachvollziehen können: Er habe weder die natürlichen Qualitäten noch die erworbenen, die einen guten Diplomaten ausmachten, er beschäftige sich seit sieben Jahren mit ganz anderen Materien, wie könne man einem Novizen einen solchen Auftrag an einem der wichtigsten Höfe des Reiches ernsthaft zutrauen? Aus seinem Scheitern würde nicht nur Unzufriedenheit seiner Vorgesetzten erwachsen, sondern auch eine Minderung des eigenen öffentlichen Ansehens.

Gegen eine solche Argumentation, die auf das Staatswohl ebenso wie persönliche Defizite abhob, konnte man kaum etwas vorbringen, und so wurde Stein mit einem vom 7. Juni 1785 datierten Kabinettsreskript in der Tat von dem erteilten Auftrag wieder dispensiert[218]. Als dieses Schreiben in Wetter eintraf, hatte sich die Sachlage aber erneut verändert. Unter dem Datum des 14. Juni 1785 teilte Stein dem Minister des Auswärtigen Hertzberg von Nassau aus mit, dass er aufgrund zweier Briefe Heinitz' und zusätzlicher Informationen sich nun doch entschlossen habe, die Aufgabe in Mainz zu übernehmen: weil sie offenbar doch nicht als so schwierig wie vermutet eingeschätzt werde, weil er sich nicht dem Verdacht aussetzen wolle, er habe aus Rücksichtnahme auf den Wiener Hof verzichtet, und weil seine Ernennung schon an die Öffentlichkeit gelangt sei und sein Rückzug sowohl dem Ministerium als auch ihm somit abträglich wäre. Er habe faktisch seine Mission auch bereits begonnen, habe in Düsseldorf und Bonn alte Kontakte erneuert[219] und stehe vor seiner Abreise nach Frankfurt und nach Mainz, wo er am 18. Juni einzutreffen gedenke[220].

Damit nahm die Sache nun ihren Lauf. Per Kabinettsreskript vom 25. Juni 1785 wurde Steins Auftrag erneuert, wurden ihm modifizierte Verhaltensmaßregeln angesichts des Eintreffens eines neuen kaiserlichen Gesandten erteilt und wurde ihm nahe gelegt, zunächst in Mainz nur vorübergehend aufzutreten[221]. Er nutzte diese Frist, um in Zweibrücken mit dem Minister Hofenfels, der Preußen in ganz besonderer Weise zugetan war, das anstehende Assoziationsgeschäft zu besprechen[222]. Der erste Bericht Steins aus Mainz datiert dann vom 5. Juli 1785, in dem er vor allem im Blick auf die vermutlich bald anstehende Koadjutorwahl die potentiellen Kandidaten einer Prüfung unterzog und sich klar für den derzeit aussichtsreichsten Kandidaten aussprach, den Freiherrn Karl von Dalberg, den Preußen in jeder Hinsicht unterstützen müsse: „connu pour un homme de talent, instruit et aimant le bon et l'honnête avec enthouiasme", ein Mann mit „qualités distinguées"[223]. Zehn Tage später[224] hatte Stein den in seiner Aschaffenburger Nebenresidenz weilenden Kurfürsten Erthal ein erstes Mal getroffen, sich einen Eindruck von seinen engsten Mitarbeitern Strauß, Deel und Heimes sowie von der einflussreichen, propreußisch gesinnten Frau von Coudenhove, einer Nichte des Prälaten, verschafft und war zu der festen Überzeugung gelangt, dass der Kurfürst-Erzbischof nicht wieder ins österreichische Lager zurückschwenken werde, da er von Wien immer wieder falsch behandelt worden sei. Aber dann zogen sich die Verhandlungen hin, obwohl der den Wünschen des Kurfürsten entsprechend abgeänderte Bündnisvertrag auf dem Tisch lag und unterschriftsreif schien: weil der russische Gesandte Romanzoff, ein Gegner des Fürstenbundes (und viele Jahre später ein Widersacher Steins in Russland), erwartet wurde[225], ebenso der Wiener Gesandte Trauttmansdorff, weil dem Kurfürsten immer wieder Skrupel ausgeredet werden mussten, ob er wirklich einen Vertrag mit Protestanten abschließen dürfe. Erst im Herbst sollte es dann zur Unterschriftleistung des Kurfürsten kommen – zur großen Erleichterung Steins, der zugleich anmahnte, einen ständigen Gesandten am Mainzer Hof zu unterhalten, um den Kurfürsten bei seinen günstigen „sentiments" zu halten, der anriet, die Koadjutorwahl nicht aus dem Auge zu verlieren (die dann 1787 vor sich gehen sollte), und Frau von Coudenhove der besonderen Aufmerksamkeit des Berliner Hofs empfahl[226].

Steins Mission war – was auch das Departement des Auswärtigen anerkannte – alles in allem erfolgreich gewesen, was auch kaum dadurch relativiert wird, wenn man mit der Forschung annimmt, dass bei Steins Eintreffen in Aschaffenburg die Sache eigentlich schon im preußischen Sinn entschieden war. Aber war das die Sphäre, in der sich Stein fortan auf Dauer bewegen wollte? Ein Brief an Reden aus dieser Zeit[227] gibt Auskunft darüber, dass Stein trotz seines diplomatischen Erfolgs, der faktisch den Kollaps der josephinischen Reichspolitik bedeutete, über alle Maßen enttäuscht und desillusioniert aus diesen Sommer- und Herbstmonaten 1785 herausging. Das Schreiben spiegelt schlicht nichts anderes als Resignation wider: gegenüber den „petitesses", dem Hass, der gekränkten Eitelkeit von Menschen habe nur eins Bestand, nämlich die wahre Freundschaft, das häusliche Glück und eine nützliche Tätigkeit („activité utile"). Die spezifischen Spannungen eines Hofs, unvermeidliche Intrigen, das Wägen-Müssen der Worte, das Fintieren – das war augenscheinlich nicht der Politikbereich, der ihn anzog und auf Dauer zu befriedigen vermochte. Seine ganze Abneigung gegen diese politische Sphäre sollte er später in seiner Autobiographie noch einmal auf den Punkt bringen: „Wegen der Wandelbarkeit der Politik der Höfe, des Wechsels von Müßiggang und einer schlauen berechnenden Geschäftstätigkeit, des Treibens, um Neuigkeiten und Geheimnisse zu erforschen, der Notwendigkeit [,] meine Aufmerksamkeit auf das Leben in der großen Welt, und auf ihre Genüsse Konvenienzen [,] Kleinlichkeiten, Langeweile zu wenden, endlich wegen meines Hangs zur Unabhängigkeit [,] meiner Offenheit und Reizbarkeit“[228], war das nicht seine Welt. Dann schon eher Wetter – Mainz und sein Ausflug in die Diplomatie blieben ein Intermezzo. Er ist auch nie mehr in Versuchung geraten, in diese Sphäre zurückzukehren; seinen Angaben in seiner Autobiographie zufolge wurden ihm 1788 noch einmal diplomatische Posten im Haag und in St. Petersburg angeboten, die er aber sofort abgelehnt habe.

Es lag fast in der Logik der Sache, dass er nach diesem – zwar erfolgreichen, aber doch desillusionierenden – Ausflug in die „große“ Politik das nun noch stärker zu schätzen begann, was ursächlich mit seinem Beruf verbunden war: die Arbeit in einer landschaftlich schönen, freilich herben Region, eine Tätigkeit, die sich zu einem guten Teil in der freien Natur abspielte, die Begleitung von Menschen, die klar und schnörkellos dachten und sprachen. Seit den ausgehenden 1780er Jahren mehren sich die Quellenzeugnisse, die das Loblied des Sauerlands, das Loblied sogar der Einsamkeit singen, die alle Leidenschaft stillt, die sogar geeignet ist, bestimmte Charaktereigenschaften – das Herrische, die Heftigkeit, den Sarkasmus, die (zu) schnelle Zunge – zu überlagern. Was hier dem Topos („Lob des Landlebens“) zuzuordnen ist und was eigene feste Überzeugung war, soll hier gar nicht entschieden werden, aber eins ist sicher: Zumindest indirekt hat die Erfahrung „Mainz“ dazu beigetragen, dass Stein sich viel stärker als zuvor mit „Westfalen“ zu identifizieren begann.

Stein reiste im Herbst 1785 nach Wetter zurück – nicht als jemand, der von der Fortune im Stich gelassen worden war, aber auch nicht als jemand, der Appetit auf die große Politik bekommen hätte. Von dort fuhr er im Januar 1786 zu Sitzungen des Departements, dem er nach wie vor mit Sitz und Stimme angehörte, nach Berlin weiter, nicht ohne erneut seine kritischen Anmerkungen über das dortige gesellschaftliche Leben zu machen[229]. Er erlebte in der Hauptstadt, wie gleichgültig selbst politische Kreise dem körperlichen Verfall und dem offenkundig nahenden Ende des großen Preußenkönigs gegenüberstanden, und das empörte und erschütterte ihn gleichermaßen. Der Berlin-Aufenthalt war vor allem aber deswegen wichtig, weil es zu einer Art Aussöhnung mit Heinitz wegen der leidigen Fabriken-Kommission kam, der allem Anschein nach Reden vorgearbeitet hatte[230]. Stein hatte aus diesem ganzen Vorgang gelernt und bedauerte mehrmals seine eigene frühere Heftigkeit. In Berlin erstellte Stein ein weiteres längeres

Gutachten über die Einrichtung einer Haupthandelsstraße durch die Grafschaft Mark[231], ein Thema, von dem wir bereits wissen und das ihn fortan nachhaltig beschäftigen sollte, um dessen Finanzierung er aber zu kämpfen hatte. Er verließ die Residenzstadt am 22. März 1786, besuchte unterwegs seine mit dem Grafen Werthern verheiratete (kränkliche und unglückliche) Schwester Johanna Luise, warb in Clausthal, offenbar in Redens Auftrag, einige Leute für die schlesischen Montanbetriebe an, und kam dann über Minden, Ibbenbüren und Hamm am 25. April 1786 wieder in Wetter an[232].

Der „Normalbetrieb" war freilich nur eine Sache von einigen wenigen Monaten, weil sich Stein in Berlin die Erlaubnis zu einer England-Reise geholt hatte: ein Jugendtraum sollte in Erfüllung gehen, das ob seiner Verfassung und seiner „Institutionen" bewunderte Staatswesen persönlich kennen zu lernen und dabei zugleich für seine Aufgaben im westfälischen Montanbereich Anregungen zu sammeln. Stein war von dem Gedanken fasziniert; einen der ersten Briefe nach seiner Rückkehr nach Wetter an Freund Reden schrieb er auf Englisch![233] Die ganze Angelegenheit zog sich dann – wohl auch mit bedingt durch den Berliner Thronwechsel im Hochsommer – bis in den Spätherbst hin[234], aber das verminderte Steins Vorfreude in keiner Weise, steigerte sie wohl eher noch.

In seiner Autobiographie hat Stein die England-Reise auffälligerweise nur mit zwei Zeilen bedacht, nachdem er seiner diplomatischen Mission sehr viel mehr Raum zugebilligt hatte; er sei im Oktober 1785 auf seinen Posten [in Wetter] zurückgekehrt, habe verschiedene Pläne ausgeführt und „machte im November 1786 eine mineralogische technologische Reise nach England, von der ich im August 1787 zurückkam"[235]. Die Sprödigkeit und Kargheit dieser Aussage überrascht, zumal bei einem so schreibfreudigen Menschen wie Stein, denn wenn man ihn vor Antritt der Reise darauf angesprochen hätte, hätte er sie vermutlich als einen Höhepunkt seines Lebens bezeichnet. Die eher beiläufige Erwähnung der Reise zwingt zu der Vermutung, dass sie nicht den Verlauf genommen hat, den Stein sich von ihr versprochen hatte.

Der Inselstaat als das technologisch mit Abstand führende europäische Land hatte natürlich seine spezifischen Erfahrungen mit Besuchern, vor allem soweit sie naturwissenschaftlich und technisch beschlagen waren; manche Reise entpuppte sich nach einer gewissen Zeit als ein Unternehmen mit dem einzigen Ziel, Industriespionage zu betreiben und sich ein *Know how* anzueignen, von dem man auf dem Kontinent noch weit entfernt war. In dieser Hinsicht war man auf der Insel hoch sensibel, und da wurden dann auch Reisende aus „befreundeten" Staaten – so muss man, nachdem die preußisch-britischen Beziehungen seit dem Siebenjährigen Krieg vereist gewesen waren, das Verhältnis des Hohenzollernstaats zu Whitehall seit dem Fürstenbund ja wohl charakterisieren – sorgfältig unter die Lupe genommen. Es galt für Stein also, gar nicht erst in den Geruch des Industriespions zu kommen und sich Empfehlungsschreiben zu besorgen, die ihn außer Verdacht stellten. Möglicherweise hatten seine Studienfreunde aus dem Hannoverschen hier einiges vorbereiten können, aber vor Ort war Stein dann doch auf sich allein gestellt und konnte auf die Unterstützung einiger Mitglieder der *Royal Society* letztlich nur bedingt zählen.

Die Dokumentation seiner England-Reise in den *Briefen und amtlichen Schriften* setzt ein mit einem Ende Januar 1787 datierten Empfehlungsschreiben des Parlamentsabgeordneten Sir Charles Greville, in dem der bekannte Unternehmer Matthew Boulton gebeten wurde, für ein Gespräch mit Stein über die Möglichkeit der Verwendung der Dampfmaschine in Deutschland zur Verfügung zu stehen[236]. In seinem Begleitschreiben geriet Stein dann sofort in die Defensive und sah sich veranlasst, sich gegen Gerüchte zur Wehr zu setzen, er habe die Absicht „to bring the steam engine out of the Kingdom in a clandestinous manner“[237]. Die Gerüchte erreichten offenbar innerhalb weniger Tage eine solche Intensität, dass Stein sich genötigt sah, eine Rechtfertigungsschrift zu verfassen[238] und an seine Bekannten verteilen zu lassen[239], in der er versicherte, es gehe ihm wirklich nur um eine Zeichnung der neuen Maschine, für die er als Besitzer lediglich von Grund und Boden an sich gar keine Verwendung habe; ihn interessiere nur die Technologie, aber er habe nie die Absicht gehabt, die Maschine nachzubauen. Diese Einlassung versuchte Boulton in einem mehrseitigen „Statement of facts“[240] zu widerlegen: Man habe seine Erfahrungen mit preußischen Industriespionen – er nannte in diesem Zusammenhang die Namen Bückling und Eversmann –, zudem habe Stein sich eines Decknamens bedient und sich nicht zuletzt dadurch verdächtig gemacht, dass er eine in einer Brauerei[241] eingesetzte Dampfmaschine noch ein zweites Mal habe besichtigen wollen.

Es lohnt nicht, den langen Streit um richtiges oder falsches Verhalten, um böswillige Unterstellungen und (angeblich) erschlichene Dokumente hier zu rekapitulieren[242]. Um es kurz zu machen: Steins England-Reise war in ihrem ersten Teil eine einzige Katastrophe, zumal nach dem Bekanntwerden der Boultonschen „Anklageschrift“ seine englischen Kontaktpersonen zunehmend von ihm abrückten. Stein sah das selbst auch so; einem hannoverschen Bergbeamten gestand er Anfang Februar, manchmal verzweifle er daran, „ob ich meinen Zweck erreichen werde und ob meine englische Reise mir einen anderen Nutzen schaffen wird als die englischen Vergnügungen genossen zu haben“[243] – um welche „Vergnügungen“ es sich im einzelnen gehandelt hat, wird leider verschwiegen. Eine wissenschaftlich gescheiterte Existenz namens Raspe trug sich mit dem Gedanken, Steins Begleiter, den Steiger Friedrich, abzuwerben und ihm dadurch mit gleicher Münze heimzuzahlen[244] – kurzum, der Fall Stein schlug landesweit Wellen, die Stein dann auch zunächst davon abhielten, die Bergwerke in Cornwall aufzusuchen. Im März hat er sie dann doch noch bereist, allerdings blieben ihm alle modernen Maschinenanlagen und die Stollen verschlossen[245], nachdem die in Betracht kommenden Betriebe von Boulton vorgewarnt worden waren. Dass hinter der Reise tatsächlich mehr steckte als nur ein unverbindlicher Einblick in den technologischen Standard des Inselstaats, verdeutlicht Steins Brief vom 1. März 1787 an Boulton[246], in dem er förmlich um den Kauf von Dampfmaschinen nachsuchte.

England war ein durch und durch frühkapitalistisches Gemeinwesen, und dieser Versuchung, ein großes Geschäft zu machen, konnte ein britischer Unternehmer dann doch nur schwer widerstehen, obwohl die Verdachtsmomente gegen Stein keineswegs vom Tisch waren und er unverändert mit Argusaugen beobachtet wurde. Anfang März kamen die Verhandlungen in Gang, in dem die Firma Boulton & Watt sich ein Monopol für die Lieferung von Maschinen nach Preußen auf 15 Jahre ausbedang. Das Geschäft realisierte sich am Ende tatsächlich. Insofern konnte Stein im Juli 1787 den Inselstaat wenigstens mit dem Gefühl einer gewissen Erleichterung verlassen; zum Glanzpunkt seines Lebens war die England-Reise aber dann doch nicht geworden. Er sollte Dover, London oder Manchester nie mehr wieder sehen.

Mit der Kargheit seiner Autobiographie korrespondiert, dass Stein eine Welt, die ihn von seinem Bildungsgang und seinen Interessen her fasziniert haben muss – der Parlamentarismus, die sonstigen „Institutionen", die sozialen Schichtungen, die Pressefreiheit, die Metropole mit ihren herausragenden und symbolisch aufgeladenen Bauwerken – in seiner Korrespondenz nicht thematisiert. Man hätte sich sogar vorstellen können, dass er bei einem so zentralen Ereignis seines bisherigen Lebens – was er später ja in vergleichbaren Situationen praktizierte – ein Tagebuch geführt hätte: nichts dergleichen. Die Enttäuschung, dass die Reise vom ersten Tag an nicht so verlief, wie er sich das vorgestellt hatte, muss riesengroß gewesen sein.

Im Juli 1787 traf Stein wieder in Wetter ein, korrespondierte weiter mit Watt über die technischen Erfordernisse der zu liefernden Dampfmaschinen[247], aber seine berufliche Situation veränderte sich nun rasch. Heinitz hatte 1786 zusätzlich zu seinem Fachdepartement das westfälische Provinzialministerium übernommen – eine in der preußischen Verwaltung seit Einrichtung des Generaldirektoriums 1723 übliche Praxis –, was zur Folge hatte, dass seine „Schüler" auch mit Aufgaben in der allgemeinen Verwaltung der Provinz betraut wurden. Das galt etwa auch für Reden in Schlesien[248]. Im November 1787 wurde Stein formell Vizedirektor der (gerade eben selbständig gewordenen) Kriegs- und Domänenkammern für das Herzogtum Kleve und die Grafschaft Mark in Kleve und Hamm[249], weniger als ein Jahr später nach unehrenhafter Entlassung des bisherigen Amtsinhabers[250] bereits Erster Direktor der klevischen Behörde[251]. Das machte selbstredend nochmals häufigere Aufenthalte in Berlin erforderlich – von Stein, wir wissen das, nie besonders geschätzt, aber doch eine Unterbrechung des Alltags und eine Gelegenheit, alte Freunde, insbesondere natürlich Heinitz und Karoline von Berg, wiederzutreffen. In seiner Autobiographie vermerkte er als besondere Leistung dieser Jahre den Bau von 20 Meilen „Kunststraßen" in dem gebirgigen und gewerbefleißigen Land, und zwar ohne Fronleistungen in Anspruch genommen zu haben, und zum anderen die Umwandlung der Akzise in eine diesem Land angemessenere Abgabe[252]. 1793 folgte die Ernennung zum Präsidenten der beiden erwähnten Kriegs- und Domänenkammern mit Dienstsitz Kleve[253], was an seine Zeitökonomie und die Logistik nun allerhöchste Anforderungen stellte: Hamm, Kleve, Wetter – er behielt selbstredend die Aufsicht über die Gruben und Fabriken –, Berlin und natürlich auch Nassau waren unter einen Hut zu bringen, das Ganze noch verschärft dadurch, dass er die ihm zugewiesene Dienstwohnung im Klever Schloss kriegsbedingt nach einiger Zeit nicht mehr nutzen konnte[254]. Auf das, was ihn dann 1796 mit der Bestallung zum Oberkammerpräsidenten sämtlicher westfälischer Verwaltungsbehörden erwartete, war Stein geradezu optimal vorbereitet.

Freilich muss an der Schwelle von Steins Ausgreifen in den gesamtwestfälischen Raum zugleich davor gewarnt werden, seine Amtszeit in Wetter in ein nur positives Licht zu rücken. Bei allen unbestreitbaren Erfolgen: Stein fühlte sich anfangs in Wetter keineswegs, wie er vor Dienstantritt schon prognostiziert hatte, rundum wohl, lebte in einem schieferverkleideten schlichten Fachwerkhaus in eher ärmlich zu nennenden Verhältnissen, beklagte die geistige Öde, die ihn umgab[255], beschwor immer wieder die Langweile und das monotone Leben[256], hatte ständig Anlass, über seine Mitarbeiter zu klagen, die er nur durch ständige Anwesenheit in Trab bringe. An diesem Tenor änderte sich in den ausgehenden 1780er Jahren zwar manches, aber: Die Erfüllung eines Beamtenlebens war Wetter sicher noch nicht, wiewohl ihm der Zwang, seit 1793 wenigstens einen Teil des Jahres in Hamm verbringen zu müssen, dann auf einmal wieder die Vorteile von Wetter klar werden ließ. Auf jeden Fall hat er im Abstand einiger Jahrzehnte seine beruflichen Anfänge im Bergwerkswesen dann doch wohl etwas verklärt: Diese Zeit habe, so ließ er in den frühen 1820er Jahren den bayerischen Kronprinzen (und damit die Nachwelt) wissen, „das Leben, in einem auf die Natur und den gewerbigen Menschen sich beziehenden Geschäftskreis, das zugleich die körperlichen Kräfte entwickelte und stählte, den Mut zu diesem zu stärken und den praktischen Geschäftssinn zu beleben, und von der Nichtigkeit des toten Buchstabens und der Papiertätigkeit mich recht innig zu überzeugen"[257], zu einer guten Erfahrung gemacht. Und als ihn der frühere Hammer Pfarrer und nunmehrige Potsdamer Hofprediger Eylert in den 1820er Jahren während einem seiner wenigen Aufenthalte in Berlin einmal aufsuchte und über die westfälische Zeit mit ihm sprach, soll Stein als den Ort, an dem er sich am wohlsten gefühlt habe, das stille Wetter an der Ruhr genannt haben, wo er, so Stein, „in einer schönen Gegend die Seligkeit der Einsamkeit genossen" habe. Ein „Stachel der Sehnsucht", so Stein weiter, sei geblieben, er hänge nach wie vor an Wetter „mit Liebe"[258].

Der Geschäftskreis, der auf den „gewerbigen Menschen" einwirkt, der praktische Geschäftssinn – das sind in der Tat Schlüsselworte, die seine frühe westfälische Zeit charakterisieren. Etwas für die Menschen tun können, von denen andererseits etwas verlangt wird, Gutes bewirken zu können, die Förderung des Gemeinwohls: das war Stein Anreiz genug – und das macht wohl auch einen Teil seiner schon zu Lebzeiten weit über Westfalen und Preußen hinausreichenden Popularität aus. Stein war nie auf „Macht" aus, sondern immer darauf, einen Mehrwert für Menschen aus Fleisch und Blut zu bewirken, den Staat „menschennäher" zu machen – insofern ist der so oft angestrengte Vergleich mit Bismarck eher abwegig, wenn nicht unangemessen. Dieser Dienst an den Menschen und für ein Gemeinwesen floss aus einem immer mehr in sich ruhenden Mann her, dem Christentum und die Selbstverortung in der Geschichte den Rahmen und die Grundlage boten, auf Außenstehende überzeugend zu wirken. Stein machte auf seine Mitmenschen einen „enthusiasmierten" Eindruck, also ausgezeichnet mit jener Tugend, von der Madame de Staël später meinen sollte, sie mache die Deutschen den Franzosen überlegen; kein Wunder, dass Stein hingerissen war, als er 1812 in Sankt Petersburg die Autorin gerade aus diesem Kapitel ihres Buchs *De l'Allemagne* lesen hörte (und es spontan zur Abschrift erbat). Dass die Größe, die große Vision, das, wenn man so, Idealische in Steins Lebensverständnis sich mit den Erfordernissen des Alltags, der spröden Schreibtischarbeit, dem Bedenken aller juristischen Eventualitäten, stoßen kann, ist Stein früh bewusst geworden.

In die niederrheinisch-sauerländische Idylle brach aber dann doch rasch Unruhe ein: Der Paradigmenwechsel der preußischen Politik nach Friedrichs II. Ableben und die bündnispolitische Rückkehr an die Seite der Seemächte, die durch den geradezu abenteuerlichen Einfall preußischer Truppen in Holland besiegelt wurde, rückten die Westprovinzen stärker in den Fokus der preußischen Politik, unbeschadet des gleichzeitigen Übergangs zu einer aggressiven, auf Eroberung zielenden Politik im Osten, die dann in den zweiten und dritten Teilungen Polens kulminieren sollte. Mit dem Ausbruch der Revolution in Frankreich und ihrer Behauptung bis 1791 war klar, dass auch die preußischen Westprovinzen in diesen Strudel hineinraten würden, woran auch die Befestigung Wesels nichts würde ändern können.

***

Wo die Gründe dafür zu suchen sind, dass Stein im Frühjahr 1791 die Anwartschaft auf eine durch Resignation des Domherrn Wolff Otto von Pannwitz freiwerdende Major-Präbende am hohen Stift Brandenburg erwarb, muss offen bleiben. Wir erinnern uns, dass es im Schoß der Familie in früheren Jahren schon einmal längst nicht nur beiläufige Überlegungen gegeben hatte, ihm eine Domherrenstelle in Naumburg oder aber in Merseburg zu verschaffen – jetzt also Brandenburg, mit einer Abstandssumme von 25.000 Talern preußisch Courant keine ganz billige Angelegenheit[259], zumal die Präbende nur etwa 2.100 Taler jährlich abwarf[260]. Das Kapitel stimmte Pannwitz' Resignation zugunsten Steins zwar zu, ersuchte freilich zugleich, dass Pannwitz seiner großen Verdienste wegen Ehrenmitglied des Kapitels bleiben möge[261]. Im Juli 1791 war Steins (vorzulegender) Stammbaum angefertigt[262], aber selbstverständlich machte die Beitreibung der erklecklichen Summe Schwierigkeiten; Stein nahm sogar bei der Ehefrau seines Gönners Heinitz ein Darlehen auf. Die verwickelten Finanztransaktionen und die Erlegung der verschiedenen Gebühren sollen hier nicht in den Einzelheiten referiert werden – entscheidend war, dass der König unter dem 31. März 1791 das Kollationspatent zugunsten Stein ausfertigte[263] und Stein an Michaelis 1791 in den vollen Besitz und Genuß der Präbende gelangte. Ohne hier darüber befinden zu können, ob sich der ganze Vorgang für Stein rechnete, ist festzuhalten, dass er bis 1797 Mitglied des Kapitels blieb und sich dann entschloss, die Präbende für 25.000 Taler erneut zu verkaufen, was sich aber – man bedenke die Zeitumstände! – nun viel schwieriger gestaltete. Es gab verschiedene Interessenten, u. a. den Erbherrn auf Hohenwulsch, Levetzow, der sich ihm mit einem Schreiben vom 7. August 1797 als Interessent vorgestellt hatte[264], und den Grafen Heinrich Wilhelm Ferdinand von der Schulenburg, der im November 1800 kaufen wollte, aber wegen des hohen Preises dann doch wieder zurückschreckte[265]. Am Ende gelang es aber doch, finanzielle Regelungen zu finden, dass Schulenburg zusagte und zu Michaelis 1801 die Steinsche Präbende übernahm[266], was Stein wiederum in die Lage versetzte, seine restlichen Schulden zurückzuzahlen[267]. Damit kam eine Episode zu ihrem Ende, die Stein kaum sehr viel – man bedenke den Geldverfall! – an Erträgen erbracht hat und zudem der vielen Transaktionen wegen mit etlichen Mühen verbunden gewesen war. Um das, was oben angedeutet wurde, noch einmal zu wiederholen: Dass ein „nationaler Heros" nichts dabei fand, sich um Stiftspräbenden zu bemühen und sie auch noch zu verzehren, passte offenbar nicht in die Klischees der meisten Biographen, so dass diese mitteldeutschen Aktivitäten Steins bis heute so gut wie unbekannt geblieben sind[268].

***

Doch von der kurmärkischen Episode zurück nach Westfalen! Es gibt eine bestimmte Richtung in der gegenwärtigen Stein-Forschung, die seine späteren Tätigkeiten in Münster und in Berlin in einen direkten Zusammenhang mit seinen Aktivitäten im westfälischen Industrierevier bringt. Hier habe sich dem ehrgeizigen Nachwuchsbeamten „ein unbestelltes Karrierefeld“ eröffnet, „auf dem er seinen technischen Neigungen nachgehen und zugleich einen technokratischen Führungsanspruch geltend machen konnte, welcher auf Dauer Steins Bild einer effizienten, erziehungsdirigistischen Verwaltung prägen sollte“[269]. Hier, in Wetter, habe sich sein gesellschaftliches Ideal herauskristallisiert, das Vorstellungen von autonomen, integrierten, „gewerbefleißigen“ Wirtschaftslandschaften mit den Prinzipien einer geschulten, sachorientierten und mit den örtlichen Gegebenheiten vertrauten Administration verband. Als Stein dann Führungspositionen in der allgemeinen Verwaltung übernommen habe und vor allem mit der Säkularisierung der beiden westfälischen Bistümer (Münster und Paderborn) befasst wurde, habe er seine technokratische Erfahrung aus der montan geprägten Wirtschaft der Grafschaft Mark zum Prinzip einer regional differenzierten, auf die Partizipation reformierter Stände gegründeten autonomen Provinzialverwaltung gemacht, wobei die praktische Förderung integrierter Gewerbelandschaften weiterhin den Fluchtpunkt seiner Administration gebildet habe. – Die These hat in einer entwicklungspsychologischen Perspektive ihren ganz besonderen Reiz. Sie ist bei der Analyse von Steins Tätigkeit in Münster auf den Prüfstand zu stellen.

Aber zuvor muss noch ein Blick auf Steins „westfälische“ Aktivitäten zwischen Wetter und Münster geworfen werden. Seinen Dienst in Kleve, dem Sitz der kleve-märkischen Domänenkammer, trat Stein nach einem Besuch in Tarnowitz, wo er die erste in Preußen betriebene Dampfmaschine bewundert hatte, und einem Berlin-Aufenthalt in den ersten Monaten des Jahres 1788 Anfang April an, nachdem er auf der Anreise noch in Hannover Station gemacht hatte und dabei mit seinen alten Studienfreunden Rehberg, Ernst Brandes, Franz Reden und Löw zusammengetroffen war und sicher nicht nur über vergangene Göttinger Zeiten, sondern auch über seine England-Reise, möglicherweise auch über das, was sich in Frankreich abzuzeichnen begann, gesprochen hatte. In Münster hatte er zudem die Bekanntschaft des Ministers Franz Friedrich Wilhelm von Fürstenberg gemacht, später ein vertrauter Freund, aber damals schon als ein „Mann von außerordentlichen tiefen und ausgebreiteten Kenntnissen“ charakterisiert[270]. Dienstlich hatte sich sein Gestaltungsrahmen nun schon deutlich ausgeweitet. Natürlich lag ihm der Bergbau und der Einsatz der Dampfmaschinen und sonstiger Neuerungen weiterhin am Herzen – und er blieb zunächst ja auch noch auf seinem Posten in Wetter –, aber schon in Berlin hatte er ein umfangreiches Memorandum erstellt über die (notwendige) Reform der preußischen Kantonsverfassung im Hinblick auf die Grafschaft Mark; hier seien allenfalls 15 Jahre Dienstpflicht vorstellbar[271]. Er beschäftigte sich weiterhin engagiert mit dem Chausseebau in Westfalen und namentlich in der Grafschaft Mark[272], ein Thema, das ihn (und uns) ja schon längere Zeit begleitete und dessen infrastrukturelle Relevanz inzwischen auch die Berliner Zentrale erkannt hatte. 1790 packte er die Reform der Akziseverfassung in Kleve und Berg an und bezog in seine Überlegungen selbstverständlich auch Vertreter der Städte und des platten Landes ein[273]. Das war ein besonders heißes Thema, an dem sich vor ihm schon andere versucht hatten, weil die strukturellen Bedingungen für die Eins-zu-Eins-Adaption des für eine ganz andere Landschaft mit einer präzisen Abgrenzung von Stadt und Land und einer Zentrierung der Gewerbe in den Städten konzipierten Systems sich schlicht ausschloss. Das unbedingte Gewerbemonopol der Städte und die Torabgaben vertrugen sich nicht mit den westlichen Provinzen, in denen die verschlungenen Grenzziehungen es jedem Untertan ohne Mühe erlaubten, seinen Bedarf außerhalb des Landes zu decken und damit die Akzise zu umgehen. Das, worauf man sich nun verständigte, war freilich nur ein Kompromiss: Die ländlichen Gewerbe, zumindest die schon bestehenden, wurden gänzlich vom städtischen Akzise- und Zunftzwang befreit, zugleich wurde die städtische Akzise auf wenige (ertragreiche) Artikel, hauptsächlich Lebensmittel, eingegrenzt und die Landbevölkerung der Verpflichtung enthoben, Gewerbeprodukte der Städte kaufen zu müssen. Der (klar zu Tag liegende) Steuerausfall sollte durch direkte (Gebäude-, Verbrauchs- und Gewerbe-) Steuern ausgeglichen werden, und zwar gleichmäßig in Stadt und Land. Wiewohl dieser Kompromiss das alte Mittel der Steuerrepartition auf die ständischen *Corpora* neu belebte, wurde er von den Betroffenen entschieden als Erleichterung empfunden. Die Steuerverordnung von 1791 bedeutete, um Gerhard Ritter zu zitieren, „wohl das äußerste Maß von Anpassung, das der alte Staat mit seiner schwerfälligen Steuertechnik für die Ausnahmebedürfnisse seiner industriell am stärksten entwickelten Provinz aufzubringen vermochte“[274]. Im Herbst 1793 unterbreitete Stein dann dem Generaldirektorium profunde Vorschläge, wie die finanzielle Leistungsfähigkeit des Herzogtums Geldern gesteigert werden könne – durch die Übertragung aller Steuererhebung an staatliche Beamte unter gleichzeitiger Abschaffung der bisherigen (kommunalen) Zwischeninstanzen[275].

Aber als Direktor der kleveschen und märkischen Kammer hatte Stein dann verstärkt auch schon repräsentative Aufgaben zu übernehmen, so anlässlich eines Besuchs König Friedrich Wilhelms II., der sich insofern für die Region auch „auszahlte“, als der Monarch eine Reihe von strukturellen Verbesserungen zusagte und einen Handelsvertrag mit Holland in Aussicht stellte[276] – dass man hinter all diesen Zusagen Steins Einfluss vermuten darf, scheint auf der Hand zu liegen. Das gilt namentlich für das königliche Versprechen, ein Getreidemagazin im Sauerland errichten zu wollen, dessen sich Stein aus sozialpolitischen Gründen besonders annahm, weil dadurch die Arbeiterbevölkerung in ihrer Subsistenz gesichert werden könne[277]. Dass eine solche Politik der staatlichen Magazinierung an sich den physiokratischen Wirtschaftstheorien widersprach, die darauf zielten, den Getreidehandel freizugeben und von allen staatlichen Reglementierungen zu befreien, sei hier zumindest angemerkt, zeigt zugleich aber, dass Stein ein

Pragmatiker war, dem es nicht immer um jeden Preis auf die Umsetzung der reinen Lehre ankam. Auch seine Bestellung zum Landtagskommissar für die Grafschaft Mark[278], deren Stände im allgemeinen gemeinsam mit denen des Herzogtums Kleve tagten, hatte zunächst einmal einen repräsentativen Akzent. Aber da Steins Interesse am Ständewesen viel tiefer reichte, war diese Ehrenstellung etwas, wovon er für sein ganzes Leben profitierte[279] – bei allen späteren Verhandlungen mit den ostpreußischen Ständen schwebte ihm immer das viel positiver konnotierte Exempel der westfälischen Stände vor! Das Selbstversammlungsrecht der klevischen Stände beispielsweise erschien ihm als ein so hohes Gut, dass er darüber auch einen Konflikt mit dem Generaldirektorium riskierte[280].

Überhaupt blieben Konflikte nicht aus – wie sollten sie auch! Das von Stein immer klarer erkannte Problem bestand freilich für ihn darin, dass er die Gegenkräfte in Berlin selten ausmachen konnte. Zur Finanzierung seiner geplanten Chausseebauten hatte Stein eine Anleihe vorgeschlagen, gegen die sich in Berlin Widerstand regte, der das Projekt an den Rand des Scheiterns brachte. Das für Stein Schlimme war, dass diese Opposition irgendwo im unangreifbaren Halbdunkel des Kabinetts angesiedelt war, von Personen getragen, die bar jeder Verantwortung waren, aber aus welchen Gründen auch immer gegen (oder auch für) etwas agitierten. Sein entschlossener Kampf gegen alle undurchsichtige Politik „aus dem Kabinett heraus", der später in Berlin sozusagen ein Leitmotiv seines Beharrens auf Durchsichtigkeit und klaren Kompetenzen werden sollte, hatte hier seinen Urgrund.

Seit dem Hochsommer 1792 begann dann aber der Krieg gegen das revolutionäre Frankreich vieles zu überlagern: Nach der noch einmal allen Glanz des späten Alten Reiches entfaltenden Frankfurter Kaiserkrönung Franz' II. – symbolisches Handeln: am dritten Jahrestag des Bastille-Sturms! – war von den Österreichern und den Preußen der (vermeintlich) rasche Vormarsch nach Paris beschlossen und in die Form eines unüberlegten, von Hochnäsigkeit und Überlegenheitsgefühl geradezu strotzenden, von einem Emigranten entworfenen Kriegsmanifests gekleidet worden, das die Restauration der Dynastie und die exemplarische Züchtigung der Pariser Bevölkerung in Aussicht stellte. Das bedeutete zunächst einmal Logistik: Der Durchmarsch der preußischen Truppen musste organisiert und begleitet werden, Stein reiste für einen Tag sogar ins Hauptquartier nach Koblenz, um seine Gedanken über die Wiedereroberung des linken Rheinufers einzubringen, fand sich dort aber „très déplacé"[281], machte sich seine Gedanken über den (ungebrochenen) Geist der preußischen Armee – und gab sich in dieser Hinsicht wie viele seine Zeitgenossen einigen Illusionen hin. Schließlich wurde er seit dem Herbst 1792 des drohenden Vormarsches der Revolutionstruppen an den Niederrhein wegen vollends in das militärische Geschehen hineingezogen. Die Revolutionäre in Paris hatten auf das Kriegsmanifest des Oberbefehlshabers des verbündeten Heeres, des Herzogs

Karl Wilhelm Ferdinand von Braunschweig, auf ihre Art geantwortet: mit der Proklamierung ihrer eigenen Kriegsziele, der Internationalisierung der Revolution und der „Wiederherstellung" der „natürlichen" Grenzen Frankreichs. Das betraf Preußen insgesamt, im besonderen aber Stein als inzwischen hohen Funktionsträger der Westprovinzen (und als Kleinadligen, der Besitzungen auch auf dem linken Rheinufer hatte). Im Oktober 1792, nach der legendären Kanonade von Valmy, verabschiedete sich Stein von seinem Dienstschreibtisch und eilte ohne ein förmliches Mandat an den Rhein, wo er auf eigene Kosten Patrouillenketten zur Beobachtung des Feindes organisierte, die Fürsten der Region, insbesondere den Kasseler Landgrafen, zu größeren militärischen Anstrengungen zu bewegen[282] versuchte, sogar selbst an dem einen oder anderen kleinen militärischen Streifzug teilnahm, um das rechte Rheinufer möglichst schnell wieder von französischen Truppen befreit zu sehen. Im Dezember 1792 soll er, in seinen Amtssprengel zurückgekehrt, mit einigen Trainknechten sogar eine kleine Rheininsel bei Wesel zurückerobert und damit die Kapitulation dieser Stadt verhindert haben – Stein als Militär: eine bizarre Vorstellung!

Weniger bizarr, im Gegenteil vielleicht geradezu idealtypisch, ist es, wie schnell Stein erkannte, dass dieser Krieg eine bisher ungekannte Intensität und Qualität erreichte. Schon dass im Gegensatz zu der eher bedächtigen Kriegführung des Ancien Régime jetzt – und das dann rasch von allen Seiten – die Schlacht als kriegsentscheidendes Ereignis bewusst gesucht wurde, war seiner Generation nicht in den Hörsälen und in der kriegstheoretischen Literatur vermittelt worden. Und dass die französischen Heere ohne ein herkömmliches Magazinsystem agierten und sozusagen ständig zur „Flucht nach vorne"[283] gezwungen wurden, zu einer Mobilität, die ihnen in der Vergangenheit nicht zu eigen gewesen war, entsprach ebenfalls nicht den herkömmlichen Mustern. Hier war der Verwaltungschef des preußischen Niederrheins nun ganz direkt gefordert.

Denn mit dem Fall von Mainz am 21. Oktober 1792, das völlig unzureichend und geradezu „jammervoll"[284] verteidigt wurde, stellte sich nicht nur, da die Magazine in die Gefahr gerieten, in fremde Hände zu fallen, das Problem der Versorgung der preußischen Truppen, sondern es stellte sich die generelle Frage, wie es politisch-militärisch weitergehen würde. Da Stein weit näher am Geschehen war als die Chefs der Berliner Departements, wurden seine Berichte nun auch zu einer wichtigen Informationsquelle für die Zentralregierung[285]. Seine Rolle im Räderwerk der preußischen Administration wurde, ohne dass er darauf bewusst hingearbeitet hätte, in der Tat nun viel „politischer"; in Zeiten militärischer Herausforderung und Bedrohung war an große Reformvorhaben ohnehin nicht zu denken. So erstattete Stein dem Generaldirektorium Berichte über die Behandlung französischer Kaufleute, die zur Frankfurter Messe anzureisen gedächten und von denen befürchtet werden müsse, dass sie revolutionäres Propagandamaterial mitbrächten[286]. Dann beschäftigte ihn das Problem, wie Fürsten der Region, etwa der Kölner Erzbischof und Fürstbischof von Münster, zur Auslieferung preußischer Deserteure bewogen werden könnten[287], die sich in dem grenzenreichen Westen der Monarchie in viel stärkerem Maß als in den Kernlanden dem Kriegsdienst durch die Flucht entzogen[288] – für das Militärwesen in der Vormoderne ein großes Thema, weil die Desertionen generell ausgesprochen hohe Werte erreichten und der kriegstüchtige Mensch eine der großen „Mangelwaren" der Epoche war. Das Missvergnügen, die Frustration von Führungspersönlichkeiten und der breiten Bevölkerung, dass die militärischen Befreiungsschläge nicht gelangen, blieben auch Stein nicht verborgen; obwohl erst kurze Zeit verheiratet – es ist gleich darauf zurückzukommen –, sind schon im Hochsommer 1793 vor der Folie einer aus den Fugen geratenen Welt, aber sicher zusätzlich mit bedingt durch den Tod der Schwester Charlotte auch bei ihm Anzeichen von Lebensmüdigkeit zu bemerken[289] – Stein war gerade einmal 35 Jahre alt! Sodann war das Problem der französischen *Émigrés*, die ins (geographische) Münsterland strömten, in den Griff zu bekommen, was Stein im übrigen aber auch neue interessante Begegnungen mit Personen der Zeitgeschichte eröffnete[290], etwa dem späteren Ludwig XVIII.[291]. Aber das entscheidende waren nicht sie, die Mitglieder der Königsfamilie und des französischen Hochadels, sondern war die große Masse der Flüchtlinge, die er einzugrenzen suchte, und war ihr aus Müßiggang, Leichtsinn und Ausschweifungen gespeister schlechter Einfluss auf die deutsche Bevölkerung, wie er Heinitz wissen ließ[292]. Am intensivsten beschäftigte ihn aber der kriegsbedingte Niedergang des Wirtschaftslebens; gerade für die von ihm betreuten Regionen war ein benachbarter Markt weggebrochen, der durch nichts ersetzt werden konnte.

Seit dem Hochsommer 1793 wurden die Probleme dann noch viel existentieller: es drohte eine französische Intervention und Invasion am Niederrhein. Der Verwaltungschef hatte sich vorsorglich um die Bereitstellung von Lazaretten zu kümmern[293], bereitete Maßnahmen vor, um im Eventualfall die Kassen und Registraturen in Sicherheit zu bringen[294], hing wie andere[295] Gedanken einer Volksbewaffnung nach, wie die Franzosen sie vorexerziert hatten, obwohl sie anders – „altgermanisch" – begründet wurde, plante den Einsatz der zu reaktivierenden, aus den Grundbesitzern zu rekrutierenden Landmiliz[296]. Der Montanfachmann mutierte zum Kriegsorganisator, vor allem nachdem die Franzosen sich Kleves bemächtigt hatten und nun in großem Stil Requisitionen einforderten[297], deretwegen er dann auch – ganz typisch für Stein, aber auch für die Administration generell, die sich mit Vorliebe auf den Präzedenzfall stützt: unter Zuhilfenahme der Akten des Siebenjährigen Krieges, als die preußischen Beamten die Region fluchtartig verlassen und die Verwaltung ständischen Gremien überlassen hatten – erfolgreiche Verhandlungen mit den Ständen führte[298]. Um Getreideeinkäufe zu tätigen, reiste er sogar persönlich nach Bremen[299]. Er korrespondierte mit dem französischen Oberbefehlshaber Jourdan[300], war mit der Logistik der Verbringung französischer Kriegsgefangener befasst[301], hatte sich mit der Anweisung des Berliner Ministeriums auseinanderzusetzen, wegen der drohenden Okkupation der ganzen Provinz die Verwaltungsbehörde von Kleve nach Minden zu verlegen[302]. Der Sonderfriede von Basel (5. April 1795) entspannte die Lage dann zwar, aber das war nur eine scheinbare Entspannung, weil es nun um die Verpflegung der vom Mittelrhein nach Westfalen zurück verlegten preußischen Truppen ging, in Steins Augen eine Aufgabe „très pénible et très responsable“[303], die er aber zur vollen Zufriedenheit der Berliner Zentrale bewältigte[304]. Nur scheinbar war die Entspannung auch deswegen, weil die Franzosen auch nach dem Abschluß und Bekanntwerden des Basler Friedens den linksrheinischen Teil des Herzogtums Kleve weiter mit ihren Fourageforderungen überzogen[305]. Um der kritischen Subsistenzlage der breiten Bevölkerung, die sogar zu lokalen Hungeraufständen führte[306], zu begegnen, ließ Stein größere Getreidemengen aus den Heeresmagazinen verkaufen, womit er sich einen deutlichen Verweis des Berliner Oberkriegskollegiums einhandelte[307] – alles in allem wohl doch nicht mehr als ein „üblicher“ Konflikt zwischen Zivil- und Militärbehörden in Zeiten angespannter Krise. Solche Maßnahmen machten ihn in der Region fraglos noch weit populärer als ohnehin bereits[308].

Gerhard Ritter hat in seiner Stein-Biographie der Auseinandersetzung des Protagonisten mit den Auswirkungen der Französischen Revolution eins der umfangreichsten Kapitel gewidmet und dies unter die Überschrift „Ausreifen einer politischen Weltsicht“ gestellt. Stein, so der Leitgedanke Ritters, habe erst „in Momenten allgemeiner Verwirrung und Ratlosigkeit, im drohenden Umsturz der bestehenden Ordnung seine eigentlichen Fähigkeiten“ erkannt[309]: „unerschüttert zu stehen wie ein Fels, eine Atmosphäre von unbedingter Zuversicht, rege tätiger Energie um sich zu verbreiten, mit schnellem Blick das Notwendigste des Augenblicks zu erfassen, mutlose Schlaffheit durch zweckmäßiges Handeln zu verscheuchen“. Es sei zugegeben, dass diese hehren Worte für Ritters Konstruktion eines „stimmigen“ Stein-Bildes, das seine Apotheose im Befreiungskrieg gefunden habe, wichtig waren, aber in den Quellen finden sie nur höchst bedingt eine Stütze. Stein hat zweifellos in seiner amtlichen Funktion wichtige Arbeit vor Ort geleistet, aber zum großen Verkünder preußischer Widerstandskraft, zu einem Mann, von dessen Worten und Appellen man in Berlin berauscht gewesen sei, ist er in den 1790er Jahren sicher nicht geworden. Stein war ein Beamter, der zum Wohl der von ihm verantworteten Region die Auswirkungen des Kriegs möglichst minimieren wollte – nicht mehr und nicht weniger. Er war, ob in den 1790er Jahren oder seit 1812, ein Organisator, kein Volkstribun.

Dass sich vor dem Hintergrund ständiger Auseinandersetzungen mit französischen Militärs und Funktionsträgern und der permanenten Furcht vor einem überraschenden französischen Coup sein Bild des Nachbarvolks weiter verdüsterte, kann kaum überraschen. Im Frühherbst 1802, also ein wenig später, fasste er gegenüber seinem Protegé Hövel sein inzwischen festes Bild dahingehend zusammen, dass „Leichtsinn, Genussbegierde, Eitelkeit, Veränderlichkeit" die „HauptIngredienzen des Französischen Charakters" seien, ausnahmslos – und das konnte wohl nur Stein so formulieren – „Eigenschaften, von denen sich der ruhige, bedächtliche, beharrliche Gang, den eine gute Verwaltung erfodert, nicht[s] erwarten lässt"[310].

Diese weitere Negativierung seines Frankreich- und Franzosen-Bildes ging freilich einher mit einer erkennbar wachsenden Sympathie für das revolutionäre Militärwesen, also für die Idee der Volksbewaffnung. Unter dem Eindruck der Niederlagen der „klassischen" Armeen der Großmächte tauchte dieses Motiv seit dem Spätjahr 1793 an verschiedenen Stellen in Europa auf, und im Sommer 1794 machten sich sogar der Kaiser und der Reichstag diesen Gedanken zu eigen und empfahlen den Ständen des Niederrheinisch-Westfälischen Reichskreises – also auch Preußen –, ihn aufzugreifen und auf eine deutsche *levée en masse* hinzuwirken. Die preußische Regierung hatte diese Idee umgehend abgelehnt und sich allenfalls mit der Wiederbelebung des Instituts der Landmilizen befreunden können und einverstanden erklärt, zumindest in den nicht kantonspflichtigen westfälischen Territorien. Stein sollte darüber mit den Ständen in Gespräche eintreten. Das geschah dann auch, obwohl das Ergebnis dieser Verhandlungen – die Aufstellung einer ganz kleinen Miliztruppe von nur 2.000 Mann für die Gefangenentransporte und andere Hilfsdienste – deutlich hinter den Erwartungen der Berliner Dienststellen zurückblieb. Im Verlauf dieser Verhandlungen begann Stein aber mehr und mehr Interesse an der „Philosophie" und der Organisation der Volksbewaffnung zu entwickeln, und es kann gar keine Frage sein, dass von hier eine direkte Linie hin zu den Bemühungen um die Volksbewaffnung führen, die er seit 1808 und vollends seit 1812 in Szene zu setzen begann.

Im übrigen stand Stein dem Basler Sonderfrieden, obwohl oder gerade weil er ihn in seiner Autobiographie mit Stillschweigen übergeht, aus prinzipiellen Gründen ausgesprochen kritisch gegenüber. In einem Brief an seinen Schwiegervater Johann Ludwig von Wallmoden, den Oberbefehlshaber der hannoverschen Truppen, beklagte er, ohne ein Blatt vor den Mund zu nehmen, diesen unglücklichen Friedensschluss („cette malheureuse paix"), der einen Zorn im Reich auslösen werde, der nur zu begründet sei, weil das Reich sich nun einem „abandon perfide" ausgesetzt fühle[311]. Andere Quellenbelege bestätigen diese Sicht Steins, dass Preußen sich aus völlig egoistischen Gründen von seinen moralischen Pflichten gegenüber dem Reich verabschiedet habe. Der preußische Beamte optierte in einer kritischen Situation eindeutig für die Belange des Reiches und ordnete die preußischen Interessen ebenso klar nach. Die Friedenspolitik des Generals Möllendorf bewertete er als dumm und schurkenhaft zur gleichen Zeit, und auch wenn

Stein später mit etlichen hohen preußischen Offizieren auf vertrautem, ja freundschaftlichem Fuß stehen sollte: ein Rest Misstrauen gegenüber den Militärs scheint immer im Spiel geblieben zu sein. Dass Hardenberg an der Aushandlung des Friedens beteiligt gewesen war, sollte zu einer Komponente einer sehr komplexen Beziehung werden. Fairerweise muss hinzugefügt werden, dass die Politik Hardenbergs, wie sie in Basel fassbar wird, nicht primär auf Separatismus hinauslief, sondern in ihrer weiteren Perspektive die Pazifikation des Reiches, ja ganz Europas zum Ziel hatte. Das konnte Stein, erbittert bis zum höchsten, selbstredend nicht wissen.

Diese Verurteilung des Basler Sonderfriedens und damit des Rückzugs Preußens in seine Neutralitätszone war deswegen so scharf und geradezu apodiktisch, weil Stein den Kampf gegen das Revolutionsregime gar nicht so sehr vom Standpunkt der Machtpolitik her beurteilte, sondern vom Standpunkt der Moral. Alteuropa stand für ihn für das Recht, für Ordnung, für das Prinzip des Guten – die Revolution und später Napoleon Bonaparte für das gerade Gegenteil von all dem: für Unrecht, für Chaos, für das Böse. Dass die Franzosen ihre eigene Dynastie davongejagt und liquidiert hatten, das war in seinen Augen ein ungeheuerlicher Rechtsbruch, den Europa zu sühnen hatte und der in der Wiedereinsetzung der Bourbonendynastie enden müsse. Als er 1814 zum ersten Mal nach Frankreich kam, rangierte die umgehende Kontaktaufnahme mit der entthronten Dynastie auf seiner Agenda ganz obenan. Der Kampf gegen die Revolution, aus dem sich Preußen unverantwortlicherweise und gänzlich charakterlos zurückgezogen habe, war in seinen Augen ein Kampf um die Wiederherstellung von Ordnung und Recht.

***

Der Revolutionskrieg forderte zwar in seiner Familie direkt, also aufgrund von Kriegseinwirkungen keine Opfer, aber es ist trotzdem geboten, vor der Folie des Krieges den privaten Stein wieder einmal zu seinem Recht kommen zu lassen – in seiner Trauer, aber auch in seinem Glück. In familiärer Hinsicht waren die ausgehenden 1780er und die beginnenden 1790er Jahre von Verlusten geprägt, aber auch von einem freudigen Ereignis. Nachdem die Mutter bereits im Sommer 1783 verstorben[312] und, um die oben angesprochene Kontroverse um ihre mögliche Konversion noch einmal zu beleuchten, nach protestantischem Ritus beigesetzt worden war[313], folgte der Vater ihr im Herbst 1788 in den Tod, von Stein seines „seltenen Grads von Rechtschaffenheit und Biederkeit" gewürdigt und ehrlich betrauert[314]. Stein hat ihn weniger als zwei Jahre vor seinem eigenen Tod fast etwas beneidet, dass er gerade noch „im letzten Jahr der alten Ordnung" verstorben war, „vor dem Untergang der alten Zeit"[315]. Dieser Todesfall zog entsprechend dem Familienfideikommiss Steins Verantwortung für die Güterverwaltung nach sich, der er sich, wie neu aufgefundene Korrespondenzen belegen, mit der ihm eigenen Konsequenz und Akribie annahm[316]. Von seinen Geschwistern hat der Bruder Friedrich Ludwig 1790 den Anfang gemacht und erlag in Böhmen einem Fieber, die stille Schwester Charlotte, mit einem Steinberg verheiratet und von Stein *post mortem* als „überspannt in ihren Gefühlen", aber mit einem „bestimmten, ruhigen Blick und Energie im Charakter" ausgezeichnet[317], folgte ihm im Sommer 1793, der Bruder Johann Friedrich, der preußische Diplomat, der aber in Ungnade gefallen war, 1799. Von seinen Geschwistern blieben ihm vorläufig nur Johanna Luise, also die Gräfin Werthern, die Stiftsdame Marianne und der jüngste Bruder Gottfried, der allerdings eine Zeitlang als verschollen galt und, halb erblindet, erst 1814 wieder in Steins Gesichtskreis treten sollte. Von daher erklärt es sich, dass er seiner Schwester Johanna Luise nach dem Erhalt der Nachricht vom Tod Johann Friedrichs ans Herz legte, sich möglichst oft zu besuchen, denn die vielköpfige Familie sei seit acht Jahren ja nun auf nur noch drei Mitglieder geschrumpft – ihn selbst, Luise und Marianne[318]. Stein war in Bezug auf seine Geschwister vielleicht nicht ein wirklicher Familienmensch, aber sein Interesse an ihrem Schicksal und ihrem Wohlergehen reduzierte sich nie auf die bloße Perspektive des Chefs eines Fideikommisses.

In Steins Augen wurden diese familiären Verluste alles in allem freilich aufgewogen durch seine Vermählung. Stein folgte hier seinem Vater, der ja auch ein „Spätstarter" gewesen war und erst im Alter von 38 Jahren geheiratet hatte; er unterbot diesen Wert zwar etwas, aber zählte bei seiner Vermählung doch immerhin auch bereits 35 Jahre. Natürlich hatte es in den zurückliegenden Jahren diese und jene kleine Romanze wie etwa mit der jungen Charlotte César 1780 und den einen oder anderen Versuch Dritter gegeben, ihn in den Ehehafen einzuschleppen, aber Stein hatte das, wie 1783, als es um eine junge Dame aus dem Mainzer Kreis der Bettendorf ging, immer ironisiert[319]. Schon in seiner Göttinger Studentenzeit war er keineswegs immun gegen weibliche Reize gewesen; bezeichnenderweise war 1774 ein Wohnungswechsel unter anderem deswegen vollzogen worden, um den jungen Studenten vor allen denkbaren Anfechtungen zu bewahren, die in der Tochter des bisherigen Vermieters gründeten[320]. Im übrigen sind die Briefe aus den mittleren und späteren 1780er Jahren Legion, in denen er das hohe Lied der Einsamkeit gesungen hatte. Andererseits hatte er im tristen, wiewohl durch Kaiserwahl und -krönung etwas unterhaltsamer gewordenen Herbst des Jahres 1790 in einem seiner elegischen Briefe seinem Freund Reden gestanden: „Le mariage pourrait me rendre cette solitude [in Wetter] plus agréable, si je pourrais espérer de trouver une femme qui se plairait dans ma situation, et si les désagréments de celle-ci n'influeraient sur l'égalité de son humeur et l'aménité de son caractère"[321]. Seit dieser Zeit hat ihn das Thema seiner Vermählung kontinuierlicher beschäftigt, wobei seine Hauptsorge war, wie eine junge Frau es auf Dauer in einem „Nest“ wie Wetter aushalten könne[322].

Diese Vermählung war vor dem Hintergrund des Familienfideikommisses und aller gescheiterten Bemühungen in den zurückliegenden Jahren, vielleicht doch noch einem seiner Brüder die Fortpflanzung der Familie zu überantworten[323], inzwischen eine zwingende Notwendigkeit geworden: die Familienräson, die Verpflichtung gegenüber seinem Geschlecht ließen schlicht keine andere Wahl. Man würde heute vielleicht von einer „Vernunftehe“ sprechen, deren primäres Ziel es sein würde, das Geschlecht fortzusetzen. Das Zitat aus dem Reden-Brief spiegelt deutlich wider, dass für ihn Partnerschaft eine mehr oder weniger rationale Größe war, dass es um das gemeinsame Teilen des beruflichen Loses des männlichen Partners geht, dass beim weiblichen Partner vor allem „Charakter“ vorhanden sein muß.

Seine Braut, der er erstmals 1790 begegnet war[324], Wilhelmine Gräfin Wallmoden, war gerade einmal 20, und nach allem, was die Quellen widerspiegeln, war es nicht eine tiefe und gewaltige Leidenschaft, die sonst für ihn so kennzeichnend war, die ihn den Entschluss in den Ehestand zu treten, treffen ließ. Es waren die Notwendigkeiten seines Standes, die ihn ganz nüchtern Ausschau halten ließ, sicher intensiv beraten von seinen Schwestern und sonstigen Verwandten, wobei die zusätzliche Bedingung hinzutrat, dass seine zukünftige Frau dem hochstiftsmäßigen Adel entstammen musste. Und im Zuge dieser standeskonformen, eher nüchternen Überlegungen und Explorationen fielen seine Augen dann auch auf Wilhelmine von Wallmoden, die um vierzehn Jahre jüngere Tochter einer Baronin Wangenheim und eines hannoverschen Generals, der aus einer Liaison Georgs II. von England hervorgegangen war; sie war somit eine Enkelin des welfischen Königs. Er habe bei ihr, so gestand er Reden, viel Wärme vorgefunden, viel Sensibilität und Bescheidenheit. Seine Unentschlossenheit, so ließ er wissen, nehme ab, aber sie existiere weiter – und sie gründe vor allem in der Inkonstanz seines Charakters, seiner brüsken Art, der Unannehmlichkeiten, die mit seiner gegenwärtigen beruflichen Stellung verbunden seien, seiner nur mittelmäßigen finanziellen Ausstattung[325]. Dem Freund gegenüber war das sicher nicht nur Koketterie! Im Frühjahr 1792 – Stein war in dieser Hinsicht ein Mann langsam reifender Entschlüsse – fand er ohne die früheren, in ihm selbst liegenden Bedenken Wilhelmine immerhin schon „douce, bonne, lenksam, attachée à ses amis et à ses parents, ein wenig leer und auch eine Portion versteckter Familienstolz“[326]. Im Frühsommer fieberte er – wenn sich bei Stein ein solcher Ausdruck denn rechtfertigt – dann schon einem Kuraufenthalt der Familie Wallmoden in Ems entgegen; er werde dann selbstverständlich in Nassau sein, denn sein „Wunsch, jemand um mich zu haben, der ein Gegenstand von Liebe und Wohlwollen für mich ist, wird täglich lebhafter bei mir“[327]. Sicher sind die beiden sich, in aller Schicklichkeit, auch näher gekommen, aber es blieb ein Rest an Reserve: sie habe wohl doch eine Portion „Familien- und Provinzialstolz, der den Hannoveranern eigenthümlich ist“[328] (und man muss vielleicht ergänzen: sich dem Reichsritter überlegen dünkt).

Ein im Landsmannschaftlichen gründendes Ehehindernis? Aversionen grundsätzlicher Art gegenüber den Bewohnern des „Deutschen Chinesenlandes“, wie, wenn man seinem späteren Mitarbeiter Schön vertrauen darf[329], Stein die Hannoveraner zu bezeichnen pflegte?[330] Das dann wohl doch nicht – wiewohl Stein zeitlebens eine gewisse Distanz zum niedersächsischen Adel beibehalten sollte[331]. Im September 1792 teilte er Karoline von Berg, die er zu seinen vertrautesten Freunden rechnete, mit, dass er im Winter wohl nicht nach Berlin kommen werde[332], weil er beabsichtige, „zwischen hier und dem Frühjahr“ zu heiraten, und zwar „noch immer wahrscheinlich die Gräfin Wilhelmine Wallmoden“[333]. Eine höchst merkwürdige Formulierung, die zu assoziieren scheint, dass alle Bedenken noch nicht zurückgestellt waren und deren Hintergrund wohl darin zu sehen ist, dass zeitgleich noch eine zweite „Kandidatin“ im Gespräch war, Charlotte von Diede, für die seine Schwester Johanna Luise ihn zu erwärmen suchte. Eine pikante Situation: Den Hochzeitstermin wagte Stein schon vorherzusagen, aber über die Braut bestand noch keine Sicherheit. Sein Aufenthalt auf dem Diede-Schloß in Ziegenberg scheint dann aber doch nicht das gehalten zu haben, was seine Schwester sich davon versprochen hatte: Wilhelmine von Wallmoden blieb in der Position der Favoritin. Trotz der Kriegsereignisse, in die er immer stärker eingebunden wurde, ließ er davon auch nicht wieder ab, sondern warb mit einem am 3. Dezember 1792 abgefassten Brief förmlich um die niedersächsische Gräfin: auf Französisch selbstredend, wie es die Konventionen der Zeit erforderten. Sein langes Zögern erklärte er mit einer ihm in seiner Kindheit vermittelten Sicht, den Ehestand als einen „état de contrainte et portant obstacle aux objets d'activité et d'ambition sur lesquelles on avait dirigé mes affections“ einzustufen[334]. Tätigkeit und Ehrgeiz – seine zukünftige Frau sollte irgendwann erkennen, dass das keine bloßen Floskeln waren. Mit der Hoffnung auf häusliches Glück endet der erste Teil des Briefes; der zweite Bogen, auf dem sich Stein wohl über sich selbst und seine Verhältnisse ausgelassen hat, hat sich nicht erhalten – die Vermutung ist wohl nicht abwegig, dass er ihn später verschwinden ließ. Stein hatte zuvor fast zwei Wochen während seiner dienstlichen Tätigkeit in Oberhessen mit der Familie Wallmoden zusammengewohnt und danach, wie er Frau von Berg schrieb, eine „solche unausstehliche Leere“ gefühlt, dass er beschlossen habe, diesem Zustand nun ein Ende zu bereiten[335]. Im Frühjahr fand dann in Hannover eine Art förmliche Verlobung statt: auf der Grundlage nicht eines einfachen „Ja“ von Braut und Brautvater, sondern durch eine fast literarische, jedenfalls das gesellschaftliche Niveau widerspiegelnde Bekundung, dass die Braut hoffe, durch ihre Verbindung mit Stein das Glück ihres Lebens zu erhöhen. Stein schwebte im siebten Himmel; er müsste gefühllos sein, wenn er den Wert eines solchen reinen, liebenden Mädchens verkennen würde, und er hoffte für sich, dass durch diese Verbindung „das Harte, Heftige und Uebereilte, so in meinem Charakter liegt, durch den Anblick dieses wohlwollenden und sanften Geschöpfes und die Aeußerungen ihres richtigen Verstandes gemildert werde“[336]. Ein beachtliches Maß an Ichbezogenheit ist kaum wegzudiskutieren!

Es ist auffällig, dass bei vielen Korrespondenzen über die sich anbahnende Beziehung zu Wilhelmine von Wallmoden die Mutter genannt wird – nicht ausdrücklich im Sinn einer *tertia comparationis*, aber doch als einer Frau, die das Format eines Maßstabs gehabt hatte. Für Psychologen wird das eine Platitude sein, aber alles scheint in der Tat dafür zu sprechen, dass sowohl die bis nach dem Tod der Mutter (und des Vaters) verzögerte Heirat als auch der lange Prozess des Abwägens, des sich selbst Klar-Werdens, etwas mit einer tiefen Mutterbezogenheit Steins zu tun hatte. Es war, für Psychologen vermutlich die Bestätigung einer solchen ausgeprägten Mutterbezogenheit, bezeichnend, dass Stein später ausdrücklich neben seiner Mutter begraben zu werden wünschte[337]; mit keinem Grabmal hat er sich mehr beschäftigt als mit dem seiner Mutter[338]. Die erste Tochter, die aus der Ehe hervorging, erhielt, Familientradition oder nicht, den Namen der Mutter.

Die Hochzeit mit Wilhelmine von Wallmoden fand dann, selbstverständlich auf der Grundlage eines förmlichen Ehevertrags[339], im Juni 1793 auf dem Wallmodenschen Gut Heinde bei Hildesheim statt. Viel Zeit für vom König eigens bewilligte (dreiwöchige)[340] „Flitterwochen“ – als Begriff der Zeit selbstredend noch unbekannt – blieb nicht. Diese Eingewöhnungsphase in die Ehe wurde in Heinde verbracht, weil der Krieg und die vielen Amtsverrichtungen Steins rasch wieder ihren Tribut forderten.

Ob die Ehe wirklich glücklich wurde, mag hier auf sich gestellt bleiben. Zwei Kinder, zwei Mädchen, sollten (1796 bzw. 1803) aus ihr hervorgehen, aber die Briefe spiegeln längst nicht jene Zärtlichkeit wider, die beispielsweise die Korrespondenz zwischen Wilhelm und Karoline von Humboldt so faszinierend macht. Schon wenige Monate nach der Hochzeit begann Stein seiner vertrauten Freundin Karoline von Berg gegenüber zu klagen über die „verkehrte Erziehung der Weiber“, und nach einigen Jahren sprach er geradezu unverhohlen von „betrogenen Erwartungen“. Auch Wilhelmine ihrerseits hat nach einer gewissen Zeit offenbar mit dem Nomadenleben ihres Mannes ihre unverkennbaren Schwierigkeiten gehabt; vor allem nach Steins (überstürzter und in der Familie vorher nicht besprochener) Entscheidung, in den Dienst des Zaren zu treten, scheint eine nachhaltige Entfremdung zwischen den Ehepartnern eingetreten zu sein. Wilhelmine war nach dem Urteil Humboldts „von einer gewissen Kälte und Unlebendigkeit“[341] und dann gar „ungeheuer unbedeutend“[342]. Vielleicht lag der Kern eines Eheproblems, dem Humboldt mit einer beiläufigen Bemerkung, er habe „wohl in seiner Häuslichkeit nie ein so tiefes Verhältnis gehabt“[343] wie er und Karoline, Ausdruck verlieh, in der Tat in einem gewissen Gefälle der geistigen Interessen der beiden Partner, in dem unzureichenden Verständnis des weiblichen Teils für den stürmischen Tätigkeitsdrang des männlichen, insofern in unterschiedlichen Erwartungen. Familienleben, wie sie es selbst erlebt hatte, Geselligkeit und Gesellschaften, Häuslichkeit, wie es einer wohlerzogenen Adelstochter anstand: das waren sicher nicht die Elemente, die für Stein maßgebend waren. Hinzugefügt werden muss freilich: Auch wenn es vielleicht nicht die große, das ganze Leben tragende Liebe war, die perfekte Harmonie, die die beiden Partner miteinander verband, an Achtung, an Hochachtung für das, was Wilhelmine in stürmischen Zeiten leistete – Kindererziehung, Güterverwaltung, Postamt, Anlaufstelle für Geheimdienstler u. v. a. –, hat es Stein nie fehlen lassen. Hinzugefügt werden muss andererseits auch die skeptische Bemerkung des menschenkundigen, ihm später eng verbundenen Gneisenau, ob Stein denn überhaupt zur Liebe befähigt sei.

***

Zurück zum chronologischen Ablauf und zu Steins Amtsverrichtungen vor und nach Basel. Dass über den militärischen und militärlogistischen Herausforderungen die eigentlichen Aufgaben eines Kammerpräsidenten nicht völlig zu kurz kamen, spricht für Steins Arbeitsökonomie und Belastbarkeit. Auf dem Tisch lag seit längerem das Problem der klevisch-märkischen Verwaltungsorganisation, also die Frage, ob zu einem rein bürokratischen System überzugehen wäre oder ob den Ständen und deren Selbstverwaltungskompetenzen noch irgendeine Rolle bleiben sollte. In Kleve-Mark hatten sich nicht nur Reste der ehemaligen ständischen Landesverfassung bewahrt – eingeschlossen die Periodizität des Zusammentritts, die Steuerbewilligung und die Mitwirkung bei Gesetzen –, sondern sogar Überreste einer letztlich altertümlichen kommunalen Selbstverwaltung. Stein, durch die Göttinger Schule der Schlözer und Pütter gegangen, hat es wohl von der ersten Stunde seiner Verantwortung an als eine besondere Herausforderung erkannt, diese Reste ständischer Partizipation und Selbstverwaltung nicht etwa als Relikte einer sich überlebt habenden Zeit beiseitezuräumen, sondern sie als Fundamente einer neu verstandenen Freiheit zu nutzen. Dass er damit bei den politischen Entscheidungsträgern in Berlin, die nur die gänzlich anderen Verhältnisse in Ostelbien kannten, wo der Adel seine Gerechtsame bis auf bedeutungslose Reste völlig verloren hatte, allerdings auf seinen Gütern fast unbegrenzte Freiheit genoss, weitgehend auf Unverständnis und Ablehnung stieß, lag in der Natur der Sache – die politische Philosophie des preußischen Staates war die Zentralisierung, die Abschaffung ständischer Relikte, nicht ihre Hegung. Aber in den Westprovinzen konnte das Prinzip der politischen Entmachtung des heimischen Adels gegen das Zugeständnis gutsherrlicher Rechte nicht greifen, weil der Adel über keine geschlossenen Gutsherrschaften verfügte. Der Adlige galt den Bauern in Westfalen nicht als ein „gnädiger Herr", sondern als Nachbar, allenfalls noch als Empfänger einiger Dienste und als Inhaber der Jurisdiktion, die er durch Dritte wahrnehmen ließ. Die Konsequenz liegt auf der Hand: Je weniger der niederrheinisch-westfälische Adel in der Verwaltung des platten Landes mitzureden hatte, desto zäher klammerte er sich an sein Recht, auf Landtagen zu erscheinen und dort mit Vertretern der Krone über Landesordnungen und insbesondere natürlich Steuern zu verhandeln. Die Krone hatte seit Erwerb dieser Region davon Abstand genommen, das Institut des Landtags kurzerhand zu beseitigen, was u. a. damit zusammenhing, dass sich Reste des alten brandenburgisch-pfälzischen Kondominats erhalten hatten und man reichsrechtlichen Auseinandersetzungen aus dem Weg gehen wollte. Faktisch aber war die Mitwirkung der Stände an der Landesverwaltung und der Steuerbewilligung immer mehr unterhöhlt worden, was die klevische Kammer unmittelbar vor Steins Ernennung zum Präsidenten noch einmal bewogen hatte, dem Ständewesen einen Stich zu versetzen, indem die Versammlung eines Landtags von der vorherigen Bitte der Stände um Einberufung abhängig gemacht werden sollte.

Stein dachte anders. Es war eine seiner ersten Maßnahmen nach Übernahme des Präsidentenamtes, dass er das Berliner Ministerium bewog, die Drohung zurückzunehmen und den Wunsch der Stände nach genehmigungsfreier Selbstversammlung zu akzeptieren. Das Schriftstück, in dem er das niederlegte, übrigens eine seiner ersten wirklichen politischen Willensbekundungen, kann nur als eine vorbehaltlose Solidarisierung mit der Rechtsanschauung der Stände interpretiert werden. Den Bedenken der königlichen Verwaltung wird überhaupt kein Raum gewährt! Stein, so hat es Ritter ein wenig überpointierend formuliert, „empfindet durchaus als wohlwollender Beschützer provinzieller und adlig-ständischer Privilegien, nicht als Vertreter des absolutistischen Einheits- und Machtstaates. Ihm fehlt das Bedürfnis des Alleinregierens"[344].

Es würde zu weit führen, die gesamte Ständepolitik Steins hier aufzurollen; der Hinweis muss genügen, dass er in den folgenden Jahren den ständischen Monita weitgehend Rechnung trug und 1803 mit Stolz das vollkommenste Einvernehmen zwischen Kammerkollegium und klevisch-märkischen Ständen zu rühmen Anlass hatte. Man kann diesen Prozess nicht deutlich genug hervorheben: Ganz gegen den allgemeinen Trend, gegen den dezidierten Willen zumindest eines Großteils der Berliner Zentrale erfolgt an einer Stelle der Monarchie eine Renaissance des Ständetums (die außerhalb Preußens nicht völlig ungewöhnlich war). Freilich konnte das in Steins Augen nicht eine bloße Rückkehr zu den alten Strukturen sein; seit dem Ausgang des Jahrhunderts bis in die letzten Monate seines Lebens sollte Stein die Frage immer wieder beschäftigen, wie die Landtagsfähigkeit des Adels neu geordnet werden, auf welchen Grundlagen – anstelle der bloßen Ahnenprobe und dem Nachweis eines landtagsfähigen Guts – die Landstandschaft beruhen könne. Solidarität mit den Standesgenossen – ja, aber zugleich der neue Ansatz, die Adligen in den Staat hineinzuführen und zu Trägern des Gemeinwohls zu machen. Letztlich ist dieses Steinsche Experiment zur beiderseitigen Zufriedenheit ausgegangen: Bei allen standesbezogenen Motiven, die den Adel so fest auf seinen Positionen beharren ließen, kam es in der politischen Praxis fortan zu einem fast symbiotischen Zusammenwirken von Ständetum und Bürokratie. Die Mitwirkung von Ständevertretern an neuen Gesetzes- und Verwaltungsmaßahmen wurde die Regel, zunehmend gelang es auch, adlige Landschaftsvertreter zur Mitarbeit in königlichen Diensten, etwa als Landräte, zu gewinnen. Wenn irgendwo die These von der Transformation des alten Ständewesens in die Moderne hinein trägt, dann sicher in Kleve und der Mark. Stein hat aus diesem Vorgang unendlich viel gelernt.

Zweiter Schwerpunkt der Tätigkeit Steins als Kammerpräsident war es, die Reste kommunaler Selbstverwaltung in Kleve-Mark zu bewahren. Das war ein Problem, das nur das platte Land betraf und mit dem Zwittercharakter der alten Ämter bzw. Drosteien zusammenhing, die gleichzeitig Unterbezirke der staatlichen Verwaltung wie auch Gebietskörperschaften mit Selbstverwaltungsfunktionen waren. Um die Unterverteilung der Steuern zu organisieren, waren in Kleve-Mark „Amts- und Erbentage“ ins Leben getreten, regelmäßige, meist im Juni oder Juli stattfindende Versammlungen aller Grundsteuerpflichtigen eines Amtsbezirks, die, völlig unabhängig von der Standeszugehörigkeit, über eine bestimmte Besitzgröße verfügten. Die Steuerunterverteilung war aber nur die eine Seite dieser Einrichtung, die darüber hinaus auch über die kommunalen Vermögen und Schulden befand, über Steuerzuschläge, über Ämterwahlen usw. Das war eine wirkliche Selbstverwaltung, die, so altertümlich ihre Wurzeln gewesen sein mögen, effizient arbeitete – und deswegen auch sofort Steins Sympathie fand (und lebenslang behielt). Noch in den 1820er Jahren sollte er immer wieder auf dieses Institut zurückkommen, weil es ihm eins seiner handlungsleitenden Prinzipien geradezu idealtypisch zu versinnbildlichen schien, das der Subsidiarität, also der Verweisung von administrativen Aufgaben an diejenige Instanz, die der Sache am nächsten stand.

Aber damals passte das doch nicht mehr so recht in die politische Landschaft, die auf die straffe Bündelung aller Kräfte abzielte, auf Vereinheitlichung, Vereinfachung, Beschleunigung des Geschäftsgangs. Da sich die „Amts- und Erbentage“ zudem in vielen Fällen durch eine engstirnige Kirchturmspolitik „hervortaten“, durch Egoismus, durch Spannungen zwischen den verschiedenen sozialen Gruppen, die an sich auf eine Zusammenarbeit verwiesen waren, da somit eine wirkliche Interessenidentität nicht mehr vorhanden war, hat auch Stein den Auflösungsprozess, in dem sich dieses Institut in den frühen 1790er Jahren bereits befand, nicht mehr gestoppt. So sehr ihn die Grundidee – die tätige Mitwirkung der Grundbesitzer an den Entscheidungen, die den engeren Lebensraum betrafen – auch fasziniert haben mag: ihre Leistungsfähigkeit entsprach nicht mehr den Erfordernissen der Stunde.

Im Frühjahr 1796 reiste Stein, offenbar routinemäßig, nach Berlin, und kurz nach seiner Rückkehr nach Hamm ereignete sich ein Todesfall, der seiner Karriere wieder eine andere Wendung gab – auch wenn diese Wendung keinen Abschied von Westfalen bedeutete. Im April 1796 war der Präsident der Mindener Kriegs- und Domänenkammer, von Breitenbauch, verstorben, und Stein scheint von Anfang an der „Wunschkandidat" der dortigen Beamten gewesen zu sein. Auf deren Bitten wurde Stein zunächst mit der interimistischen Leitung der Behörde betraut[345] und wenige Wochen später als Präsident installiert[346], freilich unter Beibehaltung seines Präsidiums der klevischen und märkischen Kriegs- und Domänenkammer. Die schamlose Ausbeutung eines Beamten oder ein besonderer Vertrauensbeweis? Mit einiger Wahrscheinlichkeit werden in Berlin bei dieser Personalie, die allem Anschein nach ein weiteres Mal Heinitz eingefädelt hatte, auch finanzielle Gesichtspunkte eine Rolle gespielt haben, aber insgesamt wird man diese Entscheidung, Stein mit einem zusätzlichen Amt zu betrauen, wohl doch als einen Reflex seines erfolgreichen Krisenmanagements am Niederrhein zu interpretieren haben.

Man muss sich die Dimension dessen, was hier vor sich ging, ganz unabhängig von der Person Stein noch einmal vor Augen halten. Stein übernahm damit die Präsidentschaft sämtlicher Kammern in den niederrheinisch-westfälischen Provinzen, und was zunächst nur nach einer bloßen „Personalunion" aussah, sollte durch seine Amtsführung – jetzt mit dem Titel „Oberkammerpräsident" – faktisch zu einer „Realunion" werden, zur verwaltungsmäßigen Zusammenfassung dieser Region. Zwar sollten sich die Verhältnisse in Westfalen wenige Jahre später im Gefolge der Säkularisation wieder ändern, als nun neue Territorialteile an die Krone Preußen übergingen, aber die Grundsatzentscheidung war 1796 gefallen: durch die Benennung eines Oberpräsidenten, dem in seiner Instruktion ans Herz gelegt wurde, die Leistungsfähigkeit seiner Amtsbezirke durch einheitliche Organisation des Handels, der Manufakturen und des Militärwesens zu steigern und die Verwaltung zu vereinheitlichen. Ohne dass es zu einer förmlichen Verwaltungsreform gekommen wäre: faktisch war sie mit Steins Ernennung auch zum Mindener Präsidenten vollzogen worden.

Unmittelbar nach Erhalt der Bestallung reiste Stein von Hamm nach Minden, um dort die Geschäfte zu übernehmen – und das zu einem Zeitpunkt, als seine Frau vor der ersten Entbindung stand und erhebliche Gesundheitsprobleme hatte; die (älteste) Tochter Henriette sollte dann am 2.

August 1796 das Licht der Welt erblicken[347], der Vater, auch wenn es nicht der ersehnte Stammhalter war, vor Freude fast vergehen. Im September übersiedelte die junge Familie nach Minden in ein neues Haus – der Lebensmittelpunkt verlagerte sich nun endgültig – so schien es zumindest – ins Lippische. Das nahm Stein die Sorge um seine Stammgüter an der Lahn selbstredend nicht; pragmatisch, wie er auch sein konnte, hatte er im Juni 1795 den französischen Oberkommandierenden um Schutz seiner Besitzungen gebeten „que les loix militarires de la République [...] assure aux habitants paisibles des pais“[348]. Der Brief verhinderte es freilich nicht, dass auch seine Dörfer zu den französischen Kriegskontributionen herangezogen wurden. Mochte Steins preußischer Stern auch immer mehr zu glänzen beginnen: für einen französischen General war das relativ belanglos.

Die Aufgaben des Präsidenten einer Kriegs- und Domänenkammer waren Stein in der Zwischenzeit hinlänglich bekannt, so dass eine eigentliche Einarbeitungszeit entfiel. Was ihm selbstredend noch nicht hinlänglich bekannt war, waren die örtlichen Verhältnisse und Probleme. Stein musste *nolens volens* nun auch noch zum Textilfachmann werden, weil hinsichtlich der Bielefelder Textilproduktion ständig Entscheidungen getroffen werden mussten, für die ihm seine bisherige Laufbahn keinen Wissensvorrat zur Verfügung stellte. Aber wo und wie war in einer trotz des Basler Friedens extrem angespannten Situation ein ruhiges Arbeiten überhaupt möglich, zumal die Sorgen um die nassauischen Besitzungen von Tag zu Tag größer wurden[349] und Stein unverändert erbittert war über das, was Preußen dem Reich zugefügt habe. Karoline von Berg, seit Jahren eine seiner vertrautesten Korrespondenzpartnerinnen, schüttete er im Herbst 1796 sein Herz aus: Die Preußen und die, die in ihrem Dienst stünden, müssten sich zu einem guten Teil die Leiden, die Deutschland bedrängten, an die Brust heften, was um so schlimmer sei, als Preußen aus der „perfidie de nos principes“ keinerlei Vorteil zuwachse und die Laschheit des preußischen Verhaltens diesen Staat zum Gegenstand des Misstrauens und der allgemeinen Verachtung mache[350]. Stein wird so nicht gerade in Berlin gesprochen haben, aber die Tendenz seiner Einschätzung auch nicht hinter dem Berg gehalten haben – die „politique perfide“ Preußens ging ihm in diesen Monaten sehr leicht von den Lippen[351]. Ein derart kritischer Beamter ist nicht immer ein leichter Partner – und er riskiert auch viel.

Stein bereiste seit dem Herbst 1796 seinen Sprengel, um Reorganisationsnotwendigkeiten und Schwachstellen zu entdecken[352], derer es in Minden-Ravensberg etliche gab. Das galt auch für die Stände, die sich ihres Egoismus und ihrer wenig entwickelten Kooperationsbereitschaft wegen von den kleve-märkischen sehr negativ abhoben. Aber er begann neben der Routine des Alltags nun viel stärker auch in grundsätzlicher Form über die eigene Epoche und ihre Verortung im Ablauf historischer Prozesse nachzudenken – Gedanken über die Geschichte und die großen Männer in ihr, denen fast schon ein Zug ins Philosophische eignet[353]. Vielleicht brauchte ein Mann wie Stein in dieser Zeit eine gewisse philosophische Überhöhung – so fremd ihm zeitlebens die Metaphysik blieb! –, weil ihm manches unverständlich blieb, weil er zu den Routinedingen des Alltags, die er in seinem großen Verwaltungsbericht von 1801 im einzelnen auflisten sollte, einen gewissen Abstand benötigte.

Im Winter 1796/97 weilte er wieder am Niederrhein, seinem anderen „Sprengel", um dort festzustellen, dass völlig ungeachtet des formalen Friedens die Franzosen ungerührt weiter Kontributionen erhoben und das Land auspressten. Er bezifferte diesen Betrag, den das Land hatte leisten müssen, auf exorbitante 1,2 Millionen Gulden[354]. Im Frühjahr 1797 gelang es Berlin, den Franzosen die Wiederherstellung der (preußischen) Zivilverwaltung – unter gleichzeitiger Suspendierung der französischen Militärverwaltung – abzutrotzen. Stein hatte diese Rückkehr zu den alten Strukturen in die politische Realität umzusetzen, was im Prinzip auch gelang, es aber nicht verhinderte, dass das französische Militär weiterhin Kontributionen erhob. Der Friede von Campoformio im Oktober 1797 veränderte die Situation dann insofern erneut, als indirekt deutlich wurde, dass keine Chance mehr bestand, das linke Rheinufer zu halten bzw. zurückzugewinnen – entsprechend groß war Steins Empörung, dass nun sogar der Kaiser, „allzeit Mehrer des Reiches", ohne Wenn und Aber auf Reichsgebiet Verzicht leistete. Das berührte den Reichsritter, dessen Güter zum (kleineren) Teil auf dem linken Rheinufer lagen, das berührte vor allem aber den preußischen Spitzenbeamten, dessen vage Hoffnungen, doch noch den linksrheinischen Teil seines klevischen Amtssprengels wieder zurückzuerhalten, sich damit endgültig im Nichts auflösten.

Wie Stein diesen „Spagat" zwischen Hamm und Minden bewältigte, spricht für seine Arbeitsökonomie und für seine Fähigkeit zu delegieren – denn er war nicht der Mann, der nur „verwaltete", sondern der immer auch neu gestalten wollte. Dazu zählte in seinem Mindener Sprengel etwa die Fixierung der unbestimmten, also nach oben und unten offenen Leistungen der gutsherrlichen „Eigenbehörigen"[355], in der Vergangenheit und ganz unabhängig von der Region immer ein Gravamen. Stein arbeitete auf die Ablösung dieser Gefälle durch eine jährliche Rente hin, auf die „Allodifikation" der gutsherrlichen Untertanen, die Rechtssicherheit schuf und Konflikte minimierte. Das in Verbindung mit dem Übergang von der Zeitpacht zur Erbpacht war eine Reform, die, auch wenn sie nur regionale Bedeutung hatte, doch in gewisser Weise das antizipierte, was 1807 dann auch für Ostelbien verfügt wurde: eine Art Bauernbefreiung. Dabei war sich Stein im übrigen völlig darüber im klaren, dass das westfälische Vorgehen in keiner Weise auf den Osten der Monarchie übertragbar war. Aber es war für ihn (und das Generaldepartement in Berlin) eine Bestätigung, dass Veränderungen in der Lage der Bauern nicht unbedingt gewaltsam vorgetragene politische

Forderungen nach sich ziehen mussten. Was er im Mindener Kammerdepartement in kurzer Zeit erreichte, hat ihn dann im Rückblick auch durchaus mit Stolz erfüllt: Er habe eine „Reform im Kollegium selbst [bewirkt], die Anlage von Kunststraßen, die Verbesserung des Strombaues und [der] Schiffahrt auf der Weser, manches wurde versucht zur Vervollkommnung der Leinwandfabrikation, endlich [sei] die Milderung und Ermäßigung der Eigenbehörigkeit in Betracht genommen [worden], jedoch nicht im revolutionären, alte bestehende Rechte vernichtenden Sinn“[356]. Verbesserung der Infrastruktur, Abbau der staatlichen Bevormundung in Handel und Gewerbe, mithin ein allmählicher Übergang zu mehr Wirtschaftsfreiheit – das alles war Stein von der Lektüre der „Klassiker“ eines neuen wirtschaftspolitischen Denkens her geläufig genug. Nur waren die Zeitumstände nicht so beschaffen, um sie mit Fingerspitzengefühl und Durchsetzungskraft zugleich in die Praxis umzugießen.

Denn in all diese Reformüberlegungen „platzte“ dann doch immer wieder die „große Politik“ hinein. Mit dem Beginn des Rastatter Kongresses war klar, dass die Staaten, die linksrheinisch Besitzungen an Frankreich hatten abgeben müssen, rechtsrheinisch entschädigt werden sollten, wobei von Anfang an vorrangig an die geistlichen Stifte jedweder Art – vom Fürstbistum bis zum einzelnen Kloster – und an bisher reichsunmittelbare kleine weltliche Einheiten (Reichsstädte, Reichsritterschaft) gedacht war. Für die geistlichen Staaten, denen in den zurückliegenden Jahrzehnten in der politischen Praxis und in der Publizistik immer wieder ihr baldiges Ende angekündigt worden war, gab es allem Anschein nach kaum noch Chancen, diesem Schicksal zu entgehen. Steins erste Stellungnahmen zu diesem Vorgang, also der großflächigen Umwandlung vor allem von Kirchengut zu Gunsten weltlicher Nachfolgestaaten, darunter auch Preußens, sind in ihrer Bedeutung von der Forschung längst erkannte Dokumente.

Es handelt sich um drei Briefe an Heinitz, zunächst einen vom 1. Februar 1798 datierten[357]. Nach der Grundsatzentscheidung, dass es auf Arrondierungen in Westfalen hinauslaufen werde, so führt Stein aus, ergäben sich auf den ersten Blick vier Problemkreise: 1. Man müsse als Objekte präzise benennen das Fürstbistum Osnabrück sowie die Territorialeinheiten Corvey, Rheda, Dortmund, Steinfurt, Limburg und Mühlheim/Ruhr, die ohnehin polizeiliche, finanzielle und militärische Maßnahmen Preußens eher behinderten. 2. Die „pays réunis“ mit Ausnahme von Hildesheim, sofern dieses Stift überhaupt unter den Entschädigungslanden rangiere, müssten mit den altpreußischen Besitzungen in Westfalen ein Ganzes, eine Einheit bilden: wegen ihrer geographischen Kontiguität, wegen ihrer kommerziellen Verflechtung, wegen ihrer militärischen Funktion, weil sie als eine Grenzregion angesehen werden müssten, die den Norden Deutschlands verteidige („une province frontière défendant l'intérieur du nord de l'Allemagne“), wegen ihrer Konstitution als „pays d'état“, wegen der gleichartigen Rechtsverhältnisse der Bauern. Daraus folge, dass auch die Verwaltung nach den gleichen Prinzipien zu gestalten sei. 3. Die Organisation müsse als Hauptziele haben die Assimilation der alten und neuen Territorien, was sich nur bewerkstelligen lasse durch die Reform der Verwaltung der neuen Territorien und die Modifikation der Administration der alten, so dass am Ende dieses Prozesses ein „tout systématique" stünde. Weiter müssten die Polizei- und Finanzverwaltung organisiert werden, die ständische Verfassung, indem man aus den Ständen ein *Corpus* mache, das die Verwaltungskollegien kontrolliere, und die Verfassung der geistlichen Güter. 4. Die neuen Territorien müssten den bestehenden Kammern zugeordnet werden (Hamm, Münster, Aurich); das Bistum Paderborn verlange wegen seiner peripheren Lage eine Sonderregelung, Hildesheim könne ggf. der Halberstädter Kammer zugeschlagen werden. Schließlich 5.: Die an Preußen fallenden Territorien hätten zwar eine unzulängliche, aber keineswegs eine verderbte („vicieuse") Verwaltung, die Masse der Einwohner sei zivilisiert und wohlhabend, ganz gleich denen in den preußischen Provinzen, die Funktionsträger seien in der Regel bewährt und geschickt, was die Schlussfolgerung nahe lege, dass es um Reformen gehen müsse, aber nicht um Umsturz, dass um den besten Weg und eine enge Verbindung gerungen werden müsse, das Ziel aber nicht sein könne, alles und jeden wegzujagen und zu ersetzen.

Der Brief ist bemerkenswert, weil er – wieder einmal – Steins Augenmaß widerspiegelt, seine Grundtendenz, an Bewährtem festzuhalten, sein Zögern, eine solche Zäsur zu einer Radikalkur zu nutzen. Stein war ein Konservativer mit einem Blick für das Notwendige, um der Zukunft begegnen zu können. Dass er hier faktisch davon ausging, dass das linke Rheinufer für immer an den revolutionären Nachbarn verloren sei, Westfalen also gewissermaßen zu einer Grenzprovinz geworden sei, hat frühere Generationen nachhaltiger beschäftigt als den heutigen Historiker.

Der zweite Brief an Heinitz datiert zehn Tage später, also vom 11. Februar 1798[358]. Er reagierte auf eine Antwort Heinitz', in der es u. a. um Osnabrück gegangen war: dürfe man es von Preußen aus als Entschädigungsland reklamieren, würde das nicht in Hannover, das über die Bistumsbesetzungen diesem Hochstift besonders nahe stand, als unfreundlicher Akt empfunden? Der ganze Arrondierungsplan gründe auf dem Prinzip der Notwendigkeit, die zersplitterten Kräfte in Deutschland in den Händen eines der militärisch potenten Staaten zu sichern („consolider"), um dessen Widerstandskraft gegen die Übermacht („supériorité prépondérante") Frankreichs zu erhöhen und seine Eigenständigkeit („indépendance nationale") zu sichern. Dieses Grundprinzip müsse auch gegenüber Hannover Anwendung finden; Einwände ließen sich rasch dadurch entkräften, dass das Recht sich eben nicht nach Quadratmeilen bemesse. Das Interesse Hannovers an Osnabrück reduziere sich auf den finanziellen Aspekt, dem man dadurch entgegenkommen könnte, dass man ihm eine jährliche Abstandsgebühr zusage. Der zukünftige Besitzer dieser Region könne und müsse im Gegensatz zu Kurhannover ein administratives und militärisches Interesse in die Wagschale werfen. Was Paderborn betreffe, so sei es wohl wahr, dass der Landgraf von Hessen-Kassel ein Auge darauf geworfen habe; aber das könne doch kein Argument sein, das Entstehen einer Macht dritter Ordnung zu unterstützen, die in Zukunft zwischen Preußen und Frankreich hin und her schwanken würde – man brauche nur an den Siebenjährigen Krieg zu denken! Und zudem sei Paderborn für Preußen wichtig, weil es im Besitz des Gesamtlaufs der Lippe sein müsse und weil es auf die Kornlieferungen in die Mark und nach Westfalen keinesfalls verzichten könne. Heinitz möge bei den Berliner Beratungen diese Gesichtspunkte betonen und unterstreichen; das sei jetzt ein für Generationen entscheidender Moment. Was die Verwaltungsreformen betreffe, die er bereits expliziert habe, spreche alles für die Einrichtung dreier Kommissionen, mit deren Leitung er selbst (allgemeine Verwaltung), Dohm[359] (Verfassungsfragen) und der Kanzler des Regierungskollegiums in Geldern Coninx[360] (geistlicher Besitz) betraut werden könnten. Die Einholung des Treueids sei im Vergleich dazu nachrangig und eine reine Repräsentationsangelegenheit.

Dieses zweite Dokument verdient vor allem deswegen Beachtung, weil in ihm erstmals Steins Grundthese der folgenden Jahre entwickelt wird, dass die Zukunft in Deutschland den großen, militärisch potenten Staaten gehöre, die in der Lage wären, die Mitte Europas gegen die Franzosen zu verteidigen. Kurhannover und Kurhessen zählen für Stein nicht zu diesen Staaten! Preußen hat einen einzigen „deutschen Auftrag“: den, Deutschlands Sicherheit zu gewährleisten.

Schließlich Steins dritter Brief, nur zwei Tage nach dem zweiten expediert[361], grundsätzlicher, nicht mehr in die Details gehend: Durch Fehler der Koalition habe Frankreich eine gewaltige Vorherrschaft erlangt, habe zudem seine Schulden abgebaut, so dass es jetzt unabdingbar sei, dass Deutschland sich „en proportion“ verstärke, seine Widerstandskräfte bündele, um seine nationale Unabhängigkeit („indépendance nationale“) zu erhalten, was zwingend die Zusammenführung seiner Kräfte erfordere. Er, Stein, bewerte die Vergrößerung der beiden militärisch potenten Staaten in Deutschland als notwendig und für Deutschland wünschenswert und die Säkularisationen als einen Baustein dieses Prozesses. Jede andere Option, die diesem Prinzip widerspreche, sei zu verwerfen, weil sie zur Schwächung Deutschlands und zum Niedergang der großen Staaten, die es trügen, führte.

Wenn man vor allem den dritten Brief *sine ira et studio* liest, frappiert zunächst die Leichtigkeit, mit der Stein über den Bruch des Reichsrechts, den die Säkularisationen ja darstellen, hinweggeht. Legitimität hin oder her: jetzt geht es um die Zukunft. Zum anderen kann man schlechterdings aus ihm keinen Auftrag Preußens ableiten, nun die Einigung Deutschlands entschlossen in seine Hand zu nehmen. Es ging Stein um die Stärkung Preußens, damit es seiner Aufgabe, an führender Stelle an der Verteidigung

Deutschlands mitzuwirken, gerecht werden könne, aber es ging ihm nicht darum, die ganze (noch erhaltene) deutsche Staatenwelt zur Disposition zu stellen. Stein hatte sich eine Philosophie entwickelt, um die Säkularisation der geistlichen Staatenwelt zu begründen und in den gewaltigen Umbruchprozess seiner Zeit einzuordnen, eine Philosophie, die ihm sicher nicht in den Göttinger Hörsälen und auch nicht von seinem Vater vermittelt worden war. Eine besondere Zeit erforderte besondere Maßnahmen, da musste man ggf. auch einen Eckstein opfern, auf dem das Alte Reich bisher mit beruht hatte. Das Alte Reich, so ist Stein wohl zugleich zu interpretieren, würde in seiner Gestalt von 1789 ohnehin keine Wiederauferstehung feiern können.

Im Sommer 1798 bereiste Stein vom Niederrhein aus das linke Rheinufer, möglicherweise im Zusammenhang mit dem Verkauf der linksrheinischen Besitzungen seiner Familie, und gewann dabei einen Eindruck vom Voranschreiten der Republikanisierung der Region und von den finanziellen und von den religiösen Bedrückungen, unter denen die Bevölkerung litt. Es spricht manches dafür, dass diese Reise ihn noch einmal zusätzlich sensibilisierte für die Nöte der „kleinen Leute", insbesondere der Bauern, die ungemessene Leistungen zu erbringen hatten[362]. Jedenfalls werden die ihn seit geraumer Zeit bewegenden Gedanken, die unbestimmten Gefälle der Bauern in die Form einer Geldsumme umzuwandeln, seitdem wieder verstärkt aktiviert. Es ging um jene Gruppe der Bauernschaft, die in den damaligen Quellen als „Eigenbehörige" bezeichnet werden, nicht um die freien oder die erbmeierstättischen Bauern, und wie sehr Stein das Problem beschäftigte, mag nicht nur daraus ersehen werden, dass er gleich mehrere Gutachten in Auftrag gab, sondern sich auch verstärkt durch Lektüre mit agrarpolitischen Fragen zu beschäftigen begann[363]. Der spätere „Bauernbefreier" kündigt sich bereits 1799 an: Sein Votum, die Untertänigkeit für Privat- und Domänenbauern aufzuheben, am besten gleich für seinen gesamten Sprengel, war ebenso klar wie nachdrücklich[364]. Aber sein Engagement ging über diese Gruppe der Landbevölkerung hinaus, zu der ein unverkrampftes Verhältnis zu haben ihn schon die Praxis des Elternhauses gelehrt hatte: Ihn beschäftigten die, um es in der Sprache unserer Tage auszudrücken, sonstigen sozialen Unterschichten, die Nichtsesshaften, für die eine eigene Einrichtung in Gestalt eines Landarmenhauses geschaffen werden sollte, die nach Verbüßung ihrer Strafe entlassenen und somit zu resozialisierenden Häftlinge, die nicht gleich wieder in ihrem Beruf Fuß fassen konnten[365]. Natürlich dienten solche Überlegungen auch dazu, die eingesessene Bevölkerung zu schützen, aber eine ganze Portion Sozialverantwortung ist bei Stein immer mit im Spiel gewesen – ohne ihn damit gleich zum sozialen Gewissen der damaligen politischen Elite Preußens stilisieren zu wollen.

Die Korrespondenz aus den Jahren unmittelbar vor der Jahrhundertwende spiegelt aber auch wider, dass Stein von der Berliner Zentrale zunehmend mit Gutachten zu allgemeinen wirtschafts- und handelspolitischen

Fragen betraut wurde. Offenbar sah man in ihm inzwischen einen Fachmann, dessen Horizont weit über das Montangewerbe und die Strukturpolitik in Westfalen hinausging. So legte er Ende Januar 1799 beispielsweise ein Gutachten über den Schutz der deutschen Märkte gegen die englische Handelskonkurrenz vor[366]. Selbstverständlich betraf das auch massiv ein Gewerbe seines Sprengels, den Ravensberger Leinenhandel, aber das Problem war nicht nur von regionaler Relevanz. Steins Votum ging übrigens u. a. dahin, in einer konzertierten Aktion der betroffenen Reichsstände englischen Kaufleuten den Besuch deutscher Messen zu untersagen oder wenigstens den Zwischenhandel deutschen Kaufleuten vorzubehalten – von einem Wirtschaftsliberalismus Smithscher Couleur ist eine solche Augenblicksaufnahme dann doch ein ganzes Stück entfernt. Aber auch hier: Besondere Lagen – Krisen – erforderten besondere Maßnahmen, die nicht die der reinen Lehre sein mussten.

Gutachten dieser allgemeinen Art sind ein Indikator dafür, dass Stein, bei allem ungebrochenen Engagement für die Belange und die Reformen seiner Sprengel, über die Region allmählich hinauswuchs: Seine Kritik an der preußischen Politik wurde, mit welcher Konnotation auch immer, eher noch schärfer als 1795, im Jahr des Basler Friedens. Im April 1799 bekannte er Karoline von Berg: „Wir amüsieren uns mit Kunststücken der militärischen Tanzmeisterey und Schneiderey, und unser Staat hört auf, ein militärischer Staat zu seyn und verwandelt sich in einen exercirenden und schreibenden“[367]. Seine Blicke gingen immer mehr und immer öfter nach Berlin, gerade weil der Thronwechsel von 1797 von dem alles andere als politisch herausragenden, gegen Reformen eher resistenten Friedrich Wilhelm II.[368] zu Friedrich Wilhelm III. in seinen Augen rundum enttäuschend geblieben war. Nach Berlin drang seine kritische Haltung freilich allenfalls bedingt oder gefiltert durch; als Heinitz im Januar 1801 eine dienstliche Beurteilung Steins verfasste, blendete er diesen Aspekt, ihm durch persönliche Gespräche mit großer Sicherheit bekannt, völlig aus. Es lohnt, dieses kurze „Dienstzeugnis“ hier zur Gänze wiederzugeben, weil es natürlich ein Bild vor-prägte, das man nach seiner Berufung nach Berlin zwangsläufig mit seiner aktiven Politik vor Ort vergleichen sollte. Heinitz schrieb damals: „Hat die Gabe, besonders bei Generalarbeiten, die Sache durch mühsamen Fleiß wohl vorzuarbeiten und hierbei seine auf Reisen und durch fortgesetzte Lektüre vermehrte Kenntnis anzuwenden, übersieht [= überblickt] schnell und leicht die Verbesserungen seiner vier Westphälischen Provinzen, negotiirt sich mit den Ständen und hat richtige Staatsgrundsätze, die er bei Verhandlungen mit den Nachbarn in Anwendung zu bringen weiß, zumal er mit der Deutschen Staatsverfassung durch seinen Aufenthalt in Regensburg und Wetzlar sehr bekannt ist“[369]. Fleiß, Weiterbildung, richtige Prinzipien – das war kein Überschwang, war keine Nobilitierung (bei einem Adligen ohnehin schwierig!), aber Stein wäre, wenn ihm dieses Dokument vor die Augen gekommen wäre, alles in allem wohl nicht unzufrieden mit einer solchen Einschätzung seines Dienstvorgesetzten gewesen. Wie eng er sich im übrigen ihm – Heinitz – nach wie vor trotz der erwähnten, aber wieder beigelegten Irritationen verbunden wusste, mag daraus ersehen werden, dass er unmittelbar nach Heinitz' Tod (1802) den Plan der Errichtung eines Denkmals betrieb[370].

Der anscheinend über Westfalen hinauswachsende Stein, um diesen Faden wiederaufzunehmen: in diesen Kontext gehört es, dass er seiner Regierung, vermutlich ungefragt, aufgrund seiner Reisen am Mittelrhein einen langen Bericht über die von den Franzosen sich angemaßte Oberherrschaft über den Rhein vorlegte, der doch seiner ganzen Natur nach nur ein Gemeinschaftsbesitz der beiden Anrainer sein könne[371], in diesem Kontext ist es zu verorten, dass Stein im Ausgleich für seine verkauften oder doch bald zu verkaufenden[372] linksrheinischen Besitzungen die Herrschaft Birnbaum an der Warthe im Posener Land erwarb[373], übrigens ein klares Bekenntnis, in welchem Dienst Stein seine Zukunft sah. In diesen Kontext gehört es auch, dass Stein 1802 erstmals in größerem Stil – sieht man einmal von Schlesien ab, das ihn aber aus anderen Gründen interessierte – ostelbische Provinzen, insbesondere Mecklenburg, bereiste und sich einen Eindruck von dem dort ganz anders gelagerten Agrarsystem erwarb[374], den er später dann noch in die Schlussberatungen des Oktoberedikts einbringen sollte.

Aber das war noch keine politische Option, um so weniger als Westfalen ihn vorläufig noch gar nicht los ließ. Im Juni 1802 wurde ihm erstmals eine vertrauliche Mitteilung gemacht, dass ihm eine zentrale Aufgabe bei der Umsetzung der Entschädigungsangelegenheit in Westfalen zugedacht war. Am 23. Mai war ein Staatsvertrag zwischen Preußen und Frankreich geschlossen worden, der dem Hohenzollernstaat das Recht zusprach, als Ersatz für seine linksrheinischen Verluste die ihm zugedachten Entschädigungslande sofort in Besitz zu nehmen. Preußen ließ sich, deutlich bevor die Säkularisation durch den Reichsdeputationshauptschluss geltendes Recht geworden war, nicht lange bitten: die Besitzergreifung der östlichen Hälfte des Oberstifts Münster wurde durch Patent vom 16. Juni 1802 verkündet, die praktische Durchführung wurde einer Interims-Kommission übertragen, durch das Einrücken Blüchers in Münster am 3. August 1802 und die Inbesitznahme der Stadt sozusagen stellvertretend für das Hochstift wurden vollendete Tatsachen geschaffen – Preußen unterschied sich in dieser Hinsicht in nichts vom berüchtigten bayerischen Klostersturm! Da der Bischofsstuhl seit dem Tod Max Franz' vakant war (und die Wahl seines Neffen, des Erzherzogs Anton Viktor, gescheitert war), blieb es bei einem nur schwachen Protest des Domkapitels. Zu ernsthaften Widerstandsaktionen der Bevölkerung kam es nicht. Die Macht des Faktischen war zu groß.

Damit stellte sich das Problem der Integration dieser Region in den preußischen Staat, zu der neben dem größeren Teil des Hochstifts Münster noch das Hochstift Paderborn und die bisherigen Reichsabteien Essen, Werden, Elten, Herford und Cappenberg zählten. Zur Überleitung der neu erworbenen Gebiete wurde mit Sitz in Hildesheim eine Zivil-Haupt-Organisationskommission gebildet, die unter Leitung des Grafen Friedrich Wilhelm von der Schulenburg-Kehnert stand, des ehemaligen Außenministers und Generalkontrolleurs der Finanzen. Dieser Hauptkommission, der unter anderem Steins enger Mitarbeiter Sack angehörte, waren einige Spezial-Organisationen für die einzelnen neuen Staatsgebiete untergeordnet, von denen die für Münster und Paderborn zuständige unter Steins Leitung gestellt wurde. Stein traf, zunächst noch ohne Familie, am 27. September 1802 in Münster ein und bezog, gemeinsam mit Blücher, das von Johann Conrad Schlaun erbaute prächtige Schloss, die bisherige, freilich nur selten wirklich benutzte Residenz der Fürstbischöfe.

Ob man das, was jetzt anstand als eine „Revolution des deutschen Staatenlebens" charakterisiert oder aber darüber frohlockt, dass die geistlichen Staaten „endlich ihr Schicksal erreichte"[375], bleibe auf sich gestellt – an der Dimension dessen, was nun in Gang kam, konnte für einen in historischen Kategorien denkenden und mit der Reichsverfassung intim vertrauten Mann wie Stein kein Zweifel bestehen. Wenn ein solcher Teil des Reichsorganismus, dem in den Einrichtungen des Reiches zentrale Funktionen zufielen, ersatzlos wegbrach, musste das – nicht rechtlich, aber sehr wohl politisch – das Ende des Reiches bedeuten. Wir besitzen zwar keine authentischen Belege dafür, dass Stein das sofort erkannte – auch die oben paraphrasierten Briefe an Heinitz thematisieren das nicht ausdrücklich –, aber das spricht nicht gegen sein Bewusstsein. Und für ihn, dem das Institut des geistlichen Staates durch seinen Vater und die eigene Kenntnis des Mainzer Hofs hinlänglich bekannt war, hat sich sicher sogleich auch die weitere Frage aufgeworfen, wann bei der Demontage des Reichs nun die Reihe an seine soziale Schicht kam, den reichsunmittelbaren Adel. Konnte ein Mann wie Stein, der wie kaum ein anderer historisch dachte und von der Notwendigkeit des Erhalts des Reichsrahmens – zumindest in modifizierter Form – im Prinzip zutiefst überzeugt war, einem solch gravierenden Vorgang eigentlich seine Hand leihen? Musste ihn dieser Auftrag nicht in tiefe innere Kämpfe und Skrupel stürzen?

Wir erfahren nichts davon. Begann der preußische Spitzenbeamte, der er zweifellos inzwischen war, den Reichspatrioten zu überlagern? War er wie viele Beobachter der politischen Szene inzwischen zu der Ansicht gekommen, dass offenbar doch nur ein Weg aus der Krise herausführen könne, den der Teilung des Alten Reichs zwischen Preußen und Österreich, den der gemeinsamen Führung des Reichs durch die beiden deutschen Großmächte? Rehberg, mit dem Stein in Hannover nach wie vor oft zusammentraf, hat im Rückblick diese These vertreten[376], die auch im Licht seiner nun häufiger werdenden Lobpreisungen der preußischen Verwaltung einiges für sich hat.

In diese Richtung würde auch die Episode verweisen, dass die hannoversche Regierung ihn 1802 „abwerben" wollte und er die Ablehnung dieses Angebots mit seiner Überzeugung begründete, dass die Notwendigkeit einer Vereinigung der zerstreuten Kräfte Deutschlands sich nicht mit den Pflichten eines hannoverschen Ministers vereinbaren lasse.

An der Brisanz der Aufgabe, geistliche Staaten in einen neuen Staatsverband zu überführen, darf kein Zweifel bestehen. Übergänge von Territorien an einen anderen Souverän waren der Zeit zwar nicht fremd, aber hier ging es immerhin um den Abbruch einer ganzen (oft geradezu ins Legendäre überhöhten und hymnisierten) Staatsideologie, der Herrschaft des Krummstabs, zugunsten eines mehr oder weniger straff organisierten Militärstaats, als der Preußen im kollektiven Denken immer noch galt – zudem eines durch und durch protestantischen Gemeinwesens, dessen korrektes Verhalten gegenüber dem schlesischen Katholizismus nach der Annexion 1740 man in solchen Stunden dann gerne übersah. Damit einen bisher jedenfalls nicht als „Katholikenfresser" hervorgetretenen Beamten zu betrauen, der die Region ausnehmend gut kannte und sich ihr verbunden fühlte, war sicher ein gelungener Schachzug. Denn niemand wollte in Berlin den Konflikt, alle dagegen einen möglichst zügigen Prozess der Integration, damit Preußen seine Entschädigungslande für die verlorenen 48 Quadratmeilen am Niederrhein möglichst bald würde abschöpfen können.

Stein war ob dieser neuen Herausforderung hocherfreut, ließ Schulenburg freilich zugleich wissen, in welche Richtung er zu arbeiten gedenke: dass „den neuen Acquisitionen die baldige Theilnahme an denen Vortheilen der Preußischen Verfassung" verschafft würde, dass die Opfer, die sie notwendig erbringen müssten, möglichst abgemildert würden, und dass die alten Provinzen eine gewisse Erleichterung erführen, ohne den Hauptzweck der Steigerung der Staatseinkommen und der Optimierung der Verteidigung aus den Augen zu verlieren[377]. Diese – verschiedentlich wiederholte[378] – Formel sollte dann zu seiner „Philosophie" bei dem gesamten Säkularisationswerk werden.

Über die Größe und Schwere der Aufgabe wird sich Stein kaum einem Wunschdenken hingegeben haben: die gesamte Verwaltungsorganisation war zu verändern und dem preußischen System anzupassen, die Militärverfassung in Staaten, die bisher überhaupt keine Militärdienstpflicht gekannt hatten und deren Repräsentanten allein der Begriff „Kantonssystem" schon eine Gänsehaut über den Rücken jagte, auf einen neuen Fuß stellen, das sicher nur bedingt effiziente Wirtschaftsleben neu anzukurbeln, überhaupt die Bevölkerung, die bisher mit Steuern nicht überhäuft gewesen waren, an ihr neues Staatswesen, das viel mehr Leistungen von ihr fordern würde, heranzuführen und mit dem Systemwechsel zu versöhnen. Dass dies nicht per Oktroi geschehen könne und würde, hat Stein wohl von der ersten Stunde an erkannt: es war Überzeugungsarbeit zu leisten, die nur gelingen konnte, wenn man den Menschen eine positive Vision eröffnete. Und diese Vision konnte nur die sein, sie anzuleiten, die Dinge, die sie selbst regeln konnten, in die eigene Hand zu nehmen und sie dadurch – ein Schlüsselwort des Perfektibilitätsdiskurses der Spätaufklärung und seiner politischen Sprache! – zu „veredeln". Die Integration neuer Landesteile in das eigene Staatswesen war für viele Beamte in der Übergangszeit „um 1800" eine elementare Herausforderung und zugleich eine Chance, höheren Orts nachhaltig auf sich aufmerksam zu machen; insofern ist es kein Zufall, dass etliche dieser Staatsdiener – etwa der bayerische Graf Maximilian von Lodron[379] – in letzter Zeit verstärkt wissenschaftlich aufgearbeitet werden. Schon jetzt sei vorweggenommen, dass Stein diese Chance genutzt hat.

Mit der neuen Funktion, die an den Dienstort Münster gebunden war, und seinen weiter bestehenden Aufgaben als Präsident der Kriegs- und Domänenkammern in Minden und Hamm übernahm Stein faktisch die politische Verantwortung für eine ganze preußische Provinz, die freilich noch keinen Provinzstatus hatte, und das war ohne Frage eine mit den bisherigen Ämtern nicht mehr vergleichbare Gestaltungsaufgabe – ein Bündel von Funktionen, das man jüngst geradezu mit dem Epitheton „Superminister" bedacht hat[380]. Diese Aufgabe war vor dem Hintergrund der Revolution im Nachbarland nur noch verantwortlicher geworden, weil in Steins Augen ein zentrales Grundproblem auf der Agenda stand: Eine Provinz, eine Landschaft, die durch die adligen Revolutionsflüchtlinge einen direkten Eindruck von der (in seinen Augen verhängnisvollen) Entwicklung in Frankreich erhielt, immun zu machen gegen alle Ansätze, den Revolutionsideen auch in Westfalen den Boden zu bereiten. Seine Grundüberzeugung war Zuversicht: „Französische Anarchie" – so schrieb er 1793 an Karoline von Berg – „und Sittenlosigkeit wird für den ruhigen sittlichen Deutschen nicht ansteckend sein; er wird im Kampf mit dieser unglücklichen Nation vielleicht nicht erobern, aber gewiss auch nicht unterliegen"[381]. Ein Mittel, um diese Immunisierung gegen eine verhängnisvolle Krankheit zu erreichen, war in Steins Augen die konsequente Bildung der „unteren Klassen", die Stein auch in seinem Dorf Frücht engagiert betrieb[382] – Bildung sozusagen als Antidot, als das Medium schlechthin, um die breite Bevölkerung nicht Schlagworten und falschen Parolen erliegen zu lassen[383]. Falsche Parolen: das war für ihn beispielsweise das revolutionäre Schlagwort *Liberté*, das er in einem diametralen Gegensatz stehend zu einem altdeutschen Freiheitsbegriff empfand, wie er ihn etwa bei Justus Möser und seiner Theorie vom Staat als einer Aktiengesellschaft vorfand. Freiheit könne nicht Freiheit von allem und zu allem meinen, sondern nur die freiwillige Bereitschaft freier und selbständig denkender Bürger, sich für das Gemeinwesen zu engagieren und politische Mitverantwortung zu übernehmen. Wenn er überhaupt in der Französischen Revolution ein Positivum erkannte, dann war es die Hoffnung, dass die dort, aber viel stärker noch in England artikulierte „bürgerliche Freiheit" einen Siegeszug durch ganz Europa antreten werde. Dieser Freiheitsbegriff hatte natürlich etwas mit Kants und Fichtes Freiheitsbegriffen und ihren Konzepten einer sittlichen Persönlichkeit zu tun, mit der Lehre von einer Menschenwürde und der unabdingbaren Freiheit des Menschen, über sich selbst moralisch zu bestimmen. Aber Steins Freiheitsbegriff war „politischer" und praxisbezogener, insofern eher an Rehberg orientiert, in dem ja schon vor längerer Zeit einer der bedeutenden politischen Denker erkannt worden ist, der auf der Grundlage von Montesquieus *Esprit des lois* die deutsche Staatstheorie vom rein konstruktiven Naturrecht zu emanzipieren suchte. Rehbergs Praxisbezug, sein Wurzeln in der Geschichte, hat Stein mit Bestimmtheit viel stärker angesprochen als alle rein philosophisch-ästhetisierende Werke, die auch in seiner Bibliothek eher unterrepräsentiert waren.

Aber seine politische Philosophie erschöpfte sich nicht im Contra zu einer Bewegung, die in seinen Augen die Menschen verführte, sondern sie hatte auch einen gestalterischen Akzent. Stein war ein Mann der Verwaltung, nicht ein Volkstribun gegen die Französische Revolution, und so dachte er primär von der Administration her. Ihn bewegte ein gedanklicher Ansatz: wie die Instanzen der Verwaltung ihre relative Autonomie so mit technischer Sachkenntnis und Vertrautheit mit den Verhältnissen vor Ort koppeln und verzahnen könnten, dass keine Staatsferne der Bürger bewirkt würde, sondern die Bürger an den Staat herangeführt würden. Goethe hat im Juni 1786 einmal an Frau von Stein geschrieben, derjenige, der sich, ohne ein regierender Herr zu sein, mit der Administration abgebe, „muß entweder ein Philister oder ein Schelm oder ein Narr sein"[384]. Goethe bezog das zwar auf einen deutschen Fürsten, der „nur" als Regent tätig war, trotzdem: Karl vom Stein wäre ein solcher Satz niemals über die Lippen gekommen!

In Münster schärfte sich nicht zuletzt sein allgemeines Staatsethos. Stein ging aufgrund seiner Erfahrungen in den nachgeordneten Dienststellen von einer Bevölkerung aus, die in ihrem größeren Teil von „Roheit und niedriger Sinnlichkeit" geprägt sei. Der Staat müsse darauf abheben, zu leiten, zu unterrichten, aufzumuntern, und zwar, wie er in einem späteren Aufsatz anmerkte, „durch Gesetze, Belohnungen, Lehranstalten-Geldvorschüsse, Reisen"[385]. Im wirtschaftlichen Bereich sei das „Leiten" identisch mit Modernisierungsmaßnahmen, natürlich innerhalb der Grenzen des bestehenden Systems, im sozialen Bereich komme dem Initiativrecht der Verwaltung die Schlüsselrolle zu, weil von den unorganisierten, passiven Ständen – er nahm die von Kleve-Mark hier sicher aus! – keine Initiative zu erwarten sei. Da Stein aber nicht daran gelegen war, zwei Gegenwelten – hier die Verwaltung mit ihrem *Know how*, dort die mehr oder weniger passive Untertanenschaft – zu akzeptieren, zielte sein zweiter Ansatz auf die Organisierung der Bevölkerung: in einem ständischen Sinn, also geordnet nach den Kriterien des Ancien Régime, zudem nur als Organe zur Beratung der Regierung, nicht etwa als Interessenrepräsentanten oder gar als Regierungsinstanzen.

Die gegliederten und neu zu formierenden Stände sollten zum eigentlichen Informationsmedium der Verwaltung werden, die damit ganz nahe an den Bürgern wäre, deren Heranführung an den Staat zu den großen Herausforderungen der Zeit werden müsse. Verwaltung, so hat er es immer wieder unterstrichen, ist identisch mit der Heranführung der an einer Sache Interessierten an die Lösung von Problemen – deswegen die vielen Veränderungen im administrativen Bereich, um die richtigen Männer, für deren jeweilige Begabung Stein einen guten Blick hatte, an den richtigen Platz zu stellen[386]. Der Gedanke der Selbstverwaltung, der uns dann in den großen Reformgesetzen des zweiten Ministeriats immer wieder begegnen wird, hat also zunächst eine durchaus begrenzte Dimension und ist nicht unbedingt mit heutigen Konnotationen gleichzusetzen. Bei aller Verwaltung aus der Provinz heraus zum Nutzen der Provinz ging es Stein immer sehr handfest um Nutzen, um Effizienz-, um Produktivitätssteigerung. Und da er das auch auf die Ebene des Gesamtstaats transportierte, liegt seine Staatsphilosophie ziemlich deutlich vor uns und reduziert sich letzten Endes auf die „Verklammerung von Staat und Staatsvolk auf technokratischer Basis mit den Machtmitteln des [...] Staates zum Zweck seiner Optimierung“[387].

Dazu brauchte Stein auf allen Verwaltungsebenen fähige Mitarbeiter, die keinen Anlaß zur Kritik gaben, deren Lebenswandel und dienstliches Verhalten nicht anstößig war, die vor allem aber effizient zu arbeiten wussten. Nur schlaglichtartig mag in diesem Zusammenhang darauf verwiesen werden, wie er alte Eliten allmählich auszutrocknen verstand und auf der mittleren Ebene einer neuen Generation zum Durchbruch verhalf. Die Landratsämter im Fürstentum Minden wurden bei seinem Amtsantritt durch verdiente, aber schon in die Jahre gekommene landtagsberechtigte Adlige der Region versehen. Die Chance, nach der gesundheitlich bedingten Resignation eines dieser Männer einen Generationenwechsel einzuleiten, nutzte Stein entschlossen aus, indem er nicht ohne leichten Druck auf die präsentationsberechtigten Instanzen einen 24jährigen Kandidaten als neuen Amtsinhaber vorschlug und vom König genehmigen ließ[388]: den Potsdamer Kammerassessor Ludwig Vincke, den späteren Oberpräsidenten der Provinz Westfalen. Eins kann man schon dem Stein der westfälischen Periode sicher nicht absprechen: das Auge für Qualität, für hoffnungsvollen Nachwuchs. Stein hat im übrigen Vincke dann konsequent weiter zu fördern gesucht und ihn insbesondere 1802 zu seinem eigenen Nachfolger in der Leitung der Mindener Kammer vorgeschlagen – da er das 30. Lebensjahr noch nicht erreicht hatte, sollte das vorläufig unter dem Titel eines Vizepräsidenten erfolgen[389]. Dass Vincke 1804 dann sein Nachfolger als Präsident der Münsterschen Kammer wurde, zählte wahrscheinlich zu Steins schönsten personalpolitischen Erfolgen[390]. Vincke garantierte Kontinuität und sollte für Westfalen zu einem ähnlichen Glücksfall werden, wie es Stein gewesen war.

Als zweites Beispiel mag Friedrich Alexander von Hövel genannt sein, dessen mineralogische Studien Stein nachdrücklich förderte, den er mitten im Krieg 1795, als ihm der Kopf an sich nach anderem stand, zum Studium im sächsischen Freiberg empfahl[391], dessen Bestellung zum Landrat des Wetterschen Kreises er dann betrieb und den er schließlich in die Münstersche Zentralverwaltung holte und als Zivilkommissar mit der Einführung der Kantonsverfassung, d. h. des hochsensiblen Bereichs der preußischen Militärorganisation, betraute. Es spricht alles dafür, dass Stein auch daran mitwirkte, dass Hövel im Spätsommer 1805 – also zu einem Zeitpunkt, zu dem Stein Westfalen schon verlassen hatte – zum Kammerpräsidenten in Minden bestellt wurde. Auch hier das Auge für Qualität, für hoffnungsvollen Nachwuchs. Dass Hövel sich dann herbeiließ, sich einem der Napoleonidenstaaten zur Verfügung zu stellen, mag Stein weniger gefallen haben, aber auch in diesem Fall sollte die Zeit die (kleinen) Wunden heilen – jedenfalls war Stein heilfroh, dass Hövel an den Arbeiten des 1. Westfälischen Provinziallandtags teilnahm, in dessen Verlauf er, von Stein aufrichtig betrauert, verstarb.

Münster und das sensible Säkularisations- und Integrationswerk waren freilich nicht nur eine heile Welt und ein konfliktfreier Raum. Dass aus dem Aufeinandertreffen eines dezidiert, freilich nicht dogmatisch protestantischen Beamten und der spezifischen westfälischen Katholizität auch Spannungen und Friktionen erwuchsen (und erwachsen mussten), liegt geradezu auf der Hand. So gestalteten sich die Beziehungen zu dem aus dem ehemals kurkölnischen Sauerland stammenden Generalvikar und vormaligen Minister Franz Friedrich Wilhelm von Fürstenberg im Laufe der Zeit immer problematischer, nachdem Stein sich anfangs über seine „weise menschenfreundliche Verwaltung" noch positiv geäußert hatte[392] – und das nicht nur, weil Fürstenberg eine ganze Generation älter als Stein war. Als beide 1802 in eine dienstliche Beziehung traten, sah Stein in ihm zwar immer noch einen „respectablen Mann", aber doch nur noch den Schatten eines großen Namens. Stein, konfessionell relativ offen und tolerant, kam mit Fürstenbergs konfessioneller Engherzigkeit schlicht nicht zurecht, u. a. seiner Weigerung, aus dem Münsterschen Domschatz nicht benötigte Abendmahlskelche für protestantische Gottesdienste zur Verfügung zu stellen[393], die seit dem Herbst 1802, am Ende auf Dauer in der ehemaligen Minoritenkirche, mit einer entsprechenden, auf Stein zurückgehenden Fundierung[394] wieder regelmäßig stattfanden. Er fühlte sich zudem bemüßigt, die von Fürstenberg veranlasste, stark überhöhte Abfindung des Abtes von Liesborn deutlich zu kritisieren[395]. Ärger gab es immer dann, wenn es um Verwaltungsangelegenheiten ging. Stein bemühte sich, auch unter Rückgriff auf Josephs II. Stichwortgeber Paul J. Riegger, die Autonomie der kirchlichen Administration auf den rein geistlichen Bereich zu beschränken, was ein Generalvikariat selbstredend nicht ohne weiteres akzeptiert, vor allem wenn zudem noch in seine innere Struktur eingegriffen werden sollte: Stein plante – ein kaum verhülltes Misstrauensvotum gegen Generalvikar Fürstenberg – ein kollegialisch organisiertes Generalvikariat, dessen Mitglieder aus dem Kreis politisch zuverlässiger Geistlicher vom Staat ernannt werden sollten. Er war insofern „Josephinist": die (katholische) Kirche hat gegenüber dem Staat eine dienende Funktion und kann Autonomie nur in einem eng umgrenzten geistlichen Reservatbezirk reklamieren. Fürstenberg opponierte – jeder Druck erzeugt Gegendruck – verdeckt und offen Steins Plänen, die Universität zu einer Einrichtung umzuformen, die Professoren und Studenten aller Konfessionen und Denkschulen zugänglich wäre. Er konnte sich außerdem nicht damit abfinden, dass Stein sich weigerte, (vermeintlich) antikatholische Schriften – es ging u. a. um Autoren wie Herder, Nicolai, Goethe und Wieland – der Zensur zu unterwerfen und aus den Leseinstituten und Leihbibliotheken[396] zu verbannen – eine der unerfreulichsten Episoden in Steins Münsteraner Jahren.

Anstoß nahm Stein seinerseits vor allem aber an der Proselytenmacherei von Fürstenbergs „Gehülfin", der Fürstin Amalie von Gallitzin, Mittelpunkt des sog. Münsterschen Kreises[397], der „Familia Sacra", die Stein sich nicht scheute als „Clique" zu bezeichnen. In diese Abqualifizierung spielten ganz persönliche Verwundungen hinein – die von dem Kreis erfolgreich betriebene Konversion der Gräfin Katharina Stolberg zum Katholizismus, einer engen Freundin von Steins Schwester Marianne. Aber Stein hatte auch mit dem Naturell der „äußerst [...] bigotten, überspannten Frau, die ihre Anhänger in einer blinden Abhängigkeit erhält"[398], seine unverkennbaren Schwierigkeiten. Im übrigen kann man dem Verhältnis Steins zu Fürstenberg, allem Gesagten zum Trotz, nicht schlechterdings das Qualitätsmerkmal ‚hoffnungslos zerrüttet' zuerkennen; noch 1819, also weit jenseits des Todes Fürstenbergs (1810), erbat sich Stein ein Rincklage-Porträt Fürstenbergs zwecks Anfertigung einer Kopie[399].

Freilich waren die Probleme mit einigen wenigen westfälischen Adligen nicht so beschaffen, Steins Hochschätzung der sozialen Gruppe als solcher in Frage zu stellen. Als Sohn eines Vaters, der in katholischen Diensten gestanden hatte, war Stein alles andere als ein „Katholikenfresser". Mit bestimmten Familien, etwa den Nesselrode oder den Schaesberg, hat er sogar unmittelbar nach seinem Amtsantritt in Münster engeren Kontakt gesucht[400]. Von seiner familiären Ausgangsposition her ohnehin schon einem irenischen, freilich gefühlsbetonten Christentum verpflichtet, hat die Zeit im „katholischen" Westfalen diese Saiten möglicherweise noch stärker zum Schwingen gebracht, so dass er dann ein Vierteljahrhundert später nicht zufällig gleichermaßen gegen protestantische Intoleranz und katholische Proselytenmacherei zu Feld zog, die ihn einer katholischen Standesgenossin gegenüber zu der *confessio* kommen lassen sollte: „Lassen Sie uns Gott im Geist und in der Wahrheit anbeten, den Glauben haben, der durch die Liebe tätig ist, und unsere Missbilligung gegen die Äußerung der Leidenschaft, der Eitelkeit, der Rechthaberei aussprechen“[401]. Die Tatsache, dass er sich entschieden gegen einen Konfessionswechsel der (katholischen) Braut des preußischen Kronprinzen aussprach, weil Religion ja schließlich eine „innre Heiligung“ sei, der Glaube durch die Liebe tätig werde und äußerer Kirchenverband, äußere Kirchengebräuche ganz „außerwesentliche Sachen“ seien, liegt ganz auf dieser Linie[402], ebenso, dass er sich nach der Lektüre einer Biographie voll des Lobes über den heiligen Karl Borromäus äußerte und den Würzburger Bischof Franz Ludwig von Erthal zu den großen Gestalten seiner eigenen Zeit zählte[403]. Antizipierend soll hier auch schon darauf verwiesen werden, wie nachdrücklich sich Stein für die Einrichtung einer katholischen Pfarre in Cappenberg einsetzte[404]. Konfessionelle Enge blieb ihm immer ein Fremdwort.

Für kaum ein Agendum hat sich Stein in seiner Münsteraner Zeit so eingesetzt wie für die Einrichtung einer landständischen Verfassung im ehemaligen Hochstift Münster. Nach seinen Erfahrungen in der Grafschaft Mark war er der festen Überzeugung, dass die Westfalen in ganz besonderer Ausprägung die für solche Versammlungen „nötige Ruhe, Ordnungsliebe, Anhänglichkeit an Formen und Herkommen“ besäßen[405] und dass die innige Verbindung mit dem Land vor allem für das „Corpus“ der großen Landeigentümer gelte. Deswegen hat Stein auch nicht gezögert, den ersten Schritt einer zukünftigen landständischen Verfassung, die Konstituierung der münsterschen Ritterschaft als privater Verein, zu befürworten[406], und sich bei dieser Gelegenheit für die Erfüllung des weitergehenden Wunsches der Ritterschaft verwendet. Damit war zu Steins nachhaltiger Enttäuschung in Berlin allerdings noch keine Resonanz zu finden – umgekehrt hat ihn dieses Engagement für eine Ständekorporation in Berlin eher verdächtig gemacht und ist im Zusammenhang seiner Berufung in das dortige Generaldirektorium wiederholt mit einem warnenden Unterton kolportiert worden. Zwanzig Jahre später sollte Stein die Gelegenheit erhalten, die Sache aus einer anderen Position heraus erneut zu betreiben.

Die Überfülle von Verantwortlichkeiten, die mit der Übernahme des Säkularisationswerks auf Stein einstürzte, machte den Umzug in die westfälische „Haupstadt“ unumgänglich. Westfalen war ja schon in den 1780er Jahren zum Mittelpunkt seines Lebens geworden, dem sich Stein auch emotional mehr und mehr verbunden fühlte, und diese emotionale Bindung hatten auch die Westfalen erkannt. Das kann hier nur mit zwei Schlaglichtern beleuchtet werden: Ende Mai 1791, also lange bevor die Region durch die Auswirkungen der Französischen Revolution ihren Charakter ziemlich veränderte, verlieh die Schützengesellschaft des sauerländischen Altena, die alljährlich ein kurz zuvor in Friedrich-Wilhelms-Fest umbenanntes Volksfest veranstaltete, Stein die Ehrenmitgliedschaft[407]. Man mag das als eine Fußnote, eine Belanglosigkeit abtun, aber wenn man um den Stellenwert von Schützengesellschaften und Schützenfesten in Westfalen weiß, kam das einer Art Naturalisierung des nassauischen Reichsritters gleich. Und einige Jahre später würdigte eine bürgerliche Deputation der Stadt Hagen nicht nur Steins Aufbauleistungen im Montanwesen, im Militärwesen und im Straßenbau, sondern vor allem sein Verdienst, eine Besteuerung eingerichtet zu haben, die dem Staat seinen Bedarf und der Gesellschaft den Genuss der weitestmöglichen bürgerlichen Freiheit garantiere[408]. Das waren Sätze, die man sonst eher an Särgen zu sprechen pflegt.

Diese immer intensiver werdende Bindung an Westfalen implizierte nicht, dass Nassau und der dortige Familienbesitz, dem Stein nach dem Ableben der beiden Eltern ja vorstand, bedeutungslos geworden wäre. Das Ancien Régime war in der Zuerkennung gewisser Freiheiten an seine (adligen) Beamten erkennbar großzügiger als moderne Staaten mit regulierten, tarifrechtlich vorgeschriebenen Urlaubszeiten, so dass Stein immer einen Teil des Jahres, meist den Sommer, an der beschaulichen Lahn verbringen konnte und die Familienbesitzungen nicht nur intakt hielt, sondern auch sinnvoll zu arrondieren suchte. Für einen geschichtsbewussten und aus der Familientradition heraus lebenden Kleinadligen wäre Anderes auch kaum vorstellbar gewesen. Der Familienfideikommiss blieb, so sehr er sich auch verändern mochte, vorläufig sein eigentliches Standbein.

Je höher Stein die westfälische Karriereleiter hoch stieg, desto mehr wurde er *nolens volens* auch in das gesellschaftliche Leben der Region einbezogen, und das heißt im wesentlichen: das auf den westfälischen Schlössern und das in den mehr oder weniger aufwendigen und prächtigen Stadthäusern, die sich der Adel seit der Mitte des 17. Jahrhunderts gönnte[409]. Das sollte freilich nicht in dem Sinn missverstanden werden, dass Stein eine Art „Partylöwe" geworden wäre, der einen wirklichen Sinn im Besuch möglichst vieler gesellschaftlicher Veranstaltungen gesehen hätte. Das gerade Gegenteil ist der Fall. Schon in seiner Göttinger Studentenzeit hatte er sich von den Konzerten, den Soireen, den Bällen weitgehend fern gehalten, gelegentlich sogar zum Unmut seiner Hofmeister, und auch in seiner Berliner Ausbildungsphase hatte er wiederholt zum Ausdruck gebracht, wie gern er sich „allen Zerstreuungen der großen Welt" entziehe und viel lieber in „der Stille und Einsamkeit meiner Stube" sich der Fort- und Weiterbildung hingebe[410]. In einem anderen Brief an Reden, dem er sein Herz wohl am weitesten öffnete, merkte er dem ganz entsprechend an, dass „die Vergnügungen der großen Welt, wenn man nicht verliebt oder spielsüchtig ist, unaussprechlich fade" seien[411]. Ein Mann, der den Tiefgang des Gesprächs suchte, dem belangloses Plaudern ein Gräuel war – einen solchen Mann kann man sich als Mittelpunkt von Soireen und Bällen wohl kaum vorstellen. Ein wirklicher „Gewinn" im Sinn eines charmanten Plauderers und eines vollendeten Tänzers war Stein auf dem Parkett der westfälischen Schlösser dann entschieden nicht; es mag sein, dass seine junge Frau sich in dieser Hinsicht durchaus etwas mehr hätte vorstellen können.

Die Nähe zu den Adelssitzen in der unmittelbaren Umgebung der westfälischen Hauptstadt war es dann auch nicht, was Stein an Gründen anführte, als er die Verlegung seines Wohnsitzes nach Münster beantragte – wobei er von Anfang an keinen Zweifel daran ließ, dass er darauf „bestehen" werde. Er benannte die Zentralität Münsters in Westfalen, die Annahme, dass sich dort die wichtigsten Geschäfte konzentrierten, dann aber auch, weil er in der Aastadt „vorteilhaftere und angenehmere gesellschaftliche und wissenschaftliche Verhältnisse" vorfinde, worunter er namentlich die Existenz eines Buchhandels, verschiedene Gelehrte und die „Gelegenheit zum botanischen Garten" verstand[412]. Dass er sich in späteren Jahren in seiner Cappenberger Zeit dann auch einmal recht abfällig über Münster äußern konnte – diese „von faulenden Gräben umgebene und der übelriechenden Aa durchschlichene Stadt"[413] –, steht auf einem anderen Blatt.

Für die Übersiedlung nach Münster – über die interimistische Unterbringung im Schloss hinaus – sprach in der Tat alles. Sie war vor der Folie dessen, womit es Stein seit 1802 zu tun hatte, schlicht eine Selbstverständlichkeit. Die Überführung der Region in die preußischen Verwaltungsstrukturen und die Umsetzung der Säkularisation erforderten ein Höchstmaß an Präsenz, an Fingerspitzengefühl, an Rücksichtnahme auf gewachsene Strukturen, das natürlich auch den Beamten vor Ort vermittelt werden musste. Dass dieser Prozess ohne große Friktionen und ohne nachhaltige Verstimmung der Betroffenen gelang, spricht für die Berliner Beamten, die ihn für diese Aufgabe ausgewählt hatten. Seine grundsätzliche Position hatte er bereits in den Korrespondenzen mit Heinitz und mit dem Minister Schulenburg vom Frühsommer 1802 umrissen – die Opfer, die die betroffenen Menschen zu erbringen hätten, möglichst klein halten, sie bald in den Genuss der Vorteile der preußischen Staatsverfassung bringen, ohne darüber die Zwecke der Staatsfinanzen und der militärischen Bereitschaft des Staates aus den Augen zu verlieren. Alles hing nun davon ab, diese allgemeinen Prinzipien in die Wirklichkeit umzusetzen. Dafür waren fähige, unbestechliche und sensible Mitarbeiter vonnöten, von denen oben schon die Rede war, aber auch eine Reihe von Grundsatzentscheidungen: Zum Beispiel, wie man mit dem Problem umgehen solle, dass einige Domkapitel an den ständischen Verhandlungen teilnähmen, ob man bei der Aufhebung des geistlichen Besitzes die Einwilligung des Papstes einholen solle, was mit dem Vermögen der zu säkularisierenden Einrichtungen geschehen solle, usw.[414]

Bleiben wir zunächst bei der Umsetzung der Säkularisation. Ihre rechtliche Grundlage war der Reichsdeputationshauptschluss von 1803, in dessen Artikel 3 dem Königreich Preußen als „Entschädigungslande" neben kleineren Herrschaften die beiden westfälischen Hochstifte Münster und Paderborn zugesprochen wurden, die jetzt die technische Bezeichnung „Erbfürstentümer" erhielten. Von der in Art. 35 dieses Dokuments gewährten Säkularisationsbefugnis nicht nur der beiden Hochstifte, sondern aller in ihnen liegenden geistlichen Einrichtungen machte Preußen jedoch nur höchst zurückhaltend Gebrauch; in dieser Hinsicht blieb die preußische Praxis weit hinter einem „Klostersturm“ zurück, wie er aus anderen deutschen Territorien, gerade auch betont katholischen, überliefert ist. Seine grundsätzliche Position hatte Stein in einem Brief an Sack aus dem Oktober 1802 umrissen[415]: Auflassung der Kollegiatstifte und der Männerklöster, Beibehaltung der Frauenklöster, insbesondere auch der adligen Fräuleinstifte, die man, wie er bei anderer Gelegenheit anmerkte, „für alte Mädchens und ErziehungsAnstalten“ bestehenlassen könne, mit dem für Stein höchst charakteristischen Nachsatz: „jedoch keine vota“, also ohne Stimmrecht in irgendwelchen Ständekörperschaften[416]. Dieser Faustregel ist dann in einem beachtlichen Maß tatsächlich gefolgt worden. In den altpreußischen Gebieten Westfalens und des Rheinlands, der Grafschaft Mark, Minden-Ravensberg, Tecklenburg und im rechtsrheinischen Teil des Herzogtums Kleve kam es zu überhaupt keinen Säkularisationen. Von den in Paderborn, also in Steins Sprengel, ansässigen sieben Klöstern und Stiften (neben dem Domstift) wurde nur eins, das Benediktinerkloster Abdinghof, säkularisiert – weitere sollten erst während der Zugehörigkeit Paderborns zu dem Napoleonidenstaat „Königreich Westphalen“ folgen. Dagegen wurden, um nur einige wenige Schlaglichter zu setzen, im nunmehrigen Erbfürstentum Paderborn außerhalb des städtischen Bereichs die beiden (einzigen) Augustiner-Chorherrenklöster Böddeken und Dalheim säkularisiert, ohne dass man sagen könnte, dass dabei die Ordenszugehörigkeit eine besondere Rolle gespielt hätte[417]. Maßgeblich für die preußische – oder besser wohl: Steinsche – Säkularisationspolitik waren Nutzungserwägungen, also die Ertragskraft eines Objekts und seine Verkehrslage. An Steins allgemeiner Einschätzung – Klöster seien „Sitz des Missvergnügens und heimlicher Schwelgerey, oder der crassen Bigotterie“[418] – darf zwar kein Zweifel bestehen, aber bei allem, was er unternahm, rangierte die *ratio* immer weit vor der Emotion. Die beiden genannten Klöster wurden in eine Staatsdomäne umgewandelt und verkauft (Böddeken) bzw. als landwirtschaftliche Ökonomie verpachtet (Dalheim). Damit wurden sie, um ein Steinsches Schlüsselwort zu benutzen, „gemeinützig“, und damit war der Zweck erreicht. Zu den positiv zu vermerkenden Begleitumständen gehört nicht zuletzt, dass die Bibliotheksbestände sorgfältig verzeichnet wurden, auch wenn sie sich heute nicht mehr lückenlos nachweisen lassen[419]. Alles in allem atmet die bedächtige, jeden Einzelfall abwägende Vorgehensweise Steins einiges von seiner grundsätzlichen Haltung den beiden Kirchen gegenüber, die deswegen der Fürsorge bedürften und mithin für den Staat unentbehrlich seien, weil sich beide mit innerer Wärme der Volkserziehung widmeten und in diesem Sektor des Staatslebens ein zentrales politisches Anliegen verfolgten.

Die Steinsche Säkularisationspolitik zeichnete sich durch die Bedächtigkeit des Vorgehens aus, die Prüfung jedes Einzelfalls, „um Härte und Unbilligkeit zu vermeiden“[420]. Zu den ersten Fällen, bei denen so vorgegangen wurde, zählte das Prämonstratenserstift Cappenberg, auf das Stein bei dieser Gelegenheit möglicherweise zum ersten Mal aufmerksam wurde. Es sollten zwar noch Jahre vergehen, bis er diesen Besitz dann selbst erwarb, aber es kann nicht ausgeschlossen werden, dass ihm die landschaftliche Schönheit der aufzulassenden Stiftsherrschaft und die kulturelle Bedeutung des Stifts aus Anlass des Säkularisationsgeschäfts voll bewusst wurden. Es fällt jedenfalls auf, dass er seinen eigenen Verwalter Gosebruch mit der Liquidierung der Klosterherrschaft betraute, also einen Mann seines Vertrauens[421].

Aber Bedächtigkeit, Sinn für die Bedeutung des je aufzulassenden „Objekts“, meint noch mehr: es meint auch Gespür für die kulturelle Bedeutung des jeweiligen Stifts, für seinen „Ort“ im kulturellen Gedächtnis der Region oder gar Deutschlands. Als es um die Säkularisation des bisher reichsfürstlichen Benediktinerstifts Werden ging, war es für Stein keine Frage, sich des Archivs in ganz besonderer Weise anzunehmen und seine Ordnung und Betreuung zunächst dem markanten westfälischen Historiker Nikolaus Kindlinger anzubieten[422], der zum damaligen Zeitpunkt im Ordnen und Verzeichnen von geistlichen und Adelsarchiven bereits über eine beträchtliche Erfahrung verfügte.

Zu dem Geschäft der Überführung der neuen, zu säkularisierenden Gebiete und Einrichtungen in den preußischen Gesamtstaat zählten aber natürlich nicht nur die „reinen“ Säkularisationen, sondern auch eine Menge sonstiger praktischer Aufgaben. Dazu gehörten Überlegungen, wie man die (bisher nur in den Köpfen einiger weniger schon bestehende) künftige Provinz Westfalen noch kompakter machen könne, wozu etwa Arrondierungen und Besitztauschpläne zählten, die an den Grafen von Rheda und den Fürsten Wilhelm V. von Oranien herangetragen werden sollten[423] – letzterer war nach seiner Vertreibung aus den Niederlanden im Zuge der Entschädigung u. a. mit den Bistümern Fulda und Corvey sowie mit der Reichsstadt Dortmund ausgestattet worden. Stein dachte hier in erster Linie wirtschaftsstrategisch[424]. Dortmund war unter dieser Prämisse ein erstrebenswertes Ziel, aber auch das Vest Recklinghausen oder – natürlich – das münstersche Niederstift. Nicht jede Variante des Diskurses muss hier in aller Ausführlichkeit wiedergegeben werden, denn nach den territorialen Verschiebungen seit 1806 und vollends auf dem Wiener Kongress wurden die territorialen Karten auch in Westfalen bekanntlich wieder völlig neu gemischt. Dass Stein sich schon seit dem Juli 1802 intensiv Gedanken machte über die verwaltungsmäßige Neugliederung mit Einschluss der neuen Gebiete und in diesem Kontext auf eine neue in Münster zu errichtende Kammer abzielte, die aber nach seinen Erfahrungen in Hamm, Wesel und Minden anders strukturiert werden sollte – Übernahme des neu-ostpreußischen Ressortreglements von 1797[425] –, kann bei dem erfahrenen Verwaltungsmann nicht überraschen. Dass Stein, trotz seiner Etikettierung als „Verwaltungsmann“, kein reiner, mechanisch nach Verwaltungsvorschriften arbeitender Bürokrat war, sondern ein Staatsdiener, für den der Geist einer Verwaltung weit wichtiger war als „Formen und äußere Hüllen“[426], wurde schon verschiedentlich betont. In seinen bisherigen Berufsfeldern hatte er ausnahmslos bereits feste Strukturen vorgefunden, hier bot sich ihm erstmals die Chance, eine Verwaltung ganz nach seinen Vorstellungen zu konzipieren und mit jenem Geist der Priorität des Wohls des Gemeinwesens zu erfüllen, der ihm vorschwebte. Seinen ihm zugeordneten Mitarbeitern in der Münsterschen Kommission machte er nicht selten gerade dies zum Vorwurf, kein Gespür für die spezifischen administrativen Erfordernisse dieses neupreußischen Landes zu entwickeln, und schon im Frühherbst 1802 ließ er keinen Zweifel daran, dass er in dieser Hinsicht keine Kompromisse eingehen würde – der Beifall des Gewissens und der verwalteten Menschen, so schrieb er an Sack, sei ihm allemal lieber als der eines Ministers[427].

Das betraf vor allem die Verfassung an sich. Stein wurde, wenn er das nicht schon längst war, in Münster zum engagiertesten Propagator der Beibehaltung bzw. Restitution einer „deutschen Verfassung“, die auf dem Grundeigentum beruhte und die deswegen allen Besitzern von Grund und Boden eine Schlüsselrolle im Staatsleben zuwies. In den ersten Wochen und Monaten schärfte sich, wenn der Eindruck nicht täuscht, endgültig seine Idee einer provinzspezifischen Selbstverwaltung, bei der in Westfalen der Grund und Boden eine zentrale Rolle spielen sollte. Sack, seinem inzwischen als Geheimer Oberfinanzrat in Berlin tätigen Freund und Korrespondenzpartner, gegenüber sprach er im Frühherbst die Mahnung aus, die ständische Verfassung vorläufig in Kraft zu lassen: sie habe in Westfalen das Vertrauen der Einwohner, „und durch sie erhält die Landesverwaltung ein Mittel, den Eingesessenen mit dem Geist und den Absichten ihrer Maassregeln bekannt zu machen, ein Mittel, sich die Kenntnisse und Erfahrungen der großen Gutsbesitzer, der nicht in Diensten und nicht bey den obern Collegien stehenden Geschäftsleute zu eigen zu machen und zu benutzen, ein Mittel [,] das Publicum immer in Verbindung mit der LandesAdministration selbst zu erhalten“. Man könne dann nach einer gewissen Zeit immer noch die Verfassung ändern, aber diese Notwendigkeit sei eher unwahrscheinlich: „Der Deutsche und insbesondere der Westphälinger ist ganz zu einer solchen Verfassung geeignet, er hat die zur Behandlung der Geschäfte in öffentlicher Versammlung nöthige Ruhe, Ordnungsliebe, Anhänglichkeit an Formen, Herkommen“[428]. Also: Keine Bürokratie über die Köpfe der Betroffenen hinweg, von ihrem spezifischen *Know how* profitieren, das „Publikum“ in die Entscheidungsprozesse einbinden. Man würde das heute wohl als eine bürgernahe, eine dialogische Verwaltung etikettieren, die damals durchaus auch in anderen deutschen Regionen angedacht wurde. Das war im übrigen auch ein wesentlicher Grund, weswegen Stein sich in etlichen Fällen massiv dafür einsetzte, bisherige bewährte Funktionsträger beizubehalten und nicht die gesamte Verwaltung auszutauschen. Es galt gerade in einer Region, die als besonders selbstbewusst und von starkem „NationalStolz“ geprägt sei – wie das westfälische Sprichwort schon belege „der Münstersche Mops tragt den Kopf hoch“[429] –, mit dem größten Fingerspitzengefühl vorzugehen.

Offenbar war ein solches Fingerspitzengefühl auch hochnotwendig. Stein mag hie und da etwas übertriebene Schwarz-Weiß-Malerei betrieben haben, aber die Bevölkerung innerlich für das neue Staatswesen, dem sie nun zugeschlagen worden war, zu gewinnen, war sicherlich die schwierigste Aufgabe, die ihm in seiner bisherigen Beamtenkarriere gestellt worden war. Vielleicht war Stein für diese Aufgabe ja prädestiniert: ein Mann mit inzwischen fest ausgebildeten Prinzipien, was den Geist von Verwaltung betraf, ein Mann, der sich durch seine Reorganisationen in anderen Teilen Westfalens bereits einen guten „Leumund“ geschaffen hatte, ein Mann, der durch seine Herkunft und durch seine Eheschließung der sozialen Führungsschicht, dem münsterländischen Adel, wenigstens auf Augenhöhe gegenüberstand. Hinzu kam, dass für Stein alles konfessionelle Denken obsolet geworden war – selbst mit dem münsterschen Katholizismus scheint er keine Probleme gehabt zu haben; von einigen wenigen Ausnahmen wurde oben berichtet. So hört man ihn zwar klagen, dass die Fragmentierung des ehemaligen Hochstifts zur Folge habe „die vermehrte Abneigung des Eingesessenen gegen die neue Regierung, die er als Ursache derselben ansieht“[430], aber er hatte gleich das Gegenmittel zur Hand: Man müsse die Bevölkerung davon überzeugen, dass die Zerstückelung ihres alten Hochstifts nur eine „Folge der eisernen Notwendigkeit und des Dranges der Umstände“ sei. Um nicht Steuerungerechtigkeiten entstehen zu lassen, wäre es in hohem Maß wünschenswert, wenn alle solche Verhandlungen nicht im fernen Regensburg, wo die zuständige Reichsdeputation tagte, sondern möglichst vor Ort geführt würden, „wo man die Vortheile hätte einer überwiegenden Influenz und des Besitzes vollständiger Acten und Nachrichten“. Alles müsse auf die Gewinnung der Bevölkerung für den neuen Staat ausgerichtet sein, der, um nur ein Beispiel anzuführen, darüber nachzudenken hätte, ob er nicht eine Anzahl angesehener bürgerlicher Familien nobilitiere, um dadurch deren Bereitschaft, in der preußischen Armee Dienst zu tun und entsprechende Aufstiegschancen wahrzunehmen, zu erhöhen[431]: Zwar sei daran zu zweifeln, ob die „jetzige Generation die nachtheiligen Folgen des Umsturzes ihrer Verfassung vergessen“ werde, „aber ich glaube und hoffe, dass man Bitterkeit und gehässige Gesinnungen durch eine milde, gesetzliche und weise Verwaltung ersticken und die Gemüther für das Gute der neuen Verfassung empfänglich machen werde“[432].

Freilich war Stein bei aller Selbständigkeit im Urteil und bei aller konzeptionellen Klarheit hinsichtlich des weiteren Vorgehens ein weisungsgebundener Staatsbeamter, und die Organisation der Überführung der beiden ehemaligen Hochstifte in den Verbund des preußischen Gesamtstaats verlief längst nicht in jeder Hinsicht so, wie er sich das vorgestellt hatte. So erfolgte die Aufhebung der münsterschen (und paderbornschen) Stände ganz gegen seinen Willen und verursachte folgerichtig – in seinen Augen – dann auch eine „sehr üble Sensation"; allgemeine Niedergeschlagenheit und Zukunftsängste seien die Folgen[433]. Es war *rebus sic stantibus* angesichts des verbreiteten Unwillens der Berliner Behörden und des Grafen Schulenburg, sich überhaupt auf Diskussionen über Landstände – und gar über ihre Selbstversammlung oder ihr Steuerbewilligungsrecht – einzulassen, schon ein beachtlicher politischer Erfolg Steins, dass die münsterländischen Stände, die sich inzwischen auf nicht weniger als acht Nachfolgestaaten verteilten, nicht mit einem Federstrich aufgelöst wurden, sondern die Frage einer Neuorganisation, ggf. mit den Ständen von Paderborn, Lingen und Tecklenburg gemeinsam, vertagt wurde. Mit seinen verschiedenen Vorstößen zugunsten der Stände und einer Ständeverfassung verwob Stein immer stärker sein eigentliches *Credo*: die Beförderung des Gemeingeistes insbesondere bei denen, die über Grund und Boden verfügten und damit mit dem Land untrennbar verbunden waren.

Für solche Entscheidungen, die Reaktivierung des Ständewesens zu vertagen, machte man nicht Stein persönlich verantwortlich, der ganz im Gegenteil seit Aufnahme seiner Tätigkeit in Münster ungeheuer rasch zusätzlichen Kredit erwarb, weil man sein Bemühen erkannte, das preußische Verwaltungssystem dem neuen Landesteil nicht schlankweg überzustülpen, sondern dort, wo es möglich war, auf die landesspezifischen Besonderheiten Rücksicht zu nehmen. Die Aastadt scheint ihm ebenso rasch ans Herz gewachsen zu sein. Er setzte sich energisch für den Erhalt und den Ausbau[434] der Universität ein, die nach der Liquidierung der *studia generalia* in Bonn, Mainz und Trier weit und breit die einzige katholische Hochschule sei, spielte mit dem Gedanken, mit Sitz in Münster ein besonders reich auszustattendes Bistum für ganz Westfalen zu errichten, fasste die ersten Pläne, den Schlossgarten in einen Botanischen Garten umzuwandeln, schlug vor, die Verwaltung Paderborns nicht etwa nach Minden, sondern nach Münster zu verlagern[435]. Nachdem Bemühungen gescheitert waren, ein Haus für sich und seine Familie anzumieten, in dem auch seine ganze Bibliothek unterkommen könnte, nahm Stein seit dem Winter 1802/03 definitiv Wohnung im Schloss[436], das ihm ja schon seit dem Sommer als, wie er geglaubt hatte, vorübergehender Aufenthaltsort gedient hatte. Das hat seine Verbindung zur Kommune noch weiter gestärkt. Dass sein Verhältnis zu Paderborn, das er gegen Jahresende 1802 erstmals – mit einem eher zwiespältigen Eindruck – eingehend bereiste[437] und dessen Verwaltung er als korrupt und dessen adlige Führungsschicht als „verderbt" einstufte[438], immer gespannt blieb, hat diesem Prozess, in Münster seinen zweiten Lebensmittelpunkt – neben Nassau – zu sehen, sicher weiteren Auftrieb gegeben. Er erstaunt deswegen auch nicht wirklich, dass er seit dem Februar 1803 darauf hinarbeitete, die

Mindener Aufgabe faktisch an Vincke als Vizepräsidenten „weiterzureichen" und sich ganz auf das von Münster aus zu betreibende Säkularisations- und Organisationsgeschäft und das märkisch-klevische Kammerdepartement zu konzentrieren; wegen des Mehraufwands und der vielen repräsentativen Verpflichtungen sei dafür freilich eine Aufstockung seines Gehalts erforderlich[439]. Überhaupt scheint Stein durch den Verlust seiner linksrheinischen Güter – möglicherweise in Verbindung mit dem Kauf Birnbaums – vor ernsthafte Finanzprobleme gestellt worden sein; anders kann man das mehrfache Zurückkommen auf seine Besoldung und die Bitte an die Berliner Zentrale, ihn mit den Einkünften einiger in Westfalen liegender ehemaligen Klostergüter zu entschädigen[440], wohl kaum verstanden werden. Denn an sich widersprach es diametral seiner Mentalität, als freier Adliger vom Staat ein Gehalt anzunehmen, das über einen Aufwandsausgleich hinausging.

Freilich, bei allen Bemühungen, die Münsteraner und Münsterländer rasch für den neuen Staat zu gewinnen und ihnen dessen Vorzüge zu verdeutlichen, blieben Rückschläge und Reserven auf der Tagesordnung. So wusste Stein in einem Immediat-Bericht im Februar 1804 von den Animositäten in der „guten" städtischen Gesellschaft gegenüber den preußischen Zivil- und Militärpersonen zu berichten, von deren faktischer Ausschließung von den gesellschaftlichen Klubs, was die neue preußische Oberschicht bewogen habe, eine eigene Gesellschaft ins Leben zu rufen[441]. Hier fielen wohl die münsterländische Prussophobie und die tief im Wesen von Westfalen verankerten Reserven gegen alle Fremden, die (zu) schnell etwas wollten, zusammen.

Nachdem der Reichsdeputationshauptschluss formell den Übergang der beiden Hochstifte an Preußen bestätigt hatte, was die Spatzen ja schon seit Monaten von den Dächern pfiffen, verblieb Stein noch ein gutes Jahr, um das „Organisationsgeschäft" zu betreiben, und zwar so, dass es mit seinen Prinzipien nicht allzu sehr in Kollision geriet. Dass es nur zwei Jahre sein würden, bis ihm eine andere Aufgabe übertragen würde, war Stein im Spätherbst 1802 natürlich nicht bewusst, und vielen Äußerungen zufolge kann davon ausgegangen werden, dass er diese Aufgabe liebend gerne zu einem Abschluss gebracht hätte. Aber wo wäre in einer Zeit, in der alles in Fluss geraten war, der Abschluss gewesen? Jedenfalls darf man sich über das Ausmaß dessen, was über Stein nun auch mit einer reichsrechtlichen Grundlage einstürzte, keinerlei Illusion machen: Die ersten Monate des neuen Jahres (1803) wurden weitestgehend von der Erstellung umfangreicher Denkschriften eingenommen, in denen sich Stein über die verschiedensten Agenda breit auslassen konnte, freilich ausnahmslos in Handlungsempfehlungen einmündend. Denn zu regeln und organisieren gab es viel: der Unterhalt der Mitglieder der aufgehobenen oder aufzuhebenden geistlichen Korporationen, die Sicherstellung der Beamten der säkularisierten Gebiete, die Fortdauer von milden Stiftungen, ggf. ihre Überführung in eine andere Rechtsgestalt, die Umsetzung des preußischen Militär(rekrutierungs)systems auf die säkularisierten Gebiete, die Übernahme und Tilgung schwebender Schulden, die neue Nutzung von Gebäuden aufgelassener Klöster und Stifte, die Einrichtung der neuen Regierungsbehörden im „Fürstentum Münster"[442], neue Gemeinschaftsaufgaben mit den neuen Nachbarstaaten, etwa in Bezug auf die Nutzung von Flüssen. Stein, sich völlig bewusst, dass mit dem Reichsdeputationshauptschluss eine neue Zeitrechnung begonnen hatte, machte Pläne, die alte Reichskreisverfassung intakt zu erhalten und mit ihrer Hilfe transterritoriale Aufgaben besser zu bewältigen[443]. Der Montanfachmann wäre nicht er selbst gewesen, wenn er nicht neben diesem „trockenen" Geschäft weiterhin geologische Untersuchungen mit dem Ziel der Ermittlung und Ausbeutung von Bodenschätzen – Kohle, Salz – betrieben und sich eindringlich darum bemüht hätte, die Bergleute vom preußischen Kantonssystem zu eximieren[444]. Strukturpolitik war nach wie vor ein Feld, auf dem er sich bevorzugt tummelte; die Einrichtung einer regelmäßigen Postverbindung von Wesel und Münster nach Frankfurt/Main war für ihn unter verschiedenen Aspekten unverzichtbar[445].

In seiner Autobiographie hat sich Stein wegen der Lösung des Säkularisationsproblems selbst ein wenig auf die Schulter geklopft – sie, also die Säkularisation von Münster und Paderborn, „geschah mit Milde, Schonung und Treue, die Geistlichen wurden mit großer Freigebigkeit behandelt, die alte einländischen Beamte, waren sie irgend tauglich, beibehalten und das Gehässige, Gewalttätige der Sache selbst möglichst gemildert"[446]. Das Selbstlob geht an der Sache aber nicht vorbei. Es war seine erste wirkliche Integrationsaufgabe: gegenüber der Tendenz der preußischen Bürokratie, die eigene Schablone auf die Entschädigungslande anzuwenden, hart zu bleiben, Fingerspitzengefühl zu entwickeln, wo historisch Gewachsenes beibehalten (und organisch weiterentwickelt) werden sollte, die Einwohner an der Verwaltung zu beteiligen, um sie mit dem Staat in engere Fühlung zu bringen – sein absolutes *Credo* seit 1807.

Stein hat sich dieser Riesenaufgabe in Westfalen gewachsen gezeigt und ist in mancher Hinsicht bezüglich der Eingliederung der neu an Preußen gefallenen Gebiete sicher auch Vorreiter gewesen. So lag es in der Logik der Sache, dass ihm im November 1803 formal die Präsidentschaft der in Münster neu errichteten Kriegs- und Domänenkammer für Münster, Paderborn, Lingen und Tecklenburg übertragen wurde, die Stein neben der Mindener übernahm[447] (jetzt freilich unter gleichzeitiger Aufgabe der Hammer Kammer). Also auch jetzt wieder: ein doppelter Präsident, einer, der den Zuschnitt seines Amtsbezirks genau so empfohlen hatte, wie er jetzt beschlossen worden war, von dem man also annehmen kann, dass das für ihn eine Art „Traumjob" war. Aber die Fortführung des Aufbaus einer effizienten Verwaltung, all die Agenden, die oben schon benannt wurden, waren nur die eine Seite seines Lebens in Münster. Die andere Seite begann ihn zunehmend zu beschäftigen und zu beunruhigen, und sie hatte mit Westfalen gar nichts zu tun.

***

Im Dezember 1803 ließ ihn seiner Nassauer Verwalter Wieler erstmals wissen, dass allem Anschein nach die Reichsunmittelbarkeit der Reichsritterschaft auf dem Spiel stehe und folglich auch die Mediatisierung der Steinschen Güter drohe[448]. Wieler nahm nicht ohne Grund an, dass die nassauischen Grafen bei einer solchen Gelegenheit wohl nicht abseits bleiben würden, stellte vorsorglich schon einmal das zeitübliche Mittel eines förmlichen Protests in Aussicht, war sich aber völlig im klaren, dass man am Ende der Gewalt werde weichen müssen. Der Gedanke der Mediatisierung der Reichsritterschaft lag seit geraumer Zeit gewissermaßen in der Luft, trotzdem scheint er Stein wie ein Blitz aus heiterem Himmel getroffen zu haben – erstaunlich allein schon deswegen, weil Bayern mit seinen Mediatisierungsmaßnahmen seit dem Oktober 1803 ja schon das Modell geliefert hatte. Wie auch immer: das Vorgehen des Fürsten Friedrich August musste Stein an seiner empfindlichsten Stelle treffen, denn in seiner Reichsunmittelbarkeit lag seine Unabhängigkeit begründet. Vielleicht konnte man gegen eine solche Eventualität keine wirkliche Vorsorge treffen, aber das einzige, was ihm einfiel, war, alle Dokumente zusammensuchen, Protest einlegen[449]. Dass damit gegen die faktische Inbesitznahme von Frücht und Schweighausen durch nassau-usingensche Beamte Anfang Januar 1804[450] nicht auszukommen sein würde, wird Stein gleichwohl klar gewesen sein.

Er reagierte nicht nur betroffen, sondern seinem Naturell entsprechend auffahrend: Da seine Besitzungen nicht in der Gefahr gestanden hätten, von dritten Ständen okkupiert zu werden, entlarve sich der in dem Besitzergreifungspatent genannte Beweggrund[451] als bloßer Vorwand; Schutz und Restitution, auf die er wie jeder Reichsfürst einen Anspruch habe, erwarte er von den Reichsgesetzen und dem Reichsoberhaupt. Und wenn der ganze Vorgang gar in die Auflösung der Reichsritterschaft münde, „so komme ich nie wieder nach Nassau und behandle dieses ganz als ein BauernGut, verpachte die Gärten, holze den Stein ab usw. Ich werde nie einen Räuber für meinen Landesherrn erkennen“![452] Das war Stein, wie er leibt und lebt: hochfahrend, impulsiv, weit jenseits aller diplomatischen Geschmeidigkeit.

Stein hat unter demselben Datum dem Fürsten von Nassau-Usingen einen offenen Brief zugeleitet, der rasch in zahllosen Abschriften verbreitet und in Häberlins *Staatsarchiv* auch gedruckt wurde und der zu den Schlüsseldokumenten seines Lebens gezählt wird. Seiner Grundsätzlichkeit wegen ist eine solche Einschätzung nicht völlig abwegig, aber zu oft wurde bei Interpretationen der konkrete Anlass und die emotionsgeladene Stimmung unterschlagen, aus der heraus Stein ihn schrieb. Stein dekonstruierte zunächst die gesamte Besitzergreifungstheorie des Fürsten[453] als abwegig und führte dann aus, dass Deutschlands Unabhängigkeit und Selbständigkeit wohl schwerlich durch die Vereinigung der reichsritterschaftlichen Besitzungen mit den sie umgebenden kleinen Territorien gewinnen würde; wolle man wirklich diesen „so wohlthätigen großen Zweck" erreichen, dann müssten vielmehr die kleinen Staaten mit den beiden großen deutschen Monarchien vereinigt werden, „von deren Existenz die Fortdauer des Deutschen Nahmens abhängt". In dem harten Kampf der letzten Jahre, der nur unterbrochen sei, habe der deutsche Adel sein Blut geopfert, während die meisten deutschen Fürsten abseits gestanden hätten und lediglich darauf aus gewesen seien, „die Erhaltung ihrer hinfälligen Fortdauer durch Auswandern, Unterhandeln oder durch Bestechungen der Französischen Heerführer" zu sichern. Was gewinne Deutschland, wenn in diese Hände noch mehr Macht gelegt würde?

Die rhetorische Frage blieb unbeantwortet, was Stein nun noch mehr legitimierte, den Nassauer als Vertreter eines unsäglich opportunistischen und leistungsunfähigen Standes in scharfer Sprache zu brandmarken, seiner „incompetenten Behörde" das Recht zur Besitzergreifung absprach und den angebotenen Schutz im Fall der Auflösung der Reichsritterschaft weit von sich wies: „Wird der Ritterschaftliche Verein auf eine gewaltsame Art zertrümmert, so entsage ich dem Aufenthalt in einem Land, [...], wo mir alles den Gedanken an den Verlust meiner Unabhängigkeit und an meine neuen Fesseln zurück ruft". Stein schloss seinen Brief mit der zumindest moralischen Drohung: „Doch es giebt ein richtendes Gewissen und eine strafende Gottheit"[454].

Der Brief ist nicht so sehr als das „erste öffentliche Bekenntnis zu einem dualistisch begründeten Reichsideal" zu verstehen, sondern als Versuch, einem deutschen Kleinfürsten vor Augen zu führen, dass seine Schicht am allerwenigsten Anspruch habe, sich auf Kosten Dritter zu bereichern. Stein hat zeitweise die Organisation Deutschlands zwar nur von den beiden Großmächten her gedacht, in anderen Phasen seines Lebens aber auch den Mittelstaaten eine Funktion eingeräumt. Der Brief mutet an wie der Hilferuf eines Mannes, der weiß, dass er gegenüber einem moralisch weit unter ihm rangierenden Gegner letztlich auf verlorenem Posten steht, wie ein Fanal, dafür zu sorgen, dass nicht eine ganze soziale Schicht in den Strudel des Umbruchs gerissen wird. Ein Konzept für die künftige Neugestaltung Deutschlands beinhaltet er nicht, allenfalls das, den skrupellosen, mit bloßer Willkür und bar jedes Staatsethos regierenden Kleinpotentaten, die dem wirklichen Adel nicht das Wasser reichen könnten, bei der Gestaltung der Zukunft des langsam zerbröselnden Reiches keine Rolle zukommen zu lassen.

Steins Brief blieb seiner „Unanständigkeit und Lächerlichkeit" wegen unbeantwortet[455], aber damit war nun ein Thema angeschlagen worden, das

Stein über die Jahre hinweg – die endgültige Mediatisierung 1806, die Bemühungen um eine Wiederbelebung der Reichsritterschaft auf dem Wiener Kongress, die Entscheidung, seinen Lebensmittelpunkt von Nassau weg zu verlagern – begleiten sollte. Der Stachel, den die nassauischen Behörden mit der Inbesitznahme von Frücht und Schweighausen gesetzt hatten, saß tief.

Er saß so tief, dass sich Stein sogar in die Pflicht der reichsritterschaftlichen Korporation nehmen lassen wollte. Zunächst, im Dezember 1803, hatte der zuständige Kanton Mittelrhein nur mit der Aufforderung an seine Mitglieder reagiert, Widerstand zu leisten[456], und war überhaupt in seiner ganzen Politik – etwa was die weitere Erlegung der Matrikularbeiträge betrifft – so vorgegangen, als ob in Kürze das Rad der Geschichte wieder zurückgedreht werden könne. Zwar waren die schwäbische Reichsritterschaft und deren „Viertel" Donau Ende Dezember 1804 einmal an den inzwischen zum preußischen Staatsminister aufgestiegenen Stein herangetreten, wenigstens im Stillen für sie zu wirken und auf reichsrechtlich problematische Maßnahmen preußischer Funktionsträger gegen Reichsritter hinzuweisen[457], was Stein offenbar auch getan hat. Aber generell waren die großen Probleme, vor denen Preußen stand, der Sache der Reichsritterschaft nicht gerade förderlich – von dort war keine nachhaltige Stützung zu erwarten. Nach der Gründung des Rheinbundes und der Niederlegung der Kaiserkrone durch Franz II. – um jetzt weit nach vorne zu blicken – ergab sich aber eine neue Situation: der Rahmen, der der Korporation Halt gegeben hatte, bestand nicht mehr, die Souveränerklärung der Rheinbundfürsten schloss auch alle Lehens- und reichsritterschaftlichen Besitzungen ein, es galt mithin, andere Wege zu finden, um zu überleben. Des systematischen Zusammenhangs wegen muss die Chronologie kurz verlassen und in den Hochsommer 1806 gesprungen werden: in einen Zeitabschnitt, den Stein zunächst noch in Berlin erlebte, wo er im August aufgefordert wurde, an einer Plenarversammlung aller Mitglieder des Kantons teilzunehmen[458]. Er konnte das seiner Dienstobligenheiten in einer für Preußen höchst kritischen Phase selbstredend nicht, aber die Frage musste sich ihm – wie anderen – um so nachdrücklicher stellen, wie es überhaupt mit der Reichsritterschaft weitergehen würde, die von den Matrikularbeiträgen ihrer Mitglieder „lebte", die ihrerseits aber über keine Einkünfte mehr verfügten[459]. Im übrigen sind diese Erhebungen über „weggebrochene" Einkünfte für den Wirtschaftshistoriker eine wahre Fundgrube, weil sie für viele Familien – so auch die Stein – einen erschöpfenden punktuellen Überblick über die Besitzungen und deren Nutzung eröffnen. Im September 1806 ließ Stein auf einer Krisensitzung in einem Frankfurter Gasthaus seine Stimme durch einen Standesgenossen führen, den Hauptmann der mittelrheinischen Reichsritterschaft Freiherr Schütz von Holzhausen[460]. Die Situation änderte sich nach Steins erster, mehr oder weniger provozierter Entlassung, als Stein nun wieder an der Lahn residierte (und hier seine Nassauer Denkschrift konzipieren sollte), somit für die Ritterschaft wieder besser „greifbar“ war. Schon im März 1807 trat Schütz von Holzhausen an ihn heran mit der Frage, was denn nun überhaupt noch zu machen sei[461]. Irgendwann im Sommer muss dann der Gedanke geboren worden sein, „jemanden von Seiten der Ritterschafft nach Paris zu senden, und sich den unmittelbaren Schutz des Kaysers zu erbitten“. Der Steinsche Verwalter Wieler, der diesen Gedanken erstmals dem wiedschen Geheimrat Franz Gärtner gegenüber aussprach[462], verband dies mit der Mitteilung, man habe Stein davon zu „persuadiren“ gesucht. Wieler vermerkt nicht, dass Stein sich strikt ablehnend verhalten habe; inzwischen sei aber durch das Angebot des preußischen Königs, wieder in seine Dienste zu treten, eine völlig neue Situation entstanden. Damit sei die Option, eine Delegation der Reichsritterschaft unter Steins Leitung zu entsenden, hinfällig.

Stein vor Napoleon – der Historiker darf sich für einen Augenblick dem Kontrafaktischen hingeben, der Frage, wie ein solches Zusammentreffen wohl hätte verlaufen können. Dass Stein der unbezweifelbaren Ausstrahlung des Kaisers der Franzosen und seinem Charme, den er entfalten konnte, erlegen wäre – das wäre wohl kaum zu erwarten gewesen. Wohl eher hätten Steins Auftreten, seine Sprache, sein Selbstbewusstsein, ein solches Gespräch schwierig gemacht. Stein hätte seine inzwischen hoch entwickelte Frankophobie, seine Verachtung der Rheinbundfürsten wohl nicht über den Zeitraum eines längeren Gesprächs kaschieren können. Unter normalen Bedingungen hätte eine solche Unterredung nicht in einen Erfolg der Reichsritterschaft einmünden können. Politisch konnte sie es in Wien später als Erfolg „verkaufen“, den Kaiser der Franzosen niemals angebettelt zu haben. Allerdings machte auch das dann nur noch wenig Eindruck.

***

Wir kehren nach Westfalen und zu dem biographisch-politischen Kontext des Jahres 1804 zurück. All das, was Stein für Westfalen generell und Münster speziell, namentlich dessen Universität, der sein letztes umfangreiches westfälisches Gutachten überhaupt galt[463] und die er geradezu zu einem Modell einer modernen Hochschule, einer Nachfolgerin Göttingens auszubauen plante, tun wollte oder sogar tun konnte, um diese Region an den preußischen Staat heranzuführen und zugleich ihren Besonderheiten – etwa in Bezug auf die nur reduzierte Umsetzung des preußischen Kantonssystems[464] – Rechnung zu tragen, machten ihn populär: so populär, dass es fast schon einer kleinen Sensation nahe kam. Er gestand nach seiner Berufung in das Generaldepartement in einem Brief an Minister Angern frank und frei, wie ungern er Westfalen verlasse, wo er nun zwanzig Jahre tätig gewesen sei und wo er noch manches in die richtige Spur zu setzen gehofft hätte[465]. Das war nicht dahergesagt, um einen künftigen

Kollegen von seinem Naturell zu überzeugen, alle Aufgaben zu einem Abschluss zu bringen, sondern das war die Bilanz einer langen landsmannschaftlichen Erfahrung, die ihn verändert und geprägt hatte. Neben vielen Bekundungen der Wertschätzung der Bevölkerung und von Gremien in Westfalen ist hier u. a. der nach seiner Berufung nach Berlin getroffene Entschluss der Beamten seiner Kammer zu erwähnen, das Sessionszimmer mit einem Bildnis Steins zu schmücken in „Anerkenntnis seines seltenen Verdienstes“[466].

Trotzdem kommt eine nüchterne Bilanz nicht umhin, zwar die persönlichen Meriten des Oberpräsidenten Stein und seine beachtliche Akzeptanz durch die Bevölkerung, die sich sonst mit „Fremden“ oft schwer tut, hervorzuheben, auf der anderen Seite aber auch zu registrieren, dass wenige Jahre später die Münsterländer die Franzosen als Befreier begrüßen werden. Die wirkliche Integration einer Geschichtslandschaft in ein Staatswesen, das vielen schlicht als wesensfremd erschien, brauchte dann doch mehr als nur drei oder vier Jahre.

Die Aufgabe in Münster hatte Stein selbstverständlich in einen viel engeren Kontakt mit der Berliner Zentrale gebracht, als er von Wetter oder Hamm aus nötig gewesen wäre. Desillusioniert werden musste Stein wohl nicht mehr. Er hatte die Entwicklung seit dem Regierungswechsel von Friedrich II. zu seinem Neffen Friedrich Wilhelm II. (1786) verfolgt, der weder von seiner nicht unzulänglichen, aber zu spät an die Praxis herangeführten Ausbildung noch von seiner Führungsfähigkeit her einem Vergleich mit seinem Vorgänger standhalten konnte. Die moderne Forschung[467] erkennt zwar den Willen des 1744 geborenen „Prinzen von Preußen“, sich die für sein künftiges Amt nötigen Kenntnisse anzueignen, registriert aber andererseits auch, wie verhängnisvoll schnell er in ein Gewebe von Rationalismus und Irrationalismus geriet, in eine Vielzahl okkulter Kontakte, die es immerhin nicht verhinderten, dass der Prinz noch vor seinem Regierungsantritt mit vielen nach vorn weisenden Gedanken, etwa dem der Bauernbefreiung, bekannt geworden war. Entscheidend für Steins Sicht waren freilich gar nicht so sehr die okkulten Neigungen des neuen Königs, sondern sein moralisch in höchster Weise anstößiger Lebenswandel, der ihn weitgehend von seinen Pflichten abhielt, also der Leitung und Weiterentwicklung der Staatsverwaltung. Das im Prinzip funktionable, allerdings wegen der Doppelzuständigkeit der Minister (Sachressort und Leitung einer Provinz) schwerfällige Generaldepartement war zunehmend durch eine in Preußen bisher unbekannte Mätressen- und Günstlingswirtschaft überlagert worden, die kritische Beobachter nur noch mit Bestürzung erfüllte. Auch Stein blieb davon nicht ausgenommen: „König Friedrichs [II.] Beispiel erhielt sparsame, einfache Sitten, reizte zur angestrengten Tätigkeit, schreckte die Bösen, hob die Guten und zwang die große Zahl der Mittelmäßigen und Charakterlosen, auf dem schmalen Pfad der Pflicht zu wandeln. Wie unerwartet schnell wurde alles dies ganz anders nach dem Tod des großen Königs. Um es zu glauben, muss man Zeitgenosse und Zeuge gewesen sein".[468]

Hatte man nach dem frühen Tod Friedrich Wilhelms II. (1797), dessen Ableben seiner sich galoppartig verschlechternden Gesundheit und einer damit einhergehenden raschen Vergreisung wegen sich schon seit wenigstens 1794 abgezeichnet hatte, darauf hoffen dürfen, dass sich nun alles wieder zum Guten wenden würde, so erwies sich rasch, dass auch der Sohn – Friedrich Wilhelm III. – kein herausragender Regent war: es fehlte ihm, dem „Melancholiker auf dem preußischen Thron"[469], sowohl der große Überblick als auch die Entschlusskraft, die Reformen, die seit zwei Jahrzehnten auf der Agenda standen und für die Preußens Flucht in die Neutralität durch den Sonderfrieden von Basel 1795 an sich alle Voraussetzungen geschaffen hatte, energisch anzupacken. Sein eher bürgerlicher Lebensstil, der ihn (zunächst) nie Zimmer im Berliner Schloss beziehen ließ[470], und eine charmante Frau an seiner Seite, Königin Luise, der die Herzen geradezu zuflogen[471], die von vielen zum weiblichen Ideal der Zeit stilisiert wurde, zum „Marmorbild des Schönen, Wahren und Guten"[472], sicherten ihm zwar landesweit Sympathien, aber sie konnten nicht verdecken, dass er im Grunde in den alten Regierungsstil seines Vaters zurückfiel: die Regierung aus dem „Kabinett" heraus, aus den Beratungen mit der kleinen Gruppe ihm besonders nahe stehender Kabinettsräte – für Stein schon lange vor seiner Berufung nach Berlin ein immer wieder hochkommendes Ärgernis. Die großen Hoffnungen, die seinen Regierungsantritt begleiteten, er werde nun zupackend die in der preußischen Beamtenschaft bereits diskutierten Reformideen aufgreifen, etwa in Bezug auf die Bauernfrage, verflüchtigten sich rasch wieder; selbst die Behördenreform kam über die Ebene der Kammern kaum hinaus. Die Ministerrunde, die zu leiten der eher schüchterne, unsichere und mit allem anderen denn einem Übermaß an Selbstvertrauen – eher wohl mit einem gerüttelt Maß an Minderwertigkeitsgefühl – ausgestattete Monarch sich offenbar scheute, verkümmerte erneut: die Fachkompetenz der Minister schien nicht gefragt zu sein. Vollends an eine Selbstregierung, die seinem Großonkel immer als Ideal vorgeschwebt hatte, war nicht zu denken. Jeder, der nach Berlin berufen wurde, musste sich dieser Strukturen bewusst sein: ein König, der sich, um es wohlwollend zu formulieren, im Patriarchalismus erschöpfte, ohne den Untertanen wirklich zugänglich zu sein, der aber nicht in der Lage war, die vorhandenen Reformimpulse, die ihm etwa schon bei der Königsberger Huldigung 1798 präsentiert wurden, wirklich und nachhaltig aufzugreifen. Entweder musste man mit einer Rolle im Schatten der Kabinettsräte, die den Ministern den ständigen direkten Zugang zum Monarchen verwehrten, zufrieden sein – oder man sah „Berlin" als eine Herausforderung an, diese Strukturen zu verändern und der Fachkompetenz das ihr zustehende Gewicht zu verleihen. Stein gehörte der zweiten Gruppe von Menschen an.

4. Berlin: Die Herausforderung seines Lebens

Die Berufung Steins zum Minister für das Akzise-, Zoll-, Kommerz- und Fabrikwesen im Generaldepartement als Nachfolger des am 17. Oktober 1804 verstorbenen Karl August von Struensee – eines Mannes „von überlegener skeptischer Einsicht, aber ohne zuversichtliche Energie“[473] – erfolgte mit Dekret vom 28. Oktober 1804[474]. Das Amt, eine Art Dachministerium für Wirtschaft und Finanzen, eingebunden freilich in den schwerfälligen Apparat des Generaldepartements, einem Mann aus einer hauptstadtfernen Provinz anzuvertrauen, wo ihm im Amt des Präsidenten der Kriegs- und Domänenkammern Vincke nachfolgte – das war weder im Kabinett, der Entourage des Königs, noch im Generaldepartement unumstritten. Im Juni noch hatte der König einen Vorschlag, anstelle des zögernden Magdeburger und Halberstädter Präsidenten Ferdinand Ludolf Friedrich von Angern[475] Stein zum Staatsminister für das niedersächsisch-westfälische Departement zu ernennen, abgelehnt[476], und auch im Herbst 1804 hatte er Bedenken, vor allem wegen Steins „schädlichem Vorurteil für die Westphälische Verfassung“[477], womit insbesondere wohl seine Affinität zum Ständewesen und überhaupt für die regionalen Spezifika gemeint war. Aber es gab neben dem Monarchen noch andere Skeptiker, die Steins Naturell als für dieses Amt unpassend einstuften, seine „in Unruhe ausartende Thätigkeit, die jedes Neue schnell umfasst und die nicht ermüdet, das Neue nach kurzer Zeit mit etwas Neuerem zu vertauschen“[478].

Stein hat diesen Karrieresprung in letzter Instanz wohl dem Kabinettsrat Beyme[479], der später zu einer Art „rotem Tuch“ für ihn werden sollte, und nicht zuletzt seinem alten „Protektor“ Heinitz zu verdanken, der freilich zum Zeitpunkt seiner Ernennung schon verstorben war, aber offenbar das Terrain bereitet hatte. Schulenburg, seit 1802 sein Dienstvorgesetzter, hatte ihm im Juni 1803 zwar alle „Lebhaftigkeit des Geistes, Kenntnisse und Verstand genug“ attestiert, aber dann doch für Angern votiert, weil er auf mehr Sparsamkeit hin orientiert sei[480]. Wer hinter den Kulissen sonst noch „mitmischte“ – möglicherweise Karoline von Berg, seine langjährige Berliner Korrespondenzpartnerin, mit der er über Jahre hinweg die wohl schönsten und zartesten Briefe wechselte –, mag bei dieser Personalie auf sich gestellt bleiben. Allen Beteiligten war freilich auch bewusst, in welch kaltes Wasser sie den hauptstadtunerfahrenen „Westfalen“ damit warfen, von dem angesichts der aktuellen politischen Lage und angesichts der vielen Versuche in den zurückliegenden Jahren, in die Wirtschaft und das Finanzwesen etwas mehr Ordnung und Effizienz zu bringen, fast Übermenschliches erwartet wurde. Also eine Art Himmelfahrtskommando?

Und mehr als das. Denjenigen, die Steins Aufstieg verfolgt hatten, musste sich auch die Frage aufdrängen, ob es eine kluge Entscheidung war, jemanden in die Zentrale zu holen, der mit seiner Kritik an den Berliner Verhältnissen in den zurückliegenden Jahren so wenig hinter dem Berg gehalten hatte. Seine Briefe schon aus den frühen 1790er Jahren waren voll von anklagenden, beklagenden, ironischen und auch schlicht bösen Bemerkungen über die undurchsichtigen Machtverhältnisse und Machenschaften in Berlin seit Friedrichs II. Tod, über die Kompetenzüberlappungen der Behörden, über das Gespinst des ebenso einflussreichen wie unverantwortlichen und intriganten königlichen Kabinetts und seiner einzelnen Mitglieder. In einem Brief an Reden aus dem Dezember 1790 – also noch während Friedrich Wilhelms II. Regierungszeit – sprach er, um das Gesagte schlaglichtartig zu beleuchten, wütend von dieser „Rasse der bestochenen Schreiber, die ihre Ansprüche auf die öffentlichen Kassen nach ihrem Bedarf messen, ihre Eitelkeit und ihre peinlich genau vermerkten Verdienste, die uns anekeln, erzürnen, ihnen untergeben zu sein, und die ihre Existenz im Griff von Leidenschaften kleingeistiger Niedertracht verbringen“[481]. Da waren Arrangements kaum vorstellbar, da prallten zwei Welten aufeinander – seinem Bruder Johann Friedrich gegenüber hatte Stein 1797 die Übernahme irgendeines Ministeriums, deren Chefs nicht mehr seien als „premiers commis d'un bureau d'expéditionnaires du courant des affaires“, als überhaupt nicht verlockend eingestuft[482]. Hatte Stein bei seiner Zusage, nach Berlin zu gehen, all die Fußangeln vor Augen, die sich dort auftun würden, oder war er einfach nur Optimist, den Augiasstall rasch ausmisten zu können? Beides war ihm wohl bewusst, wie seine Briefe aus dem Spätjahr 1804 illustrieren: die unausweichlichen Konflikte mit der Zentralregierung und namentlich den Kabinettsräten, aber auch die Vorstellung, mit seinen Reformprojekten Remedur schaffen und den König auf seine Seite ziehen zu können.

Stein wäre nicht er selbst gewesen, wenn er nicht die Berufung nach Berlin in der ihm eigenen Art reflektiert und kommentiert hätte. Am aufschlussreichsten ist hier vielleicht ein Brief an Beyme[483], in dem er „offen und anspruchslooß ein Geständniß über meine individuelle Brauchbarkeit als GeschäftsMann abzulegen“ gedachte. Er ließ den Kabinettsrat zunächst wissen, wie innig überzeugt er davon sei, dass zwischen Deutschlands „Veredelung und Cultur“ und dem Glück der preußischen Monarchie ein untrennbarer Zusammenhang bestehe. Er hätte sich zwar glücklicher geschätzt, wenn er mit einem Provinzdepartement bedacht worden wäre, weil man dort „ungestöhrter durch fremde Einsprüche theilnehmender Behörden würken kann und die Gegenstände der Beschäftigung befriedigender sind“, glaube aber, auch in dem ihm jetzt übertragenen Amt gut zurecht zu kommen, um so mehr als er überzeugt davon sei, dass aus der notwendigen Zusammenarbeit mit Schulenburg nur Gutes ersprießen werde. Steins Selbsteinschätzung – möglichst frei schalten und walten zu wollen – und sein klarer Blick, wo die zukünftigen Konflikte erwachsen könnten: aus den vielen Interessen, die in seiner Behörde zusammenflossen und auszutarieren waren, werden sogar Beyme beeindruckt haben.

Aber allen (möglichen und tatsächlichen) Einwänden zum Trotz: Es gab für die Berliner Entscheidungsträger natürlich auch gute Gründe, auf Stein zu verfallen: einen Mann, der über viel Verwaltungserfahrung verfügte, dennoch als noch frisch und unverbraucht galt, von dem zudem angenommen werden konnte, dass er die Reformpartei in den Zentralbehörden nachhaltig verstärken würde. Und da man ihn ob all seiner Leistungen und Verdienste in den Westprovinzen schlecht noch einmal übergehen konnte, ohne ihn ernsthaft zu brüskieren – schon dass man ihm im Sommer Angern vorgezogen hatte, war unter Anciennitätsgesichtspunkten hart an der Grenze gewesen –, nahm man die zu erwartenden Reibungen – und Reibungsverluste – sehenden Auges in Kauf. So hat Schön in seiner erheblich später niedergeschriebenen Autobiographie die Dinge wohl doch einigermaßen klar erkannt, der registrierte, dass viele sich über Steins Ernennung freuten, allerdings außer dem König nicht die „alten Mechaniker, welche einen Angriff von ihm auf ihr Räderwerk befürchteten“[484].

Denn auch wenn es sich um einen geschmeidigeren, flexibleren Mann gehandelt hätte: es war ein schwieriges, mehrfach vermintes Gelände, auf dem er nun seinen Platz finden musste. Immer noch war die preußische Zentralverwaltung in einem Zustand, den ihr der Soldatenkönig und Friedrich II. gegeben hatten. Ihr Mittelpunkt war nach wie vor das Generaldepartement („Ober-Finanz-, Kriegs- und Domänen-Direktorium“), das für die Finanzen und den Gesamtbereich der inneren Verwaltung zuständig war, dessen Mitglieder aber ganz unterschiedliche, sich auch wieder überlappende Zuständigkeiten hatten: teils territorial begrenzte, teils ressortähnliche Aufgaben für den Gesamtbereich der Monarchie wahrnahmen, also etwa Berg- und Hüttenwesen, Fabriken und Handel, Kriegsmagazine und Heeresversorgung. Als Immediatbehörde stand neben ihnen das Provinzialministerium für Schlesien. Ohne organische Verbindung zum Generaldirektorium waren das sog. Kabinettsministerium, dessen Chef für die auswärtigen Beziehungen zuständig war und – daher der Name – unmittelbares Vortragsrecht beim Monarchen hatte, das Justizdepartement, das auch die Kirchen- und Schulsachen verwaltete, und das Oberkriegskollegium, dem der Gesamtbereich der Militärverwaltung oblag. Im Kabinettsministerium war die Lage zudem noch verkompliziert worden dadurch, dass der nominelle Erste Minister sich in einer Art unbefristeten Urlaub auf seinen Gütern befand, so dass faktisch die Leitung dieses zentralen Ministeriums (seit April 1804) in den Händen des Freiherrn Hardenberg lag. Schon allein dieser kurze Einblick in die Struktur der „Regierung“, die nie als Ministerrunde zusammentrat, lässt ahnen, dass derartige vormoderne Strukturen mit Überlappungen, daraus resultierenden Rivalitäten und Kompetenzstreitigkeiten und die „natürlichen" Egoismen von Angehörigen einer Funktionselite immer für Unruhe sorgten – und das ganz unabhängig von den Zeitläuften, die sich bald nach Steins Ankunft in Berlin dramatisch veränderten.

Zu diesen strukturellen Problemen – dem Fehlen einer modernen, auf dem Ressortprinzip gründenden Zentralverwaltung – kam eine einigermaßen lethargische Grundstimmung hinzu und eine bedenkliche Zerrissenheit unter den Ministern, von denen einige ihr und des Staates Heil im weiteren Zusammengehen mit Napoleon Bonaparte sahen, manche aber auch die Option Frankreich für unbedingt revisionsbedürftig hielten. Dass Stein der letztgenannten Gruppe zugerechnet werden musste, war jedermann klar, der ihn auch nur einigermaßen kannte. Aber die „Frankophilen" und Anhänger Napoleons, der sich wenige Wochen nach Steins Dienstantritt in Berlin zum Kaiser der Franzosen krönen sollte, hatten ihre Bataillone nicht nur in der Zentralverwaltung, wo der (auf Dauerurlaub befindliche) Außenminister Haugwitz als ihr Exponent gelten musste, sondern auch in der „öffentlichen Meinung". Berliner Publizisten wie etwa Bülow und Buchholz, die sich der französischen Presseaufsicht zur Verfügung gestellt hatten[485], nahmen das breite Publikum in starkem Maß für den „Überwinder der Revolution" ein, in dem sie den legitimen Nachfolger Karl des Großen zu erkennen meinten und dem sie zutrauten, ein Reich des Lichts und des Fortschritts zu errichten. Sie standen in deutschen Landen mit einer solchen Sicht längst nicht allein auf weiter Flur – das Phänomen Bonaparte hat in der deutschen publizistischen und intellektuellen Szene viele in seinen Bann geschlagen. Dass aus einer solchen Sicht leicht abgeleitet werden konnte, den engen Schulterschluss mit ihm zu wahren und in seinem zukünftigen Friedensreich eine Vorzugsstellung zu genießen, liegt auf der Hand. Es versteht sich ebenso fast von selbst, dass aus einer solchen selbstgenügsamen, ja selbstzufriedenen Mentalität nur wenig Impulse für eine (notwendige) Reform der Staatsverwaltung ausgehen konnten und *realiter* ausgingen. Stein, das war klar, würde hier energisch gegen den Strom schwimmen (müssen).

Als Stein nach Berlin aufbrach, musste ihm dies, allen Bedenken und Selbstzweifeln zum Trotz, wie der Höhepunkt seiner Beamtenkarriere erscheinen. Er war, obwohl noch nicht 50jährig, jetzt auch zu dem beeindruckenden, mit einer spezifischen Ausstrahlung ausgestatteten Mann geworden, als den ihn viele Zeitgenossen, mochten sie nun länger oder kürzer mit ihm zusammengewesen sein, darstellten. Der reformierte Prediger Rulemann Friedrich Eylert, mit Stein während seiner Zeit als Hammer Kammerdirektor eng verbunden und später von ihm als Hofprediger nach Potsdam empfohlen, schilderte ihn in seinen Memoiren als einen kleinen, gedrungenen Mann mit stämmigen Füßen und vor allem einem ernsten bedeutungsvollen Gesicht, an dem ihn der scharfe, leuchtende Blick, die hellen, braunen, feurigen Augen und die „gewaltige" Stirn sowie die „feinen, dünnen, satyrischen Lippen" am meisten beeindruckten. Eylert vermerkte, dass Stein sehr schnell sprach, was sich, wenn er erregt war, geradezu zu einem „rapiden und stürzenden" Redefluss steigern konnte. Aber das Sprechen war es wohl nicht, was Dritte, die mit ihm zu tun hatten, faszinierte, obwohl sein Freund Arndt hier schon einiges anders als Eylert beschrieb und ihn damit wohl schon zu stilisieren begann (laute und feste Sprache, kurze und entschiedene Rede). Das Faszinierende war wohl doch seine Physiognomie: die beeindruckenden Gesichtszüge und der Gesichtsschnitt mit der stark ausgebildeten Nase, die er von seiner Mutter geerbt hatte, und der hohen, gewölbten Stirn, das Minenspiel – Joseph Görres, der Stein und Goethe auf ihrer Rheinreise 1815 traf, sollte von den „in scharfer Spannung beruhigten Zügen" sprechen und wollte damit wohl auf eine Mischung besonderer Wachheit, sichtbarer Intelligenz und Selbstkontrolle abheben. Manche glaubten in seiner Physiognomie – über die Nasenpartie hinaus – deutliche Ähnlichkeiten mit der seiner Mutter zu erkennen: in beiden Fällen fehlt es an den Humor assoziierenden Rundungen. Nicht die über die Normalität hinausreichende Größe, nicht die Markanz der Stimme waren es, die Dritte Stein im Gedächtnis behalten ließen, sondern seine eindringliche und unverwechselbare Physiognomie und die Art, wie er zu formulieren verstand: nie leichthin, immer mit Gewicht, bedeutungsvoll.

Ein derart „komponierter" Mann mit seinen eindringlichen Gesichtszügen, seinem hohen Bildungsgrad, seiner Art, diese Bildung auch nach außen dringen zu lassen, seiner Selbstsicherheit, musste auf Frauen eine hinreißende Wirkung ausüben – und schwärmerisch veranlagte und geistvolle Frauen gab es in den Jahren „um 1800" nicht nur in Berlin genug. Steins Korrespondenz sollte sich seit seinem Überwechseln nach Berlin erheblich ausweiten, vor allem um adlige, oft auch erheblich jüngere Frauen, die ihn anhimmelten, ihn verehrten. Um nicht missverstanden zu werden: Stein blieb nach allem, was wir wissen, bis zum Tod seiner Gemahlin ein absolut treuer Ehemann; seine Faszination auf Frauen wurzelte im Geistigen, nicht im Erotischen, im Körperlichen. Ob man es so ausdrückt wie einer seiner Biographen, er sei mit seiner Mischung von Vernunftkälte und Gefühlsfeurigkeit der „Prototyp einer Zeit, die zwischen Ratio und Emotion, Heroismus und Wehleidigkeit schwankte", gewesen, eine „Traumfigur für gebildete, empfindsame Damen dieser Phase zwischen Aufklärung und Romantik"[486], bleibe auf sich gestellt, aber ein richtiger Kern ist gesehen worden. Ricarda Huch hat Steins Verhältnis zu den Frauen so zu charakterisieren versucht: „Der Umgang mit Frauen war ihm Bedürfnis, er suchte bei ihnen harmonischen Anklang alles dessen, was ihn bewegte, Verständnis für seine großen und einfachen Ideen, die mit dem Herzen erfasst werden mussten, und er mochte voraussetzen, dass sie weniger als Männer durch Theorien oder Vorurteile verkümmert und verkrümmt wären"[487].

Schon in seiner westfälischen Zeit hatte sich eine solche intensive Beziehung zu Karoline von Berg entwickelt, der Gattin des Berliner Kammerherrn Karl Ludwig von Berg-Schönfeld und vertrauten Hofdame und Freundin Königin Luises, zu deren Biographin sie auch werden sollte. Stein hat sie bereits in den frühen 1790er Jahren zu seinen allerengsten Vertrauten gezählt. Sie war im Berlin der Jahrhundertwende eine ebenso einflussreiche wie stimulierende Frau, stand sie doch mit vielen Großen ihrer Zeit, ob sie nun Goethe, Herder, Kleist oder Jean Paul hießen, in direktem oder indirektem Kontakt. Die Beziehungen zu Prinzessin Marianne, der Gattin des Prinzen Wilhelm, waren im Vergleich dazu schwärmerisch-patriotisch akzentuiert, hatten die Tugenden und die Relevanz geschichtlicher Werke für die Gestaltung der Gegenwart zum Gegenstand. Die Prinzessin Luise Radziwill, die Schwester des Prinzen Louis Ferdinand, müsste dieser Liste hinzugefügt werden, die Gräfin Sophie Brühl, die polnische Gräfin Lanskoronska, etliche russische Adlige, die ihn in Petersburg umschwärmten. Die Forschung hat dieses Thema noch längst nicht erschöpft; sie müsste sich des Sujets freilich mit viel psychologischem Einfühlungsvermögen annehmen.

Die ersten Schritte dieser die Zeitgenossen beeindruckenden Gestalt auf dem Berliner Parkett waren der außenpolitischen Lage des Staates wegen gleichwohl mühsam – in jener Stadt, die dabei war, sich klassizistisch zu verändern und sich kurz zuvor mit dem Brandenburger Tor ein gewaltiges Denkmal zur Erinnerung an sehr bescheidene preußische Erfolge gegen die französischen Revolutionstruppen geschaffen und sich damit gewissermaßen selbst beschenkt hatte. Seine dienstliche Korrespondenz aus Berlin setzt mit dem 14. Dezember 1804 ein, einem Zeitpunkt, zu dem in Preußen der äußeren Rahmenbedingungen wegen an ein ungestörtes Arbeiten nicht mehr zu denken war. Hatte Preußen im sog. 2. Koalitionskrieg (1799–1802) noch die in Basel vereinbarte strikte Neutralität wahren können, so war es seitdem langsam, aber scheinbar unaufhaltsam in den Strudel der militärischen Auseinandersetzungen hineingezogen worden. Der Monarch hatte die Garantie der preußischen Neutralität durch Dritte gesucht und sich zu diesem Zweck im Juni 1802 gemeinsam mit Luise in Memel mit dem Zarenpaar getroffen – eine rundum harmonische Begegnung, die politisch aber längst nicht alles hielt, was man sich von ihr versprochen hatte. 1803 hatten französische Truppen das mit der Krone England in Personalunion verbundene Kurfürstentum Hannover besetzt und damit offenkundig die Neutralität aller norddeutschen Staaten, auf die man sich 1795 in Basel verständigt hatte, verletzt. Die Krone Preußen musste, um so mehr als napoleonische Truppen sich auch noch Übergriffe auf preußisches Territorium zuschulden kommen ließen, das an sich als den *casus belli* ansehen, konnte sich im Frühjahr 1804 aber, unentschlossen, wie der König nun einmal war, noch nicht zu der angebotenen russischen Allianz durchringen. Man kann sich die Unruhe, in die Stein hinein kam, ohne große Mühe ausmalen, und man kann sich auch ausrechnen, dass er sozusagen von der ersten Stunde an zu einer klaren Option – Hinwendung zur antifranzösischen Koalition, die die „Partei der Königin" mit so namhaften Personen wie Blücher, Gneisenau, Hardenberg, Scharnhorst und Johannes von Müller vertrat[488] – gezwungen war. Dass er in Berlin eine ganze Reihe von Freunden und guten Bekannten vorfand – insbesondere Friedrich Wilhelm von Reden, der 1802 Heinitz' Stelle im Generaldirektorium übernommen hatte –, mag ihm aller Turbulenzen ungeachtet die ersten Schritte in Berlin gleichwohl erleichtert haben.

Reden und andere mögen es ihm auch erleichtert haben, sich in das gesellschaftliche Leben der Hauptstadt rasch zu integrieren, obwohl er seit seiner Ausbildungsphase gegenüber Berlin, „wo die Herzen kälter als das Klima sind"[489], ein tiefreichendes Vorurteil hatte – eine Animosität des Vaters der Städteordnung gegen die (Groß)Stadt an sich, in der er sich nie wirklich wohl fühlte. Auch wenn er sicher kein Anhänger Rousseaus war: ein wenig von Rousseaus Gegenüberstellung von guter Natur und verdorbener Zivilisation der Gesellschaft, die sich an den Städten festmachen lasse, hatte sicher auf ihn abgefärbt. Was das gesellschaftliche Leben betrifft, so war Stein von seinem ganzen Naturell her kein „Gesellschaftslöwe" – unverbindlicher *small-talk* war ihm zutiefst zuwider. Aber in den (in seiner westfälischen Zeit oft genug verspotteten oder zumindest doch hart kritisierten[490]) Berliner Salons der Zeit um die Jahrhundertwende ging es ja nicht um *small-talk*, sondern um ein anspruchsvolles Gespräch über die Probleme und Herausforderungen der Zeit – und in ihnen war für einen Mann wie Stein durchaus Platz[491]. Ob es sich um den Salon der Rahel Varnhagen von Ense oder den der Karoline von Berg handelte: hier traf sich eine geistige Elite, die eins miteinander verband – die geistige und politische Entwicklung. Es spricht einiges dafür, dass Stein zumindest mit dem Salon der Karoline von Berg in einem mehr oder weniger regelmäßigen Austausch stand, die in ihrer Villa am Berliner Tiergarten einen Kreis von Adligen, hohen Beamten, Künstlern und Gelehrten versammelte, deren Diskussionen über sie auch die Königin erreichten[492]. Stein war seit fast 20 Jahren mit ihr befreundet, charakterisierte sie einmal als „mannigfaltig gebildet und tätig"[493], und es wäre in hohem Maß verwunderlich, wenn er nicht wenigstens ab und zu ihren Einladungen gefolgt wäre. Über sie hatte Stein wohl auch einen direkten „Draht" zur Königin, die bei seinen Bemühungen, den König zu Reformen zu bewegen, durchaus eine strategische Rolle spielte.

Andere Berliner Verbindungen wird er eher sparsam genutzt haben. Es war seit 1803 Mitglied der Militärischen Gesellschaft zu Berlin[494], war im übrigen auf eigene Bitten eingetreten, so dass zumindest vermutet werden kann, dass er gelegentlich an deren Veranstaltungen teilgenommen haben wird, zumal deren Direktor der General Karl Ludwig August von Phull war, mit dem er später häufiger zusammenarbeitete und der noch zwei Jahrzehnte später in Koblenz wiederholt sein Gastgeber sein sollte.

Ob Stein in seinem eigenen Domizil, dem imposanten, von dem Architekten Christian Friedrich Feldmann ein halbes Jahrhundert zuvor erbauten Donnerschen Haus mit seiner geradezu strengen Fassade, häufiger Gesellschaft hielt als unbedingt nötig, mag hier offen bleiben, aber nicht vieles spricht dafür. Ob ihn der bewusst gastliche Lebensstil seiner Eltern, deren Schloss allen, ob sie nun aus der Region oder von weit her kamen, offenstand, negativ geprägt hatte? An seiner Frau wird es wohl kaum gelegen haben, wenn die Déjeuners, Soupers oder Soireen im Hause Stein eher selten gewesen sein werden.

***

Einer seiner Berliner Mitarbeiter, der nachmalige preußische Gesandte beim Vatikan und Bonner Historiker Barthold Georg Niebuhr, hat Stein nach dessen Ausscheiden aus dem Generaldepartement im Januar 1807 im Rückblick als einen „idealen Minister" bezeichnet. Zwar geschah das in einem persönlichen Brief an Stein[495], ein wenig Schmeichelei dürfte also im Spiel gewesen sein, zudem in einer Situation, als Stein Worte der Anerkennung bitter nötig gehabt haben dürfte. Aber Niebuhr war nicht der Mann, einem Dritten nur nach dem Mund zu reden. Und so stellt sich die Frage, ob Niebuhrs Einschätzung von den zeitlich weiter entfernten Historikern nachvollzogen werden kann.

Was macht einen „idealen Minister" aus? Sicher zum einen eine vorbildliche Einsatzbereitschaft und ein exzellentes Fachwissen, die Fähigkeit, zuhören und dazulernen zu können, Durchsetzungsfähigkeit gegenüber den Kollegen und ggf. dem Souverän, aber auch die Kunst, einen Kreis von Mitarbeitern um sich zu scharen, die in unbedingter Loyalität und Solidarität seine Beschlüsse umsetzten. Von ihnen, den Mitarbeitern, soll im folgenden zunächst kurz die Rede sein.

Bei seinem Wechsel von Münster nach Berlin hat Stein nicht nur seinem Nachfolger im Amt des Oberpräsidenten, Ludwig Vincke, ein Tableau seiner engeren Mitarbeiter hinterlassen, das deren Stärken und Schwächen zum Teil – etwa im Fall des Kammerdirektors Müller – relativ schonungslos ansprach, sondern er hat sich umgehend auch bemüht, neue Leute in die von ihm zu leitenden (und in einem Fall, dem des Statistischen Bureaus, erst noch zu schaffenden) Behörden zu ziehen (und im übrigen auch deren Besoldung zu verbessern bzw. an die unabweisbaren Bedürfnisse anzupassen – einer seiner ersten Immediatberichte sollte davon handeln[496]). Das Statistische Bureau, das in dieser Form ein Novum war, stellt vielleicht ein besonders anschauliches Beispiel für die Art dar, wie Stein seine Mitarbeiter rekrutierte und an sich band: Leopold Krug hatte Stein indirekt über seine Abhandlung *Betrachtungen über den Nationalreichtum des preußischen Staa-*

tes und über den Wohlstand seiner Bewohner kennen gelernt, eine Schrift, der sich das Statistische Bureau, über dessen Errichtung freilich schon länger nachgedacht worden war, zu einem gewissen Teil sogar verdankte. Es war also ein Fachmann *par excellence*, wiewohl Stein seine Defizite – eine unzureichende Kenntnis der Zweige der Verwaltung, mit denen das Statistische Bureau zusammenzuarbeiten hatte – klar erkannte und ihn deswegen auch nicht als Leiter der Behörde vorsah, die er vielmehr dem schon im Staatsdienst bewährten Oberfinanzrat Heinrich von Beguelin zudachte. Die entsprechenden Gesuche[497] wurden allerdings mehrmals abgelehnt[498], so dass es am Ende in der kriegsbedingt zunächst nur kurzen Tätigkeit des Statistischen Bureaus zu einer Art Doppelspitze der Einrichtung kam. Freilich hat sich zu keinem der beiden Männer eine wirklich persönliche Freundschaft entwickelt. Krug begleitete Stein zwar auf seiner Ostpreußenreise 1805, aber anders als im Fall des Geheimrats Kunth, des Erziehers der Brüder Humboldt und Mitarbeiters im Fabrikendepartement, der auf dieser Reise zu einem Freund und lebenslangen Korrespondenzpartner wurde und in schwierigen Zeiten namentlich seine Besitzungen überwachte[499], blieb das Verhältnis Steins zu Krug eher nüchtern und auf Distanz bedacht. Beguelin, Steins eigentlicher Favorit für die Leitung des Statistischen Bureaus, war später eine Zeitlang als Steins Sekretär tätig, war einer der Protagonisten des „Tugendbundes“ des Jahres 1808, aber die Wege trennten sich dann doch wieder, als der „feingebildete, kluge“ Beamte[500] sich von Stein zurückgesetzt fühlte. Er hat später dann in Hardenbergs Finanzkommission – das allein schon ein Indiz für den Bruch – mitgearbeitet und auf dem Wiener Kongress die Interessen Neuchâtels vertreten.

Diese wenigen biographischen Streiflichter lassen bereits erkennen, dass Stein auch gegenüber Mitarbeitern, die er persönlich ausgewählt hatte, im allgemeinen eine kritische Distanz wahrte und ein offenes Auge für ihre Defizite und Unzulänglichkeiten behielt. Stein hatte kein Interesse daran, einen Stab ihm unbedingt ergebener, alles mittragen könnender Mitarbeiter zu schaffen, eine *Clique* und eine *Claque*, ihm kam es auf die Leistungsfähigkeit und die Leistungsbereitschaft seiner Beamten an. Wenn – wie bei Krug – die Praxis seine Einschätzung nicht bestätigte, hielt er mit seiner Kritik nicht hinter dem Berg und korrigierte sich auch selbst. Zu einer Ansammlung willfähriger Subjekte wurde das Stein-Ministerium niemals. Effizienz war ihm alles. Insofern kann es auch kaum erstaunen, dass in den seinem Ministerium zugeordneten Einrichtungen, der Staatsbank und der Seehandlung, rasch ein Stühlerücken zu Lasten der von ihm als unfähig oder ungeeignet eingeschätzten Führungspersönlichkeiten (Winterfeld) einsetzte, für die mit Friedrich August Stägemann (Bank) und Barthold Georg Niebuhr (Seehandlung) dann auch überzeugende personelle Lösungen gefunden wurden.

Das Beispiel Beguelin zeigt freilich zugleich auch, dass Stein ein „schwieriger“ Chef war, der selbst Mitarbeiter, die ihm – in diesem Fall als persönlicher Sekretär – sehr nahe standen, verletzen und ihm damit auf Dauer entfremden konnte. Stein als Dienstvorgesetzten zu haben, war seines Temperaments wegen nicht immer ein Zuckerschlecken. Auf der anderen Seite haben seine Mitarbeiter von der Entschlossenheit und Zielgerichtetheit, mit der Stein Probleme anpackte, wohl ausnahmslos profitiert. Ohne Niebuhrs Einschätzung von allen Seiten zu beleuchten: Stein war wohl ein anspruchsvoller, ein im persönlichen Umgang auf die Leidensfähigkeit seiner Mitarbeiter angewiesener, aber auch ein inspirierender Chef.

***

Die Geschichte eines Ministeriats kann zu einer mühsamen Geduldsprobe für den „normalen", nicht an allen verwaltungsgeschichtlichen Details interessierten Leser werden. Verwaltungsgeschichte bedarf zudem – die Biographien Lehmanns und Ritters veranschaulichen je auf ihre Weise diese Problematik – des ständigen Rückblicks und der Vorschau, muss sich also zwangsläufig vom biographischen Ansatz lösen. Diesen Vorüberlegungen schuldet sich die Entscheidung, Steins erstes Ministeriat vor allem von den politischen Implikationen und Konflikten her zu würdigen.

Der Minister hat Ende April 1806, also nach knapp eineinhalb Jahren, in einem Immediatbericht an den König[501], der ersten seiner großen Reformschriften, eine Art Bilanz seiner Tätigkeit gezogen. Die freilich keineswegs nur nach rückwärts orientierte Denkschrift ist nicht ohne Grund charakterisiert worden als ein Dokument, das wie kein zweites „die Vorzüge seines Wesens, den großartigen Schwung der staatsmännischen Ansichten [...], aber auch die Schwächen des Politikers mit so plastischer Deutlichkeit erkennen ließe"[502]. Das beginnt schon mit der Einleitung, in der Stein die Freiheit und Verpflichtung jedes „öffentlichen Beamten" unterstreicht, unaufgefordert auf Gefahren oder Mängel aufmerksam zu machen, die die Selbständigkeit eines Staates bedrohten und seinen „National-Reichtum" gefährdeten. Der verantwortliche Staatsbedienstete müsse aber immer über das Feststellen eines Sachverhalts hinausgehen und sich aktiv um Beseitigung dieser Mängel und Defizite bemühen; das zu unterlassen, sei ebenso tadelnswert wie Verrat.

Stein hält zunächst fest, dass Preußen keine Staatsverfassung besitze in dem Sinn, dass die oberste Gewalt zwischen dem König und den „Stellvertretern der Nation" geteilt sei; die Stände in einigen Provinzen hätten nur ein örtliches und selbstverständlich kein gesamtstaatliches Mandat. Wenn diese Staatsverfassung schon fehle, sei es um so notwendiger, dass die Regierungsverfassung auf „richtigen Grundsätzen" beruhe. Die Staatsverwaltung verteile sich auf die Militärbehörde, das Kabinettsministerium, das Justizministerium sowie das Generaldepartement. Der „Vereinigungspunkt" ihrer

Chefs sei der Staatsrat, dem derzeit nominell 15 Mitglieder angehörten. Was aber sei aus diesem Gremium geworden? Er müsse faktisch als nicht-existent angesehen werden. Friedrich Wilhelm III. regiere unter dem Einfluß seines Kabinetts, „des mit diesem innig vereinigten [...] Kabinettsministers [...] Haugwitz, und des königlichen Freundes, des Generals Köckritz".

Damit sei eine neue Staatsbehörde entstanden, und es erhebe sich die Frage, ob sie nützlich sei und ob „ihre subjektive Zusammensetzung das Fehlerhafte ihrer Einrichtung" kompensiere. Denn diese Einrichtung habe keine gesetzliche Grundlage, sie habe alle Gewalt, aber sie habe keinerlei Verantwortlichkeit, da allein die Person des Königs ihre Handlungen sanktioniere. Den obersten Staatsbeamten, also den Ressortministern, bleibe nur die Verantwortlichkeit für die von ihnen vorgelegten Empfehlungen und für die Ausführung der Beschlüsse des inneren Kabinetts; außerdem – und das sei gravierend – müssten sie gegenüber der öffentlichen Meinung für das geradestehen, was nicht sie beschlossen hatten. Diese Abhängigkeit – so Stein weiter – von „Subalternen, die das Gefühl ihrer Selbständigkeit zu einem übermütigen Betragen bringt", kränke das Ehrgefühl der obersten Staatsbeamten, die nur noch den Schatten einer Stelle innehätten. Und wenn „beleidigtes Ehrgefühl" mit im Spiel sei, dann drohe die Gefahr, dass auch das Pflichtgefühl abstumpfe und die Tätigkeit des Staatsbeamten lähme. Auch die Dienstuntergebenen würden die Ohnmacht ihres Departementschefs rasch erkennen und sich mehr und mehr an die „Götzen des Tages" halten. Am schlimmsten aber sei, dass der Monarch völlig abgeschottet werde, mit seinen Ministern keinen Kontakt mehr pflege, einseitig informiert werde und dementsprechend einseitig – weil auf der Grundlage von Vorträgen eines Kabinettsrats, der mit der verwaltenden Behörde in keinerlei Verbindung stehe – Beschlüsse fasse.

Strukturell sei dieses Konstrukt somit in jeder Hinsicht fehlerhaft, und dieser Eindruck werde auch durch die persönliche Zusammensetzung der (in der „Verfassung" nicht vorgesehenen) Staatsbehörde nicht gemildert: Beyme, Lombard, Haugwitz und Köckritz seien alles in allem verwerfliche Subjekte, wobei die Begriffe „übermütig und absprechend", „physisch und moralisch gelähmt", „vollkommen gleichgültig gegen das Gute und Böse", „eine ununterbrochene Folge von Verschrobenheit oder von Verworfenheit", „eingeschränkter ungebildeter Kopf von einem gemeinen Charakter und Denkungsart" noch zu den zahmeren zählen. Auch von diesen vier Personen her sei es verständlich, dass das Missvergnügen der Bürger mit ihrer gegenwärtigen Regierung zunehme, deren Achtung in der öffentlichen Meinung rapide abnehme, und dass die Notwendigkeit einer Veränderung artikuliert werde.

Vor diesem Hintergrund sei eine grundlegende und grundsätzliche Reform vonnöten, die darauf zielen müsse, die unmittelbare Verbindung zwischen dem König und den obersten Staatsbeamten – den Ministern – wiederherzustellen, den Vortrag beim König auf Personen zu begrenzen, die gesetzlich und öffentlich dazu berufen seien, den Staatsrat zweckmäßig zu organisieren und mit Verantwortlichkeit auszustatten. Zudem sei die Zentralverwaltung neu zu organisieren, und zwar in jetzt fünf Abteilungen für Kriegswesen, auswärtige Beziehungen, allgemeine Landespolizei („im ausgedehntesten Sinne des Wortes"), öffentliches Einkommen und Rechtspflege. Die Minister müssten selbst das Vortragsrecht haben, von ihrem Vortrag beim Monarchen seien die Kabinettsräte auszuschließen, die dann die Ausfertigungen der Beschlüsse zu übernehmen hätten und im übrigen in einem „Großraumbüro" für Rücksprachen mit den Ministern über die Agenda bereitstünden.

Da die fraglichen Personen mit einer solchen Unterordnung sicher nicht einverstanden wären, seien sie zu entfernen. Das, was in der letzten Zeit an schlimmen Beispielen vorgefallen sei, dass feierlich gefasste Beschlüsse umgangen und dann ganz umgestoßen worden seien, sei „ein fürchterlich belehrendes Beispiel, wie notwendig es ist, Personen zu ändern, wenn man Maßregeln ändern will". Wenn die gegenwärtig amtierenden Minister durch ihren Rücktritt zu einer solchen Totalrevision beitragen könnten, wäre er, Stein, dazu jederzeit bereit.

Stein verfasste diese Denkschrift vor dem Hintergrund von 16 Monaten Erfahrung im Amt, wobei in Erinnerung zu rufen ist, dass ihm das System schon in seiner westfälischen Zeit hinlänglich bekannt war und von ihm auch oft genug kritisiert worden war. Sie zeichnet sich durch die Klarheit und Nüchternheit des Befundes und ebenso durch die Schonungslosigkeit aus, mit der vier Personen für den Niedergang Preußens verantwortlich gemacht und zumindest dem Monarchen gegenüber an den Pranger gestellt werden. Das war Stein, wie er leibt und lebt: direkt, unverblümt, vor Ingrimm geradezu polternd. Über den unmittelbaren Anlass der Denkschrift ist hier nicht weiter zu handeln – sicher war Haugwitz' Fehlverhalten in Wien, als er sich entgegen seiner Instruktion auf ein Bündnis mit Napoleon eingelassen hatte, der unmittelbare Auslöser. Viel interessanter ist die Frage, ob Stein danach als Minister noch tragbar war, ob er das Memorandum vielleicht sogar verfasst hat, um in einer verfahrenen Situation aus der Verantwortung entlassen zu werden. Denn wahrscheinlich war dem König in seiner gesamten Regierungszeit noch kein Dokument vor die Augen gekommen, das seine Personalpolitik derart rigide geißelte. Oder trieb Stein wirklich ganz uneigennützig die Sorge um den Staat um, die Sorge, dass in einer extremen Krisensituation die Monarchie der Sache nicht mehr gewachsen war und, so wie es etlichen Gemeinwesen schon ergangen war, in der Gefahr stand, von einem skrupellosen Machtmenschen namens Napoleon liquidiert und einer anderen Bestimmung zugeführt zu werden? Oder war Stein etwa nur, wie er es in seiner Autobiographie darstellt, jemand, der sich einer Bewegung, die von den königlichen Prinzen initiiert worden war, anschloss?

Die Fragen mögen hier zunächst als solche stehen bleiben. Das Memorandum signalisiert auf seine Art aber, dass Stein die Berliner Aufgabe ungeheuer ernst nahm, von einem tiefen Ethos des Staatsdieners erfüllt war, auf der anderen Seite von der ersten Stunde an mit Strukturen zu kämpfen hatte, die er aus subjektiven und objektiven Gründen für verhängnisvoll hielt. Man muß sich zudem vor Augen halten, wie viel verfassungspolitischen Sprengstoff dieses Dokument in sich barg, das ja auf nicht mehr und nicht weniger hinauslief als den Souverän an die Einsichten seiner gesetzlichen Ratgeber zu binden! Vorweggenommen sei allerdings, dass die Denkschrift in dieser extrem polemischen Form dem König nie vor die Augen kam, insofern nur bedingt als ein „Fanfarenstoß in die Epoche der Reform" hinein angesehen werden kann[503]. Vorweggenommen sei hier aber auch, dass sie nicht wie eine Solitärpflanze auf weitem Feld steht, sondern in einen Diskurszusammenhang innerhalb der preußischen Spitzenbeamtenschaft gehört, der ausgelöst wurde durch die Frage, wie es in einer extrem zugespitzten Krisensituation mit Preußen überhaupt weitergehen würde.

Dass Stein den Finger in eine offene Wunde legte, ist weder von den (meisten) Zeitgenossen noch von der Forschung wirklich in Abrede gestellt worden. Man hat im Unterschied zu der Regierung aus dem Kabinett für die Dekade 1797/1806 geradezu von einer Regierung des Kabinetts selbst gesprochen[504]. Die Abschottung des Monarchen durch die beiden zentralen Kabinettsräte – Beyme primär für die Innen-, Lombard für die Außenpolitik zuständig – hatte zu allem Überfluss auch noch eine soziale Komponente: zwei Bürgerliche, die sich gegenüber den adligen Ministerialspitzen wie Leibwächter aufspielten und natürlich Ressentiments in Hülle und Fülle weckten. Der Fehler lag freilich weniger im System als vielmehr in Friedrich Wilhelms III. Unfähigkeit, die Zügel der Regierung wirklich in die Hand zu nehmen. Seine Haltung, aus Gründen der Bequemlichkeit und der persönlichen Schwäche die Dinge in den Händen von Personen zu lassen, die sich unentbehrlich zu machen wussten, und die guten Regeln einer funktionierenden Zentralverwaltung außer Kraft zu setzen, sollte sich für Preußen in mehrfacher Hinsicht als verhängnisvoll erweisen. Man hatte in Preußen formal ja noch keineswegs Abschied genommen von dem Ideal des selbst herrschenden (und möglichst auch selbst in den Krieg ziehenden) Monarchen, aber seit Friedrichs II. Tod war dieses Staats- und Herrscherverständnis faktisch kollabiert. Preußen war noch keine konstitutionelle Monarchie, aber schon längst keine „absolute" mehr – eher eine, die drohte, zu einer Günstlingswirtschaft abzusinken.

Dabei wird man den einen dieser nahezu allmächtigen Kabinettsräte, mit dem Stein von seiner Zuständigkeit her am meisten zu tun hatte, mit einiger Sicherheit nicht so in Bausch und Bogen verdammen dürfen, wie Stein das ab einem bestimmten Zeitpunkt tat. Karl Friedrich Beyme hat sehr wohl die Problematik seiner Funktion gesehen, sozusagen den König abzuschirmen, alles, was an ihn gelangen sollte, zu filtern. Er interpretierte diese Funktion gegenüber sich selbst und gegenüber Dritten damit, dass er – als Bürgerlicher – den Monarchen zu schützen habe vor dem Einfluss und den Pressionen adliger „Lobbyisten". Das mag eine Stilisierung gewesen sein, aber Tatsache war, dass nichts an den König gelangte, was nicht die Hände Beymes passiert hatte, der *notabene* ohne irgendeine Verantwortlichkeit diese Rolle ausübte. Nicht zufällig hat ihn Hardenberg einmal den unsichtbaren Premierminister Preußens genannt[505]. Aber davon einmal abgesehen: Der studierte Jurist neigte überhaupt nicht zum Machtmissbrauch, legte an alle Agenden, die seinen Schreibtisch kreuzten, den Maßstab strenger Sachlichkeit an, nahm auch an den literarischen Bewegungen seiner Zeit lebhaften Anteil, war ehrlich. An der Integrität seiner Gesinnung ist wohl nicht zu zweifeln. Die Tatsache, dass er noch eine glanzvolle Nach-Stein-Karriere absolvierte und ein guter Justizminister wurde, spricht für seine fachlichen und auch menschlichen Qualitäten. Dass sich Stein gerade an ihm derart reiben sollte, hatte sicher etwas damit zu tun, dass er gegen katzbuckelnde Bürokraten allergisch war und dass Beyme für ein System stand – die Nichtzugänglichkeit des Monarchen für verantwortliche Minister –, das Stein zu Fall zu bringen entschlossen war. Wenn er dabei den Staatsrat zu einem in der altpreußischen Tradition stehenden Herrschaftsinstrument zu stilisieren suchte, lag er – historisch gesehen – falsch; richtig war aber, dass ein solches kollegiales Gremium damals eine gewisse Konjunktur zu gewinnen begann und beispielsweise auch in Österreich diskutiert wurde[506].

Man darf sich über die verfassungspolitische Relevanz einer solchen Forderung nach Einrichtung bzw. Re-Installierung eines Staatsrats keinen Illusionen hingeben; das war weit mehr als eine bürokratische „Marotte", sondern ein fundamentaler Eingriff in die gegebenen Strukturen, weil er ein dem Staatsministerium und den Ministern übergeordnetes Organ vorsah, dessen nach dem Mehrheitsprinzip zu fassende Beschlüsse zwar noch der Sanktion des Monarchen bedurften, aber dessen Rechtsstellung doch erheblich schwächten.

Doch bevor dieser Faden wiederaufgenommen wird, der der Struktur der Zentralverwaltung, ist zunächst nach Steins Leistungen als Minister für weite Teile des Wirtschafts- und Finanzwesens zu fragen. Sie sind nicht gering zu veranschlagen, litten aber unter den Zeitumständen. Als Stein nach Berlin kam, war klar, dass eine so oder so geartete Option Preußens – Krieg gegen Bonaparte oder Absinken zu einem Satellitenfürstentum – auf der Agenda stand.

Zunächst ist von einer bürokratischen Neuerung zu sprechen, die sozusagen in der Luft lag, in Schweden bereits realisiert war und gerade eben (1804) Steins Lehrer Schlözer zu einer fulminanten, in mehrere Sprachen übersetzten Schrift veranlasst hatte[507]. Besondere Bemühungen hat Stein nämlich in Szene gesetzt, um – auch in Kenntnis französischer Paralleleinrichtungen und in Kenntnis einer schon länger im Schoß der preußischen Verwaltung geführten Diskussion – ein „Statistisches Bureau“ ins Leben zu rufen: eine Behörde, die im Sinn der in den 1750er Jahren an den Universitäten des Reiches implementierten Wissenschaftsdisziplin[508] Daten aus dem gesamten Königreich sammeln, Schwachstellen der Steuer- oder Zollerhebung erkennen und Vorschläge für eine effizientere Verwaltung des gesamten fiskalischen Bereichs machen sollte. Schon hier erkennt man schlaglichtartig, wie das Amt einen Menschen verändern kann, denn als Beamter in Westfalen hatte Stein nicht selten Klage geführt über das Unwesen statistischer Erhebungen, mit denen man die Behörden von ihrer eigentlichen Arbeit abhalte und den Untertanen zur Last falle – jetzt, in Berlin, in der Verantwortung für die gesamte Monarchie, stellte sich das völlig anders dar. Auch wenn Stein bei der Besetzung dieser (erstmals im Mai 1805 von ihm in Vorschlag gebrachten[509]) neuen Behörde, die natürlich, bezeichnend für die Situation des Jahres 1805, nichts kosten sollte und deswegen auf die zeitweise Abordnung von Beamten anderer Staatseinrichtungen angewiesen war, nicht alle seine (personellen) Wünsche durchsetzen konnte, hat das „Statistische Bureau“ in den wenigen Monaten seines Bestehens[510] zahlreiche Aktivitäten entfaltet. Man muss sich dabei stets vor Augen halten, dass es aus weniger als einer Handvoll Mitarbeitern bestand, die sich freilich – wie etwa der (oben bereits vorgestellte) studierte Theologe Leopold Krug (1770–1843) – mit entsprechenden Schriften an diesem Problemkreis besonders interessiert gezeigt hatten. Der Erfolg des „Statistischen Bureaus“ wurde allgemein anerkannt; im Hochsommer 1806 schlug Stein sogar vor, einen Teil des von der Einrichtung gesammelten Materials, soweit es die Bevölkerung, die Produktion, Kultur, Handel, Schifffahrt und bürgerliche Verfassung anging, zu publizieren[511]. Der König stimmte diesem Vorhaben zu. Im übrigen sollte die Statistik Stein sein Leben lang begleiten[512].

Aber über dieser institutionellen Neuerung darf die Tagesarbeit Steins nicht aus dem Auge gelassen werden – für Wirtschafts- und Finanzminister sind Krisenzeiten allemal besondere Herausforderungen! Ein Staat, dessen Handel kriegsbedingt einen Einbruch erlebt hatte, der Kriegsschulden zurückzuzahlen hatte, in dem sich bestimmte Verbrauchsgüter rapide verteuert hatten, insbesondere soweit sie aus Übersee kamen, der sich ausgedehnt hatte und dessen neue Provinzen vor allem eins erforderten, den Aufbau einer effizienten Verwaltung und Strukturreformen – ein solcher Staat benötigte Geld, Geld und noch einmal Geld. Da an der Steuerschraube – anders als in den modernen und postmodernen Staaten – nicht wirklich und unablässig gedreht werden konnte, ging der Grundgedanke dahin, das (ertragreiche) preußische Akzise- und Zollsystem möglichst umgehend auch auf die neuen Teile des Staates zu übertragen – in seiner westfälischen Zeit, ein weiterer Hinweis auf Kompromisse, die das neue Amt Stein abverlangte, hatte Stein immer wieder davor gewarnt, die Akzise voll dem platten Land überzustülpen!

Die Alternative, das verkrustete Akzisesystem gänzlich über Bord zu werfen, spielte wohl in den Köpfen mancher Reformer eine Rolle, verbot sich aber selbstredend so lange, wie man noch kein ebenso ertragreiches, aber weniger drückendes System von direkten oder indirekten Steuern zur Hand hatte. Das wäre eine Fundamentalreform gewesen, für die in der offenbaren Krisenzeit, in der man lebte, aber noch niemand die Kraft fand. Auch Stein legte hier nicht wirklich und energisch Hand an, obwohl schon 1802 eine königliche Kabinettsordre eine allgemeine Steuerreform angeregt hatte. In dieser Hinsicht blieb er eher konservativ: Es konnte allenfalls darum gehen, die gewaltigen binnenstaatlichen Unterschiede bei der Erhebung der Akzise – es gab nicht weniger als elf Tarife! – abzubauen, vielleicht die Besteuerung auf wenige, dafür aber ertragreiche Artikel zu beschränken, und die vielen handelshemmenden innerpreußischen Zölle möglichst rasch verschwinden zu lassen. Erst als sich die Lage Preußens wenige Wochen vor Jena und Auerstedt noch einmal erheblich zuspitzte, sehen wir Stein damit beschäftigt, Pläne einer modernen, alle Stände unterschiedslos treffenden Einkommenssteuer nach englischem Vorbild auszuarbeiten. Das war als eine Not- und Kriegsmaßnahme gedacht, um so mehr als eine Progression von bis zu 30% vorgesehen war – dass damit aber ein Weg in die Zukunft hinein begonnen wurde, auch wenn es in Preußen noch Jahrzehnte dauern sollte, bis diese Steuerart sich definitiv durchsetzte, konnte Stein im September 1806 nicht ahnen. Menschen des beginnenden 21. Jahrhunderts würden sich glücklich schätzen, wenn sich der Steinsche Gedanke, der Einkommenssteuererklärung die Selbsteinschätzung zugrundezulegen, auf Dauer hätte halten lassen.

Der zweite Grundgedanke Steins war, neue Einkommensquellen zu erschließen. Der Montanfachmann dachte hier naheliegenderweise vor allem an Bodenschätze, insbesondere an die Ausweitung und die gleichzeitige Reduktion der Kosten bei der Salzgewinnung[513]. In diesen Zusammenhang gehört zudem die von ihm mit besonderer Energie betriebene Trennung der Salzfabrikation von der Erhebung der Salzabgabe, die ihrerseits erhöht wurde und den Wegfall aller Binnen- und Provinzialzölle ausglich. Geplant war außerdem, das Akzisesystem auch auf die in den drei Teilungen Polens neu erworbenen Gebiete auszudehnen – das verhinderte dann freilich die (relative) Kürze von Steins erstem Ministeriat. Diesem Umstand fiel auch sein Vorhaben zum Opfer – das man immerhin mit dem Epitheton einer partiellen Steuerreform bedenken könnte –, eine eigene Steuer auf die Getränkefabrikation, das Weißbacken und das Schlachten für das platte Land einzurichten. Finanzminister sind, namentlich in Krisenzeiten, immer besonders erfinderisch!

Damit in Zusammenhang stand Steins dritter Grundgedanke, nämlich, den Handel und vor allem den Exporthandel anzukurbeln. Das Spektrum reichte hier von der Förderung der schlesischen Leinenausfuhr über Stettin, was nur dann Sinn machte, wenn der in einer alten Zollrolle aus dem

Jahr 1754 ausgeworfene Zoll – Steins Vorgänger Struensee hatte in dieser Hinsicht schon vorgearbeitet – entfiel[514], bis zur konsequenten Aufhebung von Binnenzöllen in Regionen, die ohnehin schon zusammenhingen[515]. Auf hier bewegte sich Stein auf einem früher schon beackerten Feld, so dass das einschlägige Edikt vom 26. Dezember 1805 nicht zu seinen autochthonen Leistungen zu zählen ist. In diesen Kontext gehört aber auch die konsequente „Ablösung vieler verderblichen Lokalabgaben der Städte"[516], die sich handelshemmend auswirkten.

Vierter Grundgedanke war die Straffung der Verwaltung, der Abbau einander überlappender Kompetenzen, die Unzweideutigkeit von Zuständigkeiten – Kompetenzgerangel ist immer nicht nur ein politischer Offenbarungseid, sondern auch ein volkswirtschaftlicher Negativfaktor. Auch hier kann zur Illustration vom Bergbau, konkret vom Salzbergbau ausgegangen werden, der bisher von einer eigenen Behörde, der General-Salzadministration, geleitet wurde, die aber mit dem großen Bündel von Geschäftszweigen, mit denen sie konfrontiert war – Ermittlung neuer Lagerstätten, Fabrikation, Salzhandel, Erhebung der Konsumtionsabgabe (Salzsteuer) –, überfordert war. Überhaupt befand sich diese Behörde offenbar in einem Zustand beginnender Selbstauflösung[517], zumal ihr jeweiliger Chef selbstredend nur auf einem Feld ein wirklicher Experte sein konnte. Stein machte – gleich zu Beginn seiner Dienstzeit[518] und letztlich in Wiederaufnahme eines unerledigt gebliebenen Kabinettsbeschlusses aus dem Jahr 1798 – den in diesem Fall nahe liegenden Vorschlag, nicht etwa eine neue Behörde zu begründen, sondern die Kompetenzen der Salzadministration an andere schon bestehende Einrichtungen abzugeben (und damit in letzter Instanz eine Behörde einzusparen): an das Bergwerks-Departement (Lagerstätten, Produktion), die Seehandlung (Salzhandel) und das Akzise-Departement (Salzsteuer). Freilich lehrte ihn schon diese frühe Erfahrung, dass ein von der *ratio* geprägter schlüssiger Plan keineswegs sofort umsetzbar war. Die Eifersüchteleien kochten hoch, Schulenburg versuchte die gesamte Salzadministration in das Generaldirektorium hinüberzuziehen[519]. Eine von Stein eingesetzte Kommission schloss sich seinen Vorschlägen indes ohne jeden Abstrich an[520], so dass am Ende, übrigens nach einer erstaunlich kurzen Vorbereitungszeit, in der Tat Steins Konzept so umgesetzt wurde, wie es ursprünglich geplant worden war[521]. Ein Sieg auf der ganzen Linie, der sicher – der Schlussbericht über die vollzogene Reorganisation und Entflechtung spiegelte die erheblichen Einsparungen wider[522] – Steins Prestige in Berlin nachhaltig verbesserte, andererseits die Zahl seiner Gegner aber nicht verringerte.

Zweites Fallbeispiel, sicher von viel geringerer Bedeutung: Seit den 1780er Jahren wurde eine eigene Kasse für den Fonds zur Förderung des Seidenbaus und der Maulbeerbaum-Zucht geführt, deren Verwalter diese Kasse zwar nur nebenamtlich betreute, aber immerhin kostete auch das Geld. Angesichts der zurückgehenden Bedeutung dieses staatswirtschaftlichen Zweiges machte Stein den (nachvollziehbaren) Vorschlag, diese Kasse aufzulösen und die Verwaltung der (überschaubaren) Gelder von der Haupt-Manufaktur-Kasse mit übernehmen zu lassen[523]. Dem widersetzte sich freilich Schulenburg. Aber Steins Überlegungen gingen über dieses kleinteilige Beispiel weit hinaus: Letzten Endes schwebte ihm für alle Kassengeschäfte nur noch eine zentrale Instanz vor, die Berliner Haupt-Manufaktur-Kasse[524]. Wenn es gelang, alle Sonderkassen mit dem entsprechenden Personal abzuschaffen: dann konnte wirklich Geld eingespart werden!

Fünfter Punkt seiner politischen Philosophie war schließlich, unfähige Mitarbeiter lieber heute als morgen mit einer angemessenen Pension in den Vorruhestand zu schicken, als sich über Jahre mit ihnen herumzuärgern und von ihnen eine effizientere Verwaltung blockieren zu lassen. So bat Stein schon wenige Wochen nach seinem Dienstantritt angesichts eklatanter Missstände und Unterschlagungen in der südpreußischen Zoll- und Steuerverwaltung um den legendären eisernen Besen[525]. Aber das bezog sich nicht nur auf den Bereich des subalternen Personals. Um die Staatsbank und die Seehandlung miteinander zu verbinden, erschien ihm keine der aktuellen Führungspersonen hinreichend qualifiziert; stattdessen schlug er einen ihm von seinen Veröffentlichungen her bekannten, aus Holstein stammenden Ökonom, Christian Ulrich Detlev von Eggers, vor[526]. Dieses Vorhaben scheiterte zwar, aber Stein kam einige Monate später indirekt darauf zurück, indem er nun gezielt den Leiter der Staatsbank, Geheimrat von Winterfeld, der völligen Inkompetenz zieh und seine Ablösung und Ersetzung durch einen „talentvollen Mann“ anregte, den er erneut in Eggers sah[527]. Die Ablösung Winterfelds, so ergänzte er wiederum etliche Monate später, solle allerdings in allen Ehren erfolgen, damit sich der ihm inzwischen vorauseilende Ruf, er sei „neuerungssüchtig und wenig schonend“, nicht noch weiter verstärke[528]. Da mit Eggers, der offenbar zur Enttäuschung und zum Ärger Steins[529] zu hohe Forderungen stellte, nicht überein zu kommen war, wurden in der Folgezeit weitere Namen ventiliert, u. a. der des im Dithmarschen aufgewachsenen Niebuhr[530] und der des ostpreußischen General-Landschaftssyndikus Friedrich August Stägemann[531], der am Ende den Zuschlag erhielt. An seiner Grundidee, zwischen Seehandlung, die ebenfalls Wechselgeschäfte betreibe und das Staatsschuldenwesen verwalte, und Staatsbank eine Fusion herzustellen, hielt Stein aber fest. Insofern konnte er es dann auch als Erfolg verbuchen, dass nach längeren Verhandlungen der Kopenhagener Bankdirektor Barthold Georg Niebuhr für die gemeinschaftliche Leitung beider Einrichtungen, der Staatsbank und der Seehandlung, gewonnen werden konnte[532].

In einem gewissen Zusammenhang mit diesen Optimierungen im personellen Bereich stand auch der Ansatz, den Staat von Besitz und Verpflichtungen zu befreien, die ihm keinen nachhaltigen Nutzen brachten. Auch hier muss zur Illustration ein Beispiel genügen: Die Seehandlung war im

Besitz einer Eisenwarenfabrik in Silberhammer bei Danzig, die in das zu schärfende Profil dieser Behörde nicht mehr recht hineinpasste und zudem wohl alles andere als beeindruckende Gewinne abwarf. Steins Position war klar: Er wolle sich zwar noch einen persönlichen Eindruck verschaffen, aber dann die Fabrik doch so schnell wie möglich an Privat veräußern, weil er überzeugt war, „dass Fabrikunternehmungen für Rechnung öffentlicher Institute nur sehr selten einen glücklichen Fortgang haben“[533]. Mit wirtschaftsliberalen Ansätzen vertrugen sich staatseigene Firmen nur bedingt, jedenfalls nicht in sämtlichen ökonomischen Bereichen.

Schließlich und nicht zuletzt: Die Einführung oder doch Begünstigung neuer Gewerbe und Fertigungstechniken – das Thema seiner Englandreise kommt in die Erinnerung zurück. Als ein Quedlinburger Zeugmacher um eine Konzession für die Errichtung einer Wollfabrik nachsuchte, stimmten die beiden sachlich und regional zuständigen Minister Stein und Angern trotz des Protests der örtlichen Tuchmacher ohne Wenn und Aber zu, weil dadurch zahlreiche neue Arbeitsplätze geschaffen würden und weil „das Beispiel der besseren Fabrication bei jeder Art von Ware nur in größeren vereinigten Anstalten, nicht in einzelnen Werkstätten gegeben werden“ könne[534]. Also: Ein klares Plädoyer für moderne (und damit effizientere) Produktionsformen, dem im übrigen entspricht, dass Steins Wendung gegen das (als innovationsresistent eingestufte) Zunftwesen im Lauf der Zeit immer mehr zunahm[535]. Stein legte, obwohl er sich selbst wohl als Smithianer bezeichnet hätte, nicht wirklich Hand an die staatliche Gewerbeaufsicht, konnte sich aber auch noch nicht zu einer radikalen Freigabe des Handwerks entschließen. Gewerbeförderung, ohne einen fundamentalen Konflikt über das Zunftwesen vom Zaun zu brechen – dieses Muster wiederholte sich bei fast unzähligen anderen Anlässen: So setzte sich Stein im Frühjahr 1805 energisch dafür ein, einem Chemnitzer Unternehmer eine Konzession zur Errichtung einer auf der Grundlage der Wasserkraft arbeitenden Baumwoll-Maschinenspinnerei in Berlin zu verschaffen[536], nicht nur, um den steigenden Geldabfluss für zu importierendes Baumwollgarn zu stoppen, sondern weil hier maschinell produktiv gearbeitet werden konnte, viel produktiver als in der Spinnerei Tappert, in die schon viel zu viele öffentliche Gelder hineingeflossen seien[537]. Das Vorhaben konnte zu einem guten Ende gebracht werden[538].

Das Beispiel spricht für sich und illustriert auf seine Weise Steins Entschlossenheit, alle Maßnahmen zur Förderung der Industrialisierung und der Industrie in den preußischen Provinzen zu ergreifen. In diesem Zusammenhang ist sein Plan von Interesse, in allen Provinzen hochqualifizierte Fabriken-Kommissare einzustellen, die dafür sorgen sollten, dass „dem Departement eine größere und nützlichere Wirksamkeit auf die Provinzial-Fabriken- und Handels-Industrie, vornehmlich in Hinsicht auf die drei Hauptgewerbe, die Tuch-, Leinen- und Lederfabriken, verschafft“ werde[539]

– Verbindungsleute also, die mit den nötigen Ortskenntnissen dem Generaldirektorium an die Hand gehen sollten, um gezielt Fördermaßnahmen in Gang zu bringen. Das Interesse an der Technisierung der Welt, die er als Chance, nicht als eine Bedrohung einer vermeintlich „heilen“ Welt verstand, hielt bis an sein Lebensende; unmittelbar nachdem in England die erste Eisenbahn in Betrieb genommen worden war, 1825, sollte er einen Freund rhetorisch fragen, ob man nicht bald Eisenbahnen zwischen Oder und Elbe und Oder und Havel in Angriff nehmen sollte[540]. Auf seiner letzten größeren Reise nach Schlesien und Thurnau machte er nicht zuletzt deswegen in Prag Station, um die Eisenbahn bei Smetschau zu besichtigen[541]. Dass er sich auf dem letzten Westfälischen Provinziallandtag, an dem er (mehr oder weniger beobachtend) teilnahm, für die Anlage von Eisenbahnen in Westfalen besonders stark machte[542], passt vollkommen in dieses Bild. Mit ausgesprochener Vorliebe scheint er auf dem Rhein mit den ersten Dampfbooten gefahren zu sein[543]. Auch in dieser Hinsicht blieb Stein vom Klischee „des“ Adligen weit entfernt.

Freilich, auch das darf bei einer Bilanzierung nicht unterschlagen werden: eine reine Erfolgsgeschichte war Steins erstes Ministeriat nicht. Das soll am Beispiel seines Projekts der Ausgabe von nicht einlösbarem Papiergeld kurz verdeutlicht werden.

Die Ausgabe von Papiergeld stand seit den ersten Jahren der Revolution auf der währungspolitischen Agenda etlicher Staaten, hatte im Prinzip also den Geruch des Unsoliden und währungspolitisch Bedenklichen hinter sich gelassen. Stein verfiel im Herbst 1805 auf diesen Gedanken, um mit diesem bankpolitischen Schachzug die Kosten des damals sicher erwarteteten Krieges wenigstens teilweise zu decken. Freilich stieß dieses Vorhaben von Anfang an auf entschiedenen Widerspruch und begründete z. B. Theodor von Schöns scharfes Verdikt, Stein sei in staatswirtschaftlicher Hinsicht ein Dilettant ohne alle geldtheoretischen Kenntnisse gewesen[544]; er habe die Inflation durch Papiergeld auch deswegen nicht nur in Kauf genommen, sondern betrieben, weil durch das Sinken des Geldwerts die Großgrundbesitzer ihre Verschuldungen schneller loswürden. Ob solche geradezu verschwörungstheoretischen Unterstellungen irgendeine Grundlage hatten, ist schon von Zeitgenossen nachdrücklich bezweifelt worden: Sicher aber ist auch, dass Schön, in Steins zweitem Ministeriat einer seiner engeren Mitarbeiter, mit seiner Kritik nicht allein stand. Schaut man aber genauer hin, wird rasch klar, dass Pläne dieser Art schon 1794 – in der Phase vor dem Basler Frieden, als Preußen nicht wusste, wie es den Krieg weiter finanzieren sollte – und 1798/99 betrieben worden waren und dass Stein dieses höchst umstrittene Zahlungsmittel nur sehr begrenzt einzusetzen plante und sich mit Tresorscheinen im Wert von 5 Millionen Talern zu begnügen suchte, weit weniger, als Schulenburg und das Kabinett forderten. Er mag aber auch deswegen diesen Schritt für gangbar gehalten haben, weil die Umwandlung der Noten der Zentralbank in regelrechtes Papiergeld gerade eben, zur allgemeinen Überraschung, in England voll gelungen war, ohne dass eine nennenswerte Geldentwertung eingetreten war.

Wie auch immer: Das Projekt wurde angesichts der nachlassenden Kriegsgefahr zunächst wieder gestoppt bzw. in die Richtung der Ausgabe von einlösbaren Geldscheinen verändert, für die im übrigen das gesamte Ministerium die Verantwortung übernahm. Dass der Ausgang des Krieges 1806/07 dann zu einer dramatischen Geldentwertung führte, war 1805 nicht vorhersehbar. Gerade dieser spätere Prozess aber wurde für Steins Gegner zum Anlass, den Übergang zum Papiergeld grundsätzlich in Zweifel zu ziehen und Stein der währungspolitischen Ignoranz zu zeihen.

Stein brachte aus seiner westfälischen Zeit nicht nur Führungsqualitäten und ein besonderes Maß an Menschenkenntnis mit nach Berlin, sondern auch einen ganz eigenen Stil der Verwaltung eines Departements. Dazu zählten insbesondere seine Informations- und Inspektionsreisen, um die örtlichen Gegebenheiten kennen zu lernen, die Beamten vor Ort, die spezifischen Probleme, mit denen sie sich konfrontiert sahen. Auf diesen Akzent seiner Tätigkeit, der vielleicht auf die weitgespannte Inspektionstätigkeit des von ihm verehrten Preußenkönigs Friedrich II. zurückgeführt werden kann, wollte Stein selbstredend auch in seiner Berliner Zeit nicht verzichten, jetzt mit dem zusätzlichen Akzent, unnütze Schreibereien zu verhindern und den regionalen Behörden all jene Verwaltungsangelegenheiten zu überlassen, die sie auch ohne die Berliner Zentrale selbst erledigen konnten – Subsidiarität nennt man das heute. Im Sommer 1805 reiste er nach Süd- und Neuostpreußen und verwandte sich nach Abschluss dieser Reise u. a. für die Verlegung des Verwaltungszentrums von Szczuczyn nach Białystok[545], die in der Tat vom Monarchen approbiert wurde. Ost- und Westpreußen schlossen sich unmittelbar an. Dann brach der Krieg mit Frankreich wieder aus, Stein wurde umgehend in die Hauptstadt zurückberufen[546] – dass es die letzte Inspektionsreise durch die preußischen Provinzen sein sollte, hat er im Frühherbst 1805 mit Sicherheit nicht geahnt.

Die außenpolitische Situation Preußens war seit Steins Berufung nach Berlin noch unübersichtlicher als bisher geworden, und das will etwas heißen. Preußen befand sich seit Jahren in einer alles in allem gefährlichen Mittellage zwischen Frankreich und dem Zarenreich, zeitweise umworben von Napoleon, der 1804 sogar den Gedanken eines norddeutschen Kaisertums ventiliert hatte (ohne bei diesem Monarchen freilich viel Widerhall zu finden), zeitweise, wie das Memeler Monarchentreffen 1802 gezeigt hatte, eher in der Versuchung, sich ins russische – und damit optional antifranzösische – Fahrwasser zu begeben. Vor dem Hintergrund der Verschlechterung der französisch-russischen Beziehungen seit 1804 warf sich mit Macht die Frage auf, wie lange der Hohenzollernstaat seine bisherige Neutralitäts-, um nicht Schaukelpolitik sagen zu müssen, noch würde durchhalten können.

Der Druck hatte sich dann noch einmal entscheidend erhöht, seit im April 1805 die sog. 3. antifranzösische Koalition zwischen England und Russland zustandegekommen war und gleichzeitig französische Verbände die Souveränität des Königreichs in Ansbach offen verletzten. Preußen war gefordert, sich so oder so zu entscheiden, wobei sich die Waage allmählich zur russischen Seite zu neigen schien.

Mit den Vorbereitungen eines neuen Krieges, mit dessen Wiederausbruch man in Berlin seit dem Frühherbst 1805 fest rechnete, war an die konsequente Fortsetzung irgendeines Reformprogramms zumindest vorläufig nicht mehr zu denken. Es ging nun nicht mehr um eine abgewogene, nach allen Seiten hin reflektierte Erhöhung der Staatseinnahmen, sondern nur noch darum, so schnell wie möglich und auf welche Weise auch immer an Geld zu gelangen. Eins der ersten Schriftstücke, das Stein nach seiner überstürzten Rückkehr von seiner Inspektionsreise aus Königsberg erstellte, war eine Zusammenstellung des voraussichtlichen Geldbedarfs der Krone Preußen im Fall der Mobilmachung[547]. Schon wenige Tage später wurde ihm aufgegeben, eine Kriegsanleihe in der Größenordnung von 10 Millionen Talern zu verhandeln und zugleich beim Kurfürsten von Hessen-Kassel wegen einer Sonderanleihe vorstellig zu werden[548]. Das wurde nun bis ans Ende seines ersten Ministeriats sein „Job": Geld beschaffen, Anleihen im In- und Ausland aufnehmen, Steuererhöhungen vornehmen[549], um die größten Löcher zu stopfen. Das Thema der Reformen hatte sich vorläufig erledigt.

In Kriegszeiten (oder in Krieg-in-Sicht-Krisen) verfallen Staaten auf die absonderlichsten neuen Abgaben, um die militärischen Bedürfnisse zu decken. In Preußen zählte zu diesem Maßnahmebündel u. a. eine Landgetränkesteuer[550], eine Weißbrot- und eine Schlachtsteuer, denen man dadurch ein Mindestmaß an *ratio* beizulegen suchte, dass durch sie eine größere „Gleichheit der Abgaben zwischen Stadt und Land" herbeigeführt werde[551]. Mit dieser Maßnahme erklärte sich der Monarch sofort einverstanden, ebenso mit Steins (eben schon angesprochenem) Vorschlag, Papiergeld in einer Größenordnung von 10 Millionen Talern auszugeben und mit dem offenbar ein höheres Vertrauen assoziierenden Begriff „Tresorscheine" zu versehen[552]. Seine komplizierte Berechnung der Gesamtkosten eines präsumtiven Krieges wurde dagegen wegen zu niedriger Ansätze gleich wieder verworfen[553]. Stein und die Finanzräte Beyer, Ransleben, Albrecht und Beguelin, die ständig um neue Ausarbeitungen und Perspektivpläne ersucht wurden, können in den Oktobertagen 1805 nicht viel Schlaf gefunden haben! Stein stand auch deswegen fortan in ganz besonderer Weise im öffentlichen Fokus und galt als Verantwortlicher für das Gesamtpaket der Kriegsfinanzpolitik, weil die verausgabten „Tresorscheine" seine Unterschrift – neben der des Ministers Schulenburg – trugen[554].

Für Stein traten zu diesen Entwürfen der direkten und indirekten Geldbeschaffung, die man im Inland mit der Zeichnung einer Anleihe in Danzig eröffnete[555], noch die Probleme der Heeresversorgung in dem bevorstehenden Krieg hinzu. In einer Anlage zu einem Immediatbericht vom 16. Oktober 1805 spezifizierte er im einzelnen, wie die von ihm angenommenen zwei preußischen Armeen verpflegt werden könnten. Um nur die westfälische Armee zu betrachten, so sollte sie aus Ostpreußen, Westfalen selbst, Ostfriesland und den mitteldeutschen Regionen (Hildesheim, Eichsfeld, Magdeburg, Halberstadt) versorgt werden, ihre Hauptmagazine sollten Beverungen, Minden und Bremen sein, wobei das gesamte Lieferungs- und Requisitionsgeschäft in diesem Fall dem Minister von Angern anzuvertrauen wäre[556]. Es liegt auf der Hand, dass solche sehr praxisbezogenen Vorschläge nicht unumstritten sein konnten und Reaktionen von Kräften, die sich zu stark herangezogen oder gar übergangen fühlten, geradezu provozierten.

Natürlich konnte auch Stein bei allen seinen Überlegungen zur Kriegsfinanzierung und zur Heeresunterhaltung nicht ausklammern, dass ein solches Bündel von tief in den Geldbeutel der Untertanen hineinreichenden Maßnahmen Missstimmung erzeugen konnte, wenn nicht musste. Ende Oktober 1805 nahm er in einer privaten Aufzeichnung[557] an, dass das Papiergeld und die Getränkesteuer Reaktionen hervorrufen würden. Gegensteuern könne man nur, wenn man „der Nation" verdeutliche, dass die zu erbringenden Opfer „zu großen, edlen, rein aufgefassten und kräftig verfolgten Entwürfen" verwendet würden, dass es um „die Sicherstellung der Unabhängigkeit und Selbständigkeit des Staats gegen äußere Übermacht" gehe, dass gemeinsam mit Zar Alexander jetzt gegen eine „übermütige, selbstische und unsittliche Nation" auf einen „frei wirkenden, selbständigen Staatenbund in Europa" hingearbeitet werde. Dieser Kampf werde ehrenvoll sein, „und die durch ihn erhöhte Energie der Nation wird bald den Verlust an Wohlstand, an Eigentum jeder Art ersetzen, dessen Zerstörung der Krieg bewirkt".

Diese Gedankensplitter hat Stein noch am selben Tag in einen Immediatbericht an den König einmünden lassen, der die skizzierten Gesichtspunkte weiter vertieft. Der Grundgedanke war klar: Dem Volk, der Nation – die bei Stein immer die Konnotation „preußische" hat – muss vor Augen geführt werden, dass es, ganz so wie im Siebenjährigen Krieg, um die Ehre der Krone, um die Unabhängigkeit und Selbständigkeit der Monarchie geht, und dies könne und müsse auch publizistisch unterstützt werden. Eine solche staatlich gelenkte Propaganda, an der es, nebenbei bemerkt, auch in dem von Stein verschiedentlich angeführten Siebenjährigen Krieg nicht gefehlt hatte, werde das Publikum beruhigen können, um so mehr als diese Publizistik über die Nation hinausblicken und Alexanders Vision thematisieren würde, die „Erhaltung eines in Freiheit und Würde blühenden [europäischen] Staatenbundes"[558].

Der Monarch hat dem Gedanken Steins, den Kriegseintritt Preußens und die finanziellen Mehrleistungen der Nation publizistisch abstützen zu lassen, sofort aufgegriffen[559], drang aber auf die Heranziehung eines „klassischen

Schriftstellers", dem auch die nötigen – wohl geheimen – Unterlagen anvertraut werden könnten. Stein sah in Johannes von Müller diesen Mann, den ob seines prägnanten Stils seit seiner *Geschichte schweizerischer Eidgenossenschaft*[560] allseits gefeierten Schweizer Historiker, der nach verschiedenen Stationen an dritten Höfen ganz unterschiedlicher Couleur (Mainz, Kassel, Wien) seit 1804 in preußischen Diensten stand und sogar zum Hofhistoriographen aufgestiegen war[561]. Müller ging in der Tat offenbar schon Anfang November ans Werk, um die projektierte Proklamation zu entwerfen[562]. Am 4. November 1805 lag der Entwurf der Schrift *Von dem Krieg. An die Preußen* vor[563].

Tags zuvor war in Potsdam zwischen Friedrich Wilhelm III. und dem Zaren ein Vertrag abgeschlossen worden, der Preußens Kriegseintritt vorbereitete. Der Hohenzollernstaat verpflichtete sich Kaiser Alexander gegenüber zu bewaffneter Vermittlung. Falls Napoleon nicht förmlich auf die Vereinigung der Kronen Frankreich und Italien verzichte und Deutschland, Neapel, die Niederlande und die Eidgenossenschaft unverzüglich räume, werde Preußen, verstärkt durch norddeutsche Verbündete, mit 220.000 Mann in den Krieg eintreten. Angesichts der völlig irrealen Forderungen kam der Vertrag faktisch einer Kriegserklärung gleich. Haugwitz, der frühere Leiter des Departements des Auswärtigen und der Hauptverantwortliche dafür, dass ein fest verabredetes Ultimatum an Napoleon nicht gestellt worden war, wurde beauftragt, die Forderungen dem Kaiser der Franzosen, der am 13. November 1805 in Wien eingezogen war, persönlich vorzulegen. Der preußische Delegierte, von Stein schon in der Vergangenheit mit manchen kritischen Bemerkungen bedacht und ganz eindeutig dem frankophilen Lager zuzuordnen, versagte, wagte sich mit solchen Forderungen Napoleon nicht zu stellen und ließ sich unter dem Eindruck der Schlacht bei Austerlitz (2. Dezember 1805) wenige Tage später ohne ausdrückliche Vollmacht herbei, mit dem Korsen ein Schutz- und Trutzbündnis abzuschließen, in dem Preußen schon im voraus alle Gebietsveränderungen eines kommenden Friedens akzeptierte; der Preis sollte Kurhannover sein, das in preußische Hände übergehen würde!

Der Krieg war damit fürs erste vertagt. Austerlitz und ein seine Befugnisse eklatant überschreitender Staatsbeamter hatten Friedrich Wilhelm III. davor bewahrt, die Konsequenzen aus dem Potsdamer Vertrag mit dem Zaren zu ziehen. Die Schrift Johannes von Müllers hatte sich erledigt.

Noch bevor die Nachricht vom unautorisierten Abschluss des Schönbrunner Vertrags Haugwitz' in Berlin eingetroffen war, hatte Stein dem Kabinettsrat Beyme gegenüber seinen scharfen Unmut über Haugwitz' – „un être aussi vil que perfide" – Verhalten zum Ausdruck gebracht und als „lâche, double, punissable" charakterisiert; zu seiner grenzenlosen Verwunderung hatte Beyme, an sich für die Außenpolitik nicht zuständig, die vielmehr dem „faden, literatenhaften" Lombard[564] oblag, Haugwitz nicht nur in Schutz genommen, sondern sogar exkulpiert[565]. Die edierten Quellen vermögen Steins Konsternation über den Vertrag, nachdem er denn in Berlin bekannt geworden war, wohl nur unzulänglich wiederzugeben: hier, in der Bewertung dieses Vorgangs, liegt im übrigen auch der eigentliche Ursprung seines Zerwürfnisses mit Beyme, mit dem er bisher allem Anschein nach zumindest passabel und korrekt zusammengearbeitet hatte.

Stein, dem von der ersten Minute an klar war, dass der Hannover-Artikel des dann in Paris in seine endgültige Form gegossenen Vertrags zum Krieg mit Großbritannien führen musste, kehrte zur Routine zurück: Er riet zur Demobilisierung der preußischen Truppen in Polen, nachdem Kaiser Alexander nach der Entwicklung in Schönbrunn seine Armeen wieder abgezogen hatte[566], stellte – wohl zähneknirschend – eine Liste der Ausgaben zusammen, die im Hinblick auf den geplanten Kriegseintritt bereits getätigt worden waren[567], diskutierte mit seinen Kollegen im Generaldirektorium, ob unter den Bedingungen des fortwährenden Friedens die Emission des Papiergeldes weiterbetrieben werden oder man unter wirtschaftlichen und politischen Gesichtspunkten besser davon Abstand nehmen solle[568].

Aber das war eine trügerische Routine und auch eine trügerische Ruhe. Die Franzosen besetzten das Kurfürstentum Hannover, saßen also gewissermaßen zwischen den verschiedenen preußischen Landesteilen – und Preußen saß in der Klemme, ob es dem französischen Angebot, Hannover seinem Staatswesen einzuverleiben, zustimmen und damit selbstredend nicht nur eine nachhaltige Verstimmung Großbritanniens, sondern allem menschlichem Ermessen nach dessen sofortige Kriegserklärung riskieren sollte[569]. Stein war in dieser Frage übrigens durchaus hin und her gerissen, weil ihm aus geopolitischen Gründen der Erwerb Hannovers als ebenso wünschenswert wie für die Entwicklung der Monarchie elementar erschien. Wenn es überhaupt noch eines Anlasses bedurft hätte, dass das Verhältnis zu Rehberg in die Brüche ging, dann war das der Punkt: Steins Bereitschaft, im Interesse der Entwicklung der Gesamtmonarchie die Annexion Hannovers zumindest ins Auge zu fassen[570].

Verkompliziert wurde die trügerische Ruhe noch dadurch, dass die von Napoleon verfügte Kontinentalsperre gegen Großbritannien und die nur scheibchenweise den Regierungsmitgliedern und der Öffentlichkeit mitgeteilte Schließung der preußischen Nordseehäfen[571] weite Bereiche des preußischen Handels wegbrechen ließen, zumal London, wie von Stein befürchtet, auch seinerseits zu einer offensiveren Politik überging und nicht nur seinen Botschafter aus Berlin abberief, sondern zum nachhaltigen Schaden der preußischen Wirtschaft[572] ein Embargo auf preußische Schiffe legte[573]. Hinzu kam, dass die an verschiedenen Orten zur Zeichnung aufgelegten Anleihen weit hinter den Erwartungen zurückblieben[574], möglicherweise weil, wie Schön andeutet, sich Stein nicht übermäßig geschickt anstellte[575], sich die finanzielle Disposition Preußens für einen nach wie vor als unmittelbar bevorstehend angenommenen Krieg also nur unerheblich verbesserte. Seit dem Frühjahr 1806 trieb die Monarchie, mit dem Pariser Traktat vom 15. Februar in immer stärkerer Abhängigkeit von Frankreich geratend, ganz offensichtlich einer neuen Staatskrise zu: Krisensitzungen wurden angesetzt, wie man mit der Kontinentalsperre und den britischen Gegenmaßnahmen auf Dauer zurandekommen[576], wie man den Schaden für die preußische Exportwirtschaft möglichst gering halten könne. Aus dieser Stimmung heraus entstand dann jene Denkschrift vom 27. April 1806, die eingangs dieses Kapitels paraphrasiert wurde.

Der König hat Stein nach dieser Denkschrift, die, wie oben zu zeigen war, mit Invektiven gegen seine engsten Mitarbeiter gespickt war, nicht sofort entlassen – wie hätte er auch, wurde sie ihm doch zunächst gar nicht vorgelegt. Vielmehr wurde in kleinerem Kreis, zu dem u. a. Hardenberg zählte[577], an ihrer Abschwächung gearbeitet – in der „Urfassung" hätte das Memorandum wohl nur eins bewirken können: eine abgrundtiefe Verärgerung des Monarchen und seine Solidarisierung mit seinen engsten Mitarbeitern. Aber der Ton änderte sich, nachdem sich Stein die Seele frei geschrieben hatte. Die „Ersuche", von Haugwitz über die englischen Angelegenheiten die (für einen Wirtschaftsminister) nötigen Informationen zu erhalten, wurden dringender[578], wobei nach einer gewissen Zeit die Tatsache ins allgemeine Bewusstsein zurückkehrte, dass ein förmlicher Handelskrieg in der Ostsee wohl doch nicht zu befürchten stehe, weil aufgrund völkerrechtlicher Verträge aus den frühen 1780er Jahren die Ostsee als ein geschlossenes Meer anzusehen sei, das von Feindseligkeiten dritter, nicht angrenzender Mächte frei bleiben müsse[579]. Da eine Reaktion des Monarchen auf die Denkschrift verständlicherweise ausblieb, weil sie ihm noch nicht zu Gesicht gekommen war, stellte Stein seine „Truppen" zum Nachstoßen auf; zumindest Schroetter und der Königsberger Gouverneur Ernst Friedrich Wilhelm von Rüchel[580], nach Clausewitz' bissigem Urteil eine aus lauter Preußentum konzentrierte Säure[581], zählten dazu. Sie hatten auch schon die nicht überreichte April-Denkschrift mit unterschreiben sollen[582]. Die Unsicherheit, wie es mit England weitergehen würde, nachdem das dortige Parlament das Embargo gegen Preußen bestätigt hatte, schien ihm der richtige Rahmen, weiteren Druck auf den Monarchen auszuüben. Der war, Steins Informationen zufolge, wegen der Zuspitzung der englischen Angelegenheit über alle Maßen verunsichert, glaubte sich durch seine Entourage hintergangen und soll sich sogar mit Selbstmordgedanken getragen haben. Inwieweit das tatsächlich zutraf, muß hier auf sich gestellt bleiben, entscheidend für unseren Kontext ist, dass Stein die Nachricht kolportierte, also politisch einsetzte. Die „ganze Kabale", so ließ er Rüchel wissen, sei in sehr großer Unruhe und Verlegenheit. Stein bat ihn dringend, umgehend nach Berlin zu kommen und beim König um Audienz zu bitten; bei dieser Gelegenheit solle er einen Brief Steins überreichen, in dem er seine Demission anbot, für den Fall, dass die in seiner Denkschrift genannten Maßnahmen nicht aufgegriffen und umgesetzt würden. Der Schlusssatz dieses Briefes konnte nur auf den König bezogen werden; „Der höchste Grad des Unverstandes ist, das Werkzeug der Verworfenheit anderer zu werden".

Zu dieser geplanten Demarche beim König ist es, soweit die Quellen aus dem Umfeld Steins zu erkennen geben, indes erneut nicht gekommen. Vor allem nach der Erklärung des offenen Kaperkriegs Großbritanniens gegen Preußen als Reaktion auf die französische Besetzung des welfischen Kufürstentums, das damit, der große Sündenfall der preußischen Politik, seine Rolle als Protektorin der norddeutschen Neutralität faktisch aufgab, zog sich Stein zunehmend in Sarkasmus und Ironie zurück. So versetzte er sich in einer Denkschrift vom späten Mai 1806[583] in die fiktive Rolle eines Anhängers Napoleons, innig überzeugt von dem Glück, „welches sich über die Menschheit verbreiten würde, wenn ganz Europa von Napoleon unterjocht, alle unsere Monarchen in Präfekten, alle Gesandten in Deputierte, alle Monarchien in Departements verwandelt, oder wenn alle Staaten der vom Staatsrat Crétet d. 14. April 1806 empfohlenen frommen *Ligue* beigetreten wären, deren Zweck ist, sie zuerst zu atomisieren und dann an die Stelle des Systems des Gleichgewichts das einfache System der Gravitation nach einem großen gemeinschaftlichen Mittelpunkt zu setzen". Ausgezeichnet von Napoleon mit Würden und Ämtern, bar jeder Anhänglichkeit an Deutschland, habe er sich dann die Frage gestellt, ob die Kontinentalsperre nicht für Frankreich selbst die nachteiligsten Folgen habe und seinem Produkten-, Kolonial- und Küstenhandel am meisten schade, und er habe diese Frage nur bejahen können. Deswegen sei vielleicht ja doch noch ein Funke Hoffnung übrig, dass sich Napoleon besinne. Dabei sei jede Emotion fehl am Platz: „Frankreichs Erkenntlichkeit nehme ich nicht in Anspruch; die Liebe, womit es die nach seinem Zentro gravitierenden Alliierten umfasst, ist freilich keine Mutterliebe, noch weniger eine Affenliebe; sondern nur seinen eigenen Vorteil und seinen wahren Gewinst bringe ich dem großen Kaiser in das Gedächtnis". Sollte diese Denkschrift vor die Augen des Monarchen gekommen sein, kann ihm die Süffisanz seines Ministers, dessen April-Denkschrift er zu diesem Zeitpunkt immer noch nicht kannte, nicht unverborgen geblieben sein[584]. Und sie ist ihm, wie Krauel nachgewiesen hat, vor Augen gekommen[585]; bezeichnend dafür, wie sehr sie ihn erregt hatte, ist, dass Friedrich Wilhelm III. sie Monate später in jenem Schreiben, mit dem er Stein aus den preußischen Diensten entließ, ausdrücklich anführte.

Haugwitz' Verhalten in Schönbrunn scheint der Tropfen gewesen zu sein, der in Steins Augen das Faß zum Überlaufen brachte: Wie konnte ein Minister es wagen, gegen seine ausdrückliche Instruktion zu handeln und noch nicht einmal sofort sanktioniert zu werden? Die Strukturen in dieser Zentralverwaltung stimmten schlicht nicht. Das hatte, bei aller Respektierung der Allgewalt und Letztzuständigkeit des Monarchen, zum einen etwas mit seiner von vielen als verhängnisvoll erachteten Abhängigkeit von seinen Kabinettsräten und seinen Adjutanten zu tun, aber auch etwas mit der Organisation der Ministerriege. Es gab, für Menschen des beginnenden 21. Jahrhunderts kaum vorstellbar, keine regelmäßige gemeinsame Beratung der Minister über die wichtigen Staatssachen; wenn überhaupt, traf man sich bi- oder multilateral informell oder besprach Staatsangelegenheiten bei Soireen. Und die Gedankenspiele mussten weiter gehen: Würde der Monarch einer solchen Ministerrunde präsidieren, würden die Beschlüsse eines solchen „Konseils" den Monarchen binden, würde aus der Ministerrunde noch einmal ein kleinerer Kreis nach dem Vorbild des englischen Ministerkabinetts ausgesondert? Preußen befand sich in einer Suchphase: in einer Phase des „Erfindens" einer Zentralverwaltung, die den Namen Regierung verdiente, aber auch dem König die Fiktion erhielt, der Souverän mit der Letztverantwortung zu sein. Sollte Preußen zu einer Herrschaft der Ministerialbürokratie übergehen, oder sollte das nach wie vor autonome Königtum „nur" durch einen stärkeren Einfluss der die Verwaltung leitenden Männer und das Verschwinden trennender Zwischeninstanzen entlastet und bei den Entscheidungsfindungen unterstützt werden? Seit dem Frühjahr 1806 wurde über diese Frage vermehrt gestritten, wobei sich, ohne hier in die Einzelheiten zu gehen, zwei Lager gegenüberstanden: das von Hardenberg und Altenstein angeführte auf der einen Seite, das von der vollen Regierungskompetenz des Monarchen ausging, der sich einige Minister zur engeren Beratung auswählte, deren Vorträge ihn aber nicht bänden, und auf der anderen Seite das maßgeblich von Stein bestimmte, „Konseil", dessen Bindekraft und unmittelbares Vortragsrecht aller Minister miteinander verknüpfende Konzept. Dokumente zu diesem Streit, der mit großer Ernsthaftigkeit geführt wurde, weil jedem Beteiligten klar war, dass es hier um eine Weichenstellung von höchster Bedeutung für die Monarchie und deren Charakter ging, liegen in Hülle und Fülle vor!

Die Krone geriet in diesen Früh- und Hochsommerwochen 1806 auch von anderer Seite immer stärker unter Druck: Es baute sich eine gefährliche antipreußische Stimmung auf, für die stellvertretend die anonyme, möglicherweise von Philipp Christian Yelin stammende Flugschrift *Deutschland in seiner tiefen Erniedrigung* steht, deretwegen der Nürnberger Buchhändler und Verleger Johann Philipp Palm, der seinen Autor den Untersuchungsbehörden nicht preisgab, nach Denuntiationen deutscher Funktionsträger, seiner völkerrechtlich zumindest bedenklichen Entführung aus Nürnberg und einem allen Geboten von Rechtsstaatlichkeit Hohn sprechenden Verfahren am 26. August 1806 von den Franzosen in Braunau am Inn füsiliert wurde. In diesem im Juli 1806 aufgelegten Pamphlet hatte der Verfasser mit starken Worten Preußen auf die Anklagebank gezogen wegen seiner Bereitschaft, sich von Napoleon, dem „Welterschütterer", als Werkzeug missbrauchen zu lassen und tatenlos zuzusehen, wie das deutsche Reich seinem Untergang entgegentaumle. Preußen sei es, das maßgeblich zur Erniedrigung Deutschlands beigetragen habe; durch sein unwürdiges politisches Verhalten habe es sich aller Bündnispartner beraubt und werde inzwischen von Napoleon geradezu verachtet, zumal seine Führungsmannschaft völlig korrumpiert sei. In der 2. Auflage der Schrift hatte der Autor, über diese schonungslose Analyse hinaus, Sachsen, Preußen und Österreich aufgerufen, ihre Truppen zu vereinigen und Napoleon aus Deutschland zu vertreiben. Schriften dieser Art mussten in Berlin auf Aufmerksamkeit stoßen, bei einigen Ministern wie Stein sicher auch auf Zustimmung, wohingegen die Entourage des Monarchen eher erleichtert darüber war, dass das harte Vorgehen gegen den Verleger auf die potentiellen Verfasser von Nachfolgeschriften wohl eine abschreckende Wirkung hatte.

Anfang September 1806 – das Heilige Römische Reich deutscher Nation hatte inzwischen sein Leben ausgehaucht, in der edierten Korrespondenz Steins hat das keine Spuren hinterlassen, aber sein Schweigen zu einem derart gravierenden Einschnitt ist auch nicht untypisch, denn die intellektuellen Zeitgenossen hielten sich, ob der verschärften französischen Zensur wegen oder aus Überzeugung, mit Klagebekundungen zurück, wiewohl sie quantitativ zahlreicher sind als lange angenommen – hatte sich die kleine Arbeitsgruppe, die mit Johannes von Müller einen schreibgewandten Autor verpflichtet hatte, so weit auf die Überarbeitung von Steins April-Denkschrift verständigt, dass man glaubte, sie nun dem König vorlegen zu können[586]. Um ihr mehr Gewicht zu verleihen, hatte man verschiedene Mitglieder des Herrscherhauses – die beiden Brüder des Königs Heinrich und Ferdinand und die beiden Oheime Louis Ferdinand und August – sowie Prinz Wilhelm Friedrich von Oranien und die Generäle Rüchel und Phull mit unterschreiben lassen. Und tatsächlich: im Ton, in der Geschmeidigkeit des Stils, in den Komplimenten, in der Rückerinnerung alles dessen, was Preußen für Deutschland schon geleistet habe, liegen zwischen beiden Dokumenten Welten. In der Sache aber ist die überarbeitete Denkschrift nicht weniger konsequent als das Steinsche Feuer-und-Flamme-Pamphlet: Das Kabinett wird vom Publikum mit äußerstem Misstrauen betrachtet, man rede gar von Bestechung, das wolle man nicht untersuchen, aber es sei evident, dass es völlig französisch ausgerichtet sei und mit Bonaparte auf alle Weise kolludiere. Die Unterzeichner fühlen sich verpflichtet, das an den König heranzutragen, was ohnehin ganz Preußen, ganz Deutschland, ganz Europa wisse. Die Entfernung Beymes, Lombards und Haugwitz', also weniger „desapportierter Personen", werde möglicherweise sogar Bonaparte bewegen, einen solideren Frieden zu machen und auch zu halten, werde auf jeden Fall aber die Anhänglichkeit der Menschen an das Herrscherhaus wieder nachhaltig befördern.

Trotz des vergleichsweise moderaten Tons: die Demarche, um die noch des längeren in der unmittelbaren Entourage des Monarchen gerungen wurde, weil alle Abschwächungen nichts daran änderten, dass es sich um eine subtile Art von Staatsstreich handelte, wurde zu einem einzigen Fiasko. Der König, der das Schriftstück in zugegebenermaßen unwürdiger Form im Beisein seiner Frau – die hinter den Kulissen an der Glättung mitgewirkt hatte – erhielt, tobte, wenn wir den Tagebuchnotizen Hardenbergs vertrauen dürfen[587], sprach von „Meuterei" und einer „démarche révolutionnaire". Königin Luise versuchte wohl noch zu retten, was zu retten war – aber es war nichts mehr zu retten. Die Familienmitglieder wurden schleunigst aus der Umgebung des Königs entfernt und auf wenig ehrenvolle militärische Posten versetzt. Zorn, Rache, sonst nichts. Hardenberg sah strategische Fehler, glaubte, dass die Überreichung eines Schriftstücks der falsche Weg gewesen sei, eher hätten wohl einige Vertraute mit dem Monarchen sprechen sollen – aber was nützte alle Selbstkritik: das Kind war in den Brunnen gefallen.

Oder war es das doch nicht? Stein setzte sich sofort nach Bekanntwerden der schlechten Aufnahme des Memorandum hin, um einen „Entwurf zu einer zweiten zu übergebenden Vorstellung" auszuarbeiten[588], den nach seinen Vorstellungen neben den Unterzeichnern des von Müller redigierten Papiers nun auch noch die Generäle Blücher, Schmettau und Fürst Hohenlohe unterschreiben sollten. Er war im Hochsommer 1806 mehr und mehr zum Kern eines Oppositionslagers geworden – Opposition nicht gegen den Monarchen, sondern die Außenpolitik des Staates, die wie ein Rohr im Schilf schwankte, nicht mehr berechenbar, ohne jede Orientierung Eingebungen des Augenblicks unterworfen war. Die Vorlesungen des Generalquartiermeisters Phull im Palais des Prinzen Louis Ferdinand und das Haus des Prinzen Anton Radziwill und seiner hohenzollernschen Ehefrau waren Zentren dieser Versuche, Preußen aus seiner Lethargie herauszuführen. Das genannte Memorandum beeindruckt den heutigen Leser durch die Kraft seiner Sprache, durch die Art, wie mit rhetorischen Fragen ein neues Bewusstsein erzeugt werden soll – aber es blieb dann doch beim Entwurf. Hardenberg, dem Stein sein zweites Memorandum am 9. September zeigte, riet – „quoique bien écrit" – davon ab, es zu überreichen, am folgenden Tag nahm Stein diesen Ratschlag an[589]. Das zweite Stein-Memorandum ist des vor der Tür stehenden Krieges wegen dem König nie vor die Augen gekommen.

Die Hoffnungen ruhten, so paradox das war, auf dem begonnenen Krieg gegen Napoleon, in den sich die Krone ohne Alliierte – ein am 1. Juli 1806 geschlossenes Bündnis mit Russland war militärisch noch nicht wirksam geworden – mit einem völlig sinnlosen Ultimatum an Napoleon hineinmanövriert hatte. Der König würde sich, so mutmaßte Blücher, aus Berlin weg an die Front begeben, würde dadurch dem Einfluss der „boßhafften Rotte niedere Faull Thiere" entzogen, von der man nur hoffen könne, dass sie selbst auf ihre Rettung bedacht wären und angesichts der unheilvollen Stimmung im Land den König bald im Stich ließen[590]. Die Abreise des Königs an die

Front erfolgte am 23. September 1806 – Stein ließ sich entschuldigen, wegen eines Podagraanfalls, der wohl keine diplomatische „Erfindung", sondern im Gegenteil besonders heftig war[591], dem König persönlich eine bei solchen Anlässen (übliche) Aufwartung zu machen.

Obwohl die von Stein ausgegangenen Demarchen auch personell zunächst nichts verändert hatten – in einer Beziehung hatten sie doch etwas verändert. Der Krieg wurde begonnen mit einem Ultimatum an Frankreich, seine Truppen umgehend aus Deutschland abzuziehen, Preußen die Regelung der Verhältnisse in Norddeutschland zu überlassen und einem Friedenskongress zuzustimmen, der einen dauerhaften Frieden begründen müsse. An die Annahme eines solchen Ultimatums, für das dann später das Datum 8. Oktober 1806 festgelegt wurde, war schlechterdings nicht zu denken, so dass mit der Abreise des Monarchen aus Berlin zumindest eins feststand: der Krieg gegen Napoleon war unausweichlich. Mochte sich Stein auch grämen, dass sich in der Entourage des Königs noch nichts verändert hatte: er konnte immerhin mit einer gewissen Befriedigung zur Kenntnis nehmen, dass die Option Frankreich in der preußischen Politik ausgespielt hatte.

Für Stein wiederholte sich mit dem absehbaren Kriegsbeginn das Spiel des Herbstes 1805, als es geschienen hatte, als ob Preußen kurz vor dem Kriegseintritt stünde. Die voraussichtlichen Kriegskosten waren zu berechnen und mit den vorhandenen Ressourcen in eine Korrelation zu bringen[592], es musste über neue Steuern nachgedacht werden, wobei diesmal die nach britischem Vorbild zu schaffende und auf dem Prinzip der Selbsteinschätzung beruhende Vermögenssteuer[593] eine größere Rolle spielte[594]. Es muss für Stein eine indirekte Genugtuung gewesen sein, dass wegen der Abwesenheit des Monarchen aus Berlin der Staatsrat wiederbelebt wurde, eine seiner zentralen Forderungen in seinem (nicht überreichten) April-Memorandum. Selbstverständlich tagte der Staatsrat ohne die Kabinettsräte, von denen mindestens Beyme den König begleitete, und ohne Haugwitz! Den Staatsrat wieder stärker in die Verfassungswirklichkeit zu integrieren, war inzwischen längst kein Thema mehr, das Stein allein beschäftigt hätte[595].

Die katastrophale Niederlage der preußischen Armee bei Jena und Auerstedt veränderte alles von einem Tag zum anderen. Der König war sich wohl dessen bewusst gewesen, dass weder er persönlich noch sein Staat die Kraft haben würden, ein solches Unternehmen, dem Kaiser der Franzosen allein gegenüberzutreten, zu bestehen. Jena und Auerstedt wurden zum Trauma Preußens, und das auf Generationen hinaus – zum Ausgangspunkt jenes schmerzlichen Bewusstwerdungsprozesses, dass man sich seit Generationen über die Armee Illusionen hingegeben hatte, dass man bei den Manövern die Schlachten des Siebenjährigen Krieges nachgestellt hatte, ohne zu registrieren, dass sich das Heerwesen radikal und fundamental verändert hatte. Kriegsfinanzen, Heeresversorgung, Logistik waren abrupt keine Themen mehr: jetzt ging es nur noch um die Vermeidung einer Panik – der Generalgouverneur Schulenburg ließ in Berlin das legendäre Plakat anschlagen, jetzt sei Ruhe die erste Bürgerpflicht –, um möglichst geordneten Rückzug nicht nur des Militärs, sondern auch der Politik. Der größere Teil der Minister, darunter Stein, der immer noch unter seinem heftigen Podagraanfall litt, zog sich nach Stettin zurück, Hardenberg und Schroetter wählten Danzig, wohin, meist auf dem Seeweg, auch die verschiedenen Kassen, die Goldvorräte und nicht zuletzt die Akten geflüchtet wurden[596]. Als sich die französischen Truppen, nachdem sie Berlin eingenommen hatten und unter Napoleons Führung am 27. Oktober dort eingezogen waren, Pommern näherten, entschieden auch die in Stettin weilenden Minister, nach Danzig weiterzureisen und ihre Kassen und Effekten gleich nach Königsberg zu verschiffen[597]. Der König, dem man zumindest seine lange Entschlusslosigkeit und sein wenig heroisches Betteln um den Frieden nach Jena vorwerfen muss, ordnete dann an, dass die gesamte Regierung in Königsberg installiert werden solle[598], einer Stadt – der Krönungsstadt von 1701 – mit hohem Symbolwert, die von den Truppen des russischen Verbündeten noch halbwegs gedeckt wurde und dann angesichts der Nähe des Kriegsschauplatzes zu einer Lazarettstadt werden sollte[599].

Die national orientierte und borussisch ausgerichtete Geschichtsschreibung hat den Zusammenbruch des „Epigonenregiments" Friedrich Wilhelms III.[600] immer wieder kontrastiert mit dem „Willen der wenigen Starken, derer, die den Kopf aufrecht halten, an die sich als rettenden Fels die Masse der Verzweifelten klammert". „Für unseren Helden", so Ritter, „beginnt jetzt, mitten im Niedergang seines Staates, die eigentlich heroische Epoche seines Lebens"[601]. Das sind hehre Worte, aber „unserem Helden", schwer erkrankt, auf der Flucht, um zu retten, was noch zu retten war, hat sich das in den fraglichen Tagen zunächst ganz anders dargestellt.

„Unser Held", um bei der Ritterschen Terminologie zu bleiben, hat in den Tagen nach Jena und Auerstedt eins mit Gewissheit erkannt: dass ein Punkt erreicht war, von dem aus die „Nationsbildung" Preußens – und vielleicht auch eine stärkere Verklammerung der deutschen Staaten insgesamt – ihren Ausgang nehmen könne, nein: müsse. Jena und Auerstedt war das Ereignis, das in die Lage versetzte, das, was folgte, zu einem „Befreiungskrieg" zu deklarieren und den Charakter einer Art kollektiver Notwehr zu verleihen, die die Frage nach der moralischen Legitimität von Gewaltanwendung von selbst beantwortete[602]. Insofern war das Entsetzen über die Katastrophe zugleich die Geburtsstunde einer neuen Entschlossenheit, eines Mythos.

Was bedeutete die neue, für alle Zeitgenossen völlig überraschende Situation für einen preußischen Wirtschafts- und Finanzminister, der anfangs energisch für Ablehnung der Waffenstillstandskonditionen plädiert hatte[603]? Bereits im Vorfrieden, der von den Diplomaten Lucchesini und Zastrow in Graudenz verhandelt worden war, wohin auch Stein zu einer Ministerialkonferenz einbestellt worden war – welche Wendung der Dinge, denn gerade das war in der Vergangenheit ja immer gefordert worden! –, hatte die französische Seite eine geradezu unglaublich hohe Kriegsentschädigung von 100 Millionen Francs gefordert, und dem musste neben der organisatorischen Abwicklung der von Frankreich verlangten Abtretungen (aller Gebiete links der Elbe, also auch Westfalens) seine allererste Sorge gelten. Der Staat war faktisch schon vor Jena und Auerstedt zahlungsunfähig gewesen, nachdem die ausländischen Anleihen gerade einmal zwei Millionen Taler erbracht hatten. Der Staatsrat benannte für die Entschädigungsverhandlungen zwei Kommissare, die Finanzfachleute Stägemann und Labaye[604], die mit Instruktionen zu versehen waren und vor allem auf eine deutliche Ermäßigung der stipulierten Summe hinarbeiten sollten, die Preußen unmöglich in einem überschaubaren Zeitraum schultern könne.

In all diese Überlegungen, wie es weitergehen könne, platzte eine Einladung Steins nach Osterode[605], wohin sich die königliche Familie nach den Graudenzer Vorverhandlungen zurückgezogen hatte, um über die neue Situation zu beraten, nachdem Napoleon den Graudenzer Vorfrieden verworfen und seine finanziellen Forderungen nochmals deutlich gesteigert hatte. Das war zumindest auffällig, denn dass Stein in den Wochen und Monaten vor Jena und Auerstedt gewissermaßen der Nukleus der oppositionellen, Preußen aufrütteln wollenden Kräfte gewesen war, war selbstverständlich weder den Kabinettsräten noch dem Monarchen selbst verborgen geblieben. Mitten im beginnenden Winter reiste Stein, unverändert podagra-leidend, auf dem schnellsten Weg aus Königsberg in die ostpreußische Kleinstadt.

In Osterode überschlugen sich dann am 20. und 21. November die Ereignisse. Am 20. bat General Köckritz, eine der vier Personen der Hofkamarilla, Stein im Namen des Königs, das Departement des Auswärtigen zu übernehmen, unter gleichzeitigem Hinweis darauf, dass der Monarch sich von Graf Haugwitz getrennt habe. Stein lehnte ab[606], und das aus nachvollziehbaren Gründen: Es fehle ihm „an der Kenntnis der Sachen und Formen und an der Fertigkeit in ihrer Anwendung", und außerdem gehe ihm in dieser Situation, in der alles auf Russland ankomme, die Kenntnis der dortigen Verhältnisse und der „dort influenzierenden und leitenden Personen" ab. Ehrlichkeit, dass ihm für dieses Amt objektiv bestimmte Erfordernisse fehlten, oder doch die späte Rache eines Mannes, der früh vor dem verhängnisvollen Irrweg gewarnt hatte, aber nicht gehört worden war? Sicher trifft die erste Vermutung viel eher zu. Die Chance, die Schlüsselposition der preußischen Politik schlechthin in seine Hand zu bekommen, nahm Stein nicht wahr.

Was den König im einzelnen bewogen hat, in dieser extremen Krisensituation auf einen Außenminister Stein zu verfallen, erschließt sich nicht wirklich. Es war unter dem Eindruck von Jena und Auerstedt klar, dass ein völliger Politikwechsel zu erfolgen habe, und da mag Stein als Wortführer der Opposition gegen die bisherige Entourage als die auch optisch am besten zu „verkaufende“ Option erschienen sein – bezeichnenderweise hatte der König Hardenberg, der von der Sache her das Amt am besten ausgefüllt hätte, nicht nach Osterode eingeladen, weil ihm der Geruch des Frankophoben zu sehr anhing. Freilich muss ihm bei solchen Überlegungen auch bewusst gewesen sein, dass Stein auf dem diplomatischen Parkett nur über wenig Erfahrung verfügte und dass er mit seiner direkten, unverblümten, auch brüskierenden Art in einer Sphäre, in der es auf Geschmeidigkeit und auf die Zwischentöne ankam, nur bedingt als die erste Wahl gelten konnte.

Am kommenden Tag, dem 21. November, und ganz unabhängig von seiner Entscheidung gegen das Außenamt nahm Stein an einer hochrangig besetzten Konferenz teil, die sich mit der Frage der Annahme des (nur als desaströs einzuschätzenden) Waffenstillstands beschäftigte. Vor dem Hintergrund dessen, was Stein unmittelbar nach Abschluss des Waffenstillstands verlautbart hatte, kann es nicht erstaunen, dass er auch jetzt für „Verwerfung“ plädierte.[607] Er begründete sein Votum damit, dass der Waffenstillstand keine Versicherung der Weiterexistenz des preußischen Staates beinhalte, und damit, dass der Vertragspunkt des Rückzugs der russischen Truppen aus den preußischen Landen nicht von Preußen abhänge, Preußen also aus dem etwaigen Nicht-Rückzug der Russen ein Strick gedreht werden könne.

Am folgenden 22. November beriet eine nun wieder kleiner zusammengesetzte Konferenz über militärische Eventualitäten der bevorstehenden Tage und Wochen: die Grundsatzentscheidung, in den Krieg wieder einzutreten, war gefallen. Für den Fall, dass Königsberg nicht mehr sicher wäre, entschied man, dass die Minister noch bis Memel ausweichen sollten, das Land aber nicht verlassen dürften. Bei der Besetzung des ganzen Landes durch die französischen Truppen sollten sie sich als suspendiert ansehen. Was die Kassen betraf, so sollten sie in Steins Obhut bleiben und er erforderlichenfalls mit ihnen dem König folgen[608].

Es ist notwendig, noch für einige Augenblicke bei diesen Osteroder Konferenzen zu verweilen. Sie waren für die preußische Geschichte auch deswegen wichtig, weil der Monarch sich definitiv von Haugwitz und Lombard trennte und sich damit von dem bisherigen Neutralitäts-Schlingerkurs verabschiedete, und weil jetzt erstmals – mittels Proklamationen und Aufrufen – so etwas wie ein Ruck durch das Land herbeigeführt werden sollte (und auch wurde). Das war ein Wendepunkt, wobei es müßig ist, darüber zu spekulieren, welchen Anteil Stein an diesem Paradigmenwechsel in der preußischen Gesamtpolitik hatte. Die andere Frage, die zum kurzen Innehalten zwingt, ist Steins Absage, das Außenministerium zu übernehmen. Er hat das, wie gezeigt, selbst begründet – mit seiner Unerfahrenheit, mit seiner Unkenntnis des russischen Hofes –, aber die Frage ist damit nicht vom Tisch, ob das vielleicht nur vorgeschobene Gründe gewesen sind. Man hat das immer wieder gemutmaßt, aber bis zur Stunde trotz allen Hin- und

Herwendens der Quellen keine weiteren subkutanen Motive ermitteln können. Es war wohl in der Tat so, wie Stein es verlautbarte: die Diplomatie, die Geschmeidigkeit, das Finassieren waren seine Sphäre nicht. Ob man es heroisch-markant ausdrückt, dass ihm „durchaus jener eigentlich politische, naturhafte Herrschaftstrieb" fehlte und dass „das Reine, Tugendhafte, Idealische seines Charakters" ganz wesentlich durch diesen Mangel mitbedingt sei[609], oder ob man es schlichter formuliert: dieses Amt hätte Stein mit Gewissheit nicht glücklich(er) gemacht.

Spätestens am 28. November war Stein wieder in Königsberg, wo er nun die nötigen Vorkehrungen traf, die Kassen in Sicherheit zu bringen und nach Memel, Riga oder einen anderen Ort verschiffen zu lassen – „Sophia", „Herkules" und „Hanna" hießen die Charterschiffe, mittels derer das geschehen sollte, im Winter in der östlichen Ostsee kein ganz ungefährliches Vorhaben, so dass durchaus auch für den Fall eines Schiffsbruchs Vorsorge getroffen wurde[610]. Im übrigen war diese Transaktion in der Tat ein Vabanquespiel: ein Schiff geriet bei der gemeinsamen Überfahrt der gecharterten Schiffe wirklich abhanden, die Geldfässer tauchten dann aber doch wieder auf. Die Akten über diesen Transfer sind kultur- und maritimgeschichtlich von höchstem Reiz!

In die Königsberger Hektik des beginnenden Winters platzte dann aber noch eine zusätzliche Bombe. Stein mochte nach dem Gespräch mit Köckritz in Osterode und seiner schriftlichen Absage das Thema der Übernahme des Departements des Auswärtigen für erledigt gehalten haben, aber das war ein Irrtum. Unter dem Datum des 29. November 1806 erging eine Kabinettsordre an ihn[611], die ihn beauftragte, für den Zeitraum der Erkrankung Haugwitz' „das Portefeuille der Auswärtigen Angelegenheiten ad interim" zu übernehmen, begleitet von der Zuversicht des Königs, Stein werde das Amt ganz in dem Geist führen, „den die jetzige Lage des Staats mit sich bringt". Mit gleicher Post erreichte Stein ein Brief Beymes[612], der darüber aufklärte, dass wegen des politischen Bruchs mit dem König und einer tatsächlich eingetretenen Erkrankung Haugwitz' nicht nur an eine interimistische Lösung gedacht sei und der König sich „auf der Stelle" für Stein entschieden habe. Und Beyme glaubte, Stein am richtigen Portepée fassen zu können: „Ein Mann von Ihrem Geist und Ihrer Charakterstärke jetzt in diesem Posten kann unserer Regierung einen totalen Umschwung geben, den sie höchst nötig bedarf, wenn das Ganze nicht unwiederbringlich verloren gehen soll. Nur diese und keine andere Betrachtung kann auf einen Mann von Ihrer Denkungsart wirken, um eine Stelle ganz gegen seine Neigung anzunehmen". Und dann: „Ich sehe in Ihnen den von der Vorsehung für unser Vaterland bestimmten Retter".

Würde Stein jetzt doch noch „schwach" werden, nachdem sich die Situation in der unmittelbaren Entourage des Königs mit dem Ausscheiden Haugwitz' und Lombards[613] in der Tat nicht unerheblich verändert hatte?

Und würden die Schmeicheleien Beymes, sein Appell an Steins Verantwortungsbewusstsein, jetzt doch Eindruck machen? Stein hat sich mit Vertrauten in Königsberg, darunter Schulenburg[614], noch einmal intensiv beraten; am Ende eines ein- oder zweitägigen Entscheidungsprozesses stand ein langes Immediatschreiben an den König[615].

Die erneute Absage stand am Anfang. Stein begründete sie – wie seinerzeit gegenüber Köckritz, aber in einem weit anspruchsvolleren Stil – mit seiner Nicht-Eignung für den Beruf des „Diplomatikers", aber auch mit der ausdrücklichen Empfehlung Hardenbergs, der dieses Amt bereits mit großem Erfolg versehen habe. Stein nutzte dieses „Forum" und diese einmalige Chance dann aber auch, die Monita in seinem April-Memorandum zu wiederholen: Der Staatsrat sei außer Aktivität gesetzt, die Kabinettsregierung habe sich zwischen den König und seine obersten Beamten „eingedrängt", und da der Monarch auf die Vorstellungen einiger herausragender und in höchstem Maß loyaler Repräsentanten nicht in dem Sinn reagiert habe, dass die unmittelbare Beziehung zwischen den Ministern und dem Souverän wiederhergestellt würde, sei, um es modern zu formulieren, die Geschäftsgrundlage für einen Amtswechsel nicht gegeben. Sofern daran auch zukünftig nicht gedacht sei und keine Veränderung des Systems, die die erste Bedingung der Rettung des Staates wäre, geplant sei, müsse er um seine Entlassung bitten.

Stein hatte damit dem König die Daumenschrauben angelegt. Absage in Bezug auf das Außenamt, zugleich aber Koppelung seines Verbleibens im Ministerium überhaupt an die Rückkehr zu einer bewährten Verfassungspraxis, der des unmittelbaren Vortragsrechts der Minister und ihrer kollektiven Zusammenarbeit. Eine vermeintlich bloß organisatorische Frage gewann eine ungeheure Eigendynamik, wurde zu einer Schicksalsfrage der preußischen Politik aufgewertet. Beyme legte kurz nach Erhalt der Steinschen Antwort an den König eine lange Denkschrift vor[616], in der er das System der Kabinettsregierung vehement verteidigte, ohne ihm voll „das Wort reden" zu wollen, und in der er als eine Art Kompromiss einen aus den drei wichtigsten Ministern bestehenden „Conseil" in Vorschlag brachte, der regelmäßig mit einem Kabinettsrat zusammentreten könne. Stein reagierte mit einer Gegenschrift[617], die Beymes Behauptung von der langen Tradition des Kabinettssystems verwarf und seine Position bekräftigte, dass ein Staat zwar einen „Mittelpunkt der Administration" benötige, dieser aber nur der Staatsrat sein könne; die Kabinettsregierung sei ein „zweckloses oder ein zweckwidriges System". Nur einen oder zwei Tage später legte er eine von ihm selbst, Hardenberg und Rüchel unterzeichnete umfangreiche Immediateingabe vor[618], die aus der Analyse heraus, dass es in der gegenwärtigen Krisensituation unabdingbar sei, dem König die Geschäfte zu erleichtern, Einheit in allen Zweigen der Staatsregierung herzustellen, die Schnelligkeit in der Ausführung beschlossener Maßnahmen zu befördern und das Vertrauen in die preußische Regierung im In- und Ausland wiederherzustellen, zu der Forderung gelangte, der Monarch möge „an die Stelle des bisherigen Kabinetts eine Behörde von wenigen Staatsministern [...] versammeln". Diese Ministerrunde, mit der der König selbst arbeiten würde, stünde in der Verantwortung, die Ausführung der Beschlüsse zu leiten und zu kontrollieren. Nebenbehörden seien abzuschaffen; die angemessene Benennung dieses neuen Gremiums wäre „Kabinetts-Ministerium". Es würde sich aus den Ministern für Auswärtiges, für Inneres und Finanzen und für den Krieg zusammensetzen, die im Idealfall – Reisen ausgenommen – immer um den König wären. Andere Minister könnten im Bedarfsfall zu den Beratungen dieses Gremiums hinzugezogen werden. Im übrigen könne keiner dieser „zentralen" Minister nur interimistisch tätig sein.

Würde die Tatsache, dass der Kreis derjenigen, die das gegenwärtige Regierungssystem für verfehlt hielten, offenbar im Wachsen war, dass hier ein detaillierter Organisationsplan vorgelegt worden war, dessen Schlüssigkeit sich kaum jemand entziehen konnte – würde das bei dem König eine Meinungsänderung hervorrufen? Die Démarche wurde dem inzwischen in Königsberg angekommenen König um die Mittagszeit des 18. Dezember von Schulenburg überreicht, der die Substanz in offenbar etwas abgemilderter Form zusammenfasste. Friedrich Wilhelm III. reagierte gereizt: die Idee eines solchen Staatskabinetts sei „insolente", und das sage er aus voller Überzeugung[619]. Am Abend des 18. scheinen sich dann die Ereignisse überschlagen zu haben: Um 6.30 Uhr abends schickte Stein Schulenburg ein Billett, dieser antwortete um 8 Uhr – es ging um die Entlassung Beymes, vor allem aber um die Ressortverteilung zwischen Hardenberg und Stein, der sich zum wiederholten Mal weigerte, das Auswärtige Amt zu übernehmen. Was in dieser Nacht an Gesprächen noch vor sich ging, ist im einzelnen nicht mehr zu rekonstruieren; am nächsten Tag, dem 19., erging dann aber eine Kabinettsordre an Rüchel, Stein und Friedrich Wilhelm Christian von Zastrow, der inzwischen als Außenminister ins Auge gefasst worden war, in der den Genannten die Schaffung eines „Konseils" angekündigt wurde[620], dessen nähere Einrichtung ihnen mit einem separaten Schreiben[621] aufgegeben wurde.

Ein Sieg der von Stein angeführten Opposition auf der ganzen Linie? Das wohl doch nicht. Abgesehen davon, dass Stein mit seinem Personalvorschlag für das Auswärtige Amt – Hardenberg – nicht durchgedrungen war (Außenminister sollte Zastrow werden, Rüchel Kriegsminister, Stein Innen- und Finanzminister), war vorgesehen, dass in diesem dreiköpfigen „Konseil", der ansonsten weitgehend Steins Vorstellungen entsprach, das Protokoll von niemand anderem als – Beyme geführt werden sollte. Dementsprechend fiel Steins Reaktion aus[622], die postwendend erfolgte: Leider sei der „Konseil" mit den Zuständigkeitsbereichen seiner Mitglieder nur interimistisch eingerichtet worden – das war korrekt –, dies lasse Kollisionen mit bisherigen Funktionsträgern erwarten, und die Nichtberücksichtigung Hardenbergs sei alles andere als ein Anreiz für ihn, „in Verhältnisse zu treten, die in sich selbst schon die Prinzipien der Auflösung und Zerstörung tragen und mich sehr bald ein gleiches Schicksal mit jenem schätzbaren Geschäftsmann erwarten lassen". Dass Stein dann auch noch Gesundheitsgründe ins Feld führte, muss als nachrangig eingestuft werden – nein, es waren (der ungenannt bleibende) Beyme, der in diesen Spätherbstwochen geradezu zur Symbolfigur eines Systems wurde, das keine Zukunft mehr haben sollte, das Konstrukt des Interimistischen und die Übergehung Hardenbergs, die Steins erneute Absage provozierten. In seiner Autobiographie hat er sie mit nachhaltiger Verstimmung und Erbitterung zusätzlich begründet[623]. Wie lange konnte ein Monarch die wiederholten Erpressungsversuche und Brüskierungen eines Spitzenbeamten – so musste es ihm ja scheinen – aushalten? Im Grunde kann Steins Verhalten aus einer etatistischen Perspektive nur als Insubordination eingestuft werden.

Weihnachten verging, ohne dass eine Reaktion erfolgte, wobei aber schon die Tage davor deutlich gemacht hatten, dass der König dem „Konseil" nur solche Materien zur gemeinschaftlichen Beratung zuzuweisen gedachte, die er bestimmte. Unter dem 28. Dezember richtete Rüchel einen Immediatbericht an den König, in dem er die Voten der drei vorgesehenen Konseilsmitglieder so zusammenfasste, sie seien alle überzeugt, dass der Staat in seiner alten Form nicht weiter bestehen könne, zugleich aber andeutete, dass sie hinsichtlich der „Einkleidung der Worte" nicht völlig konform gingen[624]. Dann versuchte Friedrich Wilhelm es ein letztes Mal, sozusagen durch die Hintertür, indem er Stein über Dritte Geschäfte – es ging um eine Geldforderung des in Berlin zurückgebliebenen Ministers Angern, größtenteils zum Unterhalt des französischen Hofmarschallamts in Berlin! – übertragen wollte, die in den Zuständigkeitsbereich des Konseilsmitglieds Stein einschlugen[625]. Stein verweigerte sich unter abermaligem Verweis darauf, dass er nicht Mitglied des Konseils sei. Das brachte das Fass zum Überlaufen.

Man muss es Stein wohl abnehmen, dass ihm dieser Schnitt – denn dies beinhaltete seine Absage! – unendlich schwer fiel in einer Phase, als die Existenz des Staates aufs höchste bedroht schien und sein patriotisches Pflichtbewusstsein ihm eigentlich anderes riet: nachgeben, den erneuten Kompromiss „schlucken", um dann Preußen aus dem Tiefpunkt seines staatlichen Daseins wieder herauszuführen. Möglicherweise hätte ein Vieraugengespräch zwischen dem König und Stein in einen solchen Entschluss einmünden können – aber weder der eine noch der andere suchte es. Stein, immer noch an seinem heftigen Podagraanfall leidend, befürchtete vielleicht auch, dass sein Temperament mit ihm durchgehen und er Invektiven verwenden würde, die er später bereuen würde. Kurz, Steins Entscheidung, einer königlichen Kabinettsordre nicht zu gehorchen, konnte nur eine Konsequenz haben.

Kurz nach Jahreswechsel, am 3. Januar 1807, richtete der König von Memel aus einen Brief an den noch in Königsberg weilenden, aber mitten in Reisevorbereitungen steckenden Staatsminister, der einer Bilanz einer bilateralen Beziehung gleich kommt und mit der Ankündigung endet, dass, wenn Stein sein „respektwidriges und unanständiges Benehmen“ nicht schleunigst ändere, „der Staat keine große Rechnung auf Ihre fernerer Dienste machen“ könne[626]. Der König gesteht freimütig, früher Vorbehalte gegen Stein gehabt zu haben, den er immer für „exzentrisch und genialisch“ gehalten habe, für einen Mann, der nur seine eigene Meinung gelten lasse. Nachdem Stein gerade von denjenigen Leuten, die er jetzt anfeinde – gemeint war selbstredend Beyme –, in sein Ministeramt geholt worden sei, habe er sich rasch davon überzeugt, dass seine Departementsführung „musterhaft“ gewesen sei. Eine Kleinigkeit in einem seiner Berichte, eine Ausarbeitung[627] über die Auswirkungen der politischen Verhältnisse auf den preußischen Handel, der nur als unpassender und ironischer „Ausfall“ eingestuft werden könne (und der an Ironie, die den König ganz direkt getroffen haben muß, kaum zu steigern war), habe einen (richtigen) Verweis nach sich gezogen, und von dieser Zeit an habe Stein nur noch opponiert. Die Annahme des Außenamts habe Stein in einem „bombastreichen Aufsatze“ verweigert, womit er den König in große Verlegenheit gestürzt habe. Auf seine Ordre wegen Schaffung des Konseils und einer neuen Ressortverteilung habe Stein noch nicht einmal geantwortet! Und dann folgen jene Worte, die in keiner Stein-Biographie oder -Würdigung fehlen dürfen: „Aus allem diesem habe ich mit großem Leidwesen ersehen müssen, dass ich mich leider nicht anfänglich in Ihnen geirrt habe, sondern dass Sie vielmehr als ein widerspenstiger, trotziger, hartnäckiger und ungehorsamer Staatsdiener anzusehen sind, der, auf sein Genie und seine Talente pochend, weit entfernt, das Beste des Staats vor Augen zu haben, nur durch Capricen geleitet, aus Leidenschaft und aus persönlichem Haß und Erbitterung handelt. Dergleichen Staatsbeamte sind aber gerade diejenigen, deren Verfahrungsart am allernachteiligsten und gefährlichsten für die Zusammenhaltung des Ganzen wirkt“.

In der Sache mag der Monarch nicht völlig falsch gelegen haben: Renitenz, Opposition gegen eine königliche Verfügung konnte in einem autokratischen System nur eine Konsequenz haben. Was schon die informierten Zeitgenossen und auch die Historiker indes immer wieder beschäftigt hat, ist der Ton dieses Dokuments, das, so Ritter, „zu den unerquicklichsten Selbstzeugnissen der alten absoluten Monarchie“ zu zählen sei[628]. In der Tat ist die Maßlosigkeit in Form und Sprache etwas Extraordinäres – vielleicht Spiegel der gewaltigen Spannung, unter der auch der König stand, eher aber wohl Ausdruck eines eklatanten Mangels an Fingerspitzengefühl, wie man mit einem geistig um Längen überlegenen Mann, der sich in der Vergangenheit für Preußen „zerrissen“ hatte, umzugehen hat.

Aber es war noch mehr als mangelndes Fingerspitzengefühl: es war der *clash* zweier Staatsanschauungen – hier die des Monarchen, der „ängstlich, schüchtern, verlegen und doch selbstbewusst" an der Vollgewalt seiner Autorität und Souveränität festhielt, dort die des Reichsritters, „ebenso reichsunmittelbar [...] wie jeder deutsche Landesherr, mit der ganzen Stärke seines persönlichen Wesens dem Menschen Friedrich Wilhelm überlegen, zugleich aber angesichts der Not des Staates davon durchdrungen, dass nicht der Zufall der Geburt allein die Führung im Staat bestimmen dürfe, sondern dass die stärksten Talente mit dem Monarchen gemeinsam die Staatsleitung zu übernehmen hätten"[629].

Wenn man die Codes der damaligen Zeit kannte – und niemand kannte sie besser als Stein –, blieb nach einem solchen Brief nur noch eins: sofortiger Rücktritt. Unter wortwörtlicher Wiederholung der eben zitierten Sätze und damit mit einer Ironie, die kaum noch zu überbieten war, bat Stein noch am Abend des 3. Januar 1807 um seine Dienstentlassung[630]. Der König antwortete, die höchste Erregung nur mit Mühe kaschierend, lakonisch: „Da der H. Baron v. Stein unter gestrigem Dato sein eigenes Urteil fällt, so weiß ich nichts hinzuzusetzen"[631].

Stein hat nicht gezögert, von den zitierten, ihn disqualifizierenden Sätzen in den folgenden Tagen in ironisierender Form, ja mit sarkastischen Untertönen Gebrauch zu machen[632]. Eine Zeitlang ging er sogar mit dem Gedanken um, die Akten seiner Entlassung im Druck zu veröffentlichen. Er nahm dann von diesem Plan wieder Abstand, weil ihm wohl auch bewusst wurde, dass ein weiterer Gesichtsverlust der Krone dramatische Auswirkungen in die breite Öffentlichkeit hinein hätte haben können. Auch die Signale der Betroffenheit, dass der Staat in einer seiner schwärzesten Stunden „einen seltenen distinkten Diener" verliere[633], wenn „Männer von solchem Talent, solcher Rechtlichkeit und so redlichem Eifer für sein Wohl ihn verlassen"[634], spiegeln wider, dass das weit mehr war als die einsame Personalentscheidung eines autokratischen Fürsten. Es gab sogar Männer aus seinem weiteren Umkreis, die ankündigten, es ihm gleich tun und den Staatsdienst quittieren zu wollen[635]. Seine engsten Mitarbeiter, etwa Kunth, versicherten Stein, welch exzeptionelles Privileg es gewesen sei, unter ihm dienen zu dürfen, „wie innig und wahrhaft ich Ihren großen, edlen, reichen Geist verehrt, Ihr Herz voll Gefühl geliebt habe"[636]. Von vielen Seiten schlugen ihm Versicherungen der Freundschaft, der Verehrung, natürlich auch des Bedauerns, entgegen.

Nach Lage der Dinge hielt Stein nichts mehr in Königsberg, zumal ihm eine Abschiedsaudienz verwehrt wurde. In der Stellung eines „Tagelöhners", der an der Ecke warte, bis man ihn vielleicht wieder rufe, wollte er nicht bleiben. Ende Januar 1807 wurden Sondierungen vorgenommen, ob es wohl denkbar sei, dass ein englisches Schiff Stein mit seiner samt Bediensteten 14köpfigen Familie nach Kiel oder Kopenhagen mitnähme[637] – angesichts der

Kriegssituation sicher eine richtige Überlegung. Stein, zwischendurch unter dem Eindruck der Schlacht bei Preußisch-Eylau noch einmal unschlüssig werdend, ob er nicht doch ein russisches Regierungsamt anstreben solle[638], das ihm über Niebuhr tatsächlich nach seiner Abreise aus Königsberg angeboten wurde[639], entschied sich dann aber doch, den Landweg über Danzig zu nehmen, um seine Güter zu erreichen, was zwingend die Reise durch von den Franzosen besetztes Gebiet erforderlich machte. Seine Freunde, unter ihnen Niebuhr, machten sich ernsthaft Sorgen um seine persönliche Sicherheit[640]. Am 2. März 1807 war Stein wieder in Berlin, um wenige Tage später nach Nassau weiterzureisen[641], wo er hoffte, „durch den Einfluß des Klimas und den Gebrauch der Bäder" seine „erschütterte Gesundheit" wiederherzustellen[642]. Es war vor allem die Gicht, eine der verbreitetsten Krankheiten der Zeit, die auch seinen Vater geplagt hatte[643], die ihm seit Monaten zu schaffen machte[644] und die er, wie er Ende Mai anmerkte, schon in 24 Eimer Emser Wasser getaucht habe und jetzt mit einem dreiviertel Zoll starken Wasserstrahl bekämpfe, um sie aus der rechten Schulter und der Hand zu vertreiben und damit „dem bösartigen Lindwurm die Gurgel abzuschneiden"[645]. Worauf seine angeschlossene Bemerkung zielte, ansonsten gingen alle „animalischen Funktionen des Körpers" ihren Gang bis auf eine, bleibt unklar, lässt aber Spielraum für Spekulationen.

Es gilt noch, einen kurzen Blick auf den Fortgang des Konflikts um die Beibehaltung oder aber Entlassung Beymes zu werfen, an dem sich letztlich ja Steins Demission entzündet hatte. Seit dem Februar 1807 nahm der Druck auf den König weiter zu, sich von Beyme zu trennen – Demarchen Hardenbergs[646], eine von einem nach St. Petersburg geschickten preußischen Major übermittelte dringende Bitte Russlands[647], sind hier unter anderem zu nennen. Der König indes blieb unnachgiebig. 1807 sollte Beyme kurzzeitig sogar – ein Schlag ins Gesicht der Russen – Außenminister werden, und auch seine Ernennung zum Präsidenten des Kammergerichts in eben diesem Jahr 1807 war keineswegs ein Fortloben, zumal er schon 1808 nach Steins zweiter Entlassung formell wieder – jetzt als Justizminister – in die Regierung eintrat. Gleichzeitig mit Beyme sollte Stein aber kein Regierungsamt mehr ausüben.

5. Die Nassauer Denkschrift

Nach seiner vor dem Hintergrund des lange schwelenden Konflikts keineswegs unerwarteten Entlassung zog sich Stein, etliche Tage vergeblich auf die Zurücknahme der Entscheidung des Königs hoffend, auf seine nassauischen Güter zurück, um Abstand zu gewinnen, neue Kraft zu „tanken", seine angegriffene Gesundheit zu restabilisieren – aber sicher nicht, um sich aus dem gestalterisch-politischen Leben auf Dauer zu verabschieden. Er war über Danzig, Berlin, Weimar, Gotha und Frankfurt gereist und hatte unterwegs Aufklärungsarbeit über das geleistet, was ihm in Preußen widerfahren war; der Stachel saß tief[648]. Aber es ging nicht nur um die Aufarbeitung des Geschehenen, sondern auch um den Blick in die Zukunft, die sich Stein durchaus, bei entsprechenden Voraussetzungen, wieder in preußischen Diensten vorstellen konnte – „Sollte man mich", so hatte er Niebuhr schon Mitte Februar von Danzig aus wissen lassen, „einst wieder bedürfen, so werde ich mir wenigstens eine Garantie gegen unanständige Behandlung ausbedingen"[649]. Rechtfertigung und der Blick nach vorne: das waren die leitenden Gesichtspunkte der ersten Wochen im Heimischen, das nach der Besitzergreifung der nassauischen Fürsten aufgrund der ihnen mit dem Rheinbund zugewachsenen Souveränität ja nur noch bedingt sein „Heimisches" war. Nicht zufällig hat Stein im Frühjahr und Frühsommer 1807 eine ganze Reihe von politischen Weggefährten empfangen, so etwa Ende April Vincke, um mit ihnen über die politische Großwetterlage nach Jena und Auerstedt und über die Zukunftsperspektiven zu sprechen. Dass er, der Mann, der seit über 20 Jahren politische Verantwortung getragen hatte, nicht sofort „abschalten" konnte, versteht sich von selbst – er ging im Frühsommer sogar mit dem Plan einer neuerlichen England-Reise um, den ihm seine Frau aber ausredete.

Eine Phase des Nachdenkens also, des Bilanz-Ziehens, sicher auch des Prospektiven – Stein hat in diesen Früh- und Hochsommertagen des Jahres 1807 wohl auch dauerhaft ein neues Verhältnis zum Krieg gefunden: eins, das manchen Aufklärern nicht fremd gewesen war, nämlich im Krieg ein „moralisches Bad" zu sehen, durch das dem Volk wieder neue Kräfte zuwachsen könnten, durch das es neu gestählt würde. Es mögen sich auch bestimmte Lebensmaximen noch einmal verstärkt haben, etwa die, dass der, der sich selbst aufgibt oder sich mutlos dem Geschick unterwirft, für immer und ewig verloren sei. Es mag banal klingen, aber an Lebensweisheiten dieser Art vermögen sich auch Intellektuelle, die in einem tiefen Tal sind, wieder aufzurichten.

Diesem Nassauer Sommer der mit distanzierter Beobachtung des Geschehens gepaarten Muße, die auch die ausgedehnte Lektüre wieder zu ihrem Recht kommen ließ[650], und der Rekreation „in einer völlig ungestörten Ruhe", in „lange entbehrter Unabhängigkeit und Ruhe"[651] und in einer Gegend, in der man den Krieg nur aus den Zeitungen kenne[652], verdankt sich eine Denkschrift, die gemeinhin als zentraler Schlüsseltext der gesamten preußischen Reformen angesehen wird. Das Memorandum ging zurück auf eine Bitte des Fürsten Anton Radziwill, des Schwagers des (kurz vor der Schlacht bei Jena gefallenen) Prinzen Louis Ferdinand und Ehemanns einer der glühendsten Verehrerinnen Steins, der sich mit Überlegungen beschäftigte, die Stellung der polnischen Neulande im Rahmen der (wiederherzustellenden) Gesamtmonarchie zu verbessern. Stein sollte ihn mit Unterlagen und Ideen versorgen, die bei einer Neuorganisation der preußischen Verwaltung in den ehemals polnischen Provinzen – die inzwischen ja Bestandteil des Großherzogtums Warschau geworden waren – behilflich sein könnten.

Die später so genannte Nassauer Denkschrift hat deswegen für alle Stein-Biographen einen so hohen Stellenwert, weil dies eins der wenigen Dokumente ist, die sich ganz und ausschließlich Stein verdanken – bei den später zu behandelnden Reformgesetzen verhält sich das ganz anders, weil sie auf vielen Vorarbeiten fußten und der Anteil Steins an ihnen im einzelnen gar nicht zu klären ist. Die Denkschrift vom Sommer 1807 kann aber auch deswegen ein besonderes Interesse beanspruchen, weil sie von einem Mann niedergeschrieben wurde, der keine amtliche Funktion mehr hatte, an keine dienstlichen Rücksichten gebunden war, der zudem nicht für den König schrieb und sicher nie daran gedacht hat, die Schrift im Druck zu verbreiten. Sie gänzlich der Quellengruppe der „Überlieferung" – und nicht der „Tradition" im Droysenschen Sinn – zuzuordnen, verbietet sich dennoch, weil Stein schon damals kaum etwas tat, ohne sein eigenes zukünftiges Bild in der Geschichtsschreibung mit zu bedenken.

Zu seinen Gästen im Nassauer Schloss hatte nicht sein langjähriger Freund Rehberg gezählt, der zu genau dem gleichen Zeitpunkt Hand anlegte an eine ähnliche Reformschrift, die er kurz vor Niederschrift der Nassauer Denkschrift im Druck erscheinen ließ[653], von der er, aus welchen Gründen auch immer, Stein aber kein Exempar übersandte. Spätestens seit 1802, als Stein ein Angebot, als Minister in hannoversche Dienste zu treten, kühl abgelehnt hatte, hatte ein Prozess der Entfremdung begonnen, der es nie mehr zu ähnlich intensiven Beziehungen kommen ließ wie in den 1770er oder 1790er Jahren. Es scheint sogar, dass beide sich seit 1802 nie mehr persönlich begegnet sind, was es freilich nicht verhinderte, dass Rehberg nach Steins Tod einen „anerkennenden Nekrolog" verfasste[654]. Auch Rehberg ging es um die Staatsverwaltung der deutschen Länder: das Thema lag also geradezu in der Luft. Rehbergs Schrift ist Stein mit hoher Wahrscheinlichkeit erst sehr viel später bekannt geworden – jeglicher Plagiatsvorwurf wäre also absurd. Trotz der nach Jena um sich greifenden Resignation steht für Rehberg fest, dass die historische Kontinuität deutschen Lebens und deutscher Staatlichkeit weitergehen werde und dass es – es schreibt der Englandexperte! – nicht darum gehen könne, bestimmte britische Verfassungsformen oder Institutionen nach Deutschland zu verpflanzen. Vielmehr müsse das autochthone deutsche Ständewesen sinnvoll an die veränderten Zeitumstände angepasst werden. Dazu gehöre, dass die Stände aufhörten, über ihr Budgetrecht mit den Fürsten endlose Streitigkeiten auszutragen; zumindest ein Teil der Staatseinkünfte müsse in den deutschen Staaten von der Kontrolle ständischer Versammlungen unabhängig gestellt werden. Die Stände seien in Deutschland längst keine wirklichen Mitregenten mehr, die Polizeigewalt komme vielmehr dem Fürsten allein zu, während er bei der Gesetzgebung und in der Jurisdiktion auf ständischen Beirat zurückgreifen könne. Im Gegenzug gegen diese Einschränkung ihrer Befugnisse könne ihnen der Fürst die Periodizität zusichern. Aber auch das Innenleben der Stände sei in hohem Maß reformbedürftig: selbst wenn die dreikuriale Gliederung beibehalten werde, müssten all die überholten Förmlichkeiten des Geschäftsgangs wie etwa die Beratung in gesonderten Ständekurien so schnell wie möglich über Bord geworfen werden.

Das war der eine Weg, ein sehr praxisbezogenes Reformprogramm in die Diskussion einzuführen – die Reform der Ständeverfassung. Stein, der im Grundsatz mit diesem Gedanken sicher sympathisiert hat, wenn ihn auch Rehbergs extrem antipreußischer Ton missfallen haben wird[655], wählte einen anderen Weg. Seine Nassauer Denkschrift hatte mit Rehbergs Schrift aber eine gemeinsame Schnittmenge: beiden ging es, ganz unabhängig voneinander, darum, „eine Sphäre der Freiheit innerhalb des mechanistischen Getriebes der bürokratischen Staatsverwaltung zu schaffen“[656]. Sehen wir zu, wie Stein das anstellte.

Stein konnte sich bei seinen Überlegungen auf sein (oben näherhin vorgestelltes) Memorandum aus dem April 1806 – also aus seiner Ministerzeit – stützen, in dem er in der für ihn typischen Direktheit nicht nur eine Reihe institutioneller und organisatorischer Mängel in der preußischen Administration namhaft gemacht hatte, sondern auch vor der persönlichen Demontage verantwortlicher Männer nicht zurückgeschreckt war. Stein hatte in diesem Dokument einen Frontalangriff gegen die politischen Strukturen gestartet. Das hatte ihn ja die gesamte Zeit seines ersten Ministeriats über nachhaltig beschäftigt.

Steins Kritik, die in diesem Memorandum ungeschminkt zum Ausdruck gebracht wurde (und die, um den Kontext herzustellen, noch einmal kurz rekapituliert werden muss), speiste sich aus einer „doppelten Unordnungserfahrung“[657]: Aufgrund der bedrohlichen äußeren Lage befand sich das Staatswesen in einem unsicheren, ungeordneten Zustand, der Ausmaße angenommen habe, dass der Staat seine Selbständigkeit, seine Ressourcen zu verlieren Gefahr laufe. Dies rufe nicht nur den Unwillen der Nation hervor, sondern auch das Gefühl der Erniedrigung und des Verlustes des „alten, wohlerworbenen Ruhms“. Schwerwiegender für ihn war jedoch das Ergebnis seiner Ursachenforschung: die Ineffizienz und unzureichende Bildung der obersten Staatsbehörden. Preußen habe zwar, was zu bedauern sei, keine Staatsverfassung im eigentlichen Sinn, aber wenn das so sei, dann müsse wenigstens die Regierungsverfassung „nach den richtigen Grundsätzen gebildet“ sein. Und da sieht Stein strukturelle Mängel, die er bis weit ins 18. Jahrhundert zurück verfolgt: Sein Hauptgravamen ist die stetig zunehmende Einflussnahme von Ratgebern und anderen Personen ohne eigentliches Amt auf den Monarchen, ein Prozess, der unter Friedrich Wilhelm III. seinen Höhepunkt erreicht habe. Mit dem „Kabinett“ habe sich geradezu eine neue Staatsbehörde ausgebildet, die mit dem König beratschlage, beschließe und die Ausführung dieser Beschlüsse den Ministern überantworte. Die Minister seien zu bloßen Ausführungsorganen degradiert worden, gemeinsame Beratungen der Minister seien damit hinfällig geworden, was sowohl das Ehrgefühl der politisch Verantwortlichen kränke als auch ihr Pflichtgefühl abstumpfen lasse. Demotivierung also auf der einen Seite, auf der anderen eine verhängnisvolle einseitige Unterrichtung des Monarchen durch Personen, denen die Kompetenz abgehe und die ihre eigenen Interessen verfolgten.

Dass dieser Diagnose eine erbitterte Abrechnung mit den Mitgliedern des Kabinetts folgte, ist noch erinnerlich; das war auch der Grund gewesen, weshalb alle Eingeweihten dringend davon abgeraten hatten, das Dokument in dieser Form zu überreichen. Stein war freilich erfahren genug, es nicht mit einer bloßen Analyse der vielen Gravamina sein Bewenden haben zu lassen, sondern konkrete Lösungsvorschläge zu machen: unmittelbares Vortragsrecht der Minister beim König, Einrichtung einer kollegialen Ministerrunde, von der die Kabinettsräte auszuschließen wären. Sollte die Kabinettsregierung nicht umgehend abgeschafft werden, seien die schlimmsten Konsequenzen für das Gemeinwesen zu befürchten: dessen Auflösung, zumindest aber Verlust der Unabhängigkeit, ein dramatischer Rückgang der Liebe und Achtung der Untertanen.

Das nun genau war es, was Stein in der Nassauer Denkschrift thematisierte und als politisches Ziel deklarierte: die Pflanzung, Kultivierung und Steigerung von Gemeingeist und Bürgersinn. Es war deswegen auch kein Zufall, dass die Nassauer Denkschrift ausdrücklich auf die Vorgängerschrift Bezug nahm, kein Zufall, dass sich das Konzept der April-Denkschrift in Steins Nachlass in dem Bestand findet, der die Entstehung der Nassauer Denkschrift dokumentiert[658]. Das Grundanliegen war nämlich dasselbe wie im April: Wie kann die Verwaltung des preußischen Staates so reorganisiert werden, dass sie effizienter arbeitet und dem Staat jene Handlungsfähigkeit verleiht, die den Erfolg eines Befreiungskampfes gegen äußere Bedrohung wahrscheinlich mache.

Die Rahmenbedingungen für eine solche grundsätzliche Ausarbeitung waren günstig, viel günstiger als im April des Vorjahres: Stein war ohne Amt, brauchte deswegen auch keine Rücksichten zu nehmen (was seinem ganz und gar undiplomatischen Wesen zustatten kam), er hatte Zeit, er hatte aber auch den bestimmten Eindruck, dass nach der katastrophalen Niederlage Preußens dringender Handlungsbedarf bestand. Und an seiner Überzeugung, dass ohne eine effiziente Verwaltung Politik in der Luft hänge, jeder Bodenhaftung entbehre, ließ Stein keinen Zweifel. Auch diesmal gliederte er seine Denkschrift, mit der er in einem Bereich, auf den er im Augenblick keinen Einfluss hatte, eine Art Deutungshoheit gewinnen wollte, in zwei Blöcke: in einen, der sich mit der Neuorganisation der obersten Staatsbehörden beschäftigte, und einen zweiten, der der ständischen Organisation der Provinzialverwaltung gewidmet war.

Über den ersten Teil, den zur zentralen Behördenorganisation, der immerhin fast die Hälfte des Ganzen ausmacht, kann in Kenntnis der Denkschrift vom April 1806 jetzt schnell hinweggegangen werden; hier ging es um die Verteilung und den Zuschnitt der Ressorts der Fachminister, also der Mitglieder des von ihm vermissten Staatsrats (der „Konseil" in der Variante des Dezember 1806 wird nicht weiter behandelt!), um die (nur noch sachliche, nicht mehr regionale) Gliederung des Generaldirektoriums, dessen Weiterbestehen Stein im übrigen aber nicht in Frage stellte, um die Verstärkung seiner Kompetenzen und seinen Ausbau zu einer großen, für den Gesamtbereich der Innen- und Finanzpolitik zuständigen Zentralbehörde, um die Neuorganisation der (zu vielen) Staatskassen, die nach französischem Vorbild zu einer einzigen zusammenzuführen wären.

Viel wichtiger für ihn ist aber der zweite Komplex: die Umbildung der nachgeordneten Verwaltungsebenen mit dem Ziel, Gemeingeist und Bürgersinn zu befördern. Und dabei dominiert nun ein großes *Credo*: Die Staatsverwaltung durch besoldete Beamte sei schlecht, weil sich allzu rasch eine Art „Mietlingsgeist" einschleiche, ein „Dienst-Mechanismus", der keine emotionale Bindung der Bürger an ihren Staat aufkommen lasse – Begriffe im übrigen, die nun zu Schlüsselworten von Steins politischer Philosophie werden sollten. Zudem wirke es lähmend und demotivierend auf Menschen, die durch ihren Besitz an Grund und Boden eine Bindung an ihr Land hätten, von jedem Einfluss auf die Verwaltung ausgeschlossen zu sein. Daher spreche alles dafür, die Eigentümer an der Administration zu beteiligen, um so mehr als sie, besitzend und begütert, ihre Tätigkeiten unentgeltlich ausübten und der Staat damit auch noch Geld spare. Stein verwies in diesem Zusammenhang auf die Untersuchungen des Genfer Nationalökonomen François d'Ivernois, der die Verwaltungskosten in England und Frankreich miteinander verglichen und die deutlichen Minderausgaben des Inselstaats damit begründet habe, dass dort ein großer Prozentsatz der administrativen Aufgaben Eigentümern übertragen worden sei. Freilich, um nicht missverstanden zu werden, schwebten Stein in diesem Zusammenhang noch keineswegs demokratische, die sozialen Unterschiede nivellierende Strukturen vor; es ging ihm immer um die „zweckmäßig gebildeten Stände", die an den Staat herangeführt werden sollten, mithin also um einen eher kleinen Teil der Gesamtbevölkerung.

Die kurze Paraphrase der Nassauer Denkschrift soll durch einen (notwendigen) Exkurs über Steins Ständevorstellung unterbrochen werden. Von seiner Herkunft her war Stein mit dem Institut von Landständen an sich nicht vertraut, um so weniger als es auch in Kurmainz, wo sein Vater in Lohn und Brot gestanden hatte, keine Stände gab. Selbstverständlich war er in seiner stark am Reichsrecht orientierten Ausbildungsphase mit dem Phänomen und der Praxis von Landständen vertraut geworden und hatte auch die zeitgenössische Diskussion über Stände als „Vormünder des Volkes" rezipiert[659]. Aber als nicht-landsässiger Adliger fehlte ihm, als er in Westfalen in die politische Verantwortung einrückte, jede Erfahrung im Umgang mit Ständen, es ging ihm auch jene fast emotionale Bindung der Menschen an eine Einrichtung ab, die für sie integrierter Teil der politischen Ordnung war. In Westfalen – um kurz zu rekapitulieren – war das Ständewesen in seinen beiden Formen des Drei- oder Zweikuriensystems besonders stark entwickelt, und zwar sowohl in den geistlichen Staaten als auch in den preußischen Landesteilen und selbst in einigen Kleinterritorien. Allem Anschein nach hat Stein, zunächst in der Grafschaft Mark als Aufsichtsinstanz über die dortigen Stände, aber schnell gelernt – und er hat fast gleichzeitig den Kollaps des ganzen Systems erleben müssen: Im Zuge der politischen Umwälzungen, die auch Nordwestdeutschland seit 1802 ergriffen hatten, waren die Landstände mit einem Schlag vernichtet worden: 1802/03 war in den säkularisierten und überwiegend Preußen zugesprochenen geistlichen Territorien die politische Institution beseitigt oder faktisch handlungsunfähig gemacht worden, seit 1806 und der Aufteilung Westfalens auf mehrere Napoleonidenstaaten war an die Renaissance einer Mitwirkung regionaler Funktionsträger unter Führung des Adels natürlich vollends nicht zu denken. Stein hatte diesen Prozess beklagt und sich, seit er die Preußen zugesprochenen ehemals geistlichen Gebiete in die preußische Verwaltung zu überführen hatte, immer wieder für die Beibehaltung des Ständewesens ausgesprochen. Noch unmittelbar vor seinem beruflichen Wechsel nach Berlin hatte er im Herbst 1804 die Wiederherstellung der landständischen Verfassung im Münsterland angemahnt, ja eingefordert; in einer Denkschrift hatte er formuliert: „Die Bildung zweckmäßig eingerichteter Stände halte ich für eine große Wohltat für diese Provinzen"[660]. An diese Erkenntnis knüpfte, wie gesehen, die Nassauer Denkschrift bis in die Formulierungen hinein an[661].

Zurück zu ihr, der Nassauer Denkschrift. Dem Gesagten entsprechend, sollten nicht nur in den Provinzen, sondern auch in den Städten und in den ländlichen Kommunen die Verwaltungen neu organisiert werden. Dabei schenkte Stein der Dorfverfassung mit dem bloßen Verweis auf die von ihm als zweckmäßig erkannte schlesische Schulzen- und Gerichtsverfassung nur relativ wenig Aufmerksamkeit, bringt also – erstaunlicherweise – der kommunalen Emanzipation und Selbstverwaltung des Dorfes kaum Interesse entgegen. Dagegen handelte er die Städte – die spätere Städteordnung in vielem antizipierend – viel breiter ab und thematisierte und konkretisierte die Idee der Beteiligung der Eigentümer erneut. Er regte an, die besoldeten Magistrate völlig abzuschaffen und durch ehrenamtlich tätige Magistrate, die von der mit Häusern und Eigentum begabten Bürgerschaft gewählt würden, zu ersetzen und den Städten die selbständige Verwaltung aller Finanz- und Vermögensangelegenheiten in die Hand zu geben. Die Vorteile – neben den Einsparungen, die er sehr stark gewichtete – lägen offen zutage: „die Belebung des Gemeingeistes und des Bürgersinns, die Benutzung der schlafenden oder falsch geleiteten Kräfte und der zerstreut liegenden Kenntnisse, der Einklang zwischen dem Geist der Nation, ihren Ansichten und Bedürfnissen, und denen der Staatsbehörden, die Wiederbelebung der Gefühle für Vaterland, Selbständigkeit und Nationalehre". Der „Dienst-Mechanismus" der alten Beamtenkaste werde der Vergangenheit angehören, an seine Stelle träte „ein lebendiger, fortstrebender, schaffender Geist und ein aus der Fülle der Natur genommener Reichtum von Ansichten und Gefühlen".

Im Abstand von 200 Jahren und mit den verwirrenden Erfahrungen des Europäers vom rapide abnehmenden Engagement des einzelnen selbst für die Belange seiner überschaubaren politischen Einheit, von Politikverdrossenheit, von in den Wahlbeteiligungen sich spiegelnden Verweigerungshaltungen ist man geneigt, das für die große Illusion eines Visionärs zu halten, die die Geschichte unnachsichtig entlarvt habe. Aber dies war eine Vision, die bis in den Ton hinein eine Epoche, die nach ihren eigenen Konturen noch suchte, benötigte.

Eigene Konturen, die die Epoche benötigte: Stein ging es nicht um bloßen Antibürokratismus, sondern im Kern darum, einer aus den Fugen geratenen Zeit über die Modifizierung der Verwaltung eins zu vermitteln, was in seinen Augen unabdingbar war: den „Einklang zwischen dem Geist der [preußischen] Nation, ihren Ansichten und Bedürfnissen, und denen der Staatsbehörden, die Wiederbelebung der Gefühle für Vaterland, Selbständigkeit und National-Ehre". Daran schien es ihm in den zurückliegenden Monaten und Jahren vor allem anderen gemangelt zu haben, erkennbar für ihn an der jämmerlichen Unselbständigkeit vieler Zivilbehörden, an der Schwäche, ja Feigheit etlicher Militärs nach Jena und Auerstedt. Hierfür wieder einen Sensus zu entwickeln und zu vermitteln: dieses Anliegen teilte er mit anderen politischen und militärischen Führern wie etwa Hardenberg und Scharnhorst. Vielleicht liegt der besondere Reiz von Steins Denkschrift aber darin, dass kaum ein anderer Reformer eine solche Kraft der Sprache entwickelte, um seinem Anliegen Ausdruck zu verleihen.

Stein wäre nicht er selbst gewesen, wenn er die in seinen Augen unabdingbaren Reformen im Kommunalwesen nicht aus der Geschichte heraus zu begründen gesucht hätte: mit dem Verweis auf eine (angenommene) altdeutsche Städtefreiheit, eine korporative, geradezu genossenschaftliche Organisation, die durch die Eigeninteressen von Patriziat und Zünften pervertiert, die in den landsässigen Städten durch eine scharfe Staatsaufsicht ausgehebelt worden sei. Da war sicher viel romantische Sehnsucht nach einem vermeintlich goldenen Mittelalter mit im Spiel, aber es ist auch evident, dass allein die Forderung nach freier Ratswahl für das nachfriderizianische Preußen eine Menge Zündstoff in sich barg, weil die Praxis mehr und mehr dahin gegangen war, dass die staatlichen Aufsichtsorgane ihr Bestätigungsrecht für die Magistratswahlen so ausgeweitet hatten, dass sie die Einsetzung der Ratsmitglieder faktisch in die eigene Hand bekommen hatten. In Schlesien z. B. wurden sie von der Kammer ernannt. Zudem waren die Ratsstellen vielerorten zu einer Art „Abstellgleis" für ausgediente und invalide Militärpersonen geworden. Eingriffe hier bedeuteten also einen gravierenden Verlust an staatlicher „Macht".

Stein ging mit seinen Vorschlägen aber noch über die freie Ratswahl und die Zuerkennung der Verfügungskompetenz des Magistrats über das Finanzwesen hinaus. Ganz typisch: Er weitete seine Reformforderungen selbstredend auch auf die höheren Kommunalverbände aus: auf die Kreise, für die er – entsprechend den märkischen Erbentagen – Kreistage vorschlug, die von den adligen Gutsbesitzern und Deputierten der städtischen und bäuerlichen Kommunitäten beschickt würden, auf die Provinzen, deren Landtage er ziemlich genau nach dem Muster der kleve-märkischen Ständeversammlung einzurichten gedachte. Freilich mit einem Unterschied: Der Nassauer Denkschrift zufolge sollten aus den Reihen des Provinziallandtags Deputierte als unbesoldete Kammermitglieder vorgeschlagen werden, die in dem Verwaltungsorgan die unmittelbar mit der Provinz zusammenhängenden Angelegenheiten bearbeiten sollten. Recht betrachtet, ist das der einzige substantielle Vorschlag zur Reform der Kammern, ein Ansatz, der ob seiner Vermischung von Kontroll- und Exekutivorganen bei Montesquieu, wenn er denn noch gelebt hätte, wohl ein heftiges Stirnrunzeln erzeugt hätte. – Mit der Etablierung von Reichsständen – im Sinn einer Gesamtrepräsentation der preußischen Monarchie – beschäftigt sich Stein in der Nassauer Denkschrift im übrigen nicht; sie sollten erst in den späteren Jahren in den Fokus seines Interesses rücken.

Erst ganz am Schluss der Nassauer Denkschrift kommt Stein auf das Motiv zurück, das sie veranlasst hatte: die Situation in den ehemaligen polnischen Provinzen der Monarchie. Zwar seien die strukturellen Voraussetzungen noch nicht gegeben, um all das, was für die übrigen Provinzen angedacht wurde, auch dort umzusetzen, aber eben daran müsse der Staat arbeiten: dem (noch) unterdrückten Teil der Bevölkerung müsse man Freiheit, Selbständigkeit und Eigentum geben und ihm den Schutz der Gesetze angedeihen lassen, der Bauernstand müsse in den Genuss persönlicher Freiheit und persönlichen Besitzes kommen. Wenn dieser Zustand erreicht sei, werde für die betreffenden Teile der Monarchie all das gelten, was für die übrigen gelte.

Es ist wohl vor allem das Moment der Bindung der Einwohner an den Staat, das Prinzip der Selbstverwaltung durch die, die davon am meisten betroffen sind, das der Nassauer Denkschrift im politischen Gedächtnis der Deutschen einen fast kanonischen Rang gesichert hat. Wie man starre Bürokratie mit lebendigem Engagement für das Gemeinwesen, Technokratismus gleichermaßen mit Nestwärme und Effizienz versöhnen kann, ist bis heute auf der Tagesordnung geblieben. Trotzdem erstaunt diese Hochschätzung als „Schlüsseltext der preußischen Reformen“[662], als, um Gerhard Ritter zu zitieren, „das äußerlich umfangreichste, berühmteste und biographisch wichtigste seiner politischen Bekenntnisse überhaupt“[663], dann doch: Trotz aller hehren und appellativen Worte ist es nicht ein im eigentlichen Sinn des Wortes mitreißendes Dokument, auch keins, das seine philosophische Botschaft gewissermaßen vor sich hergetragen hätte, eher ein sezierend-nüchternes, eins, das, um Wehler zu zitieren, „Politik mit Administration gleichzusetzen“ suchte[664]. Aber es ist in die Erinnerung zurückzurufen: ein Volkstribun war Stein ebensowenig wie ein theoretischer Kopf. Steins *Credo* war die Erfahrung, war die Pragmatik, war freilich auch die Einsicht, dass Preußen aus dem Wellental, in dem es steckte, nur eins heraushalf: Solidarität, tätiges Mitwirken aller.

Trotzdem versteht man die Begeisterung früherer Historikergenerationen gegenüber der Nassauer Denkschrift bis zu einem bestimmten Punkt. Steins Denken verortet sich nämlich allenfalls partiell in den großen Geistesströmungen der Epoche: Nicht so sehr im klassischen Idealismus Kantscher Prägung, der dem Individuum mit großem Vorrang alle Entfaltung seiner geistigen Kräfte zusprach, nicht so sehr im Fichteschen humanitätsdurchtränkten Konzept der „Nationalerziehung“, auch nicht in jeder Hinsicht in der Mittelaltersehnsucht der Romantik. Aber von allem ist doch etwas in Steins Denken zu finden, das pragmatisch orientiert, keiner philosophischen Richtung wirklich verpflichtet war, sondern in der moralischen Erziehung der Menschen seinen Fluchtpunkt hatte. Bei aller Ferne, die Menschen des beginnenden 21. Jahrhunderts zu der Sprache des frühen 19. haben: Kernsätze wie etwa der, es gelte, „die Regierung durch die Kenntnisse und das Ansehen aller gebildeten Klassen zu verstärken, sie alle durch Überzeugung, Teilnahme und Mitwirkung bei den Nationalangelegenheiten an den Staat zu knüpfen, den Kräften der Nation eine freie Tätigkeit und eine Richtung auf das Gemeinnützige zu geben, sie von müßigem sinnlichem Genuss oder von leeren Hirngespinsten der Metaphysik, oder von der Verfolgung bloß eigennütziger Zwecke abzulenken", sind beeindruckend, gerade weil viele dieser Werte längst wieder abhanden gekommen sind. Die geistige Nähe zu Wilhelm von Humboldts *Ideen zu einem Versuch, die Grenzen der Wirksamkeit des Staates zu bestimmen* ist geradezu spürbar, der als Grundsatz vorgegeben hatte, dass der Staat lediglich der Rahmen sei, innerhalb dessen sich die Individualität zu entwickeln habe, geschützt nach außen und unbehindert im Innern.

Man hätte sich in einer solchen programmatischen Schrift einiges über die Bereiche Außen- und Militärpolitik vorstellen können, die aktuell im Hochsommer 1807 das Denken der weitaus meisten Intellektuellen beherrschten, aber diesen Mangel kann man der Nassauer Denkschrift nicht wirklich ankreiden, weil sie ja einen bestimmten, nicht in der Mächtepolitik wurzelnden Anlass hatte. Zudem: Auf dem Feld der Außenpolitik war Stein Laie, wollte auch gar nichts anderes sein. Die Faszination der Nassauer Denkschrift gründet nicht in einer umfassenden Philosophie der preußischen Gesamtpolitik, sondern in ihrer Beschränkung: auf die Felder, von denen ein neuer Geist ausgehen müsse. Ob man sie als das Verbindungsstück schlechthin zwischen altständischen Traditionen und modernen Verfassungsstrukturen in Deutschland einstuft, ist vor allem eine Frage des Temperaments und der Preußennähe oder -ferne des Betrachters.

Die praktische Bedeutung der Nassauer Denkschrift soll und darf nicht überschätzt werden. Stein hat sie, nachdem ihre Redaktion fast mit den ersten Überlegungen einer Rückkehr in den preußischen Dienst zusammenfiel, zwar einigen engeren Freunden zur Kenntnis gebracht – es kann natürlich, anders als in manchen Festreden oder für ein breites Publikum bestimmten Essays zum Ausdruck gebracht, keine Rede davon sein, er habe sie „herausgegeben"[665] –, aber in dem Prozess der Übersiedlung nach Memel ging sie zunächst etwas unter. Sie hat dann im Kontext der Arbeiten an einem allgemeinen Organisationsplan der preußischen Behörden, für die ja auch Hardenberg mit der „Rigaer Denkschrift" eine wichtige, die Akzente allerdings anders (Auflösung des Generaldepartements) setzende Diskussionsgrundlage geliefert hatte, eine Rolle zu spielen begonnen und wurde beispielsweise Hardenberg Anfang Dezember 1807 mitgeteilt[666]. Hans Jakob von Auerswald, damals Geheimer Oberfinanzrat, versah sie Ende Januar 1808 mit Randglossen[667]. Die schnelle Erarbeitung des preußischen Organisationsplans und seine Diskussion wären ohne das Präzedens der Nassauer Denkschrift kaum vorstellbar gewesen. Auf der anderen Seite war sie nicht die Matrix des bald nach ihrer Niederschrift beginnenden „Reformministeriums" Stein.

***

In seinen Nassauer Monaten, die sowohl der Rekreation als auch der Muße dienten und zudem Steins Gesundheitszustand restabilisieren sollten, war er von der aktuellen Tagespolitik, den Entwicklungen der preußischen Politik und ihren Trägern und Exponenten, nie weit entfernt gewesen. Von Reden, der nach wie vor in Berlin amtierte, war er ebenso auf dem laufenden gehalten worden wie von Niebuhr, von Sack[668], von Blücher[669]. Er wusste also von der Niederlage der Russen bei Friedland (14. Juni), vom Fall Königsbergs, von der Absetzung wichtiger Beamter, von der schreienden Finanznot. Es wird ihm auch verdeutlicht worden sein, dass er im Schoß der Königsfamilie nach wie vor eine denkbar schlechte „Presse" hatte[670]. Die Option eines Übertritts in russische Dienste hatte ihn auch in Nassau noch beschäftigt[671], aber zu viele Fragen waren offen geblieben. Und was war Russland gegen das Gemeinwesen, mit dem er sich identifizierte, dem er in verschiedenen Funktionen 37 Jahre gedient hatte? Sollte sich eine konvenable Lösung finden, so würde Stein wohl in den preußischen Dienst zurückkehren – nicht um jeden Preis, aber voller Entschlossenheit, mitzuwirken an der Lösung der tiefen Staatskrise.

Es hatte über all die Wochen und Monate hinweg auch nie an Stimmen gefehlt, die ihm seine Unentbehrlichkeit assoziiert hatten. Blücher hatte ihn in seinem unvergleichlichen Deutsch schon im April 1807 bedrängt: „Ihnen moin verehrter Froind beschwöre ich su uns zu kommen, so ballde sie verlangt werden, waß gewiß geschehen wird"[672]. Sack konnte Ende Mai „den Gedanken nicht aufgeben, dass Sie wieder hinzutreten werden"[673], und freute sich einige Wochen später (zu früh) über Gerüchte, Stein sei „entschlossen, wieder in unsere Dienste zu treten"[674]. Frau von Heinitz wollte Mitte Juni gar positiv erfahren haben, dass der König die Rückkehr Steins wünsche[675]. Man kann das sicher nicht alles nur als Höflichkeitsfloskeln abtun: Stein wurde in der Hauptstadt tatsächlich vermisst.

Dieser Eindruck, dass es eines wirklich energischen Mannes bedürfe, hatte sich während des Sommers 1807 um so mehr verdichtet, als Preußen von einer Katastrophe in die andere schlitterte. Am 24. Mai fiel mit Danzig die mit Abstand wichtigste Handelsstadt des Königreichs in französische Hände, am 1. Juni kapitulierte das schlesische Neiße, zwei Wochen später kam es zur verhängnisvollen Schlacht bei Friedland und der anschließenden Einnahme des symbolträchtigen Königsberg, wegen dessen Übergabe Steins Gesprächspartner Rüchel dann nachhaltige Sanktionen zu erleiden hatte[676]. Für Stein waren das nur die logischen Konsequenzen einer verhängnisvollen Politik. Seinem Freund Reden hat er am 3. Juli 1807[677] das Vorgefallene schlüssig erklärt: Die gesunkene Moralität der preußischen Nation und die „Schlaffheit, Trägheit und bis zur Verblendung gehende Kurzsichtigkeit der Regierung" sei letztlich bis in das Jahr 1794 zurückzuführen, als Friedrich Wilhelms II. Absicht, in einem „kräftigen" Feldzug in den Niederlanden die alten Grenzen wiederherzustellen, durch eine murrende, dumm die Revolution bewundernde Armee und ein um Frieden schreiendes Ministerium konterkariert worden sei. An die Stelle von Verantwortung und Staatsklugheit seien Egoismus und Kurzsichtigkeit getreten, die sich nur um den Augenblick sorgten. Man habe sich fatalerweise isoliert, sich von Deutschland getrennt, die Demarkationslinie erfunden und den Süden des Reiches sich selbst überlassen. Die Chance von 1799 sei vertan worden, obwohl die Sorge wegen der Fortschritte der Franzosen allgemein zugenommen habe; nichts habe den König zu „edlen großen Entschlüssen" bewegen können, „nicht die Wichtigkeit des Zwecks, nicht die Leichtigkeit, ihn zu erreichen und die Ruhe und Unabhängigkeit seines Staates zu sichern; er blieb taub gegen alles dieses, und er versank in sein gewohntes Nichts". 1805 habe er dann seine Bundesgenossen versetzt, 1806 einen völlig unvorbereiteten Krieg begonnen und am Ende als ein Flüchtender die Armee schmählich sich selbst überlassen. Auch das Betragen der Armee sei schändlich gewesen und suche seinesgleichen. „So ward das Heer aufgelöst, der Staat unterjocht". Dass die Rekapitulation des Geschehenen dann in die Empfehlung einmündet, zur Hebung des „Gemeingeistes" einen neuen „Vereinigungspunkt" in Gestalt eines kleinen, effizient arbeitenden Staats-Konseils zu schaffen, kann nach allem, was von ihm in den zurückliegenden Monaten schriftlich formuliert worden war, nicht mehr überraschen.

Der Brief enthüllt mit kaum zu überbietender Deutlichkeit das über alle Maßen negativ geprägte Bild des Königs, das sich bei Stein ausgebildet hatte – auch wenn der Armee und Regierungsmitgliedern viele Vorwürfe gemacht werden müssten, der Hauptverantwortliche saß im Kronprinzenpalais. War es überhaupt vorstellbar, dass Stein mit einem solchen Monarchen, der in seinen Augen ein Ausbund an Tatenlosigkeit und fehlender Menschenkenntnis war, an Prinzipienlosigkeit und Führungslosigkeit, der ihn zudem zutiefst gekränkt hatte – war es überhaupt vorstellbar, dass Stein zu ihm noch einmal in ein Dienstverhältnis trat? Im Sommer 1807, zum Zeitpunkt, als er die Nassauer Denkschrift verfasste, rechnete er aktuell damit wohl nicht; der erwähnte Brief an Reden klingt aus mit einigen – den Freund und Partner auch in Fragen der Landschaftsgestaltung interessierenden – Plänen, ein kleines Orangerie- und Treibhaus zu bauen.

Wenige Tage später erreichte ihn ein Brief der Prinzessin Luise Radziwill, der ihn von der nochmaligen Zuspitzung der Lage nach Hardenbergs Demission in Kenntnis setzte und ihn geradezu händeringend ersuchte, nach Berlin zurückzukehren – derjenige, der ihn beleidigt habe, verdiene nun nur noch Trost und Hilfe. Und dann wurde ein ganzes Feuerwerk an emotional aufgeladenen rhetorischen Fragen abgelassen: „Könnten Sie sich unseren Bitten entziehen? Könnten Sie dieses Land unglücklich und verlassen sehen und ihm diese Talente, diese Einsichten verweigern, die allein uns noch von unserem Fall erheben können? [...] Ich gebe zu, Sie auffordern, unser Los zu teilen, heißt Sie der größten Opfer fähig halten, und man hat nichts getan, um sie zu verdienen; aber Ihre Seele ist zu edel, um sich in diesem Augenblick der Beleidigungen zu erinnern, und ich kenne Sie zu gut, um nicht versichert zu sein, dass, wenn Sie hier wären, Sie ohne Bedenken zur Hilfe dieses so unglücklichen Fürsten kommen würden, der seit fünf Monaten gerechte Ansprüche auf Teilnahme und Anhänglichkeit besitzt“[678].

Das war ein auf den Charakter Steins hervorragend abgestimmtes Schreiben, und es kann kaum einem Zweifel unterliegen, dass die Prinzessin – Prinz Louis Ferdinands Schwester! – zumindest mit einem offiziösen Mandat versehen war, das Terrain für eine mögliche Rückkehr Steins nach Berlin zu sondieren. Und die Überzeugungsversuche wurden in den folgenden Tagen noch massiver. Hardenberg, erstaunlicherweise etliche Monate hindurch in einem Nahverhältnis zum Monarchen stehend, eben auf Druck Napoleons aber entlassen und möglicherweise bereits vom Abschluss des von Goltz, seinem Nachfolger im Amt, und dem Grafen Kalckreuth, einem „der unerfreulichsten Erbstücke der friderizianischen Zeit“[679], betriebenen und abgeschlossenen Tilsiter Friedens in Kenntnis, versuchte Stein in einem langen Brief für ein neues Amt in Berlin zu gewinnen und übermittelte die ausdrückliche Bitte des Königs um Rückkehr[680], die ihm, bezeichnend für Preußens Rang eines bloßen Satellitenstaats, auch von Napoleon empfohlen worden war; „je suis“, so Hardenberg, „chargé par S[a] M[ajesté] de vous faire des ouvertures à cet égard“. Stein könne sich gar nicht – „Vous êtes effectivement le seul sur lequel tous les bons patriotes fixent leur espoir“ – entziehen. Der König wolle ihm das Innen- und Finanzministerium übertragen und ihm selbstredend das unmittelbare Vortragsrecht einräumen – eins der großen Gravamina, das aber schon unmittelbar nach Steins Entlassung im Januar 1807 wenigstens tendenziell beseitigt worden war. Wenn die beiden anderen Ministerien des „Konseils“ angemessen besetzt würden, würde sicher eine effektive und harmonische Arbeit möglich sein. Beyme müsse er die Ehre antun festzustellen, dass er sich während seiner (Hardenbergs) Amtszeit nur an den guten Prinzipien ausgerichtet und keinerlei Einfluss gesucht habe. Er habe versichert, sich auch gegenüber Stein so zu verhalten, und im übrigen für die Zeit nach dem Frieden seinen Rückzug angekündigt. Dem König gegenüber dürfe man nicht den Eindruck entstehen lassen, man wolle ihn steuern. Er halte, das sei positiv zu vermerken, Widerspruch aus und sei durchaus in der Lage, den, der ihm die Wahrheit sage, wenn sie denn mit Respekt vorgebracht werde, auch zu schätzen[681].

Das war fast schon eine Art politisches Vermächtnis des ausscheidenden Ministers, der sich ganz direkt beim Monarchen für die Rückberufung Steins eingesetzt hatte, und da beide Männer in den zurückliegenden Monaten oft an einem Strang gezogen hatten, kam ihm selbstverständlich eine besondere Bedeutung zu. Aber Stein blieb abwartend, nicht nur weil er erneut ernstlich erkrankte – seiner Autobiographie zufolge an einem „doppelten Tertianfieber“[682] –, sondern auch deswegen, weil ihm der Text des Tilsiter Friedens unbekannt war und er sich über die weiteren territorialen Verluste Preußens zunächst nur Spekulationen hinzugeben vermochte. Grundsätzlich äußerte er sich gegenüber Reden: Wie wird Preußen künftig geschnitten sein? Wird es nur noch ein „ärmlicher zerstückelter Körper ohne Lebenskraft“ sein? Welche Gesinnungen hat der König? „Wird an die Stelle der Trägheit Tätigkeit des Handelns für den Augenblick, das Ergreifen eines festen allgemeinen Plans treten? Oder mit anderen Worten: wird ein sehr mittelmäßiger, untätiger, kalter Mann in seinem 38. Jahr Talent, Tätigkeit, Lebendigkeit zeigen?“. Wie dramatisch der Friede von Tilsit vom 9. Juli 1807, ein Diktatfriede *par excellence*, Preußens inneres Gefüge und seine Stellung im europäischen Kräftefeld erschütterte, sollte Stein erst später bewusst werden; die Abtretung der polnischen Besitzungen und sämtlicher Gebiete westlich der Elbe, der Zwang, sich der Kontinentalsperre gegen Großbritannien anzuschließen, die Besatzungstruppen aus dem Land zu unterhalten und Reparationen zu leisten, deren Höhe und Zahlungstermine erst noch festzulegen waren, kamen schlicht einer politischen Katastrophe gleich.

Zu den Unsicherheiten, wie sich sein Verhältnis zum König nach dem Eklat vom Jahresbeginn gestalten würde, kamen aber noch andere Bedenken hinzu. Konnte er die Kränkung überhaupt vergessen? Würde er sich für die nachgerade hoffnungslose Aufgabe, einen am Boden liegenden und dramatisch amputierten Staat wieder in die Normalität und in eine neue Zukunft zu führen, opfern? Würde seine in Berlin bekannte, in der Entourage Bonapartes aber noch ganz anders gesehene Frankophobie nicht geradezu zwingend über kurz oder lang neue Konflikte provozieren? Würde er aus der Art des Umgangs mit Kollegen und Mitarbeitern, die er mit seinem Jähzorn und seiner hochfahrenden Art oft vor den Kopf gestoßen hatte, für eine neue Amtszeit Lehren ziehen, würde er dazu überhaupt fähig sein? Waren ihm die Verhältnisse in den östlichen Kernprovinzen der Monarchie hinlänglich bekannt, um Reformen zu konzipieren, die auch mit den dortigen Verhältnissen kompatibel sind? Fragen über Fragen, die Stein sich selbst gestellt haben wird, die aber auch andere aufgeworfen haben.

Und dann doch: Am 9. oder 10. August 1807 teilte Stein dem König unter Bezugnahme auf Hardenbergs Brief vom 10. Juli mit, dass er dem „Befehl“ des Fürsten „unbedingt“ nachkomme und ihm die Bestimmung des Geschäftskreises überlasse, in dem er fortan arbeiten solle. „In diesem Augenblick des allgemeinen Unglücks wäre es sehr unmoralisch, seine eigene Persönlichkeit in Anrechnung zu bringen, um so mehr, da E. M. selbst einen so hohen Beweis von Standhaftigkeit geben“[683]. Ein von Niebuhr vermitteltes neuerliches ehrenvolles Angebot Kaiser Alexanders I., eine Schlüsselstelle in der inneren Verwaltung Russlands zu übernehmen, kam zu spät.

6. Das Reformministerium

Als Stein zum zweiten Mal in die politische Verantwortung für den Gesamtstaat berufen wurde, hatte sich sein politisch-geistiges Koordinatensystem längst gefestigt; man wird mit gutem Grund sagen können, dass die auf seinen Göttinger Impulsen aufruhende westfälische Erfahrung unverändert prägend war und allenfalls noch in Nuancen und die desillusionierenden Berliner Erfahrungen verändert wurde. So wie im regionalen Bereich, sollte auch im Gesamtstaat eine selbstlos agierende administrative Avantgarde Erziehungsmaßnahmen initiieren, die praktisch wirksam würden und auf ökonomische Nützlichkeit ausgerichtet wären. Gerade in einem Gemeinwesen, dessen Gesellschaft in der Summe letztlich noch rückständig war, rechtfertigte diese doppelte Zielsetzung auch ein rigoroses Durchgreifen des Staates – weil das zum Wohl des Volkes geschähe. Der Bürger seinerseits, vor allem der mit Besitz gesegnete Bürger, sei dann freilich auch verpflichtet, sich in den Dienst der Gemeinschaft zu stellen. Freiheit zur Pflicht, Freiheit zum Staat, könnte man das benennen – ohne weiteres erkennbar etwas anderes als das liberale Axiom der Freiheit gegenüber dem Staat[684]. Es ist eher eine rhetorische Frage, ob sich diese allgemeine Staatsphilosophie auch in den konkreten Erlassen spiegelt, die das Wesen des 14monatigen Reformministeriats ausmachen.

Aber das gefestigte „Weltbild" war nur die eine Seite der Medaille. Stein war ein Mann, der unablässig an der Weiterentwicklung seiner eigenen politischen Grundsätze arbeitete – durch Lektüre, durch Gespräche, durch eigenes Nachdenken. Insofern waren die Nassauer Monate für ihn eine offenbar überaus kreative Phase gewesen – nicht nur, weil sich ihnen die Nassauer Denkschrift verdankt. Reden ließ er im Juli 1807 von Nassau aus wissen: „Ich finde, dass das praktische Leben uns wegen der überschnellen Sukzession der Eindrücke, wegen der Notwendigkeit, immer mit Menschen und ihren Leidenschaften zu unterhandeln, in einen Zustand moralischer und geistiger Verwilderung setzt, und ich suche meine Ruhe zu benutzen, um eine Revision meiner Grundsätze anzustellen"[685]. Hatten die wenigen Nassauer Sommerwochen dafür – für eine Revision seiner Grundsätze – ausgereicht?

Mit Gewissheit hat Stein in den ruhigen Sommermonaten 1807 auch das beobachtet, was sich seit der Gründung des Rheinbundes in den zugehörigen Staaten abspielte, zu denen ja auch sein „Heimatterritorium" Nassau zählte. Die Forschung hat zwar erst in der jüngeren Vergangenheit

– unter anderem im Gefolge eines achtbändigen Editionsvorhabens zu den Reformen in den Rheinbundstaaten[686] – das Modernisierungspotential wiederentdeckt, das sich dort akkumulierte, aber es unterliegt keinem Zweifel, dass Stein bei allen inneren Vorbehalten das einzuschätzen wusste, was sich dort tat, ob man nun an die Rezeption des gesamten *Code civil* oder einzelner seiner Elemente, etwa der Gerichtsverfassung, denkt. Im Prinzip musste das, was in den Rheinbundstaaten initiiert wurde, auf Steins Sympathie stoßen, woran auch seine vielen heftigen Worte gegen die ehrvergessenen deutschen Fürsten, die sich Napoleon hingegeben hätten, nichts ändern. Der Gedanke bedürfte sogar einmal einer neuen, über die an sich bereits verdienstvollen komparatistischen Studien der jüngsten Vergangenheit hinausgehenden Untersuchung, ob und ggf. inwiefern sich die Reformen seines zweiten Ministeriats der Herausforderung verdankten, Preußen nicht vollends in innenpolitischer Hinsicht hinter die Rheinbundstaaten zurückfallen zu sehen.

Dass Stein überhaupt noch ein zweites Mal in die politische Verantwortung gerufen wurde bzw. sich rufen ließ, war alles andere als selbstverständlich, und zwar weder von seiten Steins noch von seiten des Monarchen. Friedrich Wilhelm III. war nach wie vor, obwohl die politische Entwicklung Preußens seit Steins Entlassung seine ganze Aufmerksamkeit erfordert hatte, über die zweimalige Weigerung des Freiherrn, das Außenamt zu übernehmen, in hohem Maß verstimmt und nachtragend genug, einen schonungslosen Kritiker seiner Personalpolitik und seiner Reformresistenz im Abseits stehen zu lassen. Und auch Stein hatte sich seit seinem Ausscheiden aus dem Amt, weit weg vom Hoflager des Monarchen, zwar über die Dinge auf dem laufenden halten lassen, lechzte aber nicht gerade danach, wieder politische Verantwortung zu übernehmen – und wenn überhaupt, dann nur, wenn gewisse Vorbedingungen erfüllt wären. So war es denn sicher nicht nur die Empfehlung Hardenbergs, Stein zwecks Umsetzung der inzwischen auch vom Monarchen als überfällig erkannten Reformen wieder in die Regierung zu holen, die ihn bewog, seinem Nassauer Refugium Adieu zu sagen. Viel größere Bedeutung kam offenbar der Überzeugungsarbeit der Königin und ihrer Vertrauten Karoline von Berg zu, denen Stein ja schon in seinem ersten Ministeriat besonders nahegestanden hatte. So hatte Karoline von Berg Stein Ende September 1807 – zu einem Zeitpunkt, als Stein bereits zugesagt hatte – einen langen (französischen) Brief geschrieben[687], in dem sie vor allem das Motiv anschlug, die Königin nicht im Stich zu lassen: Die Königin, um die Kernsätze in deutscher Übersetzung zu paraphrasieren, sei nicht gemeint, sich in die Einzelheiten der Verwaltung einzumischen, aber sie müsse jetzt eine Stütze finden, eine Stütze für das sittliche Ziel, die Umgebung des Königs gegen Menschen zu sichern, die seine und des Landes Wohlfahrt und Ehre in Gefahr brächten. „Soyez donc cet appui!“ Wenn der Eindruck nicht täuscht, war diese Perspektive für Stein, der sich mit seiner Entscheidung schwer tat und dabei eine „religiöse und sittliche Pflicht“ ins Spiel brachte[688], von erheblicher Bedeutung, sich für die neue Herausforderung zu entscheiden, und wenn der weitere Eindruck nicht trügt, haben beide Seiten – Königin und Stein – diese Monate, die nun folgen sollten (oder doch zumindest den größten Teil von ihnen), durchaus als eine Phase der Symbiose empfunden: eine(r) brauchte den/die andere(n). Auch für Stein war das ein Lernprozess, denn aus seiner Haut, die viel Selbstbewusstsein, ja Brüskheit aufwies, konnte er mit zunehmendem Alter immer weniger heraus – ob sich das nun radikal ändern würde? Anfang Oktober 1807 schrieb die Königin ihrem Bruder im Blick auf die anstehenden Reformen besorgt–ahnungsvoll: „Dissentieren, nicht disputieren ist die Hauptsache und viel Geduld. Der König hängt an sanfter ehrerbietiger Form“[689].

Zum Diplomaten wurde Stein allerdings auch in dieser Phase des Reformministeriums nicht. Er fand in Memel, wo sich der Hof seit dem Fall Königsbergs aufhielt und wo er nach einer langwierigen, zudem durch Krankheit und extrem schlechtes Wetter[690] belasteten Reise über Eisenach, Weimar, Berlin, Bütow und Königsberg am 30. September 1807 eintraf, einen hochrangigen Kreis von Reformern vor: Militärs wie Gneisenau, Scharnhorst, Yorck von Wartenburg, Juristen (oder doch juristisch geschulte Männer) wie Niebuhr, Stein zum Altenstein, Schön und Stägemann, organisiert u. a. im unter Schroetters Leitung stehenden ostpreußischen Provinzialdepartement und in der sog. Kombinierten Immediatkommission, der Wilhelm Anton von Klewitz vorstand. Er traf damit auf einen im Prinzip gut bereiteten Boden. Aber: Der Erwartungsdruck, der sein Kommen begleitete, war gewaltig, der sich nicht nur auf sein engeres Departement bezog, sondern vor allem von ihm eine rasche Hebung und Wiederherstellung der moralischen Kräfte des Landes erhoffte[691]. Ohne den ständigen Austausch mit seinen Kollegen und Freunden, die sich nach der Übersiedlung von Hof und Regierung nach Königsberg wöchentlich zu informellen Gesprächen und Diskussionen zusammenfanden, von denen es selbstredend keine Protokolle gibt[692], wäre das anstehende Werk nicht zu bewältigen gewesen.

Der Erwartungsdruck war das eine, die tatsächlichen Gegebenheiten das andere. Im Rückblick der Autobiographie hat Stein die Ausgangssituation so dargestellt: „In Preußen fand ich alles höchst unmutig, erbittert; drei französische Armeekorps [...] saugten alle Kräfte des Landes zwischen Weichsel und Elbe durch Einquartierungen, Requisitionen, Tafelgelder aus, am rohsten war das Betragen der Truppen des Rheinbundes; eine Kontribution von 100 Millionen Franken sollte als Bedingung der Räumung erlegt werden, jeder Tag brachte Kunde von neuen Bedrückungen, Kränkungen, die benachbarten Regierungen benutzten jede Gelegenheit zu Neckereien, die französischen Behörden, besonders Marschall Soult, betrugen sich mit einem unerträglichen Übermut, und jede Stadt ward durch die Anmaßungen eines französischen Kommandanten gepeinigt“[693]. Würde die Not des Augenblicks überhaupt den Freiraum für tiefgreifende Reformen belassen?

Denn dass Stein nicht nur Reformen würde anpacken müssen, über die freilich in den Berliner Ministerien schon lange diskutiert wurde, also den „Reformstau" abzubauen hatte, sondern darüber hinaus dem Staat, der am Boden lag und keine Perspektiven mehr sah, auch neues Leben einzuhauchen haben würde, ist ihm seit den Schreiben aus Berlin und seiner näheren Kenntnisnahme der Verträge vom 9./12. Juli 1807 bewusst gewesen. Dieser Staat brauchte einen Hoffnungsträger, der der König nicht sein konnte, einen Mann, dem man seinen sittlichen Ernst, seine moralische Integrität und seine Uneigennützigkeit abnahm – und der die Fähigkeit besaß, gegen vorhandene Oppositionsgruppen auch seine Ellenbogen einzusetzen, der also nicht in der Gefahr stand, zum Spielball von Parteien zu werden.

Ein Hoffnungsträger benötigt, um erfolgreich zu sein, entsprechende Rahmenbedingungen, und sie waren, so paradox das klingen mag, auf den ersten Blick so „günstig" wie nur möglich. Die Forschung hat in den letzten Jahren sehr klar herausgearbeitet, dass die erfolgreichen Reformpolitiken in verschiedenen europäischen und deutschen Staaten zu Beginn des 19. Jahrhunderts unter dem Diktat der Bewältigung von Kriegsfolgen standen und zusätzlich unter extrem harter Besatzungssituationen. Kriegsschulden und die fiskalischen Anforderungen für die Kriegsfinanzierung erforderten neue politische und ggf. auch gesellschaftspolitische Wege und führten in nicht wenigen Fällen dazu, die politische Partizipation der Untertanen voranzutreiben, die mithelfen sollten, den Staat aus der Schuldenfalle zu befreien. Nicht in dieser (geschichtswissenschaftlichen) Klarheit, aber tendenziell waren solche Gedanken im Hinterkopf Steins mit Gewissheit vorhanden, als er sich entschloss, die gewaltige Aufgabe in einem kollabierten Gemeinwesen zu übernehmen.

Die ersten Schritte auf dem Memeler Parkett waren ermutigend. Der König, „niedergedrückt, überzeugt, dass ihn ein unerbittliches Verhängnis verfolge, dass alles, was er unternehme, nur misslingen könne" und offenbar zeitweise sogar Rücktrittsgedanken nachhängend[694], zeichnete Stein bei der ersten Audienz in seiner Residenz, dem Consentiusschen Haus, mit dem Roten Adlerorden aus und übertrug ihm – was auch immer damit gemeint sein mochte – die Direktion sämtlicher „Zivilgeschäfte". Stein wäre nicht Stein gewesen, wenn er nicht nach dem Eklat vom Januar die Entfernung Beymes, der, was die Quellen widerspiegeln, über Steins Rückberufung alles andere als glücklich war[695], betrieben hätte, die er aber offenbar in der ersten Audienz, aus welchen Gründen auch immer, nicht direkt ansprach[696]. Die Königin bat ihn unmittelbar nach der Audienz um Geduld, Geduld und noch einmal Geduld: Beyme werde sicher entfernt, aber erst, wenn der Hof wieder in Berlin wäre[697]. War Stein von einem solchen Hinausschieben auf die lange Bank wirklich zu überzeugen? Oder hat er hinter den Kulissen doch mehr Druck gemacht? Und war der überhaupt noch nötig? Auch wenn sich Beyme in den ersten Tagen nach Steins Rückkehr überaus kooperativ und loyal zeigte: Für Stein war Beymes Entfernung eine *conditio sine qua non*. Er war jetzt im Unterschied zu der Situation vor einem Jahr in einer starken Stellung, und gegenüber Dritten ließ er an seiner Entschlossenheit, nur ohne Beyme amtieren zu wollen, keinen Zweifel. Das wirkte. Ohne auf das Spiel hinter den Kulissen und darauf, wer welchen Schritt zuerst zu tun habe – typische Spiele erwachsener Kinder –, weiter einzugehen, interessiert hier nur das Ergebnis. Schon nach wenigen Tagen, nämlich unter dem 6. Oktober 1807, zeigte ihm Beyme an, dass er zum Chef des Kammergerichts und zum Präsidenten des Oberappellationssenats dieser Behörde ernannt worden sei und sich bis zu seiner Abreise nach Berlin in keiner Weise mehr in die politischen Geschäfte einmischen werde[698]. Das war mehr als ein Punktsieg, freilich einer, der dem Unterlegenen manche Sympathiebekundung eintrug! Die Königin beispielsweise sprach ob des Rückzugs Beymes voll Bewunderung von dem selbstlosen, „verehrungswürdigen“ Patriotismus dieses „ehrlichen Mannes“[699]. Darf man Stein glauben[700], war diese Lösung schon in der Begrüßungsaudienz verabredet, aber noch einige Tage unter Verschluss gehalten worden – hier sind wohl doch einige Fragezeichen anzubringen. Der politischen Gesamtlage wegen verzögerte sich Beymes Abreise nach Berlin dann im übrigen noch bis in den Juni des Folgejahres – offenbar Bestandteil des Kompromisses, der nötig war, um auch den König sein Gesicht wahren zu lassen. Beyme verband, absolut honorig, seinen Weggang mit dem Bedauern, dass es ihm leider nicht gelungen sei, „ganz und ausdauernd Ihr Vertrauen zu erwerben“[701].

Stein hatte sich schon während seines ersten Ministeriats auf Beyme „eingeschossen“, der nach allem, was wir wissen, nicht die absolute Negativfigur, nicht der kriecherische Lakai war, als den ihn Stein gelegentlich zeichnete. Worin Steins Verachtung letztlich gründete, kann nur vermutet werden; vielleicht einfach nur darin, dass Beyme für ein System stand, das Stein für staatsunverträglich hielt und das er heftig bekämpfte. Es wird sicher einige Mitarbeiter gegeben haben, die seine gnadenlose Härte bewunderten, es gab aber auch andere, die sie eher kritisch bewerteten. Stein und Beyme: das war in Teilen von einer manischen Verfolgungsjagd nicht gar so weit entfernt.

Steins erste Aufgabe war es, den vagen Begriff der „Zivilgeschäfte“, der ihm aufgegeben war, zunächst selbst zu definieren. Am nächstliegenden wäre es gewesen, vor der Folie der Krisensituation des Staates das Hardenbergsche System zu erneuern: also, wie es in Hardenbergs Denkschrift aus dem September 1807 noch einmal bekräftigt worden war, die Vereinigung aller wichtigen innen- und außenpolitischen Funktionen in einer Hand, der des allmächtigen „Premierministers“, dem sich alle anderen Minister förmlich unterordneten. Stein hat zwar einen solchen Organisationsentwurf ausarbeiten lassen, dann aber doch Abstand davon genommen, ihn umzusetzen, vermutlich weil ihm die Autorität einer Kollegialbehörde, eines Staatsrats, weit mehr zusagte als die Machtvollkommenheit einer Einzelperson. Er sah für sich fünf Arbeitsbereiche[702], mit denen er in der Tat dann auch betraut werden sollte[703]: den Vortrag der Anträge der Provinzial-, Justiz- und Außenministerien sowie der Immediatkommission und der Friedenskommission beim König, Leitung der Memeler Immediatkommission, Vorsitz und Stimmrecht in den Konferenzen des Auswärtigen Departements, Leitung und Verwaltung der Generalkassen und Generalkontrolle der Seehandlung und der Staatsbank, Befugnis, von allen Angelegenheiten, die in seinen Aufgabenbereich einschlugen, Auskunft zu fordern.

Die in dieser „Stellenbeschreibung" definierten Kompetenzen lagen weit jenseits der Grenzen eines „normalen" Departements. Stein wurde zu einer Art „Überminister". Da alle Minister mit Ausnahme des Außenministers Goltz, der sein direktes Vortragsrecht beim König behielt, und des preußischen Provinzialministers Schroetter entlassen worden waren und die Verwaltungsgeschäfte von Geheimen Räten bzw. Scharnhorst als neuem Generaladjutanten und „Sprecher" der Militärorganisationskommission geführt wurden, kann man Steins Stellung, obwohl sie von Hardenbergs „Premierminister"-Konstruktion um einiges entfernt blieb, nur als extraordinär einstufen. Von einer modernen Ressortgliederung war das natürlich meilenweit entfernt; aber in Steins Augen gab es dann wohl doch wichtigeres zu tun, als prioritär eine Behörden- und Geschäftsordnungsreform in die Wege zu leiten.

Stein nahm sich des herkulischen Aufgabenpakets mit der gewohnten Schnelligkeit an – familiäre Verpflichtungen gab es vorderhand nicht, weil die Familie in Nassau geblieben war und ihre Übersiedlung nach Memel oder Königsberg sich aus verschiedenen Gründen ausschloss. Da im Oktober 1807 eine Rückkehr des Hofs nach Berlin noch lange nicht absehbar war, empfahl Stein seiner Frau, den Winter in Frankfurt am Main zu verbringen, wo die Familie genügend persönliche Freunde – u. a. den in der Korrespondenz immer wieder als Vertrauensmann und Kontaktperson genannten Bankier Metzler – hatte und wo vor allem die beiden Töchter wieder einen geregelten Unterricht durch Privatlehrer erhalten könnten; der Prediger der französischen Kirche Passavant, so riet Stein seiner Frau, werde bei der Suche nach geeigneten Personen behilflich sein, wobei es ihm vor allem um die Geschichte und die deutsche Sprache ging[704]. Die Trennung von der Familie, der er nur über Briefe und kleinere und größere Geschenke seine Verbundenheit signalisieren konnte[705], hat ihn ohne alle Frage belastet, er hat das Thema in vielen Briefen angesprochen, aber immer wieder davon abgeraten, in dieser unübersichtlichen Zeit umzuziehen[706]. Dass die Trennung von der Familie in der Folge fast zur Normalität werden würde, war am Beginn seines 2. Ministeriats nicht absehbar. Stein wohnte im übrigen während seines knapp einjährigen, durch Reisen nach Berlin unterbrochenen Aufenthalts in Königsberg bei einem der herausragenden Beamten der Stadt, Johann Gottfried Frey, in dessen Haus auf dem Vorderroßgarten[707].

Steins Rückkehr auf die Entscheidungsebene der preußischen Politik wurde von vielen geradezu enthusiastisch begrüßt. Niebuhr, sonst nicht immer die Spontaneität in Person, rief gar überschwänglich aus: „Du bist Petrus, und auf diesen Felsen will ich meine Gemeine bauen“. Und auch Königin Luise bemühte Überirdisches, wenn sie schrieb: „Gottlob, dass Stein hier ist! Das ist ein Beweis, dass uns Gott noch nicht ganz verlassen hat“[708]. Konnte Stein einer solchen Erwartungshaltung, die ihn in die Nähe einer Divinität rückte, überhaupt gerecht werden? Musste ein solcher Überschwang nicht umgekehrt auch jene Kräfte stärken, die der Person und ihrem Amtsverständnis kritisch gegenüberstanden?

Zwar blieben Stein Anfeindungen aus der Mitte der opponierenden Konservativen nicht erspart, aber vorläufig liefen sie ins Leere, weil er sich der Unterstützung des Königsberger Kreises und der Königin sicher war. Aber seit dem beginnenden Sommer 1808 nahmen die Intrigen gegen Stein zum großen Ärger der Königin[709] zu, und das nicht nur wegen der Reformmaßnahmen, sondern auch, weil seine Verhandlungen mit dem französischen Bevollmächtigten über eine Reduktion der Kriegsentschädigung am Ende scheiterten bzw. von Napoleon nicht ratifiziert wurden und sich der Rückzug der französischen Truppen viel schleppender gestaltete als vereinbart. Stein war, überspitzt formuliert, nicht der große Zampano, der auf der ganzen (außenpolitischen) Front Erfolg hatte, seine Bemühungen, mit den Franzosen einen *modus vivendi* zu finden, waren wenig erfolgreich, und seine Reformmaßnahmen brachten manche Eckpunkte der bisherigen Verfassung ins Wanken und riefen demzufolge Reaktionen der Betroffenen, im engeren Sinn der alten Eliten, hervor.

Liest man die zentralen Dokumente aus den vierzehn Monaten, in denen Stein zum zweiten Mal in der gesamtstaatlichen Verantwortung stand, unvoreingenommen, könnte man den Eindruck gewinnen, dass ihnen zwei charakteristische Züge gemeinsam waren: der Wille (und der Zwang) zu sparen und die Zufälligkeit, dass der Hof und mit ihm die Regierung in Königsberg residierte, einer Stadt und einer Landschaft, die ihre ganz eigenen und keineswegs für die Monarchie insgesamt repräsentativen Strukturen hatte. Königsberg war eine Stadt mit einem pulsierenden geistigen Leben, an deren Universität sich nicht zufällig Fichte versuchte, mit publizistischen Organen wie der *Vesta*, die gesellschaftspolitisch in die Zukunft blickten, mit einer Zusammenballung von Fachkompetenz, deren Träger eins einte: auf allen Ebenen des staatlichen und gesellschaftlichen Lebens rasch Reformen durchzusetzen. Es muß ein über alle Maßen inspirierender Kreis von Männern gewesen sein, der dort mit einer einzigen Zielsetzung zusammenfand, philosophisch an Kant und wirtschaftstheoretisch an Adam Smith orientiert: Es ging ihnen um die Durchsetzung von mehr Freiheit, von mehr

Menschenwürde, es ging ihnen darum, den Spielraum des einzelnen zur moralischen, intellektuellen und ökonomischen Selbstentwicklung zu erweitern. Christian Jakob Kraus, einer der engagiertesten Smithianer seiner Tage, galt als „das ökonomische Orakel der Provinz“[710] und hatte sich schon seit 1802 über die bäuerliche Untertänigkeit geäußert[711], der Kammerpräsident Hans Jakob von Auerswald als sein Schüler (und Nachlaßverwalter) lag ganz auf seiner Linie, der Provinzialminister Friedrich Leopold von Schroetter achtete penibel darauf, dass seine jungen Beamten, ob sie nun Friese, die Gebrüder Wilckens oder Frey hießen, durch die „richtige“ Königsberger Schule gegangen waren. Nicht zuletzt ist der damalige Finanzrat Theodor von Schön, seit 1802 Auerswalds Schwiegersohn, zu nennen, der „durch die gallige Bitterkeit seiner Urteile, durch das überhebliche Selbstbewusstsein“[712] manche eher auf Distanz gehen ließ, aber zunächst zu einem der engsten Mitarbeiter Steins werden sollte. Der enthusiastische junge Mann, beseelt von der hehren Idee des Fortschritts des Menschengeschlechts, fühlte sich anfangs von Steins sittlichem Ernst, eine der großen Ideen der Zeit umzusetzen, nachhaltig angesprochen[713].

Noch viel entscheidender war, dass dieser faszinierende Kreis von Reformbeamten – in sich oft über den „Königsweg“ zerstritten, wobei es offenbar vor allem Stägemanns „geistvolle“ Frau[714] war, die vermittelnd eingriff – über einen direkte Verbindung zur Königsfamilie verfügte: in Gestalt von Steins alter Freundin Karoline von Berg, die die Königin sehr regelmäßig über die Diskussionen zur Reform von Staat und Gesellschaft informierte. Dieser „Brücke“ wegen war es eine Selbstverständlichkeit, dass Stein sofort nach seiner Ankunft in Ostpreußen zu den Königsberger Diskussionsrunden hinzugezogen wurde und rasch zu einer der maßgebenden Führungsgestalten wurde. Hellmuth Rößler hat das pathetisch ausgedrückt – vor einem halben Jahrhundert in einer Sprache, die (schon) nicht mehr die unsrige ist: Stein sei zu diesem Kreis hinzugetreten „wie ein Prophet, drückte ihren [der Mitglieder, H. D.] Eigenwillen nieder durch seine Menschenverachtung und seinen Stolz, peitschte ihre Müdigkeit mit Worten sarkastischer Ironie und tiefen Hasses gegen Schwächlinge und äußere Feinde, erhob sie durch seinen Glauben an seine Mission, an die Befreiung des preußischen, des deutschen Volkes, an die Vernichtung des Korsen und die Wiedergeburt eines in Freiheit vereinten Europa“[715]. Stein ein Vorläufer des Grafen Coudenhove-Kalergi oder der Architekten der Römischen Verträge, unter deren Eindruck Rößler schrieb – das dann wohl doch nicht! Was aber festzuhalten ist, ist, dass Stein in diesem Zusammenschluss von Reformern rasch seine „kreisbildende Kraft“[716] entfalten konnte und dass die Männer dieses informellen Königsberger Zirkels eins einte: der Wille zur Modernisierung des Staates, und zwar durch die Einbindung des einzelnen in die Verantwortung – für sich selbst und für den Umkreis, für den ihm Verantwortung übertragen werden konnte.

Aber über diesen beiden zugespitzten Leitlinien – sparen und Königsberg – darf man die Dimension dessen, worum es ging, nicht verkennen: ein Staatswesen, das tief am Boden lag, dessen Strukturen längst nicht mehr zeitgemäß waren, völlig neu zu ordnen, und zwar von den Unterbehörden und der gemeindlichen Ebene bis zu den Ministerien, von der Neustrukturierung des Militärwesens bis zur Stiftung eines neuen preußischen Staatsbewusstseins (und seiner Versinnbildlichung[717]). Da sämtliche Verantwortlichen der Meinung waren, grundsätzlich müsse alles auf den Prüfstand und im Prinzip könne nichts so bleiben, wie es 1789 gewesen war, war das eine geradezu herkulische Aufgabe. Königsberg wurde zum Laboratorium der preußischen Modernisierung – die pejorative Konnotation verbietet den Begriff „Schnellküche“, aber das Moment der drängenden Zeit spielte in diesem Prozess eine maßgebliche Rolle.

Der Sparzwang hatte – vor dem Hintergrund der exorbitanten Reparationsforderungen Napoleons – schon die Nassauer Denkschrift ganz wesentlich bestimmt und findet sich auch in den großen, von Stein initiierten Edikten, dem Oktoberedikt über die „persönlichen Verhältnisse der Landbewohner“ und in der „Ordnung für sämmtliche Städte der Preußischen Monarchie“, explizit oder zwischen den Zeilen angesprochen, so etwa wenn in der sog. Städteordnung festgelegt wird, dass der weitaus größere Teil des Magistrats fortan unbesoldet, also nebenamtlich, die Geschäfte zu führen habe.

Das Motiv Königsberg ist subtilerer Art. Die sog. Bauernbefreiung hatte in der spezifischen Situation dieser Provinz, in der ein aufgeschlossener, zu einem guten Teil durch die Schule Kants gegangener Adel schon seit längerem eine dezidiert bauernfreundliche Politik betrieben hatte, ihren Ankerplatz. Mit einiger Wahrscheinlichkeit wäre dieses Edikt in Breslau so gar nicht vorstellbar gewesen. Es wäre hinzu gekommen, dass der reiche und selbstbewusste schlesische Adel auf den nassauischen Parvenü immer viel stärker herabzublicken pflegte als der (ost-) preußische. Er hätte ein solches Gesetz wohl zu verhindern gewusst. Aber auf der anderen Seite wäre nichts falscher, als wenn man den ostpreußischen (und gar den märkischen) Adel unterschiedslos in die Schublade der Reformoffenheit stecken würde. Der größere Teil des ostelbischen Adels war relativ arm, jedenfalls mit den großen Magnaten in Litauen oder in Polen überhaupt nicht vergleichbar, und die Folge dieser relativen Armut war nicht nur, was Stein oft genug ausstellte, ein bedenklicher Mangel an Bildung, sondern auch eine Tendenz, an den überkommenen Privilegien zäh festzuhalten. Einbußen an Land oder auch an Prestige war diese breite Adelsschicht nicht geneigt hinzunehmen – und es darf nicht vergessen werden: mit ihrem Steuerbewilligungsrecht verfügte sie über ein spürbares Druckmittel!

Der massiven Intervention einer regionalen Oppositionsgruppe schuldet es sich, dass das Oktoberedikt deutlich den Kompromiss atmet – denn es kann gar keinem Zweifel unterliegen, dass Relikte adliger Vorrechte wie etwa das des sog. Bauernlegens oder die beim Adel verbleibende Patrimonialgerichtsbarkeit eine im Grundsatz zukunftsweisende Reform dann wieder arg verwässerten. Stein war sich dessen auch bewusst; er hat nach Erlass des Edikts mehrmals die Abschaffung dieser Bestimmungen gefordert, ohne damit aber durchzudringen. In der Nach-Stein-Ära sollte es dann gar zu Reaktionen kommen, die als ein deutliches Zurückrudern einzuschätzen sind.

Aber das Pferd soll nicht von hinten aufgezäumt werden. Die Verbesserung der Situation des Bauerntums stand in nahezu allen europäischen Staaten unter dem Vorzeichen des Physiokratismus schon seit längerem auf der Agenda, und in Staaten wie Österreich[718], der Toskana oder auch Baden[719] waren in der Tat schon Maßnahmen ergriffen worden, die Preußen als einen *Late-Comer* erscheinen ließen. Zu dem politischen Druck, die persönliche Unfreiheit radikal zurückzuschneiden, kam das agrarwirtschaftliche Problem des allgemeinen Übergangs zur Fruchtwechselwirtschaft hinzu, das eine freiere Verfügung und Verfügbarkeit über Grund und Boden unerlässlich machte. Diese europäische Erfahrung hatte bereits gelehrt, dass Maßnahmen, die man in die große Schublade ‚Bauernbefreiung' stecken kann, sich längst nicht immer zum Nachteil des Adels auswirken mussten; die Beispiele Dänemark und Schwedisch-Vorpommern hatten das in jüngster Vergangenheit eindrücklich vor Augen gestellt.

Stein hatte in seiner westfälischen Zeit die Probleme des Bauernstandes tagtäglich studieren können, obschon dessen rechtliche und faktische Situation mit der der ostelbischen Sozialgruppe überhaupt nicht vergleichbar war. Aber auch dort, obschon stark reduziert: „ungemessene" Leistungen zugunsten Dritter, auch den Staat, Gesindedienste, in Minden-Ravensberg Heiratsbeschränkungen u. a. Stein hatte sich in Westfalen vor allem darum bemüht, die rechtliche Lage der Bauern zu verändern, insbesondere ihr Zeitpachtverhältnis in ein Erbpachtverhältnis und Dienstpflichten in Geldzahlungen umzuwandeln. Viel mehr Probleme gab es aber in den ostelbischen Provinzen, in denen zudem kaum eine Chance bestand, so wie der Bauer im Westen gegen den Leibherrn gegen den Grundherrn rechtlich vorzugehen. Die preußische Regierung hatte im Prinzip auch seit längerem erkannt, dass auf diesem Gebiet Handlungsbedarf bestand, hatte sich in den zurückliegenden Jahren und Jahrzehnten aber immer gehütet, das, was für die königlichen Domänenämter verfügt worden war, auch den Gutsherren vorzugeben. Unter dem Eindruck der Revolution hatte dann sogar die Reaktion wieder an Boden gewinnen können, weil die Befürchtung mit ins Spiel kam, ein Mehr an persönlicher Freiheit könne Forderungen auch nach politischer Partizipation wachwerden lassen, die sich möglicherweise in Aufständen niederschlugen und artikulierten.

Im Prinzip war die Ordnungsstruktur der ostelbischen Landwirtschaft die Erbuntertänigkeit der Bauern: eine besondere Form der wirtschaftlichen und persönlichen Abhängigkeit des Bauern von „seinem“ Grundherrn, die jedoch nicht als identisch mit einem privatrechtlichen Eigentumsanspruch über Menschen gedacht werden darf. Von der Leibeigenschaft seines russischen Pendants trennten den ostelbischen Bauern vielleicht keine Lichtjahre, aber doch große Wegstrecken. Die Erbuntertänigkeit, die insbesondere die Schollenpflicht sowie (moderate) Frondienste in Form von Hand- und Spanndiensten und den Gesindezwang einschloss, war seit dem 18. Jahrhundert mehr und mehr gelockert worden: 1763, nach dem Ende des Siebenjährigen Krieges, war sie von Friedrich II. für die staatlichen Domänen zur Gänze aufgehoben worden, wovon Schätzungen zufolge allein 65% der Bauern der Monarchie betroffen waren – ganz sicher „die bedeutendste Reformmaßregel des ancien régime vor Jena überhaupt“. Es ging anfangs des 19. Jahrhunderts also „nur“ noch um eine relativ geringe Minderheit unfreier Bauern auf den adligen Vorwerken. In Ostpreußen, um die Relationen regionalbezogen noch etwas zu differenzieren, waren rd. 5/6 aller Bauern „frei“, in Schlesien dagegen, wo sich das Bauernland weitaus überwiegend in den Händen des Adels befand, lediglich 1/3. Es kann vor diesem Hintergrund deswegen auch nicht erstaunen, dass es gerade in Schlesien immer wieder zu mehr oder weniger flächendeckenden Bauernunruhen gekommen war. Jede Reforminitiative, die ja auf den Gesamtstaat zielen musste, stand vor der Schwierigkeit, sehr heterogene Verhältnisse in den Provinzen normieren zu müssen – ob das gelingen würde, war die alles entscheidende Frage.

Bereits vor dem „Reformministerium“ Steins hatten sich reformorientierte Stimmen zu Wort gemeldet. Nach entsprechenden Klagen auf dem Huldigungslandtag von 1798 war in der Umgebung Friedrich Wilhelms III. darüber debattiert worden, ob das Modell der Erbuntertänigkeit nicht dem „Nationalwohlstand“ nachteilig sei und auch dem Zeitgeist und dem Prinzip der Humanität widerspreche. Ob der Staat nicht verpflichtet sei, den Bauern verbessertes oder gar volles Eigentum an Hof und Land zu geben? Dagegen hatten sich selbstredend die Bedenkenträger gewandt, vor allem die betroffenen Adligen, die den ihnen von der Krone überlassenen Betätigungsraum nicht beeinträchtigt sehen wollten, die als Konsequenz einer derartigen Befreiungsmaßnahme nur das Abwandern der Bauern in die Städte, das Entstehen eines landlosen verarmten Proletariats und somit eine gravierende Beschädigung der Landwirtschaft Preußens erkennen wollten und beschworen. Der König hatte trotzdem einen halben Schritt nach vorne getan, indem er die Aufhebung der Erbuntertänigkeit für alle Kinder unter 15 Jahren verfügt hatte, in der Erwartung, dass sich so das Problem ganz allmählich auf biologischem Weg erledigen würde, andererseits aber die negativen Auswirkungen sich so langsam entwickeln würden, dass man ihnen in geeigneter Weise begegnen könnte. Freilich hatte schon dieser halbe Schritt Reaktionen ausgelöst, erstaunlicherweise am massivsten bei den betroffenen Bauern, die den Wegfall ihrer sozialen Absicherung durch den Gutsherrn befürchteten und Entschädigungszahlungen auf sich zukommen sahen, die sie für Tier, Geräte und Fahrzeuge zu leisten haben würden. Natürlich protestierten auch breite Adelsschichten, aber die Front hatte zu bröckeln begonnen – eine ganze Reihe Adliger, darunter die Dohna, die Hülsen und die Auerswald, hatte unter dem Eindruck dieses Edikts freiwillig die Erbuntertänigkeit auf ihren Gütern aufgehoben.

Das fiel etlichen Adelsfamilien inzwischen um so leichter, als in manchen Gegenden das Institut des erbuntertänigen Bauern schon längst durch freie Landarbeiter und Instleute abgelöst worden war. In Ostpreußen beispielsweise ragte die Zahl der freien Arbeiter um die Jahrhundertwende schon deutlich über die Zahl der zu Scharwerk verpflichteten Bauern hinaus[720]. Arbeiter konnten je nach Konjunktur oder Arbeitswilligkeit entlassen werden, bei ihnen entfiel zudem die Fürsorgepflicht des Gutsherrn, die zunehmend als lästig empfunden wurde. Man hätte meinen können, es sei 1807 „nur" noch darum gegangen, einen schon laufenden Prozess der Auflösung der bisherigen Arbeitsverfassung zu seinem Abschluss zu bringen.

Aber eine solche Sicht griffe zu kurz, denn es ging um mehr: es ging, was den Königsberger Kreis um Kant und seinen Kollegen Kraus immer wieder umtrieb, um ein neues, auf Freiheit basierendes und damit gerechteres Gesellschaftsmodell und damit in der Endperspektive um die Metamorphose des Staates und seiner Wirtschaftsverfassung. Die Grundidee war, den notwendigen Wiederaufbau des Landes mit dem Anliegen der Bauernbefreiung zu verbinden, getreu dem Grundsatz, dass wirtschaftliche Erholung sich um so eher einstellen werde, je schneller man die Wirtschaft von staatlicher Bevormundung und den Fesseln staatlichen Protektionismus befreie. Dass man dabei mit Ostpreußen einen Anfang machte, hatte zwar auch etwas mit der Kriegssituation zu tun, mit der französischen Besetzung etlicher anderer Provinzen, viel mehr aber mit den dortigen besonderen Wirtschaftsverhältnissen. Hier mit einem „Testlauf" zu beginnen, drängte sich zudem um so mehr auf, als durch die von Bonaparte verfügte Aufhebung der Leibeigenschaft im neubegründeten Herzogtum Warschau eine Komponente nachbarschaftlicher Dynamik und Konkurrenz mit ins Spiel kam.

Stein, seit Jahren mit der Lektüre einschlägiger Literatur befasst[721], war in diese Königsberger Diskussionen räumlicher Distanz wegen zunächst zwar nicht eingebunden gewesen, aber sehr wohl einige seiner herausragenden Mitarbeiter – und sie hatten dort sehr prononciert über verschiedene Modelle gestritten. Da war zum einen der Kant-Schüler und Smith-Anhänger Theodor von Schön, der gemeinsam mit dem schon lange in Königsberg ansässigen Märker Friedrich August Stägemann, dem Syndikus des ritterschaftlichen Bodenkreditinstituts, in staatlichen Hilfsmaßnahmen mit dem Ziel der Schaffung eines wirtschaftlich und sozial gesicherten mittleren Bauernstandes den Königsweg der staatlichen Strukturpolitik sah. Der

Provinzialminister Friedrich Leopold von Schroetter auf der anderen Seite vertrat das Konzept, die Bauern mittels eines staatlichen Instrumentariums von wirtschaftlichen Beschränkungen zu befreien, was aber nicht den staatlichen Schutz des einzelnen Bauern einschließen würde. Anders formuliert: Sofortige und restlose Preisgabe des Bauernschutzes nach vorangegangener Aufhebung der Erbuntertänigkeit, die erfolgen konnte durch Aufkündigung entweder des betroffenen Bauern oder des Gutsherrn. Bei allen Unterschieden einte die beiden Lager – hier die eher aus der Geschichte heraus argumentierende „Schule" Schroetters, dort die stärker „liberale" Schöns – aber ein grundlegender Konsens: Es gab Handlungsbedarf, die Bauernbefreiung war notwendig, das Kapital müsse aufs Land, wer auch immer im Besitz des Kapitals wäre. Und diese Philosophie beinhaltete auch, dass die Schaffung großer Güter erlaubt und sogar gefördert werden müsse, was im Umkehrschluss nur bedeuten konnte: das im 18. Jahrhundert schon einmal abgeschaffte Bauernlegen würde erneut fröhliche Urstände feiern können.

Als Stein Ende September 1807 in Memel eintraf, lagen zwei Entwürfe auf dem Tisch, die von den beiden genannten Mitgliedern des Königsberger Reformklubs ausgearbeitet worden waren, von Schön und von Schroetter. Stein hatte sich zu entscheiden und allenfalls noch letzte Hand anzulegen und das Gesetz zu vollziehen. Er optierte für das Schön-Memorandum und konzedierte Schroetter nur noch eine Mitsprache in Nebenpunkten – mit gutem Grund, denn das Ganze sollte ja nicht wieder verwässert werden. Stägemann war es, der aufgrund von Randglossen und Ergänzungen Steins den Entwurf nochmals überarbeitete, der dann am 9. Oktober 1807 unter dem Titel *Edict, den erleichterten Besitz und den freien Gebrauch des Grundeigentums sowie die persönlichen Verhältnisse der Landbewohner betreffend* dem König zur Unterschrift vorgelegt und mit Geltung für alle Provinzen der Monarchie umgehend veröffentlicht wurde.

Nachdem Stein sich am Beginn seiner Beamtenkarriere sehr intensiv mit Strukturpolitik im gewerblich-industriellen Sektor beschäftigt hatte, war ihm spätestens seit seiner Berufung nach Berlin 1804 klar geworden, dass der weitgehend agrarisch geprägte Gesamtstaat allein über die Ankurbelung der Industrieproduktion zu schwach bleiben würde, um angesichts der Herausforderungen, die sich ihm stellten, zu überleben, zumal angesichts der Kontinentalsperre sich massiv die Frage der Absetzbarkeit von Fertigprodukten aufwarf. Auch die Landwirtschaft und die Agrarverfassung waren zu modernisieren, um für den Staat einen fiskalischen Zuwachs zu erzielen. Ja, *rebus sic stantibus* war der wirtschaftliche Aufschwung sogar elementar von Veränderungen im agrarischen Bereich abhängig. Auch von daher erklärt sich die Entschlossenheit Steins, selbst Grundherr und Patrimonialgerichtsherr im Kleinen, gerade diese Reform vorrangig anzupacken. Sie hat weniger etwas mit einer dem ausgehenden 18. Jahrhundert vertrauten Stilisierung des Landlebens zum Fluchtpunkt vielfältiger Zivilisationskritik zu tun, auch nichts mit einer emotionalen Hochschätzung des Bauernstandes als vermeintlicher Kraftquelle jedes Gemeinwesens, sondern mit einem nüchternen Kalkül. Stein ging es nicht um den Bauern an sich, Stein ging es um die Öffnung der Gesellschaft – und da im Bereich Agrarverfassung die Dinge ohnehin schon im Fluss waren, drängte sich dieses Terrain besonders auf, um hier die Wegmarken zu setzen.

Diese Pflöcke wurden schnell eingeschlagen – es vergingen, wie erwähnt, nur wenige Tage nach seiner Amtsübernahme[722], bis Stein dem König das Edikt[723] zur Unterschrift vorlegte, der seinerseits in den zurückliegenden Monaten von dritter Seite von der Notwendigkeit einer Reform überzeugt worden war. Steins Handschrift zeigte sich u. a. noch darin, dass das Edikt, dem sowohl Schön als auch Schroetter noch keine Geltung für die Gesamtmonarchie zugedacht hatten, auf das ganze Königreich ausgeweitet wurde. Freilich ist darin auch schon ein erster Schwachpunkt zu erkennen. Die Ausdehnung auf alle Provinzen, deren Verhältnisse weder Schön noch Stein hinlänglich vertraut waren, würde Probleme aufwerfen – so konnte man schon am 9. Oktober 1807 ohne große Phantasie prognostizieren. Die späteren Widerstände insbesondere in Schlesien und die zahlreichen Ergänzungen, z. B. im Februar 1808 in Bezug auf die Paragraphen 6 und 7 (Zusammenziehung bäuerlicher Grundstücke, Umwandlung in Vorwerkland)[724], schuldeten sich nicht zuletzt dieser Hast und diesem fehlenden Einblick in die konkreten Verhältnisse vor Ort. Wie vertrug sich die Gesamtphilosophie dieses Gesetzes mit der Konzession, dass die Einziehung von Bauernland zu den Rittergütern in besonderen Fällen zulässig wäre, wenn auch nur mit Zustimmung der Provinzialbehörde? Auffällig ist zudem, dass Stein es nicht für nötig – oder opportun? – hielt, die Ständekörperschaften vorher ins Bild zu setzen oder zu befragen. Wollte er kritische Anmerkungen gar nicht erst zur Kenntnis nehmen? Die Notwendigkeit der Reform war evident, die Frage bleibt jedoch offen, ob nicht durch ein Mehr an Zeit und gesamtstaatlichen Diskurs manche Widerstände und Kritik hätten vermieden werden können. Aber solche (schon von den Zeitgenossen artikulierte und von Historikern oft wiederholte) Kritik hat letztlich dann doch zurückzutreten gegenüber dem Hauptpunkt: dass es Stein und seiner koordinierenden Kraft überhaupt gelungen war, dieses Gesetz auf den Weg zu bringen, das ohne seine Härte und seine Dynamik mutmaßlich noch lange Zeit zwischen den beteiligten Ministerien hin und her gewendet worden wäre.

Ein Blick auf den Inhalt, der längst nicht so eingehend sein kann wie der, mit dem sich Ritter 1931 gerade dieses Themas annahm. Schon aus der Einleitung wird deutlich, was sich König und Regierung von dieser Maßnahme versprachen: „die Vorsorge für den gesunkenen Wohlstand Unserer [...] Untertanen, dessen baldigste Wiederherstellung und möglichste Erhöhung". Das Gesamtstaatsinteresse steht im Vordergrund, nicht etwa das Wohl einer bestimmten Bevölkerungsgruppe! Die „Grundsätze einer wohlgeordneten

Staatswirtschaft", so weiter, erforderten es, alles zu beseitigen, „was den einzelnen bisher hinderte, den Wohlstand zu erlangen, den er nach dem Maße seiner Kräfte zu erreichen fähig war". Die Freisetzung der Kräfte des einzelnen wird sich auf den Wohlstand der Monarchie positiv auswirken – dies die Grundmaxime – und auch die Verbindung zwischen Individuum und Staat inniger werden lassen. Im einzelnen werden dann fünf größere Komplexe angesprochen: 1. die Freiheit des Güterverkehrs (jeder Einwohner, also auch der bisher minderfreie Bauer – nicht freilich ein Jude – ist zum Besitz von Grundstücken aller Art berechtigt, sogar zum Erwerb bislang adligen Grund und Bodens; auf der anderen Seite erhält auch der Adlige eingeräumt, bäuerlichen Besitz zu erwerben – also die faktische Wiedereinführung des berüchtigten Bauernlegens, denn es war abzusehen, dass der Adel der eigentliche Gewinner dieser Bestimmung sein würde); 2. die Freiheit des Gewerbes (jeder kann in einen anderen Berufsstand überwechseln, der Bauer ist nicht mehr an die Scholle gebunden); 3. das Vorkaufs- und Näherrecht, nach heutiger Begrifflichkeit also das Erstkaufsrecht (dieses Recht muss dem adligen Grundherrn eingeräumt werden, eine freie Veräußerung von bäuerlichem Besitz ist nur bei dessen Nicht-Interesse möglich; faktisch bedeutete das einen Freibrief für die adligen Grundherren, in großem Stil Kleinbauernland aufzukaufen und nach eigenem Ermessen zusammenzulegen); 4. die freie Verfügbarkeit der Grundeigentümer über bäuerliches Land (Teilungen, Verkauf, Aufnahme von Hypotheken usw. unterliegen keinen Beschränkungen); 5. Aufhebung der Erbuntertänigkeit in ganz Preußen (ab Martini 1810 darf keine Erbuntertänigkeit mehr *entstehen*, d. h. bestehende Erbuntertänigkeiten wirken fort, neugeborene Kinder unterliegen diesem Rechtszustand aber nicht mehr).

Das Oktoberedikt war ein Fanal – freilich ein überfälliges, wenn man an andere deutsche Territorien denkt –, ein Fanal auch in dem Sinn, ein kräftiges Bauerntum schaffen zu wollen. Aber es litt andererseits, wie angedeutet, von der ersten Stunde an auch unter seinen Defiziten und Schwachstellen. Zu denken geben musste schon, dass, zugegebenermaßen in einer schwierigen Zeit, es nur in seinem Erbuntertänigkeits-Teil auf die königlichen Domänen angewandt wurde[725]. Den Rückfall in die Praxis des Bauernlegens hatte Stein, wie die Dokumente ausweisen[726], persönlich zu verhindern gesucht, konnte sich aber damit beim Monarchen nicht durchsetzen. Auch seine Hoffnungen, diesen Passus nachträglich wieder streichen zu können, zerschellten an der offenbar massiven Front seiner Widersacher. Immerhin wird diese Bestimmung dem einen oder anderen Adligen die Zustimmung zu dem Gesamtpaket erleichtert haben.

Aber es gab Regionen, wo es mit dieser Zustimmung schlecht bestellt war – neben Schlesien, dessen Gutsbesitzer die Veröffentlichung des Oktoberedikts zu verhindern suchten[727], und den östlichen Provinzen, wo es bis zum August 1808 noch nicht einmal ins Polnische und Litauische übersetzt und deswegen auch von den Kanzeln noch nicht abgekündigt worden war[728], namentlich Pommern, wo die Publikation von der Provinzspitze verschleppt wurde[729] und von wo Gutsbesitzer im November 1811 an den König appellierten: „Unsere Güter werden für uns eine Hölle sein, wenn unabhängige bäuerliche Eigentümer unsere Nachbarn sind“[730]. Pikanterweise kam es auch in Provinzen, in denen der Grad der Akzeptanz an sich hoch war, gelegentlich zu Unruhen, die in der Regel weniger darauf gründeten, dass Bauern gegen die Wiedereinführung des Instituts des Bauernlegens opponierten, sondern eher darauf, dass sich bei ihnen wegen der wegfallenden sozialen Absicherung Zukunftsängste eingenistet hatten. Es fehlte schlicht an einem Maßnahmenbündel, um die aus der Gutsuntertänigkeit entlassenen Bauern möglichst rasch politisch, sozial und ökonomisch auf die eigenen Füße zu stellen. Aber zu dem Bündel der Faktoren, die bei den bisher erbuntertänigen Bauern für Unruhe sorgten, werden auch Momente wie die bestehen bleibende Exemtion des Adels von den Grundsteuern gezählt haben oder das Fehlen eines einheitlichen Kreditwesens.

Stein versuchte gegenzusteuern: Am 27. Juli 1808 verfügte er beispielsweise, dass die Domänenämter wie bisher Unterstützungen von in Liquidationsschwierigkeiten geratenen Bauern leisten sollten, am 14. Juni empfahl er in einer langen Denkschrift, dass das Eigentumsrecht Immediatbauern unentgeltlich verliehen werden solle gegen Verzicht der Bauern auf die bisherigen staatlichen Vergünstigungen[731]. Aber bei anderen von ihm als Schwachpunkten erkannten Passagen des Oktoberedikts, etwa der gänzlichen und definitiven Abschaffung der gutsherrlichen Patrimonialgerichtsbarkeit und Polizeigewalt, fehlte ihm schlicht die Amtsdauer, um gegen erheblichen Widerstand eine klare Rechtslage, in diesem Fall gegen die Interessen des Adels, zu schaffen. Die Patrimonialgerichtsbarkeit der Gutsherren blieb deswegen, da Steins Nachfolger als Finanzminister Altenstein nach Übernahme des Amts die adlige Opposition zunächst zu beschwichtigen suchte, bis 1848 erhalten, die Polizeigewalt sogar bis über die Reichsgründung hinaus, bis zum Erlass der Kreisordnung 1872. Einen wirksamen Bauernschutz, der an die Stelle der bisherigen Verpflichtung des Adels getreten wäre, bei Kriegsschäden, Umweltkatastrophen oder bei Gebrechlichkeit und Unglück helfend einzugreifen, hatte das Oktoberedikt nicht einmal ansatzweise vorgesehen, zumal Stein ihn nie dogmatisch verfocht, sondern ihn immer nur im Kontext des freien Spiels der Wirtschaftskräfte verortete.

Das Torsohafte und Unvollendete des Oktoberedikts wurde nach Steins Entlassung noch weiter verschärft. Es ist zwar nicht etwa aufgehoben worden, aber Hardenberg lenkte es doch in erheblich andere Bahnen. Es war wie bei vielen gesamtstaatlichen Gesetzen: die Ausführungsbestimmungen wurden entscheidend. Diese Bahnen zeichneten sich durch eine deutliche Verstärkung der Position des Adels aus. Beispielshalber sei auf Hardenbergs Edikt vom 14. September 1811 verwiesen, in dem die Verleihung des Eigentumsrechts an Privatbauern an die Abtretung eines Drittels ihres Pachtlandes an den Grundherrn geknüpft wurde, eine Art „Entschädigung" für wegfallende Hand- und Spanndienste. Die Einschätzung in weiten Teilen der Literatur ist nicht abwegig, dass Hardenbergs Agrarreformen die (in mancher Hinsicht sicher nicht zu Ende gedachten) Ideen und Pläne Steins in ihr gerades Gegenteil verkehrten; die materielle Basis der Gutsbesitzer anzugreifen, hatte selbst Stein nicht einmal ansatzweise gewagt. Das wird mit Sicherheit einer von allerdings zahlreichen Gründen gewesen sein, dass Steins Verhältnis zu seinem langjährigen Weggefährten sich nach seiner zweiten Entlassung zuspitzte und am Ende in offenen Hass einmündete. Man muss auf der anderen Seite freilich auch zur Kenntnis nehmen, dass der alternde Stein der späten 1820er Jahre von seinen eigenen Reformideen wieder abzurücken begann und mehr als einmal die seinerzeit verfügte halbherzige Auflösung des alten Gutsverbandes beklagte[732]. Stein wurde, auch in anderer Hinsicht, mit zunehmendem Alter und ohne amtliche Rücksichtnahmen mehr und mehr zu einem Pragmatiker, der sich nicht scheute, sich von Maßnahmen, die er einst selbst verantwortet hatte, wieder zu distanzieren, wenn er den Eindruck gewonnen hatte, dass die Praxis die Theorie konterkarierte.

Die „Bauernbefreiung" ein „Fragment", wie Ritter[733] meinte? Dieser Einschätzung wird man auch heute noch im wesentlichen folgen können, dabei aber zugleich die Rahmenbedingungen – ein neuer Minister, der mit einem Paukenschlag, mit einem „programmatischen Fanfarenstoß"[734] starten wollte, dem dann die Amtszeit fehlte, um die auch von ihm erkannten Korrekturen anzubringen – zu berücksichtigen haben. Die Jahrhundertreform schlechthin – das beginnende 19. Jahrhundert war mit solchen Epitheta sparsamer als unsere Gegenwart – war das Oktoberedikt sicher nicht, aber es war ein erster Schritt in eine notwendige Richtung. Dass diesem Schritt nicht weitere folgten, dass schon das Monopol des Adels auf die Branntweinherstellung und das Bierbrauen beibehalten wurde, dass es nicht gelang, die Grundsteuerfreiheit der Gutsobrigkeit zu beseitigen, dass die traditionelle Jagdgerechtigkeit des Adels auf Bauernland nicht zu Fall gebracht wurde, dass vollends seit 1816 die Reaktion sich wieder massiv zu Wort meldete, ist denn auch der Kardinalvorwurf der liberalen Wirtschaftstheoretiker der nachfolgenden Epoche gewesen, von denen Hugo Preuß' Philippika aus dem Jubiläumsjahr 1907/08 hier stellvertretend genannt sei[735]. Ganz gegen den Willen des Urhebers und Namenspatrons, hat die „Bauernbefreiung" von 1807 nach und nach den Großgrundbesitz eher gefördert denn geschwächt!

Die in allen einschlägigen Studien wiederholte Episode darf in diesem Zusammenhang nicht unterschlagen werden. Nach dem Wiener Kongress, als sich Stein, frustriert und verdrossen, auf seine nassauischen Besitzungen zurückzog, forderte er den Herzog von Nassau auf, ihm die Patrimonialgerichtsbarkeit auf seinen Gütern, d. h. in Frücht und Schweighausen, zuzuerkennen. Die herzogliche Regierung ließ ihm ihr Erstaunen übermitteln, da er doch gerade sie in Preußen habe aufheben lassen wollen. Das sei wohl wahr, ließ Stein replizieren, aber Nassau sei nicht Preußen. – Man hat die Begebenheit vor allem deswegen immer wieder kolportiert, weil sie – angeblich – Steins Sprunghaftigkeit illustriere, seine Tendenz, des eigenen Vorteils wegen auch große Prinzipien zur Disposition zu stellen. Viel eher scheint sie Steins tiefe Überzeugung widerzuspiegeln, dass eine politische Lösung, die für den einen Staat oder die eine Geschichtslandschaft gut ist, nicht zwingend auch für eine andere gut sein muss. Der Vorwurf des bloßen Opportunismus an die Adresse Steins greift zu kurz.

Trotz aller Defizite, die dem Oktoberedikt innewohnten, muss der übergeordnete Gesichtspunkt noch einmal ins Gedächtnis zurückgerufen werden. Schön, der eigentliche Urheber des Gesetzes, hat sich später gerühmt, eine „Habeas-corpus-Akte" der Freiheit geschaffen zu haben. Das mag ein großes Wort gewesen sein, aber intentional ging es genau darum: um das Recht vernünftiger Lebewesen auf Selbstbestimmung, also um das elementarste aller Menschenrechte. Solange die Erbuntertänigkeit bestand, für Kant eine Absurdidät, existierte ein altständisches System weiter. Erst wenn diese Barriere beseitigt war, konnte man davon sprechen, dass ein westeuropäisch-atlantischer Freiheitsbegriff Fuß gefasst hatte. Es ging den Männern um Schön genau darum: die Abschaffung der Bevormundung und der Unfreiheit und ihre Ersetzung durch die Selbstverantwortung des einzelnen. Das, die Transformation von Bewohnern des Staates zu Staatsbürgern, die in einem unmittelbaren Verhältnis zum Staat standen, war ein entscheidender Schritt in die Moderne hinein, und über all den Verwässerungen und Abschwächungen der folgenden Jahre sollte dieser Neuansatz nicht in Vergessenheit geraten. Das Oktoberedikt, das es jedem freistellte, auch adligen Grundbesitz zu erwerben, das es jedem Bauern erlaubte, in den Bürgerstand überzutreten, war die Voraussetzung für die erst später erfolgte Einführung völliger Gewerbefreiheit.

***

Mit der Genese des zweiten Reformgesetzes, das sich mit Steins Namen verbindet, verhält es sich etwas anders als mit dem Oktoberedikt, das der neue Minister ja nur noch, um es zuzuspitzen, notariell vollzog. Identisch war das Interesse, im Bereich des Städtewesens möglichst schnell etwas zu bewegen. Stein hatte dieses Thema der Neustrukturierung der städtischen Einwohnerschaft in nur noch zwei Gruppen – Bürger hier mit allen aktiven und passiven Rechten, Schutzverwandte dort – und der Revision der Magistratsverfassung, die seit einem Edikt aus dem Jahr 1719 kaum noch eine Spur von kommunaler Selbständigkeit aufwies, schon in seiner westfälischen Zeit beschäftigt, und nicht zufällig hatte er auch in der Nassauer

Denkschrift intensiv darüber reflektiert. Die ihn bewegenden ständischen Reformideen konnten sich in diesem Bereich viel unmittelbarer auswirken als bei der Behördenreform. Er hat sich im Sommer 1808 von Vincke, der in England reiste, mit vielen Informationen und eigenen Denkschriften über das dortige Kommunalsystem versorgen lassen, darunter einer großen Abhandlung über das englische *self-government*, die Niebuhr später veröffentlichen sollte. Auch wenn sich rasch herausstellte, dass die englischen Einrichtungen nicht dupliziert werden konnten: die Anregungen waren da. Aber Königsberg mag die Sache auch hier ins Rollen gebracht haben.

Königsberg war – so hätte das Stein charakterisiert – belastet durch ein unendlich verwickeltes, nur von seiner Geschichte her nachvollziehbares „System privilegierter Korporationen mit öffentlich-rechtlichen Befugnissen“[736], das eines Befreiungsschlags dringend bedurfte. Es hatte dort zwar schon im ausgehenden Ancien Régime kleinere und nicht einmal unwichtige Reformen – insbesondere die Separierung der Verwaltung von der Gerichtsbarkeit und die Zuweisung der Wahl des Stadtgerichts an den Stadtrat – gegeben[737], aber das reichte vielen aufgeklärten Menschen in der Stadt bei weitem nicht. Das gilt namentlich für jenen sich um 1800 formenden „Königsberger Kreis“ von Beamten, Kantianern und Professoren der Albertina, der oben bereits vorgestellt wurde, auch wenn der Heterogenität dieses Kreises wegen von dort kein „rundes“, in sich schlüssiges Konzept für eine grundlegende Reform des Städtewesens kommen konnte. Aber die Grundideen wurden dort diskutiert: Das Bürgertum müsse sich für das Gemeinwohl einsetzen, in den großen und mittleren Städten sei ausreichend Potential für eine Bürgergesellschaft vorhanden. Es ist kein Zufall, dass maßgebliche Mitglieder des Königsberger Kreises – so insbesondere der Polizeidirektor Frey, der spätere Oberpräsident Schön und der Juraprofessor Heidemann – an den Vorbereitungen und der Umsetzung der Städteordnung direkt beteiligt waren. Die verschiedenen Anfragen der Ältesten der Königsberger Bürgerschaft, ob ihre Stadtverfassung reformiert werden könne[738], Papiere aus diesem Umfeld wie etwa ein nachweislich zu Steins Kenntnis gelangter Reformvorschlag des Kriminalrats Brand[739], haben den Prozess der Erstellung der allgemeinen Städteordnung sicher beschleunigt. An ihrer Wiege standen freilich nicht die auf Modernisierung und mehr Partizipation drängenden Bürger, sondern Mitglieder des höheren Beamtentums und Intellektuelle. Die Königsberger Impulse und Anfragen haben auf jeden Fall aber eins bewirkt: dass die Städtereform aus der Diskussion über die allgemeine Verwaltungsreform ausgegliedert und separat behandelt wurde. Auch wenn die Vorarbeiten nicht mit denen zur „Bauernbefreiung“ verglichen werden können, wurde sie in einem relativ überschaubaren Zeitraum abgeschlossen. Dass sie über den Einzelfall Königsberg hinaus, wo aktueller Handlungsbedarf bestand, zu einem für den Gesamtstaat verbindlichen Gesetz wurde, ist Steins Leistung.

Aus dem Gesagten erhellt, dass, obwohl die Städteordnung regelmäßig mit dem Namen Stein konnotiert wird, es problematisch ist, sie nur einem Urheber gutzuschreiben. Stein war, wie es jüngst formuliert worden ist[740], ein „Teamarbeiter" – wie die meisten der Reformbeamten –, so dass die Etikettierung mit seinem Namen allein an der Sache vorbeigeht. Stein, der Ministerkollege Schroetter, der unter dem 27. Juni 1808 einen entsprechenden Auftrag erhielt[741] und in seiner Behörde in kürzester Zeit den Gesetzentwurf erstellte, der genannte Johann Gottfried Frey[742] und andere erarbeiteten die Städteordnung gemeinsam, ohne dass mit Bestimmtheit gesagt werden könnte, wer für die eine oder andere Regelung oder Formulierung verantwortlich zeichnete. Stein wohnte, wie erwähnt, im Hause Frey, eines hochgebildeten und hochgeachteten Mannes, Mitglied der Königsberger Dreikronenloge, der sich gerade auf diesem Gebiet eine spezielle Sachkenntnis angeeignet hatte – was hier im Gespräch und auf dem kleinen Dienstweg alles ablief, wird sich kaum je präzisieren und quantifizieren lassen! Aber auch wenn man den Anteil Steins an der Städteordnung zu relativieren suchte: dass es überhaupt zu ihr kam, wäre ohne seine Energie kaum vorstellbar gewesen. Im übrigen werden sich neben diesem Rekurs auf den Königsberger Kreis auch Anleihen bei der französischen Kommunalverfassung von 1789 heute nicht mehr in Abrede stellen lassen[743], lange Zeit ja eine Art rotes Tuch der Steinforschung, die sich heftig dagegen zur Wehr setzte, irgendeine Art Abhängigkeit Steins von französischem Gedankengut anzuerkennen.

Der Inhalt der Städteordnung ist in seinem Kern rasch wiedergegeben, obwohl es sich um ein höchst umfangreiches Gesetzeswerk mit über 200 Artikeln handelt[744]: Die Einteilung der Städte in drei Klassen – entsprechend ihrer Einwohnerzahl (bis 3.500, bis 10.000, mehr als 10.000) – war u. a. für die Größe der Stadtverordnetenversammlung (24 bis 102 Mitglieder) maßgebend. Die städtische Einwohnerschaft teilte sich in nur noch zwei Klassen, die (wahlberechtigten) Bürger und die Schutzverwandten, unter die alle wirtschaftlich nicht selbständigen Gruppen subsumiert wurden, also Gesinde, Gesellen, Tagelöhner usw. Der Erwerb des Bürgerrechts, der auch unverheirateten Frauen und Nichtchristen offenstand, war an ein Mindesteinkommen gekoppelt; es wurde dadurch noch attraktiver gemacht, dass jede Art von Gewerbe und Grundstücksbesitz das Bürgerrecht voraussetzte. Sie, die Bürger, waren es auch, die die städtischen Lasten zu tragen und sich für öffentliche Ämter zur Verfügung zu stellen hatten. Die Stadtverordnetenversammlung wurde jährlich zu einem Drittel von den männlichen, entsprechend der Nassauer Denkschrift „mit Häusern und Eigentum angesessenen" Bürgern gewählt, die ihrerseits den (je nach der Klasse der Stadt sechs bis 21 Mitglieder zählenden) Magistrat wählten, der je nach Funktion sechs (unbesoldete Amtsträger) bis zwölf Jahre (besoldete) amtierte. An der Spitze der Stadtregierung stand der Bürgermeister bzw. (in den Städten der 3. Klasse) der Oberbürgermeister, dessen Amtszeit generell zwölf Jahre betrug. Das Stadtparlament, das gegenüber dem Magistrat ein deutliches politisches Übergewicht hatte und deswegen in dem umfangreichen Gesetzeswerk nicht zufällig auch vor dem Magistrat behandelt wurde, sollte uneingeschränktes Budgetrecht haben.

Menschen des beginnenden 21. Jahrhunderts werden sich fragen, was daran so umstürzend neu und zukunftweisend war, dass Stein noch heute als der Vater gemeindlicher Selbstverwaltung und der städtischen Autonomie gilt, dass dieses Gesetz es war, das nach landläufiger Meinung den nachhaltigsten Einfluss auf die deutsche Verfassungsentwicklung ausgeübt hat. Das Entscheidende war die „Philosophie" der Städteordnung: Ihr Ziel war die „Belebung des Gemeingeistes und Bürgersinns" in den Städten, ganz so, wie es Stein in der Nassauer Denkschrift zum Ausdruck gebracht hatte. Politische Partizipation jedes männlichen Bürgers, der nur noch einen Einkommensnachweis, aber keine Zugehörigkeit zu einer Zunft oder einer anderen Korporation mehr benötigte – das war die der Zeit gemäße Formel, wobei Stein nicht der ehemalige „Finanzminister" gewesen wäre, wenn er sich von diesen Maßnahmen nicht nur eine ungleich höhere Identifikation jedes einzelnen mit „seiner" Kommune, sondern auch eine spürbare Entlastung der Staatskasse erhofft hätte. Freilich haben sich schon in seiner unmittelbaren Entourage damals manche gefragt, ob Steins „Idealvorstellung einer Stadtgemeinde als sittlicher Gemeinschaft achtbarer, ansehnlich–freier Männer"[745] überhaupt noch zeitgemäß war. Im übrigen war für Stein die städtische Autonomie zwar ein hohes Gut, das aber nicht so weit ging, die Hoheitsrechte des Staates über die Städte in Frage stellen zu lassen; die Polizeigewalt dürfe, so Stein, dem Magistrat allenfalls auf dem Weg der ausdrücklichen Übertragung durch den Staat zugesprochen werden. Auch für Stein, den Vater der modernen Selbstverwaltungsidee, hatte die Autonomie der Stadt ihre Grenzen.

Die Städteordnung, mit der Stein übrigens mit manchen Vorstellungen seiner westfälischen Zeit brach, als er für die Lebenslänglichkeit gewählter Magistrate plädiert hatte[746], hatte sicher ihre Schwächen, aber sie litt von der ersten Stunde an besonders darunter, dass es zu einem Gesamtkonzept nicht mehr kam: zu den notwendigen ergänzenden Kreis-, Bezirks- und Provinzordnungen, von der Verfassung einer landesweiten Repräsentation ganz zu schweigen. Zu ihren elementaren Defiziten zählte zudem die Regelung der städtischen Gerichtsbarkeit, was im Umkehrschluss dem Staat (fast) freie Hand gab, sich die Polizeigewalt (wieder) anzueignen. Steins Entlassung – die am 19. November 1808 vom König ausgefertigte Ordnung war das letzte Dokument, das Stein gegenzeichnete – verhinderte alle diese Maßnahmen, obwohl die Kreisordnung schon weitgehend vorbereitet war, und Hardenberg verfolgte diese Stränge nicht weiter, ja, sorgte dafür, dass mit der Errichtung von Polizeidirektionen in allen größeren Städten der Monarchie die Selbstverwaltung rasch wieder unterhöhlt wurde. Ähnliches gilt für das

Selbstbesteuerungsrecht der Städte, dem bald wieder deutlich engere Grenzen gesetzt wurden. So bleibt – erneut – der Eindruck eines Torsos, eines Produkts einer Krisensituation, was sich schon darin spiegelt, dass man es nicht einmal in üblicher Form publizierte, sondern, um Druckkosten zu sparen, als Zeitungsbeilage erscheinen ließ! Aber auch Torsi können Menschen und Mentalitäten verändern, vor allem wenn sie, wie in diesem Fall, durch eine gezielte Pressekampagne in ihren Zielen, ihrer „Philosophie", der breiten Bevölkerung nahegebracht werden[747]. Ein Gradmesser ihrer „Popularität" könnte in ihrer Umsetzung, also ihrer Rezeption gesehen werden.

Da der Ausgangspunkt der Betrachtungen Königsberg war, soll dieser kurze Überblick auch dort beginnen, in jener Stadt also, die Frey und andere Mitglieder des Königsberger Kreises frühzeitig als „Pionierstadt der Städteordnung" angedacht hatten und wo sie in der Tat zu allererst eingeführt wurde – Elbing, Berlin und die brandenburgischen Städte sollten folgen. Aber zwischen Wunsch und Wirklichkeit können sich Gräben auftun. Den Ausführungsbestimmungen für Ostpreußen und Preußisch-Litauen zufolge sollte die Städteordnung zum 1. Januar 1809 umgesetzt werden, aber daran war angesichts des Widerstands der dortigen Kaufmannschaft, die sich insbesondere an der Reduktion der Einwohnerschaft auf nur zwei Klassen stieß, nicht zu denken. Die Wahlen fanden deswegen erst mit gut dreiwöchiger Verspätung Ende Januar 1809 statt und stießen unter den Wahlberechtigten, die gerade einmal 6% der Einwohnerschaft ausmachten, allem Anschein nach auf nur geringen Widerhall[748]. Das Trauma eines jeden Gesetzgebers und Politikers: das politische Niveau ist noch nicht so geartet, eine Reform wirklich anzunehmen! Neue bürgerliche Schichten schoben sich bei den Wahlen nicht nach vorne, obwohl bei der Wahl des Oberbürgermeisters der bisherige Amtsinhaber Gervais keine Chance mehr hatte und an seiner Stelle ein Kaufmann neues Stadtoberhaupt wurde[749], das allerdings schon ein gutes Jahr später aus freien Stücken und aufgrund seiner Selbsteinschätzung, dem Amt nicht gewachsen zu sein, wieder zurücktrat. Zu seinem Nachfolger wurde dann der Juraprofessor Heidemann gewählt, als Mitglied des Königsberger Kreises ein „eifriger Parteigänger Steins"[750], der in den zurückliegenden Monaten u. a. eine Wochenzeitung (*Bürgerblatt für Ost- und Westpreußen*) herausgegeben hatte, in der er für die neue Städteordnung geworben hatte. Ihm wird zugeschrieben, bestimmte „Kinderkrankheiten" der Städteordnung beseitigt und sich in seiner Amtszeit ganz besonders für ihr Ethos eingesetzt zu haben. Auch wenn er schon vier Jahre nach seinem Amtsantritt im Amt verstarb und 1814 bereits der dritte Oberbürgermeister gewählt werden musste (der dann erstmals die gesamte Amtszeit ausschöpfte), wird sich sagen lassen, dass sich bis dahin eine politische Kultur entwickelt hatte, die dem Geist der Steinschen Städteordnung halbwegs entsprach. Freilich muss man auch die Schattenseite im Auge behalten: die Wahlbeteiligung blieb gering und immer im einstelligen Bereich, auch der

Anteil der Bürger an der Gesamtbevölkerung stieg in den ersten Jahren nicht über die 10%-Grenze[751]. Für Stein werden diese Zahlen, wenn er denn von ihnen erfuhr, enttäuschend gewesen sein.

Das wird um so mehr der Fall gewesen sein, als die Königsberger Entwicklung nicht grundsätzlich von der anderer Kommunen abweicht. Um in der Region zu bleiben, sei ein Blick auf Memel geworfen, wo die Städteordnung anfangs ebenfalls auf erheblichen Widerstand stieß, weil die Bevölkerung ein zu hohes Anwachsen ihrer Lasten befürchtete, zumal sie schon im Krieg empfindlich zur Kasse gebeten worden war. Hier sah sich die Regierung sogar veranlasst, eigens einen Beamten zu entsenden, der die hochgehenden Wogen glätten und für die Durchführung der Wahl sorgen sollte[752]. Das scheint kein schlechter Schachzug gewesen zu sein, denn offenbar konnte der entsandte Beamte – der Kriegs- und Domänenrat Fernow – im Vorfeld der Stadtverordnetenwahl Interesse wecken, sich um das Bürgerrecht – und damit das Wahlrecht – zu bemühen; 1809 waren das immerhin 136 Personen, darunter ein Jude, womit die Zahlen der Vorjahre (16, 36) deutlich übertroffen wurden und unter dem Strich ca. 13% der Einwohner das Bürgerrecht besaßen. Und auch der anfängliche Widerstand der Kaufmannzunft bröckelte in den Folgejahren ab, so dass sich sagen lässt, dass nach einer schwierigen Inkubationsphase die Steinsche Städteordnung am Ende des zweiten Jahrzehnts des 19. Jahrhunderts in der 1816 ca. 7.800 Einwohner zählenden Mittelstadt akzeptierte Normalität war. Freilich bestätigt sich auch in Memel eine allgemeine Beobachtung Werner Conzes, dass die neue Möglichkeit des Erwerbs des Bürgerrechts nach Erlass der Städteordnung nicht gleich – vor allem in den mittleren und kleineren Städten – von breiten Massen genutzt wurde[753]. Der Kreis der politisch und damit an der Stadtverordnetenwahl Interessierten blieb noch für einen beachtlich langen Zeitraum überschaubar. Die Appelle an Bürgersinn und Gemeingeist fruchteten nicht sofort.

Kann das erstaunen? Kann eine Bevölkerung, die sicher nur zum kleineren Teil das umfängliche, im übrigen auch relativ unsystematische Gesetzeswerk gelesen hatte, bewogen werden, sozusagen aus dem Stand heraus eine neue Freiheit anzunehmen? Gibt es nicht in allen Gesellschaften, die von einem System zum anderen übergehen, ähnliche Probleme der Akzeptanz? Kann man es Bürgern verdenken, dass sie in einer ohnehin gegebenen Krisensituation zunächst mehr auf die Lasten und den „Opfersinn“[754] schauen, der ihnen zugemutet wurde? Kann man es Berufsbeamten verdenken, dass sie, wenn es um ihre eigenen Ämter und damit ihre Existenz geht, Obstruktion betreiben oder zumindest nicht engagiert für die Umsetzung des Gesetzes werben? Die Enttäuschung der Väter der Städteordnung ob der unbefriedigenden Wahlbeteiligungen ist nachvollziehbar, aber eine eigentliche Überraschung konnten sie nicht sein.

Die ostpreußischen Beispiele sollen nicht verabsolutiert werden. In anderen Regionen kann es flächendeckend besser gelaufen sein. Kunth zeigte sich beispielsweise von den stattgehabten Ratswahlen in Potsdam sehr befriedigt[755] und gewann auch den Berliner Stadtverordnetenwahlen manch Positives ab[756], auch wenn sich das Sack ganz anders darstellte, der ob der dortigen Wahlergebnisse gar in den Ruf ausbrach: „Die Menschheit ist zu schlecht und zu unedel!“[757] Kunth, sonst oft Optimist, beklagte nach der ersten Runde der Magistratswahlen: „Man vermisst Geschäftskundigkeit bei den Verordneten und Lust, in die Sachen zu dringen“, was angesichts der Zeitumstände freilich auch eine kühne Erwartung sei[758]. Die Erwartung, ein nach vorn weisendes Gesetz sei von allen Beteiligten mit lautem Jubel aufgenommen worden und sofort als ein politischer Durchbruch, als eine Heilsbotschaft erkannt und rezipiert worden, war unrealistisch.

In dieser leichten Enttäuschung wurzelten freilich nicht die – fast unmittelbar nach ihrem Erlass einsetzenden und durch die praktischen Erfahrungen zusätzlich genährten – Bemühungen, die Städteordnung fortzuschreiben und in Einzelpunkten zu novellieren. Bis 1831, dem Todesjahr Steins, wurde die Städteordnung um insgesamt 42 Deklarationen ergänzt. Noch unter Mitwirkung Steins[759] wurde vor dem Hintergrund etlicher Ausstellungen seit wenigstens 1824, seit der Geheime Finanzrat Karl Knoblauch ein auch Stein übermitteltes[760] „Gutachten betreffend die Anträge wegen Revision der Städteordnung“ vorgelegt hatte, am Konzept einer „Revidierten Städteordnung“ gearbeitet, die dann in der Tat am 17. März 1831 erlassen wurde. Sie konterkarierte Steins ursprüngliche Intentionen in mehr als einer Hinsicht. Sie war ganz einem durch die Revolution von 1830 gesteigerten restaurativen Zeitgeist verhaftet und wollte u. a. die staatliche Kontrolle über die Städte wieder verstärken, wollte die Direktwahl des Magistrats abschaffen und diesen somit gegenüber der Stadtverordnetenversammlung aufwerten. Dass Stein so bewusst und gezielt an dieser Reform der Reform mitarbeitete[761] oder sie doch zumindest für berechtigt hielt[762], dabei freilich immer auch das Gravamen der noch fehlenden Gemeindeordnung thematisierte, revidiert das Klischee von dem prinzipientreuen, durch nichts von dem einmal als richtig erkannten Weg abzubringenden Mann nicht unerheblich. Stein war in der Lage, sich selbst zu korrigieren und eine seinerzeit mit heißer Nadel gestrickte und unter erheblichem Zeitdruck erstellte[763] Ordnung nicht nur wieder auf den Prüfstand, sondern sogar zur Disposition zu stellen, zumindest in zentralen Bereichen. Hier ging es um die Sache und die sinnvolle Weiterschreibung einer Reform, mit der Preußen auf dem Kontinent Maßstäbe gesetzt hatte. Als es in den späten 1820er Jahren um diese Reform der Reform ging, war Stein bereit, sogar von dem neuen französischen Kommunalgesetz zu profitieren bzw. sich von ihm anregen zu lassen[764], an dem ihn vor allem beeindruckte, dass die Vertretung von Intelligenz und Bildung in den Selbstverwaltungskörpern besser als in Preußen gelöst sei[765]. In einem Schreiben an den jetzt zuständigen Minister Schuckmann vom März 1829 stellte er an seinem eigenen „Kind“ u. a. aus, darin

Defizite zu haben, dass die Befugnisse des Magistrats und der Stadtverordneten nicht präzise genug festgelegt worden seien.

Als die „Revidierte Städteordnung“ im Frühjahr 1831 dann tatsächlich per Kabinettsordre Gesetzeskraft erlangte, war Stein voll des Lobes; in ihr spreche sich ein „väterlicher, milder, die Wünsche der Einzelnen möglichst berücksichtigender Sinn aus“, für den man nur dankbar sein könne – und das vor dem Hintergrund wesentlicher Verschärfungen, u. a. einer Erweiterung der Rechte der Aufsichtsbehörde und der Einschränkung des Budgetrechts der Kommunen! Er war überzeugt, dass die westfälischen Städte die neue Städteordnung wählen würden, in der „auch manche Mängel der älteren“ abgestellt worden seien[766]. Diese Bewertung ist freilich wohl eher der Altersmilde eines Mannes zuzuschreiben, der sein Ende kommen sah, denn mit einer Bestimmung wie der, dass der Monarch bei fortwährender Pflichtvernachlässigung einer Stadtverordnetenversammlung und ihres Rückfalls in „Unordnung und Parteiung“ ihre Suspendierug verfügen könne, konnte Stein an sich nicht zufrieden(er) sein.

Womit die restaurativen Kräfte in der Berliner Regierung allerdings nicht gerechnet hatten, war die fast geschlossene Opposition gegen die „Revidierte Ordnung“, deren Einführung freiwillig geschehen sollte. In Ostpreußen, um bei diesem Beispiel zu bleiben, wurde sie von keiner einzigen Kommune übernommen! Inzwischen hatte man die Attraktivität der alten Steinschen Ordnung zu schätzen gelernt, eine Hochschätzung, die im Spätjahr 1830 den Innenminister Gustav Brenn bewog, sie als „als ein von allen Bürgerschaften der alten Provinzen dankbar angenommenes, höchst wert gehaltenes königliches Geschenk“ zu charakterisieren[767]. Die Ablehnung der „Revidierten Ordnung“ durch die Städte des Königreichs, von denen sie im ersten Anlauf insgesamt nur drei übernahmen, spricht für sich und kann als überzeugendster Indikator für die späte Akzeptanz der Steinschen Städteordnung in Ostpreußen und letztlich allen Teilen des Staates angesehen werden – die größeren Städte Westfalens sollten sich erst 1841 entschließen, die „Revidierte Ordnung“ zu übernehmen, in Münster wurde sie – gegen starken Druck – 1835 durchgesetzt[768]. Dass die ursprüngliche Ordnung 1853 durch eine Städteordnung für die östlichen Provinzen sogar noch aufgehoben wurde, spricht nicht gegen ihre Langzeitwirkung: Erst die Steinsche Ordnung hatte so etwas wie Bürgersinn und Gemeingeist geweckt, hatte das Gefühl geschärft, für den eigenen überschaubaren Lebensraum selbst Verantwortung zu tragen, hatte die Keime einer modernen Bürgergesellschaft gelegt.

Dass die Städteordnung in ihrer ursprünglichen Fassung trotz aller ihrer kleinen und mittleren Defizite weit – möglicherweise sogar über die Grenzen des Deutschen Bundes hinaus – ausstrahlte, ist bei alledem unstrittig. Insofern ist der oben gewählte Begriff des Fanals ganz abwegig nicht. So kann man angesichts der engen Beziehungen Steins zu dem Weimarer Herzog Karl August davon ausgehen, dass die 1809 erlassenen neuen Städteordnungen für Weimar und Jena mit dem preußischen Dokument in einem direkten Zusammenhang stehen. Und über einen solchen ausschnitthaften Befund von der direkten kurz- und mittelfristigen Ausstrahlung der Steinschen Städteordnung hinaus: Generell wird sich sagen lassen, dass durch sie und ihre Nachfolgeordnungen in anderen Bundesstaaten das Selbstbewusstsein der Städte einen gewaltigen Schub erlebt hat. Dass sich in vielen deutschen Kommunen in den 1820er Jahren Historische Vereine gründeten und nicht selten als eins ihrer ersten Projekte die Gründung und „Bestückung" eines kommunalen Museums vorsahen, dass seit eben dieser Zeit die – oft von Rechtshistorikern ausgehende – wissenschaftliche Städteforschung an Volumen erheblich zunahm, verdankte sich zumindest indirekt auch der Steinschen Städteordnung, die *à la longue* eins bewirkte: Selbstbewusstsein, Stolz auf die eigene Vergangenheit, die Entschlossenheit, sich den neuen Freiraum so schnell nicht wieder nehmen zu lassen.

Es ist die Städteordnung, die sich im kollektiven Gedächtnis der Deutschen vor allen anderen politischen Leistungen Steins mit seinem Namen verbindet. Deswegen war es auch kein Zufall, dass das Gedenkjahr 1907 – der 150. Geburtstag Steins – gegenüber einer ganzen Flut von Beiträgen zum 100. Gedenktag der Städteordnung völlig zurücktrat, ob man an das *Preußische Verwaltungs-Blatt*[769], das *Technische Gemeindeblatt*[770], die *Deutsche Juristen-Zeitung*[771], die *Gartenlaube*[772], die *Lehrerin in Schule und Haus*[773], den *Morgen*[774], die *Preußischen Jahrbücher*[775], die *Historisch-politischen Blätter für das katholische Deutschland*[776] oder an die *Schriften des Vereins für Socialpolitik*[777] denkt; auch eine monographische Aufarbeitung der Rezeption und Umsetzung der Steinschen Städteordnung in Breslau[778] gehört in diesen Kontext. Es wäre von nur wissenschaftsgeschichtlichem Interesse, diese vielen Stimmen im einzelnen oder zusammenfassend zu bilanzieren; sie spiegeln auf jeden Fall aber wider, als ein wie hohes Gut die öffentliche Meinung in Deutschland lange, sicher noch bis in unsere Tage, den Gedanken der kommunalen Selbstverwaltung einschätzt, als deren Wiederhersteller Stein eingeschätzt und entsprechend verehrt wurde und wird. Freilich ist das zugleich auch wieder zu relativieren: Die Deutung der aus der preußischen Reformzeit stammenden kommunalen Selbstverwaltungskörperschaften als demokratische Herrschaftsausübung ginge an der Sache vorbei und verstand sich nur aus dem Geist einer Zeit, die auf der Suche nach den demokratischen Traditionen in Deutschland war.

Es lag nahe, dass die beiden großen Reformvorhaben – in Verbindung mit Steins Rolle im Befreiungskrieg – es waren, die die DDR-Geschichtswissenschaft bewogen, sich überhaupt der Gestalt des rheinischen Freiherrn zu nähern: eines in seinem Kern konservativen Adligen, vermeintlich ein Relikt der Feudalepoche. Es bedurfte in der Tat eines längeren Annäherungsprozesses, um ihn auch für das offizielle marxistische Geschichtsbild der damaligen DDR akzeptabel zu machen. Am Beginn dieses Annäherungsprozesses stand eine zwar schon als Projekt bis in die 1930er Jahre zurückreichende, dann aber doch erst durch das sich ankündigende Jubiläum von 1957 entscheidend beförderte dreibändige Aktenedition von Heinrich Scheel zum *Reformministerium Stein*. Mit den damaligen Reformen sei Preußen an die Spitze der bürgerlichen Revolution getreten, ohne dass die Bourgeoisie dann ihrer „historischen Aufgabe gerecht geworden“[779] sei. Maßgebend war dann eine Tagung in der Akademie der Wissenschaften zu Berlin im Gedenkjahr 1981, die im Jahr darauf in den Sitzungsberichten dieser Einrichtung dokumentiert wurde. Bei diesem – für die damaligen Verhältnisse – erstaunlich kontroversen Kolloquium ging es außer um Einzelfragen vor allem um die „ideologische“ Einordnung der „Stein-Hardenbergschen“ Reformen: ob sie als „Revolution von oben“ einzustufen seien oder ob dieser Begriff durch die Reichseinigungspolitik Bismarcks allzu stark vorbelastet sei, ob es besser sei, die Reformer des frühen 19. Jahrhunderts – und mit ihnen Stein – eher als die Initiatoren oder nicht doch nur als die Vorbereiter des Gesamtprozesses der bürgerlichen Umgestaltung Preußens einzuordnen. Man hat auf dieser Konferenz darüber gestritten, ob Stein und seine Kollegen eine Perspektive über die preußische Monarchie hinaus gehabt hätten oder ob sie sich von ihrer Erhaltung noch nicht hätten lösen können – genug der zusammenfassenden Würdigung, die, wenige Jahre vor dem Ende der DDR, noch einmal belegt, eine wie starke Wirkkraft das Denken in den Schablonen der marxistischen Ideologie nach wie vor hatte. Die Erwartung, die Konferenz werde zu einem neuerlichen Aufschwung der Forschungen zum politischen Reformwerk Steins führen, sollte sich dann nicht mehr erfüllen[780].

In dieser DDR-Diskussion ist im übrigen auch noch einmal ein Nachhall der heftigen Auseinandersetzungen vom Beginn des 20. Jahrhunderts zu spüren. Es ging in dem damaligen Prinzipienstreit um die Frage, ob die Steinschen Reformen von französischen oder von englischen Vorbildern inspiriert gewesen seien – ein Streit, der seinerzeit natürlich unter politischen Vorzeichen stand, aber letztlich so unergiebig blieb wie jede rhetorische Übung. Es mag für Ideenhistoriker reizvoll sein, diesen oder jenen Gedanken in die Geschichte zurückzuverfolgen, aber da Stein – und seine Mitarbeiter – in beiden Diskurszusammenhängen standen und bewandert waren, erscheint eine solche Fragestellung heute eher obsolet.

***

In größerer Kürze ist auf ein drittes Reformwerk einzugehen, das Stein schon seit seinem ersten Ministeriat beschäftigte: die Abänderung des Organisationsplans der Zentralbehörden, also die Neuorganisation der Bürokratie. Das ist von allen seinen Reformaktivitäten der legendären 14 Monate wohl das Feld, in dem seine Handschrift am deutlichsten zu erkennen ist (und das deswegen in einer noch stark anstaltsstaatlich orientierten Zeit auch eine beachtliche Quellenedition hervorgebracht hat[781]). Dass dieser Reformkomplex trotzdem hier erst am Schluss behandelt wird, gründet elementar darin, dass er nur partiell langfristig wirkte und dass er allenfalls bis zu den Mittelbehörden, aber nicht bis zur unteren Ebene der Staatsverwaltung durchschlug.

Geht man Steins Korrespondenz seit 1804 durch, verfestigt sich der Eindruck, dass dies für ihn, der auf diesem Gebiet ganz zweifellos eine besondere Begabung hatte, die Voraussetzung jeder Politikveränderung war. Er wusste sich darin mit den maßgeblichen Männern seines „Teams" einig, insbesondere mit Altenstein, der in diesem Segment sein eigentlicher Zuarbeiter war; freilich differierten die Konzepte dann doch in Einzelheiten. Schon sein Amtsantritt im September 1807 hatte gezeigt, wie sehr ihn neue Konstruktionen beschäftigten. Unstrittig war, dass das alte Kabinettssystem abzuschaffen und alle Angelegenheiten der verschiedenen Ministerien, die faktisch nur noch von Ressortleitern, also Staatssekretären, geleitet wurden, der Kontrolle des Ersten Ministers unterstanden, der bei allen Materien von gesamtstaatlicher Bedeutung zu den Beratungen hinzuzuziehen war. Unstrittig war auch, dass die Verwaltung der Provinzen zu reformieren sowie die Verzahnung der Unter- und Oberbehörden zu verbessern sei. Wie freilich die dem König direkt unterstehende Zentralverwaltung zu gestalten wäre, darüber gingen die Meinungen auseinander. Während Stein für die Einrichtung eines Staatsrats zur kollegialischen Führung der Regierungsgeschäfte eintrat – das Kollegialische, die gemeinsame Diskussion im Prinzip gleichberechtigter Beamter war fast zu einer Art Lebensphilosophie geworden! – und das Ressort des Ersten Ministers in die beiden Ministerien des Innern und der Finanzen aufgeteilt sehen wollte, plädierten Hardenberg und Altenstein[782] viel entschiedener für die Schaffung des Amtes eines herausgehobenen Ministers, eines „Premierministers" bzw. „Staatskanzlers". An dem schriftlich geführten Meinungsbildungsprozess beteiligte Stein fast alle seine engen Mitarbeiter, aber auch Personen, die außerhalb des „Teams" standen, so etwa Hardenberg, der schon bald nach seiner Demission im Frühsommer 1807 seine vom preußischen König in Auftrag gegebene sog. „Rigaer Denkschrift" vorgelegt hatte[783], die, im wesentlichen von Altenstein konzipiert, sich stark an der für das napoleonische Frankreich typischen Verbindung von liberalem Individualismus und hohem staatlichen Machtpotential orientiert hatte. Aber auch Reden und Vincke[784] waren an dieser Diskussion beteiligt. Das war wohlberechnet, denn Stein glaubte, dem König nur dann einen Entwurf präsentieren zu können, wenn er von einem breiten Konsens der Administration getragen wurde. Der Monarch ließ seinerseits den Steinschen Entwurf von Personen seines eigenen Vertrauens gegenlesen, darunter Hardenberg[785] und immer noch Beyme[786]. Die Diskussionspunkte können hier zwar nicht im einzelnen verfolgt werden – so ging es etwa um die Zuordnung bestimmter Departementsabteilungen zu diesem oder jenem Ministerium, um die mögliche Einrichtung eines Kultusministeriums, um das Institut des Oberpräsidenten, das Vincke beispielsweise für entbehrlich hielt, aber auch um eins von Steins Lieblingsthemen, die Einbindung von gewählten und unbesoldeten Ständevertretern in die Provinzialregierungen –, aber an der Ernsthaftigkeit und administrativen Substanz des Diskurses ist nicht zu zweifeln. Die Ergebnisse, die verschiedene Textstufen durchlaufen hatten[787] und an sich bereits Ende Februar 1808 in einen förmlichen Organisationsplan eingemündet waren, bevor Stein dann zu den Kontributionsverhandlungen mit den Franzosen für mehrere Monate nach Berlin zu gehen gezwungen war, wurden in der Tat noch in den letzten Tagen von Steins „Reformministerium" in die Form eines „Publicandum" gebracht („Publicandum, betreffend die veränderte Verfassung der obersten Staatsbehörden der preußischen Monarchie in Beziehung auf die innere Landes- und Finanzverwaltung")[788]. Es erschien in veränderter Form jedoch erst deutlich nach Steins Entlassung, nämlich am 16. Dezember 1808. Zwischen seiner Rückkehr nach Königsberg und seinem Ausscheiden aus dem Amt des dirigierenden Ministers hatte Stein immerhin noch so arbeiten können, wie er es sich wohl immer gewünscht hatte: als Vorsitzender (und Moderator) einer Staatskonferenz, in der alle Ressortchefs und selbst die teilnehmenden Räte dasselbe Stimmrecht hatten wie er. In letzter Instanz war dieses nach Steins Ausscheiden aus dem Amt rasch veränderte Organisationsdekret der Abschied vom alten, noch stark regional organisierten Generaldirektorium, an das in Preußen acht Jahrzehnte lang niemand Hand anzulegen gewagt hatte, und der Übergang zu einem System reiner Fachministerien. Auch wenn Stein es mit größtem Unbehagen sah, dass das geliebte kollegiale System seine Tage kaum überdauerte: durch die von ihm initiierte Diskussion wurde eine Tür in die Moderne aufgestoßen, die man in ihrer Bedeutung kaum überschätzen kann.

Ein zweiter Teil, der Organisationsplan betreffend die „Unterbehörden für die spezielle Leitung der Geschäfte in den Provinzen"[789], der dem König Ende Dezember 1807 überreicht worden war[790], wurde zu Steins Amtszeit nicht mehr publiziert. Er hatte das Institut des Oberpräsidenten verfestigt, freilich auch die Zuziehung von Ständevertretern festzurren wollen, deretwegen es nach Steins Entlassung zu den größten Diskussionen kommen sollte. Überhaupt wurde dieses Konstrukt nur in Ostpreußen einer Art Testlauf unterworfen. Die Grundidee auf der provinzialen Ebene, die Verbindung technischer Sonderbehörden mit der allgemeinen Verwaltung, sollte sich hingegen bewähren, und das über einen sehr langen Zeitraum hinweg. Und selbst wenn nicht alles trug, was ihn geleitet hatte: Dass Stein in einer Zeit schwerster dienstlicher Belastung dieses gewaltige Werk gewissermaßen nebenbei noch produzierte, hat Beobachter und Mitarbeiter beeindruckt, und im Unterschied zu anderen Reformgesetzen kann davon ausgegangen werden, dass das zumindest zu einem großen Teil seine ureigenste Leistung war. Er war es, der seine Mitarbeiter antrieb und ermunterte, mit ihnen lange strategische und inhaltliche Gespräche führte, der selbst um den Königsweg rang. Denn eins war klar: Der bloße Begriff „Verwaltungsreform" beinhaltete, ganz ähnlich wie bei der berühmten Haugwitzschen „Verwaltungsreform" in Österreich 1749, viel mehr, nämlich eine weitgehende Umstrukturierung der Staatsverfassung.

***

Die sog. Bauernbefreiung, weitgehend vor Steins zweitem Ministeriat vorbereitet und von ihm nur noch vollzogen, die Städteordnung und die Behördenreform machen das aus, was Stein in den Augen mancher Mitlebender und vieler Epigonen geradezu in den Rang des bedeutendsten Staatsmanns der beginnenden Moderne erhob. Diese Leistungen sollen, vor allem wenn man sich vergegenwärtigt, unter welchen äußeren Bedingungen sie erzielt werden mussten, nicht verkleinert werden, aber es ist andererseits festzuhalten, dass sie den Reformstau in Preußen allenfalls partiell abbauten: der ganze Komplex der Gewerbefreiheit, die Finanzreform und manch anderes wurde nicht einmal ansatzweise zum Abschluss gebracht. Vielleicht war das in den ihm zur Verfügung stehenden 14 Monaten auch gar nicht zu schaffen: aber dass dies ein Torso war und Stein weit davon entfernt blieb, aus Preußen wirklich einen neuen Staat zu machen, sollte ebenso nüchtern festgehalten werden.

Gerade das aber macht es für die Forschung reizvoll, die preußischen Reformen immer wieder auf ihre Motive, Artikulationsformen, Schwerpunkte abzuklopfen und in einen theoretischen „Überbau" einzuordnen. So werden die preußischen Reformen in den letzten Jahren verstärkt in Arbeiten berücksichtigt, die auf den systemtheoretischen Ansätzen Niklas Luhmanns fußen und nach Struktur und Funktion des Organisierens fragen. Die neueste Studie von Stefan Haas verfolgt einen „implementationstheoretischen Ansatz" und geht den „Strukturen, Prozessen, Verfahren und Symbolen der Implementation dieser Gesetze in die lebensweltliche Wirklichkeit einer sich in hohem Maß wandelnden Welt" nach[791]. Es würde den Rahmen dieser Biographie sprengen, diesen Ansätzen im einzelnen nachzugehen; der Hinweis auf diese stark theoretisch ausgerichteten Studien soll aber unterstreichen, dass das Erkenntnisinteresse der modernen Geschichtswissenschaft über das Nachzeichnen des Faktischen deutlich hinausgreift und die Steinschen Reformen auf ihrer Agenda geblieben sind.

Die Konzentration auf die wenigen – erfolgreichen – Reformmaßnahmen verdeckt natürlich, was in den 14 Monaten von Steins zweitem Ministeriat alles angepackt, aber nicht abgeschlossen werden konnte. Schon allein die Lektüre von Ritters Einblick in die Reformdiskussionen in Steins Entourage lässt erahnen, welche Betriebsamkeit in den Ministerien herrschte, wie Stein seine Mitarbeiter zu motivieren wusste, wie wenig die Familien der Ministerialbeamten die Ehemänner und Väter gesehen haben können. Auch diesem Übermaß an Vorarbeiten für künftige Gesetzesvorhaben verdankt sich Steins Ruf; es sind nicht immer nur der Erfolg und der Abschluss, die aus einem Spitzenbeamten eine säkulare Gestalt machen. Viel Tinte ist etwa über die Kreisreform vergossen worden, für die Stein wenigstens eine Zeitlang die Übernahme englischer Modelle vorgeschwebt hatte, auch wenn er am Ende diesen Sachkomplex den mit den ostelbischen Verhältnissen besser vertrauten Fachleuten im preußischen Provinzialdepartement überließ. Zu Steins Amtszeit ist dieses Agendum nicht mehr vor die Generalkonferenz gebracht worden, um später dann in einem ganz anderen Sinn verwirklicht zu werden, als es Stein vorgeschwebt hatte[792]. Den Ansatz, für die Gesamtmonarchie „Reichsstände" einzurichten, in der Nassauer Denkschrift noch überhaupt kein Thema, hat er zunächst eher zögerlich verfolgt; diese Forderung sollte erst nach dem Wiener Kongress auf seiner Prioritätenskala nach oben klettern. Das heißt aber nicht, dass seine Mitarbeiter und auch Dritte, etwa der schlesische Rittergutsbesitzer Karl Nikolaus von Rehdiger, sich in Memoranden nicht zu dieser Frage geäußert hätten, die für Stein aber zunächst nachrangig blieb gegenüber dem Wunsch, überall Provinzialstände ins Leben zu rufen. Für sie aber – das Thema sollte ihn in den 1820er Jahren dann massiv beschäftigen – entwickelte er präzise Vorstellungen: sie sollten das Initiativrecht für Gesetzesvorhaben haben, aber nur Gutachten erstatten dürfen, also kein Vetorecht besitzen, die Verhandlungen sollten öffentlich geführt werden, die Protokolle wären nach Abschluss zu publizieren. Stein sollte dann erst als westfälischer Landtagsmarschall Gelegenheit erhalten, diese Grundsätze in die Praxis umzusetzen. Gegen Ende seiner Amtszeit ist Stein zwar einem Verfassungsplan für die Gesamtmonarchie nähergetreten, aber ob er jemals die Ebene der engsten Mitarbeiter hinter sich ließ, ist außerordentlich fraglich; auf jeden Fall verschwanden alle solche Projekte unter seinen Nachfolgern rasch wieder in der Schublade.

Vieles hing zudem am anderen: Dass es zu einer tiefgreifenden Steuerreform, insbesondere der Einführung einer modernen Einkommensteuer, nicht mehr kam, hing ursächlich damit zusammen, dass provinziale Selbstverwaltungsorgane, ohne die dies nicht hätte beschlossen werden können, nicht vorhanden waren oder nicht in Aktivität gesetzt werden konnten. Aber es gilt zugleich, wenn man etwa noch die Diskussionen über die Revision der Akziseverfassung mit im Blick behält, dass Stein eigentlich kein theoretisch beschlagener Wirtschaftsfachmann war und deswegen diese Materien auch eher ohne wirkliches Herzblut betrieb. Herzblut war viel eher im Spiel, wenn es um den Bildungsbereich ging, insbesondere das Grundschulwesen, das Stein im Zuge der Behördenreorganisation in einer eigenen Abteilung für das geistliche, Schul- und Armenwesen im Provinzialdepartement implementierte und für das er mit Süvern und Georg Heinrich Ludwig Nicolovius zwei Reformer gewinnen konnte, denen es letztlich zu verdanken ist, dass die Pestalozzische Methode an den preußischen Volksschulen Einzug hielt. Johann Wilhelm Süvern, der damals noch blutjunge ehemalige Thorner und Elbinger Gymnasiallehrer, der durch seine öffentlichen Vorlesungen über die politische Geschichte Europas seit Karl dem Großen in Steins Blickfeld geraten war, hatte bereits die Grundzüge eines neuen Volksschulgesetzes entworfen, das Teil eines umfassenden Schulgesetzes hätte werden sollen, als Steins Ausscheiden aus dem Amt alle diese Perspektiven zunächst einmal wieder abbrechen ließ[793].

Nur mit wenigen Worten kann auf die Militärreformen eingegangen werden, weil sie zwar nicht an Stein vorbei liefen, er hier aber doch nicht die Federführung hatte. 1806 hatte bei Jena und Auerstedt dasjenige Staatsorgan des alten Preußen versagt, das bis dahin am wenigsten von Reformbestrebungen und Strukturwandel erfasst worden war[794], was im Umkehrschluss aber nur heißen konnte, dass sie genau hier umgehend einzusetzen hatten. Diskutiert worden war zwar schon längere Zeit – seit 1797/98 hatte eine Immediatkommission Vorschläge erarbeiten sollen, wie dem schlechten Zustand der preußischen Armee abzuhelfen wäre –, auf regionaler Ebene hatte man auch bereits Pläne einer Volksbewaffnung erwogen, aber alles war letztlich am König gescheitert. Nach Jena und Auerstedt wurde das ganz anders: „Auf keinem Feld der preußischen Reformen hat sich der König so eingeschaltet wie auf dem militärischen“[795]. Hier war der tätige Anteil des Monarchen um Längen größer als bei den Verwaltungsreformen oder beim Oktoberedikt.

Auf einmal war die stärkere Zulassung von Bürgerlichen zu Offiziersstellen kein Tabuthema mehr, es rührte an alle preußischen Traditionen, wenn der Monarch plötzlich forderte, die Zahl der „Eximierten“ zu reduzieren, also derjenigen, die sozialständisch von der Kantonspflicht ausgenommen waren, und es ergab sich dann aus der Logik der Sache, dass vor einem solchen Hintergrund auch bei den militärischen Strafen eine radikale Änderung zu erfolgen habe. Der innere Zusammenhang, dass bei einem wachsenden Anteil der dienenden Männer die Strafen nicht mehr entehrend sein dürften, ist von dem König und den Militärreformern in seinem Umfeld klar erkannt worden. Alle diese Überlegungen mündeten in die neuen Kriegsartikel vom 3. August 1808, die Stein mitgetragen und kommentiert hat, für die er aber nicht die Letztverantwortung hatte. Ihre Kernbestimmungen waren die Verpflichtung jedes Untertanen „ohne Unterschied der Geburt“ zum Kriegsdienst, wobei die neue Armee nur aus Inländern bestehen solle, was implizit den Verzicht auf Ausländerwerbung bedeutete. Im Reglement vom 6. August 1808 wurde darüber hinaus festgelegt, dass es keine Standesvorteile bei den Offiziersstellen mehr gebe, das Adelsprivileg also abgeschafft wurde. Zwar hat die Pariser Konvention vom September 1808 die völlige Umsetzung der Augustreglements, vor allem die allgemeine Wehrpflicht, noch unterbunden, aber hier waren die rechtlichen Grundlagen für jenen Umbruch geschaffen worden, der dann 1813/14 militärisch Preußen in eine neue Zeit überführte – schon um 1818 lagen die Ziffern der bürgerlichen und der adligen Offiziere in etwa auf einer Stufe. Stein, der die Volksbewaffnung seit seiner westfälischen Zeit immer wieder propagiert hatte, war über diese Entwicklung alles andere denn unglücklich.

In ihren Zielsetzungen deckte sich auch die Militärreform völlig mit Steins Philosophie und Staatsverständnis, nämlich die Bürger stärker an den Staat heranzuführen, ihre Partizipationsmöglichkeiten zu verbessern, sie Verantwortung für den Lebensbereich übernehmen zu lassen, der für sie der nächstliegende war und für den es sich auch lohnte, in die Verantwortung einzutreten. Insofern könnte man von einer Art Gesamtkunstwerk sprechen, das in wenigen Monaten seit dem Herbst 1807 Gestalt annahm. Freilich: Das Interesse des Monarchen an diesem Gesamtkunstwerk war denkbar unterschiedlich, und zu einem Gesamtkunstwerk fehlten ihm denn doch auch etliche Elemente.

Steins Reformwerk, dem – auch wenn man die nachfolgenden, freilich oft genug eher restaurativen Reformmaßnahmen Hardenbergs noch hinzunimmt – der Begriff „Gesamtkunstwerk“ dann wohl doch vorzuenthalten ist, steht selbstredend nicht isoliert in der politischen Landschaft. Aus naheliegenden Gründen konzentrierten sich die Reformaktivitäten freilich eher auf die Rheinbundstaaten; die zahlreichen kleineren Staaten in der norddeutschen Neutralitätszone fanden dazu nur bedingt die Kraft. Ob man an Montgelas in Bayern[796] oder an Reitzenstein und Brauer[797] in Baden denkt: vor Herausforderungen, etwa der, wie neue Territoriumsteile möglichst rasch zu integrieren wären, standen sie alle. Stein hat diese anderen Reformen sicher nur mit Überwindung zur Kenntnis genommen, weil ihm alles, was aus dem Rheinbundlager und aus dem Lager der frankreichhörigen Klientel kam, in höchstem Maß suspekt war. Aber dass er nur ein Rad in einem Getriebe war, das sich „Aufbruch in die Moderne“ nannte, war ihm bewusst. Es ist – wir sehen das heute noch viel klarer als frühere Historikergenerationen – nicht statthaft, den beginnenden Modernisierungsprozess in Deutschland einseitig mit dem Namen nur eines oder zweier Protagonisten in Verbindung zu bringen. Und es ist darüber hinaus mit Nachdruck zu fragen, ob Stein und seine Mitarbeiter wirklich „von vornherein bewusst das Werk der inneren Erneuerung in den Dienst der nationalen Befreiung stellten“[798].

Über den Grundsatzfragen, die nach Lösungen verlangten – die Verwaltungsreform, die sog. Bauernbefreiung, die Städteordnung –, darf man all die praktischen Probleme des Alltags eines leitenden Ministers nicht unterschätzen. Eins der größten Probleme ist das der französischen Kriegsentschädigungen gewesen, deren exorbitante Höhe es eigentlich von Anfang an unwahrscheinlich machte, dass Preußen damit zurande kommen würde. Angesichts der Dimension dessen, was im Raum stand, kann es kaum verwundern, dass Stein zeitweise sogar daran dachte, die Kronjuwelen und das königliche Service zwecks Beschaffung von Geldmitteln „zur weiteren Disposition" zu stellen[799]. Ein Land, das territorial erheblich amputiert worden war, das unter den unmittelbaren Kriegsfolgen litt, das eine große fremde Besatzungsarmee zu unterhalten hatte, das von allen auswärtigen Handelsbeziehungen abgeschnitten war, dessen Getreide der Kontinentalsperre wegen keine Käufer mehr fand – wie sollte ein solches Land einen finanziellen Kraftakt vollbringen, wie er ihm zugemutet wurde? Nach seiner Amtsübernahme im Oktober 1807 war die Kriegsentschädigung sogar seine allererste Herausforderung; seine ersten Reskripte gingen an die eigens eingesetzte sog. Friedenskommission[800], die die Aufgabe hatte, mit der französischen Seite über eine Reduktion der Preußen in Tilsit abgenötigten Summe und über die Regulierung von Zahlungszielen und Zahlungsmitteln zu verhandeln. Es ist Stein nicht von der ersten Stunde an – wenn überhaupt jemals – klar geworden, dass Tilsit nur ein formaler Punkt war, der Kampf gegen Preußen aber weiterging – wenn vielleicht auch nicht mehr mit dem Ziel, diesen Staat völlig aufzulösen, was Bonaparte offenbar eine Zeitlang vorgeschwebt hatte, dann aber doch mit dem, ihn in seiner Funktionalität als Puffer zum Zarenreich zu erhalten und seine Regeneration zu unterbinden. Das mehr und mehr virtuos gehandhabte Medium dafür war, die Kriegskontribution ins geradezu Unermessliche zu steigern, so dass Preußen gar keine Chance haben konnte, sich dieser Klammer zu entwinden. Bei Steins Amtsantritt flossen bereits die gesamten Staatseinnahmen aus der entscheidend verkleinerten Monarchie in die französischen Kassen, noch nicht einmal für die Staatspensionäre und die Invaliden reichten die Mittel! Und auf der Habenseite sah es genau so düster aus: was die Provinzen an Steuer- und Zollerträgen lieferten, war kaum noch der Rede wert, die Ratenzahlungen Russlands für Kriegslieferungen gingen nur höchst spärlich und unregelmäßig ein, die Reste älterer Kassenbestände, die man ausmachte, waren eben nur Reste. So gesehen, trat Stein sein Amt mit einer gewaltigen Hypothek an, sein Ansehen in der öffentlichen Meinung musste stehen oder fallen, je nachdem, ob es gelang, diese gewaltige Belastung wenigstens zu mindern und die Zahlungsziele zu verlängern. Dafür war viel Phantasie, vor allem aber viel Überzeugungsarbeit vonnöten, denn die Franzosen saßen am längeren Hebel – die Verhandlungen sollten eine ganze Garde von hochrangigen Persönlichkeiten verschleißen, bevor Stein die Dinge dann selbst in die Hand nahm.

Seine erste Grundsatzentscheidung war, nachdem man sich bisher die Zähne an der Reduktion der Summe ausgebissen hatte, ein striktes Sparprogramm zu verfügen, das auch den Hof, die königliche Familie und die Militärversorgung betraf, und die Diskussion über die Höhe der Schuldsumme zu beenden. Er tat das aus der Überlegung heraus, dass viel mehr dafür sprach, die Kontributionssumme irgendwie zu erlegen und dann die Franzosen außer Landes zu bekommen (dass Stein sich in diesem Punkt gründlich irrte, weil Paris gar kein Interesse daran hatte, seine Besatzungstruppen zwecks anderer Verwendungsmöglichkeiten aus Preußen abzuziehen, sei wenigstens angedeutet). Zum einen mussten dafür vor dem Hintergrund, dass die Franzosen nach vielen Bemühungen sich einverstanden erklärten, Hypotheken in Gestalt von Pfandbriefen auf die königlichen Domänen als Zahlungsmittel zu akzeptieren, Anleihen aufgenommen werden – schwierig genug in einer Zeit, in der nichts sicher zu sein schien und jeder Kreditgeber befürchten musste, am Ende mit leeren Händen dazustehen. Man verfiel auf den Ausweg, Kommunen – zunächst nicht auf dem platten Land[801] – Zwangsdarlehen aufzuerlegen, ihrerseits wieder ein Punkt permanenter Auseinandersetzungen, weil sich nicht wenige Städte überfordert und in ihrer finanziellen Leistungskraft falsch eingeschätzt fühlten[802]. Zum anderen wurde in einer besonderen Situation entschieden, mit den Franzosen über die Pariser „Schiene" Verhandlungen aufzunehmen mit dem Ziel, doch noch einmal die Reduktion der Zahlungen zu sondieren, vor allem nachdem die französische Seite im Oktober 1807 die Summe nochmals auf unglaubliche und kaum zu begründende 154 Millionen Francs hochgeschraubt hatte[803]. Um diesem faktischen Ausbluten des Staates – der Ausdruck mag erlaubt sein, obwohl ein heutiger Biograph Bedenken haben muss, sich in jeder Hinsicht an der starken und extrem frankophoben Sprache Gerhard Ritters zu orientieren – zu entgehen, wurde im November 1807, nachdem ein Angebot der Königin verworfen worden war, in höchsteigener Person nach Paris zu reisen, um den Korsen um eine Politikänderung zu bitten, eine hochrangige, unter Leitung des Königsbruders Prinz Wilhelm stehende Delegation nach Paris entsandt. Sie sollte auch den Gedanken eines (neuerlichen) preußisch-französischen Bündnisses ventilieren[804], um überhaupt aus dem Teufelskreis ständig und willkürlich erhöhter Kriegskontributionen herauszukommen. Die preußische Delegation, trotz ihrer Dignität auf das übliche Antichambrieren verwiesen, wurde indes, obwohl seit Ende November ein konkreter preußischer Finanzierungsplan auf der Grundlage von 110 Millionen Francs auf dem Tisch lag[805], in Paris hingehalten, ließ sich letzten Endes auch hinhalten in der lange vergeblichen Hoffnung, Russland werde sich durch seinen Gesandten Petrju Aleksandrovič Tolstoj, einen Anhänger einer zukünftigen Achse Petersburg–Berlin, für Preußen einsetzen. Die Lage im Spätherbst und Winter 1807/08 kann nur als verzweifelt eingestuft werden, nachdem zwischenzeitlich der französische Generalintendant Daru die Kontributionssumme noch einmal auf die schon erwähnten unglaublichen 154 Millionen angehoben hatte. Die Kommunen, die Universität Halle[806] standen am Rande des Kollapses, für Schlesien wurden Säkularisationen von geistlichen Gütern ins Auge gefasst[807], königliche Domänen im Gesamtwert von 12 Millionen Talern wurden zum Verkauf freigegeben[808] – bei dieser Gelegenheit tauchten übrigens zum allerersten Mal in der preußischen Geschichte Reichsstände auf, die bei diesem Verkauf hinzugezogen werden sollten[809]. Zeitweise scheint am Hof gar mit dem Gedanken gespielt worden zu sein, in den Rheinbund einzutreten, um sich Bonapartes Wohlwollen und Entgegenkommen zu sichern! In Berlin verhandelte Stein, der im Herbst 1807 mehr als nur beiläufig mit dem Gedanken gespielt hatte, die Verhandlungen ganz abzubrechen[810], im Frühjahr 1808 auf der Grundlage eines präzisen Plans[811] persönlich über Wochen hinweg mit Daru[812] über diesen ganzen Problemkomplex, den die preußische Seite immer mit ihrer Forderung zu koppeln suchte, dass die Franzosen möglichst bald das Land wieder verließen. Das sollte geschehen, und zwar ohne dass den Franzosen Festungen als Sicherheitsplätze eingeräumt würden[813], damit der preußische Staat möglichst schnell zu seiner Wirtschaftskraft zurückfinde und dann eher in der Lage wäre, hohe Kontributionen zu erlegen[814]. Im Verlauf der wochen- und monatelangen Diskussionen ist im übrigen ein nicht unbeträchtlicher Meinungswandel Steins zu erkennen: Wollte er anfangs schlicht mit dem Kopf durch die Wand bis hin zum Risiko eines Abbruchs der Verhandlungen, so scheint sich seit Jahresende 1807 ein Mehr an Konzilianz und Kompromissbereitschaft ausgebildet zu haben. Erhellend dafür ist ein Brief an den auf der Reise nach Paris befindlichen Prinzen Wilhelm[815], in dem zum Ausdruck gebracht wurde, dass sich die völlige Wiederherstellung Preußens („le rétablissement de l'ancienne puissance de la Prusse“) nur bewerkstelligen lassen werde, wenn man sich geneigt zeige, ja seinen „désir sincère“ zu erkennen gebe, dass man aktiv Anteil nehme an den Projekten, die Frankreich betreibe. Da es scheine, als ob derzeit etwas gegen das Osmanische Reich geplant werde, sei zu erwägen, Frankreich ein Truppenkontingent zur Unterstützung anzubieten, was im übrigen auch den Nebeneffekt hätte, den preußischen Truppen wieder einen militärischen Geist einzuhauchen. Der Prinz, so wurde weiter anempfohlen, möge Napoleon den Nutzen eines starken Preußen vor Augen führen und dabei auch auf die jüngere Geschichte, insbesondere die der Jahre 1795–1799, verweisen. Zeichnete sich hier ein taktischer Wandel ab, das, was man über Monate hinweg auf dem Verhandlungsweg aus der Position des militärisch Unterlegenen nicht erreicht hatte, nun aus der Position des Alliierten heraus zu bekommen? Und das bei Stein, dessen Frankophobie in den zurückliegenden Wochen weit eher zu- denn abgenommen hatte? Prinz Wilhelm ist dieser Empfehlung im übrigen nachgekommen[816], was allem Anschein nach die Stimmung in Paris etwas aufbesserte.

Seit Ende Januar 1808 wurden die Bündnisverhandlungen dann zum offiziellen Kernpunkt der preußischen Außenpolitik, um mittels dieses

Instruments die Kontributionsforderungen der Franzosen deutlich herunterzuschrauben[817]. Dass dies mit weitgehenden Angeboten verbunden wurde, Preußen werde seine ganze Verwaltung verändern und stark an den in Frankreich bewährten Prinzipien ausrichten[818], spiegelt wider, wie geschmeidig Stein in der gegebenen Situation geworden war[819]. Es wurde bemerkenswerterweise erwogen, dem französischen Kaiser oder seiner Gemahlin die Patenschaft für das Kind anzutragen, mit dem Königin Luise gerade schwanger ging. Im Juli 1808 schlug Stein gar – nebenbei bemerkt: mit Erfolg[820] – den französischen Generalintendanten Daru, seinen Berliner Verhandlungspartner und im Rückblick als „arbeitsam, gescheut, [...] vertraut mit Napoleons Gesinnungen, kalt, unerbittlich und geübt in den Künsten der Bedrückung“[821] charakterisiert, seiner Verdienste als Horaz-Übersetzer und Geschichtsschreiber Venedigs wegen zur Aufnahme in die Berliner Akademie vor![822] Stein als Taktiker, als Initiator oder doch ausführendes Organ einer Politik, die auf das Dissimulieren, auf das Vortäuschen setzt, um Preußen jetzt mit Frankreichs Hilfe aus dem ganz tiefen Wellental wieder hochzubringen! Das Scheitern der Pariser Mission Prinz Wilhelms und des ihn begleitenden Alexander von Humboldt, die noch nicht einmal die Entlassung der preußischen Kriegsgefangenen zu erreichen vermochten, zeigte dann freilich, dass auch damit keine Wirkung erzielt werden konnte.

Ob Stein, wie bekannt kein „geborener“ Außenpolitiker, bei seinen Kontributionsverhandlungen, die sogar zum Abschluss einer Konvention führten, die freilich von Napoleon nie ratifiziert wurde, immer den geopolitischen Gesamtrahmen richtig erfasste, mag hier auf sich gestellt bleiben – für die Mitlebenden war das in der Tat viel schwieriger nachzuvollziehen als für heutige Historiker. Den mächtepolitischen Hintergrund stellte das politische Abtasten der beiden Kaiser in Paris und in Petersburg dar, wie es generell in dem ostmitteleuropäisch-südosteuropäischen „Sicherheitsstreifen“ weitergehen würde. Die Russen hatten sich in den Besitz der bisher osmanischen Donaufürstentümer Moldau und Walachei gesetzt, dies glaubte der Korse nur mit Schlesien ausbalancieren zu können. Eine Lösung dieses Problems wäre allenfalls mit dem russischen Rückzug aus den Donaufürstentümern vorstellbar gewesen; da der Zar davon weit entfernt war, blieb den Franzosen nur, die Verhandlungen über die Kontributionen so in die Länge zu ziehen, dass keine Situation entstand, die sie zur Aufgabe Schlesiens gezwungen hätte. Zudem war in der gegebenen Lage des Jahres 1808 weder Alexander noch Bonaparte daran interessiert, Preußen durch den Rückfall Schlesiens wieder zu stärken. Preußen war letztlich also nicht mehr als ein Spielball zwischen den beiden Supermächten der Zeit. Dass die preußische Politik gut beraten war, sich in der gegebenen Situation ein gerüttelt Maß an Fintieren anzueignen, zumindest zu versuchen, in das formal immer noch bestehende russisch-französische Bündnis einen Keil zu treiben, ist offenbar lange nicht von allen Entscheidungsträgern erkannt worden.

Aber generell ist festzuhalten, dass die französischen Kriegsentschädigungen, die den preußischen Staat an den Rand der Insolvenz brachten, und die zusätzlichen Fouragekosten für die im Land liegenden französischen Truppen, die sich vor allem in Schlesien drückend bemerkbar machten, Stein zu manchen Kompromissen zwangen. Wenn ein hoher Beamter in Schlesien (Massow) den Unwillen der französischen Militärbehörden erregt hatte, war Stein nun durchaus bereit, zum Zweck der Beibehaltung eines erträglichen (Verhandlungs-) Klimas ihn (zumindest befristet) abzuziehen[823] und die lokalen Gespräche von Beamten führen zu lassen, mit denen die französischen Militärs „konnten". Auch Sacks Entfernung von seinem Posten als Präsident der Friedensvollziehungs-Kommission auf Verlangen der Franzosen hatte Stein zu akzeptieren[824], wobei in diesem Fall – Sack war ein bewährter alter Mitarbeiter – sein Zähneknirschen wohl hörbar gewesen sein wird. Dass er über Vertraute Fichtes *Reden an die deutsche Nation* an einigen Stellen abzumildern suchte, gehört ebenso in diesen Kontext, die Franzosen nicht zusätzlich zu reizen, wie die Unterdrückung der patriotischen Königsberger Zeitschrift *Vesta*, die er Ende 1807 ihrer (zu) heftigen Attacken gegen die Besatzungsmacht, also der Interessen des Staates wegen, verbieten ließ.

Es ging aber nicht nur um die Höhe der französischen Kriegsentschädigung, sondern auch um die Verteilung dieser Kriegsfolgelasten auf die einzelnen gesellschaftlichen Gruppen, was im Endeffekt auf die Erschließung neuer Steuerquellen hinauslief. Neue Steuergesetze konnten in der nach wie vor ständisch gegliederten Gesellschaft aber nur unter Mitwirkung und mit Zustimmung der Stände erlassen werden, in aller Regel ein langwieriger Prozess, der weit über die in Tilsit vereinbarten Zahlungsziele hinausreichte, womit die Finanzierung der Kontributionszahlungen aber zugleich zu einer Verfassungsfrage der preußischen Monarchie wurde. Der Zusammenhang von Kriegsfolgelasten und staatlicher Modernisierung spiegelt sich zumindest tendenziell auch hier.

Denn um die Bereitschaft der Ständekörperschaften, sich angemessen an den riesigen Kosten zu beteiligen, war es schlecht bestellt. Vor allem die kurmärkischen Stände, die sich allem verweigerten, erregten Steins Zorn[825]. Ihr Wortführer Friedrich August Ludwig von der Marwitz musste sich, ungeachtet einiger Übereinstimmungen im Weltbild[826], böse, geradezu bitterböse Worte Steins gefallen lassen, der seinerseits, wohl auch um ein Beispiel für Gemeinsinn zu geben, im Dezember 1807 öffentlichkeitswirksam auf die Hälfte seines Gehalts verzichtete[827]. Seine im Prinzip proständische Haltung wurde in der Krisensituation 1807/08 auf eine harte Probe gestellt. In einem Brief an Reden kurz vor seiner Ernennung zum Minister geißelte er den „elenden Kastengeist" dieser Adelskorporation, von deren Angehörigen „die reicheren [...] verweichlicht, die ärmeren anspruchsvoll und halbgebildet oder oft ganz roh" seien[828]. Während seiner Amtszeit tobte zwischen dem Minister und den Ständekomitees eine Art permanenter Kleinkrieg, und vor diesem Hintergrund kann es nicht erstaunen, dass im Zuge der Umgestaltung des Verwaltungssystems ganz nachdrücklich auch Pläne betrieben wurden, die Ständevertretungen umzubilden. Ein unpatriotisches und unsolidarisches Verhalten einer Gruppe der Bevölkerung, und mochte es auch seine eigene Klasse sein, duldete sein Staats- und Rechtsverständnis nicht. Stein des Anstoßes waren die Erpressungsmanöver, mit denen die kurmärkischen Ständevertreter die von ihnen übernommenen 12 Millionen Taler begleiteten, die sie erst nach einem förmlichen Vertrag mit dem König zusagten und für deren Sicherung sie von der Krone 60 Domänen verlangten – nicht etwa nur zur Sicherheit, sondern als Eigentum mit einer Rückkaufmöglichkeit! Auch wenn der König diesem Knebelvertrag *nolens volens* erst nach dem Ausscheiden Steins aus dem Amt zustimmte (24. März 1809), war das ein Gravamen, das die letzten Monate von Steins Ministeriat maßgeblich prägte. Seine Stimmung war in einem antiständischen Sinn aufgeladen wie noch nie in seinem Leben; nach neuen Informationen über die Verweigerungshaltung der kurmärkischen Stände in Bezug auf die Einführung einer Vermögenssteuer schrieb der gar nicht mehr im Amt befindliche Flüchtling gewissermaßen zornbebend an Reden: „Diese Menschen verdienen, mit Skorpionen gezüchtigt zu werden, da sie durch alle ihre Erfahrungen in nichts geheilt, gebessert usw. sind, die Absicht der Herren geht dahin, das Resultat ihrer Verschwendung, ihrer Feigheit auf den Staat zu werfen und von sich abzuwälzen“[829]. Diese „Herren aus der Kurmark“ stellten ihre „Flachheit und Selbstsucht in ihrem ganzen sollständigen Licht“ selbst dar. Er gewöhnte sich damals an, die kurmärkischen Ständevertreter nur noch mit dem ironisch gemeinten Begriff „Country Gentlemen“ zu bedenken[830].

Die Ständeopposition hat Stein zunehmend verärgert, aber in einer schweren Krise und angesichts unpopulärer Entscheidungen versteht es sich von selbst, dass der Kreis seiner Kritiker, Spiegel einer missgestimmten und perspektivenlosen Bevölkerung[831], auch jenseits dieser Gruppe anwuchs: all jener, denen die Machtfülle Steins zu groß zu werden schien, die, sei es aus Ungeschicklichkeit[832], sei es aus Provokation, in seine Amtsbefugnisse einzugreifen suchten, die eine grundsätzlich andere außenpolitische Option, die des unbedingten Anschlusses an Frankreich, verfochten. Man muss sich immer wieder vor Augen halten, mit welchen Erwartungen Stein im Herbst 1807 in Preußen empfangen worden: Geradezu messianische Perspektiven hatten sich an sein Kommen geknüpft – und dann bestand seine Hauptbeschäftigung darin, mit den Franzosen über die Höhe und die Zahlungsweise der Reparationen zu verhandeln und sich ein ums andere Mal von ihnen düpieren zu lassen. Der Zauber des Neuanfangs verflüchtigte sich rasch. Schon zu Jahresende 1807 glaubte Stein Anlass zu haben, sich Sanktionsmittel zusprechen lassen zu sollen gegen die Saboteure seiner Außenpolitik in Berlin, die sich Zastrows und Köckritz' als Werkzeuge bedienten[833]. Mitte Januar 1808 übersiedelte der Hof zwar wieder nach Königsberg, aber das brachte die Hauptstadt mit ihrem Oppositionspotential nur unwesentlich näher; Zastrow mit seinen wiederholten Versuchen, sich wieder als Außenminister ins Gespräch zu bringen[834], war und blieb ein unberechenbarer Faktor. Als Stein im Frühjahr 1808 für viele Wochen zum Zweck der Verhandlungen mit Daru und des (vergeblichen) Wartens auf die kaiserliche Ratifikation der zustandegekommenen Vereinbarung in Berlin weilte, bildeten sich dort Grüppchen, die gegen ihn zu agieren suchten – „une vilaine cabale", um es mit den Worten der Königin auszudrücken, „qui mine et mine"[835]. Dann gab es Gruppen von Beamten, die massive Einwände gegen den Verkauf großer Flächen Domänenlandes, also Kronguts, erhoben[836], sicher aus nicht unberechtigter Sorge um die Zukunft des Staates, aber doch in Verkennung der extremen Krisensituation. Auch ihre Kritik, die zudem eine staatsverfassungsrechtliche Komponente hatte – sind die Domänen Haus- oder Staatsbesitz?[837] –, fokussierte sich fast zwangsläufig auf Stein, der sich bemüßigt fühlte, dem Ganzen eine längere Denkschrift zu widmen[838]. Ein Geheimer Kriegsrat kritisierte öffentlich wesentliche Bereiche der Staatswirtschaft und der Staatsverwaltung[839]. Auch wenn Stein gegenüber Altenstein betonte, wie wenig ihn das alles berühre, „in allen meinen Dienst- und Lebensverhältnissen bin ich ruhig meinen Weg fortgeschritten, ohne viel Notiz von der Meinung anderer Leute über mein Tun und Lassen zu nehmen"[840]: ganz unberührt bleiben Psyche und Physis von solchen Dingen nicht. Seine Gesundheit litt unter der extremen Belastung und der vielköpfigen Opposition; in der ersten Februarhälfte wurde er von einem neuerlichen Gichtanfall heimgesucht und war mehrere Tage zur Untätigkeit verurteilt. Das Scheitern der Mission des Prinzen Wilhelm in Paris[841] war seiner Gesundheit auch nicht förderlich. Seiner Frau gegenüber bezeichnete er seine Gesundheit Anfang April 1808 zwar als „assez bonne", aber er müsse starke Arzneien nehmen, „denn sonst fühle ich eine ungewohnte Abspannung und Hang zum Schlafen"[842]. Ernüchternd war es für ihn, während seiner Berliner Verhandlungen mit Daru die ersten Symptome und Ankündigungen eines bevorstehenden Hungeraufstands zu erleben[843] – für einen Mann wie Stein, der immer in einer historischen Perspektive dachte und für den die Französische Revolution zum Sündenfall seiner Epoche, zum Menetekel schlechthin zählte, ein Moment höchster Beunruhigung, weil ihm klar war, dass sich ein solcher Ausbruch breiter Volksschichten indirekt auch gegen ihn richtete. Auch die Tatsache, dass die Gehälter aller Staatsbeamten drastisch reduziert wurden, belastete ihn nachhaltig[844].

Dieses ganze Bündel oppositioneller Regungen, Kritik an seiner Politik und Frustrationen, in der leidigen Kriegsentschädigungs-Angelegenheit auf der Stelle zu treten, haben schon im späten Frühjahr 1808 zu deutlich resignativen Phasen geführt. Gegenüber Altenstein äußerte er seine Unzufriedenheit und seine Abneigung gegen das Geschäftsleben, „das seinen ganzen Reiz verloren, indem sein Zweck nicht mehr die Entwicklung der Kräfte einer selbständigen Nation, sondern Befolgung der Willkür und des zerstörenden Willens eines Weltbeherrschers" sei[845]. Seine Gestaltungsmöglichkeiten hatten sich auf die Verwaltungsreform reduziert, alles andere war nur noch Reaktion: das musste für einen Mann wie Stein, der klar erkannte, dass ihn die Kontributionsangelegenheit geradezu dramatisch von den anderen Agenden zur Modernisierung Preußens abhielt, auf die Dauer zu wenig sein.

Zu wenig meint selbstverständlich nicht, dass Stein unterbeschäftigt gewesen wäre; er war 1808 die preußische Allzweckwaffe schlechthin, ein Mann, ohne dessen gutachtliche Stellungnahme nichts lief. Ob es sich um die von Gneisenau entworfenen neuen Kriegsartikel im Rahmen der Reform der Militärverfassung handelte, für die er eine alternative Fassung des Fahneneids in Vorschlag brachte und für Beibehaltung der Prügelstrafe[846] plädierte (und damit eine kleine Kontroverse mit Scharnhorst heraufbeschwor[847]), ob um die Satzung und die Ziele eines neugegründeten „Tugendbundes", der sich um die Förderung von Gemeinsinn und Vaterlandsliebe bemühen wollte[848]: nichts von einiger Relevanz lief an Stein vorbei. Auch diese Omnipräsenz kann Gegner auf den Plan rufen.

Dem „Tugendbund" ist noch ein Wort zu widmen, u. a. deswegen, weil Stein ihm in seiner Autobiographie unverhältnismäßig breiten Raum einräumt. Stein kommt auf ihn im Kontext des wachsenden Widerstands gegen die Franzosen zu sprechen, in dem auch Fichtes *Reden an die Deutschen* Erwähnung finden. Er fühlt sich bemüßigt zu unterstreichen, dass er weder zu den Stiftern noch zu den Gründern der 250 Mitglieder umfassenden Vereinigung zählte – was ihm aktuell von der französischen Partei und später von notorischen Kritikern seiner Politik vorgeworfen wurde. Zwar fand er, seinen dortigen Äußerungen gemäß, die Ziele des Vereins – Belebung des vaterländischen christlichen Geistes, Bekämpfung der Selbstsucht – richtig, glaubte aber, dass es dafür keiner eigenen Gesellschaft bedürfe, da die Keime einer solchen Haltung bereits in den bestehenden Einrichtungen der Kirche und des Staats lägen. Als die Gesellschaft, die vom König ohne Steins Zutun genehmigt worden sei, auf die Erziehungs- und Militäranstalten einen unmittelbaren Einfluss habe gewinnen wollen, habe er, Stein, das abgelehnt. Sein Ausscheiden aus dem Staatsdienst habe ihn dann vollends von Informationen über die Aktivitäten des Vereins abgeschnitten[849]. Im übrigen blieb der „Tugendbund", der Ende 1809 von Friedrich Wilhelm III. förmlich für aufgelöst erklärt wurde, von einer merkwürdigen Aura umgeben und brachte 1809 den Wiener Regierungsapparat einigermaßen durcheinander[850].

Immerhin: Organisationen dieser Art, die ihren Zweck in der „moralischen Aufrüstung" der preußischen Gesellschaft sahen, hielt Stein für unabdingbar, um Preußen aus seinem politischen Wellental und seiner relativen Isolierung in Europa wieder herauszuführen. Deswegen war es auch mehr als ein Zufall, dass er in seiner aktiven Zeit die Zeitschrift des Bundes (*Volksfreund*) ausdrücklich begrüßte und für die Satzung des Bundes einen

Verbesserungsvorschlag machte. „Moralische Aufrüstung" eines ganzen Volkes: Vor diesem Hintergrund hat er das, was sich 1808 in Spanien und in Österreich abspielte, mit wachsendem Interesse beobachtet: Dort, in Spanien[851], nach der ziemlich skrupellosen, das (noch) freie Europa empörenden und schockierenden (und vielleicht auch anderswo geplanten?) Entmachtung der Dynastie (und der Installierung eines „Napoleoniden" auf dem Thron), ein sich rasch ausbreitender Volksaufstand, der die französischen Invasionstruppen zunehmend in Schwierigkeiten brachte; hier, in Österreich, der Beginn von (offenbar auf einen nationalen Aufstand zielenden) Kriegsrüstungen, die rasch auch zu einer Anfrage an den preußischen Hof führten, wie man es im Fall eines österreichisch-französischen Waffengangs halten würde. Steins Immediatbericht vom 27. Juli 1808 spiegelt anschaulich wider, wie er nach dem offenkundigen Scheitern der Reparationsverhandlungen nun ganz auf die Karte eines österreichisch-preußischen Kriegs gegen Napoleon zu setzen begann, hinter dem all die Eifersüchteleien der Vergangenheit zurückzutreten hätten. Zwar konnte das mit den Besatzungstruppen im eigenen Land nicht von heute auf morgen die offen deklarierte neue Politik werden, aber Stein sorgte zumindest dafür, dass dies und jenes verschlüsselte Signal nach Wien gesandt wurde[852]. Er wusste eine Reihe von Militärs – Scharnhorst und Gneisenau in erster Linie – auf und an seiner Seite, die voll hinter seinem neuen *Credo* („Der Krieg muß geführt werden zur Befreiung von Deutschland für Deutsche") standen und offen für die Idee einer allgemeinen Volkserhebung Partei zu ergreifen begannen, übrigens wenigstens im Fall Gneisenau mit dem Rekurs auf die „levée en masse" der französischen Revolution, allerdings zugleich mit klaren Vorbehalten gegenüber den Konsequenzen eines „irregulären" Guerillakampfes. Ohne auf die „ideologischen" Feinheiten, die Gneisenaus Vorstellungen, die sich in einigen vor 100 Jahren ausgegrabenen Denkschriften spiegeln[853], von denen Steins unterschieden, hier eingehen zu können[854], ist festzuhalten, dass sie einerseits einen beachtlichen Widerhall in der „öffentlichen Meinung" fanden, aber selbstverständlich von vielen politischen Führungsfiguren, so Hardenberg, auch überaus skeptisch betrachtet wurden. All diese Überlegungen brachen dann zunächst wieder in sich zusammen, als klar wurde, dass sich Russland im gegebenen Augenblick einem solchen Krieg nicht anschließen würde und die Wiener Hofburg daraufhin ihre Politik wieder änderte.

***

Es erscheint nicht abwegig, an dieser Stelle einen Exkurs zu Steins Verhältnis zu Hardenberg[855] einzuschieben, um so mehr als über den verschiedenen Optionen, die sich 1808 darstellten, eine deutliche Entfremdung zwischen beiden Männern einsetzte und Hardenberg über seine Vertrauten, etwa den Legationsrat Nagler, „eine der unerfreulichsten Kreaturen", eine „Strebernatur niederen Grades"[856], mehr oder weniger offen Obstruktionspolitik zu betreiben. Der geläufige Begriff „Stein-Hardenbergsche Reformen" assoziiert ja eine Einheit in der Sache und damit eine Übereinstimmung im politischen Denken der beiden Protagonisten, die jedenfalls so nicht gegeben war. Beide verband zwar das eine oder andere, etwa die ihnen gemeinsame Herkunft aus einem protestantischen Adelshaushalt oder ihr Nahverhältnis zu Friedrich Anton von Heinitz, durch dessen „Kaderschmiede" beide gegangen waren. Beide – Hardenberg sieben Jahre älter als Stein – sind sich 1772 auf dem Steinschen Familiensitz in Nassau wohl nicht begegnet, als Hardenberg Steins Schwester Johanna Luise zu umwerben begann. Hardenbergs Tagebuch vermerkt dann den Namen Stein erstmals für 1792[857] und dann erst wieder für den Oktober 1805, ohne dass man das überbewerten sollte.

Dass es trotz der erwähnten Gemeinsamkeiten dennoch nicht zu dauerhafter politischer Zusammenarbeit, von Freundschaft ganz zu schweigen, kam, hatte zunächst etwas mit beider Lebensstil zu tun. Stein war in hohem Maß den „klassischen" Moralvorstellungen seiner Epoche verhaftet, den Momenten (ehelicher) Treue, einem intakten, auf die Vermittlung christlicher Werte zielenden Familienleben – und das stieß sich heftig mit Hardenbergs Leichtlebigkeit, seinem (außerehelichen) Umgang mit „nichtswürdigen Weibern"[858], der Tatsache, dass er dreimal verheiratet war. Hardenberg erste Scheidung und unmittelbar darauf folgende Wiedervermählung mit einer Jugendfreundin hatte Stein 1788 mit kräftigen Worten – „Leichtsinn, Sinnlichkeit und beydes mit etwas romanhaftem und empfindsamem Wesen überguldet", ein Vorgang, der nur „Abscheu und Verachtung" erregen könne, gegeißelt[859]. Wenig später fühlte er sich berechtigt, ihn als einen „seichten, leeren Windbeutel" zu bezeichnen[860]. Dass er später ein Verhältnis mit der Ehefrau Heinrich von Beguelins, eines von Steins engsten Mitarbeitern, unterhielt, hat in Steins Augen dem nichtswürdigen Verhalten Hardenbergs wohl die Krone aufgesetzt. In seiner Sittenstrenge hätte Stein aus moralischen Gründen rasch jeden Kontakt mit dem älteren Kollegen abgebrochen.

Dass er das nicht tat, dass er auch über Hardenbergs Mitwirkung an dem von ihm scharf verurteilten Baseler Frieden nie ein Wort verlor, hatte etwas damit zu tun, dass sich beide lange Zeit als eine Art Tandem gefühlt haben mögen, das nur gemeinsam in Preußen etwas bewegen könne. Ihre Beziehungen waren zunächst durchaus respektvoll: hier der preußische Spitzenbeamte, der in Westfalen seine politische Schule durchschritten hatte, dort das Pendant, das sich in einer ganz anderen Geschichtslandschaft, in Franken, seine ersten Sporen verdient hatte. Dem einen wie dem anderen war freilich von Anfang an klar, dass sie charakterlich denkbar unterschiedlich waren. Beide trafen sich 1804 in der Berliner Zentrale: Stein als eine Art „Dachminister" für Wirtschaft und Finanzen, Hardenberg als Außenminister, freilich noch mit dem „Schatten“ Haugwitz im Hintergrund. Beide waren sich u. a. über ihre Gegnerschaft gegen das Kabinettsregime des Monarchen näher gekommen, das sie gemeinsam verabscheuten, weil es ihnen eine ungefilterte Einflussnahme auf den König verwehrte. Ein zweiter gemeinsamer Nenner war ihr Bemühen, Preußén in die sich bildende sog. 3. Koalition hineinzuführen oder ihm doch zumindest die Rolle eines bewaffneten Vermittlers zu sichern. Als diese Politik sich innenpolitisch als nicht durchsetzbar erwies, resignierte Hardenberg – ein unerhörter Vorgang im damaligen Preußen, der Hardenberg mit Gewissheit alle Sympathie Steins verschaffte – sein Amt. Sie waren sich aber nicht zuletzt auch in ihrer strikten Gegnerschaft gegen Bonaparte einig, der im Februar 1806 Hardenberg aus dem Amt zu drängen vermochte. Stein blieb trotzdem in Kontakt mit ihm, sah es nicht ungern, dass Hardenberg nach der Schlacht von Jena und Auerstedt im Umkreis des Hofes, der sich nach Königsberg abgesetzt hatte, verblieb und Stein mehr oder weniger offen beriet. Stein überzog dann allerdings, als er sein Verbleiben in einem neu zu bildenden Ministerium von der Wiederberufung Hardenbergs zum Außenminister abhängig machte. Letztlich war es also Hardenberg, dessentwegen Stein seinerseits im Januar 1807 von Friedrich Wilhelm III. entlassen wurde.

Nach Steins Abreise nach Nassau verblieb Hardenberg in Königsberg, zunächst noch ohne verantwortliche Stelle, dann aber – Ironie der Geschichte – seit dem April 1807 doch wieder in die Regierung aufgenommen, jetzt sogar als leitender Minister für die auswärtigen und inneren Geschäfte. Insgesamt blieb dieses Ministeriat zwar ein bloßes Intermezzo, weil Hardenberg bereits nach dem Frieden von Tilsit (Juli 1807) als eine von dessen Bedingungen wieder zurücktreten musste, aber er konnte nun immerhin noch durchsetzen, dass Stein zu seinem Nachfolger bestellt wurde.

Wenn der bisherige Eindruck der der gegenseitigen Protektion, der des Einander-gegenseitig-Stützens wäre, so sollte sich diese politische Zusammenarbeit zweier von der Notwendigkeit von Reformen überzeugter Anti-Bonapartisten jetzt rasch verflüchtigen. Hardenberg gab zwar bereitwillig seine Kommentare zum Steinschen Organisationsplan, aber in der kurzzeitigen Phase einer (scheinbaren) Annäherung an Frankreich hielt es Stein für nicht geraten, Hardenberg die Rückkehr auf preußisches Territorium zu gestatten[861]. Hardenberg war darüber befremdet, weil sein weiteres persönliches Schicksal in der Schwebe blieb[862]. Sachliche Differenzen kamen hinzu und wurden immer offenkundiger. Im Unterschied zu Stein, der die staatliche Bürokratie zugunsten der korporativen Selbstverwaltung abbauen wollte, blieb Hardenberg zeitlebens im Bannkreis der Bürokratie und konnte z. B. mit Steins Lieblingsidee, der Zuziehung ständischer Deputierter zu den Regierungskollegien, überhaupt nichts anfangen. Der entscheidende Punkt war wohl, dass Hardenberg der neuerlichen Entlassung Steins auf Druck Napoleons nicht energischer opponierte, ja, sich bei einem geradezu konspirativen Treffen mit dem Königspaar[863] ausdrücklich für diese Demission aussprach und letztlich davon profitierte, indem er vor dem Korsen in die Knie ging. Dass Hardenberg im Dunstkreis des Hofes blieb und 1810 zum Staatskanzler berufen wurde und danach keine Bemühungen mehr in Szene setzte, um Stein in die Regierung – mit welchem Amt auch immer, denn das prominenteste war natürlich besetzt – zurückzuholen, hat wohl die latent schon immer vorhandenen Animositäten Steins die Oberhand gewinnen lassen. Ein von Reden vermitteltes Geheimtreffen Hardenbergs mit Stein im Spätsommer 1810 im grenznahen schlesischen Städtchen Hermsdorf, an dem auch der schlesische Freund teilnahm und das Hardenberg wohl betrieben hatte, um ganz allgemein die Unterstützung Steins für seine Finanzpläne zu gewinnen, hat Stein wohl in der Einschätzung bestätigt, dass von Hardenberg nichts mehr zu erwarten sei. Wenn er ab 1810 Publizisten in seinen Dienst nahm, die sich noch kurz zuvor den französischen Besatzungsbehörden angedient hatten[864], dann war das für Stein wohl nur noch das Tüpfelchen auf dem i.

Dass Hardenbergs Ehrgeiz einer dauerhaften Zusammenarbeit mit Stein im Weg stehen würde, hatten seine Mitarbeiter schon viel früher gemutmaßt[865]. In der Phase ihrer neuerlichen Zusammenarbeit im Befreiungskrieg sind die Spannungen dann noch deutlicher geworden, weil Hardenberg eher zu den ‚Tauben' gezählt werden muss und einem Frieden mit Napoleon um Längen den Vorzug gab vor der militärischen Entscheidung, die Stein mit Verve favorisierte. Nicht zufällig gerieten sie Anfang 1814 bereits wegen relativer Lappalien einander in die Haare[866], auch wenn sie sich in Frankfurt dann noch einmal zusammenrauften und gemeinsam die „41 Punkte" in die Form brachten, in der sie dann in Wien vorgelegt werden sollten. Schon auf dem Wiener Kongress sollten die beiden früheren Kollegen ungeachtet mancher gegenseitiger Einladungen zu Diners nicht mehr wirklich zusammenarbeiten, im Februar 1816 erwartete sich Stein von Hardenbergs Staats- und Menschenführung überhaupt nichts mehr[867]. Die Tatsache, dass sich Hardenberg 1816 dafür einsetzte, dass Stein mit dem Schwarzen Adler ausgezeichnet wurde – einem Orden, den er selbst bereits seit 1795 trug! –, hat diesen Entfremdungsprozess nicht aufhalten können. Dass er sich entgegen der Absprachen nicht für Steins Kaufabsichten auf Johannisberg einsetzte, dass er davon absah, Stein in den 1817 begründeten Staatsrat zu berufen, hat ihn weiter beschleunigt. Jetzt begann sich bei Stein eine „bis zur Ungerechtigkeit steigende Bitterkeit" dem Staatskanzler gegenüber zu entwickeln[868]. Spätestens 1819 weitgehend entmachtet, starb Hardenberg 1822 in Genua, nachdem er in Rom noch einmal vergeblich versucht hatte, mit Stein über eine von diesem brüsk – „kalt und unfreundlich", notierte Hardenberg in seinem Tagebuch[869] – zurückgewiesene Essenseinladung[870] wieder in Kontakt zu kommen. Wie zerrüttet das Verhältnis damals war, spiegelt sich in Hardenbergs Bemerkung: „Ich finde mich weit über den —— erhaben"[871].

Bezeichnenderweise kommentierte Stein das Ableben seines langjährigen Weggenossen mit dem ihm eigenen bitteren Sarkasmus: „Wenn er nur wirklich ernstlich und zum letzten Male tot ist, so gratuliere ich zuerst der preußischen Monarchie zu diesem glücklichen Ereignis“[872].

Gründe, warum eine anfangs korrekte und für beide Seiten verheißungsvolle Beziehung im Lauf der Jahre in bittere Feindschaft, ja in Hass umschlug, kann der nicht psychologisch vorgebildete Biograph nur ansatzweise benennen. Einiges wurde bereits angesprochen: Kein diametral unterschiedliches Weltbild, wohl aber erhebliche charakterliche Unterschiede, die im Interesse der gemeinsamen Sache – Preußen aus seinem tiefen Wellental herauszuholen – zurücktreten konnten, aber in dem Moment voll aufbrachen, in dem der eine seine Karriere am Ende sah und der andere unter dem Strich davon profitierte. Stein als die Inkarnation von Prinzipientreue, von Geradlinigkeit, von hohem moralischem Anspruch – Hardenberg als der leichtlebige, moralisch-sittlich anrüchige, immer zum Taktieren und zu Kompromissen bereite Diplomat, der, um Erfolg zu haben, auch einmal fünf gerade sein ließ, der sich, *horribile dictu*, vor Napoleon beugte – die Wahrscheinlichkeit, dass eine solche Konstellation irgendwann in tiefen Hass einmünden würde, war vielleicht von der ersten Stunde an schon gegeben.

Im Abstand einiger Jahre hat Stein seinem Vertrauten Hans Christoph von Gagern gegenüber sein Verhältnis zu Hardenberg wie folgt charakterisiert: „Meine Abneigung gegen den Staatskanzler beruht [...] nicht auf einer einzelnen Tatsache, sondern auf seiner Lasterhaftigkeit, seiner skandalösen Liederlichkeit, wodurch er zur schlechten Gesellschaft hingezogen wurde, seinem Stolz, der ihn veranlasste, alle tüchtigen, selbständigen Männer von den Geschäften zu entfernen und mittelmäßige oder nichtswürdige zu wählen, seiner Falschheit, die verhinderte, dass er nie eine dauerhafte Freundschaft knüpfte, seine Verschwendung des öffentlichen Vermögens, seinem Leichtsinn und Oberflächlichkeit, da er nichts Gründliches kannte“[873]. Selten hat Stein, auch in seiner Autobiographie[874], in deren Autograph es keine Stelle gibt, die so viel Streichungen und Überschreibungen aufweist wie der Passus über Hardenberg[875], über einen Menschen schärfer geurteilt! Es war insofern eine richtige Entscheidung des Ehrenausschusses und des Bildhauers Schievelbein, auf die Einbeziehung einer Hardenberg-Skulptur unter die ihn umgebenden Weggefährten zu verzichten, die Stein auf dem dann 1875 auf dem Berliner Dönhoffplatz enthüllten Denkmal umgaben.

Meinungsverschiedenheiten im Grundsätzlichen prägten dann auch die letzten Wochen von Steins zweitem Ministeriat. Hardenberg blieb immer der geschmeidige, im Zweifel Paris nicht irritieren wollende Diplomat, Stein wurde, insbesondere unter dem Eindruck der sich hoffnungslos hinziehenden Verhandlungen mit Daru, kompromissloser. Vor der Folie der beginnenden österreichischen Rüstungen im Sommer 1808, in deren Kontext auch eine Landwehr, also eine Art Volksheer, errichtet wurde, entwickelte

Stein eine ziemlich plötzliche Affinität zur Wiener Hofburg, deren Politik er in den Händen der beiden Stadion-Brüder, die ihm als Söhne eines Mainzer Geheimrats mit hoher Wahrscheinlichkeit seit seiner Kindheit bekannt waren, in den besten Händen glaubte. Die – von Stein für denkbar gehaltene – preußisch-österreichische Zusammenarbeit wurde zwar durch den Vertrag mit Frankreich vom 21. September 1808 hinfällig, in dem Preußen sich verpflichtete, in den nächsten zehn Jahren eine Obergrenze des Heeres von 42.000 Mann einzuhalten, keine Landwehr aufzubauen und im Kriegsfall ein Hilfskorps gegen Österreich zu stellen. Aber dass Stein sich überhaupt Gedankenspielereien dieser Art hingegeben hatte, widersprach Hardenbergs Weltbild und politischer Philosophie diametral.

***

Es war freilich nicht Hardenberg, der Steins zweiter Berliner Karriere ein Ende setzte, nicht der Konkurrent, sondern ein Größerer. Stein und Bonaparte ist ein Thema von ewig neuem Reiz, weil hier zwei Männer, die sich im übrigen in ihrem ganzen Leben nie begegnet sind, einander gegenüberstanden, die gegensätzlicher nicht sein konnten. Den Grundtenor hatte ein dreiviertel Jahr nach Steins erster Entlassung ein Immediatbericht angeschlagen, in dem Stein mehr oder weniger offen zum Kampf gegen Bonaparte aufgerufen hatte, gegen den „gefährlichsten Mann in Europa, dessen Talente und Energie durch die Unmäßigkeit seines Übermuts und das allgemeine Interesse der Selbsterhaltung aufgewogen werden" und dem unermesslicher Ehrgeiz und eine brutale Politik gegenüber den Anrainerstaaten vorzuwerfen seien. Um diese Einschätzung wusste freilich der Korse nicht, der im Gegenteil lange der Meinung war, vor dem Hintergrund von Steins notorischen Differenzen und Meinungsverschiedenheiten mit Friedrich Wilhelm III. ihn im französischen Sinn instrumentalisieren zu können. Dieser Eindruck musste sich dem Kaiser der Franzosen um so eher aufdrängen, als hochrangige französische Funktionsträger – etwa der in Berlin amtierende französische Generalgouverneur Clarke, der Stein kurz nach dessen erster Entlassung kennengelernt hatte[876] – ihn darin bestärkten, dass das Verhältnis des preußischen Königs zu seinem Minister zerrüttet sei. Offenbar hat es sogar Sondierungen gegeben, Stein als Finanzminister für einen der Napoleonidenstaaten zu gewinnen[877].

Das ging an den Dingen freilich weit vorbei, denn seit dem Juli 1808 versuchte Stein seinen Monarchen ziemlich unverblümt die Wiederannäherung an Österreich und in ihrem Gefolge – mehr als nur zwischen den Zeilen („ce n'est que par ce moyen que le bonheur général pourra renaître"[878]) – eine Volksbewaffnung und einen Volksaufstand nach dem Vorbild desjenigen, der gerade in Spanien vor sich ging, vorzuschlagen. Stein wusste sich darin einig u. a. mit Gneisenau, der exakte Pläne für ein solches Vorhaben ausgearbeitet hatte[879], er wusste sich einig mit Scharnhorst, der Mitte August zwei umfangreiche Denkschriften vorlegte[880], und es spricht vieles dafür, dass er sich im Frühsommer auch mit einem Mann seines Vertrauens aus der Provinz, mit Vincke, über diese Perspektiven beraten hatte[881], der die englische Regierung von der Notwendigkeit einer militärischen Aktion in Nordwestdeutschland zu überzeugen gesucht hatte. Von zentraler Bedeutung in diesem Neuorientierungsprozess ist eine Denkschrift Steins vom 11. August 1808, in der klar zum Ausdruck kam, dass die Unterhandlungen über das Schicksal Preußens nach einem neuen Anstoß verlangten, mit dem Prinz Wilhelm, immer noch in Paris, betraut werden könne. Da das vermutlich zu keinem Ergebnis führen werde, der napoleonische Staat aber an einem Scheideweg stehe, sei auch über Alternativen nachzudenken, und die erfolgversprechendste wäre eine Verbindung Preußens mit England und mit Österreich mit dem Ziel der Beförderung eines Aufstandes, einer „Insurrektion". Denn ohne das Volk ginge nichts: man müsse es „mit dem Gedanken der Selbsthilfe, der Aufopferung des Lebens und des Eigentums, das ohnehin bald ein Mittel und ein Raub der herrschenden Nation wird, vertraut erhalten, man muss gewisse Ideen über die Art, wie eine Insurrektion zu erregen und zu leiten, verbreiten und beleben"[882].

War das eine Kapitulation Steins vor sich selbst: das Eingeständnis, dass staatliches Planen und Handeln nicht ausreichte, sondern dass man auf die elementaren Volkskräfte zurückgreifen müsse? Ja und nein. Der Gedanke der Volksbewaffnung hatte ihn, wie erinnerlich, bereits in seiner niederrheinisch-westfälischen Zeit beschäftigt, und dieser Gedanke war zudem kompatibel mit seiner politischen Grundüberzeugung, dass der Bürger Verantwortung übernehmen müsse, nicht nur an eine als problematisch empfundene Bürokratie delegieren dürfe. Stein hatte ja sein ganzes Reformwerk unter das Rubrum gestellt, „den sittlich, religiösen, vaterländischen Geist in der Nation zu heben, ihr wieder Mut, Selbstvertrauen, Bereitwilligkeit zu jedem Opfer für Unabhängigkeit von Fremden und für Nationalehre einzuflößen, um die erste Gelegenheit zur Unternehmung des blutigen wagnisvollen Kampfes für beides zu ergreifen"[883]. Diesen Punkt sah er nun erreicht, der Gedanke, unkonventionelle Wege zu beschreiten, drängte sich mehr und mehr auf. Da *rebus sic stantibus* angesichts der Leere der Staatskasse vom Staat nichts mehr zu erhoffen wäre, habe der Bürger in eine quasi-staatliche Aufgabe einzutreten.

Möglicherweise erschien das manchen als zu riskant, aber einen Politikwechsel erachteten im Hochsommer 1808 alle Funktionsträger in Königsberg[884] als überfällig: alle Verhandlungen mit Frankreich hatten zu nichts geführt, jetzt waren andere Karten gefordert. Der König lehnte in einer offenbar stürmischen Kronratssitzung am 23. August 1808 alle solche Pläne, für die sich auch die Königin in dezenter Form ausgesprochen hatte, ab, trotz eines massiven Drucks Steins, Scharnhorsts und Gneisenaus – man muss als Hintergrund wissen, dass er sich in höchsteigener Person seit Monaten mit der Reorganisation des preußischen Heeres beschäftigte, die eine hochrangig besetzte Militärkommission weiterzuentwickeln suchte[885] und die auf die allgemeine Verpflichtung zum Kriegsdienst, auf die wissenschaftliche Ausbildung der Offiziere und ihren dienstlichen Aufstieg ohne Ansehen ihrer Geburt und auf die Aufhebung der Bestrafung mit dem Stock abzielte.

Noch vor dieser politischen Niederlage Steins entstand ein Schreiben, das für Preußen Geschichte machen sollte: Ende August 1808, drei Tage nach der erwähnten Kronratssitzung, fiel ein Brief Steins an den Fürsten Wittgenstein[886], der von der aktuellen Gärung in Deutschland, namentlich in Hessen und in Westfalen, sprach und von der Notwendigkeit, sie zu nähren, in französische Hände[887]. Stein, durch die aktuellen Unruhen in Schlesien ohnehin unter gewaltigem Druck[888], geriet dadurch gegenüber der französischen Besatzungsmacht, mit der er über lange Strecken hinweg korrekt zusammengearbeitet hatte, die den Brief jetzt aber umgehend in offiziösen Organen[889] im Druck erscheinen ließ, in eine unhaltbare Lage, um so mehr als er, starrköpfig, wie er nun einmal war, keineswegs geneigt war, seinem Monarchen gegenüber allen solchen Plänen abzuschwören. Schon unmittelbar nach der erwähnten Kronratssitzung hatte er eine weitere Denkschrift verfasst, in der er den Beitritt zum Rheinbund verworfen und erneut die Befreiung aus eigener Kraftentfaltung propagiert hatte[890]. Der Gedanke der Zusammenarbeit der beiden ehemaligen deutschen Großmächte – aktuell waren sie von einem solchen Status weiter denn je entfernt! – gewann im Herbst 1808 geradezu kanonische Bedeutung. Das neue Schlüsselwort war: „Deutschland kann nur durch Deutschland gerettet werden“[891].

Es versteht sich, dass Stein nach der Veröffentlichung des kompromittierenden Briefs als Verhandlungsführer auf dem Erfurter Fürstentag – wo er dann Napoleon begegnet wäre! – nicht mehr tragbar war und an seiner Stelle sein Mitarbeiter Graf Goltz entsandt wurde. Dementsprechend nahm seine zeitweilige Kompromissbereitschaft gegenüber den Franzosen sprunghaft wieder ab[892], insbesondere nachdem diese den aufgefangenen Brief zum Vorwand genommen hatten, noch eine viel schlimmere Kriegskontribution zu erpressen. Schon in der letzten Septemberdekade, nachdem ein Kurzbesuch Zar Alexanders in Königsberg den preußischen König in seiner Haltung gegen die Volksbewaffnung bestärkt hatte, war Stein klar, dass er wahrscheinlich völlig aus dem preußischen Dienst werde ausscheiden müssen, nachdem ihm schon unmittelbar nach Bekanntwerden der Briefaffäre angekündigt worden war, dass er im Auswärtigen Amt jetzt untragbar sei[893]. Eine leise Hoffnung, dass der Erfurter Kongress deutscher Fürsten mit Bonaparte in finanzieller Hinsicht eine Wendung zum Besseren bringen könnte, zerschlug sich im wesentlichen trotz eines leichten Entgegenkommens Napoleons. Zwar forderte der Kaiser der Franzosen bei dieser Gelegenheit nur seine

Entlassung als leitender Minister, nicht auch als Finanzminister[894], aber eine solche Degradierung war Steins Sache selbstverständlich nicht. Seine Empfehlung, den Pariser Knebelvertrag bei nächster Gelegenheit zu brechen, weil er ohnehin unmoralisch sei[895], fand keinen Widerhall. Eine Petition hochrangiger Funktionsträger, die auch an den geheimen Kriegsvorbereitungen in Schlesien beteiligt waren, Preußen möge zu den Waffen greifen und den Pariser Vertrag nicht ratifizieren, auch auf die Gefahr hin, dass eine Entfremdung zwischen Monarch und Volk eintrete[896], war nur noch bedingt hilfreich. Mitte Oktober ging der König, der zunächst noch den Zaren gebeten hatte, sich für den Verbleib Steins im Amt zu verwenden, endgültig auf Distanz, indem er Stein Verantwortungen zuzuschieben suchte, die völlig an der Sache vorbeiliefen[897]. Mochte die Entscheidung, anstelle von Stein den Minister Goltz zu dem Erfurter Fürstentreffen zu entsenden, noch ein Akt politischer Klugheit gewesen sein, so war die gleichzeitige Ankündigung, nach Goltzens Rückkehr solle Stein von allen außenpolitischen Verantwortungen entbunden werden, der Anfang vom Ende. Seitdem war klar, dass Stein – ungeachtet einer beachtlichen Aktivierung der öffentlichen Meinung durch seine Freunde – würde weichen müssen. Man zögerte diesen Schritt nur noch etwas hinaus, damit die wichtigsten Organisationsfragen – Entflechtung der Aufgaben Steins und Verweisung an neue Ministerien[898] (Dohna für Inneres, Beyme – man beachte: sein alter Widerpart! – für Justiz, Altenstein für die Finanzen, Scharnhorst für Militär, Goltz für Auswärtiges), Einrichtung des Staatsrats, der wegen Altensteins Gegenwirken aber nie in Tätigkeit treten sollte – noch geklärt werden konnten. Stein nutzte diese Wochen von Goltzens Abwesenheit zwar, um hinter dem Rücken des Königs seine auf den Bruch mit Frankreich und die Verwerfung des Pariser Vertrags zielende Politik fortzusetzen, aber es war ihm klar, dass es allenfalls noch darum gehen konnte, einige Vertraute in der neuen Administration in Schlüsselpositionen zu bringen. Mitte November nahm der Druck der Franzosen aufgrund einiger aufgebauschter Zwischenfälle weiter zu[899]; der Pariser Vertrag hatte Preußen sogar in einem (ganz offenkundig auf Stein gemünzten) Geheimartikel verpflichtet, alle Staatsbeamten zu entlassen, die aus einer der abgetretenen Provinzen stammten! Seinem zweiten Rücktrittsgesuch – das erste datierte vom 18. Oktober 1808[900] – gab der König am 24. November 1808 statt[901] – immerhin war es in diesen dramatischen Herbsttagen noch gelungen, die Städteordnung zu verabschieden[902]! Petitionen, die zu seinen Gunsten eingereicht worden waren[903], die ersten Lobgedichte, die auf ihn verfasst und veröffentlicht wurden[904], konnten keinen Effekt mehr erzielen. Auch die Königin, inzwischen persönlich Stein entfremdet, möglicherweise, wie Schön in seiner Autobiographie andeutet, auch wegen Steins Einspruch gegen eine geplante Reise des Königspaares nach St. Petersburg[905], stützte ihn nicht mehr und nahm bezeichnenderweise an Steins Abschiedsaudienz am 4. Dezember nicht teil. Letztlich mag sie froh gewesen sein, dass in den

Schoß der königlichen Familie wieder etwas mehr Ruhe einkehrte[906], aber auch darüber, dass nun wieder Hardenberg an ihrer Seite sein würde, der kluge, elegante, geschmeidige Kavalier, zu dem sie sich menschlich ja schon geraume Zeit hingezogen fühlte.

Dass der König Stein am Ende (erneut) fallen ließ, hatte vordergründig mit Napoleons Intervention und der Aufbauschung des Wittgenstein-Briefs zu einer Staatsaffäre zu tun. Aber der Vorgang hatte natürlich einen tieferen Hintergrund. Bei der exzeptionellen Machtfülle, mit der Stein im Frühherbst 1807 ausgestattet worden war, konnte es nicht ausbleiben, dass sich Oppositionsgruppen bildeten, um so mehr als manche Aspekte seiner Reformgesetze den traditionellen Eliten auf den Fuß traten. In seiner Autobiographie hat Stein zu diesen „Trägen, Lauen, Übelgesinnten" den Feldmarschall Friedrich Adolf von Kalckreuth, den Verantwortlichen des „unglücklichen" Basler Friedens, gerechnet, dann „alle genussliebenden Weltleute, alle Juden, einzelne engherzige Landjunker, alle egoistischen und im Herkommen verknöcherten Beamte, mehrere sophistische Gelehrte"[907], wobei die Brisanz noch dadurch gesteigert worden sei, dass sie nicht nur ihm opponierten, sondern offen auch auf die Verbindung des Staats mit Frankreich hinarbeiteten. Dem Sturz Steins lag nicht nur ein Zufall zugrunde, sondern eine breite Bewegung der Unzufriedenen und politisch anders Orientierten, unter denen diejenigen, die altpreußische Traditionen über vieles andere stellten, den ersten Platz einnahmen. Schön hat in seiner Autobiographie ganz richtig gesehen, wenn er bemerkte: „Stein hatte zu dieser Zeit beinahe die ganze Hofparthei schon gegen sich. Die Aufhebung der Erbunterthänigkeit und der freie Besitz des Grundeigenthums [...] hatte einen großen Theil des Märkischen Adels gegen ihn aufgebracht. Der alte Kammerherr von Recke, ein persönlich braver Mann, aber in Vorurteilen befangen, hatte im Cassino in Berlin [...], nachdem das dießfällige Gesetz da nach seiner Ankunft laut verlesen war, erklärt: Lieber noch drei verlorene Auerstaedter Schlachten"[908]. Es gab eine breite hofnahe Opposition, die Steins Sturz mehr oder weniger systematisch betrieben hatte; sie spiegelte sich darin, dass Stein längst nicht mit allen seinen Vorschlägen zur Wiederbesetzung der Ministerien durchzudringen vermochte. Von seinen engeren Mitarbeitern ist Altenstein ins gegnerische Lager abgewandert. Der Spätherbst 1808 war an Intrigen und hasserfülltem Gegeneinander kaum noch zu übertreffen.

Obwohl Steins Ausscheiden aus der politischen Verantwortung seit der von der französischen Seite aufgebauschten Brief-Affäre, also seit dem August 1808, absehbar gewesen war, machten rasch Verschwörungstheorien die Runde. Sack sah ein Zusammenspiel der in Berlin gebliebenen „Anbeter des alten Systems", aller „Egoisten von Einfluß", der „Partei der Kakodämonisten" mit den französischen Behörden[909]. Er versah diese Partei zwar nicht mit vielen Namen, aber dass Otto Karl Friedrich von Voß ihr zugehörte, der Chef der Immediatfriedenskommission, schien ihm auf der Hand zu liegen.

Ohne diesen Theorien[910] intensiv nachgehen zu wollen: Gruppen der Entmachteten, der sich zu kurz gekommen Glaubenden, derjenigen, die einer anderen politischen Philosophie huldigen, finden zu allen und jeden Zeiten zusammen.

In der bisherigen Forschung ist die Frage allenfalls ansatzweise diskutiert worden, warum es ausgerechnet Fürst Wilhelm von Wittgenstein war, der mit einem so brisanten Brief bedacht wurde[911] (der im übrigen im Original nicht erhalten ist). Wittgenstein zählte nämlich gar nicht zur engeren Entourage Steins: ein nicht allzu gut beleumdeter, damals 37jähriger Mann, der zwar eine Zeitlang preußischer Gesandter in Hessen-Kassel gewesen war und bei den verschiedenen Kuraufenthalten Königin Luises in Pyrmont auch deren Ohr gefunden hatte, der aber ansonsten eher als etwas windiger, im übrigen keineswegs immer erfolgreicher Anleihenbeschaffer eine (bescheidene) Rolle gespielt hatte. Ein gewisses Vertrauen Steins hatte er in der gegebenen Situation wohl dadurch gewonnen, dass er im Hamburger Exil mit Blücher Pläne einer Erhebung gegen die Franzosen zwischen Elbe und Weser ventiliert und die englische Regierung (vergeblich) zu überzeugen gesucht hatte, einen solchen Aufstand militärisch abzustützen. Stein war zwar 1805 im Zusammenhang mit der geplanten hessischen Anleihe auf Vermittlung Hardenbergs einmal mit ihm in Kontakt gekommen[912], mit ihm aber erst seit dem Dezember 1807 in eine nähere Verbindung getreten, als er eine neue Anleihe (auf die schlesischen Domänen als Sicherheit) aufzunehmen und sich dabei Wittgensteins zu bedienen suchte[913]. Es zählte, ganz abgesehen von der Effizienz der französischen Spionage, die den Kurier, einen Vertrauensmann Steins, den Assessor Koppe von der Seehandlung, auf der Straße nach Tegel verhaften ließ, sicher nicht zu den politischen Sternstunden Steins, seine Hoffnungen auf einen Mann zu projizieren, den man ohne weiteres der Kategorie „Projektemacher" zuordnen konnte. Er hat auch nach der Affäre sein Mäntelchen durchaus nach dem Wind zu hängen gewusst[914], hat sich mit überlangen Schreiben zu exkulpieren gesucht[915], so dass Boyens einige Jahre später niedergeschriebenes Urteil durchaus Bestand hat: Fürst Wittgenstein sei völlig unverdient in die Rolle eines Vertrauten gelangt, ein Mann, der am allerwenigsten für solche Mitteilungen geeignet gewesen sei. „Von Arglist, Gelderwerb und Prinzendünkel zusammengesetzt, hatte er [...] keine gründlichen Kenntnisse und war also ein natürlicher Gegner aller jener von Stein unternommenen Einrichtungen, deren eigentliche Grundlage eine philosophische Weltansicht bildete"[916].

Was Stein sich sicher vorwerfen (lassen) mochte, war, einen solch brisanten Brief nicht wenigstens chiffriert[917] und sich in der Person des Adressaten gründlich getäuscht zu haben, der sich bisher mit nichts empfohlen hatte, zum Kreis der wirklichen Vertrauenspersonen hinzugerechnet zu werden. Wir erfahren aus den Quellen natürlich nichts von Selbstvorwürfen, aber dass eigenes Ungeschick zu seinem Sturz zumindest mit beigetragen hat, wird Stein in den folgenden Jahren erzwungener Untätigkeit wohl mehr als einmal beschäftigt haben. Wie muss es ihn erregt haben, dass dieser Mann nach dem Wiener Kongress gar preußischer Polizeiminister und Leiter der Demagogenverfolgung nach den Karlsbader Beschlüssen wurde! Das war dann endgültig nicht mehr Steins Welt.

Die Entlassung Steins war aber noch nicht das Ende der Geschichte. Der Kaiser der Franzosen entschloss sich – die öffentliche Meinung witterte auch dahinter eine Intrige Wittgensteins! – in seinem Madrider Heerlager zu dem ganz ungewöhnlichen Schritt, eine Privatperson – denn das war Stein jetzt ja – förmlich zum „Feind Frankreichs und des Rheinbundes" zu erklären, etwaige Güter, die Stein innerhalb des Kaiserreichs besitzen sollte (!), zu konfiszieren und ihm zumindest indirekt im Fall seiner Ergreifung sofortige Erschießung anzudrohen[918]. Für die Ächtung eines einzelnen Individuums – zudem eins ohne amtliche Stellung – gab es allenfalls ein Präzedenzbeispiel, die gewaltsame Entführung und Erschießung des Herzogs von Enghien. Man kann davon ausgehen, dass Stein dieser Vorgang, der in ganz Europa höchste Empörung ausgelöst hatte, immer wieder ins Gedächtnis gekommen ist. So oft er in den folgenden Jahren seine Todessehnsucht beschwor: zum Märtyrer war er nicht geboren.

Es sind verschiedene Theorien entwickelt worden, warum die Ächtung Steins so spät nach Bekanntwerden des Wittgenstein-Briefs erfolgte – noch nicht einmal auf dem Erfurter Fürstenkongress hatte Napoleon die sofortige Entlassung Steins verlangt! Gerhard Ritter hat dem Vorgang im Jubiläumsjahr 1931 eine Spezialstudie gewidmet[919], in der er auf all die Ungereimtheiten aufmerksam gemacht hat, die hier zusammenkamen: die auffällige Tatsache, dass seit der Interzeption des Wittgenstein-Briefes Wochen und Wochen vergingen, ohne dass etwas geschah, die Gewissheit, dass Napoleon dank seines hocheffizienten Spionagesystems schon lange vor dem Stein-Brief wusste, dass Bemühungen um die Anzettelung eines Aufstands liefen, und anderes mehr. Daran hat die Forschung verschiedene Spekulationen geknüpft, etwa wie Lehmann die, dass Napoleon erst nach der Entlassung Steins gegen ihn so scharf vorgehen konnte, weil er sonst riskiert hätte, dass der Aufstand in Nord- und Westdeutschland zur Unzeit ausgebrochen wäre und sich Preußen u. U. sogar angeschlossen hätte[920]. Von französischer Seite ist die These aufgestellt worden, nach dem Wittgenstein-Brief sei noch weiteres Stein belastendes Material aufgetaucht, das dann erst viele Wochen später das Fass zum Überlaufen gebracht habe. Ritter hat jedoch zumindest gute Gründe ins Feld geführt, dass Wittgenstein es war, der durch gezielte Schreiben, die aufgefangen werden sollten, Stein in die Ecke des dirigierenden Hauptverschwörers rückte. Der Quellenarmut wegen bewegt sich die Forschung in diesem zentralen Punkt von Steins Vita, der aus dem bloßen Gegner nun den geschworenen Feind des französischen Kaisers machte, nach wie vor in einer Art Grauzone, die vielleicht niemals wirklich aufgehellt werden kann.

Es spricht manches dafür, dass die fast panegyrische Verehrung, die Stein schon in den 1820er Jahren zuteil wurde und die sich in eine geradezu hagiographische Verkultung seit seinem Tod aufgipfelte, hier zumindest einen ihrer maßgeblichen Gründe hat. Ein markanter Deutscher, dessen Lebenswerk abgebrochen wurde und den Napoleon in Acht und Bann tat: das war der Stoff, aus dem in den Zeiten des permanenten deutsch-französischen Antagonismus' Mythen gestrickt wurden. Ein Mann, der die richtigen Ideen gehabt habe, sie aber nicht wirklich umsetzen durfte, und den der Kaiser der Franzosen persönlich verfolgte – eine solche Gestalt musste zur Idealisierung geradezu reizen und bot viele Voraussetzungen, zu einer Identifikationsfigur zu werden. Ein Wunder eigentlich, dass er nie einen Dramatiker oder einen Romanautor reizte – Leben und Konfliktualitäten wären zur literarischen Aufarbeitung reich genug gewesen. Gneisenau hatte gar nicht so unrecht, als er Stein nur wenige Tage nach seiner Flucht ins Exil schrieb, übrigens ohne jeden falschen Zungenschlag: „Sie gehören nun der Geschichte an“[921].

Vielleicht ergeben sich hier sogar manche Parallelen zu einer anderen Identifikationsfigur der Übergangszeit, der Königin Luise, die eine kurzfristig noch viel intensivere Kommemorativkultur nach sich gezogen hat. Hier spielte das Moment der „schönen“ Frau an der Seite eines überforderten Monarchen eine zusätzliche Rolle, aber ganz gewiss auch ihre klare Haltung gegenüber Napoleon. Schon deutlich vor der Entscheidung des Monarchen, in den Krieg gegen den französischen Kaiser wiedereinzutreten, sammelten sich die „nationalen“ Kräfte um sie: sie wurde zu einer Art Symbol deutschen Widerstands gegen französische Unterjochung. Ihre Gedächtniskultur „profitierte“ zudem ganz entschieden von ihrem frühen Tod. Dieses Schicksal blieb Stein erspart; er sollte sein Leben ausleben können.

Es ist bekannt, dass es zu den von Napoleon angedrohten Maßnahmen nicht kam; selbst sein Außenminister war alles andere als glücklich darüber, dass Napoleon diesen Schritt überhaupt gemacht hatte. Der französische Gesandte in Berlin, St. Marsan, ließ Stein, der sich seit dem 12. Dezember in Berlin aufhielt[922] und noch am 18. mit Hardenberg zusammentraf[923], sicher nicht in Napoleons Auftrag durch den holländischen Geschäftsträger warnen – etwas von alteuropäischen chevaleresken Verhaltensformen der Eliten schimmert hier noch einmal durch! Überhaupt ist es erwiesen, dass es zu einem merkwürdigen Zusammenspiel französischer und preußischer Stellen kam, die ganz eindeutig darauf abzielten, Stein die Flucht zu ermöglichen und sich in Sicherheit zu bringen (und damit das Ächtungsdekret zu unterlaufen). Ohne seine Familie, die er gerade erst nach vielen Monaten der Trennung wiedergetroffen hatte, und unter Zurücklassung seines Dienstpersonals[924] verließ Stein am 5. Januar 1809[925] bei Nacht und Nebel Berlin, fand nach einer witterungsbedingt anstrengenden Reise[926], einer schon Wochen vorher ausgesprochenen Einladung seines engsten Freundes entsprechend[927], auf dem Redenschen Gut Buchwald im schlesischen Riesengebirge kurzzeitig Unterschlupf, ohne freilich die Ruhe zu haben, die schlesische Landschaft, wie an sich geplant[928], länger genießen zu können. Er setzte sich dann, versehen mit einem österreichischen Paß, der ihm von Berlin aus nachgeschickt worden war, nach Böhmen ab, dessen Grenze er völlig legal am 5. Januar 1809 bei Königshan überschritt. Die Berliner Jahre, die Herausforderung seines Lebens, waren zu ihrem Ende gekommen, Stein stand vor einer neuen Herausforderung: als Flüchtling zu versuchen, in die Neugestaltung Preußens und die Befreiung Europas von außen Einfluss zu nehmen.

Steins neuerliches Ausscheiden aus der preußischen Politik hat viele betroffen gemacht. Vincke, sein Nachfolger in Westfalen und gesuchter Berater im Reformprozess, notierte in seinem Tagebuch: „Welche schrecklichen Nachrichten von vielen neuen Schreckensereignissen und den allerunglücklichsten mir ganz die Fassung raubenden von Minister Steins Abgange – mochte er seine Fehler haben [...], er war doch ein edler, trefflicher Mensch, als Minister unersetzlich in der Periode gänzlicher – nothwendiger – Umformung der Staatsverwaltung – und ich verliere in ihm einen Freund in dem Augenblicke, wo auf ihn meine ganze Hoffnung der künftigen Wirksamkeit sich stützte“[929]. Die Prinzessin Wilhelm ließ ihn wissen: „Weinte ich so unversiegbare Tränen aus Mitleid mit dem Staate, aus Verachtung gegen die kleinlichen, boshaften Menschen, oder aus unendlicher Liebe für ihn, den ich so über alles hochachte?“[930] Wenn man sich vergegenwärtigt, in welchem Maß Stein in den wenigen Monaten seines zweiten Ministeriats zur zentralen Figur der preußischen Gesamtpolitik geworden war, in dessen Händen alles zusammengelaufen war, wenn man sich vergegenwärtigt, in welchem Maß er auch für die Herrscherfamilie ganz persönlich zu einem über alles geschätzten Berater und Vertrauten geworden und Königin Luise beispielsweise Ratschläge für die Erziehung des Kronprinzen gegeben hatte[931], kann man ermessen, welchen Einschnitt Steins Ausscheiden aus der Regierung darstellte. Der ostpreußische Gutsbesitzer und Dichter Johann George Scheffner hatte ihn im April wissen lassen: „Der Glaube an Ew. Exz. Muth und Kraft ist der einzige Hoffnungsgrund aller echten Preußen“[932]. Würde die allgemeine Stimmung nun wieder rapide sinken? Ein Nachfolger dieses Formats und dieser gebündelten Kompetenz, ein Mann mit einer solchen Sach- und auch Personenkenntnis würde sich wohl nur schwer finden lassen.

Am Tag seiner Entlassung durch den König, die im übrigen in aller gebührenden Form erfolgte und mit der Zusage der Weiterzahlung seines Gehalts für ein Jahr verbunden war, hat Stein ein Rundschreiben an die Mitglieder der königlichen Familie und des Staatsrats verfasst[933], das wie kein anderes Dokument widerspiegelt, dass er nicht nur mit sich selbst im Reinen aus dem Amt schied, sondern dass Preußen von einer längeren Amtszeit noch manch Positives zu erwarten gehabt hätte. Zwei oder drei Jahre mehr „Stein“, und der Hohenzollernstaat hätte bei einer normalen Entwicklung in Bezug auf Modernität mit einiger Wahrscheinlichkeit mit an der Spitze der europäischen Staatenfamilie gestanden. Wir wissen inzwischen, dass der Entwurf dieses „Politischen Testaments" von Schön stammte und Stein dieses Dokument dann vollzog, weil er in der höchst angespannten Stimmung, in der er sich befand, nicht in der Lage gewesen wäre, eigenhändig ein solches Schriftstück zu verfassen[934]. Er hielt sich nicht lange mit Rückblicken auf seine großen Reformdekrete – die Bauernbefreiung, die Städteordnung, die Reorganisation der Verwaltung – auf, betonte freilich, was ihn bei allem geleitet hatte: „die Disharmonie, die im Volke stattfindet, aufzuheben, den Kampf der Stände unter sich, der uns unglücklich machte, zu vernichten, gesetzlich die Möglichkeit aufzustellen, dass jeder im Volke seine Kräfte frei in moralischer Richtung entwickeln könne". Die Schritte, die jetzt zu gehen wären, ergäben sich aus den Maßnahmen der letzten Monate: die Aufhebung der Patrimonialgerichtsbarkeit, die ja bereits eingeleitet worden sei, die Aufhebung des Gesindedienstzwangs, wozu es gar keiner neuen Gesindeordnung bedürfe, sondern nur der Befolgung der Grundsätze des Allgemeinen Preußischen Landrechts. Elementar sei, die Bildung einer (gesamtpreußischen) Nationalrepräsentation in Angriff zu nehmen, die schon allein im Hinblick auf die Weckung des Gemeingeistes unabdingbar wäre. Notwendig wäre sodann eine Adelsreform, die verhindere, dass der Adel immer mehr in bürgerliche Berufe abgleite und dadurch an Ansehen verliere. Der Bauernstand müsse mittels Beseitigung der Dienste weiter gestärkt werden. Der religiöse Sinn wäre durch eine Reform der Geistlichkeit und der geistlichen Unterrichtsanstalten und die Entlassung unwürdiger Geistlicher neu zu beleben. Die Jugend wäre fortan in einem „nationalen" Sinn zu erziehen und solchen Prinzipien zu öffnen, auf denen „die Kraft und Würde des Menschen beruht, Liebe zu Gott, König und Vaterland".

Steins sogenanntes Politisches Testament verleiht dem Innen- und Sozialpolitiker – denn das war und blieb Stein im Grunde immer – noch einmal schärfere Konturen, als wir sie bisher kennen. Stein hatte eine Vision: eine Gesellschaft, deren einzelne Gruppen auf Augenhöhe zueinander standen, die alle an einem Strang zogen, die alle bereit waren, für den Staat Opfer zu bringen und sich für den Staat zu engagieren. Das war nach wie vor eine ständisch gegliederte, auf die eine monarchische Staatsspitze ausgerichtete Gesellschaft, die aber von der modernen Zivilgesellschaft nicht mehr gar so weit entfernt war. Stein hatte die Kluft zwischen Vormoderne und Moderne kleiner gemacht, und er hätte sie wohl noch ein weiteres Stück kleiner gemacht – wenn man bedenkt, dass er sich von Ende Februar bis Ende Mai 1808 [935] fast ausschließlich den französischen Kontributionen widmen musste, wird die Dimension dessen, was er in wenigen Monaten auf die Beine stellte, noch um einiges größer. Es ist auf jeden Fall hoch symptomatisch, dass bei den Reformdiskussionen und den Verfassungskämpfen der folgenden Jahre der Rekurs auf Steins „Politisches Testament“ fast zur Normalität wurde[936]. Zu seiner spannenden Rezeptionsgeschichte zählt auch, dass es 1840 in einer den (gerade eben verstorbenen) Monarchen karikierenden Form wiederabgedruckt wurde, was umgehend zu entsprechenden Zensurmaßnahmen führte.

Es wird kein Zufall gewesen sein, dass Steins „Politisches Testament“ neun Jahre später durch Abdrucke in der *Beilage zum Oppositions-Blatte*[937] und im *Rheinland-Westfalen Anzeiger*[938] fast zeitgleich zwei Mal der Öffentlichkeit zugänglich gemacht wurde. Wer auch immer hinter dieser Publikation steckte: sie kam Stein nicht völlig ungelegen, weil sie zum einen seinen erheblichen Anteil an der preußischen Staatsmodernisierung ins Gedächtnis zurückrief und wohl auch den Finger in die Wunde legte, dass es damit nicht wie erhofft weitergegangen war – das (noch) nicht erfüllte Verfassungsversprechen mag stellvertretend für diese getrogenen Hoffnungen stehen. Ob man Stein mit und nach dieser Zweitveröffentlichung in Berlin aber nicht noch weiter in die Nähe oppositioneller Tendenzen rückte, bleibe auf sich gestellt.

Der Historiker ist kein Apologet, sondern hat eine kritische Bilanz zu ziehen: Das, was Stein in den wenigen Monaten seines zweiten Ministeriats an Modernisierungen in Szene setzte, ist aller Ehren wert; erst durch sie (und die parallel laufenden Militärreformen) wurde der Staat Friedrichs des Großen, den er verehrt hatte, in seinen Strukturen an eine veränderte Welt angepasst, zumindest partiell. Denn das ist das andere, was der Historiker neben dem sicher bewundernswerten „Dennoch“ Steins, seiner Entschlossenheit, in einer der schwärzesten Stunden der Geschichte Preußens die Dinge in die Hand zu nehmen, zu registrieren hat: die Zufälligkeit der in Angriff genommenen Veränderungen, die Hast, mit der sie angegangen wurden (und die dafür sorgte, dass die Dokumente an vielen Stellen nicht nur Unsystematik atmen, sondern auch juristische Unschärfen, Unklarheiten und Widersprüche enthalten). Am Ende bleibt der Eindruck einer abgebrochenen gesellschaftlichen Reform, eines mehr oder weniger zufälligen Torsos. Dieser erste Schritt, den schon vor Steins zweitem Ministeriat viele vorbereitet hatten und der deswegen nicht in jedem Detail seine ganz persönliche Überzeugung spiegelt, war in hohem Maß notwendig, aber es bleibt das Bild des Fragments und, wie es Boyen in seinen *Erinnerungen* zum Ausdruck brachte, des Bedauerns, dass Stein ein Torso hinterlassen musste[939].

Es bleibt aber nicht nur das Bild des Fragments, sondern auch das der Entschlossenheit. Schon im Sommer 1808 hatte sich in Königsberg ein Geheimer Bund – so Schön in seiner Autobigraphie[940] – gebildet, dem neben Stein u. a. Süvern, Scharnhorst, Gneisenau, Grolman und Schön angehörten, die sich durch Handschlag verpflichtet hatten, nicht zu ruhen, bis die Schmach, die Preußen erlitten habe, wieder getilgt sei. Stein, so Schön,

„blitzte“ bei den wöchentlichen Zusammenkünften, und wer seinen Charakter auch nur einigermaßen kannte, würde sich sicher sein, dass ihn diese Verpflichtung auch nach seiner Entlassung aus dem Amt weiter binden würde – sofern ihm die äußeren Umstände einen entsprechenden Gestaltungsraum beließen. Bei Steins Charakter war anzunehmen, dass das Gefühl der Erleichterung und Befreiung – seinem Freund Reden schrieb er: „Ich fühle mich sehr glücklich, durch einen Windstoß gezwungen worden zu sein, einen Nothafen zu suchen“ – nicht von Dauer sein würde.

7. Der Flüchtling: Brünn, Troppau, Prag

Ganz herzlich willkommen geheißen haben die Behörden der „Habsburgermonarchie“ – nach dem Aussterben der Habsburger in der männlichen Linie 1740 ein problematischer Begriff – den auf der Flucht befindlichen preußischen Ex-Minister nicht. Zumindest ist sein Briefwechsel, wie Abschriften etwa der Korrespondenz mit Reden belegen, die der Polizeihofstelle in Wien übermittelt wurden, überaus penibel geprüft worden[941]. Er verdankte das Asyl offenbar ganz zentral einem seiner früheren Göttinger Kommilitonen, dem Grafen Franz Joseph O'Donell of Tyrconnell, der, aus einer irischen Familie stammend, 1775 in österreichische Dienste eingetreten, 1791 zum Landeshauptmann von Mähren aufgestiegen und gerade eben (1808) zum Finanzminister (Hofkammerpräsident) des Kaiserstaats ernannt worden war[942]. O'Donell hat wohl bis zu seinem frühen Tod (1810) seine schützende Hand über Stein gehalten. Aber es gab daneben auch andere Fürsprecher – die Kaiserin Maria Ludowika, der Kabinettsrat Anton Maximilian Dominik Baldacci, die beiden Grafen Stadion –, die den anfänglich zögernden Kaiser bewogen, die Aufenthaltsgenehmigung doch zu erteilen (und Stein in der Folgezeit in vielem entgegenzukommen).

Wann genau ein kleines Gedicht entstanden ist, das sich in seinem Cappenberger Nachlaß mit dem Vermerk „1808“ versehen findet[943], ist zwar unbekannt, aber es spiegelt seine Stimmung gegen Jahresende wohl gut wider: Da ist von einer „Wagenburg der Festentschlossenen“ die Rede, die es von den „Hochgesinnten um des Königs Thron“ zu schließen gelte, davon, dass die Knechte, die dem Volk mit fremden Fesseln drohten, hinweggeschafft werden müssten, davon, dass das „Reich des Halben und des Schlechten“ gestürzt werden müsse. Wer würde an diesem Sturz aktiv teilnehmen? Auf jeden Fall war das Leitmotiv der kommenden Jahre damit angeschlagen: Wenn es denn schon nicht aus dem Schoß der Regierung möglich war, Preußen auf den Weg des Widerstands und der Befreiung von der napoleonischen Bedrückung zu führen, dann mussten andere Mittel gewählt werden, um den Hohenzollernstaat und Europa wieder frei atmen zu lassen. Es mag für Stein eine Art symbolisches Zusammentreffen gewesen sein, dass just in den wenigen Tagen, die er sich nach seiner Entlassung in Berlin aufgehalten hatte, das Freikorps des Majors von Schill triumphartig in die Reichshauptstadt eingezogen war. Sollte es doch noch zu der von ihm immer wieder beschworenen Erhebung des Volkes gegen die französische Zwingherrschaft kommen?

Wenn man um diese Dinge weiß, das Fixiertsein auf den politischen Umschwung „zuhause“ oder in seiner neuen Wahlheimat, dann fällt es schwer, das nachzuvollziehen, was Kurt von Raumer für den Böhmenaufenthalt als charakteristisch ansieht: eine neue, bisher unbekannte Affinität zur Natur, eine „fast freudige Hingabe an Schöpfer, Schöpfung und Geschöpfe“. Steins, so Raumer, „sensible Rezeptivität für frische Eindrücke, und seien es die kleinsten und unbedeutendsten, seine stets wache Neugier fürs Unbekannte und Unerwartete [...], haben sich in keiner Periode seines Lebens so bezwingend offenbart wie während seines Exils“[944]. Es soll nicht in Abrede gestellt werden, dass manche seiner Briefe subtiler, überraschender ob etlicher zu Papier gebrachter Eindrücke (und damit Emotionen!), werden – aber dass Stein auch in Böhmen ein *homo politicus* blieb, der nur von einem Gedanken geleitet wurde, wieder aktiv Politik machen zu können, scheint nicht wegdiskutierbar zu sein. Daran können auch seine wiederholten Bekundungen, er wolle nur noch Privatmann sein, nichts ändern, zumal solche Bemerkungen immer auch dazu dienten, seine Gastgeber zu beruhigen.

Stein musste sich in erster Linie der Aufhebung des Armeebefehls Napoleons und der Sequestration seiner Güter widmen, was angesichts der Existenzfragen, die mit beidem verbunden waren, kaum erstaunen kann. Noch von Berlin aus hatte er unmittelbar vor seiner Flucht den preußischen König gebeten, sich um die Aufhebung der Beschlagnahme zu bemühen[945]. Aber die Ereignisse kamen allen gedachten Schritten zuvor; bereits am 13. Januar 1809 verfügte die sächsische Regierung die Einziehung von Birnbaum, jetzt im Großherzogtum Warschau gelegen[946]. Das machte die finanzielle Situation Steins nicht einfacher, zumal von den nassauischen Gütern, wenn überhaupt, nur mit erheblichen Schwierigkeiten[947] (bescheidene) Geldüberweisungen oder Kreditbriefe zu erwarten standen, die die nassauische Regierung immerhin nicht völlig verweigerte[948]. Die Korrespondenz spiegelt wider, wie sehr Stein das Schicksal seines Stammsitzes und der zugehörigen Besitzungen beschäftigte, der dann im Frühjahr 1809 unter Zwangsverwaltung gestellt wurde[949]. Freilich hatte sein Schicksal eine Welle der Solidarität hervorgerufen[950]; auch der preußische König ließ ihn wissen, dass selbstverständlich seine Pensionszahlungen weiterliefen und er ihm darüber hinaus freudig mit Geld oder anderer Hilfe seine Dankbarkeit beweisen wolle[951]. Allem Anschein nach liefen die Anweisungen aus Berlin in der Tat ganz normal[952], zumindest bis weit in das Jahr 1810 hinein. Finanzielle Sorgen musste sich der Flüchtling am Ende dann doch nicht machen. „Meine Geldbedürfnisse sind auf eine geraume Zeit befriedigt“, beruhigte er im Mai 1809 Gneisenau[953]. Aber seine bisherige finanzielle Unabhängigkeit, die es ihm erlaubt hatte, so auch gegen den eigenen König aufzutreten, wie er es getan hatte, war dahin. Was das für seinen Stolz bedeutete, kann man sich ausmalen.

Und schließlich nagte dann doch auch die Zeit an den Reserven. Knapp zwei Jahre später, im März 1811, sah sich Stein genötigt, eine genaue Bestandsaufnahme seiner Vermögensverhältnisse zu erstellen mit der alleinigen Perspektive, Einsparungen zu erzielen[954]. In diesen Zusammenhang gehört – ein ungewöhnlicher und ihm mit Bestimmtheit eminent schwer fallender Schritt! – der Entschluss, durch seine Frau ein Bittgesuch an Napoleon zu richten, um die Freigabe seiner nassauischen und polnischen Güter für seine Töchter – nicht für sich selbst! – zu erlangen. Dass diese Intervention völlig ergebnislos blieb, wäre vielleicht sogar zu erwarten gewesen. Auch die Pläne, die königlich preußische Pension in den Erwerb eines säkularisierten schlesischen Kirchenguts – gedacht wurde u. a. an das Kloster Heinrichau[955] – umzuwandeln oder aber die Pension zu kapitalisieren[956], sprechen dafür, dass es seit dem Frühjahr 1811 finanziell zunehmend enger wurde. Mit letzterem, also der Kapitalisierung seiner Pension, erklärte sich die preußische Regierung nach längeren Verhandlungen im Hochsommer 1811 dann einverstanden[957].

Die Sequestration war die eine Sache, die andere – gravierendere – war die Anordnung Napoleons, Stein zu ergreifen. Das Schicksal des Nürnberger Buchhändlers Palm, der eine antifranzösische Flugschrift (*Deutschland in seiner tiefen Erniedrigung*) vertrieben hatte und daraufhin von einem französischen Kriegsgericht zum Tod verurteilt und wenige Tage nach der Niederlegung der Kaiserkrone durch Franz II. in Braunau exekutiert worden war, hatte jedermann in Europa verdeutlicht, wie Napoleon mit missliebigen Personen umgehen konnte – und das musste jedem, der in einer vergleichbaren Lage war, nachhaltig zu denken geben. Stein mag nicht mit einer Wiederholung des Geschehenen gerechnet haben, aber auch „nur“ eine mehrjährige Festungshaft war keine besonders erfreuliche Perspektive. Zum Märtyrer fühlte er sich nicht berufen – dazu wollte er noch zu viel bewirken. Schon hier soll freilich darauf hingewiesen werden, dass Napoleon nie mehr etwas unternommen hat, um Steins habhaft zu werden; auch Repressalien finanzieller Art wurden nicht mehr gegen ihn ergriffen. Aber hier weiß der rückblickende Historiker schlicht mehr als der Mitlebende und vor allem der Betroffene.

Die Ächtung, der Entzug der Güter sind in allen populären Darstellungen vergangener Jahrzehnte die Referenzpunkte schlechthin gewesen, um Steins Ausgeliefertsein und seine daraus erwachsende Widerstandskraft zu thematisieren. Bei ruhiger und nüchterner Betrachtung muss ihm allerdings schon rasch klar geworden sein, dass die Suppe längst nicht so heiß gegessen wurde, wie sie gekocht worden war. Er war von französischen Funktionsträgern gewarnt worden, die so seine Flucht erst ermöglicht hatten, das Satellitenregime in Nassau erlaubte in bestimmten Grenzen die Nutznießung der dortigen Besitzungen, an die österreichische Regierung wurde nie ein Auslieferungsersuchen gestellt. Diese Indizien werden Stein nach den ersten hektischen Wochen möglicherweise doch etwas ruhiger haben schlafen lassen.

Nachdem Stein noch Mitte Januar 1809 nach Prag weitergereist war – unter Zurücklassung übrigens großer Teile seiner Bibliothek in Breslau – und seine Bitte an die österreichische Staatsspitze, ihm Asyl zu gewähren, positiv entschieden worden war, stand zunächst, um noch für einen Augenblick bei seinen persönlichen Umständen zu verharren, die Familienzusammenführung ganz obenan. Seine Frau, die beiden Töchter und das Gesinde reisten unter falschem Namen über die Lausitz[958] nach Prag ab, mussten unterwegs aber einer veränderten Situation Rechnung tragen und ihre Route nach Brünn ändern[959], wo sie nach einem Zwischenaufenthalt in Buchwald[960] am 1. März 1809 eintrafen[961]. Der Grenznähe wegen hatte Stein Prag als Asylsitz bevorzugt, den österreichischen Behörden war es aber um Längen lieber, dass er seinen Wohnsitz in Brünn nahm, weil dort weniger Möglichkeiten gegeben waren, sich konspirativ gegen Frankreich zu betätigen[962] und in einer ohnehin von Flüchtlingen schon übervollen Stadt einen neuen Kristallisationskern zu bilden, der Napoleons Argwohn erregen musste. Dieser Überlegung hatten sich auch Steins Jugendfreund Stadion und der Staats- und Konferenzrat Baldacci, ein glühender Verehrer Steins, nicht verschließen können, die ansonsten aber Stein nach Möglichkeit zu protegieren suchten, insbesondere gegen ein Übermaß an Überwachung[963]. Einem solchen Wunsch, einen anderen Exilort zu wählen, kann sich ein auf das Wohlwollen seines Gastgebers angewiesener Flüchtling selbstredend nicht entziehen. Mit der Entscheidung für Brünn waren im übrigen auch alle Alternativen zunächst einmal vom Tisch, von denen die Einladung des Zaren, Asyl in Russland zu nehmen[964], die prominenteste war. Stein ist in den ersten Wochen seines böhmischen Exils aber auch noch mit dem Gedanken umgegangen, in England Zuflucht zu suchen.

Brünn – das war freilich nicht die ganz große Welt, so sehr Stein die Stadt auch als „lebhaft, bevölkert, wohlhabend" positiv konnotierte und sich beruhigt darüber zeigte, dass „ein verhältnismäßig zahlreicher Adel" dort lebe[965]. Ein mittelmäßiges Theater, schöne Promenaden – das war im wesentlichen schon alles, was die Stadt an Attraktionen zu bieten hatte. Schon nach kurzer Zeit beklagte er, dass ungeachtet des Eindrucks, wie „hübsch" die Gegend und wie „gutmütig" die Menschen seien, dann doch „viele literarische und gesellschaftliche Hilfsmittel", die Prag zu bieten habe, fehlten[966]. Seine Vertrauten in Berlin haben ihn wohl mit dieser oder jener Neuerscheinung auf dem Sachbuchmarkt, etwa dem vollständigen *Lichtensternschen Atlas*, versorgt[967], aber das war mühsam, um so mehr als die Sendungen meist über Buchwald laufen mussten. Stein, dessen gesamte Korrespondenz im übrigen unter scharfer Beobachtung der österreichischen Zensurbehörden stand[968], hat die Zeit in Brünn freilich dann doch genutzt: zu historischen Studien, auf die unten zurückzukommen sein wird, zur weiteren Erziehung seiner Töchter. Zudem genoss er es sichtlich, endlich wieder in einer intakten Familie zu leben: „Die Umgebung meiner Familie", so gestand er Reden,

„macht mich sehr glücklich, sie gibt mir Beruhigung, Trost, Beschäftigung, und wünschte ich jetzt nur einigermaßen wegen der Dauer dieser Existenz wenigstens bis zur Entscheidung meines Schicksals gesichert zu sein“[969]. Nur der Tod der Schwiegermutter warf auf diese Familienidylle zeitweise einen Schatten.

Ein zweiter familiärer Verlust wird ihn schwerer getroffen haben. Anfang 1811 verstarb die mit dem Grafen Jakob Friedemann Werthern von Beichlingen verheiratete Schwester Johanna Luise, der Stein trotz gelegentlicher Kritik an ihrem Auftreten und ihrem Naturell immer verbunden gewesen war. In einem Brief an seine (nunmehr) einzige überlebende Schwester, die Dechantin von Wallenstein, beklagte Stein ihr „ungünstiges Schicksal“ und ihre körperlichen und seelischen Leiden, denen sie ausgesetzt gewesen war, und hob hervor, dass sie trotzdem immer „treu, liebend und liebenswürdig“ geblieben sei, „frei von Bitterkeit und egoistischer Kälte“. Sie gehörte, so schrieb er weiter, „einem bessern Zeitalter zu; sie war dem gegenwärtigen fremd, das Erbärmlichkeit, Genussliebe, niederträchtiges Kleben an einer frivolen Existenz ergriffen haben“. Man geht, wenn man solche Sätze liest, wohl nicht fehl in der Annahme, dass ihn dieser Verlust ganz besonders schmerzte. Marianne, die letzte der Schwestern, sollte Stein übrigens um vier Monate überleben.

Zurück zum chronologischen Ablauf, der Brünner Idylle des Jahres 1809. Freilich: zu viel Idylle sollte es dann auch nicht sein, das vertrug sich mit dem Gestaltungswillen eines *homo politicus*, der vor kurzem noch einen ganzen Staat regiert hatte, auf die Dauer nicht. Schon Ende März 1809 vertraute er Gneisenau an: „Es lebt hier ein gutmütiges treues Volk, genussliebend, aber es hat wenige Geistestätigkeit und Geistesbedürfnisse, besser ist es in Prag, dort ist mehr Lebendigkeit, mehr wissenschaftliche Anstalten, und dahin werde ich gehen, sobald als man einen Plan zu machen imstande ist“[970]. Zu diesem Plan sollte es dann aber vorläufig nicht mehr kommen. Anfang April 1809 brach der neuerliche Krieg mit Beteiligung Österreichs aus, und das veränderte die Situation völlig, weil nun zu allem anderen auch noch die Kriegssituation im Auge zu behalten war: und da lag Prag unter strategischen Gesichtspunkten dem Zugriff der Franzosen viel näher als das beschauliche Brünn. Mit dem Kriegsausbruch konnten alle Hoffnungen, mit Zustimmung der österreichischen Behörden bald nach Prag übersiedeln zu können, als abgetan angesehen werden.

Stein, unverändert in der napoleonischen Acht, reagierte sofort. Noch am selben Tag, an dem er von dem Kriegsausbruch erfuhr, erbat er von O'Donell die Erlaubnis, seinen Wohnsitz nach Wien verlegen zu dürfen[971], trat zugleich aber wegen der militärischen Entwicklung dem Gedanken wieder näher, in Russland Asyl zu erbitten[972]. Ernsthafte Sorgen, von dem französischen Militär ergriffen zu werden, machte Stein sich zwar nicht, weil seine eigene „Philosophie“ inzwischen darauf hinauslief, dass der Zweck der

Ächtung nur gewesen sei, ihn aus seinem Amt zu entfernen, er aber keine persönlichen Misshandlungen befürchten müsse[973]. Aber provozieren wollte er selbstverständlich auch nichts. Da eine Antwort aus Wien, die ihm den unkonditionierten Umzug nach dort gestattet hätte, nicht eintraf, bewegten sich seine Pläne seit dem Mai in die Richtung, nach Troppau weiterzureisen[974]. Durch den Sieg des Erzherzogs Karl bei Aspern am 22. Mai 1809, der die französischen Verbände zunächst von Böhmen fernhielt und Stein veranlasste, den in Österreich noch herrschenden Geist von Bereitwilligkeit und Aufopferungsfähigkeit der preußischen Apathie entgegenzustellen[975], entstand dann freilich wieder eine neue Lage, die es Stein gestattete, diese Pläne vorläufig wieder in die Schublade zu legen, allerdings griffbereit zu halten.

Denn in der napoleonischen Zeit ging es militärisch bekanntlich Schlag auf Schlag. Anfang Juli besiegte Napoleon die Österreicher bei Wagram, gewann damit den Donauübergang und drängte die Besiegten weit nach Böhmen zurück, woraufhin Stein sich spontan entschloss, sich nach Troppau abzusetzen, nachdem es sich als unmöglich erwiesen hatte, nach Nachod durchzukommen[976]. Troppau in Österreichisch-Schlesien, also unmittelbar an der preußischen Grenze gelegen, sollte allerdings prospektiv nur eine Art Etappe auf der Weiterreise nach Ungarn oder nach Russland sein.

***

Stein ließ sich auf den einzelnen Stationen seines Exils über die weitere Entwicklung in Preußen, namentlich soweit es „seine“ Reformdekrete betraf, so gut wie möglich auf dem laufenden halten. Das geschah zum einen durch die Presse und durch Briefe, die freilich immer in der Gefahr der „Interzeption“ standen und deswegen nicht selten verschlüsselt wurden – neben Reden zählten Kunth, Sack, Niebuhr und Gneisenau zu seinen regelmäßigen Briefpartnern –, das geschah aber auch durch persönliche Begegnungen mit Männern seines Vertrauens, die ihn aufsuchten. So hat im Frühjahr 1809 Friedrich von Gentz, bekanntlich ja ein ehemaliger preußischer Beamter und nach wie vor mit guten Verbindungen nach Berlin ausgestattet, einige Wochen lang in Brünn geweilt, mit Stein Fragen der politischen Grundsätze und der politischen Strategie erörtert und sich von Steins „hochsinnigem Patriotismus“ offenbar nachhaltig beeindrucken lassen[977]. Für Stein waren diese Gespräche auch deswegen wichtig, weil sie vor dem Hintergrund von Preußens neuerlicher Flucht in die Neutralität seine Umorientierung zur Hofburg hin vorbereiteten. Im Hochsommer 1810, um nur wenige weitere Beispiele hier herauszugreifen, hat ihn Graf Friedrich Abraham Wilhelm Arnim, sein Schwager, in Prag besucht und ihm über die neuesten Entwicklungen im sensiblen Bereich der Staatsfinanzen berichtet, auch über die Indifferenz (oder besser wohl: die alles andere als patriotisch einzustufende Selbstsucht) der kurmärkischen Stände. Bereits Ende September 1809 hatte er in Troppau ein Treffen mit dem ihm verwandtschaftlich verbundenen entlassenen preußischen Rittmeister Karl August Langwerth von Simmern und dem Berliner Theologen Friedrich Ernst Daniel Schleiermacher[978], in dessen Verlauf sicher nicht nur über die Reorganisation der preußischen Administration gesprochen wurde und über die bevorstehende Eröffnung der Berliner Universität. Diese Gespräche dienten über die Beschaffung von Informationen und Einschätzungen hinaus dem Wunsch, an den Männern in den Berliner Ministerien möglichst nah dran zu bleiben. Schleiermacher, später ein scharfer Kritiker der Hardenberg-Administration, sollte zu einem mehr oder weniger regelmäßigen Informanten Steins werden[979].

Und in Berlin hat man nach wie vor auf seinen guten Rat gehört. Das gegen Ende seines zweiten Ministeriats angedachte selbständige Ressort für Unterricht und Kultus wurde auf seinen Ratschlag hin trotz nachhaltigen Widerstands des Betroffenen[980] mit Wilhelm von Humboldt, dem bisherigen preußischen Geschäftsträger beim Heiligen Stuhl, besetzt[981] – nicht nur Kunth fühlte sich bemüßigt, Stein für diesen Personalvorschlag zu danken, der sich für die preußische Wissenschaftspolitik als eine Schlüsselentscheidung erweisen sollte. Auch sonst finden sich Empfehlungen von Männern seines Vertrauens in der Korrespondenz zuhauf[982]; sein sicheres Gespür für politische Begabungen und die Ruhe, über Personen auch ein zweites Mal nachdenken zu können, machten ihn für die preußische Administration unverändert zu einer überaus geschätzten grauen Eminenz.

Er ließ diese Kontakte nicht zufällig nicht abreißen. Stein rechnete fest damit, nach dem Ende der napoleonischen Ära von einem geläuterten, durch den Gang der Dinge einsichtig gewordenen, nach wie vor mit herber Kritik bedachten Monarchen ein weiteres Mal in die Verantwortung berufen zu werden, um so mehr als er rasch den Eindruck vermittelt bekam[983], dass seine beiden Nachfolger Altenstein und Dohna den Dingen nicht gewachsen waren und sich in der Finanznot Preußens zerschlissen und andere wichtige Leute wie etwa Schön sich zum Rückzug entschlossen[984]. Es kann zudem nicht ausgeschlossen werden, dass Graf Stadion einen Aktionsplan im Kopf hatte, Stein in dem Moment, in dem sich in Königsberg die Waage zugunsten Österreichs neigte, nach Berlin zu entsenden und als „Umspannzentrale“ zu benutzen. Stein hat für diese Stunde X auf seine Art vorzusorgen begonnen. Dazu zählte insbesondere, einen Stamm von Mitarbeitern bereitstehen zu wissen, die ihn bei seinem dritten Anlauf begleiteten und abstützten.

Trotz gelegentlicher, gar nicht nur dezenter Kritik Steins[985] hat zu diesem Kreis Ludwig Vincke gezählt, Stein seit gemeinsamen Zeiten in Westfalen bestens bekannt und in den letzten Monaten seines Reformministeriums ein geschätzter Ratgeber im Prozess der Verwaltungsreform. Er hatte damals substantielle Memoranden verfasst zu fast allen Fragen und Ebenen der Staatsadministration von der Einrichtung von Unterbehörden[986] bis zu der von preußischen Reichsständen[987], die zum Teil sogar dem Monarchen persönlich vorgelegt worden waren: Überlegungen, die das politisch-soziale System Preußens so kräftig machen wollten, dass es mit dem französischen konkurrieren konnte[988]. „Seine konzeptionelle Leistung", so hat ein Historiker seine Memoranden zusammengefasst, lag „in der Verknüpfung leitender Perspektiven mit konkreten organisatorischen Fragen. Allgemein ging es ihm um die Aufhebung des Gegensatzes zwischen Staat und Gesellschaft und eine Stärkung des Staates durch eine umfassende Dynamisierung der gesellschaftlichen Kräfte. Konkret bemühte er sich um die Umsetzung dieser Maximen, und zwar schwerpunktmäßig durch eine Neuorganisation der unteren Verwaltungsbehörden und Repräsentativorgane"[989]. Es liegt auf der Hand, dass Stein einen so konzeptionell denkenden Kopf auch in die Zukunft einbinden wollte. Ein Brief Steins an den preußischen Polizeichef Justus Karl Gruner vom 11. September 1812 aus St. Petersburg, in dem es um den Aufbau einer provisorischen Verwaltung in den (nach einer erhofften englischen Landung) befreiten Gebieten ging[990], unterstreicht das nachdrücklich, in dem Vinckes Einbeziehung in die aktuellen Überlegungen als überaus nützlich charakterisiert und empfohlen wurde, seinen Rat möglichst umgehend einzuholen.

Ob auch sein langjähriger Freund aus den beiderseitigen Montan-Anfängen, Friedrich Wilhelm von Reden, zu diesen für Zukunftsaufgaben vorgesehenen Männern zählte, muss offen bleiben. Die Intensität der Korrespondenz nach Steins Ausscheiden aus dem Ministerium – Redens Briefe immer auf dünnem, die Tinte durchscheinen lassendem Papier, für den Forscher ein Problem der Lesbarkeit –, die Freimütigkeit, mit der sie das Geschehen in Berlin kommentierten, legt jedenfalls die Vermutung nahe, dass Stein bei seinem erhofften Wiedereintritt in die politische Verantwortung ihn an seiner Seite zu sehen wünschte. In einer Untersuchung der Korrespondenz zwischen beiden ist vor kurzem für die Jahre 1808–1810 der besondere Grundton angesprochen worden, „der von Herzlichkeit, Wertschätzung und Vertrauen, das auf der Gewissheit beruht, sich gegenseitig auf absolute Diskretion verlassen zu können", bestimmt gewesen sei[991]. Allem Anschein nach schätzte Stein an Reden dessen besonnene, abwägende Art, die seinem eigenen impulsiv-cholerischem Wesen nicht unbedingt konform war. Man kann sich nur zu gut vorstellen, dass Stein einen solchen reflektierenden, bedächtig argumentierenden Mann in seiner Nähe wissen sollte, wenn er denn wieder in ein herausragendes Amt berufen würde. Die Frage sollte sich nicht mehr stellen – Reden, der sich nach seinem Weggang aus Berlin offenbar rasch an das beschauliche und eher ruhige Leben eines schlesischen Gutsbesitzers gewöhnt hatte, aber spätestens seit 1810 auch gebrechlicher und, so Kunth, „doch sehr hinfällig" wurde[992], blieb deswegen auch eine Entscheidung erspart. Dass er bereits, nur fünf Jahre älter als Stein, 1815 versterben würde, war 1809 mit einiger Wahrscheinlichkeit nicht vorherzusehen.

Der eben genannte Kunth hätte einem wieder in ein preußisches Amt gelangten Stein aber mit Bestimmtheit in einer Schlüsselstellung gedient. Seit seiner Flucht aus Berlin war Kunth es, der Stein regelmäßig vertraulich informierte, der seine zurückgelassenen Bücher, Papiere und Kunstschätze verwahrte, der Bücherkäufe veranlasste und dafür sorgte, dass alles richtig in Steins Hände gelangte, der Geschäfte abwickelte oder doch vorbereitete: ein enger Mitarbeiter seit der Übernahme des ersten Ministeriums, den Stein Hardenberg im Hochsommer 1811 dann mit den Worten empfehlen sollte, nur er, Kunth, sei es gewesen, der „par ses lumières, la liberalité de ses idées, un zèle pur et désintéressé“ sein uneingeschränktes Vertrauen habe gewinnen können[993]. Ob das bei Hardenberg Eindruck machte, bleibe eher auf sich gestellt. Als er 1811, vorgeblich aus Gesundheitsgründen, in Wirklichkeit aber wohl eher aus Unzufriedenheit mit Hardenbergs Politik, um seine Entlassung bat, hätte er für Stein mit Gewissheit noch nicht zum „alten Eisen“ gehört. In seinen letzten Lebensjahren hat Stein Kunth immer wieder zu überreden gesucht, ihm in Nassau oder in Cappenberg einen Besuch abzustatten und dann über vieles mit ihm zu sprechen[994] – von seinen weitgespannten Interessen her war Kunth ein kongenialer Partner. Er ist kurz vor seinem Tod 1829 nur ein einziges Mal nach Cappenberg gekommen[995]. Stein konnte sich immerhin dann noch für Kunths Sohn, der in Bonn studierte, verwenden[996], und setzte nach dem Tod seines Freundes seiner Witwe eine Leibrente von 300 Talern aus[997].

Personelle Zukunftsplanungen konnten freilich nicht im Zentrum von Steins Aktivitäten und Überlegungen stehen. Für Stein waren diese Jahre des Exils vielleicht deswegen besonders wichtig, weil er neue „Auslandserfahrung“ sammeln konnte. Die „Habsburgermonarchie“ war ihm zwar von seiner Studien- und Bildungsreise in den späten 1770er Jahren kein völlig unvertrautes Terrain, aber sein damaliger Aufenthalt hatte dann doch nur einige wenige Monate umfasst. Wenn man sich in seine Lage – die eines Flüchtlings, der auf den *good-will* der Behörden seines Gastlandes angewiesen war – hineinversetzt, kann es kaum erstaunen, dass er das Leben in Böhmen und Mähren geradezu euphorisch und in eine Idylle assoziierenden Farben pries und nach der Schlacht bei Aspern, in der die Franzosen wieder über die Donau zurückgedrängt worden waren, der Entschlossenheit der Österreicher, um die Unabhängigkeit ihres Staates und ihre „National-Ehre“ zu kämpfen, vorbehaltlos und uneingeschränkt – mit einem kräftigen Seitenhieb auf Preußen, wo man noch lange nicht so weit sei – Lob zollte. Seine Mahnungen an die Freunde und Weggenossen in Berlin nach Aspern, diese günstige Konjunktur zu nutzen und sich in die Riege der Napoleon-Gegner einzureihen, fruchteten freilich nicht, einige wenige Signale aus Preußen waren bei weitem zu unverbindlich, so dass Österreich am Ende, statt Fortführung des Krieges nach dem Waffenstillstand einen demütigenden Frieden abzuschließen, gezwungen war (14. Oktober 1809), der u. a. die Ersetzung Stadions durch Metternich nach sich zog.

Vor diesem Hintergrund einer ebenso beachtlichen wie erstaunlichen Solidarität mit der Hofburg ist es dann auch zu sehen, dass die österreichischen Polizeistellen, die über seinen Aufenthalt zu wachen hatten, kaum je Negatives berichteten, vielleicht weil ihnen das ganze Ausmaß des Konspirativen, das Stein immer auch betrieb, nicht recht einsichtig wurde. Ein Bericht des Prager Stadthauptmanns ist häufig zitiert worden[998], soll deswegen aber auch hier nicht fehlen: „Von dem österreichischen Ministerium, besonders aber von dem österreichischen Kaiser und allen Gliedern der kaiserlichen Familie insgesamt spricht er mit ungezwungener Hochachtung, und seinen Äußerungen entschlüpft auch nicht das Geringste, was irgend einen Zweifel an der Aufrichtigkeit seiner Gesinnungen erregen könnte. Überhaupt gehört [...] Stein unter die seltenen Männer, welche in dem gegenwärtigen Zeitalter aus den harten Stürmen desselben Reinheit ihres Herzens und eine feste Tugend retten, durch welche sie ihre Leidenschaften der Klugheit zu unterwerfen imstande sind. [...] Man kann es beinahe mit Gewissheit verbürgen, dass Herr v. Stein auf keine Art, weder durch irgendeine Äußerung, noch sonst einen voreiligen Schritt, die Liberalität der österreichischen Regierung kompromittieren werde".

Aber seine Gedanken mussten im böhmischen Exil zwingend auch über die weitgefasste Region hinausgehen. Es war davon zu sprechen, wie intensiv Stein seit seiner Flucht über alles, was in Preußen vor sich ging, unterrichtet wurde, wie eng er dem Schicksal seiner großen Reformdekrete verbunden blieb, wie sehr er sogar dezente Hinweise gab, wenn Personalentscheidungen anstanden. Das war immer nicht nur das Interesse am Schicksal und an der Zukunft des Staates, dem er über ein Vierteljahrhundert gedient hatte, sondern auch die Überlegung, wie Europa von jener alles erdrückenden Gestalt aus Korsika befreit werden könne, damit auch Preußen – ein weiter zu modernisierendes Preußen! – wieder zu seiner normalen Entwicklung zurückfinden könne. Insofern hat er nicht nur alles beobachtet, was Preußen einer Entscheidung für den Kriegseintritt näher bringen könne – und die Briefe sind Legion, in denen er auf schleunigen Kriegseintritt drängte –, sondern auch das, was sich an spontanen oder geplanten Widerstandsaktionen gegen die französische Besatzungsmacht formierte, zu denen er im übrigen auch den Übertritt preußischer Offiziere in österreichische Dienste gerechnet haben wird[999]. Er selbst hatte ja spätestens seit dem August 1808 das Modell einer flächendeckenden Insurrektion zu propagieren gesucht, für die natürlich ausländische Ressourcen unabdingbar waren, und vor diesem Hintergrund mag ihm das, was der Major von Schill seit dem Frühjahr 1809 in Szene setzte, eine Art Guerillakrieg gegen die Franzosen, als ein erster Schritt in die richtige Richtung erschienen sein. Auch die tirolischen

Aktivitäten um Andreas Hofer fanden selbstredend seine Bewunderung[1000]. Solche nichtstaatlichen militärischen Aktivitäten galt es freilich propagandistisch abzustützen – auch jetzt kam Stein auf eins seiner Lieblingsthemen des Jahres 1805 zurück: „durch Flugschriften, durch Bekanntmachung des Verfahrens des Kaisers bei denen Unterhandlungen, die Daru geführt hat, der einzelnen Erpressungen und Räubereien der Generale und Individuen". Und auch an andere Mittel sei zu denken: Prozessionen, Predigten, Scheibenschießen in einem jeden Dorf, gymnastische Übungen in jeder Schule. Das Ziel war klar: „den Hass gegen die Franzosen und den Abscheu gegen ihre Herrschaft zu erregen. Diese verruchte Nation muss der öffentlichen Meinung unterliegen – wenn man diese recht aufreizt"[1001].

Die Forschung hat bei ihren Analysen von Fremdbildern und Stereotypenbildungen seit geraumer Zeit festgestellt, wie nachhaltig und fast schlagartig das deutsche Frankreich- und Franzosenbild sich in den ersten Jahren des neuen Jahrhunderts radikalisierte. Man kann das in der Publizistik, aber auch in der Geschichtsschreibung verfolgen. Die Gründe dafür sind sicher komplexer Natur. Vieles spricht dafür, dass an der zunehmenden Negativierung des Bildes der Franzosen in der öffentlichen Meinung Deutschlands auch jene Politiker mitbeteiligt waren, die ihre Einschätzungen in unzähligen Briefen nach außen verbreiteten und die eine bestimmte Nähe zu Publizisten hatten. Zu dieser Gruppe pressenaher und zudem durch private Korrespondenz am Bild der öffentlichen Meinung „mitstrickender" Männer zählte fraglos auch Stein. Ohnehin dem Nachbarland jenseits des Rheins seit jeher eher kritisch gegenüberstehend, hatte sich seit seiner westfälischen Zeit ein Aggressionspotential aufgebaut, das selbst im zeitgenössischen Umfeld aus dem Rahmen des Üblichen herausfiel. An der Wiege des deutsch-französischen Antagonismus, der über weite Strecken hinweg das 19. und frühe 20. Jahrhundert prägen sollte, stand neben manch anderen auch der Freiherr vom Stein.

Unter dem Eindruck der Schlacht bei Wagram, des neuerlichen Abseitsstehens Preußens, das ihn geradezu die Vision seines völligen Verschwindens von der Landkarte entwickeln ließ[1002], und der Fortsetzung seiner Flucht hat Stein Ende Juli 1809 Friedrich von Gentz, ihm seit dem Anfang eben dieses Jahres näher bekannt, einen langen Brief geschrieben, der aus vielen Gründen interessant ist. Stein entwarf hier eine Art Szenario, was in der unmittelbaren Zukunft geschehen müsse: Eine Volkserhebung in Norddeutschland müsse entsprechend publizistisch vorbereitet werden. Ihr werde sich ein englisches Heer anschließen. Das Hauptproblem wäre, die unterschiedlichen Insurrektionen in den verschiedenen Regionen zusammenzuführen, zu koordinieren. Das könne ein der Sprache unkundiger englischer Feldherr nicht leisten. Alles, was sich auf die Leitung der öffentlichen Meinung, auf Verwaltungseinrichtungen, auf Sammlung und Bildung der Streitkräfte zwischen Elbe und Main beziehe, müsse vielmehr einem Deutschen anvertraut werden, der im Namen Kaiser Franz' mit Unterstützung der englischen Armee und „unter möglichster Schonung Preußens" diese Aufgabe wahrnähme. Für diese Aufgabe müsse man einen deutschen Fürsten, „von dessen Treue und der Reinheit seiner Gesinnungen man überzeugt wäre", auswählen, etwa einen Erzherzog oder den Prinzen Wilhelm von Oranien-Fulda. Diesem Fürsten müsse man einige Personen beiordnen, die mit den inneren Verhältnissen in Norddeutschland vertraut wären und ihn beraten könnten. Vielleicht finde man ihn, Stein, geeignet, weil er die betreffenden Länder bestens kenne und über alle notwendigen Verbindungen verfüge. Dass er mit diesem Vorschlag ein großes Risiko eingehe, liege auf der Hand; nur der Erfolg würde ihm recht geben.

Ein entlassener Minister, der einem Dritten seine Dienste anbietet? Mehr als das. Der Brief spiegelt Steins inzwischen fast manisch gewordenes Bemühen wider, sich wieder aktiv an der Niederringung Napoleons zu beteiligen, und er enthält einen Katalog von Aufgaben, die ziemlich genau denen entsprechen, mit denen Stein später in der Phase der tatsächlichen Liquidierung des napoleonischen Herrschaftssystems betraut werden sollte. Dass das Ganze mehr als nur eine Augenblickseingebung war, spiegelt sich darin, dass er denselben Vorschlag drei Wochen später Oranien unterbreitete[1003], dann allerdings noch stärker angereichert mit seiner Lieblingsidee, der Bildung von Selbstverwaltungskörpern, die Freiheitssinn und Vaterlandsliebe befördern sollten.

Wie sollte man in Wien auf einen solchen Plan reagieren, der unaufgefordert eingereicht worden war und den man, wenn der Autor nicht Stein gewesen wäre, wohl gleich in die Ablage getan hätte? Denn abenteuerlich war das Ganze: einem deutschen Kleinfürsten ohne Land und eigene Ressourcen die Gesamtverantwortung für die Befreiung Mitteleuropas zu übertragen. Prinz Wilhelm, durch die Französische Revolution seiner Ansprüche auf die Erbstatthalterschaft der Niederlande verlustig gegangen, dann auch seiner deutschen Entschädigungslande beraubt, galt allgemein als einer der erbittertsten Feinde des Kaisers der Franzosen. Seine enge Verwandtschaft mit den Hohenzollern – er war ein Schwager des preußischen Königs – und seine Dienststellung als österreichischer Feldzeugmeister qualifizierten ihn in Steins Augen wohl in ganz besonderer Weise für eine solche Aufgabe, zum Befreier Mitteleuropas zu werden. Und dann Steins Selbstangebot: Ritter hatte wohl recht, wenn er die „Mischung von revolutionären und legitimistischen Zügen" in dem Projekt als in hohem Maß merkwürdig einstuft[1004].

Gentz reagierte erst knapp vier Wochen nach Erhalt des Steinschen Vorschlags: eher kühl, ohne abweisend zu sein. Der Plan verbiete sich schon deswegen, weil auf österreichischer Seite der Friede mit Napoleon nun der vorherrschende Gedanke sei, weil mit der englischen Landung in Norddeutschland vorläufig nicht zu rechnen sei und weil die Personen, die bisher in Norddeutschland etwas auf die Beine hätten stellen wollen, alles andere als Vertrauen verdienten. Statt konkret zu werden – was angesichts der laufenden Friedensverhandlungen zugegebenermaßen schwer war –, flüchtete sich Gentz lieber in Durchhalteparolen allgemeiner Art: „So wenig wahre Größe auch in dem Zeitalter liegen mag – der Tyrann ist doch zu klein, um dieses Zeitalter zu bezwingen. Der Widerwille ist zu allgemein, zu lebendig; er k a n n es nicht durchsetzen. Wir erleben seinen Untergang und keine Offenbarung ist mir gewisser“[1005].

Das Verhältnis Steins zu Gentz hat sich seit diesem Brief deutlich abgekühlt, um es zurückhaltend zu formulieren, wenn es denn je herzlich genannt werden könnte. Als man sich 1813 in Prag wiedertraf – Stein jetzt in der Funktion eines Beraters Zar Alexanders I. –, war das Tischtuch bereits zerschnitten – ob Gentz' Lebensgewohnheiten wegen, die schon in den 1790er Jahren während seiner Zeit als preußischer Ministerialsekretär Anstoß erregt hatten, mag hier auf sich gestellt bleiben. Damals brachte Schön die Dinge auf den Punkt: Steins Verhältnis zu ihm sei „entfernt und gespannt“ gewesen; „Stein erklärte Gentz für eine alte Hure“[1006].

Das Steinsche Projekt blieb aber auch deswegen folgenlos, weil zum einen – das hatte die Hofburg richtig erkannt – die Engländer nicht daran dachten, in Norddeutschland zu landen, sondern – das allerdings sollte sich als ein verhängnisvoller Fehler erweisen – an der Schelde, weil zum anderen Oranien, von Wien dezent gelenkt, der Frage auswich, ob er für eine solche Aufgabe bereitstehe, und weil schließlich auch Österreichs Widerstand wieder in sich zusammenbrach. Steins Prestige als ein reflektierter, realitätsnaher Staatsmann hatte das Dokument in Wiener Augen eher geschadet denn genützt. Sein Bild in den Wiener Ministerien hat seitdem wohl einen leichten Anstrich von „Projektemacherei“ erhalten.

Wie auch immer: Stein hatte sich entschlossen, von der preußischen Führung nichts mehr zu erhoffen und auf die österreichische Karte zu setzen, zumindest in dem Sinn, die zu steuernden Insurrektionen moralisch und materiell zu unterstützen. Wie sehr sich die österreichische Karte in den Vordergrund schob, mag daraus ersehen werden, dass er im August 1809 in Troppau eine längere Denkschrift über die Reform der österreichischen Währung verfasste[1007], für die, wie erinnerlich, ja sein Studienfreund O'Donell die Verantwortung trug. Gentz' deutlich zurückhaltende Antwort auf seinen Vorschlag, zu dem die Forschung recht unverhohlen gemeint hat, man müsse sich nicht mit ihm beschäftigen, nur weil er sich zufällig erhalten habe[1008], hat ihn im übrigen keineswegs entmutigt, weil er der festen Meinung blieb, die Vorbereitungen einer Erhebung könnten, ja müssten fortgeführt werden trotz der Unsicherheit, wie es kurzfristig weitergehen werde; im übrigen sei von Napoleon ohnehin kein ehrlicher Friede zu erwarten[1009]. Und seine Gedanken trieben ihn nun immer weiter fort: Anfang September brachte er einen förmlichen Deutschen Bund Hessens, Hannovers, Braunschweigs und Oranien-Fuldas in Vorschlag, der unter dem Patronat des Kaisers stünde und bezwecken sollte die „Wiederherstellung der deutschen Unabhängigkeit von fremder Gewalt" und die Zerstörung des Rheinbundes[1010]. Die Rheinbundfürsten wären aufzufordern, zu den „Pflichten der Ehre und Treue gegen Kaiser und Reich" zurückzukehren, jeder Deutsche müsse an die Pflicht erinnert werden, den Kampf gegen „den Feind der Menschheit und der Deutschheit zu beginnen"; dem, der sich dem entziehe, müsste die auf Landesverrat stehende Strafe angedroht werden. Ein Manifest müsse alle über die erlittenen Unterdrückungen, über die rohe Gewalt und alle Niederträchtigkeiten aufklären. Der Bund würde unter dem Präsidium des Prinzen von Oranien stehen. In jedem Regierungsbezirk wäre ein Bundesrat zu bilden, der Koordinierungsaufgaben hätte, in jeder Gemeinde wäre ein Vertrauensmann zu bestellen, denn man bedürfe der Tätigkeit möglichst vieler Menschen – man bedürfe „einer großen Aufregung aller National-Kräfte", wofür die amerikanische Revolution das beste Anschauungsmaterial liefere. Die Bundesarmee müsse auch in ihren symbolischen Attributen – Uniformen, Fahnen – ihren Befreiungsauftrag erkennen lassen.

Aber es zeigte sich, dass Stein mit solchen Überlegungen den Dingen einfach vorauseilte, und zwar weit vorauseilte. Sowohl Gentz als auch Oranien ließen ihn wissen, dass sich angesichts der laufenden Friedensverhandlungen jede Diskussion seiner Vorschläge – „Geistes-, Feder- und Stilübungen" eines nicht Ausgelasteten[1011] – zunächst verbiete[1012], und da es nach einer Erklärung des kaiserlichen Oberbefehlshabers Johann Fürst Liechtenstein, es sei unmöglich, den Krieg fortzusetzen, am 14. Oktober 1809 tatsächlich zum Abschluss des Friedens kam, erübrigten sich alle weiteren Überlegungen: Seitdem – Gentz wollte ihm diese Entscheidung während eines Besuchs in Troppau sogar persönlich nahebringen[1013] – war von Österreich für Steins Pläne keine Unterstützung mehr zu erwarten.

Ihm blieb nach diesen wirkungslosen Demarchen nichts übrig, als sich weiter in Geduld zu üben, sich Gedanken über den Charakter seines Zeitalters als einer Übergangs-Epoche hinzugeben, seinen Glauben an eine bessere Zukunft in prägnante, fast jederzeit zitierwürdige Worte zu fassen, den schließlichen Zusammenbruch des ganzen napoleonischen Systems vorherzusagen – ob ihn der korsische Napoleon-Gegner Pozzo di Borgo, den er in Troppau persönlich kennenlernte, in solchen fast geschichtsphilosophischen Gedankengängen bestärkte, bleibe auf sich gestellt. Seine Kommentare zu den Verhältnissen in Preußen wurden wieder zahlreicher und noch kritischer als ohnehin schon, ebenso seine Bemühungen, seinen Wohnsitz wieder zu verändern. Die österreichischen Behörden – offenbar war der Kaiser höchstpersönlich mit dieser Angelegenheit befasst – lehnten Steins mehrfach geäußerte Bitte, von Troppau nach Prag übersiedeln zu dürfen, ab und verwiesen ihn erneut auf Brünn[1014], wo er selbst mitsamt seiner Familie am 10. bzw. 12. November 1809 wieder eintraf. Stein war nicht nur enttäuscht, sondern missgestimmt[1015]. Es gab im frühen Winter 1809 nur sehr wenige Nachrichten, die positiv von ihm aufgenommen wurden, unter ihnen die Mitteilung über die bevorstehende Gründung einer Universität in Berlin[1016], an deren gedanklicher Fundierung er während seines zweiten Ministeriats selbst mitgewirkt hatte. Die Unruhe, die Frustration, zur Untätigkeit verdammt zu sein, ist aus seinen Briefen jener Wochen förmlich zu spüren – die Lektüre allein[1017], darunter[1018] Heerens *Geschichte des europäischen Staatensystems*, vermochte ihn nicht auszufüllen. Bei O'Donell fühlte er bereits Ende November erneut vor, ob sein Aufenthalt im gerade eben von den Franzosen geräumten Wien vorstellbar wäre[1019] – er drängte zu einem politischen Macht- und Entscheidungszentrum, um direkt Einfluss nehmen zu können, er geriet allmählich in einen Brünn-Koller. Eine positive Antwort erfolgte nicht. Nur als eine Ersatzbefriedigung war es anzusehen, dass er sich mit den Charakteren der Entscheidungsträger und den Strukturen eines Hofes wie des preußischen beschäftigte und dabei u. a. zu einem jetzt ziemlich vernichtenden Urteil über Königin Luise gelangte, mit der ihn vor noch nicht allzu langer Zeit manches verbunden hatte; „nur oberflächliche Bildung" mochte noch hingehen, aber „gefallsüchtig und [ohne] die Zartheit des Gefühls für Würde und Anstand, das der veredelten Weiblichkeit und ihrer hohen Stellung im Leben zukommt" – das war schon einigermaßen vernichtend![1020]

Aber nicht Preußen war es, auf das er seine Hoffnungen setzte, es war trotz aller Zurückweisungen erneut die Wiener Hofburg, über die er durch die Korrespondenz mit Pozzo di Borgo nun immer verlässlichere Informationen erhielt[1021] und der er im Februar 1810 sogar hohe preußische Beamte empfahl[1022]. Am Ende der zweiten Januardekade startete er einen neuerlichen Versuch, die Erlaubnis zur Übersiedlung wenigstens nach Prag zu erhalten[1023], und jetzt tat er endlich keine Fehlbitte: Es wurde ihm gestattet, im Frühjahr in der Moldaustadt seinen Wohnsitz zu nehmen[1024].

Was bei der Lektüre seiner Korrespondenz seit den ersten Monaten des Jahres 1810 auffällt, ist, in welch starkem Maß Stein nun in geradezu globalen Zusammenhängen zu denken begann – da war nichts mehr vom beschränkten Gesichtsfeld eines mittelrheinischen Kleinadligen oder eines preußischen Beamten zu erkennen, der in Westfalen seinen Lebens- und Wirkungsraum gesehen hatte. Vor allem in der eben angesprochenen Korrespondenz mit Pozzo, dem korsischen Flüchtling, begann er nun über die Beziehungen der Vereinigten Staaten von Amerika zu Napoleon nachzudenken, über die sich emanzipierenden lateinamerikanischen spanischen Kolonien, selbstredend immer auch über Russlands zukünftige weltpolitische Rolle. Gerade die USA scheinen ihn mehr und mehr fasziniert zu haben, durchaus auch in der Kategorie einer Art Gegenbild zu dem aus dem Ruder gelaufenen Europa; „in mir", so berichtete er Reden, „wacht die Hoffnung auf, dass das Amerika, welches uns Europäer[n] nur wichtig war durch seine metallischen Reichtümer, durch Darstellung neuer Gegenstände des Genusses und der Tätigkeit, in unseren Tagen der Wohnsitz neuer Staaten, neuer Geschlechter und neuer Arten der Zivilisation werden werde“[1025]. Über das transatlantische Kräftefeld muss Stein über sehr gute Informationen verfügt haben, über asiatische Großregionen sollte er sich dann bis an sein Lebensende kundig machen[1026], ebenso über afrikanische und sogar Australien[1027]. Es drängt sich geradezu der Eindruck auf, dass Stein die erste Phase seines Exils mehr oder weniger konsequent genutzt hat, um sein „Weltbild“ zu erweitern – insofern war das alles in allem eine kreative Phase.

Sein Geschichtsbild gewann, in dieser Periode des Nachdenken-Könnens und des Rückblicks auf ein inzwischen 53jähriges Leben, wohl seine endgültige Konturen. Er sah nach wie vor ein „Fortschreiten in der Entwicklung der Geisteskräfte der Europäer“, aber dieses Fortschreiten sei immer wieder unterbrochen worden: durch die Hunnen, die Normannen, die Ungarn, die Mongolen, die Religionskriege – und eben in der Gegenwart durch die Revolution und ihren Erben. Eine der positiven Erfahrungen aus der Geschichte sei es, dass es immer wieder „zu ganz unerwarteten Ereignissen“ komme, die alles umstürzten: darauf gelte es seine Hoffnung zu setzen[1028].

Aber das reine Zuwarten, das hat er vor allem in seiner berühmten März-Denkschrift von 1810 unterstrichen, genüge dann doch nicht; es sei für diesen Moment Vorsorge zu treffen, und dieser Moment sei ggf. auch herbeizuzwingen. Vorsorge zu treffen meinte für ihn immer deutlicher die Beeinflussung der öffentlichen Meinung, die Erziehung der Menschen. Er setzte in diesem Schriftstück mehr als je zuvor auf die Gelehrten, derer es an den Universitäten und an den Schulen so viele gebe. Österreich, Adressat dieser Denkschrift, möge sich dieses Potential zunutze machen, um auf die öffentliche Meinung in Deutschland einzuwirken, was schon dadurch geschehen könnte, dass es seine große Achtung für die Wissenschaft zum Ausdruck bringe, dann aber auch dadurch, dass es ausgezeichnete Gelehrte, die für die gute Sache schrieben, belohnte, öffentliche Blätter zur Verfügung stelle, überhaupt dem Vorurteil entgegenwirke, es übe über die Wissenschaft eine ängstliche Vormundschaft aus. Wenn Österreich dann, ähnlich wie Preußen, den Gesamtbereich von Erziehung und Wissenschaft einem eigenen Verantwortlichen – an wen mag Stein dabei wohl gedacht haben? – anvertraue und beide Männer eng zusammenarbeiteten, wäre ein ungemein wohltätiger Einfluss auf den Geist und Charakter der Nation zu erwarten[1029].

Aufklärung, Erziehung, Propaganda – das wurden für Stein angesichts der Untätigkeit, zu der ihn die politischen Rahmenbedingungen in Gestalt eines unfähigen Preußen, eines abseits stehenden England und eines in den Frieden eingetretenen (und der Heirat Napoleons mit der Erzherzogin Marie Luise wegen wohl auf nicht absehbare Zeit im französischen Lager stehenden[1030]) Österreich verdammten, fortan die Schlüsselbegriffe seines politischen Denkens und Agitierens. Anfang Juni 1810 übersiedelte er, wie verabredet, mit seiner Familie nach Prag, und trotz des vorzeitigen Todes seines Studienfreundes O'Donell gestalteten sich seine Beziehungen zur Wiener Hofburg zunehmend enger. Er erwog im Frühjahr – die entsprechende Erlaubnis lag vor[1031] –, zum Kuren nach Baden zu reisen und damit in den Dunstkreis des Wiener Hofes zu gelangen, und vermerkte es auch ausgesprochen positiv, dass sich die österreichische Regierung auf diplomatischem Weg bemühte, die Sequestration über die nassauischen Güter Steins aufheben zu lassen[1032]. Es unterliegt keinem Zweifel, dass Stein von dem, was in Österreich 1809 vorgegangen war, der Erhebung gegen Napoleon, nachhaltig beeindruckt worden war, was zu einer Positivierung seines Österreich-Bildes unverkennbar und massiv beigetragen hatte. In Österreich war etwas gelungen, freilich mit unbefriedigend-negativem Ausgang, was ihn für Preußen seit 1806 stetig beschäftigt hatte und später erneut beschäftigen sollte: die Kanalisierung von politischer Leidenschaft in Politik und Widerstand. Den „Helden" und Märtyrern des Aufstands von 1809 sollte er sich zeitlebens besonders verbunden fühlen[1033].

Prag war im Vergleich mit Brünn (mit Troppau ohnedies) eine andere Welt – „ich finde in Prag mehr literarische Hilfsmittel, mehrere Bekanntschaften und Verbindungen mit Deutschland und bessere Unterrichts-Anstalten für die Kinder, dies sind bedeutende Vorteile, das übrige wird sich allmählich auch anspinnen lassen", dies war seine Perspektive[1034]. Sein Glück, nun auch Reden wieder um einiges näher zu sein, wurde noch potenziert durch die Erlaubnis des Oberstburggrafen Joseph von Wallis, die Bibliothek frei benutzen zu dürfen[1035]. Er hoffte auf mehr Anregungen und vielleicht gar intellektuelle Herausforderungen: „Überhaupt muss der Charakter der Böhmen kräftiger und ihr Geist lebhafter sein, da die Geschichte derselben reich ist an Äußerungen, die dieses beweisen"[1036]. Stein mietete sich, zunächst auf sechs Monate, im Gräflich Deymschen Haus in der Brentengasse ein[1037].

Ob dies alles so eintraf, muss hier auf sich gestellt bleiben, wiewohl der Kreis, der sich um ihn bildete – zu dem etwa der Graf Friedrich Stadion zählte, weiterhin die um Wissenschaft und öffentlichen Dienst gleichermaßen verdienten Brüder Sternberg und die aus Wien herübergekommene Gräfin Lichnowsky, die Ehefrau von Beethovens Mäzen –, ganz ohne Frage inspirierender war als seine Entourage in Brünn[1038]. Auch den nach Prag exilierten Kurfürsten von Hessen wird Stein mit Gewissheit regelmäßig getroffen haben[1039]. Was aber zugleich evident ist, ist, dass sich mit Prag die Blickrichtung Steins wieder deutlich nach Berlin umorientierte. Von Hardenberg erwartete er jetzt auf einmal einen neuen Ruck, wie er ohnehin, trotz des alles zunächst lähmenden Todes der Königin, dies und jenes positive Indiz erkannte. Es war vor diesem Hintergrund dann auch keine Überraschung mehr, dass Stein, gründlich über alle Agenda informiert durch Sack[1040], in ein Treffen mit Hardenberg in dem Grenzdörfchen Hermsdorf einwilligte[1041], das vor allem der Erörterung von Hardenbergs Finanzplan dienen sollte, der neben dem Abkauf der Grundsteuer mittels Obligationen die Neuausgabe von Papiergeld in beträchtlicher Größenordnung vorsah[1042]. Das Gespräch sollte aus Hardenbergs Sicht wohl generell dazu dienen, sich zumindest der moralischen Unterstützung Steins zu versichern (dessen Vorschläge im übrigen dann keinerlei Berücksichtigung finden sollten). Es lag auf dieser Linie, dass er im Juli lange Gespräche mit dem aus Breslau angereisten Geheimen Finanzrat Graf Hoym führte[1043], dass Wilhelm von Humboldt, der erst nach Steins Ausscheiden aus dem preußischen Dienst, wiewohl auf seine Empfehlung, ein Ressort in der Regierung übernommen hatte, im Oktober auf der Durchreise nach Wien bei ihm vorsprach und mit ihm sicher nicht nur über die Universitätserrichtung und -ausstattung diskutierte[1044].

Dieses mehrfache Hin und Her seiner außenpolitischen Projektionen – einmal auf Preußen, dann wieder auf Österreich – spiegelt die ganze innere Unruhe eines Flüchtlings, der keinen Einfluss darauf hat, wie die Dinge weitergehen, und der doch nur einen Gedanken hat: dass sie in eine bestimmte Richtung weitergehen. Menschen, die sich in Situationen wähnen, dass ihnen die Hände gebunden sind, sind nie gefeit dagegen, in Resignation zu verfallen oder sich in Planspielen zu verlieren, die realitätsfern waren.

An der Entwicklung in Preußen haben Stein vorrangig die Schicksale seiner eigenen Reformen interessiert, aber auch die allgemeine Entwicklung, vor allem das Thema der ständischen Repräsentation. Die gesamtstaatliche Repräsentation, also die Einrichtung von Reichsständen, hatte ihn gegen Ende seines zweiten Ministeriats ja wiederholt beschäftigt, das Thema war auch in sein „Politisches Testament“ eingeflossen, und es war vor dieser Folie für ihn wohl eine besondere Befriedigung, dass Hardenberg in dieser Hinsicht – zumindest schien es ihm so – am gleichen Strang zog. Auf der anderen Seite machte Hardenbergs Bürokratismus den vorhandenen Landständen erheblich zu schaffen, was aber, wie die neuere Forschung herausgearbeitet hat, nicht etwa zu deren Schwächung, sondern im Gegenteil zu einer stärkeren landständischen Durchdringung der alten Landschaften Preußens führte. Die Konzepte, die gewachsenen Ständevertretungen durch Notabeln oder dann – ab 1812 – durch eine interimistische Nationalrepräsentation zu entmachten, waren absolut kontraproduktiv; immerhin ist im Verlauf dieser Ständediskussion aber erstmals eine klare Aussage des Monarchen getroffen worden, zum gegebenen Zeitpunkt eine „zweckmäßig eingerichtete“ Nationalrepräsentation einzuberufen: der Vorläufer des berühmten, von Friedrich Wilhelm III. nie eingelösten Verfassungsversprechens vom 22. Mai 1815.

Stein wird aber auch die Veränderungen in der Außendarstellung der preußischen Monarchie registriert haben, die seit ihrer Rückkehr nach Berlin im Dezember 1809 erkennbar volksnäher wurde. Seine zentralen Maßnahmen im 2. Ministeriat hatten ja unter dem Rubrum gestanden, den Graben zwischen Krone und Bürgern zu verkleinern, die „Untertanen“ enger an den Staat heranzuführen, den Dienst für die Gemeinschaft zu einer Selbstverständlichkeit zu machen. Seine politische Philosophie war darauf hinausgelaufen, Krone und Gesellschaft viel stärker miteinander zu verklammern, als das seit Friedrichs II. Tod üblich gewesen war. Und vor dieser Folie wird es von ihm positiv registriert worden sein, dass König und Königin auf ihre Reise nach Berlin in Pommern mit Nettelbeck zusammentrafen, dem Repräsentanten der Kolberger Bürgerschaft und Organisator des Abwehrkampfes der Stadt, dass die Königin sich für den Einzug in die Hauptstadt für eine als altdeutsch interpretierte Kleidung entschied, dass ein Ordensfest eingerichtet wurde, zu dem auch die (bürgerlichen) Inhaber niedriger Verdienstorden ins Berliner Schloss gebeten wurden, dass neue Ordensränge geschaffen wurden, mit denen fortan „Nationalverdienst jeder Art“ belohnt wurde[1045]. Das war zwar noch weit von einer wirklichen Verbürgerlichung der Monarchie entfernt, aber immerhin wurde erkennbar, dass die Krone bisherige Verhaltensweisen zu überprüfen begann. Die Gründung einer zweiten Friedrich-Wilhelms-Universität – in Breslau – mag ihm zusätzlich assoziiert haben, dass es Fortschritte auf dem Weg der Erneuerung von innen heraus gab. Dass das in den Augen der Systemkritiker freilich noch längst nicht ausreichte, belegt u. a. ein Brief Gneisenaus an Stein aus dem Juni 1811, in dem es klipp und klar hieß: „Der König steht noch immer neben dem Thron, worauf er nie gesessen hat, und ist immer noch Rezensent desselben und derer, die auf dessen Stufen stehen“[1046].

Aber all das darf und soll nicht darüber hinwegtäuschen, dass der Flüchtling einen wirklichen Einfluss auf die 1810 unübersichtlicher denn je gewordene preußische Politik nicht (mehr) zu gewinnen vermochte. Der Intrigenkampf in Berlin muss für einen Außenstehenden, selbst wenn er die Akteure, die *personae dramatis* fast ausnahmslos persönlich kannte, verwirrend gewesen sein. Um noch einmal aus dem eben genannten Brief Gneisenaus zu zitieren, der im Kern die schlechte Entourage des Monarchen anprangert: „An dieser Individualität wird ewig jeder Gehülfe scheitern, der Staatsmann im höheren Sinn, erhabene Anordnungen zu machen gedenkt“. Das war wohl mehr als eine deutliche Warntafel, an einen möglichen neuen Start in Preußen lieber erst gar nicht zu denken. Und auch sonst müssen Herbst und Winter 1810/11 einigermaßen enttäuschend für Stein verlaufen sein: das Lesen von Neuerscheinungen aus vielen Wissensgebieten, die Bemühungen um die Güter in Nassau und im Wartheland, die mögliche Aufhebung der Sequestration über die Besitzungen in West und Ost und ihre Verwaltung, der Kauf einer neuen Kalesche für die Schwester Marianne, die sich mit Birnbaumer Angelegenheiten befasste, füllten den stets Unruhigen natürlich nicht aus. Im Januar 1811 gewann das Asyl in England für ihn eine neue Faszination[1047], ein britischer Diplomat stellte ihm sogar vorsorglich einen auf den Namen Karl Frücht (*Charles Frucht*) lautenden Pass aus[1048],

Stein reaktivierte mit dieser Perspektive alte persönliche Beziehungen, etwa zu dem Grafen Münster. Der (oben in anderem Zusammenhang angesprochene) Tod der seit langem kränkelnden und alles in allem unglücklichen Schwester Johanna Luise, der Gräfin Werthern[1049], wird seine triste Stimmung kaum aufgehellt haben. Während er immer mehr über den verderbten Zeitgeist philosophierte, verzichtete er, bezeichnend für seine tief gedrückte Stimmung, auf eine Reise nach Ungarn[1050], für die ihm die österreichischen Behörden jetzt einen Pass ausstellen wollten[1051]. Alles erschien ihm grau in grau; kein Zufall, dass er in dieser Stimmung den (oben erwähnten) Brief seiner Frau an Napoleon entwarf mit der Bitte, die Sequestration zugunsten seiner Kinder aufzuheben![1052] Die Mitteilung Gneisenaus, dass seine England-Reise keinerlei Effekt erzielt habe[1053], hat seinen depressiven Zustand nicht verbessert, zumal dies die Option eines Überwechselns in britische Dienste wieder einmal in weite Ferne rücken ließ.

War es Resignation, war es die Gewissheit, sich noch sehr lange in Prag aufhalten zu müssen, die Stein veranlassten, im Frühsommer 1811 das „naheliegende hübsche Schloß Troja“ anzumieten und mit seiner Familie – zumindest in den Sommermonaten – zu beziehen?[1054] Dieser Ankauf einer Immobilie – die Stadtwohnung in der Brentegasse, die ihm Graf Deym und Goethes Freund Graf Franz Joseph Sternberg zur Verfügung gestellt hatten und die vorzugsweise im Winter benutzt wurde, wurde natürlich beibehalten – war jedenfalls kein Zeichen eines neuen Optimismus. Gleich nach dem Kauf des herrschaftlichen Hauses schüttete Stein seiner einzigen noch lebenden Schwester – Marianne – sein Herz aus[1055]: Das Leben sei ihm inzwischen „herzlich lästig“ geworden, er wünsche nichts mehr, als dass es bald zu seinem Ende käme. Und wenn das nicht geschehen sollte: „Es wäre, um Ruhe und Unabhängigkeit zu genießen, am besten, sich in Amerika anzusiedeln, in Kentucky oder Tennessee – ein herrliches Klimat und Boden, schöne Strände fände man da, und Ruhe und Sicherheit auf ein Jahrhundert – man findet eine Menge Deutsche, die Hauptstadt von Kentucky heißt Frankfurt“. Der politische Flüchtling nahe vor der Auswanderung? Auch wenn oben von seinem Interesse an und seiner Affinität zu den USA gesprochen wurde: das wäre dann doch nur sehr bedingt kompatibel gewesen mit jenem Stein-Bild, das sich bisher herauskristallisiert hat. Immerhin hat er während seines zweiten Paris-Aufenthalts Gäste des Zaren zu den mexikanischen Malereien geführt[1056] und noch als fast 60jähriger seine Neugier auf Amerika artikuliert; wenn er nicht schon zu alt dafür wäre, würde er liebend gerne dorthin reisen, „um den dortigen Zustand der Dinge kennenzulernen“[1057]. Zwei Jahre später las er Bücher über Amerika, die Gagern ihm geliehen hatte[1058], kurz darauf äußerte er gegenüber Gagern noch einmal, dass, wäre er nur zwanzig Jahre jünger, er „selbst dort eine Ansiedlung“ unternehmen würde[1059], und noch eineinhalb Jahre vor seinem Tod las er Gottfried Dudens *Bericht über eine Reise nach den westlichen Staaten Nordamerikas und einen mehrjährigen*

Aufenthalt in Missouri[1060]. Es sollte bei der Sehnsucht bleiben. Über Europas Grenzen ist Stein nie hinausgekommen.

Gagern, der uns gerade zwei Mal als Steins Korrespondenzpartner begegnete, sollte – um diesen Exkurs hier einzuschieben – für die letzten beiden Jahrzehnte seines Lebens zu einer der wichtigsten Vertrauenspersonen Steins werden. Das war zwar nicht selbstverständlich, weil Gagern, derselben sozialen Schicht und derselben Region wie Stein entstammend, Minister eines Rheinbundstaates (Nassau) gewesen war, auf die Stein an sich nur mit Verachtung herabsah. Aber Gagern, der mit seiner rheinischen Fröhlichkeit so gar nicht zu Stein zu „passen" schien, hatte sich immerhin bemüht, die auf den Steinschen Gütern liegende Zwangsverwaltung so erträglich wie möglich zu gestalten, so dass die ursprüngliche Distanz rasch verflogen war. Schon 1813 nach ihrem ersten persönlichen Zusammentreffen in Dresden brachte Stein ihn (mit Erfolg) in Vorschlag, die oranischen Interessen im alliierten Hauptquartier (und dann auch bei den künftigen Friedensverhandlungen) zu vertreten. Ihr gemeinsamer Nenner war die Ehre Deutschlands und die Idee der Befreiung durch einen allgemeinen Volksaufstand; hier weiter zu agitieren, hatte ihm Metternich verwehrt – auch das mag ein Sympathiepunkt gewesen sein, der ihm Stein öffnete (dem freilich Gagerns Apotheose altdeutscher Reichsherrlichkeit gelegentlich etwas zu weit ging). Die Briefe, die, soweit sie von Stein ausgingen (und die zu einem guten Teil Hans Christoph von Gagern ziemlich bald nach Steins Tod selbst veröffentlichte, freilich weit entfernt von historisch-kritischer Akribie[1061]), wohl nicht weit von der 200er-Grenze entfernt bleiben, beinhalten immer wieder auch das eben angesprochene Thema: Außereuropa, die Frage der (möglichen) Auswanderung. Noch 1829 sollte Gagern versuchen, Stein zum Beitritt zu einer geplanten Stiftung zur Erleichterung der Auswanderung zu bewegen[1062].

Zurück zum chronologischen Ablauf der Dinge. Dass sich Stein an einem wie auch immer gearteten Wendepunkt seines Lebens wähnte, spiegelt sich nicht zuletzt darin, dass er im Juli 1811 erstmals daranging, für eine wichtige Phase seines Lebens, sein 2. Ministeriat, einen autobiographischen Bericht niederzuschreiben[1063], der mit seiner extremen Frankophobie vor allem wohl dazu dienen sollte, künftigen Verzeichnungen durch die „öffentliche Meinung" und Historiker zuvorzukommen. Am eigenen Bild in der Geschichte arbeiten: das ist häufig ein Charakteristikum von Männern, die ihrem Ende entgegensehen oder doch befürchten müssen, dass die Zeit über ihre Verdienste (zu schnell) hinweggehen werde. In beiderlei Hinsicht sah Stein zu schwarz – auch wenn er am Ende des Dokuments mit ein wenig Larmoyanz beklagte, sein Schicksal sei das „eines verbannten, seines Vermögens beraubten, dessen Untergang entgegensehenden, seinen Freunden verderblichen und allen Stürmen und Zufällen einer verhängnisvollen Zeit preisgegebenen Mannes"[1064].

Dieses Stimmungstief erstaunt in gewisser Hinsicht deswegen, weil Stein in die Kreise des böhmischen Hochadels problemlos und rasch integriert wurde und bei den mehr oder weniger regelmäßigen Treffen den Nostiz, Kolowrat und Czernin u. a. aus Ernst Moritz Arndts *Geist der Zeit* als der großen Gegenwartsanalyse vorlas. Dieses Tief erstaunt noch mehr, wenn man sich vergegenwärtigt, dass Stein in Prag mit dem Grafen Friedrich Leopold von Stadion einen Mann aus der eigenen Heimatregion vorfand, mit dem ihn nicht nur diese gemeinsame landsmannschaftliche Erfahrung verband, sondern auch ein starker Grundkonsens in Fragen der Religion und der praktischen Philosophie. Es ist sogar die Vermutung geäußert worden, dass sich erst auf den gemeinsamen Spaziergängen mit Stadion jenes Mittelalterbild bei Stein konturierte, das er in einem Schreiben an den Grafen Münster im Oktober 1811 erstmals entwickelte[1065], das freilich zwei Facetten hatte: die der entrückten idealen Welt und die der Gegenwart, die eine Epoche des Mittelalters sei, aus der nur Erschütterungen, aber keine Ruhe und kein Genuss zu erwarten stünden. Wie auch immer: Stadions plötzlicher Tod im Dezember 1811 sollte ihn schwer treffen, weil er mit ihm auch den Freund verlor, der ihm möglicherweise doch noch Türen in Wien geöffnet hätte.

Steins Depression – wenn denn seine Briefe das widerspiegeln, was ihn bewegte – überrascht nicht zuletzt auch deswegen, weil er in Prag mit der Erziehung der beiden Töchter eine neue, für ihn ganz ungewohnte Aufgabe fand, die ihn herausforderte: „eine Idylle in der Welt turbulenter Ereignisse"[1066]. Es lag in seinem Naturell begründet, dass er in der Vermittlung von Geschichte und in der Bildung von Geschichtsbewusstsein eine der Hauptaufgaben des Vaters sah. Dem verdanken sich nicht nur eine Reihe von historischen Arbeiten, auf die in anderem Zusammenhang zurückzukommen sein wird, sondern auch eine weitere Schärfung seines Fremd- und Eigenbildes. In Prag und durch den Unterricht der beiden Töchter gewann das Frankreichbild Steins seine endgültige und irreversible Zuspitzung: die Revolution als die Ausgeburt eines Volksgeistes, der von Unsittlichkeit, Lasterhaftigkeit und moralischem Schmutz geprägt sei wie bei keiner anderen Nation. Davon setzte Stein nicht nur die „gute" Welt der Deutschen ab, ihre mit Begriffen wie „ruhig" und „bieder" gefassten positiven Seiten, wie er sie vor allem mit den Westfalen identifizierte, sondern generell auch die Welt des Ancien Régime mit ihrem vermeintlich rationalen System eines staatenpolitischen Gleichgewichts der Kräfte. Gedanken dieser Art – also ein Leitprinzip des vorrevolutionären 18. Jahrhunderts und seinen möglichen Transfer in eine neue Zeit – bewegten im übrigen ganze Scharen von deutschen und europäischen Historikern, etwa Niklas Vogt, den Lehrer Metternichs; einiges spricht dafür, dass Stein einen guten Teil dieser historischen Arbeiten auch zur Kenntnis genommen hat.

Das Stimmungstief, in dem sich Stein allem Anschein nach befand, gründete in erster Linie darin, dass es in Preußen längst nicht so weiterging, wie er sich das bei seinem erzwungenen Ausscheiden aus der Regierung vorgestellt hatte. Es war vor allem evident, dass seine Lieblingsidee der zurückliegenden Jahre, die Volksbewaffnung, um sich von dem napoleonischen „Joch" zu befreien, keineswegs auf breite Resonanz stieß. 1810 war der Widerwille in Preußen gegen die Idee der allgemeinen Wehrpflicht notorisch geworden, und auch der Zulauf zu den dem Vertrag mit Frankreich zufolge selbstredend verbotenen paramilitärischen Versuchen in Gestalt von Milizen und Freikorps *à la* Schill hielt sich zunächst eher in bescheidenen Grenzen. Preußen blieb 1810/11 von einer spontanen Volkserhebung weit entfernt – ein Beweggrund neben anderen für eine ganze Reihe hochrangiger preußischer Offiziere, unter ihnen Clausewitz, den preußischen Dienst zu quittieren und in ein russisches Dienstverhältnis überzutreten.

Dabei ist zugleich nüchtern festzuhalten, dass für eine totale militärische Mobilisierung der Bevölkerung in Preußen auch alle logistischen und mentalen Voraussetzungen fehlten. Stein jagte hier hinter einem Phantom her, denn auf diese Idee gründet ein Gutteil der Hochschätzung, die ihm zuteil wurde und wird: er habe das „Volk" aktivieren wollen, kein Vertrauen mehr in die überholten Heere des Ancien Régime gehabt, also ein revolutionäres Vorhaben verfolgt. Selbst die marxistischen Historiker haben Stein unter dieser Perspektive ihren Tribut gezollt. Es mag ein kühner Gedanke gewesen sein, aber die Entwicklung sollte zeigen, dass der Erwartungshorizont bei weitem zu hoch gesteckt war.

Der neuerliche Stimmungswechsel bei Stein erfolgte irgendwann im Spätsommer 1811, vielleicht als ihm klar wurde, dass es in Berlin immer noch Menschen gab, die in ihm einen Hoffnungsträger sahen. Unleugbares Indiz dafür ist, dass er auf einmal wieder umfangreiche Denkschriften zu verfassen begann, jetzt zu Händen Hardenbergs, in denen er über den Charakter und die Rahmenbedingungen des künftigen Krieges reflektierte[1067], in denen er die aktuelle internationale Lage analysierte und abwog und sich für die Einrichtung des Landsturms stark machte, zugleich aber vor einem vorzeitigen Kriegsbeginn warnte[1068]. Die Korrespondenz, etwa mit dem Grafen Münster, gewann seitdem wieder einen prospektiveren Ton[1069]: Wie kann es weitergehen, was soll an die Stelle des napoleonischen Systems und eines Fürstenstaats treten, der durch die Feigheit seiner Führer erheblich an Kredit eingebüßt habe – in Steins Augen am liebsten die Rückkehr zum (idealisierten) deutschen Kaiserstaat des 10. bis 13. Jahrhunderts, der in seinem Geschichtsbild nun zu einer festen Größe werden sollte. Resignative Phasen schieben sich zwar auch jetzt wieder in eine neue Aufbruchstimmung, vor allem wenn er mit seiner Schwester korrespondierte, und ein Brand in Birnbaum[1070], der Tod des Schwiegervaters[1071] oder eine heftige Kritik Niebuhrs an Hardenberg[1072], die er scharf zurückwies[1073], waren an sich geeignet, wieder in Pessimismus zu verfallen und Pessimismus zu verbreiten. Aber der Grundton war nicht mehr Moll. Um die Jahreswende 1811/12 suchte ihn der hessische Kurprinz Wilhelm in Prag auf, um mit ihm über den künftigen Befreiungskampf vom napoleonischen „Joch" zu sprechen und den hessischen Anteil daran[1074]. Allgemein wurde erwartet, dass ein Wendepunkt sich abzeichne, dass die Lage sich zuspitze – „la guerre paraît inévitable, des armées qui se renforcent, des préparatifs de toute espèce qui se forment, ne peuvent qu'amener une rupture, mais quels en seront les résultats?"[1075].

Diese Eindrücke mussten sich Personen, die auch nur etwas hinter die Kulissen der „großen Politik" zu blicken imstande waren, um so eher aufdrängen, als die internationale Politik tatsächlich in dramatische Bewegung gekommen war. Im Frühjahr 1811 war es im Gefolge der Okkupation Oldenburgs, dessen Fürstenfamilie mit den Romanows familiär verbunden war, zu den ersten Misshelligkeiten zwischen Frankreich und Russland gekommen, was in Preußen – bei Scharnhorst, Gneisenau, Boyen, aber auch bei Hardenberg – eine (verhaltene) Aufbruchstimmung ausgelöst hatte. Man hatte im Sommer Geheimverhandlungen mit Großbritannien aufgenommen, die einen im Prinzip positiven Verlauf genommen hatten, woraufhin preußischerseits unter der Hand (und damit riskant genug) militärische Übungen in Gang gebracht und die Kontakte nach Russland intensiviert[1076] worden waren. Natürlich war das den Franzosen nicht verborgen geblieben, die ihrerseits zu einer Politik der Drohgebärden übergingen und mittels eines Ultimatums die preußische Regierung zu dem Pariser Vertrag vom 24. Februar 1812 zwangen, der Preußen verpflichtete, für den kommenden russischen Feldzug des Kaisers der Franzosen 20.000 Mann zu stellen. Als im Februar 1812 von Napoleons Verbänden einige feste Plätze besetzt wurden, war klar, dass Preußen als Operationsbasis der Großen Armee in dem sich abzeichnenden Waffengang eine gewichtige Rolle spielen würde. In den Grundzügen wird das Stein bekannt gewesen sein; am 14. April 1812 hat er sein Wissen zu Papier gebracht[1077].

Der angesprochene Wendepunkt war somit ein ganz anderer als der, den Stein erhofft hatte: Preußen hatte sich erneut den Franzosen ausgeliefert! An sich wäre das Anlass gewesen, wieder in abgrundtiefe Resignation zu verfallen – zum wievielten Mal hatte der König klein beigegeben, keinen Gedanken politischer Größe entwickelt! Nach dem neuerlichen Bündnis, das nicht nur dazu gedacht war, sich eines weiteren Alliierten für den Krieg gegen Russland zu versichern, sondern auch dazu, den französischen Verbänden den Rücken frei zu halten, wurde eine ganze Reihe hochrangiger Beamter bewogen, den preußischen Dienst zu quittieren und ins Exil zu gehen, darunter neben Gneisenau und Boyen auch der Berliner Polizeipräsident Karl Justus Gruner. Ausgestattet mit einem Schreiben Gneisenaus[1078], sprach Gruner im April bei Stein in Prag vor, um ihn von seinem Vorhaben zu unterrichten, von hier aus einen systematischen Kundschafter- und Störungsdienst gegen die französischen Etappenlinien zu organisieren. Welche Erlösung für Stein: die Patriotenpartei hatte ihn noch nicht vergessen, sein Zorn über den preußischen König wurde wettgemacht durch die Perspektive, jetzt handeln zu können, ja zu müssen. Die Fronten waren klar, Subversion war angesagt.

Als Stein Gruner empfing, wusste er noch nichts davon, dass Zar Alexander I. ihn unter dem Datum des 27. März 1812, dem Tag, an dem der Romanow seine Brücken nach Frankreich abbrach, in aller Form zur Mitwirkung an dem großen Werk der Befreiung Europas eingeladen und ihn als seinen Berater in russische Dienste berufen hatte; der kaiserliche Brief[1079], der die Allianz aller „êtres bien-pensants, amis de l'humanité et des idées libérales" beschwor, sollte ihn erst am 19. Mai erreichen, da er ihm persönlich durch den Prinzen Ernst von Hessen-Philippsthal übergeben werden sollte[1080]. Der russische Dienst war für Stein seit 1807 – neben dem englischen, den er noch wenige Tage zuvor in der Korrespondenz mit Münster sondiert hatte – immer eine denkbare Option gewesen; noch in der allerjüngsten Vergangenheit hatte er völlig unabhängig von den Überlegungen in Petersburg eine solche Möglichkeit in Erwägung gezogen.

Er musste sich nicht mehr selbst bemühen. Ein neues Kapitel seines Lebens begann.

Das böhmische Exil kann man wohl so bilanzieren, dass der Ex-Minister, der mit jeder Faser seines Herzens aktiv sein, gestalten, organisieren wollte, auf die Rolle des Beobachters, des Kritikers, des „Rezensenten des Geschehens"[1081] verwiesen blieb, so sehr sich diese Rolle auch mit seinen hochpolitischen Wünschen rieb. Dass Stein Selbstbeherrschung und Takt, ja wohl auch Einsicht in die besondere Lage genug besaß, um seinen Gastgeber nicht durch gewagte Aktivitäten in eine schwierige Lage hineinzumanövrieren, wird von den Wiener Funktionsträgern positiv vermerkt worden sein. Sieht man von den resignativen Phasen jener Jahre ab, hat es ihm an politischem Tatendrang nicht gefehlt, aber er lernte sich zu bescheiden und seinen Aktivismus in seine Korrespondenz umzuleiten, die ihm immerhin den Eindruck verschaffte, an dem Ringen mit Napoleons Hegemonialmacht wenigstens indirekt und ideell beteiligt zu sein. St. Petersburg eröffnete da eine ganz neue Perspektive!

8. Der Kampf um die neue Ordnung: Stein in russischen Diensten

Was Stein seit dem Moment, als ihn Zar Alexander im Frühjahr 1812 wieder in die aktive Gestaltung der Zukunft einband[1082], für die Neukonturierung Deutschlands und Europas wirklich geleistet hat, erschließt sich trotz einer guten Quellenlage nicht zur Gänze; in einer Zeit, in der die politischen Führer oft, dann sogar regelmäßig einander trafen und vieles mündlich besprochen wurde, muss diese und jene Einzelheit zwangsläufig offen bleiben. So ist beispielsweise der Anteil Steins an der Entscheidung des Zaren, nach der Niederlage von Borodino trotz massiver Opposition aus Adelskreisen den Kampf fortzusetzen, nicht präzise bestimmbar. Aber über solchen Details darf die große Linie nicht vergessen werden: die seine Gesprächs- und Verhandlungspartner mitreißende Überzeugungskraft Steins, der Gestaltungswille, die Entschlossenheit, eine Zukunft zu bauen, die eine Wiederholung des Umsturzes der europäischen Ordnung durch einen „Nachahmungstäter" ausschloss. Der Zar hatte ihn mit allen diesen Qualitäten und Visionen bei seinen früheren Preußen-Besuchen erlebt, und es spricht manches dafür, dass er in einer Situation, als er selbst noch unsicher war, wohin der Weg führen würde, jemanden an seiner Seite wissen wollte, der stark und überzeugungskräftig genug war, um ihm in Krisen, die kommen würden, beizustehen, zudem jemand, der nicht nur die preußischen Entscheidungsträger einzuschätzen wusste, sondern vor dem Hintergrund seines mehrjährigen Exils in Böhmen auch die österreichischen. Insofern hatte sich die „Personalie" Stein für ihn geradezu aufgedrängt.

Zu was das Ganze am Ende führen sollte, ist bekanntlich eine der zentralen Streitfragen der Stein-Forschung: Stein als Vorläufer Bismarcks, oder Stein als jemand, der die Funktion des Nationalen im Kampf gegen Napoleon erkannt hatte, aber weit davon entfernt blieb, einem deutschen Nationalstaat das Wort zu reden? Und wenn nicht das, wie sollte die politische Struktur der Mitte des Kontinents aussehen, da sich ja mutmaßlich vor dem Hintergrund der inzwischen erfolgten politisch-sozialen Umwälzungen eine bloße Rückkehr zum Status des Jahres 1789 ausschloss? Die folgenden Analysen der vielen Denkschriften Steins werden zeigen, dass der Nationalstaat bismarckscher Prägung nie wirklich seine Vision darstellte, sondern immer etwas, was die moderne Forschung mit dem Begriff der „föderativen

Nation“ zu fassen sucht[1083] und was in der Tat ein sinnvolles heuristisches Modell ist, um von den alten Denkmustern wegzukommen. Insofern haftet den verzweifelten Kämpfen vergangener Historikergenerationen, Stein zum Prototyp nationaler Politik vor der Reichsgründung zu stilisieren, geradezu etwas Don Quichotehaftes an.

Historiker müssen jedem Menschen konzedieren, dass sein (politisches) Denken Entwicklungen erlebt und dass nicht jeder Satz, der niedergeschrieben wurde – und was Stein alles schrieb, lässt die zehnbändige Auswahledition seiner *Briefe und amtlichen Schriften* allenfalls ahnen! –, klar und unzweideutig interpretiert werden kann. Das betrifft auch seine Zukunftsvision. Im September 1808, kurz vor seiner Entlassung, hat er eine Perspektive entwickelt[1084], die hier paraphrasiert werden mag: Deutschland sei gehalten, wieder seine und Europas Freiheit zu erkämpfen. Es möge sich dann eine Verfassung geben, „die Kraft, Einheit, Gesetzlichkeit und Unabhängigkeit vom französischen Einfluss wiederherstellt“. Deutschland habe in Bezug auf seine Selbständigkeit, seine Sittlichkeit, sein Fortschreiten in der Nationalentwicklung nur einen Feind, und das sei Frankreich, „und es bereite sich zu einem fortdauernden hartnäckigen Kampf mit dieser unruhigen, eitlen, herrschsüchtigen, ihr eigenes und ihrer Mitvölker Glück seit Jahrhunderten zerstörenden Nation“.

Nichts wäre verfehlter, als aus solchen Sätzen ein frühes Programm des energisch zu betreibenden Nationalstaats herauslesen zu wollen. Kraft, Einheit, Gesetzlichkeit, Unabhängigkeit vom französischen Einfluss: das war schlicht Steins Sicht des mittelalterlichen Reiches, das wiederhergestellt werden müsse, und hat überhaupt nichts mit einem prospektiven Entwurf zu tun. Stein war überzeugt davon, dass der Kampf mit dem unruhigen Nachbarn auch über Napoleons Ende hinausreichen werde, und dafür gelte es sich zu wappnen – aber sicher nicht im Sinn eines unter wessen Führung auch immer stehenden Nationalstaats.

Aber die Metaebene kann nur die eine Seite der Darstellung sein, die andere ist die des Alltags, der alltäglichen Politik. Stein erhielt, wie erwähnt, das Einladungsschreiben Zar Alexanders am 19. Mai 1812. Es ist ein kurzer Prozess des Sich-Bedenkens gewesen: die Chance war da, auf die er dreieinhalb Jahre gewartet hatte, wieder aktiv auf die europäische Politik Einfluss zu nehmen, auch wenn nun an der Seite eines Fürsten, über den er sich in der Vergangenheit mehr als einmal kritisch, ja despektierlich geäußert hatte: eines Fürsten, der eine ganze Zeitlang mit dem Korsen kooperiert hatte, gegenüber Preußen mehr als einmal ein Doppelspiel betrieben hatte und erst unter dem Eindruck der französischen Annexion des oldenburgischen Stammlands des Zarenhauses seine Bindung an Paris aufgegeben hatte. Schon am 23. Mai sagte Stein zu, offenbar ohne seine konsternierte Ehefrau vorher in Kenntnis gesetzt zu haben[1085], die, so der gerade in Prag weilende Wilhelm von Humboldt, „außer sich gewesen“ sei – wie seine Ehe ohnehin

„nicht so altdeutsch" sei, wie es Stein sonst sei[1086]. In aller Eile brachte er seine Vermögensverhältnisse in Ordnung und in eine schriftliche Form[1087], am 27. brach er, wie so häufig in politisch brisanten Augenblicken gesundheitlich angeschlagen, nach einer letzten Unterredung mit Gruner[1088] und mit einem *one-way*-Paß ausgestattet[1089], zu einer Reise ins Ungewisse auf, selbstredend ohne die Familie, die in Prag zurückblieb. Es sollten bald eineinhalb Jahre vergehen, bis er seine Familie wiedersah – und da in Kriegszeiten natürlich auch die Post nicht reibungslos funktionierte, waren beide Seiten fortan oft über Wochen hinweg ohne Nachrichten. Seiner Autobiographie zufolge führte die Route über das galizische Lemberg, über Brody, Radziwilow, Dubno und Slonim nach Wilna, wo Stein um den 12. Juni 1812 eingetroffen sein muss.

Warum diese Eile – wo der Zar, es klang bereits an, in der Vergangenheit doch oft genug seiner profranzösischen oder unbestimmbaren Politik wegen seine Kritik herausgefordert, ja manche pejorative Bemerkung provoziert hatte? Beide Männer waren sich wohl im Herbst 1808 erstmals wirklich nähergekommen, als Stein, aktuell des Wittgenstein-Briefes wegen in schwerem Wasser, Gelegenheit nahm, dem auf der Reise nach Erfurt befindlichen Romanow geradezu feurig die künftige nationale Erhebung Deutschlands zur Befreiung ganz Europas zu entwickeln. Das mag den Zaren damals eher erschreckt denn überzeugt haben, weil er überhaupt nicht in solchen Kategorien dachte, dieses visionäre Gespräch war aber aus seinem Gedächtnis nicht mehr verschwunden. Jetzt, 1812, war die Situation eine andere – jetzt mochte dieser Mann mit seinem Feuereifer eine Hilfe sein. Und für Stein war es, nachdem der Zar den Weg in die „richtige" Spur gefunden hatte und nach Lage der Dinge er der „geborene" Führer gegen Napoleon sein würde, keine Frage, sich in diesen Kampf einzubringen. Mit einiger Wahrscheinlichkeit wäre er auch Rufen aus Wien oder London gefolgt, wenn es denn der Sache diente.

Das Zusammentreffen mit dem Zaren in Wilna hat wohl manches geklärt, aber seine politische Funktion nicht aus einem merkwürdigen Grauschleier rechtlicher Unbestimmtheit herausgebracht. Berater des Zaren für die deutschen Angelegenheiten – das war relativ vage, damit war kein irgendwie gearteter diplomatischer Status verbunden, das war zudem stark auf die Person des russischen Kaisers bezogen, also auch von dessen wechselnden Stimmungen abhängig. Dass Alexander, der sich tief in einer zumindest intellektuellen Mitschuld an der Ermordung seines Vaters Paul 1801 fühlte, von Stimmungsschwankungen nicht frei war, wusste in Europa jeder politisch Interessierte – Stimmungsschwankungen, die sich nach seinen Schuldgefühlen bemaßen, nach dem Erfolg oder Misserfolg seiner liberalen Ideen, nach dem stärkeren oder schwächeren Verlangen nach mystischer Vereinigung mit Gott. Ein festes Dienstverhältnis sah anders aus, aber gerade das wollte Stein wohl nicht, um sich seine Unabhängigkeit zu bewahren und um nicht von vornherein als ein Ämter- und Pfründenjäger diskreditiert zu werden. Denn wesentlich war ihm nicht der Status oder ein geregeltes Dienstverhältnis, sondern anderes: Stein konnte wieder gestalten – oder doch es versuchen.

Stein, nach dessen Autobiographie diese Lösung auf ihn selbst zurückging, betonte dort eher die positive Seite der fehlenden festen Stellung: Nur diese Konstruktion habe ihm die Freiheit belassen, nach seiner Überzeugung handeln zu können und nicht als Werkzeug handeln zu müssen. Freier Berater des Zaren – dies habe seine moralische Autorität gestärkt und ihn jedem Verdacht entzogen, über ein glänzendes, für ihn wohl eigens zu schaffendes Amt in die große Politik zurückkehren zu wollen[1090]. Sei ihm wie ihm wolle: Die Abhängigkeit von der Person des Zaren blieb, seine Autorität musste sich Stein erst durch die praktische Arbeit erwerben.

In Wilna entstand seine erste, wohl seinem eigenen Verständnis nach als programmatisch einzustufende Denkschrift nach dem Verlassen seines Exils[1091]: vom Tenor her nicht eigentlich überraschend, wenn man sich seine Denkschriften aus dem Jahr 1810 vergegenwärtigt, aber nun natürlich auf Russland fokussiert. Welche Möglichkeiten gebe es, die „forces de l'Allemagne" zugunsten Russlands und dessen Alliierten zu aktivieren? Die öffentliche Meinung in Deutschland sei in höchstem Maß gegen die gegenwärtige Ordnung und ihren Verantwortlichen – Napoleon – eingenommen, im übrigen auch aus wirtschaftlichen Gründen. Diese dezidiert antifranzösische Grundströmung könne man ausnützen, um eine „résistance directe et ouverte à l'oppression" in Gang zu bringen. Dazu könne man auf Schriften wie etwa den 2. Band von Ernst Moritz Arndts *Geist der Zeit* zurückgreifen, der bisher in Deutschland noch unbekannt sei, und man könne zudem Arndt nach Russland holen, um hier weitere Pamphlete von ihm verfassen lassen. Angesichts der Bedeutung, den die (politische) Literatur in Deutschland habe, wäre es weiterhin empfehlenswert, sich einige andere Autoren zu verpflichten, so Schleiermacher, den Schelling-Schüler Steffens, den Leiter des schlesischen Schulwesens Bredow und die beiden Historiker Heeren und Luden. Die Schwierigkeit läge in der Distribution solcher Schriften, aber das müsste sich mit Gruners Hilfe bewältigen lassen (mit dem Stein nach seiner Abreise aus Prag selbstverständlich in Kontakt geblieben und der zu einem wichtigen Informanten sowohl über die österreichische als auch über die preußische Politik geworden war[1092]). Was den Guerillakrieg in Deutschland betreffe, so sei an Gruppen von 12 bis 15 Männern zu denken, die die französischen Truppenkuriere abzufangen hätten. Man müsse auch daran denken, die ausländischen Truppenteile im napoleonischen Heer, etwa die westfälischen Einheiten, zum Überlaufen zu bewegen, und zwar durch einzuschleusende Agenten. An die Spitze dieser dann in das kaiserlich-russische Heer zu integrierenden Einheiten müsse man Personen mit einem guten, klingenden Namen stellen, etwa Gneisenau. Zudem wäre zu sondieren, ob man in ausgewählten Städten, etwa in Danzig, einen allgemeinen Aufstand organisieren könne. All das erfordere eine ständige Begleitung, wozu ein ad hoc-Komitee eingerichtet werden sollte.

Das war weit entfernt von allen hehren Willensbekundungen, die im Lauf der Zeit oft genug zu Worthülsen geronnen waren, das war Praxisnähe *in natura*, und Stein traf damit offenbar genau das, was sich Alexander erhofft hatte: Konkretion, Praktikabilität. Noch am selben Tag erklärte er sich mit allen von Stein vorgeschlagenen Maßnahmen einverstanden[1093]. Da noch kein anderer Staat das napoleonische Bündnis verlassen hatte, blieb nur die Agitation, die Subversion. Alles Nähere müsse weiter besprochen werden.

Stein nahm diese grundsätzliche Zustimmung des Kaisers zum Anlass, um noch konkreter zu werden. Er ließ sich hier u. a. über die Zusammenarbeit mit Gruner, über die praktische Seite der Verpflichtung Arndts und über die Auszeichnungen einiger potentieller deutscher Flugschriftenautoren aus, denen man, um jeden Verdacht zu vermeiden, noch einige andere deutsche Intellektuelle hinzufügen könne, etwa Goethe, Wieland, den Berliner Philologen Friedrich August Wolf und den Prager Mathematiker Franz Joseph Gerstner[1094]. Erneut wird aus solchen Überlegungen ersichtlich, welchen Stellenwert Stein der schriftlichen Propaganda beimaß, weil, wie er es an anderer Stelle formulierte, auf den ruhigen, beschaulichen, von politischer Betätigung ausgeschlossenen, leselustigen Deutschen „Schriftstellerei mehr als auf andere Nationen" wirkt[1095]. Den hohen Wert der „öffentlichen Meinung" hatte er seit seinem 2. Ministeriat längst verinnerlicht und sie auch schon für seine politischen Zwecke zu instrumentalisieren gesucht[1096].

Mit der ihm eigenen Energie machte sich Stein an die Arbeit: Gruner wurde in die beschlossenen Maßnahmen eingebunden und mit Anweisungen versehen[1097], was unmittelbar zu machen wäre – u. a. ein (billiger) Nachdruck von Arndts *Geist der Zeit* –, um den 28. Juni konstituierte sich das von ihm angeregte Deutsche Komitee, zu dessen Vorsitzenden der Zar interimistisch den Prinzen Georg von Oldenburg – bis sein Vater diese Aufgabe übernehmen würde – bestimmte und dem als Mitglieder Graf Kotschoubey, Stein und Feldmarschall Graf Lieven angehören sollten[1098]. Aus der Instruktion geht hervor, dass eine Abgrenzung der Kompetenzfelder – Propaganda, militärische Aspekte – bereits mündlich abgesprochen worden war; in ihr geht es dementsprechend eher um praktische Fragen, aber auch um die Finanzierung der Aktivitäten des Komitees.

Dass Steins Projektionen freilich nicht nur der russischen Unterstützung, sondern eines europäischen Rahmens bedurften, machte er ebenfalls rasch deutlich. In seiner zweiten größeren Denkschrift für den russischen Kaiser versuchte er ihn für den Gedanken zu gewinnen, eine Erhebung in Norddeutschland durch eine englisch-schwedische Landungsarmee abstützen zu lassen, da diese Region für Russland ohnehin zu entlegen sei[1099] – sein

Freund Gneisenau, der wenige Tage vor Steins Ankunft noch im russischen Hauptquartier geweilt hatte und sich auf dem Weg nach Schweden befand, mag diesem Gedanken schon vorgearbeitet haben. Stein machte sich über die Langwierigkeit eines solchen Unterfangens, England und Schweden zum Kriegseintritt zu bewegen, keine Illusionen, drängte deswegen aber um so mehr, keine Zeit zu verlieren. Um in England eine günstige Stimmung für einen solchen russischen Vorschlag zu befördern, weihte er mit Zustimmung Alexanders[1100] den Grafen Münster in die geplanten Unternehmungen ein[1101].

In diesen späten Juni- oder frühen Julitagen des Jahres 1812 entstand Steins fulminanter *Aufruf an die Deutschen, sich unter der Fahne des Vaterlands und der Ehre zu sammeln*, der nach leichten Korrekturen der französischen Fassung – zum Teil durch den Zaren persönlich – dann als Flugblatt[1102] gedruckt und in großem Stil verbreitet werden sollte (und wurde[1103]). Auch im emotionslosen Abstand von 200 Jahren verfehlt die Schrift ihre Wirkung nicht – im Aufbau, in der Argumentation, in der Dichte der Sprache zählt sie zweifellos zu den Höhepunkten der deutschsprachigen Publizistik, zumindest der des 19. Jahrhunderts. Sie beginnt mit der appellativen, niemanden ausschließenden Anrede „Teutsche!“ und fragt zunächst rhetorisch, warum sie – also die deutschen Truppenteile der *Grande Armée* – denn überhaupt Russland bekriegten, wo doch dieser Staat in der Vergangenheit immer wieder Deutsche aufgenommen und sie in Lohn und Brot genommen habe. Der Angriff auf Russland sei ungerecht und werde mit der gänzlichen Unterjochung der Deutschen enden. Er beruhe jedoch nicht auf der freien Entscheidung der Deutschen, die vielmehr nur „unglückliche Werkzeuge der fremden Herrschsucht“ seien. „Teutsche“, so fährt die Schrift fort, „unglückliche schmachvolle Werkzeuge zur Erreichung ehrgeiziger Zwecke, ermannt und erhebt Euch, bedenkt, dass Ihr seit Jahrhunderten in der Geschichte die Stelle eines großen, in den Künsten des Kriegs und des Friedens sich auszeichnenden Volks einnehmt, lernt aus dem Beispiel der Spanier und Portugiesen, dass der feste, kräftige Wille eines Volks den Angriff und die Unterdrückung der Fremden zu vereiteln vermag – Ihr seid unterdrückt, aber noch nicht erniedrigt und entartet; vergaßen gleich viele aus Euren oberen Ständen ihre Pflichten gegen das Vaterland, so ist doch die große Mehrheit Eures Volkes bieder, tapfer, des Drucks des Fremdlings überdrüssig, Gott und dem Vaterland treu“. Alle Deutschen, die jetzt an die Grenze Deutschlands gezwungen worden seien, werden aufgerufen, sich unter den Fahnen der Freiheit und der National-Ehre zu versammeln, die unter dem Protektorat des Zaren errichtet würden. Der russische Kaiser habe ihn – die Schrift wurde nicht von Stein, sondern von dem Oberbefehlshaber der russischen Westarmee Michail Bogdanovič Barclay de Tolly unterzeichnet – ermächtigt, allen „auswandernden“ deutschen Soldaten und Offizieren eine „Anstellung“ in der Deutschen Legion anzubieten. Ihre erste Bestimmung wäre die Wiederherstellung der Freiheit Deutschlands. Sollte das gelingen, wären den Beteiligten glänzende Belohnungen sicher; selbst für den Fall eines Misslingens müssten sich die Überläufer keine Sorgen machen, weil ihnen ein Wohnsitz und eine „Freistätte“ im südlichen Russland verbindlich zugesichert wird. „Teutsche wählt!“, so schließt die Schrift, „folgt dem Ruf des Vaterlands, der Ehre und genießt die Belohnung Eures Muts und Eurer Aufopferungen – oder beugt Euch ferner unter das Joch der Unterdrückung, das auf Euch lastet, und Ihr werdet untergehen in Schande, Elend und Erniedrigung, der Spott des Auslands, der Fluch Eurer Nachkommen“.

In der Klarheit eines Schwarz-Weiß-Bildes, in seinen appellativen Elementen, in der Kunst, negativ besetzte Begriffe („Desertion“) zu vermeiden, im Rekurs auf frühere Größe und die engen Verbindungen zwischen Russland und Deutschland war das Demagogie auf hohem Niveau, und die Schrift, die zunächst in einer Auflage von 10.000 Exemplaren gedruckt wurde[1104], verfehlte ihre Wirkung tatsächlich nicht – eine freilich alles in allem begrenzte Wirkung. Mit der einen Schrift, das war Stein von Anfang an klar, würde es nicht getan sein.

Diese Aufgabe musste allerdings anderen übertragen werden, denn auf Stein stürzten jetzt all die Aufgaben ein, die er selbst in seiner ersten russischen Denkschrift angesprochen hatte: die Kontrolle und Unterbrechung der französischen Etappen- und Kurierrouten[1105], die Distribution der Flugschrift, die Organisation des Deutschen Komitees. Ein gravierendes Problem erwuchs daraus, dass der in Prag tätige Gruner, in dem entstehenden Räderwerk eine wichtige Schaltstelle, von den österreichischen Behörden zunehmend misstrauisch beobachtet[1106] wurde und deswegen nur noch mit einem begrenzten Aktionsradius tätig werden konnte, allerdings für die konspirative Praxis von eminenter Bedeutung blieb[1107]. Es war einer der schwersten Schläge für Steins Optimismus, dass Gruner aufgrund einer preußischen Denuntiation im August 1812 von den österreichischen Behörden inhaftiert wurde und bis zum Oktober 1813 hinter Festungsmauern verschwand. Und es kam bald noch schlimmer: Auch die anfänglich so ungetrübt scheinende Harmonie im Deutschen Komitee wurde ersten Belastungsproben unterworfen, die durchaus nicht nur ephemer waren. Prinz Georg hatte in einem (nicht erhaltenen) Memorandum davor gewarnt, das Volk zum Aufstand aufzurufen, sondern verlangt, die Initiative den depossedierten Fürsten zu überlassen, die mit Hilfe ihrer früheren Untertanen sich ihrer Staaten wieder bemächtigen sollten. Stein verwarf diesen Gedanken mit deutlicher Schärfe[1108] und sprach sich, weniger energisch, zudem gegen die Bedenken des Prinzen aus, bei der Befreiung Deutschlands sich auch der geheimen Gesellschaften zu bedienen[1109]. In diesem Grundsatzkonflikt vermochte er, um vorzugreifen, am Ende den Zaren auf seine Seite zu ziehen[1110].

Aber die Probleme setzten sich auf anderer Ebene fort: Die Nachrichten aus den Staaten der potentiellen Verbündeten waren keineswegs aufbauend.

Gneisenau musste aus Stockholm berichten, dass die dortige politische Elite nicht auf Krieg eingestellt sei, und auch in Bezug auf Großbritannien, wo innenpolitische Fragen das Feld beherrschten und wo parallel Pozzo di Borgo in gleichem Sinn tätig war[1111], war er alles in allem skeptisch[1112]. Vollends galt die Skepsis hinsichtlich Österreichs, wo der überraschende Tod des Grafen Friedrich Leopold Stadion der frankreichfreundlichen Partei erneut Auftrieb gegeben hatte. Schon nach wenigen Tagen und Wochen war klar: im Husarenritt würde sich das Programm seiner ersten russischen Denkschrift nicht umsetzen lassen.

Ende Juli 1812, gerade als die für alle deutschen Pläne günstige Nachricht vom Abschluss des russisch-türkischen Friedens eintraf, der Russland im Süden Ruhe verschaffte[1113], folgte Stein dem Zaren nach Moskau, wo er nicht nur einen tiefen Einblick in die eindrucksvollen, den Herrscher auf die Stufe der Gottähnlichkeit hebenden russischen Herrschaftsrituale und die Religiosität der breiten Bevölkerung erhielt und sich nachhaltig beeindrucken ließ von der Opferwilligkeit des russischen Adels, die sogar – das Herz muss ihm aufgegangen sein – die Aufstellung einer nationalen Landwehr umfasste, sondern sich auch fast touristisch diese Kapitale erschloss[1114]. Einige Wochen später sollte das alte Moskau, dieses Ensemble mehrerer Städte, das „offre un nombre d'édifices de l'architecture la plus disparate, des hôtels superbes, des maisons de bois, des constructions dans la mauvaise style du bas empire mêlé au style oriental, d'autres dans le meilleur de l'architecture moderne, la majeure partie de ces grands bâtiments entourés de jardins souvent d'une grandeur considérabe"[1115], weitgehend verschwunden und ein Opfer der Flammen geworden sein. Anfang August 1812 reiste Stein nach Twer weiter, um sich dort mit dem oldenburgischen Prinzen zu treffen, am 9. traf er, nachdem er unterwegs Graf Kotschubey auf seinem Schloss besucht (und einen Kutschenunfall erlitten) hatte, in St. Petersburg ein. Er fand dort eine ganze Reihe Bekannter vor, u. a. eine Gräfin Tolstoj, eine Tochter der Prinzessin von Holstein, und die Schwiegermutter Nesselrodes, traf auf etliche Männer, die gute Kenntnisse des Fernen Ostens hatten, begegnete François d'Ivernois zum ersten Mal[1116], dessen England-Schriften er früher verschlungen hatte und den er im Frühjahr 1813 im alliierten Lager wiedertreffen sollte. Den mit Abstand meisten Anklang bei ihm fanden die Soireen im Haus der Comtesse Orloff[1117], einer Frau, von der selbst Arndt hingerissen war und von der Stein später sagen sollte, es sei schade, dass ein solches Weib in Russland leben und sterben müsse. Sie war eine Gastgeberin *par excellence*, die in Steins Kraft und Tugend geradezu „verliebt" war und es rundum genoss, blitzenden Auges Witz und Rede mit ihm zu wechseln[1118]. Im Verlauf dieser Soireen traf er übrigens auch mit der Verfasserin eines von ihm besonders geschätzten Buches zusammen, Madame de Staël[1119]. Wenn man Arndt glauben darf, der seine Vorbehalte gegenüber Französinnen in diesem einen Fall gern zurückstellte, war die Necker-Tochter, „in welcher Schönheit nie gewesen und die Jugendblüte verwelkt war", ein „Spiegel hellesten Geistes und klarster Treue und Redlichkeit", und er konnte sich nicht satt daran sehen, wie die Staël und Stein, „diese beiden lebhaftesten, leidenschaftlichsten Menschen an Tischen und auf Diwanen in ihren lebendigsten Bewegungen gegeneinander" stießen und karambolierten[1120]. In gesellschaftlicher Hinsicht waren die Petersburger Wochen sicher ein Höhepunkt in Steins Leben: Er war der Souveränität und Unabhängigkeit ausstrahlende, zugleich mit Visionen erfüllte Mittelpunkt der Salons und der Soiréen, die hochadligen und geistig führenden Damen umschwärmten ihn, er ging im Haus des Kaiserbruders Konstantin und seiner sachsen-coburgischen Gemahlin ein und aus, wo er wie selbstverständlich auch mit der regierenden Kaiserin Elisabeth zusammentraf, für die Berater des Zaren aus vielen Ecken Europas wurde er zum Kristallisationspunkt. Stein hat das genossen – nach den eher tristen Jahren des Exils: warum auch nicht? Ernst Moritz Arndt, sein Begleiter auf dem Petersburger Parkett, schien es im Abstand einiger Jahrzehnte so, dass er ihn nie glücklicher und mutiger erlebt habe als in der „Newaburg", „auf seinem Antlitz, in seiner Gebärde und Rede, in Schritt und Tritt schien er wie von frischer Jugendkraft neu durchschossen".[1121]

Und er war ja auch eine eindrucksvolle Persönlichkeit. Arndt, mit dem er im August 1812 in Petersburg erstmals zusammentraf, hat ihn in der Rückschau in seinen *Wanderungen und Wandelungen...* wie folgt beschrieben: „Der Freiherr vom Stein war mittlerer Größe, dem Kurzen und Gedrungenen näher als dem Hohen und Schlanken, der Leib stark und mit breiten deutschen Schultern, Beine und Schenkel wohl gerundet, die Füße mit starker Rist, alles zugleich stark und fein wie von altem Geschlecht, dessen er war; seine Stellung wie sein Schritt fest und gleich. Auf diesem Leibe ruhte ein stattliches Haupt, eine breite sehr zurückgeschlagene Eselsstirne, wie die Künstler sagen, dass der große Mann sie häufig haben solle; seine Nase [...] eine mächtige Adlernase, unter ihr ein fein geschlossener Mund und ein Kinn, das wirklich ein wenig zu lang und zu spitz war". Auf seiner Stirn, so Arndt weiter, habe „fast immer der klare heitre Olymp eines herrschenden bewusstes Geistes" geleuchtet, um Wangen, Mund und Kinn hätten „die heftigsten empörten Triebe" gezuckt[1122]. In den Petersburger Salons habe er alle bezaubert; er habe gewirkt wie „mit einem Glanze des Mutes und der Hoffnung durchleuchtet und umleuchtet, dass ich alle seine kleinen mitspielenden Zufälligkeiten, sein schon ergrautes Haar, seine durch Podagra zuweilen gehemmten und gekürzten Schritte darüber vergaß. Mit solchem Glanz und solcher Frische durchschritt er die Säle der Fürsten und die Paläste der Knesen jetzt schon gleich einem glücklichen triumphierenden Sieger"[1123].

Stein, das sollte deutlich werden, wurde in kurzer Zeit, vor allem nachdem es gelungen war, den frankophilen Fürsten Romanzoff zu stürzen, zu einer Schlüsselfigur der russischen Politik – nicht mit irgendeinem hochtrabenden Titel, aber informell und kraft seiner Persönlichkeit. Er hat es bei alledem strikt vermieden, irgendwelche förmlichen Gespräche mit Vertretern dritter Mächte zu führen, was ihm im Fall des britischen Botschafters Cathcart und seines Sekretärs Walpole auch deswegen leicht gefallen sein mag, als er mit beiden erhebliche zwischenmenschliche und politische Probleme hatte[1124]. Die Soireen, aber auch seine sonstigen Gespräche werden ihm freilich zugleich vermittelt haben, dass seine unbedingte Orientierung am Zaren nicht von allen Adelskreisen geteilt wurde; auch nach und trotz Romanzoffs Sturz blieben oppositionelle Kräfte am Werk, die u. a. die Unfähigkeit der militärischen Führung aufspießten, freilich zunächst auf subversives Agieren verwiesen blieben.

Unterdessen war Mitte Juli Ernst Moritz Arndt, noch von Gruner mit allem ausgestattet, was nötig war, nach Russland aufgebrochen[1125], traf aber erst einen Monat später in St. Petersburg ein[1126]. Es war offenbar Sympathie auf den ersten Blick – aus dem erstmaligen Zusammentreffen des einen Napoleon-Flüchtlings mit dem anderen sollte sich eine lebenslange, zudem belastbare Freundschaft entwickeln. Man zögerte nicht, Arndt sofort in dem projektierten Sinn einzusetzen – um so mehr, als die Übertritte deutscher Soldaten in napoleonischen Diensten und ihre Zusammenfassung in einer Deutschen Legion noch weit davon entfernt waren, zu einer Massenbewegung zu werden. Arndt sollte Flugschriften und Lieder schreiben, die man unter den deutschen Kriegsgefangenen kursieren lassen wollte „pour rectifier leurs opinions", und man wollte ihn der Deutschen Legion zuordnen, die er durch Schrift und Rede enthusiasmieren sollte. Sein *Soldatenkatechismus*, der in seiner ersten Auflage (November 1812) sich deutlich von Steins damaliger Konzeption, dass der Aufstand auf die Wiederherstellung wahrer fürstlicher Freiheit abziele, unterschied, setzte hier das erste Ausrufzeichen. In den Folgeauflagen dieser pathetischen Schrift sind wesentliche Schärfen dann freilich wieder herausgenommen worden.

Mit dieser Deutschen Legion ging es aber nicht recht vorwärts – numerisch, organisatorisch, aber auch weil ständig die Gefahr drohte, dass sie zu einem Sammelbecken aller möglichen Abenteurer und zwielichtigen Gestalten würde. Sie hatte zudem im russischen Hauptquartier keine „gute Presse"[1127], was sich in der Behandlung der deutschen Kriegsgefangenen und der wirklichen Überläufer niederschlug und die Rückwirkung hatte, dass manche Deutschen sich dann doch eher gegen sie entschieden, weil sie befürchteten, am Ende in russische Regimenter gesteckt zu werden. Hinzu kam eine tiefe Skepsis bei den russischen Offizieren, dass eine solche Einheit bei einer allfälligen Erhebung in Norddeutschland wirklich hilfreich sein könne. Ende September 1812 machte Stein Münster gar den Vorschlag, dass England die Leitung der Deutschen Legion übernehme und sie besolde![1128] Stein und Arndt sollten dann auf ihrer gemeinsamen Fahrt von Petersburg über Wilna nach Königsberg, die ihnen im übrigen die ganzen Schrecken des Kriegs enthüllt hatte, unter den deutschen Kriegsgefangenen zu werben suchen – auch das mit eher bescheidenem Erfolg.

In Verbindung mit der britischen Zurückhaltung, sich angesichts des eigenen Engagements in Spanien auch noch in Deutschland militärisch zu binden[1129], waren das ernüchternde Frühherbstwochen, die Stein hinter sich zu bringen hatte, um so mehr als die russischen Truppen vor den heranrückenden französischen sich in die Weite ihres Landes zurückzuziehen begannen – eine Stein zumindest nicht besonders vertraute Strategie. Es fehlte an dem „System", das er immer wieder anmahnte[1130], also an einer verlässlichen Koalition – solange man in dieser Hinsicht nicht weiterkam, waren alle anderen Bemühungen aussichtslos. Insofern eilten Steins Überlegungen, im Fall einer englischen Landung rasch eine provisorische Verwaltung in Norddeutschland aufzubauen[1131], den Dingen weit voraus. Gelegentlich gemahnen seine vielen Pläne an politische Sandkastenspiele – aber das zählt ja auch zur politischen Planung, auf alle Eventualitäten gefasst zu sein...

In dieser Situation hat Stein dem russischen Kaiser erneut eine Denkschrift vorgelegt, die aus dem Moment heraus zu verstehen ist, gleichwohl als Dokument seiner vermeintlichen Fixierung auf den Nationalstaat, der aus diesen ganzen Turbulenzen hervorgehen solle, immer wieder angeführt wird[1132]. Die Ausgangsfrage war, wie es nach dem Ende des napoleonischen Systems mit Deutschland weitergehen solle. Immer wieder, so Stein, werde geantwortet, dass die alte Reichsverfassung restituiert werden müsse. Aber welche wäre das: die von 1648 oder die von 1802? Es liege im Interesse Europas und Deutschlands, dass ein kräftiger Staat entstehe, der in der Lage wäre, Frankreichs Übermacht zu widerstehen und seine Selbständigkeit allein erhalten könne. Von dieser Vorüberlegung her wären drei Modelle denkbar: das Land zwischen Oder, Rheinmündung, Maas und Mosel-Gebirge „zu einem einzigen kräftigen Staat" zu machen, das „so begrenzte" Deutschland an der Mainlinie zwischen Österreich und Preußen zu teilen, oder aber einzelne Teile dieses Landes in ein System der Unterordnung unter Preußen und Österreich zu setzen. Wolle man vor dem Hintergrund der historischen Entwicklung wirklich die „alte morsche Staatsverfassung wiederherstellen"? Das sei schließlich nur möglich, wenn man Preußen vernichte, die Reichsstädte und die Reichsgerichte wiederherstelle usw. Wolle man das wirklich? Auf der anderen Seite habe sich die Vielzahl der Klein- und Kleinststaaten durchaus negativ auf die Mentalitäten ausgewirkt. Leider sei – wir erinnern uns an dieses Motiv! – eine Rückkehr zum hochmittelalterlichen Reich des 10.–13. Jahrhunderts nicht vorstellbar, woraus folgere, das Land zwischen Oder, Rhein, Maas, Schweiz, Italien und den österreichischen Staaten zu einem großen Ganzen zusammenzufassen, „das alle physischen und intellektuellen Elemente zu einem glücklichen, kräftigen, freien Staat in sich fasst und dem Ehrgeiz und dem wilden Treiben Frankreichs sich zu widersetzen vermag". Wenn sich das als unmöglich erweise, sei die Teilung Deutschlands zwischen Österreich und Preußen der Wiederherstellung der alten Reichsverfassung vorzuziehen, sogar wenn es nötig sein würde, die vertriebenen Fürsten zu restituieren.

Man muss bei der Interpretation dieser Denkschrift zunächst den Kontext bedenken, in dem sie entstand und stand: Adressat war ein fremder Herrscher, der sich an der Befreiung Deutschlands beteiligte, aber sich und seinen Staat nicht auf unabsehbare Zeiten binden wollte. Ihm musste assoziiert werden, dass Deutschland schnell auf die eigenen Füße zu stehen kommen und allein in der Lage sein werde, seine Außenverteidigung zu übernehmen: das Modell des Einheitsstaats, das für Stein in der aktuellen Situation des Herbstes 1812 auch deswegen ein Gegenstand der Reflexion gewesen sein mag, als er tagtäglich mit Ernst Moritz Arndt zusammenarbeitete, der dieser Perspektive weit näher stand als Stein. Aber er hat diesen Gedanken dann gleich relativiert, und zwar entscheidend: durch das Konstrukt eines inneren und eines äußeren Bundes. Nur der äußere Bund solle mit den beiden deutschen Großmächten verknüpft sein. Das Entscheidende ist freilich, dass Stein sein Memorandum noch nicht einmal damit beschließt, sondern die Alternative aufzeigt: eine Trennung Deutschlands in zwei Einflusssphären unter Reintegration der vertriebenen Fürsten. Ihm als politischem Realisten war völlig klar, dass das erste Denkmodell noch auf lange Zeit unrealistisch sein würde und in der gegebenen Situation nur „Spielmaterial“ war, um einen bestimmten politischen Zweck zu erreichen[1133].

Aber sich mit einem positiven Ansatz mit der Zukunft Deutschlands zu beschäftigen, war angesichts der Hiobsbotschaften, die im späten September und im Oktober 1812 auf Stein, das Deutsche Komitee und die Petersburger Gesellschaft einstürzten, ein kühnes Unterfangen – Gedanken an eine Nachkriegsordnung verboten sich vorderhand. Der Brand Moskaus und die ihm folgenden Lockangebote Napoleons, auf die der Zar freilich seiner Ehre und seiner innerstaatlichen Reputation wegen nicht eingehen konnte, die Verhaftung des wichtigsten Verbindungsmanns jenseits der russischen Grenze, des preußischen Staatsrats Gruner[1134], die Unsicherheiten, wie es mit der Deutschen Legion weitergehen würde, die Untätigkeit Schwedens[1135] – all das war kaum geeignet, einigermaßen beruhigt in die Zukunft zu blicken. Und es kam eins hinzu: Stein war durch die nähere Kenntnis der russischen Politik und ihrer Trägerfiguren in hohem Maß desillusioniert worden. Sein früheres Vertrauen in die Macht der Intelligenz und der Ideen, so hat es Schön nach ihrem Wiedersehen in Gumbinnen im Januar 1813 erfühlt, sei verschwunden, Stein habe mit bitter lächelnder Miene erklärt, er kenne im politischen Bereich nur noch eine Größe, nämlich die „Pfiffiologie“[1136]. Das muss für einen Mann wie Stein ein schmerzlicher Erkenntnisprozess gewesen sein!

Um so wichtiger war, dass er auf den Zaren voll vertrauen konnte: das war die Konstante in dieser Lebensphase Steins, die in der beiderseitigen

Glaubensintensität ihre eigentliche Verankerung hatte. Freilich konnte er in Stimmungstälern auch wohl daran einmal zweifeln; bezeichnend ist ein Brief an Graf Münster aus dem späten September, in dem er die Charakterschwäche und die Oberflächlichkeit Alexanders nachgerade beschwörend beklagte. Dass der Brief die Funktion haben sollte, London zum raschen Eingreifen zu bewegen und von der Notwendigkeit der Wiederaufrichtung Deutschlands als eines Schutzwalls gegen die französische Eroberungssucht zu überzeugen, nimmt den Klagen über den Zaren nichts von ihrer Brisanz.

Der politische Umschwung zeichnete sich im späten Oktober ab: Die ersten Nachrichten über – zunächst noch begrenzte – Waffenerfolge der russischen Heerführer trafen ein, am 28. Oktober sprach Stein bereits – vielleicht war noch ein wenig Wunschdenken im Spiel – vom „aufgelösten Zustand der französischen Armee“[1137], Anfang November sah er den völligen Untergang der französischen Armee voraus, noch ehe sie die deutsche Grenze erreichen werde[1138]. Stein war elektrisiert, begann sofort neue Denkschriften über die territoriale Neuordnung Deutschlands und darüber hinaus Europas auszuarbeiten, in denen er z. B. die Vereinigung des Herzogtums Warschau mit Sachsen und die der Niederlande mit Großbritannien vorschlug[1139], bedrängte Münster, der ob Steins Ansatz, das welfische Kurfürstentum zugunsten Preußens kurzweg zu mediatisieren, mehr als irritiert gewesen sein muss, heftig wegen der englischen Landung in Norddeutschland, unerlässliche Grundlage eines Aufstands[1140], forderte Gneisenau dringend auf, jetzt nach Russland zu eilen[1141], hatte kein Verständnis dafür, dass sein Schwager Karl von Wallmoden, österreichischer General seines Zeichens, einer Tätigkeit in Spanien den Vorzug gab vor der in und für Deutschland[1142]. Das Ganze paarte sich freilich mit wachsender Kritik an den von Unfähigkeit, Eitelkeit und Begehrlichkeit geprägten Zuständen in der russischen Staatsspitze, die in der Gestalt Romanzoffs freilich Stein schon immer abgestoßen hatte. Gerade im Licht der Parteienkämpfe in Russland erschien ihm ein Eingreifen Englands notwendiger und dringender denn je, um ein Gegengewicht zu schaffen und den egoistischen Interessen Russlands entgegenzuwirken[1143].

Zwecks endgültiger Niederwerfung Napoleons plädierte Stein nun sogar wieder für ein Bündnis mit Preußen, das in den zurückliegenden Monaten für ihn bei seinen strategischen Überlegungen kaum noch eine Rolle gespielt hatte[1144]. Sein mentaler Abstand zu Preußen war inzwischen so groß geworden, dass er Münster heftig widersprach, der in ihm den Preußen sehen wollte; in diesem Zusammenhang fiel der vielzitierte Satz „Ich habe nur ein Vaterland, das heißt Deutschland“, den er wie folgt ergänzte: „Da ich [als Reichsritter, H. D.] nach alter Verfassung nur ihm und keinem besonderen Teil desselben angehörte, so bin ich auch nur ihm und nicht einem Teil desselben von ganzer Seele ergeben“[1145]. Sicher auch dies kein Programm eines künftigen Nationalstaats, vor allem wenn man die folgenden Zeilen, die u. a. von einer bloßen „Reduktion“ Bayerns, Württembergs und Badens sprechen, mit in die Interpretation einbezieht[1146]. Münster hat denn auch seinem sich in diesem Augenblick dualistisch zuspitzenden Zukunftsbild nicht zufällig postwendend widersprochen[1147], im übrigen Ausdruck einer nur sehr allmählich auch Stein erkennbar werdenden unterschiedlichen politischen Grunddisposition[1148]. Noch härter war einige Wochen später Gneisenaus Widerspruch, der auch auf die Inkonsequenzen der verschiedenen Steinschen Entwürfe abhob – in einem Brief, der Steins Umgang mit den Menschen in einer Schärfe tadelte, wie sie Stein wohl noch nie vor die Augen gekommen war[1149].

Aber zunächst – dies verdeutlichte ihm unter anderem der in London weilende und in ständigem Gedankenaustausch mit ihm stehende Pozzo di Borgo („Cherchons à l’obtenir [= la victoire], et alors on jugera mieux sur l’usage qu’on doit en faire“)[1150] – galt es, den Bären, der am 5. Dezember seine Armee verlassen und sich über Warschau auf die Fahrt nach Paris begeben hatte, erst einmal zu erlegen, bevor man sein Fell verteilte, auch wenn das Steins Planungsleidenschaft diametral widersprach. Und eine konzentrische Bärenhatz, um im Bild zu bleiben, konnte schon bald wieder *ad acta* gelegt werden, als erkennbar wurde, dass die kurzzeitige Kriegsbegeisterung auf der Insel wieder abflaute und die Anlandung eines britischen Truppenkorps in Norddeutschland sich ein weiteres Mal zerschlug. Und über all das hinaus: Die Grundsatzfrage war ja noch nicht einmal geklärt, ob die russischen Truppen überhaupt die Westgrenze des eigenen Imperiums überschreiten würden, wogegen sich vor dem Hintergrund der exorbitant großen Menschenverluste in Russland selbst kräftige Stimmen regten, die die Frage thematisierten, was die Russen eigentlich die Preußen und die übrigen Deutschen, schon gar die sich misstrauisch-vorsichtig zurückhaltende Hofburg angingen. Die Berufung Steins nach Russland mochte zwar ein Signal gewesen sein, die Befreiung Europas mit den nationalrussischen Kriegszielen zu verbinden, aber um die Realisierung dieser Absicht galt es stets neu zu kämpfen. Wir wissen, dass Alexander aller Kritik ungeachtet bei seinem einmal gefassten Entschluss geblieben ist, was in der Tat wohl als seine „weltgeschichtlich wahrhaft große und bei weitem seine größte Tat“ eingeschätzt werden muss[1151], aber diese Konsequenz verlangte nach der Mitwirkung vieler, darunter auch Steins. Freilich hatte auch der Zar nach wie vor ein massives Interesse daran, es nicht bei der Vertreibung der Franzosen aus seinem Reich zu belassen: den Gedanken der Wiedererrichtung Polens unter russischem Zepter hatte er noch längst nicht aufgegeben, ja, er gewann zunehmend geradezu eine moralisch-emotionale Qualität.

So sieht man Stein denn auch, nicht mehr Stratege, sondern nun primär Pragmatiker, seit Mitte Dezember 1812 zu den praktischen Dingen zurückkehren (mit denen er freilich zugleich dem Kaiser die Entscheidung erleichtern wollte, zum Zweck der Niederringung Napoleons die russisch-preußische Grenze zu überschreiten): zu Fragen der Versorgung der nach Deutschland vorrückenden russischen Heere, zur dringenden Empfehlung, die Zivilbevölkerung möglichst zu schonen, zum Verwaltungsaufbau und zur Behandlung der von Frankreich eingesetzten Funktionsträger, zur Verwendung der Einnahmen und Abgaben in den besetzten Gebieten, die nach seinen Vorstellungen ausnahmslos der Volksbewaffnung zufließen sollten[1152]. Das vor Monaten eingesetzte Komitee für die Deutsche Legion reaktivierte sich selbst und trat wieder stärker in Erscheinung[1153]. Die in miserablem Zustand befindliche, zahlenmäßig – wir hörten das schon – weit hinter den Erwartungen zurückgebliebene Deutsche Legion sollte schleunigst nach Königsberg verlegt werden[1154] – was im übrigen auch geschah. Mit Alexanders Zustimmung entwarf Stein einen Brief[1155], in dem der preußische König eindringlich aufgefordert wurde, sich dem Kampf Russlands gegen Napoleon anzuschließen[1156], zugleich trat er wieder mit preußischen Funktionsträgern wie Theodor von Schön in briefliche Verbindung, die er – man erinnere sich an die Königsberger „Geheime Gesellschaft" – von der Notwendigkeit einer unverzüglichen Volkserhebung zu überzeugen suchte[1157]. Es bedurfte freilich dann doch erst der eigenmächtigen Entscheidung des preußischen General Yorck, das ihm unterstellte Hilfskorps aus dem französischen Truppenverband zu lösen und den Russen für eine befristete Zeit dessen Neutralität bindend zuzusagen, um die Dinge irreversibel in die von Stein gewünschte Richtung zum Laufen zu bringen – auf die Konvention von Tauroggen wird gleich zurückzukommen sein.

Mit dem Vorrücken der russischen Armeen nach Westen wurde Steins Rückübersiedlung nach Deutschland wieder realistischer. Er hatte im Juni 1812 seine Familie ja Hals über Kopf verlassen, offenbar ohne den beiden Töchtern reinen Wein einzuschenken, aber wie sehr er die Familie vermisste, spiegeln die geradezu zärtlichen Briefe wider, die er mit den Kindern wechselte. Jetzt, zu Jahresende 1812, nahm nach halbjähriger Trennung der Gedanke der Familienzusammenführung offenbar erstmals wieder festere Konturen an – für Stein ein Grund neben anderen, in das Jahr 1813 mit einigem Optimismus hineinzublicken. Am 3. Februar 1813 kündigte er seiner Frau erstmals an, er hoffe in Kürze „vous donner un rendez[-vous] dans le voisinage de votre résidence"[1158].

Der Russland-Aufenthalt, der sich jetzt seinem Ende zuzuneigen schien, war eine wichtige Etappe in Steins Leben: Nicht nur, dass er sein Weltbild um das persönliche Kennenlernen einer Großlandschaft bereichern konnte, die ihm bisher allenfalls durch Schlözers Kollegs ansatzweise vermittelt worden war, er hatte auch – sozusagen als Außenseiter – ein noch uneingeschränkt autokratisches Regierungssystem kennengelernt, das noch weit stärker als das ihm verhasste Kabinettssystem Friedrich Wilhelms III. vom *good will* – oder eben vom Gnadenentzug – des Monarchen abhängig war, ein System, das zudem aller Kontrollmechanismen, etwa in Gestalt von Ständeversammlungen, entbehrte. Von Steins Staatsverständnis, das auf Partizipation und Verantwortlichkeit zielte, war der russische Autokratismus um Längen entfernt, und wie Arndt[1159] sah Stein selbstredend auch das Willkürpotential, das dem alexandrinischen Herrschaftssystem innewohnte und das er von seinem Rechtsempfinden her nur unzweideutig verurteilen konnte. Auf der anderen Seite war es dieses System, das als erstes und einziges die Kraft zum militärischen Widerstand gegen Napoleon gefunden hatte, und diese Situation galt es des größeren Ziels wegen auszunutzen. Stein hätte in einem solchen System nie als Beamter dienen können, aber er brachte sich in das System ein seiner politischen Vision wegen.

***

Hätte es 1813 bereits ein Bonusprogramm für Vielreisende gegeben, wäre Stein sicher der allererste Anwärter für einen Spitzenplatz gewesen. Sein Itinerar in den eineinhalb Jahren seit der Jahreswende 1812/13 bewegte sich zwischen St. Petersburg, Basel und Burgund, zwischen Königsberg, Prag und Breslau und Troyes und Paris im Westen – die vielen Stationen einmal zu verkarten, könnte für einen Nachwuchshistoriker eine reizvolle Aufgabe sein. Wenn in einer allgemeinen Würdigung einmal festgestellt wurde, dieser Mann sei – wir ergänzen: im gegenständlichen und im übertragenen Sinn – sein ganzes Leben „in einem uns fast unvorstellbaren Ausmaß unterwegs“ gewesen[1160], so gilt das in besonderer Weise für 1813. Die Spannweite dieses Itinerars lässt zugleich ahnen, in welchem Maß Stein in das Zentrum der großen Politik rückte; aus dem mittelrheinischen Reichsritter und dem preußischen Spitzenbeamten wurde 1813 endgültig und unwiderruflich eine europäische Schlüsselfigur.

Seit der Jahreswende 1812/13 wurde ein Denken in einer größeren Dimension freilich auch notwendiger. Hier gilt es wieder einen Blick auf Preußen zu werfen, das aufgrund des Pariser Vertrags vom Februar 1812 zur Gestellung von 20.000 Mann gegen Russland verpflichtet war, die aber nicht zur Unterstützung des Hauptstoßes auf Moskau eingesetzt, sondern als eine Art Flankenschutz in den russischen Ostseeprovinzen stationiert worden waren. Dieses preußische Hilfsheer, zuletzt unter dem Kommando des Generalleutnants Yorck von Wartenburg stehend, war deswegen auch in einem relativ intakten Zustand geblieben. Vor dem Hintergrund der extremen Unsicherheit des Königs und seiner engsten Entourage, wie es überhaupt weitergehen solle und ob man es ggf. auch riskieren dürfe, einen Kurswechsel an die Seite Russlands ohne ein paralleles Vorgehen Österreichs zu vollziehen, schuf Yorck, ohne dazu autorisiert zu sein und damit viel riskierend, vollendete Tatsachen. Selbständig und sich gleichzeitig seiner Verantwortung voll bewusst – „die Umstände und wichtigen Rücksichten“, so hieß es in seinem Immediatbericht an den König, „müssen ihn [den vollzogenen Schritt, H. D.] [...] für die Mit- und Nachwelt rechtfertigen, selbst wenn die Politik erheischt, dass meine Person verurteilt werden muss" –, schloss der Offizier mit seinem russischen Gegenüber am 3. Januar 1813 die Konvention von Tauroggen ab, die das preußische Armeekorps mit sofortiger Wirkung neutralisierte.

Es ist hier nicht der Ort, darüber zu spekulieren, ob der König möglicherweise unter der Hand doch vorher Zustimmung signalisiert oder auch nur einen Wink gegeben hatte: entscheidend war, dass Yorck zwar abgesetzt und sein Schritt in aller Form verurteilt wurde, dass mit Tauroggen aber doch eine Entscheidung vollzogen wurde, zu der die Politik nicht die Kraft gefunden hatte. Tauroggen markierte die Wende, für Preußen, aber auch für den Zaren, der erst unter diesem Eindruck die Entscheidung zum weiteren Vormarsch irreversibel machte, um so mehr als Metternich wenige Tage später das österreichische Hilfskorps von der französischen Armee abzog und damit die Besetzung Polens durch die Russen ermöglichte. Für Stein ging ein Herzenswunsch in Erfüllung.

Am 5. Januar 1813, unmittelbar nach Erhalt der Nachricht vom Abschluss der Tauroggener Konvention, verließ Stein in Begleitung Arndts St. Petersburg, voll des Lobes über den Zaren und seine freiheitsliebende Nation, voll von Eindrücken vom Ende des glorreichen napoleonischen Heeres und der schmählichen Flucht des Kaisers der Franzosen[1161], zu seiner „destination ultérieure". Die Reise führte über Wilna, wo kurz zuvor Napoleon noch seine Unterlagen und Sachgegenstände hatte verbrennen lassen, nach Suwalki, wo ihn Zar Alexander mit der gewohnten Güte, „avec sa bonté accoutumée", empfing – niemals zuvor oder später ist das Einvernehmen zwischen Stein und dem Zaren so eng, so vertraut gewesen wie Mitte und Ende Januar 1813! Er begleitete dann das russische Hauptquartier nach Lyck, wo ihn ein (verschollenes) Schreiben Schöns mit einer Einladung ins ostpreußische Gumbinnen erreichte. Dort traf er sich am 20. Januar 1813 mit Schön[1162], hauptsächlich um über die Bewerkstelligung der Erhebung Ostpreußens zu sprechen.

Bei dieser Gelegenheit muss Stein jenes Dokument vorgelegt haben, das in der Folge dann für erhebliche Irritationen sorgen sollte. Der Zar hatte ihm am 18. Januar 1813 eine (sicher auf Stein direkt zurückgehende) Vollmacht ausgehändigt, mit der er beauftragt wurde, in den inzwischen unter russischer Besatzung stehenden Provinzen Ost- und Westpreußen und vor dem Hintergrund der noch ungeklärten Beziehungen zum preußischen König die Verwaltungsaufsicht zu übernehmen und alle militärischen und finanziellen Mittel zur Unterstützung des Kampfes gegen die Franzosen zu aktivieren. Das Mandat erstreckte sich auch auf die Absetzung von unfähigen oder böswilligen Funktionsträgern. Sein Auftrag ende in dem Augenblick, in dem es mit dem preußischen König zu einer Verständigung komme[1163], der freilich, wie man ahnte, noch längst nicht entschlossen war, in den Krieg einzutreten, und viel eher dazu tendierte, möglichst schnell Frieden zu machen. Sobald ein solcher Vertrag vorliege, werde man dem Hohenzollernkönig die Verwaltung seiner Provinzen „zurückgeben".

Der Krieg erlaubt völkerrechtlich zwar vieles, aber hier ging es immerhin um die partielle Außerkraftsetzung der Souveränität eines Staates, um die Einsetzung eines „Kommissars" mit weitreichenden Befugnissen von Seiten eines Drittstaats, und das *musste* Reaktionen hervorrufen, um so mehr als Stein sofort daran ging, seine Vollmacht in die politische Praxis umzusetzen. Stein war in Ostpreußen nach wie vor hoch angesehen, aber ein solches Vollmachtenbündel, wie es ihm an die Hand gegeben worden war, musste ihn in den Augen der heimischen Patrioten geradezu zwangsläufig in ein diffuses Licht setzen. Unter dem 22. Januar forderte er, inzwischen in Königsberg angekommen, den Präsidenten der ostpreußischen Regierung, den ihm gut bekannten Hans Jakob von Auerswald auf, für den 5. Februar einen ostpreußischen Landtag auszuschreiben, der über die Errichtung eines Landsturms und einer Landwehr befinden und entscheiden sollte[1164]. Auerswald kam dieser Anordnung – freilich nicht in der Form einer formellen Ständetagung, sondern einer formlosen Ständeversammlung – nach, konnte die Session krankheitsbedingt – keine diplomatische Krankheit! – aber nicht persönlich leiten, deren Präsidium vielmehr in die Hände des Geheimen Justizrats Ahasver von Brandt gelegt wurde[1165]. In der Sache ging die Sitzung, übrigens in Anwesenheit Yorcks, zur vollsten Zufriedenheit Steins aus, der nach längeren Gesprächen mit seinem früheren Mitarbeiter Schön an der Sitzung nicht teilgenommen hatte: die Versammlung bewilligte die Finanzierung von 13.000 Mann regulärer Reservetruppen und von 20.000 Milizionären und stimmte einem Korps von 700 Freiwilligen zu, die sich selbst ausrüsten würden[1166].

Aber die Auseinandersetzungen um Steins (russisches) Mandat hatten signalisiert, dass man seiner zwar bedurfte, aber mit seinem Auftreten als Repräsentant einer Art Siegermacht doch erhebliche Probleme hatte. An einer anderen Front erhoben sich zudem Widerstände gegen Maßnahmen, die Stein direkt verfügt hatte: die ostpreußische Regierung weigerte sich, ein Edikt des russischen Oberbefehlshabers Michajl Ilarionovič Kutusov über die Einführung und den Zwangskurs des russischen Papiergelds[1167] zu publizieren und umzusetzen[1168] – in Geldangelegenheiten reagiert jede Gesellschaft sensibel, vor allem da Gerüchte über die Nichtrücknahme der russischen Banknoten die Runde machten[1169]. Erst nach einem energischen Nachstoßen Steins, mit dem den preußischen Behörden verdeutlicht wurde, dass sie noch unter französischem Einfluss stünden und die Bedeutung des ihnen angemuteten Schritts überhaupt nicht erkennen könnten[1170], strich die Königsberger Regierung die Segel und gab klein bei[1171]. Einen Grundsatzkonflikt wollte man mit einem ehemaligen preußischen Minister und nunmehrigen Repräsentanten einer europäischen Großmacht dann doch nicht riskieren. Aber es war für die Königsberger Beamten eine schwierige Situation, weil sich für sie eine Insubordination *à la* Yorck ausschloss und sie ihre Loyalität zur Krone in ein tragbares Mischungsverhältnis mit den Erfordernissen der Stunde zu bringen hatten. Das Verlaufsmodell wiederholte sich einige Tage später in Westpreußen[1172]; auch hier bedurfte es eines zweiten Schreibens Steins[1173], um die Inkurssetzung des russischen Papiergelds zu erwirken.

Man muss sich die Brisanz dessen, was in Königsberg vor sich ging, noch einmal vergegenwärtigen. Ohne dass eine formell notwendige Zustimmung des Monarchen vorgelegen hätte, versammelten sich auf Anordnung des Beauftragten einer fremden Macht die Ständevertreter, um auf eigene Faust ohne jede Beschlussvorlage ihres Souveräns sich auf die Aufstellung einer Landwehr zu verständigen, die einige Jahre zuvor über das Stadium der Diskussion noch nicht hinausgelangt war. Hier wurde unter Umgehung der Kompetenzkompetenz der Krone ein *fait accompli* geschaffen, ein neues militärisches Element neben dem stehenden Heer, das erstmals den Volkskrieg in die preußische Gesamtverfassung einführte – um es zu wiederholen, auf eine rechtlich zumindest ungewöhnliche Weise. Auch dass dieser Beauftragte einer fremden Macht nun faktisch in die Innenpolitik Ostpreußens eingriff und auf Bitten der russischen Generalität[1174] dafür sorgte, dass, freilich mit Einschaltung der regionalen Behörden, einheimische Handwerker zur Verfügung der russischen Armee standen[1175], kann nur aus der Krisensituation heraus erklärt werden. Faktisch war die Souveränität der Krone in einem nicht unerheblichen Ausmaß außer Kraft gesetzt worden!

Obwohl Stein die wesentlichen Punkte seines Mandats realisieren konnte, sorgte die Art und Weise seines Auftretens in Königsberg – auch und gerade gegenüber Freunden und Mitarbeitern vergangener Tage! – für Irritationen; sein Stil, den Vertreter des Zaren hervorzukehren, der einen Anspruch darauf habe, dass seinen Anordnungen Folge geleistet würde, seine Schroffheit, haben ihm viele Königsberger Patrioten nicht mehr vergessen. Für sie trat dabei dann auch in den Hintergrund, dass Stein – ein in hohem Maß symbolisches Handeln – gerade von Königsberg aus den von Napoleon verfügten Kontinentaltarif außer Kraft setzte und die ostpreußischen Häfen für den Handel mit England wieder öffnete. Diplomatisches Fein- und Fingerspitzengefühl – Stein wusste das ja auch selbst – war seine Sache nicht; die Chance, jetzt all das zu verwirklichen, was ihn seit Jahren beschäftigt hatte, den Volkskrieg, die Organisation des europäischen Widerstands gegen Napoleon, erlaubte ihm wohl nur noch, sich seines selbstgewählten Wahlspruchs „Gradheraus und Graddurch" zu bedienen. Auch die Krone sollte ihm dieses Verhalten in Königsberg im übrigen nicht mehr vergessen. Eine etwaige Rückkehr Steins in preußische Dienste hatte sich mit den Königsberger Januar- und Februartagen 1813 ausgeschlossen. Sein Platz blieb an der Seite des Zaren.

Stein, in dem Bewusstsein, dass ohne seinen Druck Beamte und Stände unfähig gewesen wären, sich von der monarchischen Loyalität zu befreien, inzwischen versichert, dass Gneisenau zu ihm stoßen und die Organisation der 20.000-Mann Landwehr übernehmen würde[1176], gewiss, dass die russischen Gelder jetzt bereitwilliger flossen[1177], mit den ersten geheimen Nachrichten versorgt, dass es in Kürze zu dem preußisch-russischen Bündnis kommen werde[1178], fühlte sich gleichwohl bestens. Der Vorsehung habe es gefallen, so ließ er seine Frau wissen, dass seine Lage so ausgezeichnet sei, wie die Vorstellung es nur hätte wünschen können[1179]. Alle in seiner Umgebung schienen, der nach wie vor bestehenden Probleme ungeachtet, gewissermaßen auf einer Wolke zu schweben; Münster in London entwarf gar schon eine Fahne für das zukünftig von London und Stockholm zu finanzierende Deutsche Korps: einen drachentötenden heiligen Georg mit einer aus Arndts Kriegsliedern entnommenen Umschrift: „Heran! Gekommen ist die Zeit, es fällt der bunte Drache, aus allen Landen weit und breit, erschallt der Ruf der Rache“[1180].

An der oben getroffenen Feststellung änderte sich freilich nichts: Die Deutsche Legion blieb ein Sorgenkind: ein kleines, nur wenige tausend Soldaten zählendes Häuflein, das sich zunächst in Reval und dann in Wiborg gesammelt hatte, von den Russen in der Vergangenheit ausgesprochen schlecht behandelt worden war, unsicher, wie es mit ihm weitergehen könne, seinem eigenen Selbstverständnis nach aber doch ein Sammelpunkt für alle, die sich am Kampf beteiligen wollten – vorausgesetzt, eine charismatische und erfahrene Persönlichkeit wie etwa Gneisenau, Grolman oder Dörnberg trete an seine Spitze[1181]. Nachdem es über die Finanzierung der Legion viele Diskussionen gegeben hatte, sollte sie im Juli 1813 tatsächlich dann in englischen Sold treten und 1814 der preußischen Armee eingegliedert werden.

Auch die Nachrichten, dass der preußische König sich bereits zum Bündnis mit Russland entschlossen habe, erwiesen sich zumindest als verfrüht, weil Hardenberg das Konzept verfolgte, sich lieber einem vorhergehenden Überwechseln Österreichs ins russische Lager anzuschließen. Am Ende der ersten Februardekade unterbreitete Stein, inzwischen wieder im russischen Hauptquartier Plozk an der Weichsel, dem Zaren Vorschläge, welches Instrumentarium nun gegenüber Preußen anzuwenden sei, und regte an, ihn, Stein, mit einer Mission nach Breslau zu betrauen, wo sich der preußische König aktuell aufhielt, um mit ihm über das Bündnis weiter zu verhandeln[1182]. Dort waren die Bündnisgespräche, auf preußischer Seite von Oberstleutnant Karl Friedrich v. d. Knesebeck geleitet, nämlich in der Tat wegen des Umfangs der Preußen zu restituierenden Gebiete ins Stocken geraten, weshalb Zar Alexander Steins Vorschlag gerne aufgriff und ihn gemeinsam mit dem russischen Staatsrat Anstett in die schlesische Hauptstadt entsandte. Man darf bei Stein wohl gar keine Eitelkeit unterstellen, zum gefeierten

Architekten des preußisch-russischen Bündnisses zu avancieren: ihm ging es mit Gewissheit weniger um einen spektakulären persönlichen Erfolg als vielmehr um die Sache selbst, eine wesentliche Voraussetzung der Befreiung Deutschlands. Im Grunde zweifelte inzwischen kaum noch jemand am erfolgreichen Abschluss der Verhandlungen, nachdem am 3. Februar bereits der Aufruf zur Bildung freiwilliger Jägerdetachements erfolgt und wenige Tage später die allgemeine Wehrpflicht für die 17- bis 24jährigen, formal unter dem Begriff der „Landwehrordnung", erlassen worden war und von Scharnhorst umgesetzt wurde – aber die formale Besiegelung fehlte eben noch. Ob es eine gute Entscheidung war, nach den ganzen Misshelligkeiten in Königsberg gerade Stein zum russischen Verhandlungsführer zu bestimmen? Würden beim erstmaligen Zusammentreffen mit dem Hohenzollernfürsten seit seiner Entlassung 1808 nicht notwendig alte Animositäten wieder aufbrechen?

Hatte Stein noch unter dem 19. Februar 1813 seine Frau wissen lassen, seine Gesundheit sei stabil[1183], so traf er am 25. Februar schwer krank in Breslau ein – der Winter, die Strapazen der Reise, der Stress der zurückliegenden Wochen, vieles mag zusammengekommen sein und zu dieser „toux spasmatique", wie er verharmlosend seiner Gemahlin mitteilte[1184], geführt haben. In seiner Autobiographie benennt Stein seine Erkrankung wohl korrekter mit dem Begriff eines heftigen Nervenfiebers, das lebensbedrohend gewesen sei[1185]. An ein sofortiges Zusammentreffen mit dem preußischen König war nicht zu denken, der den ungeliebten früheren Minister und jetzigen russischen Emissär im übrigen wie Luft behandelte[1186] und sich zudem inzwischen in seinem Hauptquartier in Kalisch aufhielt. Stein lag gut zwei Wochen darnieder, medizinisch und menschlich betreut von den vielen Hofangehörigen, die er von früher her bestens kannte[1187], aber trotzdem qualvoll, weil er von allen Informationen über den Fortgang der Verhandlungen abgeschnitten war, und persönlich erbittert, in einer „explosiven" Stimmung, weil sich weder der König noch Hardenberg auch nur einmal nach seinem Befinden erkundigten. Auch seine Frau reiste für einige Tage aus Prag an – das oben angesprochene Rendez-vous, das erste Zusammentreffen der beiden Eheleute seit dem Juni des Vorjahres, mögen sich beide allerdings anders vorgestellt haben. So verhinderte Steins Körper, dass er noch mit letzte Hand anlegte an den Abschluss des preußisch-russischen Bündnisses, das ohne seine Mitwirkung am 27./28. Februar in Kalisch unterfertigt wurde. Es sah die Wiederherstellung Preußens vor, beließ allerdings dessen künftige östliche Grenzen in einer gewissen Grauzone – ein Verbindungsstück zwischen Schlesien und Ostpreußen. Aufbruch und Aufbruchstimmung hatten sich eingestellt; am Geburtstag von Königin Luise, dem 10. März, wurde das von Schinkel entworfene Eiserne Kreuz als Orden „für Höhere und Geringere" gestiftet, die sich im (bevorstehenden) Krieg besonders hervortaten.

Das Eiserne Kreuz fand unter den Reformkräften in Preußen deswegen so viel Widerhall, weil es stellvertretend stand für jene Hinwendung zu einem neuen Soldatentyp, den die Militärreformer und Stein schon 1808 herbeizuschreiben gesucht hatten. Auch dem einfachen Soldaten mussten, was die Franzosen längst vorexerziert hatten, die Attribute einer spezifischen Ehre zugänglich werden, die bisher den adligen Offizieren vorbehalten gewesen waren, um sie in den Prozess der Sinnstiftung durch Krieg einzubinden. Stein sollte später in seinem Nassauer Turm das Parkett in der Form des Eisernen Kreuzes verlegen lassen.

Ungeachtet der nach wie vor vorhandenen retardierenden, also frankreichfreundlichen Kräfte in der politisch-militärischen Führungsmannschaft, zu denen etwa General Kalckreuth, Fürst Wittgenstein, der frühere Prinzenerzieher Ancillon und der Außenminister Graf Goltz zählten[1188], ging es nach dem Vertrag von Kalisch rasch in die von Stein gewünschte und von ihm lange propagierte Richtung – freilich mit dem einen Unterschied, dass nach dem russisch-preußischen Kriegsbündnis nun Plan B der Umsetzung harrte, die maßgebliche Mitwirkung der Deutschen an ihrer eigenen Befreiung. Viele von Steins Denkschriften waren bis in den Dezember des Vorjahres von einem Plan A ausgegangen, der Befreiung Deutschlands durch Drittstaaten. Am 16. März 1813, dem Tag, an dem Preußen – viel zu spät, wird Stein gedacht haben – Frankreich formell den Krieg erklärte, wenige Tage nach der Proklamation von Friedrich Wilhelms Aufruf „An mein Volk", in dem er den bevorstehenden Waffengang mythisch zum „Befreiungskampf" überhöht hatte, legte er dem nach Breslau angereisten Zaren eine seiner wichtigeren Denkschriften vor[1189], in der er sich zunächst gegen kursierende Pläne wandte, die künftige Gestaltung der deutschen Verfassung einem Fürstentag zu überantworten oder, wie es Münster vorschwebte, die Lösung der „deutschen Frage" ohne Preußen oder allenfalls mit einem auf den Status einer bloßen Mittelmacht zu reduzierenden Preußen[1190] zu versuchen. Sein eigener Vorschlag ziele dahin, zunächst den festen Willen zu proklamieren, dass es um die Wiederherstellung der Unabhängigkeit Deutschlands gehe. Dann müsse man den Rheinbund auflösen und dazu die Fürsten und das Volk einladen, sich daran zu beteiligen, und jene Fürsten, die sich nicht innerhalb einer Frist von sechs Wochen anschlössen, mit dem Verlust ihrer Staaten zu sanktionieren. Schließlich sei den Deutschen zuzusichern, dass man ihnen „l'arrangement de leurs affaires domestiques et intérieures" überlassen werde. Zudem müsse eine Zentralverwaltungsbehörde für alle von den alliierten Armeen eroberten Regionen Deutschlands – also keine Sonderrolle für Münsters „austrasisches" Welfenreich! – errichtet werden, in die die kriegführenden Staaten ihre Vertreter entsendeten, eine Behörde, der es obläge, die Verwaltung aufzubauen, die Versorgung zu sichern, die Einkünfte zu verwalten. Die ganze norddeutsche Region wäre in fünf Bezirke zu gliedern, an deren Spitze jeweils ein Zivil- und ein Militärgouverneur stünde.

Mit einer ganz geringen Modifikation – die beiden Alliierten wollten zwei Vertreter in die Behörde entsenden – wurde dieser Plan Steins von einer gemischten Kommission approbiert und in eine bilaterale Konvention umgesetzt, die am 19. März zustandekam. Der Zar ernannte Kotschubey – der freilich die Stelle nie antrat – und Stein, der preußische König Schön[1191] und den Staatsrat Rehdiger[1192], beides für Stein keine Unbekannten. *Rebus sic stantibus* war klar, dass nur eine Person als Präsident dieser Behörde in Betracht kam: Stein. Das Dekret der beiden Monarchen wurde am 6. April 1813 im Druck veröffentlicht[1193].

Dem damit gebildeten Verwaltungsrat sollten später Delegierte anderer Staaten, die sich dem Kriegsbündnis anschlossen, hinzutreten, für die kleineren deutschen Fürsten zusammen jedoch nur einer. Seine Aufgabe bestand in der Mobilmachung der militärischen und finanziellen Ressourcen der besetzten Länder für den Krieg. Der Verwaltungsrat würde eine eigene provisorische Kriegsverwaltung ausbilden, von sich aus Landwehr, Landsturm und Linientruppen aufstellen und die Requisition und Magazinierung leiten. Alle Einkünfte wären zu beschlagnahmen und zu gleichen Teilen Russland und Preußen zuzuweisen. Alle besetzten norddeutschen Länder (mit Ausnahme der ehemals preußischen und welfischen Gebiete) wären in fünf Bezirke mit je einem Zivil- und einem Militärgouverneur an der Spitze aufzuteilen, die dem Armeeoberkommando bzw. dem Verwaltungsrat unterstellt wären. Den Gouverneuren wäre ein Beirat von Repräsentanten der Landesbewohner zuzuordnen.

Stein hatte damit eine Aufgabe gefunden, die geradezu optimal auf seine Interessen, seine Fähigkeiten und seine Begabung zugeschnitten war: eine effiziente Verwaltung aufzubauen, zu organisieren, zu koordinieren. Er mag diesen Augenblick als einen neuerlichen Höhepunkt seiner von vielen *ups*, aber von mindestens gleich vielen *downs* gezeichneten politischen Karriere empfunden haben. Die einzige Frage, die ihn in jenen Tagen wohl beschäftigte, war die, ob seine Gesundheit, die ihm zunehmend Sorge machte, dieser neuerlichen Belastung gewachsen sein würde.

Aber es kam schnell eine zweite Frage hinzu. Offenbar haben die beiden beteiligten Monarchen nämlich, unter wessen Einfluss auch immer, Angst vor der eigenen Courage bekommen, eine derart „politische" Behörde ins Leben gerufen zu haben. Unter dem Datum des 4. April 1813 erließen sie „Ausführungsbestimmungen", die faktisch aber einer Kompetenzbeschneidung der neuen Behörde gleichzusetzen sind: Der Verwaltungsrat soll jetzt nur noch „Abkommen" und „Vereinbarungen" mit den deutschen Fürsten über Heereslieferungen, Truppenstellung usw. treffen dürfen und deren Ausführung überwachen. Ritter hatte schon recht, wenn er zu dem Schluss kam: „Stillschweigend war also das System einer einheitlich und rücksichtslos durchgreifenden Zentralverwaltung aufgegeben und durch ein verwickeltes System von Verträgen mit fürstlichen Einzelregierungen ersetzt, in dem ganz von selbst die eigentlich politische Aufgabe der offiziellen Diplomatie und nicht der neuen Behörde zufallen musste“[1194].

Stein hat diesen Paradigmenwechsel natürlich erkannt, diese erhebliche Beschneidung seiner Kompetenzen, aber er hatte sich zu fügen – was konnte er in einer Situation, in der alles vom Konsens zweier Fürsten abhing, von denen der eine seine Probleme mit ihm hatte, auch anders tun als gute Miene zum bösen Spiel machen? Am ehesten seinem Naturell entsprochen hätte es, seine Mitarbeit zur Disposition zu stellen, aber damit hätte er sich vollends ins politische Abseits begeben. Dass aus dieser reduzierten Befugnis „seiner“ Behörde und seinem Selbstanspruch Konflikte erwachsen würden, war ihm mit Sicherheit klar. Der Verwaltungsrat schon in der Version von Breslau litt unter einem gravierenden Geburtsfehler: er hatte damit zu leben, dass die Souveränität der Rheinbundfürsten unberührt bleiben und dass ihm hoheitliche Befugnisse vorenthalten werden sollten.

Und noch in einer anderen Hinsicht musste Stein zurückstecken. Scheinbar so, wie er es vorgeschlagen hatte, erließ für die beiden Monarchen der inzwischen in den Fürstenrang aufgestiegene Feldmarschall Kutusov als Oberbefehlshaber des alliierten Heeres von Kalisch aus einen Aufruf an die Völker und Fürsten Deutschlands. Ganz anders, als Stein sich das gedacht und gewünscht hatte, war in diesem Dokument aber nicht mehr die Rede von einem Ultimatum an die deutschen Fürsten, innerhalb dessen sie sich zum Anschluss an die Koalition zu entscheiden hätten, sondern lediglich noch von der Hoffnung auf ihren freiwilligen Beitritt. Auch wenn hier noch eine vage Sanktionsdrohung mit im Spiel blieb, war das weit entfernt von Steins Vorstellungen, um so mehr als Nesselrode und Hardenberg gleich noch überein kamen, keinem der deutschen Höfe die Proklamation offiziell zu übersenden. Damit war ihre beabsichtigte Wirkung praktisch verpufft.

Und trotzdem war die Proklamation von Kalisch[1195] in der mittleren Reichweite nicht bedeutungslos. Politisch wirksam wurde freilich nur ein einziger Passus: der, in dem Zar Alexander feierlich zusagte, der „Wiedergeburt eines ehrwürdigen Reiches mächtigen Schutz und dauernde Gewähr zu leisten“ und die Gestaltung der künftigen Reichsverfassung ganz allein den Fürsten und Völkern Deutschlands zu überlassen, dem „ureigensten Geiste des deutschen Volkes“. Sein schlesischer Freund Rehdiger, der als eigentlicher Autor der Proklamation gilt, hat Stein in dieser Hinsicht wohl so aus dem Herzen gesprochen, daß man fast mutmaßen könnte, Stein habe ihm an dieser Stelle die Hand geführt. Wie auch immer: Es dürfte kaum ein Dokument geben, das schon bei den Verhandlungen der Alliierten in Frankreich und dann auf dem Wiener Kongress derart oft zitiert werden sollte wie die Kalischer Proklamation. Auch wenn die neue Physiognomie des Verwaltungsrats weit von Steins Vorstellungen entfernt blieb: eine einzige Enttäuschung war Kalisch dann doch nicht, weil die Verweisung der Erstellung der künftigen Verfassung an die Deutschen selbst zu seinen Kernforderungen der letzten Jahre gezählt hatte. Dennoch ist der Biograph, auch im Licht der Nachgeschichte, heute eher zögerlich, sich allzu vollmundigen Einschätzungen anzuschließen wie etwa der, Kalisch markiere „einen Höhepunkt seines [i. e. Steins] Einflusses auf die große Politik“[1196].

Es verstand sich, dass Stein nach der Grundsatzentscheidung von Kalisch in Bezug auf den Verwaltungsrat, die er so nicht gewollt hatte und die ergänzt wurde durch eine Proklamation der beiden Monarchen zur Auflösung des Rheinbundes (25. März), gleichwohl zur Anlaufstelle vieler Interessenten wurde, die sich in die Arbeit der neuen Behörde, in welcher Funktion auch immer, einbringen wollten[1197]. Die Zentralverwaltungskommission nahm ihre Arbeit Mitte April 1813 zunächst in Dresden auf[1198], dann schon in einer Zeit des nationalen Aufbruchs, die selbst Gelehrte wie Henrik Steffens oder Fichte zu den Waffen greifen ließ[1199], in einer Zeit, in der die antifranzösisch-nationale Publizistik zu „explodieren“ begann, in einer Zeit, in der die alliierten Waffenerfolge beachtlich waren. Noch vor der konstituierenden Sitzung der Kommission, der Stein als russischer Delegierter angehörte, waren die ersten Personalentscheidungen zu treffen – unter Steins Leitung sollten Generalgouverneure die besetzten Länder verwalten, u. a. wurde Maximilian Maksimovič Alopaeus zum Zivil-Gouverneur für Mecklenburg ernannt[1200], allerdings erst Ende April in sein Amt eingeführt[1201]. Weiterhin waren das Gremium und seine Kompetenz politisch abzusichern[1202]. Zugleich wurde aber deutlich, dass die Kommission – kaum anders vorstellbar! – auf Reserven stoßen würde, und zwar nicht nur bei den betroffenen Fürsten, sondern auch in den zur Verwaltung anstehenden Regionen – Mecklenburg, Lübeck, Hamburg, Anhalt, Kursachsen –, weil manche in ihr eine Sieger-Einrichtung erblicken wollten, die die Fürsten von ihren Untertanen trennen und zu wenig Rücksicht auf die gewachsenen Bindungen der Menschen nehmen würde[1203]. Problemlos, das zeigte sich rasch, würde sich die Arbeit der Kommission nicht gestalten. Schön war angewiesen worden, so schonend wie möglich vorzugehen, was mit Steins Ansatz, etwas radikal Neues auf die Beine zu stellen und „totale Veränderungen in der Administration der eroberten Länder vorzunehmen“[1204], nicht kompatibel war. Daraus erwuchs, um vorzugreifen, eine alles in allem mühsame und wenig ersprießliche Zusammenarbeit, die Schön schon bald bewog, nach seinem alten Dienstort Gumbinnen zurückzukehren. Er hat es namentlich Arndts Einfluss zugeschrieben, dass sich bei Stein zeitweise geradezu eine Phobie gegenüber den Fürsten ausbildete, hat kritisiert und es bedauert, dass er Unsicherheiten zeigte, nervös und gereizt reagierte – „Stein hat an diesen Belastungen seiner Stellung, an der Unmöglichkeit befriedigenden Fortschreitens gelitten“[1205]. Wesentlich gravierender als das sich eintrübende Klima war, dass in Grundsatzfragen zwischen der russischen und der preußischen Seite keine Übereinstimmung herrschte. So wollte der preußische König etwa den sächsischen König in die Allianz einbeziehen, ein von Stein heftig kritisiertes Vorhaben, das aber schließlich doch ein Opfer des diplomatischen Fintierens wurde.

Die Palette dessen, was konkret anstand, war freilich groß, riesengroß (und war nur mit einem Kommissionssekretär zu bewältigen, einem Dr. Müller aus dem Lützowschen Freikorps[1206]): die Organisation der Heeresversorgung aus dem jeweiligen Land, die Aufhebung bestimmter gesetzlicher Maßnahmen der alten Administrationen, beispielsweise in Bezug auf die Kontinentalsperre[1207], die Organisation der Volksbewaffnung, etwa im Altenburgischen[1208] – ein zentrales Anliegen der Kommission, das in der Regel mittels Mitwirkung der Stände vorangebracht werden sollte –, die Beschaffung von Finanzmitteln, was auch die Erhebung von Kriegskontributionen einschließen mochte[1209], das Verbot, Geldrequisitionen durch die Truppenbefehlshaber erheben zu lassen[1210], um nur einiges herauszugreifen. Die Bemühungen liefen weiter, Fürsten – unbelastete, nicht durch die Zugehörigkeit zum Rheinbund diskreditierte – zur Unterstützung der Sache der Verbündeten zu gewinnen, was beispielsweise in Bezug auch das Kurfürstentum Hessen relativ rasch gelang[1211] – hier hatte Stein in Prag wohl entscheidend vorgearbeitet. Wie lange, um nur noch ein Problem herauszugreifen, konnte man mit einer „sperrigen" Landesbehörde auskommen, oder musste nicht irgendwann doch der Augenblick kommen, sie zu dispensieren und ein Land direkt der Zentralverwaltungskommission zu unterstellen?[1212] Und dann immer wieder: Wie kann die öffentliche Meinung für die „gute Sache" gewonnen werden, wie kann mit ihrer Hilfe der Krieg zu einem Volkskrieg gemacht werden?

Diese Frage wurde vor allem für das Königreich Sachsen zum Problem, weil Steins Eindrücken zufolge zwar eine Begeisterung für die Sache der Befreiung Deutschlands vorhanden war, der im Ausland weilende Monarch, über den und dessen Charakter sich Stein näherhin kundig zu machen begann[1213] (und über den er sich seitdem immer despektierlicher zu äußern pflegte[1214]), sich aber beharrlich weigerte, an die Seite der Alliierten zu treten[1215]. Stein, in diesem Punkt ganz Preuße, dessen Feindbild Sachsen durch das Festhalten der Wettinerdynastie an der französischen Sache sich zusätzlich aufgeladen hatte, beantwortete das sächsische Hin und Her mit der Auflage gewaltiger Kontributionen, für die er noch nicht einmal den Verwaltungsrat um Zustimmung ersucht hatte. Die gewaltsame Eintreibung dieser Kontributionen durch russische Kosaken sollte ihm massive Kritik einbringen und zu allem Überfluss, kaum überraschend, wenn man psychosomatische Faktoren in Rechnung stellt, sein altes Gichtleiden wieder aufbrechen lassen. Sachsen, dies zur Erläuterung, begann in den Diskussionen um die Nachkriegsordnung deswegen eine Schlüsselrolle zu spielen, weil Preußen von seiner Restitution in den Grenzen von 1795 ausging, sich zugleich aber darüber im klaren war, dass diese Erwartung unrealistisch war, weil bekannt war, dass der Zar an der Erhaltung des 1807 auch aus preußischen Abtretungen gebildeten Großherzogtums Warschau festhalten würde. Als preußische Kompensation bot sich vor allem der Rheinbundstaat Sachsen an, vor allem seit im Vertrag von Kalisch Preußen förmlich auf größere polnische Restitutionen verzichtet hatte.

Über diese politisch-administrativen Angelegenheiten mit einer begrenzten Reichweite blieb Stein selbstredend auch weiterhin eins der größeren Zahnräder im Getriebe der Bemühungen, die preußisch-russische Koalition zu einer kontinentalen auszubauen, mit Hinzutreten zumindest Großbritanniens und Österreichs, nach Möglichkeit auch Schwedens und Dänemarks. Trotz eines heftigen Briefwechsels mit Münster[1216] blieb er eine erste Anlaufstation für alle Entwicklungen in London, und über Pozzo di Borgo, der eine Zeitlang in Dresden weilte, hielt er den Kontakt mit der Wiener Hofburg – die Bitte des Freiherrn von Gagern, ihm eine Audienz beim österreichischen Kaiser zu verschaffen[1217] , um dort für den raschen Anschluss an die Koalition zu werben, unterstützte er zumindest indirekt[1218]. Das Problem bei seinen unbestreitbar guten Verbindungen war, dass er keinen Argwohn erwecken durfte (und wollte), er betreibe gewissermaßen eine „doppelte Diplomatie“[1219], eine geheime Diplomatie an der offiziellen vorbei – hier waren viel Fingerspitzengefühl und eine große Portion Selbstbeschränkung unerlässlich. Wie prekär seine Lage zwischen den Lagern war, verdeutlicht nichts mehr als die Tatsache, dass der preußische König ihn gesellschaftlich bewusst und offenkundig „schnitt“ und diskriminierte, indem er ihn demonstrativ nicht zu seiner Tafel einlud – und das, obwohl Stein, der russische Funktionsträger, in Dresden nur mit dem preußischen Kammerherrenrock gekleidet anzutreffen war![1220]

Mit der Schlacht bei Groß-Görschen am 2. Mai 1813, dem Sieg Napoleons über die Alliierten, änderten sich die Dinge dramatisch. Man hat nüchtern zu bilanzieren, dass Stein vor der ersten Herausforderung – in Sachsen eine provisorische Verwaltung aufzubauen und die Ressourcen zugunsten der Allianz zu aktivieren – versagt, also sein Mandat nicht erfüllt hatte – ob wegen seiner eigenen Unfähigkeit, mit seinen Partnern angemessen zu verkehren, oder wegen der Gegenkräfte in der Kommission, mag auf sich gestellt bleiben. Stein und seine Kommission waren gezwungen, Dresden zu verlassen, wo am 10. Mai, mit allen Auszeichnungen Napoleons empfangen, der Wettinerkönig wieder einzog. Die Kommission ging zunächst nach Bischofswerda und von dort nach Bautzen, wobei sich allerdings ihre Tätigkeit immer problematischer gestaltete – an eine geregelte Arbeit des Verwaltungsrats war am Rande der Front kaum zu denken. Es wurde damit auch ungleich schwerer, den Volkskrieg nicht nur herbeizureden, sondern zu initiieren, und es wurde selbstredend auch schwieriger, aus dem Territorium – gleiches gilt aber auch für die entfernteren Territorien – noch irgend etwas an Geld oder Verpflegung herauszuholen. Faktisch sollte der Befreiungskrieg dann auch kaum ein Volkskrieg werden; die 280.000 Mann, die

Preußen ins Feld schickte, kämpften unter der professionellen Führung von Offizieren, die fast ausnahmslos auch schon vor 1806 gedient hatten. Seine Bemühungen seit dem Spätherbst 1813, von seinem Frankfurter Hauptquartier aus die deutschen Fürsten für den Gedanken der Volksbewaffnung zu erwärmen, scheiterten fast auf der ganzen Linie. In dieser Hinsicht blieb Stein immer ein Illusionär.

Wenn die Probleme noch zu überbieten waren, so geschah das nach der Schlacht bei Bautzen am 20./21. Mai 1813, die zwar nicht mit einem rauschenden Sieg Napoleons endete, aber doch mit einer militärischen Lage, die die Verbündeten zum geordneten Rückzug zwang und, da die beiderseitigen Heere der Verstärkung bedurften, in einen befristeten Waffenstillstand (Plaiswitz, 5. Juni 1813) einmündete. Die Stimmung wurde zusehends schlechter, zumal auch Hamburg kurz davor stand, von den Franzosen zurückerobert zu werden[1221], und weil sich in Mecklenburg die Probleme potenzierten, da die dortige Regierung keinerlei Neigung zeigte, von der Behörde der verbündeten Monarchen Forderungen in Gestalt von Befehlen entgegenzunehmen und ihr eine unmittelbare Einmischung in die Landesverwaltung zu gestatten. Die mecklenburgischen Beschwerden in Wien haben der Sache des Verwaltungsrats und dem Renommee Steins ein weiteres Mal nachhaltig geschadet[1222]. Die Perspektive, dass eine von dem General Thielmann kommandierte sächsische Einheit in das Lager der Alliierten überwechseln würde[1223], war da sicher nur bedingt geeignet, die Mienen aufzuhellen. Stein zog sich unter dem Eindruck dieses Bündels wenig aufbauender Nachrichten für einige Tage nach Prag zu seiner Familie zurück und bedrängte von dort Kotschubey, nach Deutschland zu kommen und sich an der Arbeit der Verwaltungskommission zu beteiligen (oder gar deren Vorsitz zu übernehmen)[1224] und den Anordnungen der Behörde damit mehr Gewicht zu verleihen. Erfolg hatte er damit nicht[1225].

Stein nahm nach seiner Rückkehr aus Prag im schlesischen Reichenbach Quartier, im Haus des Oberpastors Tiede[1226], in unmittelbarer Nähe der Hauptquartiere der beiden Monarchen, erfreute sich der herrlichen Landschaft, beklagte sich geradezu über die unaufhörliche Folge der Diners u. a. mit Hardenberg und dem britischen Diplomaten Cathcart[1227], hatte ansonsten – bei Lage der Dinge – aber wenig zu tun. Memoranden und Aufzeichnungen über den seit einiger Zeit verfolgten Plan der Schaffung eines Bundespapiergelds sind aus jenen schlesischen Sommerwochen noch am ehesten erwähnenswert[1228]. Er hatte sogar die Muße, die Heilwässer von Kudowa zu nutzen[1229] und häufig mit Humboldt zusammenzutreffen, der sich über Steins Aphorismus, er, Humboldt, sei wie ein St. Elmsfeuer, das sich auf den Masten der Schiffe zeige, wenn Sturm ist, herzlich freuen konnte[1230]. Aber das und auch der wiederholte Gottesdienstbesuch in Begleitung eines Freundes, des preußischen Finanzrats Graf Karl Friedrich Geßler[1231], im Zinzendorfschen Gnadenfrei, wo er mit der Herrnhuter Brüdergemeine in unmittelbaren Kontakt kam, die ihn u. a. der Selbstverwaltung ihrer Gemeinden wegen ansprach[1232], vermochte seine gedrückte Stimmung nur begrenzt aufzuhellen. Der sensible Niebuhr ging ihm auf die Nerven, seine Freunde und Mitarbeiter hatten ganze Myriaden von Zornesausbrüchen über sich ergehen zu lassen, es erbitterte ihn, dass Nesselrode ihn konsequent von den eigentlichen politischen Verhandlungen fernhielt. Österreichs Zögern machte auf ihn den allerübelsten Eindruck, und wenn man Theodor von Schön vertrauen darf, waren es geradezu endzeitliche Gedanken, wenn er den fehlenden Enthusiasmus unter den Deutschen niemand anderem als Luther anlastete und Niebuhr und Schön einige Tage lang sogar mutmaßten, er werde unter dem Eindruck dieser Stimmung zum Katholizismus konvertieren![1233] Diesen schwermütigen Tagen verdankt sich im übrigen auch ein von ihm in Auftrag gegebenes Pasquill auf den bayerischen Staatsminister Montgelas, den Stein ganz persönlich dafür verantwortlich machte, dass Bayern nicht von Napoleon lassen wollte[1234].

Dann erfolgte der von Napoleon geforderte und von Österreich vermittelte Abschluss eines Waffenstillstands, der zwar die Demarkationslinien – zumindest in den Augen des bei Stein weilenden mecklenburgischen Zivilgouverneurs Alopaeus – denkbar ungünstig festlegte[1235], der aber immerhin für Stein mit der Perspektive verbunden war, die Hofburg werde die Zeit nun nutzen und aufrüsten und sich nach Ablauf des Waffenstillstands den Alliierten anschließen[1236]. Wie viel Anteil Stein, der ähnlich wie Arndt die Nachricht vom Abschluss des Waffenstillstands wie die „dunkelste Trauerbotschaft" empfunden haben muss[1237], daran hatte, dass der Zar in diesen Tagen nicht verzweifelte, sondern weiterhin an Österreichs Hinzutritt glaubte, wird kaum zu bemessen sein. Aber es gibt keinen Zweifel dass Stein trotz aller Missstimmung unverrückbar an Johann Philipp Karl Stadion glaubte, den langjährigen Außenminister und früheren Botschafter Österreichs in London, Berlin und St. Petersburg. Dass sein rheinischer Landsmann in patriotischem Eifer und voll guten Willens seine Instruktionen um Längen überschritten hatte, um die beiden Alliierten auf ihrem Weg des Kriegs zu halten, ist ihm viel zu spät klar geworden. Auch Metternich weilte im übrigen in diesen Wochen im schlesisch-böhmischen Grenzraum, traf verschiedentlich mit den Majestäten zusammen, nicht allerdings mit Stein. An ihm war es nicht mehr, dass sich die Dinge hinzogen, sondern an den Bedenken und Bedenklichkeiten Franz' I.

Freilich war es wohl kein Zufall, dass Stein und Metternich einander aus dem Weg gingen. Stein muss zu diesem Zeitpunkt schon klar gewesen sein, dass ihn von dem österreichischen Staatskanzler, ihm landsmannschaftlich ja durchaus verbunden, Welten trennten und dass es keine Brücken zwischen ihnen gab, die tragfähig gewesen wären[1238].

Dass Scharnhorst Ende Juni 1813 verstarb, dass der Fall Hamburgs und der Übergang dieser wichtigen Kommune an General Davoust für grenzenlose Enttäuschung sorgte, dass es allem Anschein nach mit den Bündnisverhandlungen mit Österreich nicht weiterging – das war für Stein samt und sonders nicht aufbauend. Auch Briefe wie der Gagerns, der auf dem Weg nach England ihr beiderseitiges Verhältnis mit dem Luthers und Melanchthons verglich und den Brief unterschrieb mit „Also mein lieber Dr. Martinus – ganz Ihr Gagern Melanchthon“[1239], werden ihn nur bedingt aufgeheitert haben. Man wartete und wartete, dass etwas Entscheidendes oder doch Vorentscheidendes geschah – „nous sommes ici toujours dans l'attente des événements“[1240]. Dass am 11. Juli der Waffenstillstand trotz Gneisenaus Einwänden[1241] nochmals verlängert wurde, passte ins Bild – Ab- und Zuwarten war das Gebot der Stunde. Dass tags darauf ein „Kongress“ in Prag zusammentrat, um unter österreichischer Vermittlung den Waffenstillstand in einen Frieden umzuwandeln, bestätigt das, lässt aber auch ahnen, wie unglücklich Stein über diese Wendung war, die letztlich ja seine monatelangen Bemühungen, den militärischen Widerstand zu organisieren, konterkarierte.

In einem Brief an Münster hat er eine Woche später seinem Unmut über die Prager Friedensverhandlungen freien Lauf gelassen. Der Wunsch nach Fortsetzung des Krieges sei gleichermaßen in Preußen wie in Russland dominant, Kaiser Alexander sehe zwar die Notwendigkeit der Fortführung des Krieges und habe auch „Sinn für das Große der Unternehmung und des Zwecks“, werde aber zu stark von Schwächlingen, unter denen Nesselrode an der Spitze rangiere, beeinflusst. Selbst ein Waffengang, der nur „mittelmäßige Resultate“ hervorbringe, sei immer noch besser als ein verderblicher Friede[1242]. Wenn man die moderne Kategorisierung ‚Falken' und ‚Tauben' überhaupt für erkenntnisfördernd hält: es gab im Hochsommer 1813 wohl kaum einen Funktionsträger, der mehr ‚Falke' gewesen wäre als Stein.

Bei dem „verderblichen Frieden“ mag Stein an Tilsit gedacht haben und an die seinerzeitige Ausplünderung des preußischen Staates, deswegen war seine Option völlig unzweideutig: Es muss auf die Fortsetzung des Krieges, ob mit oder ohne Österreich, hinauslaufen. Dafür hat er nun wirklich zu kämpfen begonnen: durch Denkschriften, die er Alexander unterbreitete[1243], durch Briefe an Personen, die sein Vertrauen genossen und zumindest über einen gewissen Einfluss verfügten[1244], durch Informationsreisen nach Oberschlesien, um sich von der Moral der preußischen Truppen einen Eindruck zu verschaffen, aber sicher auch, um die Kommandanten der Festungen und der Truppenteile von der Notwendigkeit der Kriegsfortsetzung zu überzeugen. In jenen Tagen erreichte ihn die Nachricht von Wellingtons großem Sieg bei Vittoria (21. Juni 1813)[1245], für ihn ein weiterer Grund, ganz auf die Karte „Krieg“ zu setzen, um so mehr als kurz zuvor sich endlich auch Großbritannien bereitgefunden hatte, der Koalition zumindest finanziell unter die Arme zu greifen.

Das Warten und das Insistieren auf der Fortsetzung des Krieges wurden im August belohnt. Am 10. August wurde der Waffenstillstand aufgekündigt, wenige Tage später schloss sich Österreich zumindest optional dem russisch-preußischen Bündnis an. Die Prinzessin Wilhelm wird Stein aus dem Herzen gesprochen haben: Endlich sei es so weit gekommen, „wonach so lange schon all unsere Wünsche und Hoffnungen standen, die 3 Adler flattern vereint – 1813 bringt Deutschland die Freiheit wieder, darauf steht mein Glaube“[1246].

Das war Optimismus pur, aber er eilte den Dingen zunächst noch deutlich voraus. Wie in jeder Koalition, mussten die drei Partner, die einander so lange argwöhnisch beäugt hatten, erst noch zueinander finden. Und wie in jeder Koalition, sind Erfolge – in diesem Fall militärische Erfolge – am ehesten geeignet, als Kittmasse zu wirken. Eine ganze Reihe kleinerer Siege der Alliierten in Schlesien und dann die spektakulären Erfolge an der Katzbach, der allerdings unter Blüchers Gesamtleitung nur von den russischen und preußischen Armeen errungen wurde, und bei Nollendorf waren es schließlich, die der Koalition den wünschenswerten Zusammenhalt verliehen. Seit Anfang September 1813 wurde die Allianz durch ein ganzes Bündel von bilateralen völkerrechtlichen Verträgen, an denen neben Russland und Preußen Österreich und Großbritannien beteiligt waren, formell besiegelt.

Unmittelbar, nachdem die Nachricht vom Abschluss der Koalition bei ihm eingetroffen war, hat Stein in Prag, wohin er eilends gereist war, ein Memorandum erstellt, das die Konsequenzen aus der Arbeit der ersten, unter seiner Leitung stehenden Dresdener Zentralverwaltungskommission zog und Vorschläge für deren Reorganisation unterbreitete[1247]. Das Moment der Klarheit und Unzweideutigkeit stand für ihn im Vordergrund: Nach der Eroberung eines Landes müsse seine Regierung sofort durch eine Behörde ersetzt werden, die das Land verwaltet und dessen Ressourcen den Zwecken des Eroberers zuführt – ein langwieriger Diskussionsgegenstand mit der sächsischen Verwaltung, wie erinnerlich. Wenn die Eroberung nur durch eine Macht erfolge, solle diese Behörde aus einer Person bestehen, sollten die Armeen mehrerer Mächte beteiligt sein, müssten entsprechend viele Köpfe diese Behörde bilden. Sollte das zu verwaltende Land einen großen Umfang besitzen, könne es auch in verschiedene Verwaltungsbezirke geteilt werden. Für dieses Modell spreche in der gegebenen Situation viel; z. B. sei zu überlegen, Österreich als Verwaltungsbezirk ganz Süddeutschland zuzuweisen. Eine solche Verabredung sei möglichst umgehend zu treffen. Also: klare Zuständigkeiten, um jeden Konflikt nach Möglichkeit zu vermeiden. Unausgesprochen war damit klar, dass Preußen dann die Verwaltung ganz Norddeutschlands zufallen würde, unausgesprochen auch, dass an ihrer Spitze der Autor des Memorandums stehen würde.

Es muss Stein bewusst gewesen sein, dass hier ein Übermaß an Illusion mit im Spiel war, denn vor dem Hintergrund der vielen Klagen über Steins rücksichtslose, zumindest aber völlig undiplomatische Geschäftsführung als Leiter des (in sich widersprüchlichen und einer klaren Konzeption ermangelnden) Verwaltungsrats war absehbar, dass Österreich dessen Kompetenzen noch weiter zu beschränken suchen würde. Im Herbst 1813 machten gar Gerüchte die Runde, der Verwaltungsrat werde völlig aufgelöst. In einem halben Jahr hatte Stein ein gerüttelt Maß an Kredit verspielt. Aber noch schärfer stellte sich die Frage, wie die Politik beschaffen sein würde, mit der man, möglichst geschlossen, den bisherigen Verbündeten Napoleons gegenübertreten würde, also den Fürsten der Rheinbundstaaten.

Die praktische Seite dessen, was jetzt bevorzustehen schien, die Verdrängung der Franzosen aus ganz Deutschland und die Organisation einer Übergangsverwaltung, war indes nur die eine Seite dessen, was Stein seit dem Spätsommer 1813 bewegte. Das andere, nicht erstaunlich, war die Vision: wie wird es politisch-staatsrechtlich überhaupt mit diesem geographischen Gebilde weitergehen, wenn die französische Besatzungsmacht vertrieben, der Rheinbund aufgelöst sein würde und manche Konsequenzen aus Veränderungen, die während des langen Krieges eingetreten waren – etwa das Ende der schwedischen Herrschaft in Pommern –, zu ziehen waren. Ende August verfasste Stein erneut eine Verfassungsdenkschrift, die in zwei Versionen – einer für den Zaren bestimmten französischen Fassung[1248] und einer deutschen[1249], die Hardenberg vorgelegt wurde[1250] – überliefert ist. Obwohl sich die beiden Versionen in Einzelheiten leicht unterscheiden, wird in der folgenden Paraphrase nur die deutschsprachige berücksichtigt.

Der Wunsch der Deutschen sei nur recht und billig, nach einem 20jährigen blutigen Krieg einen Zustand wieder zu erreichen, „der dem einzelnen Sicherheit des Eigentums, der Freiheit und des Lebens, der Nation Kraft zum Widerstand gegen Frankreich als ihrem ewigen, unermüdlichen, zerstörenden Feind verschaffe“. Darauf sei um so mehr das Augenmerk zu richten, als die alte kaiserliche Schutzwehr, die die Menschen vor der Willkür ihrer Fürsten geschützt habe, nicht mehr vorhanden sei. Jetzt seien 15 Millionen durch Grenzen, Sprache und Sitten miteinander verbundene Menschen der Willkür von 36 kleinen Despoten schutzlos preisgegeben, „und man verfolge die Geschichte der Staatsverwaltung in Bayern, Württemberg und Westfalen, um sich zu überzeugen, wie es einer wilden Neuerungssucht, einer tollen Aufgeblasenheit und einer grenzenlosen Verschwendung und tierischen Wollust gelungen ist, jede Art des Glücks der beklagenswerten Bewohner dieser einst blühenden Länder zu zerstören“. Die gegenwärtige Zerstückelung Deutschlands habe für die Bewohner die allerschädlichsten Folgen und sei auch deswegen nicht mehr hinnehmbar, weil dadurch der Einfluss Frankreichs auf Deutschland fortdauere, selbst wenn der Rheinbund aufgelöst werden würde. Deswegen müsse jetzt mehr als ein Provisorium in Angriff genommen werden: „Benutzen die an der Spitze der deutschen Angelegenheiten stehenden Staatsmänner die Krise des Moments nicht, um das Wohl ihres Vaterlands auf eine dauerhafte Art zu befestigen, beabsichtigen sie nur, auf eine leichte, bequeme Art einen Zwischenzustand herbeizuführen, durch welchen die nächsten Zwecke einer vorübergehenden Ruhe, einer etwas erträglicheren Lage erreicht werden, so werden Zeitgenossen und Nachwelt sie des Leichtsinns, der Gleichgültigkeit gegen das Glück des Vaterlands mit Recht anklagen und als daran schuldig brandmarken".

Wünschenswert, aber nicht durchführbar wäre die Herstellung eines einzigen selbständigen Deutschland, wie es – ein uns schon bekanntes Motiv – im 10. bis 13. Jahrhundert bestanden habe. Da dieses „schöne Los" Deutschland nicht beschieden sein könne, müsse seiner faktischen Entwicklung Rechnung getragen, seiner faktischen Trennung in zwei größere, aufgrund unterschiedlicher Sitten und der Religion einigermaßen homogene Teile, einen nördlichen und einen südlichen. Im ersten habe in der Vergangenheit Preußen, im anderen Österreich ein „Übergewicht in den öffentlichen Angelegenheiten" besessen. Dieses Modell ließe sich leicht wiederbeleben, allerdings sei dann darauf zu achten, dass die Macht des Kaisers verstärkt würde. Auch andere, etwa der schwedische Kronprinz, hätten sich in jüngster Vergangenheit in diesem Sinn artikuliert, in einer künftigen deutschen Verfassung dem Kaiser wieder mehr Macht zuzuweisen, ohne die Landeshoheit völlig außer Kraft zu setzen. Auszugehen habe alles von der Vernichtung der französischen Organisation und der Auflösung des Rheinbundes. Damit ginge die Despotie der „36 Häuptlinge unter und gestalte sich um in eine denen Bedürfnissen und Wünschen der Nation angemessen umgeformte Landeshoheit". Wesentlich wäre, die alten, 1803 aufgelassenen Kleinstaaten wiederherzustellen, also einen Bund der kleinen Staaten zu formen, weil den größeren Staaten immer die Tendenz zur Unabhängigkeit und Vergrößerung innewohne. Gegenüber diesen kleinen Staaten sei der Kaiser aber nachhaltig zu stärken: das Recht, über Krieg und Frieden zu befinden, müsse dem Kaiser und dem Reichstag zugewiesen werden, die exekutive Gewalt müsse an den Kaiser übergehen mit Einschluss der Aufsicht über die Reichsgerichte, der Beziehungen zu anderen Staaten, der Militärangelegenheiten, der Reichskasse. Er allein müsse Zuständigkeit für die Reichsfestungen erhalten und würde ein vom österreichischen unterschiedenes diplomatisches Corps aufbauen. Sitz aller Reichsorgane wäre Regensburg. Die gesetzgebende Gewalt würde von Kaiser und Reichstag ausgeübt; auf dem Reichstag würde nur noch die Stimmenmehrheit gelten, Sonderregelungen wie das *ius eundi in partes* oder die konfessionellen *Corpora* wären abzuschaffen. Wegen der geringer gewordenen Zahl der Städte würden auf der Städtebank auch noch Vertreter der Reichsritterschaft Platz nehmen. Als Gegenstände der Landeshoheit verblieben die innere Landespolizei – hier noch im umfassenderen Sinn verstanden –, die Rechtspflege, Erziehung, Kultus und, soweit nicht zentral bearbeitet, Militär und Finanzen. Die Landstände wären überall wiederherzustellen oder aber, sofern früher nicht vorhanden, neu zu bilden.

Die Kaiserwürde wäre Österreich anzuvertrauen, und zwar nicht nur aus historischen Gründen, sondern auch, um es auf Dauer an die deutschen

Interessen zu binden. Aber auch Preußen, wo sich „der deutsche Geist freier und reiner als in dem mit Slaven und Ungarn gemischten [...] Österreich" erhält, dürfe Deutschland nicht entfremdet werden, schon allein um an dessen Verteidigung mitzuwirken. Preußen habe seinen „politischen Indifferentismus" seit dem Basler Frieden inzwischen längst gebüßt und müsse nun verstärkt und durch Mecklenburg, Holstein und Kursachsen arrondiert werden. Preußen würde dann 11 Millionen Einwohner zählen, sein Verhältnis zu Deutschland wäre danach „das eines zur Mitsorge für seine Erhaltung verpflichteten Standes und eines ewigen Garants seiner Verfassung und Integrität". Österreich würde *vice versa* zum Garanten von Deutschland und Preußen werden.

Wer aus dieser Verfassungsschrift den deutschen Einheitsstaat als Programm herauslesen will, liegt falsch, völlig falsch sogar. Ein Bund von Kleinstaaten mit einem (mächtigeren) Kaiser an der Spitze mit einer Sonderrolle Preußens neben diesem Bund – das hat mit dem Nationalstaat wenig zu tun. Allerdings sollte auch dieses Memorandum, eine merkwürdige Mischung von alter Reichstradition und protoliberalen Ideen und nicht zufällig jüngst als eine „in sich widersprüchliche trialistische Kompromisskonstruktion" eingestuft[1251], längst nicht Steins letztes Wort zur Verfassungsfrage sein; in dieser Hinsicht war Stein, um es einmal positiv zu formulieren, lern- und entwicklungsfähig. Die Unterschiede zu seinen dualistischen Konzepten des Vorjahres springen aber auch hier bereits in die Augen.

Die Augustdenkschrift ist, gerade weil sie sowohl einen russischen als auch einen preußischen Adressaten hatte, in der Forschung selbstredend lebhaft diskutiert worden. Michael Hundt, der sich als letzter ausführlich mit ihr auseinandersetzte, hat sie nachdrücklich kritisiert: weil sie „im ganzen unrealistisch" gewesen sei „und weder den machtpolitischen Gegebenheiten Deutschlands noch der Zielsetzung der machtpolitischen Entscheidungsträger in den deutschen Ländern" entsprochen habe[1252]. Die frühere Forschung hat das zwar nicht so scharf gesehen, die vielmehr in diesem Dokument „die heißesten Wünsche seines Herzens zu erkennen meinte[1253], aber ganz abwegig ist Hundts Einschätzung nicht. Man muss bei Steins Denkschriften freilich immer in Rechnung stellen, dass er allenfalls in zweiter Linie ein Taktierer war, vielmehr jemand, der politische Grundüberzeugungen hatte und sie auch offensiv vertrat. Das Machbare war für ihn in vielen Fällen erst den zweiten Gedanken wert. Aber auf der anderen Seite – seine folgenden Denkschriften bis zum Wiener Kongress werden das noch beleuchten – war Stein in der Lage, Stimmungen auszuloten und sich mit seinen Vorstellungen nicht wesentlich über den Rahmen dessen hinaus zu bewegen, was in gegebenen Situationen als gerade noch zulässig empfunden wurde.

Steins August-Denkschrift steht selbstredend nicht als ein erratischer Block allein auf einem weiten Feld. Seit dem Augenblick, als die Dreierkoalition geschmiedet war und begründete Hoffnung bestand, dass sie militärisch den Lorbeer davontragen würde, nahm die Zahl der Verfassungsvorschläge geradezu explosiv zu. Hier taten sich von der Logik des Augenblicks her die Stimmen aus jenen sozialen Gruppen oder Gemeinwesen besonders hervor, die mutmaßlich von der künftigen Neuregelung der Verfassungsverhältnisse am meisten zu befürchten hatten (oder zu profitieren hofften). Das waren noch nicht Stimmen aus den Rheinbundstaaten, deren Zukunft als völlig offen eingeschätzt werden musste, sondern vor allem Stimmen aus dem Lager der sog. Mindermächtigen, über die wir inzwischen besonders gut unterreichtet sind[1254]. Dass sie im Rahmen einer Stein-Biographie allenfalls dann, wenn Stein auf diese Stimmen reagierte oder gebeten wurde, sie zu stützen, zur Sprache kommen können, wird einleuchten.

Das Kurzfristige – die Verwaltungsorganisation – und die längerfristigen verfassungsrechtlich-politischen Perspektiven beschäftigten Stein seit dem September in unterschiedlicher Intensität. Er konnte dabei darauf zählen, dass Kaiser Alexander, der ganz ähnlich wie Stein auf alle Menschen, die persönlich mit ihm zu tun hatten, einen tiefen und nachhaltigen Eindruck machte[1255], ihn unverändert für die erste Adresse unter seinen deutschen Beratern hielt und ihm versicherte, dass in den deutschen Angelegenheiten nichts an ihm vorbeilaufen werde[1256]. Die Verleihung des St. Andreas-Ordens brachte diese ungebrochene Wertschätzung symbolhaft zum Ausdruck[1257], die freilich in der Forschung zugleich die Frage aufgeworfen hat, ob dieser Gnadenbeweis möglicherweise schon darauf abgestellt und bestimmt gewesen sei, Stein über künftige unvermeidbare Enttäuschungen hinwegzutrösten[1258]. Auf der anderen Seite war es notwendig, auch zu dem neuen Verbündeten ein annehmbares Verhältnis herzustellen. Stein hatte der Wiener Hofburg im Grunde ja dankbar zu sein, die ihm in einer schwierigen persönlichen Lage Asyl gewährt hatte, aber seine starken Vorbehalte gegen einen zaudernden, unentschlossenen Kaiser (Franz I.) und auch gegen Metternich waren offenbar nur schwer zu revidieren. Mit Metternich traf er erstmals in Teplitz bei einem Diner, das Nesselrode gab, wieder zusammen – eine freundliche Begegnung. Aber eine „Gefahr", dass dieses Verhältnis nun gleich in Vertraulichkeit oder gar Freundschaft umschlagen würde, bestand nicht. Dem Grafen Münster gegenüber charakterisierte er Metternich unverändert als egoistisch, kalt und schlau, das gerade Gegenteil der Stadion-Brüder, die zwischen 1806 und 1809 das Land hätten begeistern können. Zudem blieb bei Stein der Vorbehalt, dass Metternich, dem er geradezu stereotyp vorwarf, den Krieg als Kabinetts- und nicht als Volkskrieg zu führen, nach einem dominanten Einfluss strebe, wozu er weder das Talent noch den Charakter habe. In Bezug auf Deutschland habe er keine einzige Vision, keine „großen Ansichten", er werde nur „auf die bequemste und kürzeste Art die Sache einstweilen auszuflicken" suchen[1259]. Das war ein Verdikt, und bei Steins bekannter Art, Urteile über Personen nicht mehr zu korrigieren und abzuändern, musste schon im Frühherbst 1813 gemutmaßt werden, dass er und Metternich ganz enge Freunde wohl niemals werden würden. Das korrespondierte übrigens auch mit Metternichs Stein-Bild, das von erheblichem Misstrauen geprägt war, hielt der österreichische Staatskanzler den rheinischen Reichsritter doch für revolutionär verseucht und für viel zu wenig aufgeschlossen für die Interessen der Fürsten[1260].

Immerhin, korrekte und konstruktive Zusammenarbeit tat not, und Ende September begann man in der Tat, über die Reorganisation des Verwaltungsrats miteinander zu verhandeln, dessen Defizite viele erkannten, u. a. auch Humboldt[1261]. Steins anfänglicher Optimismus, man werde „in wenigen Tagen" die Sache vom Tisch haben[1262], sollte sich freilich als eine gewaltige Fehleinschätzung erweisen; zu einer Einigung sollte es erst nach der „Völkerschlacht" bei Leipzig, also mehr als vier Wochen später, kommen. Dass man auf österreichischer Seite die Verhandlungen nicht forcierte, sondern im Gegenteil ganz bewusst und gezielt verschleppte[1263], mag auch damit in einem Zusammenhang gestanden haben, dass es vorläufig noch nicht viel zu verwalten gab und dass die erste Sorge den militärischen Dispositionen zu gelten habe. Da Stein der Ansicht war, dass bis zum Inkrafttreten eines neuen Organisationsmodells die alte Verwaltungskommission weiter amtiere, hat es wegen der Kontributionen aus der von Blücher inzwischen eroberten Lausitz und aus dem von Bernadotte besetzten Teil Sachsens dann wieder die ersten unliebsamen Auseinandersetzungen gegeben[1264]. Menschen, die Stein näher kannten, glaubten gar, er werde wegen dieser permanenten Querelen seine weitere Mitarbeit aufkündigen; Humboldt war es namentlich, der ihm immer wieder gut zuredete, auch für ihn keine ganz leichte Aufgabe: „Er hat mancherlei Fehler für Geschäfte, aber doch immer ein ernstes, für alles wesentlich Nötige und Gute edel aufgelegtes Gemüt; er gehört zu den Menschen, die einem das Leben nicht leicht machen und wohl augenblicklichen Unmut erregen, aber die, welche ihn recht auffassen, im ganzen immer trefflich stimmen", so charakterisierte er ihn in diesen Tagen[1265].

Vier Wochen nach seiner ersten Denkschrift zur Reorganisation des Verwaltungsrats hat Stein ein zweites Memorandum für den Zaren erstellt, das widerspiegelt, dass Stein auch in dieser Frage flexibel war, legt dieses neue Dokument doch auf einmal wieder Russland ein viel größeres Gewicht bei[1266]. Wegen der Hektik im Vorfeld der Entscheidungsschlacht und einer Reise des Zaren blieb die Entscheidung über die Verwaltungskommission Anfang Oktober noch einmal liegen[1267]. Stein nutzte die Zeit zu etlichen Arbeitsessen mit Hardenberg[1268] und einem Kurzurlaub auf dem Humboldtschen Gut Komotau[1269], wo er Wilhelm, dessen Geistesart von der Steins eigentlich sehr verschieden war, wohl noch ein Stück näher kam und mit Sicherheit mit ihm über die Verfassungsfrage diskutierte. Es gab nur ganz wenige Menschen, mit denen Stein dauerhaft so freundschaftlich verbunden sein sollte wie mit Humboldt.

Mitte Oktober fand die schon von den Zeitgenossen so benannte mehrtägige „Völkerschlacht" bei Leipzig statt[1270], die vieles dem strategischen Genie Gneisenaus verdankte – für Stein, der unmittelbar nach der Schlacht zum Ort des Geschehens eilte, Anlass, das Ereignis gleich in die großen Zusammenhänge einzuordnen: „La Providence est justifiée durch das große Gericht, das sie über das Ungeheuer ergehen ließ, seine Verstockung hat ihn zu politischen und militärischen Tollheiten verleitet, die seinen Fall beschleunigt [haben] und ihn zum Gespött des Volkes herabwürdigen"[1271]. Der „Fall" war freilich noch nicht bodenlos, gelang es dem Kaiser der Franzosen doch, mit 60.000 Mann zu entkommen und den Rhein zu erreichen. Zwei Tage nach Beendigung der militärischen Auseinandersetzungen wurde die von Stein herbeigesehnte Konvention über die Verwaltung der besetzten Länder von den fünf beteiligten Staaten (Russland, Österreich, Großbritannien, Preußen, Schweden) – die erste Enttäuschung, weil Stein sich gegen den Eintritt österreichischer Delegierter in die Behörde immer gesträubt hatte – approbiert[1272].

Die zwanzig Artikel umfassende Konvention[1273], die den alten Verwaltungsrat förmlich auflöst, richtet ein „Département Central d'Administration temporaire" ein und erhält Zuständigkeit für alle besetzten Länder und solche, die derzeit ohne Souverän sind. Die vor 1805 österreichischen, preußischen, hannoverschen und schwedischen Provinzen bleiben außerhalb des Zuständigkeitsbereichs des Gremiums, zu dessen Leiter die alliierten Monarchen den Freiherrn vom Stein ernennen (Art. 7). Er dirigiert das Departement nach seiner alleinigen Verantwortung und ist den alliierten Mächten gegenüber rechenschaftspflichtig. Er erhält seine Weisungen von einem Rat von Diplomaten, in den jeder der fünf Monarchen einen Delegierten entsendet; sein Ältester („Doyen") – faktisch wurde das Hardenberg – soll als Präsident mit dem Chef des Departements unmittelbar zusammenarbeiten. In diesem Gremium, das am Ort des jeweiligen Hauptquartiers tagen soll, hat Stein keinen Sitz und keine Stimme. Unter anderem ist dieses Gremium für die Benennung der Gouverneure der eroberten Länder zuständig. Dass, um dies vorwegzunehmen, dieser Ministerrat nur ausgesprochen selten tagte und insofern von einer ständigen Aufsicht nicht die Rede sein kann[1274], war im Oktober 1813 selbstredend nicht vorherzusehen – die Verfassungswirklichkeit sollte das Verfassungsrecht schnell überholen. Dem Präsidenten des Departements steht ein Bureau mit Hilfskräften zur Verfügung, die nach Möglichkeit aus den noch bestehenden Verwaltungen in den besetzten Ländern rekrutiert werden sollen. Die Einmischung des Departements in die inneren Landesangelegenheiten durch eigene Agenten ist in jedem einzelnen Fall zu prüfen und zu genehmigen.

Nicht alle der folgenden, eher technischen Artikel müssen hier vorgestellt werden: der Eindruck drängt sich auf, dass in den Wochen zuvor alle Eventualitäten bedacht worden, vor allem aber: alle Konsequenzen aus dem

Tohuwabohu der ersten Monate des „alten“ Gremiums gezogen worden waren. Die Konvention, die Steins Aktivitäten noch deutlicher als in der März-Konstruktion allen politischen Charakters beraubte und zudem auf ein zunächst sehr kleines Gebiet beschränkte, wurde am 23. Oktober 1813, also zwei Tage später, im Druck veröffentlicht[1275]. Schon einen Tag früher begann Stein mit der praktischen Arbeit[1276], indem er dem für Sachsen ernannten Generalgouverneur Fürst Repnin für sein Bureau vier Personen empfahl[1277], von denen sich eine, der sächsische Oberst Karl Adolf von Carlowitz, in den zurückliegenden Wochen oft in seiner Begleitung befunden hatte[1278]. Auch die Ernennung der übrigen Generalgouverneure scheint präzise vorbereitet gewesen zu sein[1279].

Aber es führt an der grundsätzlichen Bewertung kein Weg vorbei, dass die neue Konvention die Befugnisse Steins im Vergleich zu früher noch einmal empfindlich beschränkte. Daran mag Steins oft schroffes Vorgehen in den zurückliegenden Monaten seinen Anteil haben, das selbst eigene Freunde irritierte[1280], vor allem aber Metternichs Sorge, dass die Kommission faktisch auch in die Länder der Alliierten hineinregieren könne. So wurden neben den Gebieten Preußens, Österreichs, Hannovers und Schwedens auch Bayern, Württemberg, Baden und Hessen-Darmstadt eximiert, die unmittelbar vor oder kurz nach Leipzig ins Lager der Alliierten übergewechselt waren. Der ursprünglich umfassend geplante Auftrag an Stein und seine Kommission war damit erheblich geschrumpft, die Kommission konnte *rebus sic stantibus* kaum noch ein Mandat für die Neugestaltung der Territorialverhältnisse reklamieren. Menschen, die Stein kritisch gegenüberstanden, hätten das wohl als eine drastische Kompetenzbeschneidung bezeichnet. Er selbst hat sich zumindest schriftlich nicht darüber ausgelassen.

Aber die Verwaltungsfragen waren fortan nur das eine Segment von Steins Tätigkeit, ein Segment freilich, das viel Kärrnerarbeit erforderte, ging es doch bis zur Besetzung und Besoldung der Kanzleibeamten der einzelnen Gouvernementsräte, bis zur Organisation der Truppenverpflegung, bis zur Zeichnungsberechtigung für Kassenverfügungen[1281], bis zur Aufsicht über das Lazarettwesen[1282]. Man muss sich – Menschen, die das Ende des 2. Weltkriegs erlebt haben, können sich in solche Situationen vielleicht besser eindenken als eine jüngere Generation – die Dimension des ganzen Vorgangs immer wieder vergegenwärtigen: Es galt, mit neuem Personal bzw. den in die Staaten gesandten „Agenten“ neue Verwaltungsstrukturen aufzubauen oder die alten zu modernisieren und ggf. personell zu „entschlacken“, die Besoldungen der Funktionsträger zu regeln und die Kompetenzen gegeneinander abzugrenzen[1283], die betroffenen Menschen zur Kooperation zu bewegen, Loyalitätskonflikte zu bereinigen. Hierfür waren ebenso Durchsetzungsfähigkeit wie Fingerspitzengefühl erforderlich, und das in hohem Maß – Stein litt, was letzteres betrifft, notorisch an einem entsprechenden Mangel. Stein war darüber hinaus nach wie vor an der Organisation des „Volkskriegs“

interessiert und beteiligt (und erhielt manche unerbetenen Ratschläge, u. a. von Militärs, die in Spanien mitgekämpft hatten[1284]), hielt sich über den mecklenburgischen Landsturm auf dem laufenden[1285], beschäftigte sich aber auch mit der Reorganisation der bisher feindlichen Verbände und ihrer Integration in das alliierte Heer[1286] und mit der Festsetzung und Erlegung von Kriegskontributionen einzelner Staaten[1287]. Stein wurde faktisch entgegen den Vorstellungen der geistigen Väter des „Oktoberedikts" über die Einrichtung des Departements, dann doch zu der Schlüsselfigur schlechthin für den Gesamtbereich der Organisation des antinapoleonischen Kriegs. Angesichts der chaotischen Verhältnisse, die überall in Deutschland herrschten, der rechtlichen Unsicherheiten, der Bemühungen der alten Eliten, sich Verpflichtungen zu entziehen, der Obstruktionsversuche von Personen, die bisher andere Loyalitäten gekannt hatten, muss auch diese Aufgabe erneut als „herkulisch" eingestuft werden. Es dauerte nicht lange, und es stellte sich heraus, dass ohne seine Anwesenheit im alliierten Hauptquartier die Organisation und Logistik des Krieges gegen Napoleon überhaupt nicht zu bewältigen war. Es war nicht sein (eher beschnittenes) Amt, es war die Kraft des Faktischen, dass Stein zu einer Schlüsselfigur des Koalitionskriegs wurde.

Dass aus einer solchen Position des (zwar von der Konstruktion her nicht omnipotenten, aber faktisch doch höchst einflussreichen) Verwaltungschefs Ansprüche erwuchsen, auf den Fortgang der politischen Neukonturierung der Mitte Europas mehr als nur marginalen Einfluss zu nehmen, liegt, zumal bei einem ehemaligen preußischen „Premierminister", auf der Hand. Ungebeten, verfasste Stein seine Denkschriften zu allen möglichen Fragen – und reklamierte damit zugleich jeweils eine Art Deutungshoheit: zur Behandlung der Rheinbundfürsten, unter ihnen bekanntlich sein nassauischer „Intimfeind", dessen Territorium, auf wessen Initiative auch immer, von den alliierten Truppen offenbar besonders schonungslos behandelt wurde[1288], und der Sequestration ihrer Territorien bis zu einem Friedensschluss[1289] – das Problem erledigte sich dann nach dem Beitritt der größeren Rheinbundstaaten zur Koalition noch im November weitgehend –, erneut zur Verfassungsfrage[1290], zur Reichsfreiheit bestimmter Städte[1291]. Stein war – im wirklichen und im übertragenen Sinn – omnipräsent.

Hatte er zunächst nach der Völkerschlacht sein „Hauptquartier" in Leipzig, so begann Anfang November, also in einer alles andere als angenehmen Jahreszeit, seine beeindruckende Reisetätigkeit: Am 9. November Abreise nach Frankfurt/Main, eine ihm besonders vertraute Kommune, wo er, untergebracht im Haus „Im Fraß" in der Buchgasse, dem Domizil des Senators Guaita und seiner Gemahlin, einer Schwester Clemens Brentanos, Arndt wiedertraf, der dort sein wichtiges Büchlein *Der Rhein, Teutschlands Strom, aber nicht Teutschlands Grenze* verfasst hatte[1292], am 19. Dezember Weiterfahrt nach Karlsruhe, wo er erneut mit dem Zaren zusammentraf, am

20. Dezember Ankunft in Freiburg/Breisgau, wo er die Weihnachtstage verbrachte (nicht ohne am 25. eine umfangreiche Denkschrift zu verfassen[1293]!), ehe es dann nach dem Jahreswechsel nach Basel weiterging.

***

Die Aufenthalte in Frankfurt und in Freiburg waren die ausgedehntesten, und beiden hat unser Augenmerk zu gelten. Frankfurt mit seinem symbolischen Gewicht als ehemalige Wahl- und Krönungsstadt der römisch-deutschen Kaiser hatte noch am 31. Oktober einen eintägigen – oder besser: einnächtlichen – Besuch Napoleons erlebt, am 2. November war die Stadt von den Alliierten eingenommen worden, am 5. war der Zar, am 6. Kaiser Franz I. eingezogen: in jene Stadt also, in der er gut 20 Jahre zuvor zum römisch-deutschen Kaiser gewählt und gekrönt worden war. Stein folgte den Majestäten im Abstand weniger Tage, und in die nun folgenden Wochen fällt erst recht eigentlich die Organisation der Zentralverwaltung für sämtliche deutschen Gebiete, nachdem in Leipzig letztlich nur das Generalgouvernement für Sachsen hatte organisiert werden können und für einige thüringische Kleinstaaten erste Dispositionen getroffen worden waren. Die Verwaltung hatte dem militärischen Fortgang zu folgen, und bis zum frühen November waren die Eroberungen bisher französisch kontrollierten Landes doch noch recht überschaubar gewesen.

In Frankfurt erhielt die Steinsche Behörde zudem ihre endgültige Physiognomie. Es wurde ein Generalkommissariat eingerichtet und dem preußischen Oberstleutnant Rühle von Lilienstern unterstellt, das einen Bewaffnungsplan zu erarbeiten hatte, aber sich auch der Kriegspropaganda und der psychologischen Kriegführung widmete, daneben eine Generalintendantur, die für den regelmäßigen Eingang der Naturallieferungen zu sorgen hatte. Weiterhin war die gleichmäßige Verteilung der Kriegskosten zu organisieren, die gemeinsame Nutzung der Waffen- und Munitionsproduktion, das Lazarettwesen, all das unter dem Vorsitz Steins und unter dem Dach des Zentraldepartements. Die dort getroffenen Entscheidungen über die von den einzelnen Staaten zu erbringenden Leistungen hatten fundamentale Bedeutung: das sog. Frankfurter Bewaffnungsprotokoll vom 24. November 1813 beispielsweise, das die bis Jahresende fälligen militärischen Beiträge der einzelnen Staaten festlegte – bis hinunter zu den von Liechtenstein zu stellenden 40 Mann – und ihre Ausrüstung Stein überantwortete[1294], die Grundsätze über die Naturalverpflegung und Leistungen für die verbündeten Heere, nicht zuletzt die Bestimmungen über die Einrichtung und den Unterhalt der Lazarette. Steins engste Mitarbeiter wurden nun der preußische Geheimrat Karl Ferdinand Friese, Stein aus seinem 2. Ministeriat wohlbekannt, der von Österreich entsandte Graf Kaspar Philipp von

Spiegel, ein jüngerer Bruder von Steins geistlichem Freund Ferdinand August, der von Russland benannte Schweizer Emigrant Andreas Merian und der Kollegienassessor Nikolai Turgeniew, der später als liberaler Publizist hervortreten sollte, vor allem aber der Kammergerichtsrat Johann Albrecht Friedrich Eichhorn, ein „Verwaltungstalent ersten Ranges“[1295], der nun als Steins Kabinettssekretär fungierte. In Frankfurt wurde selbstverständlich auch ein eigenes Generalgouvernement für die bisher dalbergschen Länder Frankfurt und Aschaffenburg eingerichtet, das vom Großherzogtum ein reguläres Truppenkontingent und Landwehr jeweils in der Größenordnung von 2.800 Mann verlangte[1296]. Es wurde dem Prinzen von Hessen-Homburg unterstellt[1297].

Bei allen diesen Sach- und Personalentscheidungen kamen Stein seine jahrzehntelangen Verwaltungserfahrungen und seine kaum zu übertreffende Kenntnis der politischen Eliten nicht nur Preußens zugute – man könnte fast auf den Gedanken verfallen, Stein hätte ein umfangreiches Privatarchiv mit Dossiers aller Personen unterhalten, mit denen er jemals in engeren Kontakt gekommen war. Seine Einschätzungen sind jeweils präzise, nicht selten schonungslos und wohl auch überspitzt, wurden längst nicht immer von seinen Korrespondenzpartnern geteilt – aber sie versetzten ihn jetzt in die Lage, über die vielen auszufüllenden Stellen rasch zu entscheiden. Dabei griff er mit Vorliebe auf Personen zurück, mit denen er bereits erfolgreich zusammengearbeitet hatte. So wurde etwa, um nur drei Beispiele anzuführen, Gruner, sein Partner in Böhmen im Jahr 1812, zum Generalgouverneur des bisherigen Großherzogtums Berg bestellt[1298], bevor er später das Generalgouvernement des (linksrheinischen) Mittelrheins übernahm. Auch dass Vincke zum Zivilgouverneur der westfälischen Provinzen ernannt wurde[1299], geschah nicht ohne Steins Zutun. Schließlich sorgte er dafür, dass einer seiner engsten Mitarbeiter aus Westfalen und seinem 1. Ministeriat, Johann August Sack, zum Generalgouverneur des Departements Niederrhein bestellt wurde[1300]. Dass bei der Besetzung der vielen zu vergebenden Stellen dann auch Fehlentscheidungen getroffen wurden, so etwa in Bezug auf die Einweisung des Bremer Überseekaufmanns Christian Friedrich Delius in die Stelle eines Agenten des Departements bei der Stadt Bremen[1301], war in die Kategorie „Kollateralschäden“ einzureihen[1302]; Stein mag sich damit getröstet haben, dass er Delius, der sich selbst angeboten hatte[1303], nicht schon länger gekannt hatte, also unter dem Druck der Verhältnisse von seinem bewährten Prinzip abgewichen war.

Die Verwaltungs- und Organisationstätigkeit des in Frankfurt eingerichteten Zentraldepartements ist durch die Studie von Peter Graf Kielmannsegg gut aufgearbeitet und kann hier ebenso wenig in allen Facetten verfolgt werden wie die Arbeit und die Funktionsweisen der regionalen Gouvernements, deren Fäden natürlich auch bei Stein zusammenliefen. Wenn man bedenkt, dass der Geschäftsgang des Zentraldepartements streng bürokratisch organisiert war und kein Dokument einkam oder ausging, das den Schreibtisch Steins nicht passiert hätte, kann man ermessen, welche gewaltige Arbeitsleistung zu vollbringen war. Wenn man sich dann noch vergegenwärtigt, dass das Zentraldepartement ein halbes Jahr lang – in einem Winterhalbjahr! – dem militärischen Hauptquartier folgte, also die Reisestrapazen noch hinzukamen, lassen sich Steins logistische und physische Leistungen in etwa ermessen.

Stein aber nicht nur als der omnipräsente Gestalter, als derjenige, der Entscheidungen traf, sondern auch als die „Klagemauer der Nation": Die Beschwerden über militärische Übergriffe, über überzogene Requisitionen, über unzumutbare Zahlungen, über den falschen Zuschnitt der neuen Verwaltungseinheiten und vieles mehr – alles landete auf Steins Schreibtisch. Ombudsmann, die Einrichtung, bei der man „Frust" abladen konnte: Stein war auch all das. Sicher keine beneidenswerte Position!

In diesem quirligen Frankfurter Ambiente des November 1813, das von unzähligen Hochadligen, den Führungspersönlichkeiten der Alliierten, einem ständigen Kommen und Gehen von Personen, die von der neuen Situation in irgendeiner Weise zu profitieren hofften, geprägt war, rückte auch die Familie wieder stärker in Steins Blickfeld, insbesondere die Frage ihres weiteren Unterkommens. Die Familie weilte ja seit 1809 in Prag, war zwar im Sommer 1813 von Stein von Leipzig bzw. Teplitz aus verschiedentlich besucht worden, aber ansonsten hatten sich die Kontakte auf Briefe beschränkt – durchaus liebevoll im Ton seiner Frau gegenüber, gegenüber der jüngeren Tochter Therese immer mit einem pädagogischen Zeigefinger. Der Vater war über alle Maßen um die Töchter und deren Bildung bemüht; ob er die Interessen eines heranwachsenden Mädchens – der gerade 10 Jahre alt gewordenen Therese – immer ganz richtig traf, wenn er ihm für Weihnachten 1813 einen Plan der Leipziger Völkerschlacht und die Kriegslieder des königlichen Kammerkomponisten Friedrich Heinrich Himmel avisierte[1304], mag hier auf sich gestellt bleiben. In Frankfurt aber gewann, wie gesagt, das Moment eines Wohnortwechsels der Familie nun eine neue Aktualität. Frankfurt hatte früher ohnehin gelegentlich als Wohnsitz von einiger Dauer gedient, und zudem lag der Stammsitz der Familie fast im Frankfurter Einzugsbereich. Mit der neuen politischen Entwicklung war die Zwangsverwaltung über die Steinschen Besitzungen um Nassau natürlich aufgehoben worden, wie ihm der nassauische Minister Marschall gleich in Frankfurt mitgeteilt hatte[1305], die nassauische Regierung verstand sich – aus guten Gründen und nicht ohne Berechnung – sogar zu einer beachtlichen Ausgleichszahlung. Stein hatte umgehend seine Schwester Marianne, die seit der Aufhebung ihres Stifts ein unstetes Wanderleben geführt hatte, als Verwalterin eingesetzt[1306], aber da absehbar war, dass ihr Stift Wallenstein wiederhergestellt werden würde, konnte das nur eine Lösung auf Zeit sein. Er hat ihr dann auch schon bald den Juristen Karl Friedrich von Dalwigk als Güterverwalter zur Seite gestellt[1307].

Von Frankfurt aus suchte er mit seiner Frau in ein Gespräch zu kommen über das „établissement futur“[1308] der Familie, wobei er zunächst ohne Frage an Nassau dachte. Seine Frau zog aber offenbar, gewöhnt an das abwechslungsreiche Dasein in Prag, das Leben in einer Metropole dem beschaulichen Landleben doch entschieden vor. Sie optierte jedenfalls klar für Berlin als neues Familiendomizil, was Stein, sicher nicht ganz beglückt, akzeptierte, aber mit der Bitte verband, dann für ein geräumiges Haus zu sorgen, „commode, et bien située, quand on mène une vie casanière comme moi, on ne peut s'occuper de rendre son intérieur abgréable“[1309]. Die Rückkehr nach Nassau war damit vorläufig wieder vom Tisch. An die diesem Kompromiss implizite Option einer möglichen Rückkehr in den preußischen Staatsdienst wird Stein selbst wohl nicht ernsthaft gedacht haben. Familientrennung also weiterhin auf unabsehbare Dauer?

Frankfurt war aber auch Ausgangspunkt, um in Bezug auf die ungelöste Verfassungsfrage wenigstens in einer Hinsicht Pflöcke einzuschlagen, die Bestand haben würden. Es versteht sich, dass Stein, in der alten Reichsstadt kein Unbekannter und ihr vielfältig – u. a. durch seinen Bankier Metzler, zu dem die Beziehungen jetzt aber doch rasch abkühlen sollten[1310] – verbunden, während seines Aufenthalts einem gewissen Druck ausgesetzt war, für die bisher fürstprimatische Hauptstadt etwas zu tun, möglichst mit dem Ziel, ihren früheren Status als freie Reichsstadt wiederherzustellen. Da das mit Steins eigenen Verfassungsvorstellungen, die zuletzt auf einen Bund der kleinen Staaten unter einem mächtigeren Kaiser hinausliefen, konform ging, verfasste er Anfang Dezember eine Denkschrift, in der er zum Ausdruck brachte, dass zweierlei selbstverständlich sein müsse: dass Frankfurt nicht mehr in die Hände Dalbergs zurückfalle und dass ihm eine eigene, möglichst selbständige Verfassung eingeräumt werde. In demselben Dokument forderte er gleiches im übrigen auch für Bremen.

Zu der gegenüber Hardenberg angesprochenen Ministerkonferenz über diese Frage[1311] scheint es zwar nicht gekommen zu sein, aber in der Sache war dem Steinschen Vorstoß Erfolg beschieden. Hardenberg vermerkte auf dem ihm zugegangenen Schreiben Steins eigenhändig, dass mit den österreichischen und russischen Kabinetten über die Angelegenheit beratschlagt und beschlossen worden sei, „dass der Stadt Frankfurt erlaubt werden soll, ihre alte städtische Verfassung provisorisch wieder aufzunehmen“. Stein habe es übernommen, das vorzubereiten und die Stadt anzuweisen, „alle diejenigen Maßnahmen zu ergreifen, welche derselbe [Stein] für den gedachten Zweck dienlich erachten wird“. Das Generalgouvernement des Großherzogtums habe den Plan, wie das geschehen solle, zu genehmigen und zu bestätigen.

Wer freilich geglaubt hatte, damit sei die Sache entschieden und ihre Umsetzung nur noch eine Frage von Tagen oder Wochen, sah sich gründlich getäuscht. Bereits einige Tage später bedrängte Stein Hardenberg abermals wegen einer Frankfurt-Konferenz[1312], dann legte, obwohl die österreichische Seite Hardenberg zufolge ja zugestimmt hatte, der Freiherr von Hügel Einspruch ein[1313], zum 1. Januar 1814 schien dann alles geregelt[1314], aber noch im Februar war das Schicksal der ehemaligen Freien Städte und die Frage, ob sie nicht doch als Entschädigungsobjekte herangezogen werden sollten, nicht in letzter Instanz entschieden. Ende April musste der Freiherr von Hügel ziemlich deprimiert berichten, dass die Verfassungsberatungen nach wie vor eine Hängepartie seien[1315], wenige Tage später glaubten Bürgermeister und Rat, sich ernsthaft wegen der Selbständigkeit der Kommune Sorgen machen zu müssen[1316]. Über die Zukunft Frankfurts war aktuell ein Streit zwischen Hessen und Bayern entbrannt, der alles verzögerte – der Wittelsbacherstaat suchte eine Art Landbrücke zwischen Unterfranken und der von ihm beanspruchten (und später auch zugesprochenen) Rheinpfalz herzustellen. Die bayerischen Begehrlichkeiten auf die Rhein-Main-Region waren im übrigen einer der Gründe, weswegen Stein im Mai 1814 von Paris aus geradezu händeringend darum bat, die Gouvernementsverwaltung nach Mainz zu verlagern[1317], das neben Frankfurt ganz deutlich im bayerischen Fokus stand; als Verwaltungssitz hätte Mainz wohl einen Sonderstatus gehabt und wäre den bayerischen Territorialforderungen nicht mehr derart massiv ausgesetzt gewesen. Es sollte auf dem Wiener Kongress Stein sein, der diese Option mit der Argumentation, Deutschland dürfe nicht zerschnitten werden, endgültig zu Fall brachte. Frankfurt, so seine Ansicht, die dann (fast) allgemeinen Beifall fand, sei der geborene Vermittler zwischen Nord und Süd und sei am meisten berechtigt, als Freie Stadt im Deutschen Bund weiterzubestehen. Die bayerischen Ansprüche wurden zurückgedrängt, in die Kongressakte fand am Ende in Art. 46 die Bestimmung Aufnahme: „La ville de Francfort, avec son territoire, tel qu'il se trouvait en 1803, est déclarée libre et fera partie de la Ligue Germanique". Auch wenn man letztlich zu konstatieren hat, dass es eher geostrategische denn kommunale Gründe im engeren Sinn waren, denen Frankfurt die Wiederherstellung seiner Stadtfreiheit verdankte: am großen Anteil Steins an dieser Entscheidung ist nicht zu zweifeln. Insofern war die Stadt auch gut beraten, nachdem sie ihn 1815 in geradezu kränkender Weise links liegen gelassen und ihren Dank nur auf die drei Monarchen und auf Metternich fokussiert hatte, Stein seiner Fürsprache wegen, aber auch um seiner „Verdienste [...] um ganz Deutschland" willen[1318] die Ehrenbürgerwürde zu verleihen[1319]. Das war auch deswegen eine gute Entscheidung, weil Stein sich auch in anderer Hinsicht für sie einsetzte und sich z. B. bemühte, die Aschaffenburger Kupferstich- und Gemäldesammlung nach Frankfurt zu überführen, um ihr „eine für ganz Deutschland gemeinnützige Bestimmung zu geben"[1320], oder wenn er dafür eintrat, dass die Medizinische Akademie finanziell sichergestellt werde[1321]. Der Anspruch Frankfurts auf die Aschaffenburger Sammlungen wurde bayerischerseits freilich nur im Prinzip anerkannt, wohingegen den Steinschen

Interventionen in Bezug auf das nach Aschaffenburg ausgelagerte Reichsarchiv ohne große Widerstände stattgegeben wurde[1322]. Stein hat im übrigen die Anfrage, ob er die Ehrenbürgerwürde annehme, mit einem Schreiben beantwortet, das eine Art Liebeserklärung an diese Kommune darstellt[1323].

Die Frankfurter Spätherbstwochen 1813 nutzte Stein aber nicht nur, um die Zentralverwaltung zum Laufen zu bringen und um sich um die städtischen Belange zu kümmern, sondern auch dazu, über den Zaren wieder Einfluss auf die große Politik zu gewinnen, der ihm in den zurückliegenden Monaten einigermaßen entglitten war. Die Kardinalfrage jener Wochen war, ob man, nachdem militärisch die Rheingrenze erreicht war, die man sich im Teplitzer Vertrag als Kriegsziel gesetzt hatte, den Krieg überhaupt fortführen sollte. Stein musste es zu denken geben, dass sich in Frankfurt eine Art kleine Koalition Metternichs mit dem preußischen König abzuzeichnen begann, die auf den schleunigen Abschluss eines Friedens auf der Grundlage der Rhein- und Alpengrenze Frankreichs hinarbeitete, dessentwegen man dann auch wieder diplomatische Kontakte mit Napoleon knüpfte. Ganz ohne eine gewisse innere Logik waren solche Überlegungen nicht; sieht man einmal ganz von dem Problem der Kriegskosten ab, konnte die Gefahr nicht von der Hand gewiesen werden, dass ein Hineintragen des Krieges nach Frankreich Reaktionen hervorrufen und die Solidarisierung der Nation mit dem Korsen begünstigen würde, dessen Autorität aktuell stark erschüttert war. Stein sah seine Aufgabe darin, den russischen Kaiser darin zu bestärken, dass das Übergewicht des russischen Einflusses auf Mitteleuropa auch seinen eigenen (polnischen) Plänen zustatten komme und dass Europa erst dann wieder in einen Zustand des Friedens übergehen würde, wenn das „Ungeheuer“ gestürzt und von der Bildfläche verschwunden sei. Es ist ein veritabler Richtungsstreit gewesen, der in Frankfurt ausbrach, und Steins (und Pozzo di Borgos) Part war es, den Zaren mit guten und plausiblen Argumenten zu „füttern“, den Krieg fortzusetzen bis zum wirklichen Siegfrieden. In Metternichs, des kühl Kalkulierenden Augen war das nicht mehr und nicht weniger als „blinde Raserei“[1324], und es kann keinem Zweifel unterliegen, dass sich in Frankfurt die ohnehin schon gegebenen Antipathien zu Stein noch einmal kräftig verstärkten. Sie nahmen im übrigen auch deswegen an Schärfe und Nachhaltigkeit zu, weil Metternich längere Zeit hindurch den Zaren im eigenen Lager gewähnt hatte, der sich sogar in London für Metternichs Friedensplan stark gemacht hatte. Um so unvermuteter musste ihm der Übergang Alexanders ins Lager der ‚Falken‘ erscheinen, für den er, nicht ohne Grund, hauptsächlich Stein verantwortlich machte. Metternich fühlte sich düpiert und hat seitdem ein hochbrisantes Doppelspiel gegenüber dem Zaren initiiert, den er schon bei der Entscheidung, welche Richtung die Hauptarmee einschlagen sollte, in peinlichster Weise bloßstellte, indem er die kurzzeitige Abwesenheit des russischen Kaisers ausnutzte, um die Truppen unter offenkundiger Verletzung der Neutralität der Eidgenossenschaft in Richtung Schweiz in Bewegung zu setzen. Man hat den Gegensatz Metternichs und Alexanders oft, sehr vordergründig, auf ihr gemeinsames Werben um Frauen auf dem Wiener Kongress zurückgeführt – der wahre Grund liegt hier. Es versteht sich von selbst, dass dieser sich verschärfende Gegensatz Stein in die Karten spielte und sein Prestige beim Zaren schlagartig wieder erhöhte. Vor diesem Hintergrund lag es für den Politiker Stein nahe, den Verwaltungschef ins zweite Glied zurücktreten zu lassen und die laufenden Geschäfte in Frankfurt weitgehend Rühle und Solms-Laubach zu überlassen und selbst im Abstand weniger Stunden oder Tage dem alliierten Hauptquartier nachzureisen.

Die zweite Station, an der sich Stein im Spätherbst und frühen Winter 1813/14 längere Zeit aufhielt, war das breisgauische Freiburg. In Frankfurt waren zwar die wichtigsten Personal- und Sachentscheidungen bezüglich der Verwaltung des ständig größer werdenden Teils des befreiten Deutschland gefallen, zu dem nun das gesamte linke Rheinufer von Basel bis zum Niederrhein hinzukam, aber um nicht den Anschluss an die politischen Diskussionen und seinen Einfluss auf den Zaren zu verlieren, entschied sich Stein – wie eben erwähnt – für die Option, den drei Monarchen, die sich mit unterschiedlichen Routen und unterschiedlichen Etappenpunkten gen Süden bewegten, zu folgen. Dass es überhaupt zu dieser Südorientierung der verbündeten Armeen kam, war nicht nur eine Frucht von Metternichs Doppelspiel, sondern auch das Ergebnis einer relativ heftigen militärischen Kontroverse über das strategische Vorgehen, aus der die von Blücher und Gneisenau verfochtene Option eines direkten Vorstoßes vom Mittel- und Niederrhein nach Paris als Verlierer hervorging. Die Entscheidung war zugunsten der Süd-Variante gefallen, um dadurch die Bewegungen der österreichischen Armee in Italien zu entlasten, was freilich Blücher nicht daran hinderte, mit den von ihm befehligten Truppen in der Neujahrsnacht 1813/14 bei Kaub den Rhein zu überqueren und damit erstmals in französisches Staatsgebiet einzudringen. Als nächster Punkt des Zusammentreffens der Monarchen, deren anfängliche Einigkeit überaus schnell Risse bekommen hatte, war Freiburg verabredet worden, eine zwar, wie Stein bemerkte, kleine, aber hübsche („joli") Stadt, von der er allerdings nicht wusste, wie sie mit der zu erwartenden Menschenmenge im Gefolge der gekrönten Häupter fertig werden würde[1325].

In Steins Arbeitsalltag änderte sich im Prinzip nichts, sieht man einmal davon ab, dass er in Freiburg viel weniger enge persönliche Bekannte hatte und deswegen in das kommunale Gesellschaftsleben nicht in dem Maß wie in Frankfurt einbezogen wurde. *Business as usual*, ist man geneigt zu sagen: Die Aufstellung der Truppenkontingente, der Fehlbedarf an Pferden, die mögliche Einführung einer fahrbaren Feldküche[1326], die unzureichende Erfüllung von Pflichten, insbesondere der ehemaligen Rheinbundfürsten[1327], aber auch die notwendigen propagandistischen Aktivitäten, um die Bevölkerung des linken Rheinufers nach den langen Jahren der Zugehörigkeit zu Frankreich wieder für „Deutschland" zu gewinnen. Ganz sicher verdankte es sich diesem größeren Freiraum, dass in Freiburg wieder einige wichtige Denkschriften verfasst wurden – so zur allgemeinen Landesbewaffnung in Deutschland[1328] und zur Neuordnung Deutschlands, in der er u. a. die Sicherung der Grundrechte in den einzelstaatlichen Verfassungen anmahnte und (erneut) die Bildung von Landständen einforderte[1329]. Mit ihnen suchte Stein seine besondere Kompetenz *in germanicis* erneut unter Beweis zu stellen.

Von besonderem Interesse ist eine am vorletzten Tag des Jahres 1813 datierte Denkschrift für den Zaren[1330], weil sie Stein als politischen Taktiker erkennen lässt – und weil sie sein unverändertes, letztlich abgrundtiefes Misstrauen gegen Metternich widerspiegelt. Es sei zu befürchten, so lässt er Alexander dort wissen, dass Metternich in die abschließende Behandlung der deutschen Verfassungsfrage den selben „esprit de frivolité, de suffisance, le même manque de respect pour la vérité et les principes" zeigen werde, den er schon oft an den Tag gelegt habe. Das war – in Parenthese – schon deswegen geschickt, weil der Zar aktuell wegen der Verletzung der eidgenössischen Neutralität durch österreichische Truppen Metternich denkbar kritisch gegenüberstand. Der Zar möge, so Stein weiter, ein kleines Komitee in Vorschlag bringen, das die Grundzüge der künftigen deutschen Verfassung ausarbeiten sollte und dem von russischer Seite Graf Rasumowsky, von österreichischer Graf Stadion und von preußischer Wilhelm von Humboldt angehören sollten. Diese (ausnahmslos mit Vertrauten Steins besetzte) Arbeitsgruppe hätte einen Plan auszuarbeiten, der in den Einzelverfassungen der Mitgliedsstaaten Institutionen vorsähe, die dem Individuum Eigentum, Sicherheit und sein Recht garantierten. Nur dadurch könne man zukünftig den Einfluss und die Aggression Frankreichs zurückdrängen und zugleich die Demoralisierung aufheben, die die kleinen despotischen Fürsten verbreiteten. Was auf jeden Fall vermieden werden müsse, sei, die Verfassungsfrage bis zu den Friedensverhandlungen mit Frankreich aufzuschieben und offen zu lassen, weil in diesem Fall der Nachbar noch einmal eine Chance erhielte, seinen verhängnisvollen Einfluss ins Spiel zu bringen.

Der Zar reagierte freilich für Stein enttäuschend zurückhaltend. Man könne Österreich im Augenblick in der deutschen Frage nicht verärgern, weil sonst die Gefahr bestünde, dass es am Ende doch noch eine Wiederannäherung an Napoleon vollziehe. Worin er aber mit Stein einig gehe, sei, dass den Franzosen jede Mitsprache in den deutschen Angelegenheiten verwehrt werden müsse.

Aber es lag auf der Hand, dass sich nicht nur Stein über die Physiognomie eines künftigen Deutschland seine Gedanken machte. In Freiburg erreichte ihn Humboldts umfangreiche, für Stein bestimmte und direkt auf sein August-Memorandum reagierende Denkschrift[1331], die für die Neuordnung Deutschlands ein ganz anderes Modell vorsah: Herstellung eines Staatenbundes lebensfähiger Mittelstaaten unter Verzicht auf die Wiederherstellung des Kaisertums; Warnung vor einer zu großen Reduktion der Zahl der Staaten, nicht nur ihrer erheblichen kulturellen Bedeutung wegen; Garantie dieses Staatenbundes durch Österreich und Preußen, die allein für Krieg und Frieden zuständig sind; kein Bundesoberhaupt, kein Bundesrat; Einführung ständischer Verfassungen in allen Einzelstaaten, die bei innerdeutschen Konflikten einer obligatorischen Schiedsgerichtsbarkeit unterworfen werden, einem unter österreichischer, preußischer, bayerischer und hannoverscher Leitung stehenden permanenten Schiedsgericht. Humboldts Denkschrift ist ihrer Sprache, Unaufgeregtheit, Prägnanz und Fähigkeit wegen, eine wirkliche Vision zu entwickeln, nicht zufällig häufig gerühmt[1332] worden; in der Tat hat auch Stein die Qualität dieses Dokuments immer – fast möchte man sagen: neidlos – gewürdigt, obwohl ihm bewusst war, dass sich einer der ersten Sätze ausdrücklich gegen seine Weltsicht richtete: „Man muss sich wohl hüten, bei dem beschränkten Gesichtspunkt stehen zu bleiben, Deutschland gegen Frankreich sichern zu wollen. Deutschland muss frei und stark sein, nicht bloß, damit es sich gegen diesen oder jenen Nachbar, oder überhaupt gegen jeden Feind verteidigen könne, sondern deswegen, weil nur eine auch nach außen hin starke Nation den Geist in sich bewahrt, aus dem auch alle Segnungen im Innern strömen".

Das Rennen um die künftige Gestaltung Deutschlands war damit endgültig eröffnet. Noch in Freiburg hat Stein seinerseits auf Humboldts Entwurf reagiert[1333]. Ihre Freundschaft war belastbar genug, es über Humboldts ganz anderer Konzeption nicht zum Zerwürfnis kommen zu lassen; im Gegenteil, Stein hat, zumindest befristet, unter dem Eindruck von Humboldts Text manches revidiert, aber auch eingefordert: etwa die Erweiterung der Rechte der Mediatisierten und die weitgehende Gleichstellung der Reichsritter mit den Standesherren, etwa die Stärkung der Unabhängigkeit der Justiz und die Sicherstellung rechtsstaatlicher Verfahren. Am Ende würde wohl die politische Machbarkeit den Ausschlag geben: die Frage also, welches Modell sowohl mit den großflächigen Interessen der Großmächte als auch mit den Sicherheitsinteressen der kleineren Staaten kompatibel war. Jeder, der aktiv in diese Verfassungsdiskussion eingriff, musste von daher nicht nur gute Gründe für sich ins Feld führen können, sondern auch lernfähig und geschmeidig sein – in mancher Hinsicht belegt bereits Steins Reaktion auf Humboldts Verfassungsentwurf, dass er sich besseren Argumenten nicht (mehr) verschloss. Das, was er am Ende ausstellte, waren aufs Ganze gesehen eher kleine Korrekturen, so etwa, dass er Humboldts Gedanken verwarf, die künftige Reichsverfassung von den Großmächten garantieren zu lassen. Am wichtigsten war vielleicht, dass er in seiner März-Denkschrift vom Gedanken der zwingenden Erfordernis eines Bundesoberhaupts abrückte und sich nun mit einem aus Preußen, Österreich, Bayern und Hannover bestehenden

Bundesdirektorium begnügte. Wichtig war freilich auch, dass er in seiner Reaktion erstmals die jedem einzelnen zustehenden Grundrechte umfassend thematisierte und sich für eine Art Habeas-Corpus-Akte aussprach, die nicht nur durch die Landstände, sondern auch durch unabhängige Gerichte – Geschworenengerichte mit öffentlichem Verfahren – geschützt werden würden. Man hat nicht ganz ohne Grund hier einen Paradigmenwechsel zu erkennen gemeint; während unter dem Druck der Fremdherrschaft die Verstärkung der Staatsgewalt ganz im Vordergrund allen politischen Denkens habe stehen müssen, sei nun der Zeitpunkt gekommen gewesen, die Freiheitsansprüche des einzelnen stärker zu betonen (und damit geistig wieder in die westfälische Vergangenheit zurückzukehren)[1334].

Freiburg: Bei aller Eintönigkeit, die er im Silvesterbrief an seine Frau beschwor[1335], brachten diese Wochen aber doch auch die eine oder neue Bekanntschaft, u. a. die mit dem pädagogischen Reformer Philipp Fellenberg, der Stein (und seiner Frau) von seinen Publikationen zur Pädagogik und zu Agrarreformen her bekannt war. Wenn man sich in Fellenbergs pädagogische Ansätze vertieft, die stark darauf abhoben, den Menschen zum selbständigen Handeln zu erziehen und vor allem anderen seinen Charakter zu bilden, erstaunt es kaum, dass Stein sich offenbar sofort zu ihm hingezogen fühlte und ihn ausgesprochen positiv charakterisierte.

Von Freiburg aus bat Stein seinen (aktuell in Leipzig weilenden) publizistischen Mitstreiter Arndt, wieder in seine Nähe zu kommen, zunächst nach Frankfurt: dort sei seine Anwesenheit sehr erwünscht[1336]. Der Staatskanzler – Hardenberg – wolle ihn umarmen, weil Arndts Schrift *Der Rhein, Teutschlands Strom, aber nicht Teutschlands Grenze* ihn (wie viele andere) stark beeindruckt habe. Aber es war auch notwendig, Arndt stärker in die publizistischen Aktivitäten zur Gewinnung der linksrheinischen Bevölkerung einzubinden, die bisher mehr oder weniger in Gruners und Sacks Händen gelegen hatten. In der Situation, in die man einzutreten im Begriff stand, der Entscheidung über Deutschlands zukünftigen Zuschnitt und des Ausschlusses jeglichen französischen Einflusses auf die deutsche Innenpolitik, mussten ihm verlässliche publizistische Hilfstruppen willkommener denn je sein. Arndt, in den zurückliegenden Monaten eher eine Art Kriegs-Propagator[1337], wurde in diesem Kontext als mit Abstand wichtigste Persönlichkeit eingestuft. Er sollte vor allem für das antifranzosische *feeling* zuständig sein, weshalb die zuständigen Beamten auch eindringlich ermahnt wurden, darauf zu achten, dass nicht irgendeine Schrift Arndts der Zensur zum Opfer falle[1338].

Steins geradezu leidenschaftliche Hingabe und Fähigkeit, den Widerstand gegen den Korsen zu organisieren, bettet sich selbstredend ein in eine viel breitere antifranzösische Publizistik, die mit ihm in einem direkten oder indirekten Zusammenhang steht. Arndt, dessen akademische Karriere im heimatlichen Greifswald die Franzosen verhindert hatten, der schon damals eine ungeahnte Frankophobie entwickelt und sie in der Entourage Steins noch gesteigert hatte, war hier sicher eine Art *frontman*. Seine 1813 verfasste Abhandlung *Ueber Volkshaß* fand in einer emotional aufgewühlten Atmosphäre ihre Leser und prägte mit anderen Schriften, zu denen etwa auch das Buch seines Greifswalder Kommilitonen und Kollegen Friedrich Rühs *Historische Entwickelung des Einflusses Frankreichs und der Franzosen auf Deutschland und die Deutschen*[1339] zu zählen ist, auf Dezennien hinaus die öffentliche Meinung in Deutschland. An Bitterkeit, freilich auch an demagogischer Einseitigkeit war die letztgenannte Schrift kaum zu übertreffen: „Wir sollen sie [i. e. die Franzosen, H. D.] hassen, weil sie schon über drei Jahrhunderte unsere Freiheit hinterlistig belauert haben, weil sie von Geschlecht zu Geschlecht rastlos und planmäßig gearbeitet haben, diese Freiheit zu untergraben, bis sie unter ihren letzten Banditenstreichen hingefallen ist“[1340]. Die Botschaft an das breite Publikum war klar: Die frühere deutsche Freiheit ist von den Nachbarn untergraben und zerstört worden, sie verfolgen seit Jahrhunderten nur dieses eine Ziel, jetzt ist es ihnen gelungen, sich ganz Deutschland zu unterwerfen, das deutsche Volk kann darauf nur eine Antwort geben! Um es zu wiederholen: Das war keine Einzelstimme, eine solche Schrift traf die *communis opinio* jenes dramatischen Doppeljahrs 1813/14, in dem sich ein nationaler Feindbegriff konstituierte, wie er diesseits des Rheins bisher unbekannt gewesen war. Die Schriften, die ergänzend zu Arndt und Rühs angeführt werden könnten, sind Legion; nur beispielshalber sei noch verwiesen auf die 1814 publizierte Abhandlung Johann Gottlieb Radlofs *Frankreichs Sprach- und Geistes-Tyranney über Europa*, die ein Jubiläum – das des Rastatter Friedens von 1714 – zum Anlaß nahm, mit der französischen Politik des letzten Säkulums gegenüber Deutschland gnadenlos abzurechnen[1341]. Dass das keine einseitig deutsche Entwicklung war, hat die Forschung[1342] in den letzten Jahren verdeutlich; die Schärfung und Vertiefung von Feindbildstereotypen und Xenophobien mit dem Ergebnis einer sich gegenseitig hochschaukelnden „nationalen“ Feindschaft kann geradezu zu den Signaturen des Zeitraums 1792 bis 1815 gezählt werden.

Die Geschichtswissenschaft hat sich in den letzten Jahren intensiv mit der Frage nach der Tiefen- und Breitenwirkung dieser Literatur, die im übrigen bemerkenswert oft auf die preußisch-patriotische Dichtung des Siebenjährigen Krieges und ihre emphatische Berufung auf den „Tod für das Vaterland“ zurückgriff[1343], beschäftigt[1344]. Es ist alles in allem – sogar wenn man nur die Freiwilligenverbände und die Landwehr ins Auge fasst – überaus fraglich geblieben, ob das Bewusstsein, für die Freiheit Preußens oder gar die Zukunft der deutschen Nation zu kämpfen, sehr ausgeprägt gewesen ist. Auch wenn man zu registrieren hat, dass manche der Arndtschen Schriften bei der Landbevölkerung auf Resonanz gestoßen sind, kann die Frage nicht entschieden werden, ob sich dieser Erfolg mehr ihrem nationalem oder ihrem christlichen Pathos schuldete.

Die Frage wird sich Stein so niemals gestellt haben; für ihn war klar, dass das, was ihn beeindruckte, auch eine Breitenwirkung haben musste. Arndt also war es, der in Steins engster Entourage blieb: in diesen Jahren bildete sich – wenn ihre Beziehung nicht schon seit St. Petersburg diese Qualität hatte! – ein Freundschaftsverhältnis, das bis zu Steins Ende intakt blieb und das den alten Arndt viele Jahre nach Steins Tod ja auch noch veranlasste, seine Erinnerungen an ihn niederzuschreiben und zu publizieren – aus geschichtswissenschaftlicher Sicht freilich eine problematische Quelle. Das war eine ausgesprochen enge Beziehung, auch wenn Stein wahrscheinlich nie auf den Gedanken verfallen wäre, einen Sohn wegen der Stunde an einem bestimmten Jahrestag des Befreiungskriegs, zu dem er das Licht der Welt erblickte, mit dem Namen „Karl Siegreich" zu bedenken. Stein übernahm übrigens die Patenschaft über dieses Kind[1345]. Diese Fixierung auf Arndt, den Stein mehr als einmal auch wissenschaftlich zu protegieren suchte[1346] und dessen Anstellung im Mainzer Gouvernementsrat[1347] ihn sicher gefreut haben wird, den er später nicht zufällig auch für die *Monumenta* gewinnen wollte[1348], hatte einerseits etwas damit zu tun, dass hier eine (protestantische) Naturbegabung bereitstand, die ihr eigenes Schicksal mit dem des napoleonischen Regimes verknüpfte. Andererseits hat man zu beachten, dass andere Publizisten, mit denen Stein in der Vergangenheit zu tun gehabt hatte, inzwischen verstorben waren oder gar die Seiten gewechselt hatten – Johannes von Müller etwa hatte nicht nur 1806 seine Funktion als preußischer Hofhistoriograph aufgegeben und war, *horribile dictu* und zur riesengroßen Enttäuschung Steins[1349], am Ende in den Dienst eines Napoleonidenstaates getreten, des Königreichs Westphalen, sondern war auch bereits 1809 verstorben. Vor dem Hintergrund dieser über Jahre gewachsenen freundschaftsähnlichen Beziehung hat Stein dann auch, als Arndt seit 1819 in den Fokus der Untersuchungsbehörden zur Unterbindung staatszersetzender Umtriebe geriet, den Bonner Professor nachhaltig zu schützen gesucht: „Ich halte ihn [Arndt] für einen braven, christlichen, milden, verständigen, Welterfahrung und Menschenkenntnis besitzenden Mann, den ich so lange liebe und achte, bis man mir so klar wie das Sonnenlicht beweist, dass ich mich irre"[1350]. Er fand es nachgerade empörend, dass Arndt, 1820 in Bonn von seiner Professur suspendiert, freilich unter Fortzahlung der Dienstbezüge, über Jahre hinweg sein Amt nicht ausüben und sein Vermögen nicht nutzen durfte – eins der Hauptmomente, dass er über die im November 1819 eingerichtete Mainzer Zentraluntersuchungskommission seinen ganzen Hohn und Spott ausgoss[1351]. Arndt sollte erst lange nach Steins Tod seinen Bonner Lehrstuhl wieder übernehmen dürfen.

Aber Stein benötigte nicht nur Publizisten an seiner Seite, die den Freiheitskampf gegen Bonaparte propagierten, sondern auch Politiker, die gleich oder doch zumindest ähnlich dachten wie er. Zu diesen Personen zählte der hannoversche Staatsminister Ernst Herbert Graf Münster, dem Stein wohl in den ausgehenden 1790er Jahren zum ersten Mal begegnet war und von dem er sich seinerzeit angezogen gefühlt hatte; er habe, so schrieb er damals der vertrauten Karoline von Berg[1352], „Sinn für das Gute und Edle, einen ausgezeichneten leidenschaftlichen Hang zur Kunst“. Die Verbindung war über die Jahre hinweg zwar nicht mit gleicher Intensität beiderseits gepflegt worden, aber Stein hatte Münsters politischen Weg natürlich verfolgt, der ihn u. a. als britischer Diplomat nach St. Petersburg geführt hatte, wo er die sog. 3. Koalition mit aus der Taufe gehoben hatte. Diese diplomatisch-politische Karriere hatte Münster dann direkt an die Seite Georgs III. gebracht, der ihn zu seinem außenpolitischen Berater bestellte. Spätestens 1811, wohl aber eher schon 1809 nahm Stein den nie wirklich abgerissenen Faden bewusst und konsequent wieder auf, ohne dass es ihm sofort klar wurde, dass den „guten Deutschen und guten Hannoveraner“ inzwischen doch etliches von ihm trennte. Es blieb zunächst beim brieflichen Austausch, der alle Befreiungs- und Verfassungspläne umschloss. In Langres Ende Januar 1814 sollte Stein dann wieder mit ihm zusammentreffen, voll guter Hoffnung, dass, sobald die Hauptsache – der Sturz Napoleons – entschieden sei, man die Angelegenheiten Deutschlands gemeinsam mit Nachdruck bearbeiten werde. Für Stein war Münster jetzt mehr denn je ein „braver, rechtschaffener Mann, der das Recht und sein Vaterland liebt“[1353]. Freilich sollte sich diese Einschätzung dann doch rasch als verfehlt erweisen. Ihr Verhältnis auf dem Wiener Kongress war durchaus gespannt und nicht selten von scharf geführten Aussprachen geprägt, weil beide in Bezug auf Hannovers Rolle in der neuen Bundesstruktur unterschiedlicher Meinung waren und Münster irgendwann mit Steins Sprunghaftigkeit, die etwa in seiner späten Rückkehr zur Kaiseridee fassbar wurde, nichts mehr anfangen konnte[1354]. Von diesem einen Beispiel kann geradezu abstrahiert werden: In der Phase, als es darauf angekommen wäre, verfügte Stein kaum noch über eine „Mannschaft“ von Entscheidungsträgern, die voll und ganz hinter seinen politischen Konzeptionen gestanden und diese abgestützt hätten.

Aber auch die Minister waren nur eine Facette in dem Spiel, das jetzt anstand: dem Kontinent neue Konturen zu verleihen. Dafür war es erforderlich und entscheidend wichtig, auch in die allerengste Entourage der drei Monarchen hineinzuwirken. Beim Zaren, seinem eigentlichen „Arbeitgeber“, war das ziemlich problemlos, beim preußischen König weit weniger. Stein ist sich bei den Aufenthalten in den alliierten Hauptquartieren wohl über Friedrich Wilhelm III. endgültig im klaren geworden, nachdem er ihn vor und während seiner Berliner Ministerzeit ja oft vehement angegangen hatte. Er hat eine Charakterstudie des preußischen Königs zwar erst knapp zehn Jahre nach der Völkerschlacht niedergeschrieben[1355], aber das Bild hatte sich doch wohl in den Jahren 1814/15 geschärft und seine endgültigen Konturen gewonnen. Die Grundzüge seines Charakters, so Stein, seien religiöse Sittlichkeit, Mäßigung, Bescheidenheit, Ordnungsliebe,

Wohlwollen und Tapferkeit; sein Verstand sei klar, bestimmt, konsequent, sein Urteil richtig. Aber diese ausgezeichneten Eigenschaften würden ständig beschränkt, gelähmt und missgeleitet durch Unentschlossenheit, Untätigkeit, Trockenheit, hypochondrische Launen, Misstrauen gegen sich selbst. Er habe nur mit Mühe eine verwickelte Lage übersehen und nur höchst ungern entscheidende Entschlüsse fassen können, was die Zeitumstände doch zwingend erforderlich machten. Daher habe sein verhängnisvolles Schwanken zwischen seiner Abneigung gegen das anmaßende Frankreich und seiner Furcht vor den Verhängnissen eines Krieges resultiert, dieser Unsicherheit verdanke sich die Katastrophe des Jahres 1806. Dasselbe Dilemma habe sich 1813 erneut gezeigt, nur habe jetzt der Wille seines Volkes und seine Nähe zu Kaiser Alexander die Wagschale in die andere Richtung gehen lassen. Aber alles in allem: kein fester Charakter, unschlüssig, kein Mann, auf den man in Krisensituationen bauen kann. Von dieser Einschätzung Steins her war es klar, dass Friedrich Wilhelm III. nicht zu der zentralen zweiten Figur werden konnte, mit der dem Kontinent ein neues Gesichts gegeben werden könne.

***

Am 8. Januar 1814, um zum chronologischen Kontext zurückzukehren, zog die Karawane der Monarchen und ihrer jeweiligen Entourage nach Süden weiter – die Metapher „Karawane" ist nicht zufällig gewählt worden, denn Stein selbst charakterisierte in einem Brief an seine Frau sein Leben unzweideutig als das eines Nomaden[1356]. Einen Tag später traf Stein in Basel ein, wo ihn ein Brief seines engsten militärischen Vertrauten Gneisenau erreichte[1357], der von Optimismus über den militärischen Fortgang geradezu überströmte und nach der Ankunft der alliierten Truppen in Paris – man erkennt die Euphorie und die Vorfreude! – in Aussicht stellte, als erstes die Austerlitz- und Jena-Brücken sprengen zu lassen – der Sinn für symbolisches Handeln war auch in der extremen Kriegsanspannung und selbst bei Militärs, die einem tagtäglichen Streß unterlagen, nicht verloren gegangen. Dieser Gedanke sollte im übrigen Gneisenau bis zur tatsächlichen Einnahme von Paris beschäftigen[1358]. Gneisenau erinnerte bei dieser Gelegenheit noch einmal an Steins Verdienste um diesen Krieg und die alliierten Erfolge: dass er seinerzeit den Rat gegeben habe, den Krieg auch ohne finanzielle Grundlage – im Vertrauen auf die Kriegsbereitschaft der Bevölkerung – wiederaufzunehmen und den Übertritt über den Njemen zu wagen, schon allein damit habe Stein „ein großes Werk getan, das nun prachtvoll emporwächst". Diese eine Stimme ist symptomatisch für einen wachsenden Optimismus, in die Zukunft – und das neue Jahr – zu blicken.

Auf dem Höhepunkt und vollends dann am Ende der Befreiungskriege hatte – das hatte Gneisenau richtig erkannt – Steins Popularität seine Peripetie erreicht: die des Organisators des Widerstands, die eines verdienten und vor der Zeit auf Druck des perhorreszierten Franzosenkaisers entlassenen preußischen Ministers, der, wenn ihm denn noch Zeit geblieben wäre, noch vieles hätte bewegen können. Eine immer wieder kolportierte Episode mag diesen hohen Grad von Popularität verdeutlichen. Junge Leute sollen zu dem ehemaligen Mainzer Geschichtsprofessor Niklas Vogt[1359] gekommen sein, dem Lehrer Metternichs, der inzwischen aber außerhalb des akademischen Lebens stand, und sollen ihm die Frage vorgelegt haben, ob nach den Reichsgesetzen Stein wohl deutscher Kaiser werden könne. Vogt musste diese Frage bejahen, weil die alte germanische Rechtsauffassung noch immer in Geltung sei, dass jeder freie Mann der höchsten Würde in einem Gemeinwesen fähig sei, wenn seine Volksgenossen ihn dazu beriefen. Die Episode, wenn sie sich denn so zugetragen hat, ist arg theoretischer Natur, aber sie zeigt immerhin, wohin sich kollektives Denken unter dem Eindruck der Gestaltungs- und Strahlkraft Steins zu bewegen vermochte. Wenn man Ricarda Huch vertrauen darf, hatte das Bild des „heimlichen Kaisers von Deutschland", von dem wir wissen, dass es in ironischer Form zuerst im Frühjahr 1813 im russisch-preußischen Hauptquartier aufgetaucht war[1360], in der zeitgenössischen Publizistik durchaus seinen Platz[1361]. Ausdruck dieser Popularität waren unter anderem die Verleihungen der Ehrenbürgerwürden von Frankfurt und Bremen[1362] sowie etliche höchste Auszeichnungen europäischer Staaten.

Im übrigen hat Stein bei allem Lob und allen Dankesbezeugungen, die ihn erreichten, nie den Blick dafür verloren, welchen Anteil seine engsten Mitarbeiter an diesem Werk hatten. Ein einziges, vielleicht eher randständiges Beispiel mag das erhellen. Der ehemalige Berliner Polizeipräsident Gruner hatte Stein bis zu seiner Inhaftierung durch die österreichischen Behörden über einen längeren Zeitraum hinweg von Prag aus mit Nachrichten versorgt und bei der Organisation der Volksbewaffnung eine maßgebliche Rolle gespielt, u. a. auch als Verbindungsmann zu Arndt. Er war zu einem wichtigen Rad in dem Getriebe geworden, das Stein aufgebaut hatte. Als er Jahre später noch einmal Vater eines Sohnes wurde, war es für Stein keine Frage, die Patenschaft zu übernehmen[1363]. Steins Verhältnis zu seiner engeren Entourage hatte etwas Ehernes.

In Basel blieb Stein nur eine gute Woche – eine Woche freilich, die für die Klärung der Machtverhältnisse in Europa von Bedeutung war, weil in ihrem Verlauf der Kieler Friede zwischen Dänemark und Schweden abgeschlossen wurde, der die Dreikronenmonarchie gegen den ausdrücklichen Willen der Betroffenen in den Besitz Norwegens setzte und für Dänemark die Option einer Entschädigung durch das frühere Schwedisch-Pommern vorsah. Das mag für den zentraleuropäischen Kernbereich von eher nachgeordneter Bedeutung gewesen sein, aber der Kieler Vertrag bedeutete auch, dass die deutsche Zeit der Krone Schweden jetzt definitiv zu ihrem Ende gekommen war und dass Schweden seitdem als „saturiert" gelten konnte.

Weit wichtiger war, dass in Basel die politischen Gegensätze zwischen dem Zaren und Metternich in voller Wucht losbrachen und politikrelevant wurden. In der Oberrheinstadt rang sich der russische Kaiser endgültig – sicher unter Steins Einfluss – zu der politischen Strategie durch, die Absetzung Napoleons zu seinem Kriegsziel zu erklären (und in der Person des schwedischen Kronprinzen Bernadotte eine Alternative ins Spiel zu bringen, über die die Entwicklung dann freilich rasch hinweggehen sollte). Er stieß damit auf Metternichs strikten Widerspruch und Widerstand, der angesichts des unübersehbaren Zerfalls des französischen Kaiserreichs die Stunde für substantielle Friedensgespräche mit Napoleon gekommen sah. Das erbitterte Ringen um die bessere Option sollte die nächsten Monate erfüllen, wobei unübersehbar ist, dass Metternich, der agile Diplomat, in der Koalition rasch eine Mehrheit hinter sich brachte. Es waren Stein, Pozzo di Borgo und Alexanders ehemaliger Erzieher Laharpe, die dem Zaren den Rücken stärkten und ihm halfen, dem Druck standzuhalten. Von dieser grundsätzlichen Differenz her erklären sich dann auch die vielen Beschlüsse der Alliierten in den kommenden Wochen und Monaten, die häufig widersprüchlich waren und, um es wohlwollend zu formulieren, Kompromisscharakter trugen. Von ihr her erklären sich auch die unterschiedlichen Energien, die fortan in den Krieg investiert wurden.

Basel hat Stein freilich zugleich auch erstmals die Augen geöffnet, dass nicht jede Facette der zaristischen Außenpolitik mit seinem eigenen politischen „Weltbild" übereinstimmte. Das galt schon für Alexanders dynastische Pläne in Bezug auf das zu befreiende Frankreich, die der „Legitimist" Stein, ganz an der entthronten Herrscherfamilie orientiert, so nicht akzeptieren konnte, aber auch für seine Pläne, das neu zu bildende, unter seiner Leitung stehende Königreich Polen noch einmal kräftig um das österreichische Galizien zu erweitern und die Hofburg dafür mit dem Elsass zu entschädigen. Es spricht manches dafür, dass in Basel Stein ganz zögernd auf Distanz zum Zaren zu gehen begann – aus dem bedingungslosen Gefolgsmann wurde ein Berater, der eigene Positionen bezog, die mit seinem politischen Koordinatensystem kompatibel waren. Dabei muss und wird freilich Stein zugleich bewusst gewesen sein, dass er bei einer nachhaltigen Distanzierung von den politischen Zielen des Zaren allein auf weiter Flur stehen würde – die Interimsverwaltung würde man ihn wohl noch abwickeln lassen, aber seine politischen Gestaltungsmöglichkeiten würden gegen Null tendieren.

Die wenigen Basler Tage waren für das (notwendige) Ineinandergreifen von militärischem Fortschritt und Verwaltungsneuaufbau gleichwohl von Bedeutung, weil Stein hier die Grundsätze des Aufbaus von Verwaltungsbehörden in den bereits eroberten und noch zu erobernden französischen Westprovinzen entwarf[1364], auf denen dann bis über den Wiener Kongreß hinaus die Administration jenes Teils Frankreichs beruhen sollte. Stein setzte sich souverän über die bisherigen französischen Verwaltungseinheiten, also die *Départements*, hinweg, sah für die größer zu schneidenden Einheiten ansonsten aber das Modell der deutschen Zentralverwaltung, auf das auch ausdrücklich Bezug genommen wird, mit Gouverneuren und einem beigeordneten Gouvernementsrat vor, in dem freilich auch französische Funktionsträger mitwirken sollten. Für die Leitung des Gouvernements des Bezirks Saar, Mosel, Rhein hatte er von Anfang an Gruner im Blick, der seit Prag zu einem seiner besonderen Vertrauten geworden war; dieser Personalvorschlag setzte sich auch durch[1365]. Steins Empfehlungen wurden im Prinzip durch eine Ministerkonferenz am 15. Januar 1814 gebilligt, gerieten vor der Folie der militärischen Bedürfnisse dann aber noch einmal in die Diskussion[1366]. Für die neu zu errichtenden Verwaltungseinheiten im Innern Frankreichs wurde das Modell im Grundsatz beibehalten, allerdings der militärischen Führung mehr Einfluß zugesprochen[1367].

Es versteht sich, dass sich in Basel die süddeutschen militärischen Vorkehrungen und Landsturmerrichtungen in den Vordergrund schoben[1368], nachdem Stein sich noch in Frankfurt überwiegend mit Sachsen, den mitteldeutschen Regionen und Westfalen hatte beschäftigen müssen. Die Einrichtung eines Landsturms hatten alle Staaten, die sich der Koalition angeschlossen hatten, in den Akzessionsverträgen verbindlich zusagen müssen; seit der Jahreswende 1813/14 ging Stein daran, diese Einheiten stärker zu organisieren und ihnen „Bannerherren" – meist dem regionalen Adel entstammend – vorzustellen[1369]. Dieses Modell bewährte sich in der Praxis freilich nur bedingt und wurde schon nach wenigen Monaten wieder sistiert[1370].

Stein wohnte in Basel im Haus einer (Berliner) Jugendfreundin, Charlotte César, die, gerade 17jährig, ihn unmittelbar nach seiner Bestellung zum Kammerherrn in Berlin 1780 wohl recht intensiv beschäftigt hatte[1371] – eine Romanze, die in einen gelegentlichen Briefwechsel übergegangen war[1372], an die beide aber lebenslang zurückdenken sollten[1373]. Charlotte hatte als Bürgerliche schon allein der zu wahrenden Stiftsfähigkeit der Familie Stein wegen allerdings als Ehepartnerin nicht in Betracht kommen können und hatte dann 1787 den Basler Kaufmann Emanuel Streckeisen geheiratet[1374]. Die familiäre Atmosphäre im Ramsteinerhof, einem der schönsten, direkt neben dem Münster hoch über dem Rhein gelegenen Basler Wohnhaus begünstigte es, dass Stein mit einer ganzen Reihe eidgenössischer Politiker schnell in Kontakt kam bzw. bekannt wurde, soweit sie ihm nicht bereits bekannt waren: mit dem aktuellen Landammann Hans von Reinhard, seinem Göttinger Kommilitonen, mit dem früheren Landammann Aloys Reding, den Stein in Frankfurt aus Anlass der Verhandlungen über die Respektierung der Schweizer Neutralität kennengelernt haben muss, mit dem Genfer Charles Pictet de Rochemont, einem Mitarbeiter in der Zentralverwaltung, nicht zuletzt mit dem Berner Schultheiß Nikolaus Friedrich Mülinen, dem

Vorsitzenden der Schweizerischen Geschichtsforschenden Gesellschaft, mit dem Stein später im Kontext der Begründung der *Monumenta Germaniae Historica* wieder in engen Kontakt treten und bei dem er eine Sammlung der Schweizer Geschichtsquellen anregen sollte[1375]. Stein war von der Schweiz nachhaltig, selbstredend nicht nur unter touristischen Aspekten, beeindruckt – „ce petit pays est agité par mille petites exaspérations, suites de l'ancienne révolution, de quelques événement récents, mais il n'est point douteux que tout s'arrangera paisiblement" – und erwog sogar einen längeren Urlaubsaufenthalt zusammen mit seiner Frau, verhehlte allerdings zugleich nicht, dass er die Kirchturmperspektive der Schweiz – man könne den Schweizern den Vorwurf nicht ersparen, „dass sie die große Angelegenheit aller Völker um ihre häuslichen Zwistigkeiten aus denen Augen setzen" – als problematisch empfand.

Am 17. Januar 1814 verließ Stein Basel, um über Vesoul nach Langres zu reisen – jene Kleinstadt im oberen Marnetal, in der sich aktuell das russische und das österreichische Hauptquartier befand, die freilich nur eine Etappe war auf der Weiterreise nach Chaumont eine Woche später. Abermals eine gute Woche später ging die Reise weiter nach Troyes. Die Schlachten häuften sich nun, je näher man dem symbolträchtigen Paris rückte, bestimmte Interventionen – wie etwa ein schroffer Brief des bayerischen Feldmarschalls Wrede, der Stein untersagte, aufgrund des Vertrags von Ried[1376] sich in die von Bayern angeblich bereits organisierte Verwaltung der Oberrhein-Region einzumischen[1377] – waren allerdings Indizien dafür, dass es mit der Harmonie im Lager der Alliierten unverändert miserabel bestellt war bzw. die Beziehungen unverkennbar Belastungsproben unterworfen waren – in seinem Tagebuch sprach Hardenberg nicht zufällig von „grandes négligences et défauts dans l'Administration de Stein"[1378], an der man sich rieb, weil man es nicht riskieren konnte, den Zaren direkt anzugehen. Insofern war Stein sehr befriedigt darüber, dass mit Pozzo di Borgo und dem englischen Außeminister Castlereagh nun zwei Männer zum alliierten Hauptquartier stießen, die er auf seiner Seite wähnte[1379]. Im Fall Castlereagh, dem Stein wohl schon in Basel begegnet war, sollte er sich in dieser Hinsicht freilich gründlich täuschen; Metternich war der erfolgreichere Werber, so dass seitdem eine Art Allianz Metternich/Castlereagh gegen den Zaren und Stein fast zu einer Konstante der Politik im Schoß der Allianz werden sollte. Um so wichtiger war die Anwesenheit Pozzos: „toujours le même, actif, énergique, infatigable pour la bonne cause, éloquent et bon et, par là, de la plus grande utilité"[1380]. Im übrigen hat Stein, wenn man Arndt vertrauen darf, Wredes oben angesprochenes brüskes und rüdes Verhalten nie mehr vergessen; als er sich lange nach dem Abschluss der militärischen Handlungen in Frankfurt einmal bei ihm anmelden ließ, soll Stein das Zimmer geradezu fluchtartig verlassen und im Vorbeigehen deutlich hörbar – auch für Wrede – gesagt haben: „Mit einem solchen verfluchten Räuber sitze ich nicht in einem Zimmer“[1381]. Stein wie er leibt und lebt: impulsiv, zornig und nachtragend, ohne jedes Bemühen, die Förmlichkeiten zu wahren.

Die edierten Akten Steins geben nur höchst unvollständig, wenn überhaupt, wieder, was sich in den Wintertagen 1814 in Langres abspielte. Langres: das war das erbitterte Ringen zweier Parteien innerhalb der Koalition, das zeitweise bis zum Bruch des Bündnisses heranreichte. Man kann dieses Ringen vielleicht noch einmal in die Metapher von den ‚Tauben' und den ‚Falken' kleiden: hier eine Gruppe von (überwiegend) Diplomaten, darunter übrigens auch Hardenberg, die mehr denn je auf einen raschen Friedensschluss mit Napoleon drängten, dort – die ‚Falken' – Stein als erbitterter Feind Bonapartes, Pozzo als Anhänger der bourbonischen Dynastie, Laharpe vielleicht noch als „liberaler und philanthropischer Gegner des napoleonischen Gewaltregiments“[1382], der frühere Erzieher des Zaren, in Steins Augen „un homme de beaucoup d'esprit, d'expérience et d'un extérieur agréable“[1383]. Diese Gruppe erachtete jede Verhandlung mit Bonaparte für falsch und verhängnisvoll (und fühlte sich insofern durch die spanische Regentschaft bestätigt[1384]) und setzte voll auf den militärischen Sieg und einen sich anschließenden Siegfrieden. Sicher zählte auch Münster zu dieser Gruppe[1385], aber sein Einfluss galt als gering. Am Ende kam ein Kompromiss heraus – ob er „schwächlich“[1386] war, mag hier auf sich gestellt bleiben. Die allgemeine Grundlage aller zukünftigen Verhandlungen sollten die Grenzen von 1792 sein, zugleich wurde aber beschlossen, mit dem Beauftragten Napoleons in Châtillon in Verhandlungen einzutreten. Diese Verhandlungen sollten indes keine Unterbrechung des Kriegs, etwa in Gestalt eines Waffenstillstands, nach sich ziehen.

Die Verhandlungen in Châtillon begannen dann in der Tat (nach mehrmaliger Verschiebung) am 5. Februar 1814; dass Stein, der ihnen kräftigst opponiert hatte, daran nicht teilnahm, versteht sich von selbst. Aber als man zusammentrat, hatte sich die allgemeine Lage schon wieder so gravierend geändert, dass man annehmen konnte, die Karten müssten neu gemischt werden. Die vernichtende Niederlage Napoleons bei La Rothière am 1. Februar 1814, von Blücher und seinem Generalquartiermeister Gneisenau herbeigeführt und sogar unter Beteiligung Schwarzenbergs, veränderte alles[1387], um so mehr als die beiden Heere sofort anschließend auf Paris vorzurücken begannen. Noch ehe die Verhandlungen in Châtillon wirklich aus den Startlöchern heraus waren, gerieten sie auch schon wieder ins Stocken: Das Angebot des französischen Kaisers, ggf. sogar auf die Rheingrenze zu verzichten, wurde nun mehr als kühl aufgenommen, selbst im Lager der ‚Tauben' verstärkten sich die Zweifel, ob Napoleon überhaupt noch in der Lage sein würde, einen Frieden zu exekutieren. Wer wollte jetzt noch Wetten abschließen auf das Überleben der Dynastie, worauf man sich gerade eben in Langres verständigt hatte?

In den folgenden hektischen Tagen spielte Stein eine Rolle, aber nicht die Hauptrolle. Es ist mit gutem Grund bezweifelt worden, dass er alle Wendungen und Kehrtwendungen der russischen Politik durchschaute – vielleicht konnte er sie auch gar nicht durchschauen. Es ging nun namentlich um die Frage, ob die Bourbonendynastie wieder voll in ihre Rechte eingesetzt werden solle oder ob man auch auf andere Personen, etwa Bernadotte oder einen nachgeordneten Bourbonen, verfallen könne. Im Prinzip widersprach das aufs entschiedenste Steins „Weltbild", in dem der Legitimitätsgrundsatz von Dynastien einen überaus hohen Stellenwert besaß – er ließ daran auch in anderen Fällen keinen Zweifel[1388] – und der dies gegenüber dem Zaren auch klar zum Ausdruck brachte[1389]. So wollte er dem rechtmäßigen bourbonischen Thronfolger schon früh die Rückkehr nach Frankreich ermöglichen und ihm die Chance geben, mittels Proklamationen ein eigenes Heer aufzubauen[1390]. Trotzdem instrumentalisierte Alexander Stein mit Erfolg, indem er ihn veranlasste, dem russischen Gesandten in London einen Brief zu schreiben, der ihm auftrug, dafür zu sorgen, dass Castlereagh sich entsprechend der öffentlichen Meinung auf der Insel verhalte und die Fortsetzung der napoleonischen Dynastie nicht weiter unterstütze[1391]. Im Vertrag von Troyes hat sich die Koalition am 14. Februar, mühsam genug, schließlich auf diese Position verständigt, im Prinzip die Bourbonendynastie zu unterstützen, vor allem wenn sie sich um eine spontane Bewegung der Franzosen gegen Napoleon bemühe, nachgeborene Mitglieder der Dynastie aber nur, wenn Ludwig (XVIII.) freiwillig zustimme. Der Vertrag ließ allerdings auch noch die von Metternich gewünschte Hintertür offen: auch Verhandlungen mit Napoleon sollen möglich sein, wenn er die Grenzen von 1792 ohne Wenn und Aber akzeptierte und unter der Voraussetzung, dass sich die Stadt Paris nicht gegen ihn erklärte.

Der Vertrag von Troyes war nur ein Scheinerfolg und konnte die Gegensätze lediglich befristet überdecken. Die Koalition stand ungeachtet aller militärischen Erfolge vor einer Zerreißprobe. Spiegelbild sind die vielen Auseinandersetzungen über die Besetzung der Ämter auf Generalgouverneursebene in den innerfranzösischen Provinzen und über Steins Kompetenzen dort[1392], wie überhaupt die Vorstellung irrig wäre, nach einigen Monaten des Erfahrungen-Sammelns sei die gesamte Zentralverwaltung für Stein nur noch eine Frage der Routine und des bloßen Moderierens gewesen. Stein und seine Mitarbeiter sahen sich, je mehr es ins Innere des französischen Kaiserreichs hinein ging, vielmehr mit immer neuen Problemen konfrontiert, etwa dem, nach welchem Recht in dieser Übergangszeit geurteilt werden solle, oder dem, wie das französische Steuersystem abgelöst werden könne und müsse[1393]. Es wurde darüber diskutiert, wie man die einmalige Situation auch insofern ausnutzen könne, auf dem Weg der Industriespionage – „Maschinen, Kunstgriffe und Fabrikgeheimnisse"[1394] – die jeweils eigene Nationalwirtschaft zu modernisieren. Die Agenda war unverändert gewaltig, und nach wie vor wurden Differenzen bevorzugt über die Zentralverwaltungskommission ausgetragen. Stein, von den Berichten der Funktionsträger aus den innerfranzösischen Provinzen geradezu überrollt[1395], fühlte sich in der letzten Märzdekade sogar veranlasst, um Entlastung von einem Teil seiner Aufgaben zu bitten, dem finanziellen Teil der von Österreich und Preußen gestellten Landesverwaltung in den eroberten Gebieten[1396]. Hardenberg gegenüber ging er einige Tage später gar noch weiter, indem er wegen mangelhafter Unterstützung der beiden Mächte die zentrale Verwaltung in den besetzten Gebieten völlig aufzugeben ankündigte und sich selbst nur noch für die „russischen“ Gouvernements zuständig zu fühlen[1397].

Die Meinungsunterschiede innerhalb der Koalition gewannen auch dadurch noch an Schärfe, weil im Februar und frühen März einige militärische Rückschläge erfolgten, über deren Verantwortung gestritten wurde, die immerhin aber sogar bewirkten, dass Napoleon ziemlich kopflos ein Waffenstillstandsangebot gemacht wurde. Zu einem Abschluss kam es dann allerdings nicht, weil der Korse die Sache unklugerweise in die Länge zu ziehen suchte. Das brachte am Ende dann doch die Alliierten wieder enger zusammen, die sich am 9. März 1814 in Chaumont auf englisches Betreiben schlussendlich darauf verständigten, nur gemeinsam Frieden zu schließen – und zwar auf der Grundlage der Vereinbarungen von Troyes – und die Waffen nicht eher niederzulegen, bis die Kriegsziele erreicht waren. Und da fast zeitgleich Blüchers sog. Schlesische Armee in der Schlacht bei Laon die militärische Lage wieder umdrehte, schien schon Mitte März alles auf das hinauszulaufen, was man im Schoß der Koalition seit Monaten beschworen hatte: die Eroberung von Paris, den Kollaps des napoleonischen Regimes. In der Tat ging es dann Schlag auf Schlag: Am 31. März zogen die drei Monarchen feierlich in die französische Hauptstadt ein, nachdem sich die napoleonischen Generäle am Ende den Anweisungen des Korsen widersetzt hatten, wenige Tage später erklärte der von dem Kaiser der Franzosen geschaffene Senat ihn für abgesetzt und schloss seine Dynastie vom Thron aus. Ludwig (XVIII.) als Bruder des hingerichteten Bourbonen wurde zur Übernahme des Throns ins Land gerufen.

Man kann sich ausmalen, mit welcher Emotionalität Stein diese Entwicklung begleitete: das Ziel, um das er seit Jahren wie kaum ein anderer gekämpft hatte, war erreicht, der Mann, der seine preußische Karriere zerstört hatte und den er am Ende nur noch als „Ungeheuer“ disqualifiziert hatte, war entmachtet und so tief gefallen, wie Stein sich das immer erträumt hatte. Stein nahm an dem spektakulären Einzug der Monarchen in Paris allerdings nicht selbst teil – das Spektakel um des Spektakels willen war seine Sache ohnehin nicht. Er befand sich an dem fraglichen Tag vielmehr in Dijon, wo er zusammen mit dem ganzen Tross des österreichischen Kaisers am 26. März eingetroffen war, um sich den dortigen Zentralverwaltungsangelegenheiten zu widmen – zum ersten Mal seit langer Zeit nicht in der engen Entourage des Zaren. Aber seit dieser Prozess der endgültigen Liquidierung des napoleonischen Regimes absehbar geworden war, hatte Stein sich zugleich wieder verstärkt den eigentlichen Zukunftsaufgaben zuzuwenden begonnen: der Frage, wie es mit Deutschland weitergehen würde. Schon einen Tag nach den Vereinbarungen von Chaumont hatte er – erneut – eine Denkschrift zur Verfassungsfrage konzipiert[1398], die sowohl Hardenberg und Münster als auch dem Zaren ausgehändigt wurde und die sich in vielem an sein Freiburger Memorandum anlehnte, unter anderem was die allgemeine Struktur, die Sicherung der Grundrechte und die obligatorische Bildung von Landständen betraf; in Bezug auf Wirtschaftsfragen (Binnenzölle) sind aber auch einige Präzisierungen zu registrieren. Im Grundsatz zielte sie auf eine föderative Ordnung Deutschlands mit einem permanenten Bundesdirektorium. Wie seinerzeit, schlug Stein vor, ein Redaktionskomitee einzusetzen, für das er diesmal Humboldt, den Grafen Solms-Laubach und entweder den Historiker (und nachmaligen Direktor des Wiener Haus-, Hof- und Staatsarchivs) Franz Karl Ludwig von Rademacher oder den Grafen Spiegel vorsah: „also den Befürworter einer Hegemonialverfassung, einen Interessenvertreter der Mediatisierten sowie einen Anhänger der alten Reichsverfassung“[1399]. Seiner Frau vertraute er wenige Tage später an, dass das jetzt das Hauptziel der Bemühungen sein müsse[1400]; er sei sich inzwischen sicher, „que notre patrie aura une constitution et qu'un frein sera mis à l'autorité arbitraire de tous ces misérables despotes qui vexent l'Allemagne“. Aber die Aufgabe sei schwierig. Dass auch andere auf Stein setzten als denjenigen, der bei der Lösung der Verfassungsfrage die Schlüsselrolle spielen würde, illustriert eine gemeinsame Note der drei Hansestädte an Stein mit der Bitte, sich für die Wiederherstellung ihrer Selbständigkeit einzusetzen[1401]. Aber es waren eben nur (noch) die Kleinen, die auf Stein setzten.

Unbeschadet seiner Bemühungen, von Dijon aus angesichts des Kollapses des napoleonischen Systems schnell wieder in eine Schlüsselrolle bei den Verfassungsberatungen zu gelangen, war die Versuchung, an den symbolischen Handlungen in Paris beobachtend teilzunehmen, am Ende aber doch zu groß. Auf die Nachricht vom Fall der Stadt Paris brach Stein sofort, am 6. April, auf – „Der Rhein und das linke Rheinufer bleiben deutsch“, ließ er hoch emotionalisiert seine Schwester wissen[1402] –, reiste unter sehr mangelhafter militärischer Bedeckung in großer Eile in die französische Hauptstadt, die er in seinem ganzen Leben noch nie besucht hatte, und traf dort am 9. April ein.

Paris, das befreite Paris: Stein war überwältigt. Seiner Frau berichtete er unter dem 10. April, wahrscheinlich dem ersten Brief, den er dort schrieb: Auf den Tag genau sei nun ein Jahr vergangen seit seiner Ankunft in Dresden – und was für ein Jahr! Aus welchem „abîme de malheur“ sei man durch die Vorsehung, den Kaiser Alexander und die tapferen russischen und deutschen Truppen aufgestiegen zu Glück, Unabhängigkeit, zur Ruhe! „Ce n'est qu'en comparant das Gefühl, das sich über mein ganzes Dasein verbreitet, mit dem des Drucks und des Leidens, das neun Jahre mich ergriffen hatte, nur diese Vergleichung setzt mich in Stande, den ganzen Umfang meines jetzigen Glücks, die Größe meines vorigen Leidens zu würdigen". Napoleon sei schlicht ein Feigling, was er oft genug unter Beweis gestellt habe – jetzt sei er noch nicht einmal ehrenhaft genug, um mutig zu sterben! Und die Franzosen, diese „race impure, impudente et impudique", hätten jetzt sogar noch die Stirn, ihre Loyalität, ihre Güte, ihre Generosität zu beschwören! Paris sei im übrigen keine schöne Stadt, es gebe zwar einige ansehnliche Stadtteile, aber die meisten bestünden aus „rues sales, étroites, puantes". Er sehne den Tag herbei, an dem er wieder in Deutschland sein werde. Selten kann man die rhetorische Bild–Gegenbild-Konstruktion Steins – hier die verderbte französische Nation, dort die gute (und erfolgreiche) deutsche – besser nachvollziehen als in diesem Brief.

Es sollten dann aber doch fast zwei Monate vergehen, bis Stein Paris wieder den Rücken kehrte. Er ging seinen gewohnten Verwaltungsangelegenheiten nach, aber er nahm selbstredend auch an den symbolischen Akten teil: der deutsch-russischen Siegesfeier auf der Place de la Concorde gleich am Tag nach seiner Ankunft, am 10. April, also auf eben dem Platz, auf dem Ludwig XVI. hingerichtet worden war, mit dem besonderen Akzent, dass der Senat und die Marschälle von Frankreich kniend Gott danken mussten für den Sturz des Tyrannen und die Restitution der Bourbonen[1403]; dem Einzug des aus dem britischen Exil zurückkehrenden Ludwig (XVIII.) am 3. Mai[1404], ihm aus seiner westfälischen Zeit wohlbekannt. Er sorgte dafür, dass – dieses Motiv begegnete uns bereits – die Namen „Jena" und „Austerlitz" von den Seine-Brücken entfernt wurden[1405]. Er hatte die ersten Kontakte mit Angehörigen der Bourbonendynastie, insbesondere mit dem Grafen von Artois, von dem er einen guten Eindruck gewann[1406] und den er, Legitimist, wie er es ja nun einmal war, auf alle Weise zu fördern suchte[1407], trug andererseits aber auch keine Scheu, mit Talleyrand zusammenzutreffen, der nur als ein enger Mitarbeiter des gestürzten Kaisers eingestuft werden kann[1408]. Von Paris aus startete er, ganz außerhalb seines Dienstsektors, erste Bemühungen, wenigstens einen Teil der von Napoleon geraubten Kulturschätze nach Deutschland zurückzuholen – übrigens verband er das gleich mit dem weiterführenden Antrag, in diesem Kontext auch die im frühen 17. Jahrhundert nach Rom verbrachte Heidelberger Bibliothek, die *Palatina*, zurückzuerbitten[1409].

An der Erarbeitung des Pariser Friedens war Stein dagegen nicht – zumindest nicht in vorderster Front – beteiligt. Sein Text[1410] muss für Stein einigermaßen ernüchternd gewesen sein, legte man doch, statt sofort mit dem Rückenwind des militärischen Sieges eine kühne Entscheidung (selbstverständlich in Steins Sinn) zu treffen, lediglich fest, dass Deutschland fortan durch ein föderatives Band geeint sein würde, das auf einem Friedenskongress in Wien näher zu bestimmen sein würde. Ob diese vage Formulierung irgendwie kompatibel mit Steins letzter Denkschrift sein würde, in der er ein straffes Bundesdirektorium aus Österreich, Preußen, Hannover und Bayern vorgeschlagen hatte, musste mehr als fraglich erscheinen. Die Indizien für die Entfremdung Zar Alexanders verstärkten sich – bezeichnenderweise gelang es dem Chef der Zentralverwaltung schon nicht mehr, einige Moseldörfer, die erst 1793 an die Republik gefallen waren, von der Restitution auszunehmen[1411]. Arndt brachte es Jahrzehnte später so auf den Punkt: „Aber nur bis Paris war Kaiser Alexander ganz und heil gekommen, in Paris ward der Steinsche Alexander ungesund und zerrissen“[1412].

Ungesund und zerrissen – die Metapher bringt die Sache einigermaßen auf den Punkt. Der Befreier Europas, als der sich Alexander nicht völlig grundlos fühlte, veränderte sich, seit er Paris betreten hatte. Er suchte seitdem eine neue Rolle: die des Wohltäters Frankreichs, die des großmütigen Menschenfreundes, der sich der Sympathien der Besiegten durch Versöhnlichkeit zu vergewissern suchte. Das Ganze verband sich unter Laharpes Einfluß mit dem Glauben an eine eigene Weltmission, mit Vorstellungen einer spezifischen Menschheitsbeglückung, die sich u. a. in einer liberalen Verfassungspolitik äußern müsse. Von Steins antifranzösischen Emanationen und Obsessionen löste Alexander sich in Paris sehr schnell: er ließ sich in den Pariser Salons feiern und hatte kaum noch Verständnis für die deutschen Patrioten, die nicht oft genug darauf hinwiesen, dass das zweite Hauptwerk, die politische Neugestaltung der Mitte Europas, noch auf der Agenda stand. Stein hat diese zunehmende Kluft lange nicht wahrhaben wollen, denn realistischerweise musste er sich eingestehen, dass sich nur mit Alexanders Hilfe irgend etwas Solides und Beständiges für Deutschland erreichen lasse – aber intuitiv hat er sie registriert. Gleichwohl hat er dem Zaren versprochen, auf dem Wiener Kongress noch einmal als sein Berater in den deutschen Angelegenheiten an seiner Seite zu wirken. Seine Hoffnungen, dort mehr bewegen zu können, gründeten wohl vor allem in Alexanders Labilität und Wankelmütigkeit – keine gute Münze!

Mit dem Pariser Frieden sah Stein die Tätigkeit der Zentralverwaltung für die besetzten Provinzen als beendet an. Er erstattete dem Zaren bereits vor dem formalen Abschluss des Friedens Rechenschaft[1413], veranlasste die Entlassung der Landwehren, die sich freilich in Bereitschaft halten sollten[1414], organisierte neue Rückmarschstraßen für die russischen und deutschen Truppen, um besonders arg mitgenommene Regionen etwas zu schonen[1415], veranlasste, dass bestimmte ad hoc gebildete Linientruppen wie etwa das hansische Kontingent wieder demobilisiert wurden[1416]. Das Zentraldepartement wurde nach Frankfurt zurückverlagert und sollte noch so lange tätig sein, „bis über das Schicksal der Länder, welche noch für gemeinsame Rechnung verwaltet werden, entschieden ist“[1417].

Am 3. Juni 1814 reiste Stein aus Paris wieder ab, diesmal über Châlons, Luxemburg, Trier und Koblenz in Richtung Nassau, wo er, begrüßt mit Glockengeläut und einem Feuerwerk, am 10. ankam[1418], glücklich, wie er seiner

Frau einige Wochen zuvor geschrieben hatte[1419], Zeuge einer großen Zeit gewesen zu sein, zugleich glücklich, in nächster Zukunft in den Schoß der (noch in Berlin weilenden) Familie zurückkehren zu können, in die Unabhängigkeit, in die Ruhe, die sein Alter erfordere, zugleich aber mit dem Gefühl „d'avoir pris une part utile et bienfaisante aux événements qui ont rendu la paix au monde". Daß es mit der Rückkehr ins Private noch etwas dauern würde, mag er damals immerhin schon geahnt haben – einmal ganz davon abgesehen, dass die Zusage gegenüber dem Zaren stand. Denn nur wenige Tage später bereits forderte er den Grafen Solms-Laubach auf, ihn in Frankfurt zu erwarten und von dort mit ihm nach Wien zu reisen, „wo die deutschen Angelegenheiten zum Schluss werden gebracht werden"[1420]. Bitten, sich bei den bevorstehenden Verfassungsdiskussionen in dieser oder jener Hinsicht zu engagieren, hatte es in den zurückliegenden Wochen wahrlich schon genug gegeben[1421]. Ob für die Schwefelbäder oder die Wiesbadener Heilwässer[1422], die er jetzt brauche, genug Zeit bleiben würde?

9. Der Wiener Kongress

Stein blieb ganze zwei Tage in Nassau – Zeit genug, um gerade einmal durch den Garten und die nähere Umgebung zu streifen, ohne die Familie selbstredend, die noch in Berlin weilte. Schon am 13. Juni nahm er in Frankfurt die Geschäfte als Chef der Zentralverwaltung wieder auf – aus den Zwängen der Zeit heraus, aber auch, weil es seinem Naturell als ein veritabler *Workaholic* entsprach –, freilich in erster Linie, um sie abzuwickeln und die verbleibenden Agenden Mitarbeitern zu übertragen[1423]. Er mag wohl auch deswegen froh gewesen sein, wieder im Herzen Deutschlands (und von der Bürde des Zentraldepartements entlastet) zu sein, weil mit seinem langjährigen Freund und Mitarbeiter Justus Gruner, der inzwischen dem Mainzer Gouvernementsrat vorstand und somit sein unmittelbarer Nachbar war, schon seit geraumer Zeit Meinungsverschiedenheiten wegen der Weiterbeschäftigung von Franzosen, die den früheren Rheinbund- oder Napoleonidenstaaten gedient oder sogar direkt in französischen Diensten gestanden hatten, gab[1424], die bei den kurzen Dienstwegen oder auch bei einem leicht zu arrangierenden Treffen besser beigelegt werden konnten. Aber das war ein generelles Problem, wie die Korrespondenz widerspiegelt: Kann eine neue Administration auf alle früheren Funktionsträger und ihr *Know how* verzichten oder führte auch hier kein Weg an einer gewissen Elitenkontinuität vorbei? Stein war in dieser Hinsicht viel radikaler als die meisten seiner Spitzenbeamten vor Ort[1425], auch als Gruner, der durch seine Eheschließung Partei geworden war[1426]. Eine Karriere wie die Andreas van Recums, die sich seit den 1790er Jahren ganz im französischen Dunstkreis bewegt hatte und sich nach dem Wiener Kongress ungebrochen im Königreich Bayern fortsetzte[1427], war in Steins Augen nur ganz schwer akzeptabel.

Aber dann drängten sich über solchen vergleichsweise nachgeordneten Fragen dann doch wieder die großen Themen in den Vordergrund: die, wie es mit Deutschland weitergehen würde. Man kann davon ausgehen, dass dies der beherrschende Gegenstand des Frankfurter Sommers war: mit dem Grafen Solms-Laubach, der dann zum Oberpräsidenten der Rheinprovinz aufsteigen und zu einem der engsten Freunde Steins werden sollte[1428], und dem wohl häufiger von Mainz herübergekommenen Ernst Moritz Arndt[1429] ist sehr regelmäßig über dieses Thema diskutiert worden, über die verschiedenen Modelle, über die politische Taktik, über die Frage, ob und wie man für die eine oder andere Option politische Unterstützung gewinnen könne. Auch mit Hardenberg traf Stein Mitte Juli zwei Mal zu Diskussionen über die Verfassungsangelegenheit zusammen[1430]. Zu den Grundsatzfragen gehörte ganz wesentlich zudem die nach dem Schicksal Sachsens, dessen Dynastie ja den verhängnisvollen Fehler begangen hatte, sich zu spät von Napoleon zu lösen, überhaupt die Zukunft der ehemaligen Rheinbundstaaten, die in ihren Akzessionsverträgen eine Klausel hinzunehmen hatten, sich den Erfordernissen einer künftigen Neuordnung Deutschlands zu fügen. Aber auch die Einführung eines einheitlichen deutschen Zollsystems[1431] war zu diskutieren und ggf. zu regeln, das Stein auch in seinen großen Verfassungsdenkschriften und dann in den 1820er Jahren immer wieder beschäftigen sollte[1432], die Frage zudem, ob – was Stein offenbar vorschwebte – der Landsturm als Verfassungsauftrag förmlich in die (künftige) Bundesverfassung aufgenommen werden solle[1433]. Da der russische Kaiser bis Anfang Juli in England weilte (und dann auf dem Weg nach Wien in Karlsruhe Station machte), herrschte in Frankfurt selbstredend einiges Rätselraten, was in London unter Umständen schon vorentschieden werden würde. Ende Juni bezog Stein den früheren kurmainzischen Diplomaten Albini in seine Überlegungen und sein Werben ein[1434], aber er machte sich über seine (abnehmende) Rolle keinerlei Illusionen: „Einigen Einfluss", so schrieb er dem Medizinprofessor Christoph Wilhelm Hufeland vielleicht nicht ohne eine Spur *understatement*, habe er zwar noch, aber er nehme täglich ab, „da alle Ansprüche und Anmaßungen jetzt, wo die Gefahr vorüber ist, wieder aufwachen und ins Leben treten"[1435]. War das Zweckpessimismus oder Realismus? Stein produzierte im Vorfeld des Kongresses nicht mehr die großen Denkschriften zur Verfassungsfrage, die aus früheren Zusammenhängen geläufig sind, sondern versuchte allem Anschein nach auf subtilere Art seinen Leitideen Gehör zu verschaffen, insbesondere seiner geradezu zu einer Stereotype werdenden Forderung, den deutschen Despoten – womit er vor allem die ehemaligen Rheinbundfürsten meinte – Zügel anzulegen und ihnen die Flügel zu stutzen[1436]. Privatbriefe wurden zu dem neuen Medium, um diese Idee zu propagieren; er sprach nun immer häufiger vom „Sultanism" dieser Souveräne, der unbedingt eingegrenzt werden müsse[1437]. Ein Konflikt des Fürsten Georg von Waldeck mit seinen Ständen hatte ihn in diesen Aversionen noch bestärkt.

Sein anderes, immer wieder und kaum variiert vorgetragenes Thema im Vorfeld des Wiener Kongresses war die Verankerung von landständischen Verfassungen und die Garantie bestimmter Grund- und Freiheitsrechte in der künftigen Bundesakte[1438]. Der dritte Punkt schließlich war, in Bezug auf die mögliche Restitution der Reichsritterschaft nichts Präjudizierliches vor sich gehen zu lassen – deswegen sein scharfer Protest gegen die (widerrechtliche) Besetzung einiger ehemals reichsritterschaftlicher Ämter durch den hessischen Kurfürsten[1439]. Waren damit auch schon die Hauptfelder seiner späteren Wiener Aktivitäten umrissen?

Ja und nein. Auf den genannten Feldern sollte sich Stein in der Tat besonders ins Zeug legen, aber er war ein „Generalist", dem es nicht nur auf den einen oder anderen speziellen Artikel ankam, sondern auf das Gesamtgebäude. Im Hochsommer finden wir Stein in Frankfurt beim Durcharbeiten und Kommentieren der 1. Fassung von Hardenbergs „Entwurf der Grundlagen der deutschen Bundesverfassung“[1440], der dann berühmt werdenden „41 Punkte“ – zwischen beiden hatte es ja schon im März 1814 einen Austausch der Einschätzungen gegeben. Im Prinzip – was die Verfassungsorgane und den Gesamtrahmen betrifft – unterschieden sich die Vorstellungen beider Männer nicht mehr grundlegend, aber wie so oft saß der Teufel im Detail. So wollte Stein garantiert wissen, dass die Souveränität in Deutschland eine durch Gesetz beschränkte wäre, wollte im Unterschied zu Hardenberg die Zahl der Kreise auf sechs begrenzen und im Bereich der Gesetzgebung – um es modern auszudrücken – das Prinzip der Subsidiarität angewandt sehen, also die Reduzierung der Bundeskompetenzen auf Angelegenheiten, die das allgemeine öffentliche Interesse berührten. Stein optierte mehr oder weniger entschieden für ein Bundesgericht und wollte einen sechsteiligen Grund- und Freiheitsrechte-Katalog verankert wissen (Residenz- und Auswanderungsfreiheit, Habeas Corpus, Alleinzuständigkeit ordentlicher Richter, Dienstwahl, Sicherheit des Eigentums, auch des geistigen, Recht, sich wegen Beeinträchtigung seiner Rechte zu beschweren). Das, der Schutz des einzelnen vor fürstlicher Willkür, die Beschränkung der Macht der zunehmend Schwarz in Schwarz gemalten despotischen Fürsten, sollte fortan zu Steins Kardinalanliegen werden.

Im Juli machte Stein einen kurzen „Abstecher“ nach Karlsruhe, um sich vom Zaren nach dessen Rückkehr aus London *à jour* bringen zu lassen[1441] (und ihm einige Empfehlungen zu geben, wie und wo er seinen Militärs mit Besitzzuweisungen eine Freude machen könne[1442]), traf in Frankfurt mit Hardenberg zusammen, auch, um sich über das Vorgehen in Wien abzustimmen, brachte die leidige Angelegenheit der Frankfurter Stadtverfassung noch von seinem Schreibtisch[1443], um dann, nachdem er die ihm beigegebenen vier Kosaken nach Russland zurückgeschickt und seine Köchin entlassen hatte, über Biebrich mit einem Zusammentreffen mit dem Nassauer Herzog nach Nassau in den Urlaub zu reisen – man mag es gar nicht zurückverfolgen, seit wie vielen Jahren das der erste wirkliche Erholungsurlaub war. Mit einiger Wahrscheinlichkeit wird er sich dabei der Lektüre von Dohms *Denkwürdigkeiten* hingegeben haben, die ihm Anfang August zugegangen waren[1444]. Irgendwann im August muss dann auch die Familie aus Berlin nach Nassau gekommen sein, ohne dass die Akten verrieten, wann genau das war. Es war ein Wiedersehen nach sehr, sehr langer Zeit!

Aber einen 57jährigen, der sich, die Sonne genießend, nur seinen Lieblingsbeschäftigungen – dem Gärtnern, dem Lesen, dem Wandern – hingegeben hätte: das würde kaum ins Bild passen, und das traf auch nicht die Wirklichkeit. Er bemühte sich, Artikel über die Verfassungsproblematik in publizistische Organe zu lancieren, die seinen Ansichten nahestanden; in diesem Zusammenhang kam es auch zu einer ersten Annäherung an Joseph Görres, dem Stein seiner revolutionär-jakobinischen Vergangenheit wegen an sich kritisch gegenüberstand[1445], und zu den ersten Kontakten zu Ludens Zeitschrift *Nemesis*[1446], deren Herausgeber – den Jenenser Historiker – Stein dann freilich in der Folge überaus kritisch beurteilte. Die Forschung hat diese Instrumentalisierung der Presse im übrigen eher negativ bewertet; die damaligen Aktionen, so Ritter, „gehören zu den am wenigsten geglückten Unternehmungen seiner politischen Laufbahn"[1447]. Stein stellte sich ferner allen Reformversuchen entgegen, die im Blick auf den bevorstehenden Kongreß etwas präjudizieren könnten[1448], im übrigen immer noch beseelt von seiner Erwartung, ganz Sachsen könne Preußen zugeschlagen werden, und er vertiefte seine Kenntnisse über das herzustellende einheitliche deutsche Zollwesen[1449]. Ein großes Ereignis warf seine Schatten voraus, deswegen herrschte auf seinem Schloss nicht zufällig ein ständiges Kommen und Gehen, auch wenn die direkt namhaft zu machenden Besucher – etwa der Graf Friedrich Karl Rudolf von Waldbott-Bassenheim[1450] und Ernst Moritz Arndt[1451] – an Zahl eher bescheiden sind. Aber der Befund der Akten trügt mit Sicherheit.

Der Nassauer Sommeraufenthalt war somit, unbeschadet der weitergehenden Diskussionen über die nassauische Verfassung[1452], in die sich Stein (erstaunlicherweise) einbinden ließ, eindeutig schon auf Wien fokussiert: auf die dortigen Agenda, auf die Personen, mit denen er es zu tun haben würde, darunter seinem alten westfälischen Weggefährten Spiegel[1453], der durch sein Verhalten als Bischof von Napoleons Gnaden in der jüngsten Vergangenheit Stein wiederholt irritiert hatte[1454]. Mehr als eine Denkschrift über die künftigen Wiener Beratungsgegenstände ging ihm zu[1455], frühere Bekannte wie etwa der preußische Generalleutnant Knesebeck mit seiner bekannten Schrift über Europa[1456], ein sonst nicht näher bekannter Münsteraner namens Buchholtz mit der Bitte, die Belange der katholischen Kirche zu unterstützen[1457], oder der Münchener Religionsphilosoph Friedrich Heinrich von Jacobi meldeten sich, um ihn, in der Annahme, er werde die Dinge in Wien maßgeblich bestimmen, mit ihren Überlegungen etwa zur Zukunft der christlichen Konfessionen bekannt zu machen[1458]. Er kommentierte und glossierte selbstredend auch den 2. Entwurf der Hardenbergschen 41 Punkte[1459] und musste zur Kenntnis nehmen, daß seinen Ausstellungen[1460] nur in ganz unbefriedigender Form entsprochen wurde: kurzum, er war, als er am 6. September nach Wien abreiste[1461], gewissermaßen vollgesogen wie ein Schwamm mit all den widerstreitenden Positionen, die in Wien aufeinandertreffen würden. Ob Wien zu einer neuerlichen Steinschen Sternstunde oder doch eher zu einer Enttäuschung werden würde, war beim Beginn der Verhandlungen in der Kaiserstadt an der Donau noch nicht absehbar – mehr sprach für letzteres.

***

Nach einer einwöchigen Reise über Würzburg, Bayreuth, Karlsbad und Prag traf Stein am 15. September in Wien ein[1462] und logierte sich im sog. Wetzlarschen Haus in der Unteren Bräuner-Straße ein – ein sehr zentral gelegenes Quartier (heute 1. Bezirk), das er aber sofort als unzureichend empfand: „extrêmement eingeschränkt und lichtlos, je n'ai jamais le soleil et le cabinet de toilette est si obscur, qu'il faut avoir de lumière presque la journée durante". Der nassauische Minister Marschall von Bieberstein kam übrigens im selben Haus unter[1463], was einen hohen Kommunikationsfluss annehmen lässt. Bei seinem weitgespannten Bekanntenkreis stieß er natürlich sofort auf viele Menschen, die in seinem Leben eine Rolle gespielt hatten und die aktiv in das Kongressgeschehen eingebunden sein würden.

Welche Gefühle Stein auf seiner Reise begleitet hatten, ist präzise nicht zu bestimmen, aber Mutmaßungen mögen erlaubt sein. Dass der russische Kaiser auf seiner eigenen Anreise bei seinen Verwandten in Karlsruhe Station gemacht hatte, mag Stein noch einmal vor Augen geführt haben, dass sein heftiger Kampf gegen die ehemaligen Rheinbundfürsten problematisch geworden war und nicht unbedingt mit Alexanders ungeteiltem Wohlwollen rechnen konnte. Und von dessen Wohlwollen hing letztlich alles ab, auch die Architektur der zukünftigen deutschen Bundesverfassung. Das Verhältnis zu Metternich war ein Nicht-Verhältnis; von dort war schwerlich Unterstützung zu erwarten für seine Verfassungsprojekte. Hardenberg – die Beziehungen waren inzwischen gespannt und konnten auch durch Humboldt nicht mehr ausgependelt werden. Ob Gagern überhaupt eine größere Rolle würde spielen können, war denkbar ungewiss. Viele hoffungsvolle Perspektiven werden sich, realistisch betrachtet, mit der Wien-Reise wohl kaum verbunden haben, um so mehr als das Fintieren, das geschmeidige Ausweichen und Dissimulieren, das Prinzip des Koppelgeschäfts so gar nicht Steins Sache war.

Von seiner Studienabschlussreise und dem damaligen neunmonatigen Aufenthalt her war ihm Wien vertraut, das Erkunden eines Neulandes wie in Paris entfiel also, und dass Stein sich auch nicht tagelang seinen alten Bekannten widmen würde, entsprach seinem Naturell. Schon in der ersten Oktoberdekade ließ er bezeichnenderweise seine Frau wissen, dass er sich in den ganzen gesellschaftlichen „tourbillon" nicht hineinziehen lasse und allenfalls Diners und die großen Feste besuche, von denen man sich bald und relativ unbemerkt wieder zurückziehen könne[1464]. Später hat er dann offen beklagt, dass ein Gutteil der Politik in den Salons gemacht werde, wo die Intriganten und die Indiskretionen das Feld beherrschten[1465]. Seine erste große Denkschrift für das russische Kabinett datiert vom 17. September[1466], zwei Tage nach seiner Ankunft: dass sie die deutsche Verfassungsfrage zum Gegenstand hatte und (wieder einmal) dringend davor warnte, Frankreich irgendeinen Einfluß auf die deutschen Angelegenheiten zuzugestehen, ist als Motiv bereits hinlänglich geläufig. Wenige Tage später waren dann auch alle Monarchen versammelt, und jedermann, Stein eingeschlossen, glaubte an einen raschen Abschluß der Verhandlungen[1467], befürchtete aber, was in den zurückliegenden Monaten immer deutlicher geworden war, dass die „despotischen" Fürsten der mittleren Staaten das Ganze in die Länge ziehen könnten – den erkrankten württembergischen König wünschte er gar auf die Insel Elba, um dort mit seinem Kompagnon gemeinsam das Leben zu beschließen[1468].

Dieses Motiv, die Beschränkung der Souveränität der Einzelstaaten unter anderem durch die verbindliche Einführung von Ständen und Ständeversammlungen, wurde folgerichtig zu einem ersten Schwerpunkt seiner politischen Bemühungen. Er konnte in dieser Hinsicht erneut auf Freund Arndt zählen, der – auf wessen Initiative auch immer – neben manch anderen, ausdrücklich an die in Wien versammelten Staatsmänner gerichteten Schriften[1469] auch eine Flugschrift *Über künftige ständische Verfassungen in Deutschland* erscheinen ließ.

Aber dann drängten sich doch die Fragen nach vorne, die den allgemeinen Ablauf des Kongresses prägten. Wir sind über Steins Aufenthalt in Wien besser als über jede andere Phase seines Lebens dadurch informiert, dass er ein Tagebuch führte und geradezu penibel für jeden Tag seine Aktivitäten und seine Gesprächspartner festhielt. Freilich kann diese Quelle nur dazu dienen, für die folgende Darstellung einen Rahmen zu liefern, denn die Darstellung hat sich unter Lösung von der reinen Chronologie den in ihrer Kompexität zu behandelnden Sachthemen zuzuwenden.

Es war vor allem die Sachsen-Polen-Problematik, die den ersten Monaten des Kongresses – denn von seiner raschen Beschließung galt es bald Abschied nehmen – ihren Stempel aufdrückte. Wie erinnerlich, hatte dieses Thema die Gemüter bereits vor Kongressbeginn heftig bewegte: Wie würde es mit der wettinischen Dynastie weitergehen, nachdem König Friedrich August I. nicht rechtzeitig ins Lager der Alliierten übergewechselt war, also den richtigen politischen „Riecher" hatte vermissen lassen, und zudem 1813 in preußische Gefangenschaft geraten war; was würde mit seinen beiden Territorien – 1807 war ihm das zu einem guten Teil aus den bisher preußischen Ostprovinzen gebildete Großherzogtum Warschau von Napoleons Gnaden überantwortet worden – geschehen, für deren künftiges Schicksal Stein im übrigen präzise Vorstellungen hatte, nämlich sie als Entschädigungslande für Preußen vorzusehen? Die Sachsen-Polen-Frage sollte im Gesamtablauf des Kongresses zu der Nagelprobe schlechthin werden, wie belastbar die Kriegskoalition (noch) war, sie sollte auch zur Nagelprobe werden, wer sich in diesem geographischen Großraum am ehesten durchzusetzen vermochte.

Stein hat sich erstmals mit einer Denkschrift vom 6. Oktober 1814[1470] in die damals schon laufenden Diskussionen – welche Gestalt soll das völkerrechtlich nicht mehr bestehende Polen erhalten, wie kann Preußen zumindest einen Teil seiner ehemaligen polnischen Provinzen zurückerhalten? – eingeschaltet. Für Stein, nominell immer noch deutschlandpolitischer Berater des Zaren, war zum einen klar, dass die in der Diskussion befindliche Grenzziehung – man dachte russischerseits an eine Linie Thorn–Kalisch–Krakau – nicht tunlich wäre, weil sie gegenüber den beiden westlichen Nachbarreichen zu „aggressiv" wäre, er widerriet aber auch dem Plan, ein wiederzuerrichtendes polnisches Königreich in Personalunion mit Russland zu verbinden. Stein setzte sich vielmehr für die völlige Eingliederung Polens in den russischen Staatsverband ein, zwar mit Einführung von Selbstverwaltungseinrichtungen in den Gemeinden und Provinzen, aber ohne eigentliche Teilnahme an der Staatsführung. Er gelangte zu dieser Einschätzung, weil ihm der Gedanke eines unterschiedlichen Grads von Verfasstheit und von Freiheit im russischen Staat in höchstem Grad obsolet war, der eine unerträgliche innenpolitische Spannung erzeugen würde. Wenn man den Polen jetzt keine allgemeine, auf ihre spezifischen Verhältnisse zugeschnittene Verfassung gewähre, dann hänge das mit den übergeordneten Interessen der europäischen Mächte zusammen, sei aber auch auf ihre eigenen Fehler in der Vergangenheit zurückzuführen, auf ihre Anarchie und die Korruption, „qui ont amené leur mort politique".

Um die selbe Zeit, in den ersten Oktobertagen, hat Stein eine (undatierte) Denkschrift für Hardenberg erstellt, die die Gedanken des eben genannten Memorandums, nun stärker preußenbezogen, variierend wiederholt[1471]: Ablehnung der Staatsverfassung und der vorgesehenen Grenzziehung, Würdigung der philantropischen Ansätze Kaiser Alexanders, die schon allein durch die Gewährung von lokalen, regionalen und provinzialen Ständegremien die gewünschten Effekte erzielen würden. Was in diesen beiden Denkschriften durchscheint oder sogar schon offen dargelegt wird, ist ein Meinungsunterschied zur offiziellen Politik des Zaren, den Stein nicht auf die leichte Schulter nehmen durfte. Denn die Spannungen zwischen den Mächten über diesen Streitpunkt – Polens Zukunft – nahmen rasch dramatische Züge an, die Stein Ende Oktober befürchten ließen, es könne nicht nur zu einem „refroidissement entre les alliés" kommen[1472], sondern möglicherweise sogar zu einem neuen Waffengang; er, Stein, wäre dann sicher zwischen alle Stühle geraten. Es war vor allem Castlereagh, der britische Außenminister, der in der Polen-Frage Positionen bezog, die im Grunde keine der anderen involvierten Großmächte teilte – Wiederherstellung der Unabhängigkeit Polens nach dem Stichdatum 1772, oder aber Einverständnis mit der völligen Teilung, dann aber mit der Weichsel als Grenze Russlands[1473] –, die sie aber zu Reaktionen zwang. Russland opponierte vor allem dem Gedanken, dass der Kongress in dieser Frage eine Entscheidung herbeiführen sollte, der sich der Kaiser keineswegs zu unterwerfen gedachte. Alexander war dezidiert der Meinung, dass Russland sich durch sein Engagement im Befreiungskrieg, das nur von gesamteuropäischen Interessen bestimmt gewesen sei, eine Art moralischen Anspruch erworben habe, in der polnischen Frage primär nach seinen eigenen Interessen vorzugehen und zu entscheiden[1474]. Die Glossen Steins zu einem entsprechenden Schreiben des Zaren an Castlereagh belegen schlagend, wie wenig er in dieser Hinsicht auf der russischen Linie lag. Überhaupt hatte er seinem Tagebuch zufolge schon Mitte Oktober den Eindruck, dass auch der Zar ihm gegenüber „weniger Freundlichkeit, Offenheit, Mitteilung" an den Tag lege[1475], also offensichtlich beiderseits eine gewisse Abkühlung stattfand (oder schon stattgefunden hatte). Stein arbeitete in dieser Frage inzwischen wieder eng mit Hardenberg zusammen, dem er z. B. auch Vorab-Informationen über geplante russische Schritte zukommen ließ, was, wenn es denn ruchbar geworden wäre, sein Prestige beim Zaren sicher weiter geschwächt hätte. Aber, um es zu wiederholen, Stein zählte in diesem „Spiel", das er in seinem Tagebuch als absolut zerrüttend, lähmend und in höchstem Maß verderblich für den Fortgang des Kongresses einschätzte[1476], nicht zu den Schlüsselfiguren, wiewohl er, nicht zuletzt wegen des faktischen Ausfalls des mit dem Zaren über Kreuz liegenden Staatskanzlers Nesselrode[1477], immer wieder auch zu den polnischen – dann polnisch-sächsischen – Angelegenheiten hinzugezogen wurde.

Schlüsselfigur sein – das erhoffte er sich auf einem anderen Terrain. Sieht man einmal davon ab, dass Stein sich im Herbst auch noch mit der formalen Abwicklung seiner Verwaltungstätigkeit beschäftigte: mit der Aufhebung der Generalgouvernements dort, wo sich die Dinge wieder verfestigt hatten[1478], damit, dass die Verwaltung Sachsens in preußische Hände überging[1479] – ein Präjudiz für die Zukunft? –, abgesehen davon war es selbstredend die deutsche Verfassungsfrage, für die ihm allererste Kompetenz zugetraut wurde und für die er sich auch kompetent fühlte. Von seinen zahlreichen Denkschriften der zurückliegenden Monate, die ein mehr oder weniger deutliches Bild davon hatten entstehen lassen, wie er sich die Zukunft „Deutschlands" vorstellte, war schon die Rede. Aber in Wien kursierte vieles, und jeder der Beteiligten musste auch die Fähigkeit haben dazuzulernen und bestimmte Wunschvorstellungen wieder zur Disposition zu stellen. Auch an Steins Flexibilität sollten gewisse Anforderungen gestellt werden.

Es ist ins Gedächtnis zurückzurufen, dass sich bei Stein Ende 1813/Anfang 1814 die Perspektive eines zweigeteilten Deutschland entwickelt hatte: eines Gebildes, dessen Norden von Preußen dominiert würde, dessen Süden sich nach dem Träger der Kaiserkrone in Wien ausrichtete, dessen mittlere und etwas unter dieser Kategorie bleibende Staaten, wiewohl von „Despoten" regiert, erhalten blieben, deren „Despotismus" aber durch ständische Verfassungen radikal beschnitten werden würde. Mit diesen Vorstellungen trat Stein, wie ein Schreiben an den Zaren vom Anfang November 1814 belegt[1480], in die Wiener Verhandlungen ein, in die er zwar nicht als Mitglied des Deutschen Komitees eingebunden war (in dem Russland gar nicht mitwirkte), dessen Protokolle[1481] ihm aber regelmäßig, allerdings unter Bruch der vereinbarten Vertraulichkeit, in Abschrift zugingen[1482]: Die Deklaration von Kalisch habe den Rahmen gewissermaßen vorgegeben, die Errichtung einer deutschen „Verfassung" „basée sur des principes de justice et d'ordre", und ergänzend hätten die Verträge von Chaumont und von Paris bestimmt, dass es in Wien um die Formierung eines „état fédératif" für Deutschland gehen müsse. Die bisherigen Beratungen über den von den fünf wichtigsten deutschen Staaten vorgelegten Verfassungsentwurf, die berühmten „12 Artikel" (deren Grundlage Humboldts „41 Punkte" waren), hätten freilich gezeigt, dass es den Mittelstaaten, insbesondere Bayern und Württemberg, auf nichts mehr ankomme als auf Abstand zur Föderation und auf Aufrechterhaltung ihres despotischen Regimes im Innern. Es sei entschieden darauf hinzuarbeiten, dass die Souveränitätsrechte der Fürsten, namentlich in Bezug auf Krieg und Frieden, strikt beschränkt würden und dass ihnen verbindlich die Einrichtung von Ständeversammlungen vorgeschrieben würde, die die Freiheit und den Besitz der Einwohner absicherten.

Dieses Moment – die Begrenzung der Befugnisse der Einzelstaaten, überwiegend ehemalige Rheinbundstaaten und von daher, so darf man Stein wohl ergänzen, *eo ipso* verdorben – war es zunächst, das Stein umtrieb und zu immer neuen Entwürfen von Noten[1483], Briefen und Denkschriften veranlasste und zu dem politischen Ansatz, in dieser Frage einen Konsens nicht nur zwischen Preußen, Hannover und Russland, sondern dann auch mit Österreich zustandezubringen. Man muss sich sein Tagebuch anschauen, um zu ermessen, wie sehr er in dem „Sultanismus" der Fürsten der deutschen Mittelstaaten das rote Tuch schlechthin erblickte und auch die mit den südwestdeutschen Höfen familiär verbundene russische Dynastie zu einer entsprechenden Haltung zu bewegen suchte – pikant genug, weil er selbstsüchtiges Handeln von Mittelstaaten, immer in erster Linie auf Württemberg und Bayern gemünzt, allenfalls indirekt ansprechen konnte. Wenn schon an die Restituierung der Reichsverfassung mit ihren Instrumenten zum Schutz der Untertanen nicht zu denken war, dann war der „erträglichen Landesverfassung"[1484] um so mehr Gewicht beizulegen. Aber seine Skepsis, ob sich das alles in überschaubaren Zeitfenstern werde bewerkstelligen lassen, wuchs: „je suis très inquiet sur l'issue, et toutes les petites passions humaines paraissent être déchaînées pour détruire nos espérances et nous rejeter dans de nouvelles complications dont les suites sont incalculabes et effrayantes"[1485]. Und seine Skepsis musste vor dem Hintergrund der immer zahlreicher werdenden Verfassungsdenkschriften, die in Wien zirkulierten, auch steigen, ob sein Modell, das auf die Aushöhlung der Souveränität der „Despoten" von innen heraus, über die Landstände, zielte, gegenüber deren Konzept, mit Hilfe der Stände ihre Errungenschaften der Rheinbundzeit abzusichern, überhaupt eine Chance hatte.

Die Wendung gegen die „despotischen" Fürsten ist freilich nicht das eigentlich Überraschende, sondern die Tatsache, dass Stein nicht zu einer

Fundamentalkritik der „12 Punkte“ ausholte, die er vielmehr in weiten Teilen akzeptierte. Vielleicht hing das schon mit seiner Erwartung zusammen, dass die Mittelstaaten auf jeden Fall versuchen würden, sie als Verhandlungsgrundlage zu verwerfen. Gegen sie, gegen diese „Despoten“, galt es weiteren Widerstand zu organisieren. Und dazu bediente er sich auch wieder der Presse: In den *Rheinischen Merkur* vom 31. Oktober 1814 lancierte er einen Artikel, der geradezu leidenschaftlich zum Protest und Widerstand gegen den undeutschen „Sultanism“ der süddeutschen Fürsten aufrief, die allen wohlmeinenden Absichten nur mit partikularer Selbstsucht begegneten. Dass Stein diesen Artikel, der in Wien größtes Aufsehen erregte, initiiert hatte, war nach kurzer Zeit bekannt und hat zusätzlich dazu beigetragen, dass Stein bei den Verfassungsberatungen mehr und mehr isoliert wurde.

Denn die „russisch-preußische“ Front war nicht die einzige, an der Stein tätig war. Es wird in der Forschung zwar kontrovers diskutiert, aber es scheint doch dies und jenes dafür zu sprechen, dass Stein zumindest an den Beratungen, wenn nicht sogar an der Endredaktion der sog. Kaisernote von 29 „souveränen Fürsten und Städten“ beteiligt war, die am 16. November überreicht wurde[1486]. Falls Stein wirklich beteiligt war – zumindest hat er wohl die Protokolle des Deutschen Komitees (unbefugterweise) an Repräsentanten der 29 weitergegeben[1487] –, hatte schon jetzt ein Prozess des Umdenkens stattgefunden. Die Note war zunächst eine Art Protest: gegen die Ausschließung der Kleinstaaten von den Verfassungsberatungen, die im übrigen mit ausdrücklicher Billigung Steins erfolgt war. Dass sich die Kleinstaaten zudem gegen die Preisgabe des Kaisertums wandten, war Stein nicht unangenehm, wiewohl ihm in den zurückliegenden Monaten klar geworden war, dass der Zug in eine andere Richtung zu fahren begonnen hatte – um dieses nicht zeitgemäße Bild zu verwenden. Seit den Verhandlungen im Frühjahr hatte Stein seine ursprüngliche Vision, das Kaisertum wiederzuerrichten, in seinen Denkschriften und Briefen auch nicht mehr thematisiert. Was Stein bewogen haben mag, sich mit dieser Denkschrift zu solidarisieren, war wohl die Tatsache, dass sie ganz auf einer Linie lag mit den Positionen der „12 Artikel“ in Bezug auf die ständischen Pläne, also der Vorgabe, dass alle Mittelstaaten ständische Verfassungen zum Schutz der Untertanen und zum Schutz vor Rückfall in Despotismus einzurichten hätten. Und da die Note der 29 in Bezug auf die „12 Artikel“, die die Reichsführung einem Direktorium anvertrauen wollten, weiter ging und Steins ursprünglichen Überlegungen näher kam, wird es ihm wohl letzten Endes keine übermäßigen Verrenkungen abgenötigt haben, sich auch mit ihr einverstanden zu erklären.

Mitte November 1814 lag nicht nur diese Verfassungsschrift der Kleinen auf dem Tisch, auf die sie im übrigen niemals eine Antwort erhielten, sondern auch ein Entwurf Humboldts für eine Bundesverfassung ohne Kreiseinteilung, die Stein später kritisch glossieren sollte[1488]. Am 16. November wurden dann aber die Sitzungen des Fünfer-Komitees (Preußen, Österreich, Bayern, Hannover, Württemberg[1489]) unterbrochen, nachdem der preußische König Hardenberg angewiesen hatte, sich in der Sachsen-Frage Russland anzuschließen. Dieser Prioritäten- und politische Wechsel legte den Mitgliedern des Deutschen Komitees gewissermaßen die Pflicht auf, sich anderen Agenden zuzuwenden.

Gehörte Stein dem Deutschen Komitee nicht formell an, war er dagegen in das Komitee delegiert worden, das sich mit der Neuordnung der Schweizer Verhältnisse befassen sollte. Von dieser Kommissionsarbeit her datiert im übrigen seine nähere Bekanntschaft mit dem späteren griechischen Außenminister Capodistrias, auf die zurückzukommen sein wird, einen Mann, den er in seinem privaten Tagebuch als eine Persönlichkeit von „Scharfsinn, Feinheit und Mäßigung“ charakterisierte: „sein Geist ist gebildet, sein Charakter sittlich, sein Äußeres angenehm“[1490] – das waren die Menschen, die Stein liebte! Das Schweizer Komitee begann nach einer vorbereitenden Sitzung mit Castlereagh am 25. Oktober[1491] am 16. November mit seiner Arbeit. An ihrem Beginn stand eine gemeinsame Note Steins und Capodistrias', deren textliche Vorstufe von Stein stammt, der in ihr zugleich seine vorzügliche Kenntnis der Geschichte dieses zentraleuropäischen Gemeinwesens unter Beweis stellte; der Aufenthalt in Basel Anfang des Jahres wird ihm zudem einen substantielleren Einblick in die dortigen Mentalitäten und Zukunftswünsche vermittelt haben. Die Schweizer Delegation hatte am Vortag ihre Verfassungsvorstellungen präsentiert und vor allem die Frage der Beibehaltung der sog. Mediationsakte – der von Napoleon oktroyierten Verfassung – aufgeworfen, aber auch die Frage der Anerkennung der Neutralität der Eidgenossenschaft und der Restitution ihrer alten Grenzen. Für Stein stand außer Frage, dass die Mediationsakte in Kraft bleiben müsse und dass man zwar über die eine oder andere geringere Modifikation nachdenken könne, etwa über die Zuordnung des Bistums Basel zum Kanton Bern, dass aber ansonsten die inneren Strukturen so bleiben könnten, wie sie vor der revolutionären Epoche gewesen waren. Stein lehnte jedes Einmischungsrecht der Großmächte in die inneren Angelegenheiten der Schweiz ab und empfahl ohne jeden Vorbehalt die Zuerkennung der Unabhängigkeit und der (immerwährenden) Neutralität[1492].

Die Schweiz-Angelegenheit schien rasch geregelt werden zu können, als dann doch noch eine Schwierigkeit auftrat, die nicht vorhersehbar gewesen war. An sich hatte der Pariser Friede deutlich bestimmt, dass Frankreich von allen Beratungen, die in die Zukunft zielten, ausgeschlossen bleiben sollte, aber dann erkannte Talleyrand das Schweizer Komitee, in dem es um Fragen ging, die den Nachbarn Frankreich direkt berührten, als ein geeignetes „Einfalltor“, um die damalige Bestimmung zumindest partiell außer Kraft zu setzen. Seit spätestens dem 23. November lag ein Antrag Frankreichs auf dem Tisch, der umgehend auch von Castlereagh unterstützt wurde, in der Person des Herzogs Emmerich Joseph von Dalberg, eines Neffen des Fürstprimas, einen Vertreter Frankreichs hinzuzuziehen, um so mehr als das auch von der Schweiz selbst gewünscht werde. Der Vorstoß sorgte im preußisch-russischen Lager zunächst für eine erhebliche Verwirrung, die man dadurch zu kaschieren suchte, dass man rein formaljuristisch argumentierte[1493]. In der Komiteesitzung am 24. November erklärten sich dann aber doch alle Vertreter der vier Großmächte damit einverstanden, einen französischen Vertreter zuzulassen, wobei Steins Votum das ganze Spektrum der (politischen) Gesichtspunkte wiedergibt: Wenn man überzeugt davon sei, dass die französischen Absichten in Bezug auf die Schweiz deckungsgleich mit denen der Alliierten seien, nämlich „d'établir un ordre de choses légal et tranquil", dann möge es nützlich („utile") sein, einen französischen Delegierten beizuziehen, weil dies Frankreich davon abhalten würde, unter der Hand und geheim Einfluss zu nehmen[1494]. Im übrigen hat die Zusammenarbeit im Schweiz-Komitee alles andere als eine lebenslange Freundschaft Steins zu dem Neffen des Fürstprimas begründet[1495].

In der Sache kam es im Schweizer Komitee kaum zu grundsätzlichen Meinungsverschiedenheiten, um so weniger als auch die Vertreter der Kantone – unter ihnen Steins Studienfreund Hans von Reinhard, Nikolaus Friedrich von Mülinen, François d'Ivernois und Frédéric Laharpe – überaus kooperationswillig waren. Es zählte zu denjenigen Komitees, die ihre Arbeit am zügigsten zu einem Abschluss brachten, Anfang Januar 1815, nach nur wenigen Sitzungen. Es ist deswegen wohl kein Zufall, dass seine Tätigkeit in Steins Tagebuch nur an einer Stelle eher beiläufig Erwähnung findet[1496]. An den späten Aktivitäten des Schweizer Komitees hat Stein allem Anschein nach nicht mehr teilgenommen[1497].

Wesentlich schwieriger gestalteten sich die Arbeiten des Statistischen Komitees, das eingesetzt worden war, um bei den territorialen Verschiebungen einigermaßen gesicherte demographische, geographische und ökonomische Daten zur Hand zu haben. Stein, so ist zu vermuten, hat die Tätigkeit dieses Komitees besonders intensiv beobachtet, hatte er doch in seinem 1. Berliner Ministeriat etwas ganz Ähnliches aufgebaut, das damalige Statistische Bureau. Unter anderem für die ziemlich überzogenen bayerischen Gebietsansprüche, für die Stein überhaupt kein Verständnis aufbringen konnte[1498], aber auch für die territorialen Abrundungen Preußens war dieses Komitee von eminenter Bedeutung. Stein hat in diesem Komitee als Vertreter sowohl Preußens als auch Russlands mitgearbeitet und beispielsweise kurz vor Weihnachten 1814 Hardenberg statistische Materialien über den Kreis Tarnopol zugeleitet, der damals im Gespräch war als ein mögliches Erwerbungsobjekt für Österreich[1499].

Diese Bemerkung leitet wieder zurück zu der Sachsen-Polen-Frage, über die sich im Dezember die Mächte immer mehr in die Haare gerieten und die am Jahreswechsel einen neuerlichen Krieg als unmittelbar bevorstehend erscheinen ließ. Es ging mittlerweile nicht nur um die Frage, ob Sachsen in zwei Teile – einer davon für Preußen bestimmt – zerrissen und ob ggf. der wettinische König mit einem anderen Territorium – am Rhein? – entschädigt werden solle, sondern um mehr: Alexanders Plan, ein konstitutionelles Königtum Polen unter russischem Zepter zu begründen, hatte in der Hofburg die Alarmsirenen zum Schrillen gebracht, weil die österreichischen Funktionsträger nicht grundlos befürchteten, ein solches Staatsgebilde könnte eine Sogwirkung auf die polnischen Untertanen der Nachbarstaaten ausüben, zugleich aber die Keime liberaler Ideen in die slawische Welt hineintragen. Die Österreicher zogen in Böhmen bereits eine Armee zusammen, die – für Stein der Gipfel der Frivolität! – von dem bayerischen Marschall Wrede, also dem Diener eines bisherigen Rheinbundfürsten, befehligt werden sollte. Es wurde vor der Folie dieser Eskalation rasch klar, dass aus diesem Teufelskreis – Preußen kann sich mit Russland nicht verständigen, Österreich droht Russland mit Krieg, will aber auch Preußen nicht ganz Sachsen überlassen – nur ein Ausweg herausführte: die Wiedereinbeziehung Frankreichs in das Kongressgeschehen als handelnde Macht. Dass es um die Jahreswende 1814/15 bereits zur (geheimen) Verabredung eines österreichisch-britisch-französischen Kriegsbündnisses kam, blieb den meisten Akteuren (glücklicherweise) unbekannt. Man spürt aus Steins Tagebuch förmlich die Empörung über das Wiener Verhalten, in dieser Frage schamlos mit Frankreich zusammenzuarbeiten[1500], und seine Sorge, dass Frankreich unversehens und entgegen allen Verabredungen wieder in die große Politik und in die Neugestaltung Europas eingreifen könne. Und so geschah es in der Tat, in jenem denkwürdigen Kompromiss, der in den ersten Januartagen zustandekam, dass die Mächte Frankreich in Gestalt seines Außenministers Talleyrand wieder zu den Verhandlungen zuließen, weil nur auf diese Weise jener Kompromiss in der Sachsen-Frage erzielt werden konnte, der den Krieg entbehrlich machte: die Teilung Sachsens zwischen Preußen und der angestammten Wettinerdynastie. Damit konnte auch das Statistische Komitee seine Arbeit beschließen; es trat an jenem 9. Januar 1815 zum letzten Mal zusammen, an dem der Kompromiss in der Sachsen-Frage unterschrieben wurde. Als Ausgleich für die „entgangene" Hälfte Sachsens sollte Preußen mit Westpreußen und Posen sowie den Rheinlanden entschädigt werden. Mainz, auf das zur Empörung Steins immer wieder Bayern Ansprüche geltend gemacht hatte, erhielt den Status einer Bundesfestung[1501]. Dass das Statistische Komitee dann doch noch eine andere Aufgabe erhalten sollte, war damals nicht abzusehen.

Mit der Lösung der Sachsen-Frage – nicht in Steins Sinn, weshalb er die politische Entwicklung dort auch noch über einen längeren Zeitraum beobachtete[1502] – wurde die Einigung in der Polen-Frage nur noch um so dringender. Diesmal war es Castlereagh, der am 14. Januar mit seiner Forderung vorpreschte, dass ein Königreich Polen wiederherzustellen sei, das aus dem ehemaligen Großherzogtum Warschau und den Russland in den Teilungen zugeschlagenen Gebieten bestehen würde. Der britische Außenminister verknüpfte dies zudem mit der Mahnung, alle betroffenen Mächte – also auch Preußen und Österreich – sollten in ihren polnischen Gebieten den Polen „Einrichtungen geben, die ihrer Nationalität angemessen wären“[1503]. Stein kommentierte in seinem Tagebuch diesen Vorstoß mit der Bemerkung, er sei „wenigstens unzeitig“ gewesen.

Stein war an der Arbeit der Polen-Kommission nicht beteiligt, obwohl er von seinen Kenntnissen des Landes her hineingepasst hätte, aber er wurde von den russischen und preußischen Delegierten (Anstett; Stägemann, Jordan) immer auf dem laufenden gehalten. Er hat dann auch hinter den Kulissen an der schließlich erzielten Lösung in mannigfacher Weise mitgewirkt, einer Lösung, mit der am Ende alle Beteiligten leben konnten: Thorn wurde preußisch, Krakau neutralisiert, die Sprengkraft der von Alexander geplanten liberalen Verfassung Polens dadurch gemildert, dass die Nachbarstaaten mit polnischen Minderheiten sich zu bestimmten nationalpolnischen Konzessionen bereitfanden.

Die deutsche Verfassungsfrage hatte in all diesen Wochen, da es über Sachsen zu einem neuen Krieg zu kommen drohte, weitgehend geruht oder doch allenfalls auf Sparflamme geköchelt, um erst im Februar 1815 wieder voll zu ihrem Recht zu kommen. Das heißt nicht, dass nicht seit der Note der 29, über die oben zu sprechen war, manch andere Denkschriften an Stein gelangt wären, der ja in dieser Frage als eine Schlüsselfigur angesehen wurde, als, wie Graf Ernst Christian August Gersdorff, der Vertreter Sachsen-Weimars auf dem Kongress, das ausdrückte, „Retter“ Deutschlands, der mit so feuriger Kraft ausgestattet worden sei[1504]. Stein hatte in der Zeit der „Hängepartie“ aber auch immer wieder selbst zur Feder gegriffen, so, als er Mitte Januar 1815 eine Denkschrift für das russische Kabinett ausarbeitete, die in fulminanter Form Österreich auf die Anklagebank setzte und tief den Despotismus der Fürsten beklagte, dem alle Riegel vorzuschieben wären[1505]. Substantiell weiter ging es aber erst in dem Augenblick, als Capodistrias, inzwischen in einem Nahverhältnis zu Stein stehend[1506], dem russischen Kaiser ein Memorandum[1507] überreichte, in dem er, ganz ähnlich wie die deutschen Kleinfürsten, in klarer Distanzierung von dem in den letzten Wochen von ihm favorisierten Konzept des Fünferdirektoriums die Wiederherstellung der Kaiserwürde für das Haus Österreich in Vorschlag brachte[1508]. Darf man Steins Tagebuch vertrauen, erkundigte sich der offenbar in dieser Frage leidenschaftslose Zar zunächst, wie Stein zu dieser Frage stehe, und auf Capodistrias' Auskunft „beifällig“[1509] erhielt dieser den Auftrag, mit den Preußen in ein Gespräch einzutreten. Diese Gespräche, in die sich (selbstredend) dann auch Stein wieder einschaltete[1510], zeigten indes rasch, dass der Hohenzollernstaat die Klippe war, die einer Umsetzung dieses Gedankens im Weg stand; ein langer Kampf Berlins gegen Österreichs Ehrenvorrang im (Alten) Reich hatte sich tief in das kollektive Bewusstsein auch der preußischen Funktionsträger des Jahres 1815 eingegraben. Stein, der dem russischen Kaiser am 17. Februar Rede und Antwort stand, mag instiktiv gespürt haben, dass die Zeit gegen diese Lösung arbeitete; es war der Tag, an dem er den Romanow zum ersten Mal bat, „abgehen“ zu dürfen. Auf die erstaunte Rückfrage Alexanders, ob denn die deutschen Angelegenheiten das zuließen, replizierte Stein, die Hauptsachen seien geregelt, die Frage der Kaiserwürde müsste in wenigen Tagen entschieden sein[1511]. Stein fertigte tags darauf noch einmal ein Mémoire über die Wiederherstellung der Kaiserwürde an, aber Metternich zeigte keine Neigung, in dieser Frage einen neuerlichen Konflikt mit Berlin zu riskieren. Friedrich Wilhelm III. schickte Wilhelm von Humboldt vor, um Steins Aufsatz über die Kaiserwürde zu widerlegen, der dann auch noch vor Überreichung seines Papiers – „ein verworrenes, sophistisches, schlecht stilisiertes Machwerk“, wie Stein es abqualifizierte[1512] – in Stein drang, das Vorhaben fallen zu lassen, weil die Widerstände – in Berlin[1513], aber auch in Hannover – einfach zu groß seien[1514]. Ein Gespräch mit Wellington einige Tage später bestätigte ihm, dass mit der Kaiserwürde kein Durchkommen möglich sein werde[1515]. Seinen Wiener Kollegen blieben die Rückwärts- und Vorwärtsvolten Steins in der Kaiserfrage im übrigen nicht verborgen[1516].

Seine letzte „Kaiserdenkschrift“ ist, sicher um einiges zu pathetisch, als „der Notschrei eines tief erregten patriotischen Herzens“ charakterisiert worden, als „das politische Glaubensbekenntnis eines Mannes, der sich am Ende eines langen Weges immer tiefer herabgeführt sieht von der Höhe seiner Ideale in die Niederungen des politischen Alltags, in ein unendlich wirres Treiben kleinlicher Sonderinteressen, höfischer Eitelkeiten, armseligen Schacherns um politische Besitztitel, und der nun keinen wirklich gangbaren Ausweg mehr weiß“[1517]. Hier mag in der Tat ein Schlüssel zu diesem Dokument liegen. Menschen, die stark aus ihren Prinzipien heraus leben, neigen allem Anschein nach dazu, in ausweglosen Situationen, in denen es offenkundig wird, dass sie nicht werden reüssieren können, ihre Grundsatzhaltung noch einmal in Worte zu fassen, auch um sich später selbst damit trösten zu können, wirklich nichts unversucht gelassen zu haben. Dass seine Kaiserdenkschrift ein Schlag ins Wasser bleiben würde, ist Stein sicher schon im Moment ihrer Redaktion klar gewesen.

Um so mehr musste Stein es darauf ankommen, sein anderes zentrales Anliegen, die Beschränkung des „Sultanismus“ der deutschen Fürsten, gerade der ehemaligen Rheinbundfürsten, zu einem guten Ende zu bringen. Man gewinnt aus den Akten den bestimmten Eindruck, dass sich bei Stein hier ein Feindbild aufgebaut hatte, und zwar nicht erst seit Kongressbeginn: das des skrupellosen, egomanischen Fürsten, der in der Fürstenbundzeit völlig verdorben worden sei und dem strengste Zügel angelegt werden müssten, um zu verhindern, dass er seine Untertanen weiter unterjoche. Hinzu kam, dass Stein – und dies war die gemeinsame Schnittmenge mit dem an sich in der deutschen Frage indifferenten Zaren – aus den Erfahrungen des Ancien Régime und der Rheinbundzeit eine Konsequenz ziehen wollte, nämlich „die Vergemeinschaftung der Sicherheitspolitik unter dem Dach einer gesamtdeutschen Verteidigungsgemeinschaft“[1518]. Diese Anliegen – Zähmung der Fürsten, Aberkennung ihrer außenpolitischen Gestaltungsfreiheit – verwoben sich, wie niemand klarer als Stein erkannte[1519], aufs engste mit den Territorialfragen: also mit den Entschädigungen und Abrundungen, die vor allem Bayern in – so Steins Einschätzung – weit überzogener Form für sich reklamierte. Diese Grabenkämpfe machten Stein zusehends mürbe und müde; im frühen März vertraute er seinem Tagebuch an: „Aus dem Halbverhältnis, in dem ich stand, konnte nur Lebensverdruss entstehen; ich hatte Influenz ohne durchgreifende Leitung, und Influenz auf höchst unvollkommene Menschen, die als Werkzeuge zur Erreichung großer Zwecke sollten gebraucht werden. Zerstreuung, Mangel von Tiefe der einen, Stumpfheit und Kälte des Alters der anderen, Schwachsinn, Gemeinheit, Abhängigkeit von Metternich der dritten, Frivolität aller war Ursache, dass keine große, edle, wohltätige Idee im Zusammenhang und ganz in das Leben gebracht werden konnte. Aus allen diesen unglücklichen Verhältnissen herauszukommen, bedurfte es nur eines kräftigen Entschlusses, und es ist ratsamer, ihn bald zu nehmen [...], sich den Leiden des Zustandes zu entziehen und sich von der Verantwortlichkeit des Zustandes loszusagen“[1520].

Die Rückkehr Napoleons aus Elba brachte Steins Pläne – resignative Pläne, Pläne, die schlicht politisches Ausgelaugtsein widerspiegeln[1521] – dann noch einmal durcheinander – dieser Ungeist meines Lebens, dieses „Prinzip des Bösen“[1522], mag Stein bei sich gedacht haben. An Abreise war *rebus sic stantibus* auf einmal nicht mehr zu denken, weil sich die deutschen Dinge längst nicht so schnell ordnen ließen, wie ihm das vorgeschwebt hatte – der Zug des Ex-Kaisers auf Paris zu, über den man in Wien genauestens informiert war[1523], überlagerte alles, seine Ächtung durch die Alliierten, übrigens allem Anschein nach auf der Grundlage von Steinschen Anträgen[1524], rief bei dem einst von Napoleon Geächteten ein sehr komplexes Gefühl hervor[1525]. Stein sah sich sogar in der Pflicht, sich wie vor einem und eineinhalb Jahren der Heeresverpflegung in dem bevorstehenden Feldzug anzunehmen![1526] Es gab Stimmen, die Verhandlungen vorläufig völlig auszusetzen, andere argumentierten umgekehrt, dass der Zwang heilsam sei, jetzt schnell zu einem Abschluss zu kommen. Nach mehrmonatigen Diskussionen, unendlich vielen Memoranden und Briefen, nicht mehr zählbaren Mehr- und Vieraugengesprächen lagen schließlich ja auch alle Argumente und alle Varianten auf dem Tisch. Die Verhandlungen wurden – außer dass dieser und jener südwestdeutsche Staat versuchte, ohne Zustimmung des Deutschen Komitees aus eigener Machtvollkommenheit sich eine Verfassung zu geben, die in dem einen oder anderen Punkt den künftigen Rahmen präjudizierte – freilich doch noch von neuen Noten geprägt: einer neuen der mittleren und kleinen Staaten, die am 23. März überreicht wurde[1527] und die auf einen Grundvertrag über die deutsche Verfassung abhob sowie, eine Art Nachhutgefecht, noch einmal die Wünschbarkeit der Erneuerung des Kaisertums betonte. Mehr und mehr drängte sich Stein der Eindruck auf, dass es Bayern war, das ob seiner horrenden territorialen Forderungen den raschen Abschluss der Verfassungsverhandlungen verhinderte.

Aber es war selbstredend auch wieder die große Politik, die die Dinge hemmte. Der entscheidende Fortschritt erfolgte erst in den Tagen zwischen dem 18. und dem 23. April, als ein Humboldtscher Entwurf, wahrscheinlich der vom Dezember 1814, noch einmal ins Zentrum der Beratungen rückte, aber dann rasch von Entwürfen der Klein- und Mittelstaaten, für die unter anderem Freiherr Leopold Engelke Hartwig Plessen, der mecklenburgische Vertreter, und der Konstanzer Generalvikar Wessenberg verantwortlich zeichneten, überlagert wurde. Nachdem der Zar Stein noch einmal gebeten hatte, bis zum Ende der Verfassungsberatungen in Wien zu bleiben[1528], kamen gegen Ende April die territorialen Regelungen zumindest zu einem vorläufigen Ende – in Kraft treten sollten sie erst nach Kriegsende – und setzte ein allgemeines Umarbeiten der Noten ein, aus dem u. a. die Humboldtschen „14 Punkte" sowie ein neuer Wessenbergscher Plan hervorgingen, der im Auftrag Metterichs erstellt worden war. Es bedurfte am Ende des russischen und Steinschen Drängens gar nicht mehr wirklich, um die Konferenzen am 8. Mai 1815 konzentriert wieder aufzunehmen.

Mit diesem Ereignis und einer resumierenden Würdigung des russischen Kaisers bricht Steins Tagebuch recht unvermittelt ab. Nun ist das Ergebnis von Konferenzen, die dann Staats- bzw. Völkerrecht wurden, natürlich für ein Tagebuch auch kein dankbares Thema mehr; trotzdem hätte man gerne noch den einen oder anderen Einblick in das Innenleben des Deutschen Komitees gewonnen, dessen Protokolle Stein ja regelmäßig vorgelegt wurden, auch ein abschließendes Wort zu dem erzielten Kompromiss. Nach allem, was in den zurückliegenden Wochen und Monaten vor sich gegangen war, war Schulterklopfen sicher nicht angesagt. Die unbestimmte Fassung des Landständeartikels (Art. 13) der Bundesakte[1529] hat Stein noch kurz vor seiner Abreise massiv kritisiert[1530], und auch später hat er an einer ganzen Reihe von Verfassungseinrichtungen, etwa dem Bundestag, wenig gute Haare gelassen[1531]. Das, was in Wien zustandegebracht worden war, war politisch und verfassungspolitisch meilenweit von dem entfernt, was Stein in seinen ersten Memoranden für den Zaren im Sommer 1812 entwickelt hatte!

Politisch bildete der Wiener Kongress sicher den Höhepunkt in Steins Karriere: Auch wenn er nur in einer „Halbfunktion" teilnahm: er ging bei Kaisern, Königen, Staatskanzlern, Ministern, aber auch bei den Mitgliedern des europäischen Hoch- und Höchstadels ein und aus, zählte zu den gefragtesten Gesprächspartnern, gehörte zu den bestinformierten Männern Europas überhaupt. Jean-Baptiste Isabeys berühmtes Kongress-Gemälde mit den an dem runden Tisch sitzenden Souveränen verzichtet deswegen auch auf den Freiherrn vom Stein nicht, rückt ihn seiner „Halbfunktion" wegen aber in den Hintergrund, komponiert ihn direkt unter den Sonnenstrahl, der den Raum erhellt. Zufall? Kompositorisches Fingerspitzengefühl? Reflex der „öffentlichen Meinung"?

Mit diesem politischen Höhepunkt ging freilich der politische Erfolg nicht einher. Wenn Stein am Ende der Wiener Monate eine Art Bilanz seiner Tätigkeit gezogen haben sollte (und auch gezogen hat[1532]), dann war das allenfalls eine durchwachsene Bilanz: Die Wiederherstellung der Kaiserwürde war nicht durchsetzbar gewesen, die ehemaligen Rheinbundstaaten waren zu einer Größe angewachsen, die Steins Zornesadern wohl jeweils heftig anschwellen ließ, der Anfall ganz Sachsens an Preußen war am europäischen Widerstand gescheitert, die individuellen Grundrechte waren längst nicht angemessen garantiert worden, die außenpolitische Souveränität der Einzelstaaten war viel zu wenig beschnitten worden, und überhaupt waren seine Denkschriften, mit denen er lange ja eine Art Deutungshoheit ausgeübt hatte, immer weniger beachtet worden. Zu keiner der dirigierenden Mächte – Russland, Österreich, Preußen – in einem Dienst- oder auch nur einem wirklichen Nahverhältnis stehend, war er immer mehr zu einer Randfigur geworden, einem Mahner zwar, aber einem Mann, der zunehmend in den Geruch des Altfränkischen und des Rückwärtsgewandten geriet. Und auch in einer ihn ganz persönlich betreffenden Angelegenheit, der möglichen Wiederherstellung der Reichsritterschaft, hat Stein keinen vollen Erfolg erzielen können.

Dem Thema „Reichsritterschaft" sind wir zuletzt im Zusammenhang mit der Mediatisierung der Steinschen Besitzungen im Lahntal und im Zusammenhang mit ihrer Sequestration durch den nassauischen Rheinbundfürsten nach Steins Ächtung durch den Kaiser der Franzosen begegnet. Ihn, den überzeugten Angehörigen dieser sozialen Gruppe, hatte der Verlust der Reichsunmittelbarkeit ins Herz getroffen. Seine Wiederberufung als preußischer Minister hatte es verhindert, dass er zugunsten seiner Standesorganisation in Paris vorstellig wurde – und damit auch die einzige Begegnung mit Napoleon. Seit er für die neue Ordnung der Zeit nach Napoleon zu kämpfen begonnen hatte, durch seine Denkschriften, durch seine Briefe, hatte er keine Gelegenheit ausgelassen, für die Wiederherstellung der Reichsritterschaft zu werben, wobei er, der in Göttingen bei den großen Reichshistorikern und -juristen seiner Zeit gehört hatte, offenbar erst unter dem Eindruck des Kollapses der Reichsverfassung den alten Einrichtungen größeres Interesse entgegenbrachte. Er konnte dabei sogar bis zu einem gewissen Punkt auf Resonanz in Preußen rechnen, weil er nicht ohne Geschick den Dingen eine Wendung zu geben wusste, die die Reichsritter zu einem zentralen Element der Unterminierung der Souveränität der (Rheinbund-) Fürsten machte. Allerdings wäre es aus Sicht der Reichsritter dann doch arg kühn gewesen, sich in Wien allein auf eine mögliche preußische Protektion zu verlassen. Sie hatte, wie so viele andere Interessengruppen, sogar als ein eigener Verein organisiert, ihre eigenen Bevollmächtigten nach Wien entsandt, den wied-neuwiedischen Geheimen Rat Franz von Gärtner, also einen Mann aus Steins engerer räumlicher Nachbarschaft, und die Standesgenossen Friedrich Zobel von Giebelstadt, Hornstein, Friedrich Christoph von Degenfeld-Schomburg und Wilhelm Ludwig Rüdt von Collenberg, der als kaiserlicher Kammerherr über besonders enge Beziehungen zur Wiener Hofburg verfügen mochte. Dieser *pressure group*, deren Vollmacht auch Stein unterschrieben hatte, gelang es durch ihre mündlichen Aktivitäten und ihre drei Denkschriften tatsächlich, das Thema lange auf der Tagesordnung zu halten, um so mehr als Stein in seinen eigenen Denkschriften und seinen Kommentaren zu anderen Verfassungsentwürfen immer wieder auf das revisionsbedürftige Schicksal der Reichsritter zu sprechen kam. Das war keineswegs ohne jeden Erfolg gewesen, wurde in den „41 Punkten" für die Gruppe der Mediatisierten doch zumindest eine Kuriatstimme auf Bundesebene und Stimmrecht in den Kreisversammlungen vorgesehen. Einfordern, das hatte er etwa in seiner fulminanten Denkschrift vom Januar 1815 getan: „que les droits des médiatisés et de la noblesse [...] seront fixés"[1533]. Allerdings erlangten die reichsritterschaftlichen Vertreter keinen formellen Zugang zu den Verhandlungen, übrigens auch nicht eine zweite Gruppe der „Kleinen", die sog. Deputation, die von Gagern angeführt wurde und die innerhalb weniger Tage immerhin eine (oben des näheren vorgestellte) Kundgebung der 29 („Kaiseradresse") zustande brachte, in der sie gleichberechtigte Teilnahme an den Verfassungsberatungen einforderte und die Wiederherstellung der Kaiserwürde verlangte. Es war vor allem einer der ihren, der aus reichsritterschaftlicher Familie stammende österreichische Kanzler Metternich, der ihren Wünschen am stärksten opponierte (und es auch ausschlug, diese Deputation einmal zu empfangen[1534]); aber auch der preußische Staatsmann Wilhelm von Humboldt stand ihren Restaurationsbemühungen mit ziemlichem Unverständnis gegenüber. Durch Steins Drängen war es gleichwohl noch kurz vor Toresschluss gelungen, in einen preußischen Verfassungsentwurf vom 1. Mai 1815 einen Passus hineinzubringen, der der Reichsritterschaft ausdrückliche und weitgehende Berücksichtigung in einer künftigen deutschen Bundesakte zugestand. In der am 10. Juni 1815 unterzeichneten Bundesakte findet sich die Reichsritterschaft zwar nicht mehr ausdrücklich genannt, aber sie konnte sich unter den Reichsadel subsumiert fühlen, dem immerhin sein Status als „privilegierteste Klasse" garantiert wurde, was Aufenthaltsfreiheit, Patrimonial- und Forstgerichtsbarkeit, Anteil an der Landstandschaft, privilegierten Gerichtsstand und das Recht auf Familienverträge einschloss. Auch die Tatsache, dass Entfeudalisierung und Egalisierung ausdrücklich ausgeschlossen wurden, entsprach den Vorstellungen dieser Gruppe. Insofern hätte sie auch nur noch bedingt Anlass gehabt, förmlich zu protestieren, obwohl ihre Forderungen auf Erbhuldigung, auf Steuer- und Militärfreiheit nicht erfüllt worden waren.

Stein mag auch wegen dieses Teilerfolgs nicht nur mit ausschließlich bitteren Gefühlen, denen er in den zurückliegenden Monaten überdeutlich und mehr als häufig Ausdruck verliehen hatte, von Wien abgereist sein, übrigens Tage vor Unterzeichnung der Bundesakte, an der er nicht teilnahm. Noch am 22. Mai 1815 hatte der preußische König sein berühmtes – wie die Zeit lehren sollte: nie voll eingelöstes – Verfassungsversprechen abgelegt, das als Modell für alle deutsche Fürsten angesehen wurde und das für Stein zumindest eine vage Perspektive beinhaltete. Zum anderen muss es von ihm, bei allen Vorbehalten gegenüber Repräsentanten des Wiener Hofs, als eine besondere Auszeichnung empfunden worden sein, dass er am Tag seiner Abreise, dem 28. Mai 1815, mit dem Großkreuz des österreichischen St. Stephans-Ordens ausgezeichnet wurde[1535], also dem 1764 von Maria Theresia gestifteten ranghöchsten Zivilverdienstorden der Habsburgermonarchie. Während die Dinge sich militärisch zuspitzten – am 18. Juni sollte es dann zu der säkularen Schlacht bei Waterloo kommen –, reiste Stein über Prag nach Frankfurt am Main, emphatisch begrüßt von den lokalen Landsturmmännern, die ihm ein langes Gedicht widmeten[1536]. Dort sollte er sich der Auflösung der Zentralen Hospitalverwaltung und der Abwicklung des „Hospital-Liquidations-Wesens" widmen[1537]. Von der Mainstadt reiste er weiter nach Heidelberg, wo wir ihn nach einer entsprechenden Bitte von Capodistrias, der aber natürlich im Namen des Zaren sprach[1538], ab dem 20. Juni im Großen Hauptquartier Alexanders wiedertreffen. Also doch noch nicht jener Rückzug ins Private, den er Vincke gegenüber im Februar so nachdrücklich beschworen hatte: „Ich bedarf der Ruhe und sehne mich nach Unabhängigkeit, so dass an meinen Zurücktritt in irgendeinen Dienst gar nicht zu denken ist"[1539]? Also doch wieder nicht das „soigner ma santé et me servir des eaux d'Ems"[1540]?

Die „Entwarnung" kam nach Waterloo – Blücher berichtete Stein in seiner zugleich burschikosen wie stimmungsvollen Art darüber und entwickelte die Perspektive, nach einer russischen Dotation in der Nähe von Birnbaum Steins unmittelbarer Nachbar zu werden[1541]! Aber in der Gewissheit, dass das militärische Kräfteringen nun endgültig vorbei sei, setzten sich bei Stein noch einmal alle jene Aggressionen gegenüber der Bundesakte frei, die er bisher eher scheibchenweise und gelegentlich auch mit diplomatischer Rücksichtnahme artikuliert hatte. Eine in Frankfurt am 24. Juni 1815 datierte Denkschrift für das russische Kabinett[1542] bringt seinen Unmut zusammen und auf den Punkt: Die Bundesakte sei schlicht eine Enttäuschung: all das, was in der kaiserlichen Erklärung vom 11. November 1814 gefordert worden sei – „l'établissement d'un système en Allemagne qui garantirait sa tranquillité intérieure, soumettrait ses forces à une direction concentrée et préviendrait les abus d'autorité en protégeant les droits de toutes les classes de la société par des institutions fortes, sages et libérales" –, sei verabsäumt worden, herausgekommen sei ein Konstrukt, das viel mehr Anlass zur Kritik denn zur Freude biete: eine fehlerhafte („fautive") Verfassung, die sich nur ganz schwach auf das Gemeinwohl in Deutschland auswirken werde. Es sei nur zu hoffen, dass die „maximes despotiques", derer sich einige Regierungen befleißigten, von der Presse und dem Vorbild einiger weniger Staaten bald konterkariert würden.

Diese Worte lassen keinen Zweifel daran, wie enttäuscht Stein über die abschließende Gestalt der Deutschen Bundesakte war: Die „36 Despoten", die in der Folge geradezu zu einem geflügelten Wort Steins werden sollten, hatten sich nicht nur behauptet, sondern in dem neuen Verfassungskonstrukt beachtliches Gewicht erhalten – einem Konstrukt, dem in Steins Augen alles abging, was unabdingbar war: ein Oberhaupt, die Gerichtshöfe, eine wirkliche Weiterentwicklung der Individualrechte. Stein dachte nie in Kategorien der Demokratie, aber er dachte, vielleicht ganz wie viele englische Juristen, in der Kategorie von Rechten des Einzelnen, die die Krone zu garantieren habe: und hier wies die Bundesakte erhebliche Defizite auf. Er hatte schon in seinem Kommentar zu Hardenbergs Verfassungsentwurf vom September 1814 die Dinge klar beim Namen genannt: Die höchsten Güter seien Freiheit und Eigentum, Eingriffe in sie seien allenfalls aufgrund von allgemeinen Gesetzen vorstellbar. Es wird noch zu zeigen sein, wie er einige Jahre später reagierte, als die Karlsbader Beschlüsse die Freiheitsrechte drastisch weiter einzuschränken suchten.

Aber war Stein nicht von vornherein bezüglich der Rolle der ehemaligen Rheinbundstaaten ein Illusionär gewesen? Hatte man wirklich glauben können, Fürsten, die einige Jahre lang alle Vorteile der Souveränität und außenpolitischer Bewegungsfreiheit genossen hatten, würden sich wieder in eine „konstitutionelle Zwangsjacke"[1543] einbinden lassen? Hatte man wirklich annehmen können, diese Fürsten würden auch nur den kleinsten Finger reichen für die Wiederherstellung einer Korporation, die ihnen schon seit Generationen ein Dorn im Auge war? Konnte man wirklich davon ausgehen, dass die beiden deutschen Großmächte Eigeninteressen hinter das Modell einer starken Reichsverfassung würden zurücktreten lassen? Stein auf dem Wiener Kongress – da war viel Blauäugigkeit im Spiel!

Ende Juni 1815 traf Stein in Nassau ein, von seiner Familie, die aus Berlin angereist war, bereits erwartet. War sein politisches Nomadendasein, von dem er eineinhalb Jahre zuvor gesprochen hatte, nun zu seinem Ende gekommen? Rückfallgefahr bestand: Anfang Juli ließ er auf eine entsprechende Anfrage Hardenbergs erkennen, dass er unter bestimmten Voraussetzungen bereit sein könnte, den preußischen Gesandtschaftsposten beim Frankfurter Bundestag zu übernehmen[1544]; am Ende kam es nicht dazu, weil die preußische Regierung wohl Bedenken trug, der einen von Steins Forderungen – jederzeitige Entfernung von dem Posten – zu entsprechen (und man vielleicht auch selbst zu der Überzeugung kam, eher einen Mann mit dieser Funktion betrauen zu sollen, der dem ganzen Verfassungswerk weniger kritisch gegenüberstand)[1545]. Wenn man wirklich daran dachte, Stein mit einem Kollegen zur gemeinsamen Vertretung der preußischen Stimmen zusammenzukoppeln – „die inkompatibelsten Naturen", wie es Humboldt schien –, hätte es wohl in der Tat in wenigen Wochen einen Scherbenhaufen gegeben[1546].

Aber dann ließ er sich doch und vollends wieder in die Pflicht nehmen: Während er sich spontan zu einer Rheinreise mit Goethe entschloss, auf die sogleich zurückzukommen ist, erreichten ihn Briefe aus Paris, wo die Mächte über den Definitivfrieden mit Frankreich verhandelten, die ihn eindringlich aufforderten, nach dort zu kommen, weil seine Anwesenheit unverzichtbar sei: „Sie sind uns durchaus nötig", formulierte es Hardenberg[1547], und Capodistrias überließ die Entscheidung zwar Stein – „s'il faut donner la main aux affaires d'Allemagne, qui est-ce qui nous aidera? [...] je n'en dirai pas davantage sur ce chapitre pour laisser à Votre Excellence le choix libre du parti qu'elle jugera le plus convenable et le plus utile" –, verdeutlichte ihm aber eindringlich, wie sehr Kaiser Alexander seine Anwesenheit begrüßen würde.

Durch diesen Pariser „Hilferuf" ließ er sich allerdings durch eine spontan vereinbarte Rheinreise mit Goethe keinen Strich machen. Goethe war am 24. Juli 1815 am Ende einer geognostischen Reise die Lahn hinunter in Nassau eingetroffen (und in einem Gasthaus abgestiegen, obwohl er das Steinsche Schloss ja kannte) und trat dann mit Stein gemeinsam (der, wenn man Arndt glauben darf, sich selbst eingeladen hatte[1548]) jene Reise den Rhein hinab bis Köln an, der sich Goethes Aufsatzserie *Kunst und Altertum in den Rhein- und Maingegenden* (17 Hefte, 1816–1828) verdankt[1549], deren 1. Heft nach Humboldts Urteil eine seiner schwächsten Schriften und „seiner auf keine Weise würdig"[1550] war. Hauptzweck der Reise, die auf ihre spezifische Weise die „Rheinromantik" mit begründet hat, war es, sich einen Eindruck vom Kölner Dom, jenem gotischen Gebäude, dessen Risse für die Westfront gerade eben Georg Moller entdeckt hatte und für dessen Ausbau zu einem nationalen Denkmal jüngst der „Rheinische Merkur" aufgerufen hatte, zu verschaffen. Über das Literarische hinaus – 1808 hatte Stein den *Faust* gelesen, eins von mehreren Indizien, das die von Schön in Umlauf gesetzte Behauptung[1551], Stein sei absolut goethefremd gewesen, als reine Legende decouvriert – hatte es zwischen Stein und Goethe in den zurückliegenden Jahren und Jahrzehnten allem Anschein nach nur sehr begrenzt direkte Kontakte gegeben: der früheste ist wohl für 1807 anzunehmen, auszuschließen ist freilich von den beiderseitigen Itineraren her nicht, dass es 1793 zu einer Begegnung gekommen sein könnte[1552], eher unwahrscheinlich ist es dagegen, dass sie sich in der politisch aufgeladenen Atmosphäre in Dresden im April 1813 begegnet waren[1553], als zumindest beide zur selben Zeit in der Elbestadt weilten. Sieht man einmal davon ab, dass Goethes Bewunderung

Napoleons, die in Erfurt 1808 unübersehbar geworden war, Stein mehr als irritiert haben wird, muss man bei allen indirekten Beziehungen über Dritte – später u. a. über Clemens Brentanos Schwägerin Antonie von Brentano – wohl doch konstatieren, dass beide von den Verschiedenheiten des politischen und sozialen Wesens her zumindest keine „geborenen" Freunde sein konnten. Während der Rheinreise wurden nicht nur die landschaftlichen Schönheiten des Rheintals und der angrenzenden Gebirgregionen bewundert, sondern Goethes Tagebuch zufolge auch *Politica* besprochen[1554]; möglicherweise fanden auch erste unverbindliche Gespräche über eine Sammlung der deutschen Geschichtsquellen statt, über die 1815 verschiedene Personen nachdachten. Goethe sollte Stein für die Begleitung dann herzlich danken[1555] und ihm das 1. Heft der genannten Serie dedizieren. Auch in diesem schriftlichen Rückblick Goethes, der in dem Bekenntnis gipfelt, diese gemeinsamen Tage hätten ihm „eine neue Ansicht des Lebens und der Erkenntnis eröffnet", so dass er „hellere Blicke in die uns umgebende moralische und politische Welt" habe werfen können, klingt noch einmal etwas von dem ganz „eigenartigen Zauber"[1556] jenes Augenblicks an, als unter dem Eindruck von Waterloo und der Gewissheit, dass der „Spuk" Napoleon sich endgültig verflüchtigt hatte, eine neue Hinwendung zu Kunst und Kultur als maßgeblichem Teil eines Identitätsfindungs- und Abgrenzungsprozesses möglich wurde, der ein „symbolischer Ort" wie der (unvollendete) Kölner Dom gerade recht kam. Kunsthistoriker sind gar der Meinung, Goethes und Steins gemeinsamer Dombesuch sei das „entscheidungsvolle" Ereignis für die nationale Wiederentdeckung der Gotik gewesen[1557].

Der eben erwähnte Quasi-Hilferuf versteht sich aus der völlig verfahrenen Situation des Pariser Frühsommers 1815, wo die gegenseitige Erbitterung, verbunden mit Vorwürfen des Verrats, fast von Tag zu Tag zunahm: Wie sollte man Frankreich behandeln, nachdem es erneut, ablesbar an der Begeisterung, die Napoleons Rückkehr ausgelöst hatte, zu einem Sicherheitsrisiko geworden war, welche zusätzlichen Schutzmechanismen für Deutschland waren vorzusehen, um ihm das Schicksal zu ersparen, bei nächster Gelegenheit erneut einem französischen Angriff ausgesetzt zu sein? Man drehte sich in Paris im Kreis, eine Art neutrale, gleichwohl kompetente Instanz war allen Seiten hochwillkommen.

Ob es im Schoß der Familie einige deutliche Worte gab – aber wer hätte sie aussprechen können? –, entzieht sich unserer Kenntnis, jedenfalls sagte Stein schon Stunden nach seiner Rückkehr von der Rheinreise zu, nach Paris zu reisen[1558], erholte sich immerhin aber noch eine gute Woche im Lahntal, bevor er dann am 10. August aufbrach. Die Reise über Brüssel, Mons und Valenciennes dauerte vier Tage, der Aufenthalt in Paris einen knappen Monat – auch über ihn hat sich Stein tagebuchähnlich Rechenschaft abgelegt.

Schon die ersten Zeilen dieser Aufzeichnungen illustrieren, dass Steins frankophobe Tendenzen sich nach Napoleons Verschwinden nicht etwa verflüchtigten, sondern eher noch verstärkten. Es war eine nicht personen-, sondern volks- und kulturbezogene Frankophobie: In Flandern sei alles reinlich gewesen, alles habe Tüchtigkeit, gute Kultur, Wohlstand widergespiegelt, in Frankreich dagegen: Schmutz, Ärmlichkeit in kultureller Hinsicht, in der Landwirtschaft, eine Mentalität des Müßiggangs und der Geschwätzigkeit. Klarer kann sich Bild und Gegenbild, die Wucht des Stereotyps kaum zu erkennen geben!

Der Empfang durch den Romanow-Kaiser war über alle Maßen freundlich, das erste Gespräch zeigte aber nicht nur die disziplinären Probleme der Truppen, die Paris besetzt hatten, auf, sondern auch die zentrale Frage, wie es an der Staatsspitze Frankreichs weitergehen könne, nachdem die Bourbonen in kürzester Zeit jeden Kredit verloren hätten[1559]. Die Frage der Behandlung des besiegten Frankreich dominierte dann auch die folgenden Gespräche – in Paris gab es ja nur „freie" Gespräche ohne den formalen Zwang von Komitees wie in Wien –, die Stein mit Capodistrias, mit Hardenberg und Humboldt, mit Metternich, Boyen, Knesebeck, Castlereagh und Wellington führte. Die allgemeine Einschätzung war, dass Frankreich für Europa zu mächtig geblieben sei und dass man Instrumente schaffen müsse, es zu kontrollieren: dies wäre der Königsweg, nicht etwa der, Frankreich territorial zu beschneiden und ihm etwa das Elsass zu entreißen. Instrumentarien – das konnten die zeitweise Kontrolle der französischen Festungen durch die Alliierten sein, das konnte ein in Frankreich zu stationierendes und aus französischen Ressourcen zu unterhaltendes Heer sein. Das Entscheidende war die Mischung: was konnte man einer Nation „zumuten", ohne ihr das Gefühl zu geben, auf Dauer in eine Paria-Position abgedrängt zu sein?

Vor diesem Diskussionshintergrund legte Stein dem Zaren am 18. August 1815 sein Gutachten vor[1560], das wichtigste Schriftstück dieses Paris-Aufenthalts: Der 1. Pariser Friede habe Frankreich in einem Zustand belassen, dass es militärisch für Europa zu einer Gefahr werden könne. Österreich und Preußen verlangten die dauerhafte Überlassung bestimmter Grenzfestungen, damit Frankreich seine offensive militärische Schlagfähigkeit verlöre, die britischen und russischen Minister dächten eher an die zeitweise Zession solcher Plätze. In Steins Augen dauere ein verdeckter Kriegszustand fort, der die Option einer mittleren Linie nahelege: die zeitweise Besetzung einer Festungslinie, die die Dynastie schützen und alle zukünftigen revolutionären Ansätze ersticken würde. Hinzukommen müsse aber die dauernde Abtretung bestimmter Regionen, die militärisch besonders kritisch seien, namentlich in der Maasregion und am Oberrhein – ausdrücklich genannt wurde das Elsass nicht! Zum Ausgleich könne Großbritannien vielleicht einige der im 1. Pariser Frieden erworbenen Inseln restituieren, um das Gefühl in Frankreich, nur abgeben zu müssen, etwas einzudämmen. Dabei sei Frankreich zu verdeutlichen, dass es bei alledem nur um den Frieden gehe, nur darum, ihm jede Versuchung zu nehmen, seine Nachbarn offensiv zu nötigen. Die Sicherheit der Nachbarn sei ein hohes politisches Gut!

Es blieb Stein nicht verborgen, dass Alexander dem Vorschlag dauernder Zessionen zurückhaltend begegnete[1561], weil, wie Capodistrias zu erkennen gab, der allmählich zum einzigen Vertrauten Steins in der engeren Umgebung des Zaren geworden war, er jeden Eindruck vermeiden wolle, es gehe um Frankreichs Vernichtung. Stein gewann zudem die Überzeugung, dass der russische Kaiser unter starkem mystizistischem Einfluss stand, der auch auf seine politischen Ansichten rückwirkte, zumindest in dem Sinn, dass er sich zur Wiederherstellung der Religion in Frankreich berufen fühlte. Sein Eindruck trog ihn nicht; wir wissen inzwischen zur Genüge, dass und wie der Zar seit dem Vorjahr immer stärker unter den Einfluss der ihrerseits theologisch ganz auf den alten Jung-Stilling fixierten Frau von Krüdener geraten war, die, um Arndt zu zitieren, „in ihrer Jugend alle Süßigkeiten und Gefährlichkeiten des Salonlebens genossen und mitbestanden hatte und jetzt als Sündenbüßerin, als welche sie sich immer jedermänniglich bekannte, sich und alle Welt zu bekehren den Beruf fühlte und predigte“[1562].

Stein erkannte zudem rasch, dass bei den zunächst noch weit auseinander liegenden Vorstellungen der anderen Mächte über Zessionen, die Höhe der Kriegsentschädigung, die „gute Grenze“ für Deutschland und die Größe des ggf. in Frankreich zu stationierenden Heeres an einen schnellen Abschluss der Friedensverhandlungen nicht zu denken war. Er zog daraus, entschlossen und diesmal unwiderruflich, die Konsequenz: Abreise. Am 10. September verließ er Paris, sprach zwei Tage später beim (ihm seit langem bekannten) König der Niederlande in Brüssel vor, den er zusätzlich für alle Aspekte der inneren und äußeren Sicherheit der Nachbarstaaten Frankreichs zu sensibilisierte suchte[1563], und traf am 16. September wieder in Nassau ein, um als erstes Goethe einen warmherzigen Brief zu schreiben und ihn zur Weinlese in den Rheingau einzuladen, wo er, Stein, dann als Goethes „Marschkommissar“ Ort, Zeit und Richtung bestimmen werde[1564]. Man kann davon ausgehen, dass die finanzielle Abwicklung der Zentralverwaltungskommission, die riesengroße Zahlenwerke hervorrief[1565], bis zu diesem Zeitpunkt bereits weitestgehend abgeschlossen war. Nachforderungen und Reklamationen sollten sich allerdings noch längere Zeit hinziehen.

Das, was sich in Paris dann weiter abspielte, bekam Stein somit nur noch aus der Ferne mit, als interessierter, aber auch kritischer Beobachter, nicht mehr als aktiv Teilnehmender: die Heilige Allianz, die schon gut zwei Wochen nach seiner Abreise abgeschlossen wurde und die ganz aus jener christlich-mystizistischen Stimmung erwuchs, die Stein bei dem Zaren festgestellt hatte, dann, viel später, erst am 20. November 1815, der (2.) Pariser Friede. Nüchtern betrachtet, waren seine Bestimmungen im einzelnen gar nicht so weit entfernt von jenen, über die während Steins Paris-Aufenthalt diskutiert worden war: Frankreich, jetzt auf – nicht ganz zutreffend – die Grenzen von 1790 (statt 1792) reduziert, hatte eine Reihe von Festungen an seine unmittelbaren Nachbarn abzutreten (Philippeville und Marienbourg an das Königreich der Niederlande, Saarlouis und Saarbrücken an Preußen, Landau an Österreich, das es dann Bayern überantwortete) und musste den Rest von Savoyen an das Königreich Sardinien zurückgeben. Der Norden und der Osten Frankreichs, darunter 18 Festungen, sollten für die Dauer von fünf Jahren auf Kosten des Besiegten von alliierten Truppen besetzt bleiben – aber mehr eben auch nicht: an die Rückgabe des Elsass auf Dauer dachte ernsthaft niemand. Frankreich und seine restituierte Dynastie hatten zudem Kriegsentschädigungen in Höhe von 700 Millionen Francs zu zahlen und die in der napoleonischen Zeit in Deutschland und Italien geraubten Kunstschätze zurückzugeben. Das wird der Punkt gewesen sein, der Stein noch am ehesten mit Freude erfüllt hat, um so mehr, als er später dann etliche der restituierten Kunstschätze wieder an ihrem angestammten Platz bewundern konnte, etwa Rubens' „Kreuzigung Christi" in St. Peter – Köln.

Das breite Publikum mochte es nachempfinden, dass Stein, der große Organisator des Befreiungskriegs, mit dem, was der Neuordnungsprozess an Ergebnissen erbracht hatte, längst nicht zufrieden war. Aber 1815 sah ihn dann doch, aller Enttäuschungen ungeachtet, auf dem Höhepunkt seiner politischen Karriere: Mit Orden reich ausgestattet – zu den russischen und österreichischen Auszeichnungen war noch das (von Pozzo di Borgo vermittelte) Ehrenkreuz des Souveränen Johanniterordens hinzugekommen[1566] –, in einem stetigen Gedankenaustausch mit der gesamten monarchischen Welt und der intellektuellen Elite des Kontinents stehend, musste Stein jenen Männern zugerechnet werden, deren Wort allererste Aufmerksamkeit beanspruchte. Wie lange dieser Zustand anhalten würde, hat ihn, nüchtern wie er war, sicher schon im Herbst 1815 beschäftigt. Er war sich im klaren, dass Dohms Hoffnung, Stein werde „noch lange auf die immer vollkommenere Befestigung der Selbständigkeit Deutschlands den wohlthätigsten Einfluss haben"[1567], bereits Wunschdenken geworden war.

10. Der Patriarch von Cappenberg

Die noch heute gültige Biographie Steins aus der Feder Gerhard Ritters hat den letzten eineinhalb Jahrzehnten seines Lebens gerade einmal 25 Seiten gewidmet, also einen völlig unproportionalen Bruchteil des zweibändigen Gesamtwerks. Ritter begründete das damit, dass mit der Niederwerfung Napoleons die politische Biographie Steins „ihr Ziel erreicht" habe, dass sein geschichtliches Lebenswerk damit „getan" gewesen sei. Nach dem heutigen Verständnis einer umfassenden Biographie sind solche Aussparungen zumindest problematisch, um es zurückhaltend zu formulieren.

Stein hat nach seiner Rückkehr nach Deutschland und nach dem Ende des napoleonischen Regimes sich – wider Erwarten in den Augen mancher Zeitgenossen – auf Dauer nicht mehr in Nassau niedergelassen, sondern im westfälischen Cappenberg. Das war 1815 zwar nicht gleich so entschieden, aber äußerer Gründe wegen nahmen die Dinge diesen Lauf, unter denen das Scheitern des Projekts, sich in Johannisberg in größerem Stil einzukaufen, wohl noch nicht einmal das entscheidende war. Er war zwar von Paris aus, wo er im Gefolge Zar Alexanders I. an den Vorverhandlungen über die neue politische Ordnung in Europa teilgenommen hatte, im Juni 1814 nach Nassau zum Stammsitz der Familie gereist, den er erstmals seit Jahren wieder erblickte, und er war von der Bevölkerung des Städtchens zu nächtlicher Stunde nachgerade begeistert gefeiert worden. Aber auch die bei dieser Gelegenheit sichtbar werdende emotionale Bindung der Nassauer an ihn, die ihn bis zur Rührung bewegte, reichte nicht aus, ihn von seinem wohl schon länger gefassten Plan abzubringen, auf Dauer seinen Wohnsitz im Königreich Preußen zu nehmen – und dazu in der Geschichtslandschaft, der er sich am meisten verbunden fühlte.

Er ist natürlich oft auf diese Entscheidung gegen den Familienstammsitz als Lebensmittelpunkt angesprochen worden. In einem Brief an Hans Christoph von Gagern aus dem Hochsommer 1819[1568] begründete er diesen Schritt mit den langjährigen Dienstverhältnissen, den engen Verbindungen zu den Menschen der Region Westfalen und seiner besonderen Affinität zur (preußischen) Monarchie, der er lange gedient habe und von der „das Wohl von Deutschland abhängt" – und die ihn mit der Verleihung des Schwarzen Adler-Ordens im Januar 1816 auch herausgehoben, wenn in den Augen von Beobachtern auch verspätet[1569] und verglichen mit den Ehrenbezeigungen gegenüber Weggefährten dann doch auch wieder bescheiden[1570], ausgezeichnet hatte[1571]. Hinzu komme, dass die nassauischen Fürsten seiner sozialen Klasse mit großen Reserven, ja mit „Ingrimm" gegenüberstünden – eine Vorstellung, in die sich Stein förmlich hineinsteigerte, obwohl ihm die nassauische Regierung bei den Entschädigungen für die durch seine Ächtung und die Sequestration von Frücht und Schweighausen entstandenen Vermögensnachteile weit über den festgestellten Umfang hinaus entgegengekommen war und ihm neben einem Hof beträchtliche Waldungen übereignet hatte, die zudem vorteilhafterweise direkt an seinen bisherigen Besitz angrenzten. Zehn Jahre später hat er in einem weiteren Brief an Gagern die Entscheidung gegen Nassau mit dem Gefühl der Abhängigkeit von einer lügenhaften Regierung und einem „dünkelvollen" Beamtenheer begründet, mit der beengten Lage seines „Hauses", mit der Nachbarschaft von Ems, das viele hohe Badegäste anziehe, die wiederum bei ihm vorsprächen und ihm nicht selten lästig fielen, schließlich aber auch mit seinem politischen Interesse an Westfalen, das in Bezug auf das Herzogtum Nassau nicht gegeben sei[1572].

Diese Grundsatzentscheidung, als Alterssitz das aufgelassene Prämonstratenserstift Cappenberg zu wählen, das allerdings erst im Sommer 1818 wirklich bezugsfertig war und seitdem zum „Hauptwohnsitz" wurde, bedeutete nicht, dass Nassau nun zu einem toten Winkel geworden wäre. Stein hat mehr oder weniger regelmäßig sogar daran gedacht, seinen Besitz in Frücht zu arrondieren[1573], wenn sich denn eine Gelegenheit dazu eröffnete (und soweit seine dann rasch gebundenen Finanzmittel ihm das erlaubten). Beim Erwerb Cappenbergs hatte er zudem auf die relative Nähe der westfälischen Besitzung zu seinen nassauischen Stammgütern geachtet – selbst seine Sarglafette sollte nur fünf Tage für die Strecke benötigen.

Stein hat regelmäßig einige Sommerwochen an der Lahn verbracht, auch um das Emser Wasser zu nutzen, und hier eine Art Hof gehalten – für seine immer zahlreichen Besucher, darunter viele Emser Badegäste, aber auch an seiner offenen Tafel für lokale und regionale Funktionsträger. In Nassau empfing er u. a. 1815 Goethe, mit dem er, wie bekannt, dann eine Rheinreise bis nach Köln unternahm, Wilhelm von Humboldt, der darüber seiner Gattin sehr lebhaft berichtete[1574], den Herzog Karl August von Weimar, mit dem es zu einem für den Fürsten peinlichen Zwischenfall kam, die Großfürstin Maria Pawlowna[1575] und die Gebrüder Schlegel 1819. Viele Russen suchten ihn auf, Capodistrias, mit dem er seit dem Wiener Kongress eine recht lebhafte Korrespondenz unterhielt[1576], häufig auch Joseph Görres, der Koblenzer Publizist, Gagern, Gneisenau, und Ernst Moritz Arndt, sein zweiter Biograph und als Professor an der Bonner Universität nicht gar so weit vom Lahntal entfernt lebend[1577]. Auf der Durchreise machte in den 1820er Jahren wiederholt Niebuhr in Nassau Station[1578], der sich neben Spiegel immer mehr zu einer Verbindungsschnur zum Berliner Hof entwickelte, 1816 besuchte ihn der Gothaer Verleger Friedrich Christoph Perthes, 1825 das Ehepaar von Mellin[1579], im selben Sommer der preußische Spitzenbeamte

Gustav Adolf Rochus von Rochow mit seiner Frau, einer Jugendfreundin der Tochter Henriette[1580], um ziemlich wahllos in die große Kiste hineinzugreifen. Ein besonderer Glanzpunkt im Gästebuch des Nassauer Schlosses waren die Besuche des Prinzen Wilhelm von Preußen im Juni[1581] und der Prinzessin Wilhelm im Juli 1826, die bei dieser Gelegenheit erstmals mit Capodistrias zusammentraf[1582]. 1829 besuchte ihn der Trierer Bischof Hommer[1583]. Die Personen, die mit ihm die *Monumenta* dirigierten, sich um Konzeptionelles bemühten[1584] oder den Status von Mitarbeitern hatten, gaben sich gewissermaßen die Türklinke in die Hand. Um nur einen punktuellen Eindruck von der Frequenz seiner Besucher zu geben, sei auf einen Brief an seine Tochter Henriette vom April 1818 rekurriert, in dem Stein ihr berichtet: gestern morgen seien drei „Westfälinger" zu Besuch gekommen, nachmittags ein Fremder aus Aachen, am Abend und am heutigen Vormittag der Graf Helvetius Dohna auf der Durchreise in die Schweiz[1585]. In seinem letzten Sommer in Nassau, dem von 1830, machten in Nassau ihre Aufwartung seine Tochter Henriette und ihr Mann, seine Schwägerin Gräfin Luise Henriette von Rottenhan, Frau von Löw samt Tochter, Fritz Schlosser, Ernst von Bodelschwingh, die Gräfin Styrum, Arndt, General Geismar, der Verleger Hüffer aus Münster, der Koblenzer Staatsprokurator Anselm Franz Joseph Liel, der Bonner Mediziner Professor Josef Ennemoser, ehemaliges Mitglied des Lützowschen Freikorps, und – natürlich – Frau von Panhuys, die Malerin und Witwe eines niederländischen Generals und Gouverneurs von Niederländisch-Guyana, die sehr häufig Gast in Cappenberg war. Langeweile kam da wohl nur selten auf! Gelegentlich kam es vor, dass Dritte – Personen von Stand – mit Bekannten oder Freunden Steins zusammenzutreffen suchten und sich dafür, wenn sie denn gerade in Ems kurten, zur Vermeidung alles Aufsehens des Steinschen Schlosses bedienten[1586]. Nicht selten ließ er seine Gäste, wenn man Arndt glauben darf, auch an seinem Familienleben teilhaben, an den heiteren Spaziergängen mit seinen beiden Töchtern Henriette und Therese, wenn es sich um besonders nahe Freunde handelte – wie etwa den späteren rheinischen Oberpräsidenten und preußischen Staatsminister Ernst von Bodelschwingh, den Vaters des Begründers Bethels, den er seit ihrer ersten Begegnung 1818 zu fördern suchte[1587] –, wohl auch an seinen Wanderungen zu seinem „Bauernhaus", einem kleinen, mit Borke verkleideten Gartenhaus im Mühlbachtal, das er mit Bildern zum Tiroler Freiheitskrieg und Zeichnungen nach dem „Reineke Fuchs" hatte ausstatten lassen. Stein mochte sich über den durch die Nachbarschaft des Kurorts Ems mit bedingten Zustrom an Gästen noch so oft abwehrend-kritisch äußern: irgendwie genoss er es auch, zum Zielpunkt ganzer Wallfahrten Prominenter zu werden. Insofern wohnte dem Ems-Motiv auch etwas Topisches inne.

Eine Reihe von in den letzten Jahren zugänglich gewordenen Quellen lässt die Strahlkraft von Nassau schlaglichtartig erkennen. Von einer Person her, dem aus einer angesehenen Frankfurter Familie stammenden Goethe-

Freund (und weitläufigen Verwandten) und Büchersammler Fritz (Johann Friedrich Heinrich) Schlosser, mag der eben gegebene Einblick in die Besucherscharen noch einmal vertieft werden. So traf der von Stein als „sehr schätzbar" eingeordnete, aber seiner Konversion zum Katholizismus wegen anfangs doch auch etwas kritisch gesehene[1588] junge Mann, seinen autobiographischen Notizen zufolge im Winter 1817/18 erstmals mit Stein – wahrscheinlich in Frankfurt – zusammen[1589], besuchte ihn dann im Herbst 1818, offenbar mehrere Tage lang, in Nassau[1590], weilte vom 24. bis 28. August 1821 bei ihm – ausnahmsweise – in Cappenberg[1591], wo der greise Staatsmann ihm wohl eine Reihe von Empfehlungsschreiben ausstellte, und suchte ihn, inzwischen Sekretär der „Gesellschaft für ältere deutsche Geschichtskunde"[1592], im frühen Juni 1822 erneut für eine Woche in Nassau auf[1593]. Fast im Jahresrhythmus fand sich Schlosser im Juni 1823 wieder für einige Tage am Stammsitz der Familie Stein ein[1594], ebenso im Juni 1824, übrigens immer in Begleitung seines Bruders Christian und der Ehefrau Sophie; bei diesem Aufenthalt in Nassau trafen sie, wie das Tagebuch vermeldet, auf den Grafen Friedrich Christian Ludwig Senft von Pilsach, der mit einer Nichte Steins verheiratet war, und dessen Familie [1595]. Im Juni 1825 wiederholte sich der knapp einwöchige Besuch Schlossers und seiner Gemahlin auf Schloss Nassau[1596]. 1827 unterbrach Schlosser einen Kuraufenthalt in Pyrmont, um mit Stein in Nassau zu frühstücken[1597]. Im Hochsommer 1829 besuchte Stein seinerseits Schlosser auf dessen Besitzung Stift Neuburg bei Heidelberg[1598], dessen „seltene" Schönheit mit der Silhouette Heidelbers im Hintergrund er rühmte[1599] – das letzte Zusammentreffen zweier Männer, die im Kunst- und Büchersammeln einen gemeinsamen Nenner fanden, vor allem aber in den *Monumenta*, in deren Frühphase Schlosser Stein mit Hinweisen und konzeptionellen Anregungen behilflich war[1600]. Der Briefwechsel Steins mit Schlosser, ein Konvolut von 29 Schreiben Steins[1601], belegt, wie sehr über die *Monumenta* hinaus Stein auf Schlossers Kunstverstand zählte und ihn gegenüber Julius Schnorr von Carolsfeld, dem Münchener Nazarener, als Vermittler gebrauchte. Gelegentlich hat Stein in diesen Briefen auch politisch Stellung bezogen, meist, wie etwa vor dem Hintergrund der Julirevolution 1830, mit einem skeptisch-bitteren Unterton.

Stein hat in Nassau, am Familienstammsitz, den er erst 1791/92 im klassizistischen Stil hatte umgestalten lassen[1602], sogar weiterbauen lassen: einen achteckigen Turm im gotischen Stil, für den die Franzensburg in Laxenburg eine Art Vorbild gewesen sein soll, für dessen Konzeption man sich aber auch die Mosburg am Rande des Biebricher Schlossparks, die Löwenburg im Park von Schloss Wilhelmshöhe oder aber den Heidelberger Schlossturm vorstellen könnte. Mit der Erstellung beauftragte er den Koblenzer Baumeister Johann Claudius von Lassaulx. Daß in diesem Turm[1603] dann wesentliche konzeptionelle Überlegungen und Beratungen zu den *Monumenta* stattfanden, soll hier nicht weiter verfolgt werden; hier soll der Fokus auf das Bildprogramm des Gebäudes gelegt werden. An den Pilastern waren die Patrone Preußens, Russlands, Englands und Österreichs dargestellt, die Heiligen Adalbert, Andreas – über ihn oder seine Ersetzung durch Nikolaus oder Alexander Nevskij wurde am intensivsten nachgedacht[1604], am Ende scheint tatsächlich Alexander an die Stelle Andreas' getreten zu sein[1605] –, Georg und Leopold. Den Haupteingang schmückten Inschriften, nämlich die Anfangsworte des Lutherliedes „Ein feste Burg ist unser Gott" und die Bibelworte „Nicht uns, Herr, nicht uns, sondern Deinem Namen allein gebührt die Ehre"[1606]. Interessanter noch war die Ausgestaltung von Steins Arbeitszimmer: Dem Eingang gegenüber hingen Porträts Luthers und Melanchthons, ihnen zur Seite die Bildnisse von drei Förderern der Reformation, der sächsischen Kurfürsten Friedrich, Johann und Johann Friedrich, bzw. der drei Feldherren der Freiheitskriege Scharnhorst, Gneisenau und Blücher. Im Obergeschoß schließlich, der Gedenkhalle, standen von Christian Daniel Rauch, dem preußischen Hofbildhauer, 1818 in Carrara[1607] eigens für Stein gefertigte[1608] Marmorbüsten Friedrich Wilhelms III., Kaiser Alexanders und Kaiser Franz' I. von Österreich. Zwei allegorische Gemälde stellten den Sieg des Guten über das Böse dar; ihnen zur Seite hingen Gedächtnistafeln mit den wichtigsten Daten und Ereignissen des Freiheitskampfes, in die Mitte des sternförmig verlegten Parketts war das Eiserne Kreuz eingelassen worden, das seine Begründung ja dem Befreiungskrieg verdankte. In die Spitzbogenfenster waren Fragmente mittelalterlicher Glasfenster eingesetzt worden, die Stein aus rheinischen und hessischen Kirchen – insbesondere aus der abgebrochenen Kölner Gertrudiskirche, der Prämonstratenserabtei Arnstein und der Pfarrkirche Dausenau – erworben hatte und die sich heute im Frankfurter Städel befinden.

Das Bildprogramm lässt tief in Steins „Weltbild" nach dem Ende des napoleonischen Zeitalters blicken: in seine tiefe Religiosität, in seinen dezidierten Protestantismus, in seine Affinität zum preußischen Staat, die sogar stark genug war, dem König, mit dem er wahrlich oft genug über Kreuz gelegen hatte, seine Büste zuzugestehen. Nicht zuletzt vermittelte das Bildprogramm einen Eindruck von der zentralen Bedeutung, die Stein dem Befreiungskrieg beimaß, der nicht nur Preußen, sondern ganz Deutschland und Europa von der Fremdherrschaft wieder befreit habe. Es scheint, dass er mit Freunden und Weggefährten – 1816 etwa Wilhelm von Humboldt, der gerade eben zum Botschafter in London ernannt worden war[1609] – regelmäßig den Jahrestag der Völkerschlacht bei Leipzig, den 18. Oktober, feierlich beging und sich aus diesem Anlass auch mäzenatisch betätigte – am 18. Oktober 1816 übersandte er dem Kölner Domkanoniker Franz Ferdinand Wallraf für die dortigen Sammlungen, um deren museale Präsentation er sich bemühte einen gläsernen römischen Arsenkrug, der in der Nähe von Koblenz ausgegraben worden war[1610]. Das war symbolisches Handeln in Reinkultur! Den in Rom lebenden Maler Johann Anton Koch beauftragte er mit einem Gemälde über den Tiroler Aufstand, das allerdings dann in Cappenberg seinen Platz finden sollte[1611]. Der Befreiungskrieg (und seine Vorläufer) war zu dem Schlüsselereignis schlechthin geworden. Ganz auf dieser Linie lag es, dass er sich um das Andenken der damaligen militärischen Helden und nach ihrem Ableben der Versorgung ihrer Familien bemühte und Verdienste erwarb[1612] und dass er literarische Beleuchtungen der damaligen Ereignisse geradezu euphorisch feierte und weiterempfahl[1613]. Im Lauf der kommenden Jahre sollte er dann dem Interieur des neugotischen Turms noch etliches hinzufügen, „was mich aufrichtet, tröstet und erfreut", also Geschenke, denen er eine Bedeutung beimaß[1614]; so wurde der Gedenkraum im obersten Stockwerk noch mit Gemälden Sickingens, Huttens und Frundsbergs ausgestattet[1615]. Der „Turm" wurde schon zu seinen Lebzeiten ein Stein-Museum, zugleich eine Art *Musée sentimental.* Nicht unerwähnt bleiben darf bei alledem, dass „der Turm" in Verbindung mit den gleichzeitigen Einrichtungsmaßnahmen in Cappenberg seine Finanzen erheblich belastete – allein die vier Heiligenfiguren kosteten 1.300 Gulden[1616] –, so dass er seiner Tochter Henriette im Spätsommer 1818 sogar eine Reise nach Würzburg abschlagen musste[1617].

Das Bildprogramm seiner deutschen *Memoria* war freilich nur das eine, das andere aber, dass er sein Nassauer Schloss auch in den älteren Räumen zu einer Art *Memoria* zu machen suchte: zu einem Spiegelbild von Kultur und Politik seiner eigenen Zeit. 1815 besorgte ihm Cotta beispielsweise eine Schiller-Büste, die dann in der Steinschen Bibliothek in Nassau aufgestellt wurde[1618].

Stein war, anders als Goethe, niemand, der schon in seiner Jugend förmliche Kunstreisen gemacht hätte, und auch in seiner edierten Korrespondenz finden sich für die Zeit bis 1815 allenfalls einmal beiläufig Bemerkungen zu Kunst und Künstlern. Das sollte sich in der Zeit nach dem Wiener Kongress gründlich ändern. Schon 1813 hatte er sich in Dresden von Caspar David Friedrich über dessen Konzept einer Rückbesinnung auf die Gotik informieren lassen, 1815 auf seiner Rheinreise hatte er sich in Köln von Wallraf und dem Maler Maximilian Heinrich Fuchs in die mittelalterliche Kunst einführen lassen, die Brüder Boisserée hatten ihn um Unterstützung ihres Tafelwerks über den Kölner Dom gebeten, und es sollte seitdem kaum ein Jahr vergehen, in dem er auf seinen Reisen zwischen Cappenberg und Nassau nicht in Köln Station gemacht und dessen Kunstschätze aufgesucht hätte. Der Nassauer „gotische" Turm, noch von Wien aus in Auftrag gegeben, verdankte sich diesem relativ plötzlich erwachten Interesse an der mittelalterlichen Kunst; die für Cappenberg in Auftrag gegebene Historienmalerei war ihre logische Fortsetzung. Stein wurde im letzten Viertel seines Lebens zu einem von der Kunst faszinierten Mann, der nicht zufällig – es ist darauf zurückzukommen – während seines Rom-Aufenthalts auch die Nähe der dortigen Künstler, Julius Schnorr von Carolsfeld an ihrer Spitze, gezielt suchte.

Sein Interesse erschöpfte sich aber nicht in der mittelalterlichen Kunst und der Historienmalerei. Über einen längeren Zeitraum, bis in das zweite Jahrzehnt des 19. Jahrhunderts, ließ Stein auch die Wohnräume des Nassauer Schlosses renovieren, und dies jetzt in einem zartgliedrigen Klassizismus mit Deckenstuck und allegorischen Wandreliefs, für den möglicherweise das Reden-Schloss Buchwald die Anregung gegeben hatte.

***

Die häufigen Sommeraufenthalte in Nassau ließen auch das geliebte Frankfurt, wohl die einzige Stadt, zu der Stein eine wirklich und nachhaltig emotionale Beziehung aufgebaut hatte, nicht ganz aus dem Blick geraten. Die Familie hatte in ihren guten Zeiten oft einige Winterwochen dort verbracht, war in das gesellschaftliche Leben integriert, verfügte über geschäftliche Verbindungen, und vor diesem Hintergrund war es kein Zufall, dass Stein sich in einer Zeit, als er etwas zu sagen hatte, für die Belange der Stadt und ihren Status nachhaltig einsetzte. Dies mag im übrigen ein Grund gewesen sein, den Gedanken, die preußische Stimme am Frankfurter Bundestag zu führen, zumindest in Erwägung zu ziehen. Steins eigenen Angaben zufolge sollen ihm übrigens Metternich und Wessenberg ein entsprechendes Angebot auch für die österreichische Direktorialstimme gemacht haben[1619] – Stein und Metternich als politisches Tandem: ein irgendwie absurder Gedanke! Aber auch die Vorstellung einer Zusammenarbeit Steins mit Hardenberg (und damit auch mit Friedrich Wilhelm III.) entbehrt nicht bizarrer Züge!

Zurück zu Frankfurt. Mit der Verleihung der Ehrenbürgerwürde sollten die Beziehungen dann noch um einiges enger werden: Stein nahm an den Frankfurter Verfassungsdiskussionen weiterhin engagiert Anteil und versuchte zu beraten und zu vermitteln[1620], in seiner Frankfurter Wohnung im Haus des Bankiers Mülhens in der Großen Eschenheimer Gasse baute sich Stein eine beachtliche Spezialbibliothek auf, an der sein Frankfurter Buchhändler Brönner sicherlich einigen Profit machte[1621]. Er empfing dort Gäste, nahm am kulturellen Leben der Mainstadt teil[1622], bemühte sich offenbar ernsthaft darum, Goethe wieder auf Dauer nach Frankfurt zu ziehen und ihn durch die Übertragung der Leitung der zentralen Kultureinrichtungen an seine Vaterstadt zu binden[1623]. Es drängte sich insofern dann auch fast auf und hatte nicht nur etwas mit der geographischen Zentralität dieser Kommune zu tun, dass Stein einige Jahre später gerade Frankfurt zum Sitz der „Gesellschaft für ältere deutsche Geschichtskunde“ und damit der *Monumenta* auswählte. Daß er vor Ort selbstverständlich immer auch die Arbeit des Bundestags beobachtete, meist sehr kritisch, und ein psychologisch schwer einzuordnendes Vergnügen daran hatte, die „Bundestagsgesandten sacklaufen zu sehen“[1624], kam als Beweggrund hinzu, jeweils einige Monate im Jahr in Frankfurt zu verbringen. Er mag Humboldts merkwürdiges Gefühl[1625], eine Einrichtung am Werk zu sehen, die ohne seine und Humboldts Denkschriften wohl nie ins Leben getreten wäre, geteilt haben – sicher hat er auch Humboldts zunehmende Distanz zum Bundestag geteilt und sogar verschärft. Das war ein völlig ungeliebtes Kind geworden!

***

Aber trotz aller Bindungen an die Rhein-Main-Region dann eben doch: Cappenberg anstelle von Nassau, Westfalen anstelle eines von ihm immer wieder verspotteten, heftig angegriffenen neuen Staates, mit dem er trotz des Übergangs der Regierung an einen jungen Mann nicht zurande kam. Er hatte schon unmittelbar nach seiner Rückkehr aus Paris im September 1815 die Verhandlungen über den Erwerb Cappenbergs und dessen Tausch gegen Birnbaum begonnen und Vincke gegenüber keinen Zweifel daran gelassen, dass nicht nur logistische Gesichtspunkte für eine solche Option sprächen, denn er wolle dort auch seine „Pflichten gegen Untertanen, Staat und Provinz als Gutsherr und Stand [..] erfüllen“[1626]. Zu diesem Zeitpunkt muß er, wohl in Paris, schon mit Hardenberg und dem preußischen Finanzminister Bülow über diese Transaktion gesprochen und von dort grünes Licht bekommen haben. Die Verhandlungen sollten sich allerdings dann doch noch – geradezu peinlich lange! – über Monate hinziehen, ehe Stein Anfang Juli 1816 Vincke mitteilen konnte, dass einem Brief Bülows zufolge der König dem Tausch nun zugestimmt habe[1627]. Die Freude war groß und ehrlich, er lebte bei dem Gedanken, sich nun in die *Westphalica* zurück zu orientieren, förmlich auf: Vincke kündigte er etliche Wochen später an, im kommenden Sommer für drei Monate in Cappenberg zu bleiben, wo er sich dann „wieder in meine alten westfälischen Verhältnisse einstudieren“ wolle[1628].

Cappenberg unmittelbar am Rand des Industriebezirks bedeutete über alles andere hinaus auch: die Symbiose von Natur und Industrialisierung, der sich so viel Stein verdankte, eine vertraute Geschichtslandschaft, die Nähe zu Münster, in dessen gesellschaftlichem Leben sein Platz sicher war, in das er seit den 1820er Jahren dann auch seine beiden Töchter einzuführen suchte. Wenn er mit ihnen anreiste, übernachtete er nicht, wie üblich, in der Domdechanei als Gast des Grafen Spiegel, sondern im Gasthof Nölcken am Alten Steinweg[1629]. Es ist bekannt, dass Stein sehr häufig von Cappenberg aus an den Veranstaltungen im Salon der verwitweten Freifrau Sophie von Boenen, einer geborenen Diepenbroick, die übrigens weitläufig auch mit Steins Mentor Heinitz verwandt war, teilnahm (und dass er mit ihr, nebenbei bemerkt, auch Geldgeschäfte tätigte); nach ihrem Tod charakterisierte er sie in einem Brief an seine Tochter Therese als „gutmütig, wohltätig, unterrichtet, aber ihre Frivolität, die sich in der Liebe zu den jolies choses äußerte, ihr Deismus, ihre Entfernung vom öffentlichen Gottesdienst" erschienen ihm im Rückblick als anstößig[1630]. – Aber wir eilen den Dingen voraus.

Stein ist unmittelbar nach Erhalt der Nachricht von der Billigung der Transaktion Birnbaum/Cappenberg nach Münster gereist, um sich gewissermaßen zurückzumelden – nicht ohne sich sofort ungefragt mit guten Ratschlägen in die preußische Innen- und Strukturpolitik einzumischen[1631]. Ob das immer zur hellen Freude des Oberpräsidenten Vincke geschah, der in Stein zeitweise eine Art Kontroll- und Überwachungsorgan, eine Art graue Eminenz gesehen haben wird, bleibe auf sich gestellt[1632]. Neben Vincke war der Universitätskurator Ferdinand August von Spiegel eine zweite ihm seit Jahrzehnten vertraute Persönlichkeit, die er in Münster wieder traf: wie die Korrespondenz ausweist, ein enger Freund, der „ehrenamtlich" bei der Überführung von Münster in das preußische Verwaltungssystem und bei der Universitätsreform eng mit ihm zusammengearbeitet hatte[1633], der ihn auch während seiner Berliner Zeit und seines Exils über die Stimmungen und politischen Entwicklungen in Westfalen auf dem laufenden gehalten hatte, sein einziger wirklicher Vertrauter in Münster. Als Ausweis dieser engen Bindung mag die Tatsache dienen, dass Stein ihn, den katholischen Prälaten, zwei Mal um die Vormundschaft für seine Töchter bat, falls ihm etwas zustoßen sollte[1634], und ihn im Herbst 1810 angelegentlich Hardenberg empfahl als eine große Hilfe bei der Säkularisation der geistlichen Güter in Schlesien[1635]. Freilich hatte Spiegels Entscheidung, sich 1813 von Napoleon zum Bischof ernennen zu lassen, Stein nachhaltig irritiert, und enttäuscht über so wenig Rückgrat zeigte er sich auch, als Spiegel noch im September 1813 nach Napoleons Sieg bei Dresden ein allgemeines *Tedeum* in den Kirchen seines Sprengels anordnete. Hatte sich Spiegel noch einige Jahre zuvor über den „unseligen Geist" des den Franzosen verfallenen münsterschen Publikums mokiert[1636], so musste Stein ein solcher Frontenwechsel als reiner und nackter Opportunismus erscheinen. Auch Spiegels Ansehen in Münster scheint unter seiner zeitweisen Orientierung auf Napoleon gelitten zu haben[1637]. Steins Irritation steigerte sich noch, als Spiegel es ablehnte, den ihm von Stein als Chef der Zentralverwaltung der eroberten Länder angebotenen Posten eines Generalgouverneurs von Belgien anzunehmen[1638] – unter dem formalen Vorwand, ein solches Amt stehe im Widerspruch zu seiner geistlichen Würde. Als sich die beiden Männer dann auf dem Wiener Kongress wiedertrafen, machte Stein aus seiner Enttäuschung über Spiegels Verhalten, das ihm „bei allen redlichen Teutschen einen unberechenbaren Schaden getan" habe[1639], kein Hehl, und er gewann auch den bestimmten Eindruck, dass Spiegel sein schlechtes Gewissen plage[1640]. Erst 1817 sollte es, nachdem Spiegel inzwischen in den preußischen Staatsrat aufgenommen worden war, was Stein als eine Art Absolution empfunden haben mag, zu einer Versöhnung kommen, die anlässlich eines Besuchs Spiegels in Cappenberg dann besiegelt wurde[1641]. Seitdem sind sich die beiden alten Freunde auch in Münster wieder regelmäßig begegnet, meist in Spiegels Domizil in der Domdechanei[1642], aber selbstverständlich auch immer wieder in Cappenberg: beim „Dynasten von Cappenberg", wie Spiegel sich auszudrücken beliebte, um bei einer Flasche Madeira diesen und jenen *tour d'horizon* zu machen und all die Probleme anzusprechen, die sich für die Katholische Kirche in einem anderskonfessionellen Staat ergaben: von der Feiertags- bis zur Mischehenfrage, von der Militärseelsorge bis zum Religionsunterricht. Gelegentlich belieferte Stein Spiegel auch mit Cappenberger Wildbret[1643], selbst dann noch, als er schon in Köln residierte[1644]. Nach Spiegels von Stein nachhaltig befürworteter[1645] Berufung nach Köln – nach Berlin als dort residierender Staatsrat zu gehen[1646] hatte Spiegel zu Steins Bedauern abgelehnt[1647] – reduzierten sich diese Besuche in Cappenberg zwar, aber das tat der Qualität des (jetzt wieder vermehrt schriftlichen) Gedankensautauschs keinen Abbruch; u. a. ist damals auch über den Kölner Dombau, der Stein sehr am Herzen lag[1648], gesprochen worden und über eine von Spiegels Lieblingsideen, die Verbesserung des Einvernehmens zwischen den verschiedenen christlichen Konfessionen. Stein hat das zwar als „richtig gedacht" eingeschätzt, aber nur schwer umsetzbar[1649]. Das sollte ihn aber nicht hindern, ganz ähnlichen Gedanken nachzugehen.

Hätte man Stein, vor allem nach dem Tod seiner Frau, gefragt, wo denn sein Lebensmittelpunkt sei, hätte er mit einiger Bestimmtheit „Cappenberg" geantwortet, aber insgesamt ist das ein recht verteiltes Leben gewesen, das er seit 1818/19 führte: Die „dunklen" Monate verbrachte er bis zur Auflösung seines dortigen Haushalts im Winter 1824/25 mehr oder weniger durchgehend in Frankfurt, wo Bundestag und *Monumenta* und nicht zuletzt das gesellschaftliche Leben, in das er seine Töchter einzuführen hatte[1650], ihn gleichermaßen festhielten, im Frühjahr dann meist einige Monate in Nassau, ab dem Mai bis in den Herbst hinein schließlich Cappenberg. Abweichungen von diesem Standardrhythmus hat es selbstverständlich gegeben. Nassau stand für ihn seitdem vor allem für die Erinnerung, wenn man so will: für die Kultur. Sein „Turm", dessen künstlerisches Programm, seine inhaltliche Füllung, beschäftigten ihn nachhaltig und durchgehend, wohingegen – unbeschadet des Befundes, wie viel künstlerische Energie er auch nach dort fließen ließ – Cappenberg mit seinem langgestreckten, malerisch auf der Höhe gelegenen vielräumigen, durch nichts eingeengten Herrenhaus vielleicht eher dem Rubrum „Natur" zugeordnet werden könnte. Aber diese Zuordnung der beiden Wohnsitze zu den Bereichen ‚Kultur' und ‚Natur' ist nur pauschal zu verstehen; die zahlreichen Kunstwerke, die er gezielt für Cappenberg erwarb, die Ausmalung des großen Saals mit historischen Fresken[1651], die am Ende nicht von Cornelius und auch nicht von dessen Schüler Stilke, sondern unter akribischer Anleitung Steins[1652] von dem Berliner Künstler Karl Wilhelm Kolbe ausgeführt wurden, relativieren diese pauschale Zuordnung dann wieder. Schnorr von Carolsfeld[1653], der eigentliche „Wunschkandidat“, zeichnete am Ende nur für eins der Gemälde verantwortlich[1654], dessen Fertigstellung Stein zwar nicht mehr erleben sollte[1655], auf dem er sich aber in der Gestalt des Kanzlers Rainald von Dassel verewigt findet[1656].

***

Mit dem Rückzug aus der aktiven Politik *contre cœur* wurde Stein selbstredend kein *homo apoliticus*, sondern nahm an dem politischen Geschehen in Preußen, Deutschland und Europa weiterhin nachhaltig Anteil. Die vielen Besucher in Nassau und in Cappenberg waren auch deswegen so willkommene Gäste, weil sie politische (und natürlich auch kulturelle) Informationen aus erster Hand lieferten. Stein wurde zwar nicht mehr zu den Kommissionen hinzugezogen, die nach dem Wiener Kongress die mühsame Aufgabe der Umsetzung ins Detail vorzunehmen hatten, vermutlich weil er allen Leuten bekundet hatte, als einen wie schlechten Kompromiss er die Bundesakte ansah. Aber er wirkte weiter im Hintergrund, wurde von gekrönten Häuptern um Personalempfehlungen gebeten[1657], reiste zu ihnen, um sie direkt zu beraten[1658]. Er fühlte sich sicher auch geschmeichelt, als nach dem Regierungswechsel von Maximilian I. zu Ludwig I. Gerüchte die Runde machten, er werde nun als Berater des neuen Königs nach München gehen – für Stein ein absurder Gedanke, der ein erneutes Bekenntnis zu Westfalen nach sich zog[1659]. Dabei kann freilich – und hier wird das Negativerlebnis des Wiener Kongresses eine Rolle gespielt haben – nicht übersehen werden, dass Stein sich immer mehr einer Attitüde älter werdender Menschen näherte, in der Gegenwart nur noch Niedergang, Dekadenz, Abweichen vom Pfad der Gerechten, zu erkennen; die Äußerungen schon ab 1816, wie sehr die frühere Aufbruchsstimmung verflogen sei, wie sehr nur noch dumpfe Resignation herrsche, wie sehr tiefer Unwille „über die Insekten und Pygmäen, die jetzt nach hergestellter Ruhe lustig treiben und grünen“, das Leben bestimme[1660], sind Legion und sollen hier gar nicht in eine Zitatenlese münden. Natürlich waren die Jahre nach dem Wiener Kongreß Jahre der Enttäuschung, der Unzufriedenheit mit der Staatenpolitik, mit der inneren Staatspolitik, mit der Politik des Frankfurter Bundestags, dessen Abgeordnete Stein als „unsere Bundesmänner“ abzuqualifizieren suchte[1661], usw. Aber bei Stein kam dann noch jener ganz spezifische Akzent hinzu, dass vorher, vorzüglich vor der Revolution, vor den immer mehr perhorreszierten Ideen von 1789, grundsätzlich alles besser gewesen sei. Daß er vor diesem Hintergrund nicht damit geizte, sich – ohne politisches Mandat und meist wohl auch ungebeten – mittels des Instruments der Denkschrift zu allen möglichen innerpreußischen Problemen zu positionieren, erhellt, daß Resignation und Apathie trotzdem nicht angesagt waren.

Zu den Fragen, die ihn nachhaltig beschäftigten, zählte die, wie es in der preußischen Verfassungsfrage weitergehen würde und ob und wie das Beispiel, das viele kleinere Staaten inzwischen lieferten, auf Preußen einen indirekten Druck ausüben würde, sich nicht vollends zu isolieren. Er wurde in diesem Kontext nicht selten auch um gutachtlichen Rat gebeten, so etwa von dem sachsen-weimarischen Minister Ernst Christian August von Gersdorff, der (als aus der Herrnhuter Brüdergemeine hervorgegangener Christ) mit Stein seit dem Spätherbst 1813 und namentlich dem Wiener Kongress gut bekannt war – ein hervorragender Kenner des Hofs und der Entourage des Weimarer Fürsten qualifiziert ihn geradezu als „Schüler" Steins[1662] – und unmittelbar nach dessen Abschluss im Auftrag seines Fürsten, des Großherzogs Karl August, zwei Denkschriften über die Einrichtung einer Verfassung für das (territorial erheblich angewachsene) Fürstentum verfasste, von denen er die eine Stein vorlegte. Stein hat die dortigen Verfassungsarbeiten ausdrücklich begrüßt und in einem Brief an Gneisenau[1663] nicht ohne eine gewisse Süffisanz eine ähnliche Entwicklung in Preußen angemahnt. Er war vor allem beeindruckt von dem Maß an Pressefreiheit, das die neue weimarische Verfassung garantierte – ein Moment möglicherweise, das ihre Billigung durch den Frankfurter Bundesrat eine ganze Zeitlang verzögerte. Dass er in diesem Zusammenhang auf sein „heimisches" Fürstentum, das Herzogtum Nassau, ein besonders wachsames Auge hatte, erklärt sich ohne Mühe von der Geschichte seiner Familie und von den Ereignissen seit 1802 her.

Wenn Stein in den Jahren nach 1815 ein Feindbild entwickelte, dann war es Nassau; es überrascht deswegen auch nicht, dass er seinen Kommentar zur weimarischen Verfassung von 1816 mit einer scharfen Kritik an dem neuen Herzogtum verband, das der Inkraftsetzung seiner 1814 beschlossenen Verfassung mit einer Verzögerungstaktik begegnete. Dabei hatte Stein dienstlich in den zurückliegenden Jahren kaum über den fürstlichen Nachbarn zu klagen gehabt. Von der Restitution der Güter und der Entschädigungszahlung war schon die Rede, der Umwandlung des Steinschen Mannlehens in ein Weiberlehen zugunsten der beiden Töchter bereiteten die nassauischen Behörden keine Schwierigkeiten[1664], und als Chef der Zentralverwaltungskommission hatte Stein es mit Anerkennung zu registrieren, dass der nassauische Herzog als einer der wenigen Fürsten seinen Pflichten bei der Aufstellung einer Landsturmeinheit nachkam[1665]. Stein hatte sich sogar nicht verweigert, als es 1814 um die Erstellung einer nassauischen Verfassung ging, deren von Marschall und Ibell stammende Entwürfe er gegengelesen und mit seinen (konstruktiven) Kommentaren versehen hatte[1666] – im übrigen eine der modernsten Verfassungen im vormärzlichen Deutschland mit u. a. einer Garantie der individuellen Freiheitsrechte. Aber der Fürst war Mitglied des Rheinbundes gewesen, hatte sich Napoleon angedient – und das disqualifizierte ihn in Verbindung mit seiner zögerlichen Haltung in der

Verfassungsfrage[1667] *eo ipso*. Und so waren es denn auch eher nachrangige Begebenheiten, die Unmut erregt hatten, etwa Steins Entscheidung, zum „Bannerherrn" des Landsturms des Herzogtums Nassau den Erbprinzen von Wied-Neuwied zu ernennen, ohne das vorher mit dem Usinger Hof abgestimmt zu haben[1668]. Die Verstimmung wurde dann fast irreparabel, als der Herzog unter offenkundigem Bruch der nassauischen Verfassung eine Reihe wichtiger Edikte ohne Zuziehung der Landstände erließ, darunter eine Gewerbe- und Gesindeordnung und ein Edikt, das die Einrichtung eines indirekten Abgabensystems verfügte. Stein und sein Standesgenosse Walderdorff protestierten aufs schärfste[1669], ersuchten um sofortige Suspendierung der inkriminierten Edikte und baten den übrigens fast in Sichtweite in Ems kurenden Fürsten auf das dringlichste, bis zur umgehenden Berufung der Stände sich aller Neuerungen zu enthalten[1670]. Ein zunächst moderater[1671], dann aber immer mehr an Schärfe zunehmender Briefwechsel schloss sich an[1672], der Stein zu der Einschätzung kommen ließ, man habe jetzt endlich die Puppen tanzen lassen, jetzt führe an der Einberufung der Stände kein Weg mehr vorbei[1673].

Bis dahin war freilich noch ein weiter Weg, denn Stein sah den jungen Herzog Wilhelm zwar im Grundsatz gut disponiert, aber unter einen unseligen Einfluß geraten, den des leitenden Ministers Marschall von Bieberstein, jenes „ministeriellen Schlaukopfs", der nichts besseres zu tun wisse, als seine Maximen aus dem *Moniteur* zu schöpfen[1674] – für Stein das schlimmste aller denkbaren Verdikte! Im Hochsommer 1816 wurde gar erwogen, formelle Beschwerde gegen den Herzog beim Bundestag einzulegen[1675], was nur deswegen unterblieb, weil das Repräsentanten-Parlament sich noch gar nicht konstituiert hatte. Im Zusammenhang dieses Streits, in dem Denkschriften und Briefe Steins, des Herzogs und Marschalls einander geradezu jagten, kam es auch zu der – häufig zitierten, aber formal erst nach dem Erwerb Cappenbergs möglichen – Erklärung Steins, er betrachte sich nicht mehr als nassauischen Staatsangehörigen, sondern habe „gegen das Herzogtum kein anderes Verhältnis [...] als das eines auswärtigen Gutsbesitzers"[1676].

Nach Konstituierung des Bundestags nahmen die Bemühungen, das Herzogtum und seine Regierung ins politische Abseits zu stellen, noch einmal eine neue Dimension an[1677], weil Stein jetzt über Kanäle, die ihm zugänglich waren, auch die Publizistik und die Presse in seinen politischen Kampf mit einbezog[1678]. Die Lancierung von Presseartikeln und der Entwurf eigener Artikel[1679] haben im Frühjahr und Sommer 1817 einen Gutteil seiner Arbeitskraft in Anspruch genommen[1680]. Gegen Jahresende 1817 eröffnete er zudem eine Art Nebenkriegsschauplatz, indem er von der nassauischen Regierung die Rückgabe der Patrimonialgerichtsbarkeit für die früheren Inhaber dieses Rechts forderte[1681]. Dass es vor dem Hintergrund dieser neuerlichen Zuspitzung dann doch zu einem Einlenken der nassauischen Regierung, die möglicherweise von der mit Stein in enger Verbindung stehenden Fürstin Amalie von Schaumburg, einer geborenen Nassauerin, unter dezenten Druck gesetzt wurde[1682], und zur Ausschreibung eines Landtags kam, wird Stein wie ein glorreicher Sieg erschienen sein[1683]. Vor dem Hintergrund dieses persönlichen Triumphs trug er dann keine Bedenken mehr, der Einladung Marschalls[1684] zu folgen und als eins von nur sechs erblichen Mitgliedern der Herrenbank an der Landtagseröffnung persönlich teilzunehmen[1685] – nicht ohne gleich wieder einen Schritt weiter zu gehen und anstelle der Edikte vom September 1814 ein förmliches Verfassungsgesetz und darüber hinaus ein neues Gemeindeverfassungsgesetz zu fordern![1686]

Hatte es somit für einen winzigen Augenblick geschienen, dass das Verhältnis des Nassauer Gutsherrn und der Biebricher Regierung sich normalisieren würde, so erwuchs aus der während der Sitzung des Landtags erhobenen Forderung, Stein müsse den Untertaneneid gegenüber dem Herzog in der von den Mitgliedern der Herrenbank zu leistenden Form ablegen[1687], der nächste Konflikt, weil Stein den Eid nur mit der Einschränkung leisten wollte, dass seine Verpflichtungen als preußischer Untertan gegenüber dem preußischen König davon nicht berührt würden[1688]. Die Haltung der nassauischen Regierung versteifte sich[1689], Stein verweigerte daraufhin die Ablegung des Eides überhaupt[1690], der in der Verfassung in der Tat nicht vorgesehen war und offenbar erst in allerletzter Minute vorgeschrieben werden sollte, und sagte auch eine ihm gewährte Audienz beim Herzog wegen dringender Geschäfte in Frankfurt kurzfristig ab[1691]. Das war – nicht nur im Etikette-Verständnis der Zeit – selbstverständlich ein Affront und hat deswegen auch in der Publizistik jener Wochen und Monate einen reichen Niederschlag gefunden, ist andererseits aber auch auf Kritik selbst bei Personen gestoßen, die sich zu Steins Freunden und Verehrern zählten[1692]. Faktisch bedeutete diese Entscheidung das Ausscheiden Steins aus dem nassauischen Landtag[1693]. Hatte er diesen Eklat provoziert, hatte er sehenden Auges die Kraftprobe gesucht? Wir wissen es nicht, aber dass sein Rückzug aus dem nassauischen Landtag das Bild vom starrköpfigen Alten – oder auch vom prinzipientreuen Verfechter ständischer Belange – nachhaltig bestätigte, liegt auf der Hand. Für seine Standesgenossen, die sich gerade von Stein „eine machtvolle Vertretung ihrer ständisch-feudalen Interessen erhofft" hatten[1694], war das zweifellos eine herbe Enttäuschung. Stein hat diese Entwicklung im übrigen zum Anlaß genommen, sich endgültig in rechtlicher Form zum preußischen Untertan zu erklären und Cappenberg zu seinem Domizil zu bestimmen[1695]. Er hat seinem Unmut offenbar – wir befinden uns in dieser Hinsicht allerdings auf etwas brüchigem Eis – auch dadurch freien Lauf gelassen, dass er sich weiterhin beratend oder gar redaktionell in der antinassauischen Publizistik betätigte[1696]. Erst jetzt scheint sich auch sein Bild seiner nassauischen Landsleute bei ihm entscheidend verschlechtert zu haben. Er hat es verschiedentlich so ausgedrückt, dass er es liebe, unter freien, selbstbewussten Menschen zu leben und nicht unter zu serviler

Gesinnung herabgesunkenen und einer allmächtigen Bürokratie ergebenen Untertanen[1697].

Im übrigen war der Rückzug von der Herrenbank des nassauischen Landtags selbstredend nur die eine Seite der Medaille. Im Biebricher Schloß behandelte man den Standesherrn, der dies nicht mehr sein wollte, nun noch kühler als in der Vergangenheit und kam ihm in dieser oder jener Kleinigkeit, etwa wenn es um Jagdpachten ging, weit weniger als bisher entgegen[1698]. Ohne Gagern, seinen „Schutzgeist im Herzogtum Nassau", wäre sicher alles noch viel schlimmer geworden[1699]. So war es denn auch verständlich, dass Stein auf eine vorsichtige, von Gagern vorgenommene Sondierung, ob man denn die alten Streitigkeiten nicht begraben könne, zumindest nicht kategorisch ablehnend reagierte[1700]. Seit 1828, als die Frage eines Anschlusses Nassaus an den preußischen Zollverein anstand, hat er sich wieder erkennbar emotionsloser mit dem ungeliebten Staatswesen beschäftigt[1701]. Die Verstimmung aber saß trotz allem tief: Einen geplanten Aufenthalt in Nassau im Frühsommer 1829 verschob er – trotz der Aussicht, dort seine beiden Töchter willkommen zu heißen –, weil er erfahren hatte, dass der Herzog von Nassau zur selben Zeit in Ems kuren würde und eine Begegnung unter allen Umständen vermieden werden sollte[1702].

***

Würde man Steins Korrespondenz aus den eineinhalb Jahrzehnten nach dem Wiener Kongreß einmal inhaltlich aufschlüsseln, würde der überproportional hohe Anteil der Ständethematik klar ersichtlich werden. Stein verfügte zwar nicht über das feine Instrumentarium der modernen Geschichtswissenschaft, um die Modernität (oder Unzeitgemäßheit) der Konstitutionen der ersten Verfassungsbewegung zu bewerten, aber er hatte seine eigenen Kriterien, um die Positiva in Sachsen-Weimar oder sogar in der bayerischen Verfassung zu erkennen und die Defizite anderswo. Die sog. zweite Verfassungsbewegung, die 1830 einsetzte, hat er nur noch zum geringeren Teil miterlebt, immerhin aber noch das Entstehen der kurhessischen Verfassung von 1831, die von der jüngsten Forschung zu den Glanzlichtern des deutschen Frühkonstitutionalismus gezählt wird[1703]. Dem Zusammentreten der kurhessischen Stände hat er im Herbst 1830 sogar persönlich beigewohnt – und seine grundsätzliche Kritik war vernichtend: „Ihre Einrichtung ist fehlerhaft, ihre Befugnis nur auf die Verwilligung *neuer Abgaben* und auf *Beratung* über Gesetze beschränkt. Man hat die Absicht, zuvorderst mit der innern Verbesserung und Vervollständigung der Verfassung sich zu beschäftigen und, wenn diese erreicht, zu der Abhelfung der zahllosen Beschwerden überzugehen. Diese sind unerhört"[1704]. Man kann das wohl nur so verstehen, dass nach Steins „Weltbild" der umgekehrte Weg – erst die

Beilegung sämtlicher Beschwerden, dann das große Werk der Verfassung – der logischere gewesen wäre. Aber sein Vertrauen in die Stände war dann doch groß: „In Kurhessen und in Kassel fand ich einen besonnenen, ernsten Geist und Einigkeit unter allen Ständen, und wir dürfen hoffen, dass in diesem Land, bewohnt von einem braven, treuen Volk, gesetzliche Ordnung herrschen und die Willkür eines boshaften, lasterhaften Narren [Wilhelm II., H. D.] verdrängen werde“[1705]. Um so erstaunlicher ist es, dass Stein in der ediert vorliegenden Korrspondenz die kurhessische Verfassung, die Anfang 1831 verabschiedet wurde, nicht mehr kommentierte. Auf der anderen Seite mag es sein, dass die Kasseler Verfassungsberatungen ihn noch einmal darin bestärkten, wie notwendig die Einlösung auch des preußischen Verfassungsversprechens wäre. In seinen letzten großen Briefen, die allesamt eine Art *summa vitae* ziehen, hat er jedenfalls dem Konstitutionalismus eine Schlüsselrolle für seine Gegenwart zugesprochen; das Verlangen nach der konstitutionellen Monarchie sei allgemein und könne auch durch die Zensur nicht mehr unterdrückt werden. Dem (an sich tragfähigen) Gebäude des preußischen Staates fehle nur noch der „Schlussstein“: eine reichsständische Verfassung, die auf der Grundlage eines Zweikammernsystems beruhen würde, dessen beide Teile – eine wäre von der erblichen Aristokratie zu bilden – freilich wohl noch nicht das Budgetrecht haben könnten und die die Pressefreiheit vorläufig nur mit Einschränkungen beschließen könnten[1706]. Wie auch immer man das im einzelnen bewerten mag: die Verfassungsfrage sollte zum großen Thema seiner letzten Lebenswochen werden.

Das kann auch deswegen keine Überraschung sein, weil dieses Thema Stein schließlich schon seit über einem Jahrzehnt beschäftigte. Die oben behandelte Aprildenkschrift des Jahres 1806, eins der Schlüsseldokumente für Steins politisches Denken, hatte mit dem zweifach verneinenden, damit aber um so mehr als politische Forderung zu verstehenden Satz begonnen: „Der preußische Staat hat keine Staatsverfassung, die oberste Gewalt ist nicht zwischen dem Oberhaupt und Stellvertretern der Nation geteilt“. Während Steins erstem und zweitem Ministeriat war dieses Projekt zwar äußerer Umstände wegen nicht konzentriert weiterbetrieben worden – auch in die Nassauer Denkschrift hatte es keinen Eingang gefunden –, aber aus dem Kopf Steins war es nicht mehr verschwunden. Erst das Vorfeld des Wiener Kongresses hatte wieder den Rahmen zur Verfügung gestellt, um unter den Entscheidungsträgern und in der Öffentlichkeit dem Thema neue Aktualität zu verleihen.

Dass Stein die – als „liberal“ eingestuften – Verfassungen vor allem der süd- und südwestdeutschen Staaten insgesamt so positiv kommentierte, hat seiner Zuordnung zum Lager der „Liberalen“ sicher Vorschub geleistet. Auf diesem Gebiet war Stein ganz und gar nicht „konservativ“! Seine Hochschätzung der ersten – nur bedingt auch noch der zweiten – Verfassungswelle hatte sicher nicht nur etwas damit zu tun, dass er in den Ständen ein effizientes und notwendiges Organ zur Korrektur fürstlicher Alleingänge – und damit zur Unterbindung aller neoabsolutistischen Rückfälle – erkannte, sondern auch damit, dass die Zuerkennung und Gewährleistung der individuellen Freiheitsrechte seit den 1790er Jahren für ihn einen immer höheren Stellenwert gewonnen hatten. Und, um es zu wiederholen: Ganz hinten in seinem Kopf war wohl die Vorstellung verankert, dass diese Verfassungsbewegung am Ende eine solche Dynamik und Eigengesetzlichkeit gewinnen würde, dass Preußen nicht mehr abseits bleiben könne.

Ob es ihm je bewusst wurde, dass er in dieser Hinsicht einer Illusion hinterherlief? Man darf das Reformpotential in der preußischen Beamtenschaft auch nach 1815 in dieser Hinsicht nicht unterschätzen, aber sie musste sich totlaufen an der spätestens 1816 feststehenden restriktiven Haltung des Monarchen, über die Pressefrage, die notwendigerweise Bestandteil einer solchen Verfassung hätte sein müssen, nicht mit sich reden zu lassen. Paul Nolte hat den Vorrang, den die Beamtenschaft der Verfassungsfrage zuerkannte, geradezu als Ursache ihres Scheiterns interpretiert[1707].

Aber es waren selbstredend nicht nur die Verfassungsbestrebungen deutscher Staaten, die Steins Aufmerksamkeit erregten. Auch zu den wichtigen allgemeinpolitischen Ereignissen in den gut eineinhalb Jahrzehnten nach dem Wiener Kongress gab er seine Kommentare ab – stets ungefragt: das Urteil des *elder statesman* von Cappenberg hatte unverändert Gewicht. Ein zentrales Ereignis in dem fraglichen Zeitraum war das Wartburgfest, nicht zufällig in dem vergrößerten weimarischen Staat durchgeführt, dessen Verfassung, wie erwähnt, ein besonders hoher Standard der Pressefreiheit auszeichnete. Der Großherzog hatte die Versammlung ausdrücklich genehmigt, sie lief auch nicht etwa aus dem Ruder, zog aber dann eine so vehemente Pressekampagne nach sich mit dem Tenor, dass der Fürst heftig der Verletzung monarchischer Solidarität geziehen wurde, dass Karl August in Erklärungsnotstand geriet. Stein konnte sich zwar vor dem Hintergrund der Ereignisse vom Oktober 1817 nicht gegen eine Reduktion der Meinungs-, Versammlungs- und Pressefreiheit aussprechen, deren Verankerung in der weimarischen Verfassung er wenig zuvor noch ausdrücklich gelobt hatte[1708], aber ein explizites Wort der Solidarität wurde von ihm auch nicht formuliert, obwohl sich in seinem Nachlass Informationsmaterial in Hülle und Fülle findet[1709]. Im Gegenteil: Stein bekundete sein Unverständnis, das sich vor allem auf die Teilnahme und Mitwirkung von Professoren bezog, die er als „Gleichheitsapostel“ apostrophierte. Stein war kein an dem Grundsatz der Gleichheit aller orientierter Demokrat und auch nicht in jeder Hinsicht ein „Liberaler“; das monarchische Prinzip, die ständische Struktur des Gemeinwesens, die Perhorreszierung von Aktivitäten, die in die Nähe des Revolutionären gerückt werden könnten, waren für ihn selbstverständliche und nicht weiter hinterfragte Bestandteile seines geistig-politischen Koordinatensystems. Dass er den „demokratischen Metapolitizismus“ der studentischen Jugend 1819 mit heftigen Worten geißelte (und die Hauptschuld ihren Professoren *à la* Luden zuschrieb)[1710], liegt auf dieser Linie. Auf dieser Linie liegt freilich andererseits auch, wie klar er dann gegen die Karlsbader Beschlüsse Stellung bezog. Stein dachte in historischen Dimensionen, und von daher war es in seinen Augen besonders verwerflich, dass sie ausgerechnet am Jahrestag der Völkerschlacht – dem 18. Oktober – veröffentlicht wurden, nachdem sie bereits am 20. September vom Bundestag beschlossen worden waren. Und dann polterte er geradezu los: „Trauertag, [...] Inquisition, die unbedingteste Zensur und Hinwegsophistizieren des 13. Artikels [der Bundesakte]"[1711]. Gegenüber Solms-Laubach äußerte er die Überzeugung, dass man das Volk nun mit einer bloßen „Scheinverfassung" abspeisen werde[1712]. Er hielt die Einrichtung der (siebenköpfigen) Mainzer Zentraluntersuchungskommission, die im übrigen auch ihn ins Visier nahm[1713] – angesichts seiner Sympathiebekundungen für die liberalen Verfassungen einiger Bundesstaaten keine Überraschung! – und lange darüber diskutieren sollte, ob er auch im Schlussbericht namentlich genannt werden müsse[1714], für weit überzogen und sah die eigentliche Ursache der aktuellen Zuspitzung in der Unehrlichkeit und Hilflosigkeit der Regierungen in der Verfassungsfrage, also in der Umsetzung des Art. 13 der Bundesakte[1715]. Für ebenso bedauerlich hielt er die Knebelung der Universitäten, in denen sich doch ein „achtungswerter Geist" entwickelt habe[1716]. Daß er seinem alten Weggefährten Arndt, der ebenfalls in den Fokus der Untersuchungebehörden geriet, besonders bereitwillig eine Art Dienstzeugnis ausstellte[1717] und ihm bescheinigte, seit 1812 im Auftrag staatlicher und öffentlicher Stellen gehandelt und geschrieben zu haben, versteht sich vor dem genannten Hintergrund von selbst. Es versteht sich auch, dass sich Stein gegenüber Bitten von exilierten Weggefährten um Rehabilitation und Aufhebung der Verbannung[1718] besonders aufgeschlossen zeigte.

Er stand mit dieser überaus kritischen Haltung gegenüber den Repressionsmaßnahmen in seinem preußischen Kreis von Freunden und ehemaligen Kollegen längst nicht allein. Es zerriss ihm, wie er einmal bekannte, geradezu das Herz zu sehen, wie sich Preußen am eifrigsten an diesen Verfolgungen beteiligte[1719]. Hätte er gewusst, was wir heute wissen, dass sein alter Widerpart Wittgenstein, inzwischen Polizeiminister und treibende Kraft bei den Verfolgungen, von Metternich finanziell ausgehalten wurde: seine Empörung hätte kein Maß und Ziel mehr gehabt. Schon die Karlsbader Beschlüsse an sich wurden nicht vom gesamten Staatsministerium mitgetragen; der Widerspruch einzelner führte wenig später, Ende Dezember 1819, sogar zu zwei spektakulären „Dispensierungen", der Wilhelm von Humboldts und der von Steins früherem „Intimfeind" Beyme. Aber das „Resistenzpotential"[1720] reichte viel weiter nach unten, in die mittlere und untere Verwaltung hinein. Sogar unter den die Aufsicht über die Universitäten führenden Regierungsbevollmächtigten gab es Personen, die selbst im Verdacht

„staatsfeindlicher" Umtriebe standen! Auch die Verfolgungspraxis gegen die Burschenschaften war denkbar uneinheitlich; scharfen Verfolgungen standen rasche Amnestien auf breiter Front gegenüber. Preußen ist nicht nur und auf allen Ebenen der kompromisslose Verfolgungsstaat gewesen, als der er gelegentlich gezeichnet wird. Altenstein, der für den Bereich der Kultur zuständige Minister, hat wohl einen Kurs der Mäßigung verfolgt, während niemand anders als Hardenberg nun zu den *Hardlinern* abwanderte – was Steins Bild des früheren Kollegen weiter schwärzte.

***

Nachdem Stein sich endgültig auf Cappenberg installiert hatte, was häufige Aufenthalte in Nassau keineswegs ausschloss, hat er sich – bei allen weiterbestehenden politischen Interessen – in stärkerem Maß auch Beschäftigungen hingeben können, die in den hektischen Jahren seit dem ersten Ministeriat in Berlin und seit der Flucht vor den Franzosen zumindest in seinen Augen zu kurz gekommen waren. Dazu zählte die Pflege seiner umfangreichen Bibliothek[1721].

Steins – in Cappenberg im wesentlichen erhaltene – Bibliothek muss zu den umfangreichsten Privatbibliotheken ihrer Zeit gerechnet werden. Das hängt zum einen mit dem weitgespannten Interessenspektrum des Besitzers zusammen, das von den Staats- und Rechtswissenschaften bis zum Montanwesen, von der Geschichte bis zur Volkswirtschaftslehre, von der Philosophie und Theologie bis zur Belletristik reichte, aber auch mit der Dauer seines Sammelns – es ist belegt, dass er schon als Student anfing, Bücher mehr oder weniger gezielt zu erwerben, und es ist auch bekannt, dass er auf seinen Reisen immer wieder Bücher kaufte und in seine Bibliothek integrierte. Hinzu kam, dass ihm von Autoren unaufgefordert vieles zugeschickt wurde. Analysen haben, um einige Akzente zu setzen, freilich ergeben, dass die Philosophie seiner eigenen Epoche, ob man an Kant, Schelling oder Hegel denkt, kaum vertreten ist und sich auch in den philosophischen Schriften seines Göttinger Lehrers Meiners nur relativ wenige Gebrauchsspuren finden. Anders sah das bei den älteren Philosophen aus, insbesondere den anglo- und den frankophonen – Bacon, Locke, Rousseau, Montesquieu, von dem er eine Werkausgabe schon in Göttingen erwarb –, aber auch Leibniz haben Steins Interesse gefunden. Aus der Belletristik seiner eigenen Zeit sind die großen Namen – die Schiller, Herder, Wieland, Goethe – selbstredend vertreten, Spuren eifriger Lektüre zeigen allerdings primär jene Autoren, die als „Dokumente des Zeitgeistes" angesehen werden können, die auf das Ethische einerseits und das Praktisch-Politische bezogen werden konnten. So sind beispielsweise die Randglossen ermittelt und interpretiert worden, die Stein in Schillers *Don Carlos* und in der *Jungfrau von Orléans* anbrachte und die klare Bezüge zu aktuellen politischen Situationen oder zur allgemeinen Gesellschaftspolitik aufweisen. Da sich in Goethes *Faust* keinerlei Zeichen der häufigen Benutzung oder der Zustimmung nachweisen ließen, ist – nicht ohne Grund – gemutmaßt worden, dass Stein von seiner religiös fundierten Lebensmaxime her für dieses große Dichtwerk nur wenig Verständnis aufbrachte, obwohl er es unter dem Eindruck der ersten Lektüre 1804 als „un tableau exact de l'état de l'âme d'homme" bezeichnet hatte[1722]. Das korrespondiert im übrigen mit dem eher von Kühle und gegenseitiger Achtung geprägten Verhältnis beider Männer zueinander, die von der Nachwelt häufig in einem Atemzug als die herausragenden Persönlichkeiten ihrer Zeit genannt worden sind[1723]. Die schöngeistige Literatur seiner Zeit hat Stein zwar wohl zur Kenntnis genommen, Literaturempfehlungen finden sich in seinem Briefcorpus allerdings nur höchst selten, was die Schlussfolgerung nahe legt, dass Stein die Belletristik nicht um des rein literarischen Genusses wegen rezipierte und konsumierte. Damit korrespondiert im Umkehrschluss, dass Autoren eher aus der zweiten Reihe – etwa Gleim oder Dach – für ihn eine größere Rolle gespielt haben, weil er sich an deren schlichter Frömmigkeit zu erfreuen und ihrer aktualisierbaren Zeitgebundenheit aufzurichten vermochte.

Von seinem distanziert-kritischen Frankreichbild her war Stein auch der Belletristik des Nachbarlandes, das ja bis zum Ausgang des Ancien Régime ganz wesentlich das kulturelle Leben Europas geprägt hatte, nicht in besonderer Weise zugetan. Zwar finden sich in seiner Bibliothek die großen Autoren des Zeitalters Ludwigs XIV., die Corneille, Racine, Molière, aber auch die Fénelon und Bossuet, aber ganz obenan auf seiner Lektüreliste scheinen sie nicht gestanden zu haben. Den eher schon dem Kontext der Staatsphilosophie zuzurechnenden Montesquieu, Rousseau – sehr kritisch bewertet – und Voltaire, dessen *Gesammelte Werke* in 71 Bänden sich in seiner Bibliothek finden, brachte er weit mehr Interesse entgegen. Das schließt nicht aus, dass er mit dem großen Kultur- und Zeitkritiker Arouet seines spöttelnden Sarkasmus und seiner moralisch-religiösen Bindungslosigkeit wegen unverkennbar Schwierigkeiten hatte.

Wesentlich näher als die großen französischen Schriftsteller und Dichter standen ihm die englischen bzw. britischen Autoren, Shakespeare, der ja seit den 1770er Jahren eine gewaltige europäische Renaissance erlebte und den Stein in seiner Korrespondenz ausgesprochen oft zitierte[1724], Milton, auch Lord Byron, der in seinem Briefwechsel gelegentlich genannt wird. Bei dem Nahverhältnis Steins zur Kultur und zur politischen Kultur des Inselstaates hätte ein anderer Befund auch überrascht. Die spanische Literatur ist mit Lope de Vega, Calderón und Cervantes als den großen Repräsentanten präsent, die Stein in Übersetzungen rezipiert hatte, eher schwach vertreten ist die italienische Literatur, in der auffälligerweise sogar Dante fehlt.

Während der naturwissenschaftliche Teil der Bibliothek bis auf geringe

Reste – Geographie und Nachbargebiete – von Stein noch zu Lebzeiten verschenkt wurde (soweit bergbaukundlicher Art an seinen Freund Hövel, dem bei einem Brand seines Hauses seine gesamte Sammlung von Montan- und mineralogischen Schriften vernichtet worden war[1725]), machen die Geschichte und die Nationalökonomie prozentual die größten Teile der Gesamtbibliothek aus. Was die Geschichte betrifft, so ist sie ein Spiegel seiner Göttinger Ausbildung und seines politischen Wirkens: universal ausgerichtet, zeitgeschichtlich akzentuiert, starkes Interesse für Volksindividualitäten. Neben den weitgespannten Darstellungen der Universalgeschichte (Gatterer) und Werken zum europäischen Staatensystem (Pütter, Spittler, Heeren, auch Pufendorf) findet sich eine breite Literatur zu den europäischen und sogar außereuropäischen Staaten: Zu England zuvörderst, das ihn seit seinen Studientagen beschäftigte und dessen Geschichte ihn wegen der Rückwirkungen der innenpolitischen Institutionen auf die politische Ideengeschichte Europas faszinierte; hier finden sich die großen Gesamtdarstellungen etwa von David Hume, von Smollett und Bolingbroke neben verfassungsgeschichtlichen Überblickswerken (Hallam) und Arbeiten insbesondere Robertsons zu einzelnen Landesteilen (Schottland) und Kolonien (Amerika). Sein Handexemplar von Burkes *Reflections on the French Revolution*, eine Ausgabe von 1792, dürfte zu den am meisten, immer und immer wieder und gerade auch in den kritischen Jahren 1809–11 gelesenen Werken in seiner Bibliothek zählen: ein Buch, das Steins eigener Sicht der Französischen Revolution wohl am ehesten entsprach, dem er, wie die Anstreichungen verdeutlichen, wohl in fast allen Punkten zustimmte. Die Kardinalerfahrung seiner Generation, die Staatsumwälzung in Frankreich, und die eigenen historiographischen Versuche haben dazu geführt, dass er sich auch mit Quellen und Literatur zur französischen Geschichte versorgte: mit den großen Memoirenwerken, die er in der Sammlung von Perrin zur Verfügung hatte, bis zu den Sammlungen der Staatsverträge, etwa den Editionen von Martens und Hertzberg. Was die Literatur betrifft, so haben sich seine Erwerbungen offensichtlich auf die Revolutionszeit konzentriert, aus denen er dann auch für seine eigenen historischen Ausarbeitungen schöpfte. Hier spielten, um nur weniges herauszugreifen, die Schriften des Genfers d'Ivernois eine besondere Rolle, aber natürlich auch Rehbergs Buch über den Code Napoléon, dem Stein viel Anerkennung gezollt hat. Für die Zeit nach 1815, die Stein unter der Perspektive ‚potentielle Wiederholung der Revolution' stark beschäftigte, hat er sein Wissen u. a. aus den Werken François Guizots und Benjamin Constants bezogen.

Quantitativ wird das alles aber bei weitem in den Schatten gestellt durch seine „deutsche historische Bibliothek", die lange in dem 1816 erbauten Turm des Nassauer Schlosses untergebracht war. Das Interesse an der Geschichte und Verfassung des alten deutschen Reiches war ihm in seiner Studienzeit durch akademische Lehrer wie Schlözer und Pütter nachhaltig implementiert worden, und die in seiner Bibliothek vorhandenen Referenzwerke etwa Pütters oder des älteren Moser spiegeln durch ihre Lesespuren wider, wie intensiv er sich über die Jahrzehnte hinweg diesem Themenfeld gewidmet hat. Denn die Geschichte und Verfassung des Alten Reiches war für ihn, den Reichsritter, nach 1806 nicht nur totes *exemplum* eines Gemeinwesens, das der Revolution zum Opfer gefallen war, sondern ein Phänomen, dem er emotional stark verbunden blieb und für dessen zumindest teilweise Restitution er sich auf dem Wiener Kongress ja auch massiv eingesetzt hatte. Aber sein Interesse reichte über die Spätgeschichte des Alten Reiches weit in das Mittelalter zurück. Die damals erreichbaren Quelleneditionen zum deutschen Mittelalter dürften sich fast geschlossen in seiner Handbibliothek befinden – Grundstock, wenn man so will, und unentbehrliche Voraussetzung seines säkularen Vorhabens der *Monumenta*. Aber auch die großen Gesamtdarstellungen des ausgehenden 18. und beginnenden 19. Jahrhunderts finden sich in seinen Beständen: die des „Geschichtsschreibers der Deutschen“ Michael Ignaz Schmidt ebenso wie die Eichhorns, Friedrich Raumers oder Menzels, um auch hier nur einige herauszugreifen.

Die Territorialgeschichte nahm einen fast gleich großen Raum ein: die zu Preußen, vor allem aber die zu Westfalen im weiteren Sinn – mit Einschluss selbstverständlich der *Osnabrückischen Geschichte* des von ihm besonders geschätzten Justus Möser – und zum westfälischen Bauernstand sowie die zu Frankfurt und zur Städtegeschichte allgemein. Inwieweit diese städtegeschichtlichen Werke Material für seine Reformprojekte lieferten, namentlich seine Städteordnung, wäre noch weiter zu erhellen. Es korrespondiert mit seinen dezidiert verfassungs- und verwaltungsgeschichtlichen Interessen, dass seine Bibliothek mit Landtagsprotokollen deutscher Staaten und Schriften über landständische Probleme gut bestückt war.

Die alte Geschichte stand, ganz unabhängig von einigen einschlägigen Werken etwa Gibbons oder Savignys (*Geschichte des römischen Rechts*) unter seinen Bibliotheksbeständen, nicht im eigentlichen Sinn im Fokus seiner „Anschaffungspolitik“. In der Rubrik *Theologia* rangierten die Erbauungsschriften an der Spitze, übrigens auch solche aus katholischen Federn (Sailer, Stolberg). In der Abteilung „Nationalökonomie“ schließlich kreiste vieles um Adam Smith’ epochemachende Schrift *Wealth of Nations* – Schriften von Smithianern, aber auch solche von Smith-Kritikern wie etwa Sismondis. Nach den Lesespuren zu urteilen, muss Stein Adam Smith’ „unsterbliches Werk“ – so Stein – wenigstens zwei- bis dreimal in verschiedenen Phasen seines Lebens von Anfang bis Ende durchgearbeitet haben. Ihn faszinierte wohl vor allem, dass es Smith gelungen war, eine große Lehre an die Erfordernisse des praktischen Lebens anzupassen und historisch zu begründen. Aber es gab jenseits dieser Metaebene ganz handfeste Anleihen, die Stein bei seinen eigenen Reformen bei Smith machen konnte: etwa die Behauptung, dass die Selbstverwaltung billiger arbeite als jede Bürokratie, etwa, dass der ganze Wirtschaftsprozess von der Grundrente und der Landwirtschaft her zu denken sei, etwa – der Grundansatz des Oktoberedikts –, dass die Arbeit freier Menschen billiger sei als die von unfreien. Auf der anderen Seite dürfen auch die grundlegenden Differenzen im Wirtschaftsdenken des Autors und seines Rezipienten nicht übersehen werden: Für Stein regelte sich das Verhältnis zwischen Staat, Wirtschaft und Individuum nach sittlichen Gesichtspunkten, die Smith vollständig oder doch weitestgehend fremd waren. Auch in Bezug auf die Freihandels-Theorie sind die Denkunterschiede zwischen beiden evident.

Die Bestandsanalyse von Steins Bibliothek hat nicht nur die Weite seines Blickfeldes nochmals unterstrichen, sondern auch verdeutlicht, dass Stein Bücher vor allem in ihrer Funktion zu seinen aktuellen Aufgaben und zur Formierung und Abstützung seines „Weltbildes" erwarb und oft von weit her kommen ließ. Lektüre und staatspolitisches Handeln waren für Stein letztlich zwei Seiten einer und derselben Medaille.

***

Nach dem Wiener Kongress hat Stein nur noch einmal das Licht der politischen Öffentlichkeit gesucht. Auf Vorschlag Vinckes[1726] wurde er per Kabinettsordre vom 17. Mai 1826 zum Landtagsmarschall des 1. Westfälischen Provinziallandtags ernannt[1727].

Wenn es eine Aufgabe gab, die den Cappenberger Privatier in der Abendsonne seines Lebens noch reizte, dann wird es dieses Amt des Landtagsmarschalls gewesen sein, auf das er sich gründlich vorbereitet – seine eigene Bibliothek war gut bestückt! – und in dessen Vorfeld er etliche Memoranden verfasst hatte. Die Aussicht, in den zukünftig zu bildenden Provinzialständen mitzuarbeiten, war nicht der geringste Beweggrund für Stein gewesen, seine Herrschaft Birnbaum an der Warthe, die den Krieg besser überstanden hatte[1728], als Stein das erwartet hatte, gegen Cappenberg zu tauschen[1729]. Die Einrichtung von regionalen und von gesamtstaatlichen Ständen war ja, wie erinnerlich, einer der Eckpunkte von Steins Bemühungen vor und auf dem Wiener Kongress gewesen, das sog. Verfassungsversprechen Friedrich Wilhelms III. hatte er deswegen nachdrücklich begrüßt, und er hatte dieses Thema auch immer wieder zu forcieren gesucht, so etwa wenn er seinen Freund Vincke anlässlich dessen Berlin-Reise im Winter 1816 eindringlich bat, auf die Bildung der Provinzialstände zu drängen, in die er, Stein, sich selbstverständlich einbringen würde[1730]. Ob diese letztere Versicherung dem Vorhaben wohl förderlich oder eher abträglich war? Stein hatte sich insbesondere in einem (fast als zweite Nassauer Denkschrift zu charakterisierenden) Memorandum vom 31. März 1817 mit der Einrichtung von Provinzialständen in Westfalen beschäftigt und dort seine Bereitschaft zum Ausdruck gebracht, einem Verein möglichst vieler Mitglieder des westfälischen Adels beizutreten, der dahin wirken müsse, „dass der Adel dieses Landes wieder einen rechtlichen Zustand erlange". Es sei geradezu die Pflicht des Adels, „dahin zu wirken, dass er die Stelle, die ihm seine Vorfahren im Staate erworben, nicht durch Untätigkeit und dumpfes Hinbrüten verliere". Wichtig sei, dass neben dem Adel auch die mit Eigentum ab einer bestimmten Größe ausgestatteten Bauern im Landtag vertreten sein müssten, dass andererseits bestimmte Adelsprivilegien wie etwa Steuerfreiheit, Indigenat und ausschließlicher Anspruch auf Stellen zu entfallen hätten[1731]. Aus diesem Memorandum Steins, für dessen Grundthese – Adel und Bauern gemeinsam im Landtag vertreten – er auch seine engeren Mitarbeiter zu gewinnen suchte[1732], hatte sich dann eine von Christian Schlosser, einem einschlägig ausgewiesenen[1733], aus Frankfurt stammenden Mitarbeiter Steins und nachmaligen Gymnasialdirektor in Koblenz, formulierte und redigierte „Denkschrift, die VerfassungsVerhältnisse der Lande Jülich, Kleve, Berg und Mark betreffend" entwickelt, mit der der um Stein gruppierte Adelskreis, zu dem insbesondere noch Hövel, Spiegel, Vincke und Merveldt zählten, die Einführung einer provinzialständischen Verfassung und die Wahrung seiner landständischen Rechte von der Krone erbat[1734]. Die Denkschrift ist Hardenberg anlässlich einer Reise in die westlichen Provinzen im Februar 1818 im rheinischen Engers überreicht worden.

Unberechtigt war dieser Vorstoß natürlich nicht. Das Institut des Provinziallandtags ging zurück auf Friedrich Wilhelms III. in Wien unterzeichnete Verordnung vom 22. Mai 1815 „über die zu bildende Repräsentation des Volkes", deren erste Stufe die Einrichtung von Provinzialständen sein sollte – bei allem Engagement Steins in der Ständefrage ist diese Komponente immer mit im Auge zu behalten, dass ihm, wie er etwa den Kronprinzen im Herbst 1822 unzweideutig wissen ließ[1735], die regionalen Stände nur eine Vorstufe zu den „Reichsständen" waren[1736], eine, wie er es ausdrückte, „Vorschule zu den Reichsständen"[1737]. Diese Verordnung, die im Besitzergreifungspatent vom 21. Juni 1815 der Sache nach wiederholt worden war, war allerdings ein Lippenbekenntnis geblieben: eine Vorbereitungskommission war nur ein einziges Mal zusammengetreten, bis 1821 waren von der Berliner Zentrale keine weiteren Schritte von einiger Erheblichkeit unternommen worden, um Provinziallandtage auszuschreiben, um Reichsstände einzurichten oder gar eine Verfassung auszuarbeiten. Preußen hinkte hinter der Entwicklung in anderen Bundesstaaten um Längen hinterher, sicher in erster Linie deswegen, weil dieser Monarch bei all seinen sonstigen Defiziten für den Zusammenhang von Kompetenzen einer Volksvertretung und Beschränkung der Souveränitätsrechte des Fürsten ein feines Gespür hatte. Stein, über die in seinen Augen höchst erfreuliche Entwicklung in anderen Bundesstaaten, etwa in Sachsen-Weimar, erschöpfend informiert[1738], hatte das immer wieder beklagt und schon 1816 in einem Gutachten für Vincke kurz und bündig erklärt: „Provinzialstände sind Teil der Staatsverfassung“[1739]. Sogar die Verfassung des Königreichs Bayern, zu dem er weder eine emotionale noch eine politische Nähe hatte, dessen Repräsentanten er vielmehr in der Vergangenheit mit manchen sarkastischen Worten bedacht hatte, fand vor diesem Hintergrund sein ausdrückliches Lob: „Die Erscheinung der bayrischen Konstitution halte ich für einen entscheidenden Fortschritt des Repräsentativsystems, der Preußen noch fester an seine gegebenen Zusagen bindet und zur Erfüllung der von ihm erregten Hoffnungen nötigt“[1740]. 1817 hatte er Altenstein, der mit dem Auftrag, die Verfassungsthematik zu sondieren, die Provinz Westfalen bereiste, wiederholt Rede und Antwort gestanden[1741], bestens präpariert durch eigene Ausarbeitungen[1742]. Unterstützt, zumindest indirekt, wurden diese Bemühungen durch Vorstellungen der Ritterschaft und der Städte der Grafschaft Mark, die als Ständekorporation ja „überlebt“ hatte, um Einberufung ihres Landtags[1743]. Stein war dabei immer auch – antizipierend oder nicht – Einwänden konservativer Kreise gegen die Ständeverfassung entgegengetreten, am deutlichsten vielleicht in einem Brief an den eben genannten Christian Schlosser, in dem er bat, beim Entwurf einer Denkschrift zu unterstreichen, dass niemand an den Abschluss eines neuen Gesellschaftsvertrags denke, dass vielmehr dem König der „unbestrittene Besitz der gesetzgebenden Gewalt“ in keiner Weise streitig gemacht werden solle, dessen mögliche Einschränkungen er allein bestimme[1744]. Dass die konservativ-reaktionären Kräfte in Berlin trotzdem lange das Sagen hatten und auch keine Bedenken trugen, missliebige publizistische Organe wie den *Westfälischen Anzeiger* durch die Zensur zu unterdrücken, hat Stein nachhaltig verstimmt[1745]. „Gute“ Ständeeinrichtungen wurden in den Jahren nach dem Wiener Kongress zu seinem zentralen Anliegen; es scheint mit seinem „Weltbild“ überhaupt nicht in Einklang zu bringen zu sein, dass er, um ihre Notwendigkeit zu beweisen, sogar auf die *assemblées provinciales* des vorrevolutionären Frankreich verwies![1746] Stein hat gar ein Provinzial-Verfassungsgesetz entworfen[1747] und, ganz typisch für ihn, eine Geschäftsordnung für die zu bildenden Provinzialstände[1748].

Obwohl mit Wilhelm von Humboldt, mit dem Stein im Winter 1818/19 in Frankfurt einen lebhaften Gedankenaustausch über Verfassungsfragen gehabt hatte, aus dem eine große Denkschrift (4. Februar 1819)[1749] und Steins fast ebenso umfangreicher Kommentar (25. Februar 1819)[1750] erwachsen sollten[1751], einer der Berliner Minister seit dem Januar 1819 exklusiv für die ständischen Angelegenheiten zuständig war (und sich mit ihm viele Hoffnungen verbanden[1752], gerade auf seiten Steins, der ihm nachdrücklich zugeredet hatte, diese Aufgabe zu übernehmen[1753]), ging es, auch wegen der Ermordung Kotzebues und Karlsbad, in den Ständefragen nicht recht weiter. Der „Zeitgeist“ war Verfassungen und Ständeeinrichtungen, die in den Augen der Reaktionäre, derer es am Berliner Hof genug gab, nicht hold, weil es ihnen nun leichter fiel, alle „Neuerungen“ dieser Art in die Nähe der

Ideen von 1789 zu rücken. Stein sah das gleich nach Bekanntwerden der Ermordung Kotzebues völlig richtig voraus: „Diese Greueltat eines jungen politischen Fanatikers wird einen den Freunden der verständigen Freiheit nachteiligen Eindruck machen“[1754]. Insofern lag es geradezu in der Logik der Entwicklung, dass Humboldt als Minister für Verfassungsfragen am Silvestertag 1819 wieder entlassen wurde: Verfassungsdiskussionen waren vorläufig nicht angesagt[1755], konnten von der Agenda wieder gestrichen werden.

Erst im Herbst 1821 wurde die Realisierung der königlichen Versprechungen wieder etwas energischer angepackt, als eine neue Vorbereitungskommission unter dem Vorsitz des Kronprinzen – ohne Beteiligung des zunehmend entmachteten Staatskanzlers Hardenberg! – eingesetzt wurde, die nun tatsächlich über das jeweilige Vorgehen in den Provinzen – natürlich auch Westfalen, das seit dem April 1815 als ein eigenständiger Verwaltungsraum gelten konnte und das in der Kommission durch Vincke vertreten war – und die Berücksichtigung der speziellen Bedürfnisse beriet. Stein, sofort wieder alarmiert, als er von dieser neuen Entwicklung erfuhr[1756], war in die Beratungen dieser Kommission indirekt durch die Bitte des Kronprinzen eingebunden worden, sich gutachtlich zum Ständewesen zu äußern, was Stein in zwei ausführlichen Gutachten[1757] auch tat. Sie beschäftigten den Staatsrat eingehend[1758], haben aber in den entscheidenden Punkten kaum etwas bewirkt[1759]. Symbolhaft für sein schwindendes Renommee am Berliner Hof war auch, dass er zu seiner großen Ernüchterung nicht mehr in die Delegation gebeten wurde, die der Kommission in Berlin Rede und Antwort stehen sollte[1760]. Wegweisend war die Entscheidung der Kommission für das sog. Einkammersystem, also das im Gegensatz zu den altständischen Repräsentativgremien stehende Prinzip der gemeinsamen Beratung und Abstimmung aller Ständevertreter. 1823 konnte ein allgemeines, für die acht Provinzen geltendes Gesetz „zur Anordnung der Provinzialstände“ ausgefertigt werden, im März 1824 dann das „Gesetz wegen Anordnung der Provinzialstände für die Provinz Westphalen“.

Stein war bei aller Sympathie für eine regionale Vertretungskörperschaft über diese Wendung der Dinge – Einkammersystem, eng begrenzte Kompetenzen, bürokratische Restriktionen – nicht glücklich. Seine Kritik richtete sich besonders gegen das Einkammersystem und damit gegen den Verzicht auf eine eigenständige Adelskorporation, die ihn ja seit seiner „zweiten Nassauer Denkschrift“ nachhaltig beschäftigt hatte – in dieser Hinsicht, dem zwingenden Nebeneinander von Erb- und Wahlständen, war sich Stein seit jenen fernen Tagen, als ihm Schlözer dieses Modell eines „ständischen Konstitutionalismus“ nahegebracht hatte, immer treu geblieben. Die Kritik richtete sich vor allem aber auch gegen die Reduktion der Befugnisse der Provinzialstände auf die reine Beratung. Stein schwebte kein Beratungsorgan vor, sondern ein Organ, das in Kenntnis der regionalen Besonderheiten Beschlüsse fassen konnte: Provinzialgesetze, den Provinzialetat aufstellen, das Feuersozietätswesen ordnen, Anstalten gegen das Bettel- und Vagabundierunwesen treffen, den Wege- und Wasserbau organisieren, die Aufsicht über das Kommunalwesen ausüben, wie er in einer Denkschrift vom 3. Mai 1817 ausführte. Die Provinzialstände und besonders der Adel sollten direkt an den regionalen Verwaltungsaufgaben beteiligt werden.

Damit war kein Durchkommen möglich. Den Ständen wurde von der Krone lediglich ein Petitions- und Beschwerderecht eingeräumt, ansonsten waren sie von den Vorlagen und Vorgaben der Berliner Zentrale abhängig, die sie beraten, aber nicht beschließen durften. Zudem erhielten sie kein Selbstversammlungsrecht und natürlich auch nicht die Periodizität.

Stein hatte das hinzunehmen.

Die ersten Wahlen zum Westfälischen Landtag fanden unter formaler Leitung des Oberpräsidenten Vincke Anfang 1826 statt[1761]. Die Provinz war dazu in sechs Wahlbezirke eingeteilt worden, in denen Landräte die Wahlen durchführten und überwachten. Der 1. Stand, in dem im Unterschied zu den anderen drei Ständen nicht gewählt wurde und in dem die angesehensten Adligen der Provinz – in der Regel frühere Standesherren – versammelt waren, zeichnete sich durch die sog. Virilstimmen aus, die direkt zum Landtag qualifizierten. Stein hatte 1825 ausdrücklich auf eine solche Virilstimme verzichtet[1762], durch die wenig später getroffene Entscheidung des Königs, die Güter Cappenberg und Scheda, um deren Landtagsfähigkeit er sich mit Spiegels und Vinckes Verwendung[1763] seit 1823 bemüht hatte[1764], zu einer Standesherrschaft zu erheben[1765], war hier aber von heute auf morgen eine neue Situation entstanden. Der 2. Stand, dem Stein somit nicht mehr angehörte, setzte sich aus 20 gewählten Rittergutsbesitzern zusammen. Der 3. Stand bestand aus 20 städtischen Grundbesitzern, der 4. schließlich aus ebenfalls 20 agrarischen Grundbesitzern. Vincke schlüsselte auf, dass sich zwei Landräte unter den Gewählten befanden, drei Bürgermeister, acht Kammerherren, vier Beamte und weitere sieben pensionierte Beamte[1766]. Für Beschlüsse war grundsätzlich eine 2/3-Mehrheit erforderlich; gegen den Adel, der allerdings keine geschlossene „Kurie" bildete, konnte also nichts durchgesetzt werden, allerdings auch nichts nur von ihm. Für das Amt des Landtagsmarschalls hatte Vincke einen Dreiervorschlag – Stein, Graf Mengersen, Graf Merveldt – unterbreitet, von denen (erwartungsgemäß) Stein dann den königlichen Zuschlag erhielt. Der Landtag wurde am 29. Oktober 1826 nach einem Gottesdienst feierlich im großen Saal des Schlosses zu Münster – nicht, wie von Stein vorgeschlagen, im Friedenssaal des Rathauses[1767] – durch den Oberpräsidenten eröffnet und mit einer Rede des Landtagsmarschalls Stein, in der er die für das Gemeinwesen wohltuende Wirkung der Wiederbelebung der alten westfälischen Verfassung beschwor[1768], eingeleitet.

Dem Landtagsmarschall kam neben der Bestimmung der Vorsitzenden der (insgesamt zehn) Ausschüsse, für die er ausnahmslos Standesgenossen auswählte, die Sitzungsleitung zu. Stein wohnte während dieses und der beiden folgenden Landtage permanent, d. h. jeweils einige Wochen, in Münster, am Prinzipalmarkt[1769] – auch das ein Indiz, für wie wichtig er die Arbeit des Landtags einschätzte.

Soweit die formale Seite, zu der auch noch die Frage der Geschäftsordnung zählte, mit der sich Stein im Vorfeld – ganz Stein! – intensiv auseinandergesetzt hatte[1770]. Wichtiger ist freilich die inhaltliche, wobei die allgemeine Einschätzung vorangestellt werden soll, dass es für Westfalen sicher ein Glücksfall war, dass einerseits der Landtagskommissar – Vincke – faktisch Landeskind und andererseits der Marschall mit den Verhältnissen bestens vertraut war und eine emotionale Bindung an diese Provinz hatte; das war längst nicht in allen preußischen Provinzen so. Stein war seit Monaten in Vorfreude gewesen, nicht so sehr wegen des Amtes, das ihm übertragen worden war, sondern weil es überhaupt zur Einberufung der Ständeversammlung gekommen war. Es sei, so ließ er eine alte Freundin in Berlin wissen, „doch eines jeden Pflicht [...], dieses Institut zu benutzen und zu beleben“[1771].

Die Propositionen des Königs betrafen Gegenstände von unterschiedlicher Wertigkeit: Es ging um Einzelheiten der provinzialständischen Verfassung, dann aber auch um die Frage der Einführung besonderer Kommunallandtage in bestimmten Landesteilen – der Provinziallandtag hielt das zum gegenwärtigen Zeitpunkt nicht für erforderlich – und der Übernahme der preußischen Städteordnung für die Provinz Westfalen. In Steins Augen war gerade das eine der zentralen Aufgaben; in einer Denkschrift vom September 1826 hatte er betont: „Die Entwerfung einer Städteordnung für die westphälischen Provinzen [...] ist eine höchst wichtige Angelegenheit, sie ist eine gänzliche Umbildung der bestehenden, eine Einführung des bewährt gefundenen Besseren“[1772].

Diese Bemerkung lässt die ganze Brisanz dessen, was vor sich gehen sollte, freilich noch gar nicht recht ahnen: Es ging um nicht mehr und nicht weniger als um die Reform der Reform, um die Revision „seiner“ Städteordnung, die inzwischen vielen als weitaus zu liberal erschien, etwa in Bezug auf das „demokratische“ Wahlrecht nach Stadtvierteln. Stein argumentierte hier vorrangig mit dem Beispiel der Rheinprovinz, wo ein so hohes Maß an Liberalität in Verbindung mit den dort noch vorhandenen „rheinischen Institutionen“ eine explosive Stimmung der Insubordination gegenüber den Behörden entstehen lassen könnte. Stein ging es um sehr Konkretes: um die Qualifikation und Reife der Menschen, die sich an den Wahlen beteiligten, um die Gefahr des Eindringens des „Pöbels“ in die Reihen der Bürgerschaft oder gar der Funktionsträger[1773], um die Selbständigkeit und den Gemeingeist der Stadtverordneten – und in diesen Hinsichten war die Ordnung von 1808 in der Tat relativ vage geblieben.

Um diesen Komplex abzuschließen: In der Revidierten Städteordnung vom 17. März 1831 ebenso wie in der Landgemeindeordnung für die Provinz Westfalen vom 31. Oktober 1841 wurden die Vorschläge der Provinzialstände, wie sie 1826 artikuliert worden waren, weitgehend berücksichtigt.

Die von Vincke seit Jahren betriebene Landgemeindeordnung, die er weniger auf die Provinz als vielmehr auf die Gesamtmonarchie ausrichten wollte[1774], wurde dem Landtag nicht formell vorgelegt. Sie war letztlich Teil der in Aussicht gestellten preußischen Verfassung, wobei es in den ehemals unter französischer Verwaltung befindlichen Provinzen zusätzlich um die Frage der Beibehaltung des *Mairie*-Systems ging, demzufolge eine Landgemeinde von einem allein verantwortlichen, strikt weisungsgebundenen Beamten verwaltet wurde – in Steins Augen ein verdammenswertes „Machwerk [, ...] so uns die Fremdherrschaft schenkte“[1775]. Dieses Konzept war zwar in einem von den drei westlichen Oberpräsidenten erarbeiteten „Entwurf einer Gemeindeordnung“ vom Januar 1818 verworfen worden, aber mit ihr war bei Hardenberg nicht durchzudringen. Die Berliner Zentrale hatte lediglich zugestimmt, dass der Landtag gutachtlich zu der Frage Stellung nahm, ob die bisherigen „Bürgermeistereien“ als Samtgemeinden bestehen bleiben oder ob Einzelgemeinden gebildet werden sollten. Nach intensiven und kontroversen Diskussionen entschied sich das Plenum für das Modell von Großgemeinden („Ämtern“), an deren Spitze ein auf zwölf Jahre gewählter Amtmann stehen sollte, der diese kommunale Einheit auf den Amtstagen vertreten würde. Die Kontroversen kreisten in letzter Instanz um die Vertretung der Rittergutsbesitzer auf diesen Amtstagen, also die Frage, ob sie Virilstimmen erhalten oder über die Gruppe der Höchstbesteuerten gewählt werden sollten. Stein war ein entschiedener Befürworter der Alternative „Virilstimmen“ und hat dem in einem Gutachten vom 25. Januar 1827 dann auch Ausdruck verliehen, wobei er sich – kleines Kuriosum am Rande – vor dem Hintergrund seiner ganz persönlichen Situation auch für die Stimmführerschaft von Frauen stark machte[1776]. Zu einer Gemeindeordnung ist es aber entgegen Steins Hoffnung[1777] weder auf dem 1. noch auf dem 2. Provinziallandtag gekommen; die Regierung leitete vielmehr erst dem 4. Landtag 1833 einen Entwurf zu, also jenseits des Todes Steins.

Eine weitere Proposition des Königs betraf die Katasterfrage, derer sich Stein ebenfalls energisch annahm und zu der er schon im Vorfeld des Landtags eine umfängliche Denkschrift erarbeitet hatte[1778]. Gerade an ihr lässt sich zeigen, dass Stein sein Amt alles andere als bloß repräsentativ verstand, sondern sich immer wieder mit substantiellen Stellungnahmen in die Verhandlungen einschaltete[1779]. Das Finanzministerium hatte eine Anleihe vorgeschlagen, um die Katasterarbeiten mittels eines personellen Aufwuchses zu beschleunigen – eine Modernisierungsmaßnahme, von der die richtige Verteilung der Steuerlasten abhing. Die westfälischen Stände übten hier massive Kritik: an dem Anleiheplan selbst, aber auch an der Katastrierung insgesamt, ihrer Organisation und ihrer technischen Durchführung. Dass Katastrierungen in der Vormoderne die Betroffenen immer aufbrachten, weil sie um eine Verschlechterung ihrer Lage und die Abwälzung der Kosten auf sie fürchteten, ist nichts Neues und beispielsweise von den josephinischen Reformen her geläufig; auffällig ist hier jedoch, wie selbst bei einem Mann wie Stein, dem administrative Klarheit und die Konsolidierung der Staatsfinanzen über alles gingen, in dieser Hinsicht ein zwiespältiges Verhalten erkennbar wurde, das man in das Bild vom Hemd und dem Rock kleiden könnte. Stein und die große Masse der Ständevertreter, weitaus überwiegend Grundbesitzer, lehnten das Vorhaben in der vorgesehenen Form rundweg ab, plädierten für die Übertragung der Vermessung an den Generalstab, für die Übernahme der Kosten durch den Staat und für ein weniger kostspieliges Verfahren. Der Grund liegt auf der Hand: Der Adel sah das Ende seiner Steuerfreiheit herannahen, die grundbesitzenden Stände insgesamt befürchteten von der Reform nur eins: eine höhere Grundsteuer. Es war ein typischer Konflikt um Besitzstandswahrung, um Privilegien, die wegzubrechen drohten. Ganz auf dieser Linie lag es, dass die grundbesitzenden Ständevertreter den Vorschlag machten, die grundbesitzlosen Bürger an der Grundsteuer zu beteiligen. Dass es über Vinckes Behandlung dieser Frage zu sehr ernsten Meinungsverschiedenheiten zwischen ihm und Stein kam[1780] und Stein sich veranlasst sah, ihn mit einem „despotischen Pascha" gleichzusetzen[1781], sei im Vorbeigehen angesprochen.

Der Provinziallandtag beschäftigte sich unter dem Vorsitz seines Marschalls, der durchaus zur Partei werden konnte, zudem mit einer Fülle von Anträgen und Beschwerden, die zum Teil auf örtliche Initiativen zurückgingen. So ging es, um die Spanne nur mit wenigen Schlaglichtern anklingen zu lassen, um die Übernahme des Rechnungswesens für das Landarmenhaus Bennighaus, um die Forderung, in protektionistischer Absicht französische Importartikel zu besteuern, um handelspolitische Maßnahmen zugunsten der heimischen Industrie und des Gewerbes, um zu dem lateinamerikanischen Markt Zugang zu finden – ein Thema, dem Stein sein besonderes Augenmerk zuwandte[1782]. Hinzu kamen zwei Eingaben des Landtagskommissars, des Oberpräsidenten Vincke, die sich zum einen auf die Verwendung eingenommener Gelder aus der Zeit der Befreiungskriege bezogen, zum anderen auf die Zusammenlegung der insgesamt acht in der Provinz bestehenden Feuersozietäten – ob Stein darüber im Oktober 1826 mit dem Elberfelder Kaufmann und Politiker Johann Heinrich Daniel Kamp gesprochen hatte, der einige Jahre später Direktor der Colonia Feuerversicherungsgesellschaft werden sollte?[1783] Um auch hier kurz nach vorne zu blicken: Diese Reformmaßnahme wurde 1837 mit der Gründung der „Westfälischen Provinzial-Feuersozietät" erfolgreich abgeschlossen.

Dass die Beratungen im Münsterschen Rathaus – ganz davon abgesehen, dass es wegen der Nutzungsgebühren und der Renovierungskosten zwischen Stadt und Landtag zu ärgerlichen Zerwürfnissen kam[1784] – längst nicht nur von Harmonie, sondern viel eher von starken Interessengegensätzen zwischen den vier Ständegruppen geprägt waren, bestätigt sich durch Briefe und andere Reaktionen Steins. So beklagte er wiederholt die fehlende Bildung einiger Mitglieder des 3. und 4. Standes, der „Abgeordneten aus den kleinen Städten, aus dem Stand der ländlichen Gemeinden, von Maiern, die bey redlicher Gesinnung sich nie über den engen Crayss ihrer kleinen Landwirtschaft und Gemeinde erhoben, [...], aus Krämern, deren Blick auf ihren Laden beschränkt war“[1785]. In solchen Bewertungen schließt sich der Kreis zu seinen Einschätzungen aus den 1780er und 1790er Jahren: die große Masse der Bevölkerung ist durch eine umfassende Erziehung erst noch reif zu machen für den Staat, die Verwaltung hat eine riesengroße Erziehungsaufgabe zu leisten.

Die Gesamtbewertung des Instituts des Landtags wurde aber auch im längerfristigen Rückblick nicht viel besser: Ende Januar 1829, also schon nach Abschluss des zweiten von ihm geleiteten Landtags, monierte Stein, dass die Katasterreform vom 1. Landtag heftig gerügt worden sei, alle Vorschläge seien aber unbeachtet geblieben, und die Steuererhöhung von 8% daure an[1786]. Von diesem ihn auch persönlich berührenden Gravamen einmal abgesehen, beklagte Stein mit zunehmender Entfernung vom Ereignis immer nachdrücklicher die geringe Beachtung, die die Vorschläge der Provinzialstände in Berlin erfahren hätten, und wieder machte er einen Hauptfeind aus: „den üblen Willen der Bureaucratie“[1787]. Das war in der Tat ein Strukturproblem: eine bloße Rostra zu haben, war vielen Abgeordneten viel zu wenig. Insofern nahm die Konstruktion der Provinziallandtage nur ein wenig Luft aus der politisch angespannten Situation.

Stein hat sich unmittelbar nach dem Ende des 1. Landtags, dem er trotz mancher Enttäuschungen, trotz mancher Irritationen über unfähige Abgeordnete, trotz seiner Überladung mit Aufgaben eine wichtige Funktion im Prozess der Bildung eines regionalen Bewusstseins zusprach[1788], an die Arbeit gemacht – Deutungshoheit! –, seinen Ablauf zu Papier zu bringen und kritisch zu bewerten[1789]. Verfälschungen durch unautorisierte Veröffentlichungen sollten gar keine Chance haben. Das Manuskript[1790], dem Vincke völlige Unparteilichkeit bescheinigte und das er nur im Hinblick auf die Darstellung der Katasterfrage kritisierte, war innerhalb weniger Wochen abgeschlossen[1791], die Veröffentlichung erfolgte im Spätjahr 1827[1792] – Stein hatte das Manuskript bereits vorher in großem Stil verteilt[1793]. Das war auch ein Mosaiksteinchen, das zu seinem Bild in der Nachwelt beitragen konnte.

Wie auch immer er die westfälischen Ergebnisse im einzelnen bewertete: Stein war überzeugt, dass vom Landtag eine positive Gesamtwirkung ausgehen werde, und im Zusammenhang mit der Errichtung einer eigenen Abteilung für Ständeangelegenheiten im Innenministerium in Berlin, von der nur Gutes zu erhoffen sei, begann Stein seit dem Februar 1827 eine Reise in die Reichshauptstadt ernsthaft ins Auge zu fassen, die dazu dienen sollte, den zweiten Schritt vorzubereiten, die Einberufung von Reichsständen. Wenn es dazu gekommen wäre und er dabei eine maßgebliche Rolle hätte spielen können, wäre das sicher der absolute Höhepunkt seiner politischen Bemühungen nach den Befreiungskriegen gewesen. Seiner Schwester, mit der er sonst ohne Umschweife korrespondierte, kündigte er seine Abreise für den 24. März 1827 an und umschrieb seine Absichten arg nebulös: „Hier [i.e.: in Berlin] wünschte ich, mehrere auf dem Landtag verhandelte, die Provinz betreffende Angelegenheiten zu verfolgen und hoffe, zu ihrer zweckmäßigen Beendigung einzuwirken, da man auf Bereitwilligkeit, das Gute zu bewirken, bei dem König und dem Kronprinzen rechnen kann“[1794].

Stein ist bis Anfang Mai 1827 an seiner alten Wirkungsstätte gewesen, wo, abgesehen vom Monarchen und dem Kronprinzen, denen er freilich in der Zwischenzeit nach Paris 1815 wiederholt begegnet war, eine neue Riege von Beamten den Ton angab. Korrespondenz aus diesen Wochen gibt es so gut wie nicht. Rein äußerlich verließ er Berlin ein weiteres Mal hoch ausgezeichnet: der König hatte ihn zum Mitglied des Staatsrats ernannt[1795], was in seinem Fall als ein reiner Ehrentitel verstanden werden musste. Der Staatsrat, wie er 1817 eingerichtet worden war, hatte mit dem alten Steinschen Konstrukt nichts mehr gemein, sondern war als eine rein beratende Behörde konzipiert, zu der nur vom König persönlich berufene Mitglieder – residierende und nicht-residierende – Zugang erhielten. Für die Sicht Steins und die Bewertung seines Aufenthalts sind reine Höflichkeitsschreiben wie etwa eins an die Prinzessin Luise Radziwill[1796] ziemlich belanglos, man muß über die Briefe an vertraute Freunde versuchen, an die Substanz seiner Berliner Gespräche heranzukommen – und wird schnell enttäuscht. Johann Wilhelm Joseph von Mirbach berichtete er, zurück in Nassau, unter dem 19. Mai 1827: „Bei allem Erfreulichen, das das Wiedersehen alter Freunde und Bekannter, die Erinnerungen, die sich an eine in den besseren Jahren bewohnte Örtlichkeit knüpften, die wohlwollende Aufnahme, die ich häufig fand, der Anblick der Fortschritte in sittlicher, wissenschaftlicher und artistischer Beziehung für mich hatte, fühlte ich mich doch häufig ermüdet und niedergedrückt“[1797]. Ermüdet und niedergedrückt – das sind wohl die beiden Schlüsselworte, und sie meinen sicher nicht nur die physische Ermüdung eines Greises, sondern auch Resignation, politisch nicht mehr vorwärts zu kommen, nichts mehr bewirken zu können.

Man kann davon ausgehen, dass die Reichsstände ganz oben auf der Agenda des Freiherrn standen: niemand in der preußischen Führung dachte ernsthaft daran! Dem Grafen Spiegel berichtete er zwar, der Kronprinz zeige „innige Teilnahme an der Wirksamkeit und Entwicklung des ständischen Instituts“[1798], aber zu irgend einer Absichtserklärung über den „nächsten Schritt“ war auch er selbstverständlich nicht zu bewegen. Niedergedrückt – seinem guten Freund Vincke, mit dem er freilich damals wegen der Katasterangelegenheit über Kreuz lag, berichtete er mit keiner Silbe über seine Berliner Gespräche, offenbar um seine Niederlage auf der ganzen Linie nicht einzugestehen. Eineinhalb Jahre später hat er seiner Tochter Henriette gegenüber die Dinge auf den Punkt gebracht – er hatte keinen Einfluß mehr: „Les personnes qui occupent les premières places qui sont influentes appartiennent à une nouvelle génération, leur manière de voir diffère de la mienne et mon séjour de 1827 n'a eu aucune influence sensible et bienfaisante sur les affaires dans lesquelles je suis intervenu“[1799].

Ein wenig aufgehellt wurde das Negativerlebnis der Berlin-Reise durch einen Abstecher nach Weimar auf dem Rückweg[1800], der möglicherweise auf das Insistieren seiner Tochter Therese, die ihn begleitete, zurückging, die partout Goethe sehen und kennenlernen wollte. Stein und seine Tochter trafen in der Tat mehrmals mit dem Dichterfürsten zusammen, dem sie ein Geschenk des preußischen Kronprinzen überreichten – wenige Wochen vor Goethes 78. Geburtstag mit der oft geschilderten Szene, als der bayerische König ihn in seiner Wohnung besuchte und ihm das Großkreuz des Verdienstordens der Bayerischen Krone überreichte[1801]. Es sollte das letzte Zusammentreffen Steins mit Goethe sein (den Steins Ableben dann überaus betroffen machen sollte[1802]), und auch Berlin sollte ihn nicht mehr sehen. Wenn es überhaupt noch eines Ereignisses bedurft hatte: mit dieser Reise nach Berlin hatte Stein mit seiner preußischen Karriere abgeschlossen – der einzigen Staatsratssitzung, an der er teilgenommen hatte und in der eine Materie behandelt wurde, „die für mich wenig Interesse hatte“, sollte keine zweite mehr folgen. Immerhin glaubte er sich aufgrund des Staatsratstitels offenbar berechtigt, sich gelegentlich mit Anliegen, mit denen er bei der Provinzialregierung keinen Anklang fand, direkt an das zuständige Berliner Ministerium zu wenden[1803]. Auch dass er einen Glückwunsch an den (ihm allerdings gut bekannten) Prinzen Wilhelm zu seiner Ernennung zum Generalgouverneur der preußischen Westprovinzen[1804] zu einer Abrechnung mit weiten Teilen der Berliner Administration nutzte, hat er vor sich selbst wohl mit seiner Zugehörigkeit zum Staatsrat gerechtfertigt.

Vor diesem Hintergrund einer eher enttäuschenden Berlin-Reise und von längst nicht voll erfüllten Hoffnungen im Hinblick auf den 1. Landtag trat er an den 2. Westfälischen Provinziallandtag, der sich im November 1828 versammelte, relativ desillusioniert heran. Der Streit mit Vincke in der leidigen Katasterangelegenheit war noch längst nicht in Vergessenheit geraten; Stein hatte im September 1828 sogar damit gedroht, für den Fall seiner Ablösung als Landtagsmarschall – was dann Vincke zugeschrieben werden müsse! – die Korrespondenz mit ihm zu veröffentlichen![1805] Soweit kam es zwar nicht[1806], aber die Stimmung blieb gespannt. In der Tat hatte sich das Gremium unter Steins Vorsitz – der erneut am Prinzipalmarkt Wohnung bezog, mit nicht weniger als sechs Dienstpersonen[1807] – im wesentlichen mit denselben Agenden zu beschäftigen, die schon zwei Jahre zuvor auf der Tagesordnung gestanden hatten[1808]: dem Katasterwesen, das

Stein unverändert bewegte[1809], dem Zusammenschluss der Feuersozietäten, Wirtschaftsfördermaßnahmen. Zu einem Erfolg führten die Beratungen über eine „Sukzessionsordnung für die Ritterschaft"[1810] und über ein auf die Ritterschaft zurückgehendes Vorhaben, zur Kompensation von 24 aufgehobenen Damenstiften Westfalens ein neues Fräuleinstift für den katholischen Adel der Provinz zu errichten – der Ministerialauftrag hatte noch auf zwei gelautet. Die Entscheidung für ein solches Fräuleinstift[1811] mit zwölf Präbenden kostete den westfälischen Adel einiges an Geld; von jedem Mitglied der Korporation wurde eine Einlage von 4.000 Talern erwartet. Aber es kamen selbstverständlich auch völlig neue Materien auf die Agenda, etwa die Förderung der Rheinisch-Westfälischen Gefängnisgesellschaft[1812], die Stein persönlich schon einige Zeit unterstützte, oder die Einrichtung eines separaten Archivs der Ständevertretung.

Unmittelbar nach Ende des (nur knapp vierwöchigen) Landtags machte sich Stein erneut an die Arbeit, seinen Ablauf aktenmäßig darzustellen[1813] – der Begriff „Deutungshoheit" wurde oben schon einmal verwendet. Das Ganze vermengte sich diesmal mit einer anderen Angelegenheit, Steins Versuch nämlich, den Gang der Katasterdiskussion im Druck bekannt zu machen. Da Vincke die Publikation einer solchen Schrift förmlich untersagte bzw. an sein Imprimatur band, Stein demgegenüber der Meinung war, die „Bekanntmachung der Verhandlungen [werde] gewiss dazu dienen, einen öffentlichen Geist zu gründen und zu entwickeln"[1814], trieb die Sache einem Eklat zu. Stein ersuchte, selbst auf die Gefahr einer ihn treffenden Geldstrafe, den Verleger nachdrücklich, mit dem Druck fortzufahren und gab als weiteren Grund für die Publikation an, dass der Landtag sie selbst beschlossen habe[1815]. Im Raum stand ausgesprochen oder unausgesprochen der Vorwurf, Vincke versuche ein Zensur auszuüben. Stein ließ die Drucksache erscheinen, Vincke erhob Einspruch[1816], den er am Ende faktisch aber fallen ließ. Mit seiner aktenmäßigen Darstellung[1817] der Landtagsverhandlugen muss Stein um den 20. Januar 1829 fertig geworden sein, auch wenn ihm manche Akten fehlten[1818]. Erneut hat er sie umgehend, auch unter Außerachtlassung des „Dienstweges", großzügig verteilt, selbst höchsten Orts[1819].

Er wird dieses Manuskript auch deswegen zügig abgeschlossen haben, weil er – nach seinen oben skizzierten Erfahrungen überraschend – eine neue Reise zu einer Staatsratssitzung in Berlin fest eingeplant hatte, in deren Verlauf er sicher den Kontroverspunkt mit Vincke angesprochen haben würde. Eine Erkrankung (wohl eine Lungenentzündung[1820]), die ihn in den ersten Februartagen ereilte[1821] – nachdem er noch Ende Januar eine Jagdgesellschaft gegeben hatte –, verhinderte am Ende dann diese Reise.

Der Provinziallandtag von 1830/31 kann im Rahmen dieser Biographie relativ kurz abgehandelt werden. Zwar war Stein auch jetzt, nachdem er im Frühjahr 1830 unter dem Eindruck eines familiären Schicksalsschlags und voranschreitender Gebrechlichkeit mit dem Gedanken des völligen Rückzugs aus dem Amt gespielt hatte[1822], formal Landtagsmarschall[1823], zwar hatte er sich seit dem November intensiv mit der Agenda dieser Sitzungsperiode beschäftigt[1824] (und dabei der Einführung der Städte- und einer Landgemeindeordnung allerhöchste Priorität eingeräumt), er musste sich jedoch aus Gesundheitsgründen sehr häufig, vor allem in den Ausschüssen, von dem Freiherrn Johann Ignaz von Landsberg-Velen vertreten lassen, der schon während des 2. Landtags sein Stellvertreter gewesen war[1825]. Stein enthielt sich, wie er Vincke auch angekündigt hatte, aller repräsentativen Pflichten[1826] und nahm meist nur beobachtend und damit schriftlich – auch mittels umfangreicher Denkschriften[1827] – Anteil, im übrigen ganz unter dem Eindruck der revolutionären Bewegungen, die von Frankreich aus u. a. auch das räumlich benachbarte Belgien ergriffen – Bewegungen, die er zum einen dem „hinterlistigen Treiben der Liberalen" zuschrieb, von denen er sich zum anderen (Belgien) angeekelt fühlte „wegen ihrer Ungerechtigkeit, der Verderblichkeit des Zwecks, den sie erreicht"[1828]. Er fühlte sich sicher in diesen Wochen und Monate in die Situationen vor 40 Jahren zurückversetzt. Revolutionen waren für ihn zu einem Schlüsselbegriff seines Lebens geworden. Nicht zufällig hatte er in der Zeit nach dem Wiener Kongress umfangreiche Exzerpte aus einem Werk Christian Wilhelm von Kochs[1829] über die Revolutionen in Europa angefertigt, das eine viel frühere Zeit betraf[1830]: ihn interessierte das Phänomen an sich.

Der Landtag von 1830/31, an dem Stein nur noch indirekt und sporadisch teilnahm, freilich über alles durch die Korrespondenzen und Begegnungen mit Landsberg-Velen und gelegentliche Treffen mit Vincke und Hüffer bestens informiert wurde, endete insofern mit einem Eklat, als das Gremium zunächst entgegen den Wünschen Steins und Vinckes sich relativ ausführlich mit Anträgen des konservativen Adligen Franz Egon von Fürstenberg und des freisinnigen Advokaten Franz Anton Bracht beschäftigte, die auf die Einrichtung von Reichsständen (für Gesamtpreußen) hinausliefen[1831]. Es war, wie es scheint, überhaupt das erste Mal, dass in einem öffentlichen Gremium Preußens um eine Gesamtstaatsvertretung gebeten wurde. Die Berliner Regierung sah sich durch eine Kabinettsordre veranlasst, diesen Vorgang schärfstens zu rügen und den Provinzialständen das Recht zu Verhandlungen über die Verfassungsfrage generell abzusprechen. Dies und die Beschlagnahme einer nur für den internen Gebrauch bestimmten bzw. nicht autorisierten Landtagsdrucksache[1832], die die Verfassungsangelegenheit und namentlich die Frage der Einrichtung von Reichsständen dokumentierte und jenseits aller Vertraulichkeit in den Wirtshäusern Münsters die Runde machte, sorgten dafür, dass Stein im Rückblick die Landtage, mit denen er dienstlich befasst gewesen war, eher kritisch gesehen haben wird – seine Autobiographie, die er mit 1815 hatte abbrechen lassen, enthält zu den Landtagen natürlich keine Bewertungen mehr. Zu dieser Einschätzung wird auch beigetragen haben, dass Stein, offenbar nicht ohne über seinen eigenen Schatten zu springen, einen Auftrag der Provinzialstände zwar annahm, dem Kronprinzen als Generalgouverneur der Westprovinzen das (etwas entschärfte) Verfassungsbegehren der Westfalen vorzutragen und zu erläutern, dieser das Gesprächsangebot dann wider Erwarten aber doch wieder zurückzog, wodurch sich Stein in hohem Maß kompromittiert fühlte[1833]. Dass Stein in der Sache voll hinter den beiden Petenten stand, illustriert u. a. ein Brief an Gneisenau, in dem er kundtat: „Die Teilnahme der Nation an der Gesetzgebung und Besteuerung halte ich für ein kräftiges Mittel, beide Zweige zu vervollkommnen, und für eine Erziehungs- und Bildungsanstalt, die den wohltätigsten Einfluss auf das praktische und theoretische Leben des Volkes hat"[1834].

Trotz aller dieser Fehlschläge, Unzulänglichkeiten und Defizite ist ein besonderer Kenner der Materie zu der Einschätzung gelangt, das Zusammenwirken Steins und Vinckes auf den Provinziallandtagen könne man „als eine große Zeit der landschaftlichen Selbstverwaltung Westfalens ansehen"[1835]. Man kann diesem Urteil wohl nur dann folgen, wenn man die Masse der Agenden würdigt, die erkannt wurden und angepackt werden mussten, aber sicher nur mit Abstrichen, wenn man sich vergegenwärtigt, welche dauerhaften Ergebnisse erzielt wurden. Die Feuersozietäten allein rechtfertigen es wohl nicht, von einer Sternstunde der westfälischen Verwaltungsgeschichte zu sprechen. Auch die Tatsache, dass es in der Katasterfrage auf dem Landtag von 1828 zu einem schweren Zerwürfnis zwischen Stein und Vincke kam, das eine ganze Zeitlang die Zusammenarbeit bedrohte und nie mehr wirklich beigelegt wurde (und Vinckes insgeheim verfolgte Überlegungen, sich mit Steins 30 Jahre jüngerer Tochter Therese wiederzuvermählen[1836], nur noch absurder anmuten lässt), legt dem Biographen nicht zwingend nahe, sich der zitierten Bewertung anzuschließen.

Dem Provinziallandtag entsprachen auf Kreisebene ständisch gegliederte Kreistage, die erstmals 1829 zusammentraten. Von seinen Gütern Cappenberg und Scheda her war Stein ritterschaftliches Mitglied zweier Kreistage, desjenigen von Lüdinghausen und desjenigen von Hamm. Stein nahm an den Kreistagen nicht regelmäßig, aber gelegentlich[1837] teil – 1829 entschuldigte er sich beispielsweise für Lüdinghausen[1838] – und ließ sich ggf. vertreten[1839], war aber über die Agenda durch seine Korrespondenzen mit den beiden Landräten und den den Gremien angehörenden Standesgenossen immer auf dem laufenden. Er sah auch die Kreistage als ein wichtiges politisches Forum an, ganz gemäß seiner Philosophie, dass Probleme dort behandelt werden müssten, wo sie entstünden. Dem Hammer Kreistag vom Januar 1830 legte er beispielsweise eine sehr substantielle Denkschrift über die Teilbarkeit und Vererbung der Bauernhöfe vor[1840].

***

Das soll zu einem kurzen Blick auf den Gutsherrn Stein Anlass geben, für den der Tausch Birnbaum/Cappenberg, den er im Frühjahr 1816 stark zu forcieren gesucht hatte, übrigens fast zu einem Nullsummenspiel wurde[1841]. Als Stein die Herrschaft übernahm, war in Westfalen gerade ein heftiger Streit um die gutsherrlich-bäuerlichen Verhältnisse entbrannt, den man, wenn man sich das Oktoberedikt von 1807 vor Augen hält, wohl nur mit dem Etikett „reaktionär-restaurativ" bedenken kann. Stein hat noch vor der Besitzübertragung deutlich gemacht, dass er von seinen Bauern nichts als die Pachten und die Leistungen, die ihm überwiesen würden, nach dem gegenwärtigen Besitzstand verlangen werde[1842], aber nichts mehr (wobei man wohl vor allem an persönliche Leistungen wird denken müssen). Er wolle, selbst wenn die Gesetzgebung gegen den Bauernstand verschärft werden sollte – was aktuell in der Tat drohte –, nur das, was der *status quo* vorsehe; er könne sich nicht in die „Wiederauflebung abgeschaffter bäuerlicher Verhältnisse" einlassen.

Der geistige Vater des Oktoberedikts stellte nicht nur in Aussicht, in der Frage der bäuerlichen Leistungen nicht wieder hinter dieses Gesetz zurückzufallen, sondern er praktizierte das dann auch so. Es gibt viele Stimmen, die Stein als einen im besten Sinn des Wortes patriarchalischen Gutsherrn schildern, dem die Gutsbauern nicht nur mit Respekt, sondern mit einer weit über diese Kategorie hinausreichenden Anhänglichkeit begegneten. In Bezug auf die Förderung des Bauernstandes blieb sich Stein sein Leben lang im großen und im kleinen treu. Treu blieb er sich auch darin, dass er eine mustergültige Güterverwaltung einführte, von der im einzelnen noch zu untersuchen wäre, inwieweit sie auf die Nachbargüter ausstrahlte. Die Instruktionen für den (ersten) Rentmeister Franz Heidenreich Geisberg[1843], den Stein von Steinfurt nach Cappenberg holte, und für den Oberförster Poock, der Geisberg dann als Rentmeister nachfolgen sollte, lassen in ihrer Präzision und ihrer Umfassendheit den erfahrenen Verwaltungsmann erkennen[1844]. Aber es ging um mehr als vorbildliche Verwaltung: Stein strebte eine wirkliche Symbiose mit all den Menschen an, die ihm direkt oder indirekt zugeordnet waren. Es sind viele Schreiben auf uns gekommen, in denen er sich für Personen aus seinem unmittelbaren Umfeld verwandte, denen er beim Berufseinstieg oder beim beruflichen Fortkommen behilflich zu sein suchte[1845], deren Erziehungsberechtigte er beriet[1846] – und dies nicht nur mit hehren Empfehlungsbriefen, sondern auch mit finanziellem Engagement, etwa in bezug auf die Übernahme des Lehr- und Kostgeldes. Stein war ein veritabler *pater familias* in einem weiten Sinn mit einem dezidiert patriarchalischen Selbstverständnis. Ob ein in seinem Nachlaß befindliches Lied („Das neue Lied vom alten Stein") tatsächlich zu Neujahr 1819 und dann wieder 1822 und 1823 – vermutlich ja doch von den Menschen seiner engsten Cappenberger Entourage – gesungen und aufgeführt worden ist[1847], bleibe hier zwar auf sich gestellt: aber dass Stein mehr als Respekt genoss, unterliegt keinem Zweifel. Er gab, ganz im germanischen Sinn, solche Treuebekundungen dann auch gerne zurück; nach der Hochzeit seiner ältesten Tochter Henriette lud er nicht weniger als 80 Personen aus seiner näheren Umgebung mitsamt einigen Schulzen in eine Cappenberger Gastwirtschaft zu einem üppigen Festessen ein, bei dem es bei einem halben Ochsen, einigen Schafen, Geflügel, Schinken und – natürlich – Bier und Gebranntem offenbar hoch herging[1848]. Stein war in der Region zuhause, fühlte sich auch zuhause, wozu zusätzlich beitrug, dass er in das kirchliche Leben voll integriert war und sonntags in der Regel – wenigstens an jedem zweiten Sonntag – die Gottesdienste in der St. Georgs-Kirche im nahe gelegenen Lünen besuchte. Dass er dann auch Aufgaben als Synodaler übernahm, fügt sich diesem Bild nahtlos ein. Im übrigen bewegten ihn, den überzeugten Protestanten, konkreter: den Lutheraner, in dessen Nassauer Turm nicht zufällig Porträts Luthers, Melanchthons und einiger fürstlicher Wegbereiter der Reformation hingen, in den letzten Lebensjahren immer auch Ideen einer Reunion der Kirchen, zumindest aber einer Ausgleichung der konfessionellen Verschiedenheiten. Dass dafür nach den gerade erst vollzogenen Unionen innerhalb des Protestantismus und einer sich verstärkenden Dogmatisierung die Rahmenbedingungen nicht günstig waren, wird ihm allmählich bewusst geworden sein. Aber auch wenn seine Hoffnungen in dieser Hinsicht unerfüllte Wünsche blieben: an seinem tätigen Christentum, zu dem auch die regelmäßige Lektüre der Heiligen Schrift zählte, ist nicht zu zweifeln. Bezeichnenderweise nahm er katholische Orden und Schwesternschaften, die sich mit großem Erfolg in der Diakonie betätigten, zum Vorbild, die er seinen einschlägig engagierten Korrespondenzpartnern auf protestantischer Seite – etwa Amalie Sieveking oder Theodor Fliedner – als Modelle empfahl[1849]. Die gelegentlich die Runde machenden Gerüchte, Stein wolle oder werde vielleicht doch noch zum Katholizismus konvertieren, entbehrten zwar nach allem, was wir wissen, jeder realen Grundlage, spiegeln auf ihre Art aber wider, dass sein geradezu überkonfessionelles Christentum allgemein bekannt war und dass Stein keinerlei dogmatisch begründete Berührungsscheu hatte, selbst mit hochrangigen Repräsentanten der Katholischen Kirche auf einem ganz normalen Fuß zu verkehren. Das schlagendste Beispiel sind seine Beziehungen zu Erzbischof Spiegel.

Cappenberg, um zu diesem Gedanken zurückzukehren, zu einer Art Musteranstalt zu machen, fiel ihm um so leichter, als er den Besitz und seine Lage im wirklichen Sinn des Wortes liebte. Von seinen zahlreichen Äußerungen, die dies widerspiegeln, sei stellvertretend nur eine zitiert: aus einem Brief an die Gräfin Kielmannsegg, die und deren Mann er einlud, nach Abschluss der Einrichtungs- und Umbauarbeiten sein und seiner Familie Gast zu sein. Und dann schilderte er ihr alle Vorzüge, die Cappenberg aufwies: „Sie werden sich freuen über die herrliche Vegetation unserer Eichen und Buchen, über den ernsten Charakter der stark und schön bewaldeten

Gegend auf der einen Seite der Umgebungen und den weiten, freien Blick in eine große, schöne, von den Gebirgen des Sauerlandes begrenzte Ebene auf der entgegengesetzten, die man aus dem an dem Abhang einer Anhöhe kühn aufgebauten Kloster überblickt. Der Gottesdienst in der ganz nahe gelegenen Kirche, begleitet von dem schönen Geläute und Orgel, die mannigfaltigen Gegenstände der Erinnerung an die frommen Stifter Gottfried und Otto Grafen von Cappenberg, deren Gebeine im Chor aufbewahrt werden, alles dieses gibt eine ernste, feierliche, höchst beglückende Stimmung, die so sehr mit meiner Neigung zur Abgeschiedenheit und Einsamkeit übereinkommt"[1850]. Die Einheit von Natur, Kultur und Geschichte: so schreibt nur jemand, der der Überzeugung ist, eine richtige Entscheidung getroffen zu haben, der sich auf den Abend seines Lebens ohne jede Einschränkung freut. Er hat in Umbaumaßnahmen, um Cappenberg immer behaglicher zu machen, dann auch viel Geld investiert[1851].

Denn es kam hinzu, dass er, der aus dem Mittelrheingebiet stammende Mann, inzwischen zu einem Wahl-Westfalen geworden war; „zwanzig Jugendjahre des Lebens und Handelns", so ließ er aus derselben Stimmung heraus eine befreundete Adlige wissen, „[...] knüpfen mich an das Land durch so manche Bande der Erinnerung. Überall fand ich unzweideutige Äußerungen alter Anhänglichkeit, die für mich einen um so höheren Wert haben, da der ernste, besonnene Westfälinger nicht demonstrativ ist, da der Landmann durch Wohlhabenheit und Unabhängigkeit einen sehr achtbaren, selbständigen Stand ausmacht"[1852]. Stein war dieser Landschaft aus innerster Überzeugung verbunden: ihrer Herbheit wegen, der Geradlinigkeit ihrer Menschen. Kein Vorhaben hat ihn in der letzten Lebensdekade so beschäftigt wie die Arrondierung seines westfälischen Besitzes um die Domäne Scheda[1853] bei Fröndenberg, die seine Schwester Marianne 1823 erworben und auf ihn hatte überschreiben lassen, und der Ausbau Cappenbergs, in dessen neu angelegten Tierpark er nicht nur viel Schweiß, sondern auch viele Ideen investierte[1854]. Wenn man bildlichen Darstellungen aus der Zeit[1855] vertrauen darf, wurde der Cappenberger Tiergarten zu einem wahren Juwel. Die geradezu affektive Bindung an seinen westfälischen Besitz schlug auch in das Forstwesen ein, auf dem Stein es zu beachtlichen Kenntnissen brachte und immer neuen Versuchen, seltene, beispielsweise in Wörlitz angepflanzte Bäume auch in seinem Park zum Gedeihen zu bringen[1856]. Kurz vor seinem Tod verfasste er einen Beitrag über den Wert nordamerikanischer Bäume für die europäische Forstwirtschaft, der in einer Berliner Gesellschaft zur Verlesung kam[1857]. Überhaupt hatte er zum Wald, zu jedem einzelnen Baum eine geradezu emotionale Beziehung, die ihn, wenn man Arndt vertrauen darf, nicht selten bewog, bei den gemeinsamen Spaziergängen Bäume auch einmal zu umhalsen und zu streicheln[1858].

Und er blieb sich treu: Das Experiment, das Neue war auch in landwirtschaftlicher Hinsicht sein Metier. 1823 machte er ein Experiment mit einem

Gartenpflug und schloss eine präzise Kosten-Nutzen-Rechnung an[1859]. Anfang 1826 beklagte er, angesichts seines Alters sich nicht mehr der Pferdezucht widmen zu können[1860]. Die westfälische Agrarverfassung beschäftigte ihn zudem auch praktisch-juristisch und wissenschaftlich; so war er beispielsweise in der Lage, Jakob Grimm nach Erscheinen von dessen *Deutschen Rechtsaltertümern* (1828) Ergänzungen zum „Scharwerk" zukommen zu lassen (und damit einen früheren Kontakt zu reaktivieren)[1861]. Im übrigen wurde Stein auch in anderer Hinsicht ein wirklicher Landwirt: Die geradezu toposartigen Klagen über die niedrigen Preise, die für seine Erzeugnisse erlöst werden könnten, nahmen seit ca. 1824 sprunghaft zu. Er reagierte darauf ganz marktwirtschaftlich: Er hielt Getreide zurück, um es unter den Bedingungen einer schlechten Ernte günstiger verkaufen zu können[1862]. Ganz westfälischer Landadliger wurde er nicht zuletzt dadurch, dass er sich an den Treibjagden trotz nachlassenden (und dann nur noch einseitig intakten) Augenlichts freudig beteiligte und sich auch nicht dem „westfälischen Fest des Schweineschlachtens" entzog, welches er, wie er Fritz Schlosser schrieb, so eifrig mitfeiere, dass es ihn um ein halbes Dutzend Jahre bringe[1863]. Als er das – zu Jahresbeginn 1825 – niederschrieb, sollten ihm immerhin noch ein halbes Dutzend Jahre vergönnt sein.

Das Lob des Landlebens – damit korrespondierte auf der anderen Seite eine wachsende Distanz zu den großen Städten. Stein hatte Berlin nie wirklich „geliebt" und während seiner mehrjährigen dienstlichen Tätigkeit auch nicht lieben gelernt; sein oben zitiertes Verdikt über Paris könnte hinzugenommen werden, obwohl es natürlich – und vielleicht sogar vor allem – auch eine politische Grundierung hatte. Selbst über das (bescheidene) städtische Leben Münsters äußerte er sich, als er anlässlich des 2. Provinziallandtags einige Wochen dort „ausharren" musste, ausgesprochen kritisch: „Das Treiben, Trachten nach Vergnügen, Zusammenlaufen, Essen usw. ist mir lästiger als je [...]"[1864]. Für die Probleme einer schnell wachsenden Metropole, mit deren Funktionsträgern ihn auch immer weniger verband, brachte er zunehmend kein Verständnis mehr auf. Charakteristisch ist eine Passage aus einem Schreiben an eine in Berlin ansässige alte Freundin, die zurückging auf Berichte eines preußischen Beamten, der sich mit der Revision der Steinschen Städteordnung beschäftigte[1865]. Er habe, so führte er aus, Dinge über Berlin erfahren, „die mich mit Entsetzen erfüllten. Diese Pflanzschule der tiefsten Lasterhaftigkeit, der Bestialität, die Wülkenitzischen Gebäude, und dass Berlin keine Schulhäuser für Elementarschulen habe, dass die Kinder in engen schmutzigen Räumen, die dem Lehrer und seiner Familie zu Wohn- und Schlafzimmern dienen, sich versammeln. Dies duldet man auf keinem Dorf". Lob des Landlebens, Verdikt der Großstadt: der letzte Satz bringt den Tatbestand auf den Punkt.

11. Stein und die Geschichte

Stein, studierter Jurist und Historiker, also in der Sprache unserer Zeit mehr als ein reiner Autodidakt, hat sich in bestimmten Phasen seines Lebens, als er keinerlei direkte politische Verantwortung trug, historiographisch betätigt – ohne dass er irgendeine seiner historischen Darstellungen jemals zum Druck befördert hätte. Das geschah natürlich nicht, um sich selbst etwas zu beweisen oder sich einer intellektuellen Herausforderung zu stellen; Stein wäre nicht Stein gewesen, wenn seine historischen Arbeiten nicht sehr praxisbezogen gewesen wären in dem Sinn, sich selbst über historische Prozesse klar zu werden, also sich Orientierungshilfen zu verschaffen, oder aber, noch wichtiger, Dritten etwas an die Hand zu geben. Allen seinen historischen Studien wohnt insofern eine starke pädagogische bzw. selbstreflektorische Komponente inne.

Geschichte war für ihn ohnehin eine zentrale Leitkategorie und dementsprechend auch ein zentraler Erziehungsgegenstand. Geradezu klassisch sind seine einschlägigen Hinweise für den Erzieher der Kinder seines gerade verstorbenen Freundes und Schwagers Graf Arnim aus dem Frühjahr 1812[1866], die ihrer grundsätzlichen Bedeutung wegen hier im Wortlaut zitiert werden sollen: „Geschichte, und noch so unvollkommen, selbst nur vom längst vergessenen Hübner[1867] erzählt, pflegt ein lebhaftes, bewegliches, gefühlvolles junges Gemüt zu ergreifen, die großen Männer jedes Zeitalters, sie mögen nun von der Vorsehung bestimmt sein zum erfolgreichen Handeln oder zum Bekämpfen großer Widerwärtigkeiten, erregen seine Teilnahme, seine Abneigung oder seine Nacheiferung, und er setzt aus ihnen seine Ideale von menschlicher Größe und menschlichem Glück zusammen. Der Einfluss der Geschichte ist wohltätig für ein junges Gemüt, wenn sie gründlich, treu, einfältig studiert wird und man nicht auf der Bahn metaphysischer Schwätzer und politischer Sophisten daherwandelt, sie erhebt uns über das Gemeine der Zeitgenossen und macht uns bekannt mit dem, was die edelsten und größten Menschen geleistet und was Trägheit, Sinnlichkeit, Gemeinheit oder verkehrte Anwendung großer Kräfte zerstört. Ich halte es daher für wesentlich, den Sinn für das Studium der Geschichte zu erregen […]". *Historia vitae magistra*! Von daher erklärt es sich auch ohne Mühe, wie intensiv er sich mit der historischen Lektüre seiner eigenen Töchter beschäftigte und beispielsweise der 11jährigen Therese 1814 dringend nahelegte, nach der Lektüre der – 12bändigen! – *Histoire ancienne* des französischen Historikers Charles Rollin sich nun dessen (9bändige) *Histoire romaine* vorzunehmen[1868]. Neben dem Religionsunterricht, für den er 1812 seiner Tochter die Lektüre von Lavater, Gellert, Fénelon und der Viten des Franz von Sales und der hlg. Therese vorsah, stand für Stein die Vermittlung eines breiten und tiefen Geschichtsverständnisses ganz obenan.

Und Geschichte war mehr als ein zentraler Bildungsgegenstand für die nachwachsende Generation; Geschichte war schlicht und einfach das A und O des gesellschaftlichen Lebens. Mittelmäßige Vorlesungen zur deutschen Geschichte an den Universitäten seien, so ließ er im Frühjahr 1816 verlauten, immer noch besser als gar keine[1869]. In einer in Frankfurt im Februar 1816 entstandenen Denkschrift „Über die Herrenbank"[1870], in der er sich für die Provinzialstände und vehement für das Zweikammernsystem einsetzte, gab es nur eine Begründung: die Geschichte. Historisch-organisches Denken sei gefordert, wenn man etwas konstitutionell Dauerhaftes schaffen wolle: „allein dadurch, dass man das Gegenwärtige aus dem Vergangenen entwickelt, kann man ihm eine Dauer in Zukunft versichern, [sonst] erhält die neue Institution ein abenteuerliches Dasein ohne Vergangenheit und ohne Bürgschaft für die Zukunft". Alles nivellieren, alles gar demokratisieren: das habe in der deutschen Geschichte keinen Urgrund und keine Wurzeln!

Die meisten von Steins historischen Schriften, die in der Werkausgabe einen über 1000 Seiten umfassenden Band ausmachen, sind erst ein knappes Jahrhundert nach Steins Tod der Öffentlichkeit zugänglich geworden. Der Herausgeber konnte damals seine Verwunderung nicht unterdrücken, dass sie von der Wissenschaft so lange unbeachtet geblieben seien, obwohl sie doch Steins „Weltbild" viel präziser und umfassender widerspiegelten als alle seine tausende Briefe und Memoranden. Dieser Einschätzung ist auch heute noch kaum etwas hinzuzufügen.

Freilich überraschen die Themen. Man hätte bei seiner starken Affinität zu England erwarten können, dass er sich mit Aspekten der britischen Geschichte beschäftigt hätte, die ihn ja eigenem Bekunden nach seit seiner Kindheit faszinierte. Aber das war nicht so. Zeitlich am Beginn seiner historiographischen Tätigkeit stehen vielmehr zwei Arbeiten, die die französische Geschichte aufarbeiteten. Seine im Druck mehr als 350 Seiten umfassende „Französische Geschichte" entstand 1811 nach seiner Flucht nach Böhmen, parallel dazu beschäftigte er sich mit der „Geschichte des Zeitraums von 1789 bis 1799", immerhin auch ca. 80 Druckseiten umfassend. Die Beweggründe liegen auf der Hand: Es musste ihn, den Staatsmann, den Bonaparte öffentlich geächtet hatte, herausfordern, den Gründen und Anlässen der Großen Revolution auf die Spur zu kommen, die seit über zwanzig Jahren sein Leben und seine berufliche Tätigkeit begleitete und in erheblicher Weise bestimmte – und letztlich aus der Bahn geworfen hatte. Stein las sich mit Akribie in die französische Geschichte – bisher für ihn weitgehend *terra incognita* – ein, wir wissen sogar, welche Autoren und Werke er benutzte, und diese Studien dienten ihm im Sinn eines doppelten pädagogischen Effekts zugleich dazu, seine damals fünfzehnjährige Tochter Henriette gründlich zu unterrichten[1871]. Ein junger Mensch, so seine Überzeugung, musste nicht nur über die aktuelle Umwälzung in Frankreich und in ganz Europa informiert sein, sondern auch über die *longue durée* der französischen Geschichte, die, teleologisch oder nicht, zu dieser Fundamentalkrise geführt habe. Auch in Bezug auf dritte, etwa den preußischen Kronprinzen, hatte Stein in der Vergangenheit eine eingehende Einführung in die Geschichte, die „höhere Ansichten" und eine „lebendige Kenntnis des Gewirres des menschlichen Lebens" vermittle, immer wieder nachdrücklich angemahnt[1872]. Die Vorträge vor und der Unterricht mit Henriette sollten dazu dienen „pour inspirer de l'horreur pour ces événements désastreux et cette nation tigre singe"![1873]

Die „Geschichte des Zeitraums 1789 – 1799" soll noch für einen Augenblick weiter unser Interesse in Anspruch nehmen, weil diese Schrift besonders markant widerspiegelt, wie sich sein Bild der Revolution seit seiner anfänglichen Begeisterung für sie verändert bzw. konsolidiert hatte. Stein führte den Ausbruch der Revolution nicht etwa primär auf die brodelnde Missstimmung in der Bevölkerung zurück, sondern auf strategische und praktische Fehler und Versäumnisse der Krone und der Führungsschichten, etwa bei der Wiederberufung der *États généraux* oder bei der Verdoppelung der Zahl der Abgeordneten des Dritten Standes, aber auch bei der gänzlichen Abschaffung der Feudallasten. In der leichtfertigen Aufopferung einer im Prinzip stabilen Gesellschaftsform erkennt Stein das Hauptmanko der Führungsfiguren von 1788/89, sieht freilich auch, dass Ereignisse dieser Art ein Spiegel des „Zeitgeistes" sind, ganz elementar von den Individualitäten der Akteure und von schlicht „unberechenbaren" Ereignissen gesteuert werden. Ein „unabwendbares" Ereignis war die Französische Revolution für ihn nur insofern, als dieses Volk in seinem Urgrund labil und unberechenbar war.

Die „Französische Geschichte", die wegen der Berufung Steins nach Russland 1812 unvollendet blieb und mit dem Beginn des Konulats Bonapartes abbrach, ist entgegen ihres Anlasses viel mehr als ein Lehrbuch für heranwachsende Schülerinnen oder Schüler, sondern eine geschichtswissenschaftliche Leistung von beachtlichem Niveau und beeindruckender Reflexionstiefe. Natürlich ist sie vorrangig ereignisgeschichtlich orientiert, aber es finden sich darin eingestreut funkelnde Charakterstudien und geglückte Synthesen geistiger Entwicklungen – etwa der Aufklärung –, die die Studie deutlich über den Rang eines chronologischen Abrisses oder einer bloßen Kompilation hinausheben. Wichtig ist das Manuskript auch deswegen, weil es Steins neue Sicht des Alten Reiches widerspiegelt, die sich in den Jahren nach 1806 deutlich negativierte in dem Sinn, dass sein Untergang, der durch den Dreißigjährigen Krieg und den Westfälischen Frieden eingeleitet worden sei, ein irreversibler Prozess gewesen sei, weil niemand der französischen Unterjochung entgegengetreten sei[1874].

Das dritte seiner historischen Werke, das hier besondere Erwähnung verdient, ist seine „Geschichte der Deutschen". Sie hat sich in 22 Heften erhalten und wurde nach Diktat von Steins jüngerer Tochter Therese niedergeschrieben. Auch hier ist der Zeitpunkt des Entstehens eines Manuskripts, das im Druck beachtliche 375 Seiten umfasst und mitten im Spanischen Erbfolgekrieg abbricht, von Interesse: Das erste Heft wurde am 20. Mai 1816 begonnen, die Diktate zogen sich wohl bis weit in das Jahr 1817 hin – das sind exakt die Monate, in denen die *Monumenta* Gestalt anzunehmen begannen.

Der Herausgeber der Werkausgabe hat die „Geschichte der Deutschen" als „das reifste historiographische Werk Steins" charakterisiert[1875] und hat vor dem Hintergrund ständiger Nachträge und Verbesserungen von Steins Hand nicht ausgeschlossen, dass er es eines Tages hätte publizieren wollen. Das mag auf sich gestellt bleiben, aber dass es eine ganz selbständige synthetische, weit über das bloß Kompilatorische und Annalistische hinausgehende Leistung war, ist evident. Es war zudem eine wissenschaftliche Arbeit, die in einem bemerkenswerten Maß quellennah war und Stein wohl indirekt vor Augen geführt hatte, wie notwendig es sei, sämtliche Quellen zur Frühgeschichte der Deutschen erheben zu lassen und in kritischen Editionen vorzulegen. Er beschäftigte sich nach dem Aktenbefund auf jeden Fall im Herbst 1816 mit ihren hochmittelalterlichen Teilen[1876], also just zu dem Zeitpunkt, als jenes wissenschaftliche Großprojekt in Angriff genommen wurde, das Stein in der Wissenschafts- und Disziplingeschichte einen besonderen Platz sichert.

Damit ist das große Thema der Jahre nach dem Wiener Kongress angeschlagen: die Gründung der „Gesellschaft für ältere deutsche Geschichtskunde" und das Unternehmen der *Monumenta Germaniae Historica*.

Ob darin die Initialzündung zu sehen ist, bleibe auf sich gestellt, aber es war sicher ein gedanklicher Anstoß. Mitten in der größten Krise des preußischen Staates, zu einem Zeitpunkt, als niemand wusste, ob der Staat nicht zur Insolvenzerklärung gezwungen sein würde, Mitte Dezember 1807, legten zwei jüngere Wisseschaftler, der Historiker Johann Gustav Gottlieb Büsching und der Germanist Friedrich Heinrich v. d. Hagen, Stein den Plan einer Sammlung und Edition altdeutscher Literaturdenkmäler vor und baten um Steins nicht nur ideelle, sondern auch materielle Unterstützung[1877]. Die beiden Wissenschaftler hatten den Termin ihres Vorstoßes bewusst gewählt, weil sie glaubten, dass die politischen Rahmenbedingungen und Implikationen besonders günstig wären: Es könne keine gelegenere Zeit als diese geben, um „die Werke altdeutscher Größe, altdeutscher Herrlichkeit aus ihrem Staube zu wecken" und damit der Gegenwart einen Ansporn zu geben. Eine Kollektion alter Manuskripte sei bereits zusammengetragen worden, die in Deutschland ihresgleichen suche. Ein großes Defizit bestehe aber noch: jene Manuskripte zu erheben, die seinerzeit (in der Anfangsphase des 30jährigen

Krieges) aus Heidelberg geraubt und nach Rom verbracht worden seien. Die Einrichtung, die am ehesten behilflich sein könnte, wäre sicher die Berliner Akademie; ohne dass das klar ausgesprochen worden wäre, erhofften die beiden Wissenschaftler wohl eine Befürwortung Steins und einen staatlichen Sonderzuschuss an die Akademie, um eine solche Erhebungsarbeit in Rom zu unterstützen.

Stein reagierte drei Wochen später[1878] mit der Zusicherung, „nach wiederhergestellter Ordnung der Dinge“ den preußischen Gesandten in Rom, Wilhelm von Humboldt, zu bitten, sich um Abschriften der dort lagernden Manuskripte zu bemühen. Mitten in seinen eigenen Reformvorhaben steckend, nahm Stein gleichwohl keinen Anstand, zu Büschings ehrlicher Freude[1879] die Sammlung altdeutscher Denkmale zu subskribieren und über das übliche Maß hinaus zu unterstützen[1880]. Im übrigen ist das Unternehmen der beiden „Nachwuchswissenschaftler“ erst über zehn Jahre später wirklich in Gang gekommen, nachdem Büsching 1817 Professor an der Breslauer Universität geworden war.

Aber gedankliche Anstöße gab es mehr als diesen. Ohne dass im Rahmen einer Stein-Biographie der Zwang und die Möglichkeit bestünden, die Vorgeschichte und die Frühgeschichte der *Monumenta* erschöpfend zu behandeln[1881], sei immerhin darauf verwiesen, dass ein solches Projekt der Sammlung der deutschen Geschichtsquellen schon im 18. Jahrhundert vielfach erörtert und von Johannes von Müller, Stein aus seiner Berliner Zeit bestens bekannt, 1806/07 mehrmals erneut zur Diskussion gestellt worden war. In Abwesenheit Steins wurde im Berliner Ministerium seit 1814 offenbar darüber nachgedacht, die alten Müllerschen Pläne zu reaktivieren – Überlegungen, von denen Stein mit hoher Wahrscheinlichkeit während seiner kurzen Rheinreise mit Goethe im Sommer 1815 erfuhr, an der auch der preußische Ministerialbeamte und Freund Savignys Johann Albrecht Friedrich Eichhorn zeitweise teilnahm. Dafür, dass das Thema offenbar in der Luft lag, spricht auch, dass der eben genannte Jurist Friedrich Karl von Savigny, Steins Mitbewerber um das „Erstgeburtsrecht“ und ihm seit den schwülen Spätsommertagen 1813 im schlesischen Reichenbach persönlich bekannt, im Oktober 1814 den nämlichen Gedanken seinem Schüler und Freund Jakob Grimm entwickelte[1882].

Wir müssen bei dem gegenwärtigen Kenntnisstand wohl von (wenigstens) zwei parallelen Entwicklungssträngen ausgehen, aus denen sich dann die *Monumenta* generieren sollten. Steins Verdienst war es, schon früh Wessenberg dazu bewogen zu haben, ein eingehendes Programm zu entwerfen über eine zu bildende Gesellschaft, das dann über Eichhorn, mit dem Stein seit 1813 eine allgemeine Korrespondenz unterhielt[1883] und mit dem er in der Zentralverwaltungskommission dann tagtäglich zusammentraf, Savigny zugeleitet wurde, der Gestalt, die sich berufen fühlte, die wissenschaftlichen Eckpunkte zu definieren. Denn das muss unterstrichen werden: Stein war für die Konstituierung der „Gesellschaft" eine wichtige Person, ein anderer, wichtigerer Verhandlungsstrang lief aber an ihm vorbei – ein Strang, an dem neben Berliner Akademiemitgliedern und Professoren (Savigny, Ancillon, Niebuhr, Rühs) hohe preußische Beamte (Eichhorn, Altenstein, Stägemann, Süvern) mitarbeiteten[1884]. Eine von Steins Lieblingsideen, neben eine zentrale Gesellschaft regionale Dependenzen zu stellen, wurde beispielsweise durch diese Kontakte zwischen Frankfurt und Berlin rasch konterkariert, mochte Stein auch noch so lange an dem Gedanken festhalten.

Das Entscheidende und vor dem Hintergrund der Berliner Gespräche Überraschende war freilich, dass die Berliner Papiere, die nur noch der Unterschriften Hardenbergs und des Königs harrten, wieder in der Versenkung verschwanden, ohne dass bis heute wirklich geklärt wäre, warum es nicht mehr zur Ausführung der preußischen Pläne kam[1885]. Noch überraschender war, was dann geschah: Nachdem Stein den Eindruck gewonnen hatte, dass von Berlin nichts mehr zu erwarten stehe, „da beschloß er in kühnem Selbstvertrauen und in der festen Zuversicht, dass der deutsche Adel und das deutsche Volk ein unter seiner Führung begonnenes Unternehmen nicht im Stich lassen würden, von sich aus und mit privaten Mitteln den Teil des großen Werkes ins Leben zu rufen, der ihm vor allem am Herzen lag"[1886].

Stein erkannte möglicherweise instinktiv, dass dies zur neuen Herausforderung seines „zweiten" Lebens werden könnte: Seit 1816 sieht man ihn die ersten Fäden spinnen, sich mit dem Konstanzer Generalvikar Wessenberg erneut und noch intensiver als zuvor über das Thema austauschen, sich mit den alten Historiographen beschäftigen, sich in Handschriftenkatalogen umzusehen. Und wer Stein auch nur einigermaßen kannte, dem war klar, dass dies kein kurzlebiges Strohfeuer sein würde, das nach dem Abebben der Aufbruchsstimmung rasch wieder erlöschen würde. Wie alles in seinem Leben, packte Stein auch dieses Anliegen professionell an – wenn dieser Begriff in einem Moment, in dem sich die Geschichtswissenschaft noch gar nicht professionalisiert hatte, bereits erlaubt ist. Der „studierte" Historiker und Jurist und der ausgewiesene Organisator begannen sich jetzt in einzigartiger Weise geradezu symbiotisch aufeinander zu zu bewegen.

Dass Stein sich als „Zugpferd" für ein solches Vorhaben zur Verfügung stellte, hatte einerseits etwa mit der persönlichen Situation nach dem Wiener Kongress – quasi von heute auf morgen ohne öffentliches Amt und ohne Verantwortung für das Staatswohl – zu tun; in seiner Autobiographie schrieb er in völlig klarer Selbsterkenntnis: „Ich trat in den neuen Abschnitt des Lebens mit der Lösung zweier Aufgaben, der der Geschäftslosigkeit und der des Alters. Die Leere, so aus der ersteren entstand, suchte ich auszufüllen durch Wissenschaft; ich wählte deutsche Geschichte [...]"[1887]. Andererseits lag die Option, sich für das Mittelalter und nicht etwa für die Erforschung des Westfälischen Friedens zu engagieren, was ihm als Wahl-Westfalen durchaus hätte nahe liegen können, im „Zeitgeist". Wie bei vielen Intellektuellen, mögen sie nun der Romantik zugerechnet werden oder nicht, hatte sich bei Stein eine ganz besondere Affinität zum Mittelalter ausgebildet, zur Epoche zwischen dem 10. und 13. Jahrhundert, die er als Höhepunkt deutschen Kaiserglanzes bewertete, als die große Zeit der deutschen Einheit, die noch durch keine kleinen oder mittleren Despoten gestört worden war, als jene Zeit im übrigen auch, als noch „Kraft, Tapferkeit, Treue und Frömmigkeit" geherrscht habe, mit denen die „Genusssucht, Gewinnsucht, Lügenhaftigkeit" seines eigenen Zeitalters scharf kontrastiere[1888]. Diese (in hohem Maß verklärte) Zeit wieder lebendig werden zu lassen, an sie ggf. auch wieder anzuknüpfen, war die große „Philosophie", die hinter dem Entschluss stand, sich auf das wissenschaftliche Wagnis der Sammlung der deutschen Geschichtsquellen einzulassen, das vor allem aber eins war: ein Vorstoß in absolutes wissenschaftliches Neuland. Sie, diese hochmittelalterliche Epoche, war es, die Stein bis in sein Privatleben hinein nachhaltig bewegen sollte; nicht zufällig, wählte er für den großen Saal in Cappenberg ein fiktives Motiv des 10. Jahrhunderts aus, das Cornelius in ein Fresko umsetzen sollte[1889], das dann aber wegen dessen Berufung nach München in die Hände des Berliner Historienmalers Karl Wilhelm Kolbe überging.

Auch die mühsame frühe Organisationsgeschichte des Unternehmens, das formal am 20. Januar 1819 in Steins Frankfurter Wohnung ins Leben trat, die Frage einer stärkeren Zentralisierung oder Dezentralisierung zugunsten einzelner Landesverbände, kann hier, obschon wissenschaftsgeschichtlich in hohem Maß reizvoll, nicht weiter interessieren. Die Organisationsfrage sollte freilich für die Finanzierung des Unternehmens von nachhaltiger Bedeutung werden. Der Gedanke, in größerem Stil „öffentliche Mittel" einzuwerben, wurde erst ab dem Zeitpunkt geboren, als Berlin sich, aus welchen Gründen auch immer, bedeckt hielt und als sich Steins Vision, das ganze Vorhaben aus Spenden des deutschen Adels bestreiten zu können, als Illusion erwies.

Bei der Rekrutierung von Mitarbeitern, die allererste Sorge eines Mannes, der ein solches Projekt zu starten beabsichtigte, kamen Stein seine weitgespannten Kontakte in die wissenschaftliche Welt im weiteren Sinn und in die politische Welt zustatten. Zwar gelang es Stein nicht, Arndt zur Mitarbeit zu bewegen – was wohl auch gar nicht dessen Sache gewesen wäre! –, aber Arndt verwies Stein wenige Monate nach seiner Absage auf den Königsberger Gymnasiallehrer Karl Lachmann[1890], der dann als Königsberger bzw. Berliner Professor in der Tat zu einem der rührigsten *Monumenta*-Mitarbeiter werden sollte. Auch bei der Gewinnung von britischen Mitarbeitern ist Arndt eine große Hilfe gewesen[1891]. Ein anderes Beispiel ist der Stuttgarter Verleger Johann Friedrich Cotta, mit dem Stein über dem württembergischen Ständekampf in näheren Kontakt gekommen war und der ihm jetzt beim „Anwerben" regionaler Historiker zur Seite stand[1892]. Ein drittes Beispiel wäre Erzherzog Johann, ein „Herr von großen und ausgebreiteten Kenntnissen"[1893], der ihm die Kontakte mit österreichischen Historikern erschloss – auch wenn sich in der Praxis die Zusammenarbeit mit ihnen dann mehr als schwierig erweisen sollte[1894]. Goethe schließlich soll auch hier nicht unerwähnt bleiben, der Stein den entscheidenden Hinweis auf den Kasseler Bibliothekar (und späteren Göttinger Professor) Jakob Grimm gab[1895] und der dann, um ihn wenigstens ideell an das Vorhaben zu binden, zu seinem 70. Geburtstag im August 1819 zum Ehrenmitglied der „Gesellschaft" ernannt wurde (was ihn nach einer ersten Kritik Steins an seinem Desinteresse[1896] immerhin anspornte, das erbetene Verzeichnis der in Jena und Weimar befindlichen Handschriften zu liefern[1897]).

Aber es waren nicht nur die bedeutenden Köpfe der Zeit, die Hilfestellung leisteten. Als ein Beispiel sei der Stein aus seiner Zeit als Chef des Zentralverwaltung her bekannte gebürtige Basler Andreas Merian hier angeführt, der seit 1816 die Interessen Russlands in Paris vertrat und seine Bereitschaft bekundete, sich persönlich in Nachforschungen in Pariser Bibliotheken und Archiven einbringen zu wollen[1898]. Aus diesem Kontakt entwickelte sich dann eine sehr intensive Korrespondenz[1899] und Kooperation. Die europäischen Verbindungen Steins waren für das Unternehmen ein Segen![1900] Dass die Zusammenarbeit mit Merian, der sich in Paris mit einem ganzen Heer von Mitarbeitern umgab, sich dann zu einem nur mit dem Delikt der Geldverschwendung zu charakterisierenden finanziellen Chaos auswuchs[1901], war sicher nicht vorhersehbar und sprach nicht prinzipiell gegen Steins Methode, auf Personen zuzugehen, die er persönlich kannte.

Auch andere vermochte Stein von der Sinnhaftigkeit zu überzeugen, für ein solches Vorhaben Zeit, Inspiration und vielleicht sogar Geld einzusetzen. Der Legationsrat Lambert Büchler wäre hier etwa zu nennen, der über Jahrzehnte die Korrespondenzen der „Gesellschaft" führen sollte[1902], oder auch Wessenberg, der Konstanzer Generalvikar, Stein spätestens seit dem Wiener Kongress bekannt, auf dem er die Interessen des früheren Fürstprimas Dalberg vertrat, und dann einer derjenigen, die konzeptionell an der Wiege der *Monumenta* stehen sollten.

Die Einrichtung eines Direktoriums für das Vorhaben erfolgte, nachdem es umständehalber 1817 im wesentlichen geruht hatte, im Januar 1819 in Frankfurt[1903], also der Stadt, mit der Stein eng verbunden war und die als Sitz des Bundestags eine Art gesamtdeutsche Ausstrahlung besaß. Stein selbst hat die Statuten entworfen[1904] und sich seitdem in einem Umfang mit der inhaltlichen Gestaltung der *Monumenta* und der personenbezogenen Logistik beschäftigt, die jedes andere Thema überragte. Allenfalls die Frage der landständischen Verfassung kann mit diesem neuen Schwerpunkt seiner Tätigkeit einigermaßen mithalten. Die Direktion der Gesellschaft lag in den Händen der Gründungsmitglieder, der Herren v. Aretin, v. Berckheim, v. Plessen, v. Stein, v. Wangenheim und Büchler, nachdem in letzter Minute der österreichische Bundestagsdelegierte v. Buol, sicher auf Anweisung seiner Regierung, noch abgesagt hatte. Die Gründung der „Gesellschaft für ältere deutsche Geschichtskunde" erfolgte dann wenige Monate später in Steins Abwesenheit; Stein trat dem Beschluss nachträglich bei[1905], obwohl die Satzung nicht frei von Widersprüchen war.

Die Finanzierung der „Gesellschaft", für deren Vorhaben man anfangs glaubte, mit 20.000 Talern zurechtzukommen, wurde mit den Jahren immer mehr zu einem von Steins Traumata. Die meisten Regierungen und auch die Berliner Akademie, die Altenstein, freilich mit borussischen Hintergedanken, einzubinden versuchte, verhielten sich abwartend bis kühl und gingen über indirekte Unterstützung, etwa durch Freistellung eines Mitarbeiters, nicht hinaus. Steins „Bettelbriefe" an den deutschen Adel, von dem er annahm, er werde die Unterstützung des Unternehmens als eine Art Ehrenpflicht ansehen, sind Legion – und die Enttäuschung, wenn keine Reaktion oder eine ausweichende erfolgte, war jedes Mal riesengroß. So war Stein z. B. geradezu empört darüber, dass der als überaus reich angesehene greise Hildesheimer Bischof Fürstenberg, den er 1793 persönlich kennengelernt und anfangs sehr geschätzt[1906] hatte, sich auf ein entsprechendes Schreiben Steins[1907] zunächst völlig in Schweigen hüllte und dann Dritten gegenüber zu erkennen gab, dass er sich nicht beteiligen könne[1908]. Nach Fürstenbergs Tod sollte Steins ganzer Unmut hervorbrechen, als er den Verstorbenen anklagte, er habe überhaupt keinen Gemeinsinn besessen – für Stein das schärfste denkbare Verdikt! – und alles einem „fratzenhaften Vetter" hinterlassen[1909]. Indirekt bestätigte Fürstenbergs Verhalten Steins Einschätzung aus dem Jahr 1803, er sei „indolent und ohne Energie, und sein Benehmen ist ohne alle Würde und Festigkeit"[1910]. Auch das Verhalten des letzten Fürstbischofs von Corvey und Münsteraner Bischofs Ferdinand von Lüning, der vorgab, deswegen dem Verein nicht beitreten zu können, weil ihm das vor dem Hintergrund der Tatsache, dass auch Schriftsteller abgedruckt werden sollten, die sich zu Gregor VII. geäußert hätten, verübelt werden könnte[1911], hat bei Stein sicher viel mehr als nur Kopfschütteln hervorgerufen. Um so mehr würdigte er jene Adligen, die die „Gesellschaft" und damit das *Monumenta*-Unternehmen aktiv unterstützten, so etwa den Kölner Erzbischof Graf Ferdinand August von Spiegel, der dem wissenschaftlichen Vorhaben, wie die Korrespondenz ausweist, auch großes ideelles Interesse entgegenbrachte[1912], den Freiherrn von Landsberg-Velen, den Landesdirektor von Romberg. Bankiers, Kaufleute, gar staatliche Stellen anzugehen, zögerte Stein lange – im Rückblick betrachtet vielleicht zu lange. Er glaubte (zu) lange, das ganze Vorhaben nur über die „Adelsschiene" abwickeln zu können.

Die Personen oder Personengruppen, die Stein in einer neuen Aktion direkt oder über Dritte[1913] um Unterstützung der *Monumenta* anging, sind kaum zu zählen, darunter – nachdem der Gedanke verworfen worden war, beim Deutschen Bund direkt über die bloße Bitte um Protektion hinaus um Unterstützung einzukommen – eine Gruppe von Bundestagsabgeordneten[1914]. Im Dezember 1819 überlegte Stein ernsthaft – und ließ es durch

Spiegel sondieren[1915] –, im preußischen Kultusministerium um Unterstützung vorstellig zu werden[1916], dessen Leiter Altenstein früher nicht unbedingt zu seinen engsten Freunden gezählt hatte. Zu Jahresbeginn 1821, in Rom weilend, hatte er geradezu die Schreckensvision, dass die finanziellen Schwierigkeiten dazu führen könnten, das ganze Editionsvorhaben aufzugeben![1917] Auf Dauer waren die erheblichen Zuschüsse aus seiner Privatschatulle, die ihn im übrigen hinderten, sich an anderen Unternehmungen zu beteiligen[1918], nicht zu schultern, vor allem wenn dann noch kleine agrarische „Katastrophen“ wie etwa 1821 eine miserable Weinernte hinzukamen[1919]. Nach der Rückkehr aus Italien sah er sich, offenbar auf der Grundlage einer persönlichen Vorsondierung direkt bei dem in Ems kurenden Monarchen, zu einem Schreiben an den preußischen König veranlasst, in dem er auf die (moralische) Unterstützung anderer europäischer Souveräne abhob, beklagte, dass ein Unterstützung befürwortendes Votum der Berliner Akademie vom Staatskanzler „unberührt liegen“ gelassen sei[1920], und seine Hoffnung äußerte, dass der König dem Unternehmen, das bisher mit über 10.000 Talern allein von dem kleinen Führungskonsortium Solms-Laubach/Spiegel/Romberg/Landsberg-Velen/Mirbach/Fürstin Fürstenberg/Stein finanziert worden sei, seine Unterstützung zuteil werden lasse[1921]. Ein entsprechendes Schreiben ging an den Kronprinzen[1922].

Erst ab diesem Zeitpunkt scheinen die *Monumenta* in ein etwas ruhigeres Fahrwasser eingetreten zu sein: Die 1.000 Taler, die der preußische König für die *Monumenta* bereitstellte[1923], werden nicht gerade als „Befreiungsschlag“ empfunden worden sein, aber sie waren – zumal 1823 ein erneuter Zuschuss in gleicher Höhe erfolgte[1924] und sich diese jährliche Zuzahlung dank Niebuhrs Bemühungen dann fortsetzen sollte – von besonderem symbolhaftem Wert. Signalwirkung hatte diese Unterstützung insofern, als sich nun auch andere Mitglieder deutscher Dynastien mit dem Unternehmen zu solidarisieren begannen. Sie führten sich zurück auf eine Empfehlung des Bundestags vom Hochsommer 1820, der den Bundesstaaten nahegelegt hatte, die Ausgabe entweder durch eine angemessene Geldsumme zu fördern oder aber eine im voraus zu bezahlende Subskription einer bestimmten Anzahl von Exemplaren vorzunehmen[1925]. Wichtig war vor allem, dass der bayerische Kronprinz, mit Stein seit seinem Paris-Aufenthalt in näherer Verbindung und zweifellos einer seiner Bewunderer, sich dafür einsetzte, dass die Bayerische Akademie der Wissenschaften auf deren Kosten einen jungen Historiker nach Rom entsandte, um die vatikanischen Handschriften zu bearbeiten[1926]. Wichtig war aber auch, dass sich noch 1821 die anhaltinischen Häuser Bernburg, Dessau und Köthen nicht nur zu einer einmaligen Zuwendung bereiterklärten, sondern einen jährlichen Beitrag zusagten[1927]. Das wog die Tatsache, dass Österreich und andere Bundesstaaten – Württemberg mit der Begründung, kein Vorhaben unterstützen zu können, das von Mediatisierten betrieben werde! – sich bedeckt hielten, zwar nicht auf, aber immerhin sorgte der Appell des Bundestags doch dafür, dass viele Staaten sich wenigstens zu Subskriptionen durchrangen[1928]. Insgesamt ist der Erfindungsreichtum jener Staaten, die sich Zahlungen zu entziehen versuchten, das eigentlich Bemerkenswerte in den ersten Jahren der *Monumenta*, nicht so sehr der kleine Strauß von Kleinstaaten, die sich neben Preußen wirklich finanziell engagierten[1929] (Frankfurt, Hessen-Kassel, neben den anhaltinischen Fürstentümern).

Das alles war noch nicht die definitive Sicherstellung, aber eine Grundlage, von der aus kontinuierlich gearbeitet werden konnte. Dies war im übrigen auch, fast folgerichtig, der Punkt, an dem Stein sein Frankfurter Domizil aufgab und nur noch sporadisch in die Mainstadt reiste – nach außen hin mit seinem Alter und der anstehenden Vermietung des Hauses durch den Bankier Mülhens argumentierend[1930]. Mit 1824 hatten sich die *Monumenta* wissenschaftlich und finanziell einigermaßen etabliert, zugleich aber wurde ihr Direktorium faktisch durch Tod (Aretin) oder durch Wegberufung (Wangenheim) immer kleiner, zumal es nur noch bedingt gelang, andere Bundestagsabgeordnete für eine solche Aufgabe zu gewinnen. Der Weg hin zur „Verwissenschaftlichung" des Direktoriums begann sich abzuzeichnen.

Einigermaßen konsolidiert: das heißt nicht, dass die *Monumenta* auf Rosen gebettet gewesen wären. Noch ein halbes Jahr vor seinem Tod ging ein neues Rundschreiben an alle Regierungen des Deutschen Bundes mit der Bitte um Zuschüsse heraus[1931], und auch die Klagen, dass so wenige Subskriptionen für den ersten Band, der 1826 erscheinen sollte, eingegangen waren[1932] – eine Gänseleberpastete, so merkte Stein an, hätte wohl mehr Liebhaber gefunden[1933] –, spiegelt wider, dass das Unternehmen noch nicht zur Gänze, um bei der obigen Metapher zu bleiben, im ruhigen Fahrwasser lag. Zu einem guten Geschäft sind die *Monumenta* jedenfalls für das Frankfurter Bankhaus Mülhens, das die Gelder verwaltete[1934], wohl nie geworden. Stein konnte im übrigen, wenn es um sein Lieblingsprojekt der letzten eineinhalb Lebensdekaden ging, durchaus auch mit gleicher Münze zurückzahlen: Als er gebeten wurde, Mitglied des „Niederrheinischen Kunstvereins" zu werden, sagte er nicht zuletzt deswegen ab, weil am gesamten Rheinlauf nur eine Person (sein Freund Mirbach) etwas für die *Monumenta* getan habe[1935].

Aber die *Monumenta* brauchten nicht nur finanzielle Absicherung, sondern auch die Gewissheit, dass die noch in den Archiven lagernden Autographen (oder auch Abschriften) nicht verloren gingen – in einer Zeit, in der alte kirchliche Einrichtungen nicht mehr existierten und noch kein staatlicher Archivschutz geregelt war, war das beileibe keine Selbstverständlichkeit. Stein hat es zumindest indirekt angestoßen, dass man sich im Schoß der preußischen Regierung erstmals Gedanken machte über die Sicherung der alten Stiftsarchive, etwa die von Essen, Werden und Corvey[1936], und er war es auch, der darauf drängte, die von den Franzosen verschleppten Archivalien restituiert zu erhalten[1937]. Von Spiegel erhoffte er sich nach dessen Inthronisation als Kölner Erzbischof nachhaltige Unterstützung bei der Erschließung und Auswertung der geistlichen Archive in deutschen Landen[1938].

Für die Frühphase der Edition war Steins Italienreise 1820/21 von maßgeblicher Bedeutung. Sie hatte sich spätestens seit dem Herbst 1817 abgezeichnet, seit dank Niebuhrs Recherchen[1939] klar geworden war, was an Schätzen in den Vatikanischen Sammlungen[1940] lag. Stein gelangte im Verlauf dieser Reise – ein gewisser Bekanntheitsgrad muß auch für Italien angenommen werden, für die Schweiz steht er fest – in einen persönlichen Kontakt zum Präfekten des Vatikanischen Archivs, Marino Marini, und konnte auch dem Kardinalstaatssekretär Consalvi, ihm seit dem Wiener Kongress persönlich bekannt, von dem Vorhaben berichten[1941] (und allem Anschein nach viel Verständnis finden[1942]). Die Versicherungen beider, dass das Vatikanische Archiv seine Bestände[1943] für ein Unternehmen dieser Art öffnen würde, waren eine zentrale Voraussetzung für Pertz' lange Italienreise vom November 1821 bis zum August 1823, über die er im *Archiv der Gesellschaft für ältere deutsche Geschichtskunde* des Folgejahres geradezu erschöpfend berichten sollte[1944]. Im übrigen waren die *Monumenta* zwar ein wichtiger Beweggrund für Steins Italienreise, aber keineswegs der einzige. In Rom bemühte sich Stein u. a. in Kreisen, denen ein gewisser Einfluss auf die Besetzungspolitik der Kurie eingeräumt wurde, Ferdinand August Spiegels vollkommene persönliche Integrität, Gelehrsamkeit und „Geschäftsfähigkeit" zu unterstreichen. Man hätte sich denken können, dass eine solche Empfehlung eines Protestanten an der Kurie eher einen kontraproduktiven Effekt hätte erzielen können; ganz anders bei Stein, dessen Unbestechlichkeit und Einschätzungsvermögen sich offenbar bis nach Rom herumgesprochen hatte. Im folgenden Jahr wurde Spiegel zum neuen Kölner Erzbischof bestimmt. Dass er diese Ernennung zunächst ablehnte[1945], hatte nichts mit Rom zu tun. – Ob Stein bei diesen Verhandlungen seine italienischen Sprachkenntnisse einsetzte, die er sich in Göttingen angeeignet hatte[1946], muss bei alledem offen bleiben.

Die Italienreise war für Stein aber auch deswegen plastisches Anschauungsmaterial, weil er vor dieser Folie erkannte, dass Deutschland es politisch bereits ein Stück weiter gebracht hatte. Ein langer Brief an Capodistrias aus Rom[1947] spiegelt wider, wie sehr er diese Nation bedauerte, die Chance, die sich auch ihr 1814/15 geboten habe, nicht entschlossen genug genutzt zu haben. In solchen Augenblicken verloren seine vielen Vorbehalte gegen die Bundesverfassung dann wieder etwas an Gewicht.

***

Die Reise nach Italien, um diesen Seitenpfad hier einzuschlagen, hatte zwar die *Monumenta* in ihrem Fokus, aber ein wenig Touristisches und Medizinisches, nicht zuletzt Abstand-Gewinnen von den politischen Turbulenzen in Deutschland nach Karlsbad, waren doch auch in Spiel. Mehr noch: Italien war nur der zweite, ursprünglich gar nicht beabsichtigte Teil einer längeren Reise, die man heute vielleicht sogar mit dem Etikett „Trauerarbeit" versehen würde. Schon während seines Basel-Aufenthalts im Januar 1814 hatte er seiner Frau, die über persönliche Verbindungen in die Alpenrepublik verfügte – sie selbst hatte einen Teil ihrer Kindheit in Lausanne verbracht, wo sich auch das Grab ihrer Mutter befand[1948] – das hohe Lied der Schweiz gesungen, wo man einmal einen längeren Urlaub machen müsse, und die Schweiz hatte ihn seitdem nicht mehr losgelassen[1949]. Er hatte schließlich, auch wenn er Lavater bei seinen Besuchen in Nassau wohl nicht mehr begegnet war, einen recht ausgedehnten eidgenössischen Bekanntenkreis, angefangen bei den Göttinger Studienfreunden wie Hans von Reinhard, dem Stein in späteren Jahrzehnten – in Basel und auf dem Wiener Kongress – wiederbegegnet war, und dem Neuenburger Franz von Gaudot, über Andreas von Merian, den er 1809 im Prager Exil kennengelernt hatte und der ihm dann bei der Organisation der *Monumenta* behilflich (aber auch zum Ballast) werden sollte, bis hin zu Alexanders I. Erzieher Frédéric Laharpe, dem Stein freilich erst in Langres begegnet war. Dass er auf dem Wiener Kongress gerade in der Schweiz-Kommission mitgearbeitet hatte, war kein Zufall, kein Zufall auch, dass er in den Jahren nach 1815 immer wieder auf dieses Thema zu sprechen kam, so wenn es gegenüber seiner Schwester Marianne im Mai 1816 in einem eher düsteren, von Lebensmüdigkeit geprägten Brief[1950] geradezu aus ihm herausbrach: „Habe ich Geld, so wünschte ich Ende Juli nach der Schweiz zu gehen". Ob in dieser Affinität zu dem Gemeinwesen in den Alpen eine – dann langfristige – Auswirkung der allgemeinen Schweiz-Begeisterung der europäischen Intellektuellen zu sehen ist, die in den 1770er Jahren, fassbar etwa in Goethes auch literarisch so produktiven Schweiz-Reisen von 1775 und 1779, die Szene beherrscht hatte, oder ob sich Stein eher von den weit in die Geschichte zurückweisenden politischen Strukturen der Eidgenossenschaft und deren unverkrampftem Verhältnis zur eigenen Geschichte angezogen fühlte, kann hier nicht entschieden werden.

Der Gedanke einer ausgedehnten Schweiz-Reise nahm nach dem Tod der Ehefrau, auf den zurückzukommen sein wird, an der Jahreswende 1819/20 neue Gestalt an, als Stein plante, in Begleitung seiner beiden Töchter, die sich in der Pflege der todkranken Mutter aufgezehrt hatten, zu reisen. Diesmal machte der Gesundheitszustand Henriettes[1951] zunächst einen Strich durch die Rechnung, bevor der Plan dann aber doch umgesetzt wurde. Neben der medizinischen Seite und der gemeinsamen „Trauerarbeit" kann freilich auch die Frage nicht unterdrückt werden, ob Stein vor dem Hintergrund der „Demagogenverfolgungen", in deren Kontext die Mainzer Zentraluntersuchungskommission ein Auge auch auf ihn geworfen hatte, nicht schlicht Abstand von der für ihn skandalösen Politik benötigte. Hauptstandort sollte

Genf sein, wo, wie Stein seine alte Freundin Streckeisen im Mai 1820 wissen ließ, er (wohl durch Vermittlung seiner russischen Freunde Orloff, die sich in Genf aufhielten) bereits ein Haus mit einem Garten vor der Stadt gemietet hatte[1952]. Ausgestattet mit dem Ebelschen Reisehandbuch und anderen Informationsquellen[1953], traten die drei am 5. Juli 1820 ihre Reise an, die, so der offizielle Sprachgebrauch, vor allem der völligen Wiederherstellung der Gesundheit Henriettes dienen sollte[1954], die wohl ein Lungenleiden hatte. Von Italien war in der gesamten Korrespondenz in der Vorlaufphase nie die Rede gewesen. Ob Stein am 8. Juli in Frankfurt noch der Annahme der Wiener Schlussakte durch den Bundestag beiwohnte, ist unsicher und eher unwahrscheinlich, jedenfalls waren Vater und Töchter am 14. Juli in Basel, wo sie von den Streckeisens in ihre Obhut genommen wurden[1955]. Von dort reisten sie über Olten, Aarau, Schinznach – wo die Reisegruppe die Orloffs traf –, Zürich und Luzern nach Thun, wo Stein mit Mülinen zusammentraf[1956], dessen Haus er ob seiner „himmlichen Lage" noch viele Jahre später zu rühmen wusste[1957]. Von dort ging es weiter über Bern, wo ein Treffen mit dem angeblicher staatsfeindlicher, republikanischer Umtriebe wegen[1958] ins Exil gegangenen Joseph Görres arrangiert wurde, und Lausanne, wo Stein General Laharpe begegnete[1959]. Ende August traf die Reisegruppe in Genf ein, wo sie in der Tat jenes schön gelegene Haus in Sécheron bezog, wo die medizinische Betreuung Henriettes durch den berühmten Arzt Pierre Butini – heute würde man wohl von Star- und Modearzt sprechen – stattfand und von wo aus Exkursionen in die nähere und weitere Umgebung unternommen wurden[1960]. Was die touristische Seite betrifft, war in ihr alles enthalten, was seit dem ausgehenden 18. Jahrhundert zu einer veritablen Schweiz-Reise gehörte: außer den Städten selbstverständlich der Rigi, Stein zu Pferd, die beiden Töchter in Tragsesseln[1961], und der Montenvert, selbstverständlich der Urkantonsort Schwyz, selbstverständlich der Brünigpaß, die Große Scheidegg und Grindelwald, von Genf aus auch Chamonix. All das hat Stein nachhaltig beeindruckt: „Die Schweiz ist wegen ihrer großen, erhabenen Natur ein herrliches Land, das einen reichen Genuss durch die Gegenwart gibt und in der Erinnerung zurücklässt [...]. Die Schweizer selbst sind besonnen, verständig und sittlich. Ihre geographische Lage und ihre Verfassung erhalten in ihnen die Grundzüge des deutschen Charakters reiner als im übrigen Deutschland [...]"[1962]. Wer Stein kannte, dem war klar, dass das einer Nobilitierung gleichkam; nicht zufällig hat er später gelegentlich die Abschaffung des Frankfurter Bundestags und seine Ersetzung durch eine „Tagessatzung" nach schweizerischem Modell gefordert[1963].

Aber wer Stein kannte, dem war auch klar: ein völliges Abschalten war nicht möglich. Die Organisation der *Monumenta* lief von unterwegs fast in der gewohnten Weise weiter: Korrespondenzen mit den über Europa verstreuten Mitarbeitern, Verhandlungen mit kantonalen Einrichtungen über die Zurverfügungstellung von Autographen[1964] usw. Da er in Genf die Betreuung der Töchter weitgehend der Witwe des früheren russischen Gesandten in Berlin, Alopaeus, überlassen konnte, hat er in der Stadt an den Ufern des Sees zudem besonders zahlreiche und intensive Gespräche geführt: mit Pictet de Rochemont ebenso wie mit Karl Viktor Bonstetten, mit François d'Ivernois, zu dem das Verhältnis inzwischen freilich deutlich abgekühlt war und den Stein nun als eher „witzlos kalkulatorisch" charakterisierte[1965], ebenso wie mit Simonde de Sismondi, nicht zuletzt mit Madame Necker-Saussure, die er gleich mehrmals auf Schloss Coppet besuchte.

Der Entschluss, die Reise nach Italien hin zu verlängern, ist allem Anschein nach spontan erst unterwegs gefallen, möglicherweise ausgelöst durch eine Ausarbeitung eines früheren Mailänder Archivbeamten über die Bedeutung und die Benutzbarkeit italienischer Archive[1966]. Vielleicht haben ihm seine Töchter – 24 die eine, 17 die andere, in früheren Zeiten hätte man von „Backfischen" gesprochen – unterwegs auch verdeutlicht, wie lange er keinen wirklichen Urlaub gemacht hatte und die Zeit ihm davoneilte, europäische Regionen, die er noch nicht kannte, zu „erfahren". Jedenfalls wurde in Genf der Entschluss gefasst, nicht nur einen kleinen „Abstecher" nach Oberitalien zu machen, sondern wenn schon, dann richtig: Der Herbst, so teilte Stein Luise von Löw mit, sollte in Mailand verbracht werden, der Winter in Florenz und in Rom, im Mai 1821 wolle man dann nach Deutschland zurückkehren! Stein ein knappes Jahr von der politischen Bühne weg – am unfassbarsten wahrscheinlich für ihn selbst! Aber irgendwie hatte ihn der Süden „gepackt"; Gagern gestand er: „Wäre ich nicht durch mannigfaltige Bande an Deutschland gekettet, so möchte ich in Genève leben"[1967].

Über den (wissenschaftlichen) Kern des Italien-Teils dieser großen Reise ist oben das Nötige gesagt worden. Hier mögen nur noch einige Schlaglichter hinzugefügt werden, die den nichtwissenschaftlichen Teil betreffen und die Stationen benennen: Mailand, Florenz, Siena, Rom, ein kurzer Abstecher nach Neapel, dann die Rückreise über Perugia, Florenz, Bologna, Ferrara, Padua, Venedig und Verona. Auch von Italien, für ihn anders als die Schweiz völlige *terra incognita*, war Stein begeistert: „Der Aufenthalt in Italien", so berichtete er schon Ende Oktober 1820 dem Grafen Spiegel, „ist ganz geeignet, zu erheitern und Seele und Körper zu stärken. Milde des Klimas, Schönheit der Gegenden und Reichtum an Werken der Kunst und der Natur, Lebendigkeit der Bewohner, alles wirkt zu diesem Zweck"[1968]. Auch wenn ihm das nicht zusagte, machte er sich seine Gedanken über den römischen Karneval[1969], beklagte den Verlust so vieler antiker Bauten und Kunstschätze, war gleichwohl aber der Meinung, dass Rom „eine unerschöpfliche Quelle der größten Genüsse" darstelle. Er ließ sich in Rom gleich drei Mal von Julius Schnorr von Carolsfeld porträtieren[1970] – eine dieser Zeichnungen wurde Niebuhr geschenkt[1971], zu dem sich ohnehin ein herzliches und freundschaftliches Verhältnis entwickelte, das darin gipfelte, dass Stein die Patenschaft über seinen Sohn Karl Wilhelm Philipp übernahm[1972] –, saß Friedrich Olivier Modell, ließ auch seine Töchter porträtieren[1973] und genoss es rundum, an Konzerten teilzunehmen, insbesondere jenem, das Niebuhr am 9. Februar 1821 zu seinen Ehren gab und das von viel Prominenz besucht wurde, u. a. Kardinal Consalvi und dem dänischen Kronprinzen und seiner Gemahlin[1974]. Vater und Töchter nahmen an den großen Messen in der Osterwoche teil[1975] – kurzum, genossen fast fünf Monate lang das römische Leben in all seiner Vielfalt. Nach einem kurzen, den Bitten der Töchter geschuldeten Ausflug nach Neapel[1976] trat die kleine Reisegesellschaft Anfang Mai die Rückreise an, die – sicher wieder auf Drängen der Töchter und nicht, wie ursprünglich geplant[1977] – über Venedig führte und Anfang Juni via Tirol und Bayern[1978] dann in Frankfurt endete. Die brieflichen Zeugnisse reichen nicht aus, um zu entscheiden, ob Stein Italien wirklich gerecht worden ist oder ob er nur das sah, was er sehen wollte. Er hat jedenfalls so viel von Italien in sich „eingesogen", daß er wenig später eine Art Leitfaden für eine Italienreise dreier junger westfälischer Adliger erstellte[1979], über die sich die jungen Leute nachgerade begeistert äußerten.

***

Ohne in Italien den Kontakt zu den laufenden *Monumenta*-Arbeiten verloren zu haben, drängten sich nach der Rückkehr das große Vorhaben und auch die „Gesellschaft für ältere deutsche Geschichtskunde" wieder in den Vordergrund, die insgesamt, anders als die *Monumenta* in ihrer Frühphase, eine Erfolgsgeschichte war. Dabei ist noch einmal Steins Schlüsselrolle zu unterstreichen: er war Motor und Seele des ganzen Vorhabens. Harry Bresslau, der die Geschichte der *Monumenta* in den ersten 100 Jahren ihres Bestehens aufgearbeitet hat, hat es völlig richtig gesehen. „Es ist bewundernswert und rührend zugleich", schrieb er 1921[1980], „mit welcher Hingebung und mit welchem Pflichtgefühl der große Staatsmann sich den Aufgaben widmete, die im siebenten Jahrzehnt seines Lebens an ihn als den Präsidenten der Gesellschaft, von dem man in allen wichtigen Dingen die letzte Entscheidung erwartete, herantraten". Bei allem historischen Interesse, so Bresslau weiter – hier ist man geneigt, das eine oder andere Fragezeichen zu setzen –, sei Stein eben doch Laie gewesen, und jetzt sei er zum Autodidakt geworden. Die umfangreichen Gutachten Dümgés, der in den Anfangsjahren als die wissenschaftliche Autorität galt, habe er immer wieder mit Geduld gelesen, und so sei er nach und nach in die Lage gekommen, sich ein selbständiges Urteil zu bilden und nach Lektüre beider Texte zu entscheiden, ob Jordanis oder doch eher Paulus diaconus aufgenommen werden sollten. Schon in der Schweiz und in Italien war er in der Lage, verantwortlich die Kataloge der Bibliotheken durchzugehen, und er hat in den folgenden Jahren immer wieder mit Hand angelegt, um die Grundlage der Editionsarbeit zu schaffen. Nicht nur bei der definitiven Festlegung des Plans der Ausgabe und bei der Verteilung der Aufgaben auf die Mitarbeiter, sondern auch bei der Schaffung der wissenschaftlichen Voraussetzungen wurde Stein zur schlechthin entscheidenden Person, also auch bei all den für heutige Historiker selbstverständlichen, aber damals noch höchst kontrovers diskutierten Fragen, ob die Quellen voll wiederzugeben oder nur zu regestieren wären, ob Varianten und spätere Nachträge mit aufzunehmen wären, ob überhaupt auch die Urkunden mit zu berücksichtigen wären. Stein, um es zu pointieren, hat als bloßer Neigungs- und Nebenfachhistoriker an der Grundlegung der Wissenschaft von der Geschichte einen eminent wichtigen Anteil! Zumindest eines Ehrendoktorats wäre er würdig gewesen.

Ob von der Steinschen „Gesellschaft für ältere deutsche Geschichtskunde", für die man die ausgewiesensten Wissenschaftler der damaligen Zeit zu gewinnen suchte[1981] und die dennoch, anders, als von Savigny befürchtet, nie in die Gefahr geriet, zu einer Art französischer *Académie* zu werden[1982], wirklich ein unmittelbarer Impuls, wenn nicht eine Initialzündung zur (vielleicht gar flächendeckenden) Gründung von lokalen und regionalen Geschichtsvereinen ausging, wird von der Forschung heute mit einem kaum übersehbaren Fragezeichen versehen[1983]. Es ist evident, dass sich in den Jahren seit der Gründung der Steinschen „Gesellschaft" mehr und mehr Historische Vereine etablierten, und sicher hat Stein durch seine Kontakte zu den lokalen Historikern, die er in sein großes Unternehmen einbinden wollte, zumindest indirekt Impulse zu lokalen Organisationsformen gegeben, die die „Gesellschaft für Pommersche Geschichts- und Altertumskunde" beispielsweise auch direkt ansprach[1984] (und in ihre Vereinspolitik umsetzte[1985]). Ebensowenig kann die in den einschlägigen Jubiläumsschriften und in der allgemeinen Vereinsforschung vertretene These, dass hier ein nationalromantischer Historismus und die Manifestation einer auf Freiheit und Gleichheit zielenden Selbstorganisation des Bürgertums zusammenwirkten, völlig in Abrede gestellt werden. Aber es müssen wohl auch noch andere Momente mit berücksichtigt werden, etwa die „Traditionsrelikte eines frühneuzeitlichen Territorialpatriotismus"[1986] oder auch „partikularstaatliche Versuche zur Instrumentalisierung der Geschichtsvereine für die Zwecke der Staatsintegration"[1987]. Trotz dieser Skepsis der modernen Forschung, direkte Linien von der Steinschen „Gesellschaft" zu den lokalen und regionalen Vereinen zu ziehen: solche Linien gab es im Einzelfall dann doch. Bekannt sind die Versuche des offensichtlich stark nationalromantisch geprägten westfälischen Landgerichtsassessors Paul Wigand seit 1820, eine Art westfälische Zweiggesellschaft von Steins Unternehmen ins Leben zu rufen. Auch die vielen Ehrenmitgliedschaften, die Stein in den 1820er Jahren angetragen wurden, sprechen dafür, dass die meisten (der damals noch nicht sehr zahlreichen) Vereine einen solchen inneren Zusammenhang sahen und sich der Steinschen „Gesellschaft" als einer Impulsgeberin verpflichtet fühlten: die „Gesellschaft für Beförderung der Geschichtskunde zu Freiburg im Breisgau" 1827[1988], deren Diplom u. a. der Hofrat von Rotteck unterzeichnete, die „Gesellschaft des Vaterländischen Museums in Böhmen" 1826[1989], die „Erfurter Akademie nützlicher Wissenschaften" gar schon 1824[1990], die „Senckenbergische Naturforschende Gesellschaft zu Frankfurt am Main" 1820[1991], die „Philosophisch-Medizinische Gesellschaft zu Würzburg" 1828[1992], aber natürlich auch der „Verein für Geschichte und Alterthumskunde Westphalens", deren Diplom für die Ehrenmitgliedschaft im Dezember 1827 der Freiherr von Vincke unterschrieb[1993] – das drängte sich um so mehr auf, als Stein seit seiner westfälischen Beamtenzeit der regionalen Geschichte eng verbunden war, wichtige Werke, etwa die von Wigand und Kindlinger, zur Kenntnis nahm und sich kompetent dazu äußerte und im übrigen auch an einem Unternehmen des Vereins, dem *Westfälischen Urkundenbuch*, tätigen Anteil genommen hatte[1994]. Bezeichnenderweise fehlt in diesem Reigen der landesgeschichtlichen Vereine, die Stein die Ehrenmitgliedschaft antrugen, der „Verein für nassauische Altertumskunde und Geschichtsforschung", der bereits 1812 ins Leben getreten war! Einen Höhepunkt stellte es in diesem weiteren Zusammenhang sicher dar, dass ihn die Berliner Akademie der Wissenschaften 1827 zu ihrem Ehrenmitglied ernannte[1995]. Stein trat auch seinerseits in Historische Vereine ein, und zwar auch solche, mit deren Sprengeln er nicht zwingend durch seine frühere amtliche Tätigkeit verbunden war: der „Gesellschaft für Pommersche Geschichte und Altertumskunde" 1827[1996], 1830 dem „Verein für Naturkunde im Herzogthum Nassau"[1997] und dem „Verein für Schlesische Geschichte und Altertumskunde"[1998]. Dass ihn die Frankfurter „Gesellschaft zur Beförderung der nützlichen Künste und ihrer Hilfswissenschaften" schon 1817 zu ihrem Mitglied wählte[1999], kann angesichts der engen Beziehungen Steins zu dieser Stadt kaum erstaunen, dass ihn die „Società Colombaria Fiorentina"[2000] – eine wissenschaftliche Gesellschaft, kein Verein – 1824 zu ihrem Mitglied kooptierte, verdankte sich vielleicht seiner Italienreise, spiegelt aber auch wider, dass Stein zu einer Figur europäischen Zuschnitts geworden war[2001].

Neben diesen sich in den 1820er Jahren stark vermehrenden Mitgliedschaften und Ehrenmitgliedschaften in wissenschaftlichen Vereinen und Vereinigungen in einem weiteren Sinn wurden Stein auch noch andere Ehrenmitgliedschaften zuteil, die freilich nicht nur der Rubrik „Curiosa" zugeordnet werden dürfen. Zu ihnen zählt etwa ein Tochterverein – vermutlich der von Stein initiierte Münsteraner[2002] – der Düsseldorfer Gefängnisgesellschaft, der Stein – weder Ort noch Datum werden auf dem kalligraphisch gestalteten Brief vermerkt – zu seinem Ehrenmitglied ernannte[2003], nachdem er die Gesellschaft, die auf den Begründer der weiblichen Diakonie in der evangelischen Kirche Theodor Fliedner zurückging, schon seit wenigstens 1826 unterstützt[2004] und auf dem Landtag 1828 auch des näheren vorgestellt hatte[2005]. Das Thema hat ihn unter sozial- und ordnungspolitischen Gesichtspunkten, wie seine Lektüre ausweist[2006], auch sonst beschäftigt; 1829 wurde er Mitglied eines entsprechenden Vereins zur Betreuung von Strafgefangenen im Herzogtum Nassau[2007]. Überhaupt treten in seinen letzten Lebensjahren soziale Fragen immer stärker in den Vordergrund[2008]. Bezeichnend ist ein Bericht über einen Besuch des Krankenhauses der Clemensschwestern in Münster an seine Tochter, in dem er sich geradezu euphorisch über die Sorgfalt und Rücksichtnahme der Schwestern äußerte, deren Frömmigkeit und Einfühlungsvermögen sich in ihren Gesichtern spiegele[2009]. Bezeichnend ist auch, mit welcher Verve er sich für die Errichtung spezieller Einrichtungen für chronisch und inkurabel Kranke einsetzte[2010], bezeichnend nicht zuletzt, wie er dem Grafen Arnim-Boitzenburg im Blick auf seine anzutretende Landratsstelle die Sorge für die „Armen, Hilflosen, Kranken auf dem platten Land" ans Herz legte[2011]. Vor dem Hintergrund der fundamentalen Rolle, die der christliche Glaube in seinem privaten Leben spielte, ließ er sich in seinem westfälischen Ambiente dann auch von seiner Kirche in die Pflicht nehmen und wirkte als Mitglied der Märkischen Provinzialsynode an der Revision der Kirchenagende und der Erstellung eines neuen Gesangbuchs mit. Hier fand er ein zusätzliches Forum, um gegen die liberale Theologie des frühen 19. Jahrhunderts, wie sie beispielsweise in Halle vertreten wurde, anzugehen und die Entfernung ihrer Repräsentanten, ob sie nun Wegscheider oder De Wette hießen, von ihren Lehrstühlen zu fordern[2012]. Vor allem über die Ausbildungsstätten, also die Predigerseminare, glaubte er, den Tendenzen zur Unsittlichkeit und zum Un- und Aberglauben entgegenwirken zu können[2013]. Die Mitwirkung in Gremien seiner Kirche hatte für Stein im übrigen eine Komplementärfunktion: So wie er sich seinem politischen *Credo* gemäß in seiner westfälischen Zeit auf allen Ebenen der Selbstverwaltung betätigte, so war auch die ehrenamtliche Mitarbeit in der Kirche für ihn eine Selbstverständlichkeit.

Stein, um zum Hauptweg zurückzukehren, hat seit 1819 in einer gewaltigen Dimension Zeit und Geld in die *Monumenta* investiert; ihm ganz persönlich ist es zu verdanken, dass diese säkulare Unternehmen ins Rollen kam und seit den mittleren 1820er Jahren als einigermaßen konsolidiert gelten konnte: finanziell und Pertz' und Johann Friedrich Böhmers wegen, der 1823 in die Direktion gekommen[2014] und rasch zu deren gutem Geist geworden war[2015], auch wissenschaftlich. Seit diesem Zeitpunkt traten verstärkt Gelehrte ihrerseits an die *Monumenta* heran mit Projekten, die sie unter deren Dach betreiben wollten[2016]. Im Spätjahr 1828 gab Stein ganz unumwunden seiner Freude Ausdruck, dass dank der *Monumenta* die Quellenforschung in Deutschland einen ungeheuren Aufschwung genommen habe[2017]. Um so gereizter reagierte er, wenn die Frage nach dem *cui bono* aufgeworfen wurde oder gar gesprächsweise das ganze Vorhaben in die Nähe gefährlicher, staatsfeindlicher Aktivitäten gerückt wurde und einige Mitglieder der Zentraldirektion unter das Rubrum „verwerflich" subsumiert wurden. Für solche Anwürfe, die sich der aufgeheizten Stimmung nach Karlsbad schuldeten, hätte Stein unter normalen Umständen wohl nur ein müdes Lächeln übrig gehabt – aber 1821, als diese Dinge kolportiert wurden, konnte jede öffentliche Beschädigung die Sache an sich zum Zusammenbruch bringen. Von daher erklären sich seine heftigen Reaktionen, zu denen er, implusiv, wie er nun einmal war, jederzeit fähig war[2018]. Daß ausgerechnet Gentz als Quelle dieses Streuens von Verdacht ausgemacht wurde, hat Stein zusätzlich erbittert; die Süffisanz war gar nicht mehr zu überhören, wenn er Gentz zu den „Alarmisten" rechnete und dessen Sorge vor einer Verbindung des deutschen Vereins zu ungarischen Wissenschaftlern ironisierte: Beruhigen Sie, so wurde Pertz nahegelegt, Gentz „und versichern Sie ihn, der historische Verein werde, wenn er in Konstantinopel thronte, ihm einige Städte in Rumelien anweisen, um sein Küchenbudget zu befriedigen. Mit den Bewohnerinnen des Harems soll ihm gegenwärtig ohnehin nicht mehr gedient sein"[2019].

Die mühevolle Arbeit für die *Monumenta*, die Personalquerelen, insbesondere um Dümgé[2020], die lange unsichere Finanzierung und die mit ihr einhergehende Kritik Dritter hat Stein dünnhäutig gemacht und ungerechter, als es an sich seinem „Universalismus" entsprach. Es ist verschiedentlich davon berichtet worden, wie sehr Stein Phänomene außerhalb Europas interessierten, wie aufmerksam er etwa Alexander von Humboldts Reisen in Südamerika verfolgt hatte. Jetzt, vor dem Hintergrund der Probleme seines zweiten großen Lebenswerks und dessen finanzieller Anfangsschwierigkeiten, begann er einseitig zu sehen, egoistisch zu werden, das eigene Unternehmen zum Maßstab setzend. Das mag menschlich verständlich gewesen sein, aber kann deswegen nicht unterschlagen werden. Seinem Freund (und Mitfinanzier der *Monumenta*) Romberg schrieb er im Herbst 1821 unter wahrscheinlicher indirekter Bezugnahme auf Altenstein, der ein Faible für die Naturgeschichte hatte[2021]: „Die Bekanntmachung der vollständigen Fragmente sowie der schätzbaren Denkmäler alter deutscher Sprache, endlich der Manessischen Sammlung wären für uns interessanter als die indischen Alphabete und viele hundert brasilianische Kaktus und Affenschwänze. Unterdessen ist so wenig von unseren Regierungen als von unseren reichen Leuten etwas zu erwarten"[2022]. Sollte er, wie vermutet, bei seinen Invektiven vor allem Altenstein im Auge gehabt haben, so war auch das ungerecht, denn der Minister hatte durchaus Interesse am Fortgang der *Monumenta*, die allerdings in eine möglichst große Nähe zu Preußen zu bringen wären[2023]. Eineinhalb Jahre später ließ er eine ganze Reihe von Persönlichkeiten wissen: „Man macht kostbare naturhistorische Expeditionen von Wien, München und Berlin nach Ägypten, Nubien, Brasilien, dem Kap, man erforscht die Geschichte der Pharaonen, das Leben und Weben der Kolibris, Gazellen und Affen mit und ohne Schwänzen, aber für die Geschichte unseres Volkes geschieht nichts"[2024]. Über den *Monumenta*, so hat es den Anschein, verengte sich Steins Gesichtsfeld am Ende erheblich.

12. Abseits der „großen Politik“.

Sieht man einmal von den preußischen und sonstigen Ständeberatungen ab, lief die „große Politik“ an Stein nach dem Wiener Kongress im wesentlichen vorbei. Er war in Frankfurt zwar ein scharfer Beobachter der Bundestagsverhandlungen, die er oft mit Sarkasmus kommentierte, aber an den großen europäischen Entscheidungen hatte der Mann, der in Berlin und während der Befreiungskriege über Jahre hinweg die europäischen Entscheidungen mitbestimmt hatte, keinen Anteil mehr: an den Gipfeltreffen der Ära nach dem Wiener Kongress, an den Londoner Botschafterkonferenzen, die sich zu dem Instrument schlechthin entwickelten, die Friedensordnung von 1814/15 aufrechtzuerhalten[2025]. Es mochte zwar noch einmal vorkommen, dass sein Freund Gneisenau Stein im Vorfeld des Aachener Kongresses aufforderte, beim Zaren mit dem Ziel vorstellig zu werden, seine antibourbonische Politik und seine inzwischen engen Beziehungen zu den französischen Liberalen aufzugeben und zum Zweck der Unterbindung aller neuen revolutionären Erschütterungen mit der französischen Regierung den engsten Schulterschluss zu suchen[2026]. Stein reiste Ende Oktober 1818 zwar, wie die Zeitungen schon im August vermeldet und angekündigt hatten[2027], tatsächlich, freilich wohl eher *contre cœur*, auf Einladung des Zaren[2028] nach Aachen, von Anfang an wegen seines gespannten Verhältnisses zu Hardenberg aber ohne große Hoffnung, viel bewirken zu können[2029]. Diese Erwartung hat dann auch nicht getrogen, um so mehr als Stein das Gespräch mit dem Zaren vor allem nutzte, um seine Enttäuschung über den Stand der Verfassungsfrage zu artikulieren. Auf der anderen Seite hat er es offenbar genossen, manche alten Freunde und Weggefährten der Jahre 1812–15 bei dieser Gelegenheit wiederzusehen[2030]. Aachen hat ihm, dem scharfen Kritiker von Preußens Führungsmannschaft – vom König bis Hardenberg (samt seiner 3. Ehefrau) – vor allem aber verdeutlicht, wie stark Preußens Renommee inzwischen wieder gesunken war[2031]. Der Aachen-Aufenthalt wird ihm zudem signalisiert haben, dass „seine körperliche und seelische Spannkraft nicht mehr hinreiche, um politische Aktionen großen Stils durchzufechten“[2032]. Vollends war der Kongress von Verona (1822) für ihn dann kein Ereignis mehr, an dem er – und wenn auch nur ganz indirekt – beteiligt gewesen wäre. Die „große Politik“ lief seit spätestens 1821 an Stein vorbei: eine neue Generation hatte das Sagen, auch wenn sich in der politischen Elite der einzelnen Staaten noch genug Freunde und Weggefährten, freilich auch Widersacher befanden.

Der Privatmann von Cappenberg ist uns unter anderem durch eine Publikation seines langjährigen Oberförsters Poock vertraut, auch wenn sie nur mit etlicher Kritik und Reserve zu benutzen ist. Wir erfahren aus dieser Quelle unter anderem etwas über Steins persönliche Religiosität, etwa über sein morgendliches langes Beten, über sein Geschick, mit Menschen jeden Standes in angemessener Weise umzugehen, aber auch von seiner Impulsivität, seinem Zorn über renitente Bediente, seinen Tagesverlauf, zu dem etwa ein Spaziergang um die Mittagszeit und das relativ späte Mittagessen gegen 16 Uhr – Steins einzige komplette Mahlzeit – zählte. Poock berichtet – und das bestätigen viele andere Quellen –, wie schnell der Freiherr zu sprechen pflegte und wie ihn unerwartete schlechte Nachrichten aus der Fassung bringen konnten, etwa die Nachricht vom Ableben des Zaren. Auch wenn sein Bericht in mancher Hinsicht geschönt gewesen sein mag: dass in Cappenberg eine intakte und gut „funktionierende" Lebensgemeinschaft bestand, steht außer Frage. Zu dieser Harmonie zählte auch, dass Steins Cappenberger Domizil im Prinzip jedermann offen stand und an der Mittagstafel nicht selten die Bauern aus der Umgebung mitsamt dem Schulzen Wechmar neben den illustren Gästen saßen und miteinander speisten – die Ständegrenzen schienen in solchen Augenblicken nicht mehr zu existieren.

Auch ohne politisches Amt blieb Stein in den gut eineinhalb Jahrzehnten nach dem Wiener Kongress gleichwohl in der politischen und halbpolitischen Sphäre eine gefragte Adresse: der alte Mann in Nassau bzw. dann in Cappenberg wurde mehr und mehr zu einer Art Pilgeradresse für viele deutsche und nichtdeutsche Intellektuelle und Funktionsträger. Die Gäste, ob es sich um Gräfin Luise Panhuys, die sich auch als Künstlerin in Cappenberg betätigte[2033] und mehr und mehr zu einem Bestandteil der Familie wurde, den Rechtshistoriker Karl Friedrich Ludwig v. Löw[2034] oder Alexander Turgenjew, den russischen Historiker[2035], handelte, sollen hier gar nicht noch einmal bilanziert werden. Cappenberg wurde indes nicht nur zur selbstverständlichen Anlaufstation seiner allerengsten Freunde, im übrigen auch immer wieder gern genutzter Besprechungsort für *Monumenta*-Angelegenheiten[2036], Stein hat zudem Persönlichkeiten, zu denen etwas lockere Kontakte bestanden, die aber in dieser oder jener Hinsicht hilfreich oder auch „nur" anregende Gesprächspartner sein konnten, gezielt auf seinen Alterssitz eingeladen, um, vielleicht mittels des beeindruckenden Ambiente, politische Überzeugungsarbeit zu leisten. Dass er Goethe, freilich ohne Erfolg, nach seinen wiederholten Besuchen in Nassau auch einmal in das Gebiet der „roten Erde" einlud[2037], ist vielleicht weniger überraschend, aber es waren auch russische Bekannte, die staatliche Funktionen ausübten, und vor allem preußische Spitzenbeamte, die er nach Cappenberg bat, in erster Linie sicher, um ihnen seine politischen Grundüberzeugungen zu vermitteln. Die größte Faszination auf seine Mitmenschen übte Stein durch das persönliche Gespräch aus – und er wusste das auch! Dass er daneben auch noch mit anderen Attraktionen aufwarten konnte, etwa dem Wildreichtum der Gegend, machte es für passionierte Jäger – und wer aus seiner Gesellschaftsschicht war das zu jener Zeit nicht? – nur noch verführerischer, nach Cappenberg zu reisen[2038]. Die „Strecken“ waren, wohl auch bedingt dadurch, dass Stein selbst seines Augenleidens wegen kaum noch mitjagen konnte, zwar nicht überwältigend, aber an drei Septembertagen 1818 wurden immerhin ein Hirsch, sieben Füchse, acht Hasen und sechs Feldhühner erlegt[2039].

Zu diesen regelmäßigen Gästen in Cappenberg zählten selbstverständlich auch Persönlichkeiten aus der Nachbarschaft und der Region. Eine Persönlichkeit verdient hier besondere Erwähnung, weil sie, nur zwei Jahre älter als Stein, im Lauf der Jahre zu einem vertrauten Freund wurde: der Graf Johann Franz Josef von Nesselrode-Reichenstein. Der frühere Innenminister des Großherzogtums Berg – also eines Napoleonidenstaats – lebte seit seinem Rückzug aus der Politik als Gutsherr auf dem Cappenberg benachbarten Schloss Herten. 70 erhaltene Briefe Nesselrodes an Stein[2040], ausnahmslos so wie die Antwortschreiben in französischer Sprache, die Stein ansonsten ziemlich hatte zurücktreten lassen, spiegeln nicht nur ein weites Spektrum von Themen, die dort behandelt wurden, sondern lassen auch den Grad der Vertrautheit erahnen. Diese Vertrautheit gründete in den zahlreichen Besuchen Nesselrodes in Cappenberg und Steins in Herten, und dass Stein bei Nesselrodes Tod 1824 dann von „Gesinnungen von Verehrung und treuer Freundschaft“ sprach[2041], die ihn bewegten, spiegelt das Gesagte zur Genüge wider.

Kaum weniger eng waren die Beziehungen zur gräflichen Familie Merveldt in Schloss Westerwinkel. Man besuchte sich gegenseitig, übrigens auch hin und wieder in Nassau, die Merveldtschen Töchter waren über längere Zeiten bei Steins Töchtern Henriette und Therese – junge Mädchen, denen aber offenbar nicht nur die künftigen Ehepartner im Kopf herumgingen, sondern die, wenn man Stein auch in diesem Punkt vertrauen darf, 1827 beispielsweise intensiv über das anstehende Pressegesetz diskutierten und aufmerksam das *Journal des Débats* lasen[2042]. Bei der Hochzeit der Merveldt-Tochter Pauline mit einem Grafen Korff-Schmising – nach Steins Einschätzung eine gute Wahl – bot Stein seinen Koch an, der Eis und gefrorenen Punsch zubereiten könne, zudem Wildbret aus den Cappenberger Waldungen[2043]. Überhaupt nahm man an den beiderseitigen Familienangelegenheiten regen Anteil – auch das gehört zum Stein-Bild: der zum „Westfälinger“ gewordene Freiherr, der sich über alle Schattierungen des Landlebens unterhielt, potentielle Ehepartner „begutachtete“, dann aber auch über das westfälische Meierrecht debattieren mochte[2044]. Aber Nachbarschaft allein konnte für Stein kein Grund sein, enge Beziehungen zu unterhalten; in der Korrespondenz mit Graf Merveldt wurde auch die ganze Palette der politischen Agenda angesprochen, und in vieler Hinsicht werden sich die Einschätzungen gedeckt haben.

Jedenfalls waren die Nachbarn und Freunde in der Region für Stein weit mehr als ein notwendiges Übel, in das man sich zu fügen hatte. Seiner Schwester Marianne gestand er im Herbst 1823 einmal, wie ungern er Cappenberg in Richtung Nassau verlasse, weil er „in der Umgebung Freunde und Bekannte [finde], die mir in Nassau fehlen, weil in diesem durch Gewalt und Unrecht aus fremdartigen Bruchstücken zusammengeleimten Lande es an Einheit und Harmonie fehlt"[2045]. Auch das war es wohl, was ihn an Cappenberg, Westfalen und dessen Menschen faszinierte: Einheit und Harmonie.

Manche Besucher kamen zudem nach Cappenberg, weil sie für sich oder für Dritte ein Auge auf Steins jüngere Tochter Therese geworfen hatten, die vielen als „die Perle von Deutschland" galt – auch auf der Schweiz-Reise hatte sie Aufsehen erregt[2046]. Stein hat sie selbst in einem Brief an seine alte Freundin Reden, die Witwe seines in der Lebensperspektive wohl engsten Freundes, so charakterisiert. „Therese hat die Natur vorzüglich wohlwollend behandelt. Sie vereinigt mit einem richtigen schlichten Verstand und einem religiös-sittlichen Gemüt Gesundheit und ein liebliches Äußere"[2047]. Der Brief wurde übrigens geschrieben im Anschluss an ein Treffen der beiden in Fulda, das allem Anschein nach zu einem guten Teil den potentiellen Ehepartnern gewidmet war und in den Plan mündete, doch einmal nach Schlesien zu reisen und zwei von ihnen, einen Reuß und einen Stolberg, persönlich kennenzulernen – der „alleinerziehende" Vater in einer ihm ziemlich ungewohnten Rolle! Und auch Therese musste sich erst in ihre Rolle finden, abzuweisen bei nicht vorhandener Sympathie[2048]. Denn es gab viele Bewerber – Stein sprach im (heißen) Sommer 1822 geradezu von einem „wahren Regen von Freiern"[2049]: So hat etwa die Fürstin Luise von Bentheim-Tecklenburg eine Zeitlang eine solche Option verfolgt, hat sich von der potentiellen Schwiegertochter 1822 auch einen direkten – sehr vorteilhaften – Eindruck verschafft, sich aber dann durch die „niederschlagende Nachricht", dass Therese schon vergeben sei[2050], rasch wieder zurückgezogen. Andeutungen in den Akten lassen vermuten, dass sich auch ein Graf Solms-Rödelheim Hoffnungen machte[2051] und dass die Witwe Solms-Laubach ganz gezielt, auch durch einen Besuch in Nassau, ein wohl schon des längeren ventiliertes Projekt wiederaufgriff, eine Verbindung ihres Sohnes Otto mit Therese zu stiften[2052].

Zu der in Fulda mit Gräfin Reden verabredeten Schlesien-Reise ist es in der Tat im Sommer 1822 gekommen – eine Art Sondierungsreise des Vaters mit seiner umschwärmten heiratsfähigen Tochter (und natürlich auch deren Schwester Henriette). Unterbrochen durch ein Zusammentreffen mit Steins Schwester Marianne, traf die Reisegruppe Anfang Juli auf dem Stein bestens bekannten Gut Buchwald ein, um sich zwei Wochen dort aufzuhalten, die auch heute noch eindrückliche landschaftliche Schönheit des Hirschberger Tals mit dem direkten Blick auf die Schneekoppe zu genießen, sich in dem gewaltigen Englischen Park zu ergehen, den sein Freund mit immensen Mitteln seit Jahrhundertbeginn hatte anlegen lassen. Stein nutzte die Gelegenheit aber auch, um, teils sehr emotionsgeladen, gute Bekannte und Freunde aus vergangenen Tagen – Prinzessin Wilhelm (Marianne) von Preußen, Gneisenau – wiederzusehen, unmittelbare Nachbarn des Redenschen Guts, dazu die Humboldts[2053], um sich des näheren über die Herrnhuter Brüdergemeine zu unterrichten[2054]. Aber natürlich stand Therese im Mittelpunkt. Hier stößt der Historiker freilich an seine Grenzen, denn Korrespondenzen mussten nicht und wurden über solch intime Dinge wie eine Eheanbahnung nicht geführt. Über schwer zu interpretierende Bemerkungen wie die, er, Stein, lebe „ganz ruhig in der Erwartung, dass sich das Schicksal der guten Therese entwickelt“[2055], gehen die Informationen nicht hinaus. Erfolgreich waren diese schlesischen Eheanbahnungsaktivitäten jedenfalls nicht, auch nicht die mit den Humboldts besprochene – und dem „Objekt“ wohl nicht ganz unangenehme – Option, Therese mit dem Grafen Johann Friedrich August Detloff von Flemming zu vermählen, den Stein aber schon allein der unglücklichen Familienverhältnisse – seine Mutter war eine Schwester Hardenbergs! – ausschloss[2056]. Auch die Bemühungen eines polnischen Grafen um sie führten nicht zum Erfolg[2057]. Nachdem zudem der österreichische Bundestagsgesandte Münch-Bellinghausen, in Steins Augen ein bloßer „Emporkömmling“, seinen Hut in den Ring geworfen hatte, begann es dem Vater angst und bange zu werden – vor „weiblichen Launen“ befürchtete er, eines Tages kapitulieren zu müssen[2058]. Es sollten dann noch beinahe fünf Jahre vergehen – und noch etliche weitere Bewerber sollten ihre Hoffnungen begraben müssen[2059] –, bis Therese vom Stein von ihrem Vetter Graf Ludwig Friedrich Georg Kielsmannsegg Ende August 1827 zum Traualtar geführt wurde – eine Beziehung, die Stein mit Gewissheit nicht unangenehm war, „so wenig ich im allgemeinen Verbindungen unter nahen Verwandten billige, da manche moralischen und physischen Gründe dagegen eintreten“[2060]. Unmittelbar nach der Schlesien-Reise war Therese zu ihrer (erkrankten) Tante Kielmannsegg nach Hannover gereist, um einige Wochen auf dem Familiengut im Lauenburgischen zu verbringen[2061], was freilich noch keine Vorankündigung einer bevorstehenden Verbindung mit „Louis“ war. Näher kennengelernt haben die beiden sich wohl erst ein Jahr später in Pyrmont. Damals scheinen auch die Werbungen Kielmannseggs um seine Cousine begonnen zu haben, die während Thereses Sturm-und-Drang-Phase aber lange ziemlich aussichtslos geschienen hatten.

Den Witwer hat das Schicksal der Töchter in den frühen 1820er Jahren nachhaltig beschäftigt. In größerer Kürze ist noch auf Henriette einzugehen, die 1825, also vor der deutlich jüngeren Schwester, den Grafen Friedrich Karl Hermann von Giech heiratete – nicht rundum zur Freude Steins, der es viel lieber gesehen hätte, wenn sich beide „im Preußischen [...] etablierten“. Die in Thurnau bei Bayreuth beheimateten Giech waren Franken, für Stein, mit der Region und den verschiedenen Identitäten nicht vertraut, identisch mit Bayern, und: „Bayern ist und bleibt mir fremd"[2062]. Henriette war immer eine Art Sorgenkind der Familie gewesen, nicht nur ihrer labilen Gesundheit, sondern auch wegen bestimmter Charaktereigenschaften wegen, die der Vater ihr oft vorgehalten hatte. Zeitweise hatte Stein sogar mit dem Gedanken gespielt, ihr eine Heirat völlig auszureden[2063], und hat sehr ernsthaft ihre Aufschwörung als Stiftsdame im Stift Wallenstein betrieben, also dort, wo auch seine Schwester Marianne präbendiert war[2064]. Im Gegensatz zu ihrer bezaubernden, alle bestrickenden jüngeren Schwester war sie wohl nicht der Typ, auf den Männer „fliegen", was zwischen den beiden Schwestern, wenn man dem Vater glauben darf, indes nie zu Gefühlen des Neides und der Eifersucht führte[2065]. Bezeichnenderweise war es 1820 auf der Schweiz-Reise ein schon etwas älterer Mann, Steins guter Bekannter Mülinen, der sich zu ihr hingezogen fühlte. Im weiteren Verlauf dieser Reise, nun auf dem Rückweg in München, war sie erstmals mit Giech zusammengetroffen. Am Ende also: ein Bayer, noch dazu ein verschuldeter[2066]! Aber er „gewann" während eines einwöchigen Werbeaufenthalts auf Cappenberg dann doch an Steinscher Sympathie[2067], so dass der Vater vor und nach der Hochzeit Anfang Oktober 1825 in Nassau davon überzeugt war, dass Henriette trotz ihrer „Denationalisierug" und „Bojarisierung"[2068] glücklich werden würde. Beide, das war für ihn der Hauptgrund für diese Erwartung, „halten die Ehe für eine ernste Erziehungsanstalt, für eine schwer zu lösende Aufgabe, und so gesinnt, werden ihnen Unfälle nicht unerwartet sein, allenfallsiges Glück wird sie nicht übermütig noch schwindelnd machen"[2069]. Seine beiden Schwiegersöhne bestärkte er nicht nur darin, in der Ehe eine lebenslange Herausforderung zu sehen, sondern versuchte ihnen auch – ganz typisch für ihn – seine Sicht gesellschaftlicher Strukturen nahezubringen.

Man mag gegen dieses Nachzeichnen des persönlichen Schicksals der beiden Töchter eines Alleinerziehenden einwenden, dass dem im Rahmen einer Biographie des Vaters zu viel Raum eingeräumt wird, zumal es sich hier ja um eine Thematik handele, die man heute eher in der Regenbogenpresse suchen und finden würde. Eine solche Sicht griffe zu kurz: Für die Überlebensstrategie einer (nach wie vor nicht auf Rosen gebetteten) Adelsfamilie war das Konnubium unverändert eine zentrale Sphäre ihrer ständischen Identität, und man hat zudem zur Kenntnis zu nehmen, dass die Zukunft der Töchter den Vater über Jahre hinweg in einem Maß beschäftigte, dass andere Aktivitäten zwangsläufig davon betroffen wurden.

Die Verehelichungen der beiden Töchter – die eine nach Oberfranken, die andere nach Niedersachsen – haben Stein wieder etwas mobiler werden lassen, nachdem er seit seiner Reise nach Berlin im wesentlichen „nur" zwischen Cappenberg und Nassau hin und her gependelt war und allenfalls in der weiteren Nachbarschaft Besuche gemacht hatte. Im Hochsommer 1828 brach er zu einer längeren Reise auf, deren eigentliches Ziel Thurnau sein sollte, also das Giech-Schloß in Oberfranken, die er aber weiter ausschwang: von Cappenberg aus reiste er zunächst nach Wilhelmsthal, wo er der Witwe des kurz zuvor verstorbenen Großherzogs Karl August von Sachsen-Weimar, der aus Darmstadt stammenden Großherzogin Luise, einen Kondolenzbesuch abstattete, bevor er über Leipzig und Dresden das schlesische Reden-Schloß Buchwald ansteuerte, das er nicht zufällig seiner Schwester gegenüber als ein „Haus des Friedens“ charakterisierte, zum Teil sicher der ausgeprägten Religiosität seiner Gastgeberin wegen[2070]. Der Aufenthalt am Fuß des Riesengebirges mit den vielen Bekannten und Freunden aus den Berliner Jahren, die direkt benachbart wohnten, mag für ihn noch einmal ein Eintauchen in die eigene Geschichte gewesen, sicher mit vielen Emotionen befrachtet, etwa wenn er nach 20 Jahren wieder mit der Prinzessin Luise Radziwill zusammentraf[2071], einer sehr vertrauten Korrespondenzpartnerin vergangener Jahre. Im August – also bei der größten Sommerhitze – reiste Stein nach Thurnau weiter, wo inzwischen auch Therese von Kielmannsegg, die jüngere Tochter, eingetroffen – es sollte zwar nicht das letzte Mal sein, dass der Vater mit seinen beiden Töchtern zusammen war, aber die Chancen, dass sich das bei einem über 70jährigen wiederholte, wurden kleiner. Er, in jenen Wochen wieder einmal voller Todessehnsucht, wird es geahnt haben.

1828 – das war dann auch das Jahr, in dem sich seine Blicke nicht ohne große Unruhe wieder verstärkt nach Frankreich zu wenden begannen. Stein hatte über all die Jahre hinweg die politische Entwicklung jenseits des Rheins mit gespannter Aufmerksamkeit begleitet. Es ist sicher richtig beobachtet worden, dass Stein nach 1815 keinem Land – auch nicht England! – ein solch kontinuierliches und lebhaftes Interesse entgegenbrachte wie Frankreich. Das erklärt sich ohne Mühe aus seiner globalen Sicht, dass sich in Frankreich entschied, ob das mit der *Charte* von 1814 geschaffene konstitutionelle System, das im Prinzip ganz seinen Vorstellungen von einer zweckmäßigen und gerechten Staatsordnung entsprach, sich gegenüber der alten absoluten „bürokratischen Monarchie“ und gegenüber dem „demokratischen Liberalismus“ der Französischen Revolution würde behaupten und durchsetzen können und damit ganz Europa ein Modell liefern würde[2072]. Wenn selbst bei dem moralisch verdorbenen französischen Volk das politische System der *Charte* seine Bewährungsprobe bestehen würde, war nicht mehr daran zu zweifeln, dass es überlegen und das seiner Zeit angemessene sei. Auch in Deutschland hätten vor einem solchen Hintergrund die politischen Eliten der Einführung einer konstitutionellen Ordnung nicht mehr ernsthaft widersprechen können. Frankreich also als Testlauf; wenn das Verfassungsexperiment selbst dort gelang, werde an seiner Rezeption anderswo nicht mehr zu zweifeln sei.

Freilich sind die brieflichen Äußerungen Steins zur innenpolitischen Entwicklung in Frankreich bis 1821 eher dünn gesät; die Vorgänge in

Deutschland, insbesondere die Diskussionen über die Verfassungen, nahmen ihn vorläufig stärker in Anspruch, dann die lange Schweiz-Italien-Reise. Das änderte sich danach allerdings grundlegend, wobei Hoffnung und Enttäuschung einander nun rasch abwechselten. Nach dem Sturz des Herzogs von Richelieu Ende 1821, der die Ultraroyalisten wieder zum Zug kommen ließ, überfielen ihn die allergrößten Sorgen, weil „ein Schwindelgeist das tolle Volk [ergreift] und entfernt das Ministerium zu einer Zeit, wo die Flammen des Bürgerkriegs und der gänzlichen Anarchie im angrenzenden Spanien ausbrechen, wo der Osten erschüttert und einer fürchterlichen Krise entgegensieht, wo in Italien eine dumpfe Gärung herrscht“[2073]. Das Leitmotiv des Steinschen politischen Denkens blieb unverändert: die neuerliche Revolution, die direkt oder indirekt wieder auf Frankreich zurückzuführen wäre und die aus dem Parteienkampf der Ultras und der Liberalen gleichsam wie eine Hydra erwachsen würde. Bei aller Hoffnung auf die Langfristigkeit und Bewährung des konstitutionellen Experiments: Seine Skepsis gegenüber Frankreich blieb bis an sein Lebensende ungebrochen. Das, die Wahrscheinlichkeit neuer, von Frankreich ausgehender kriegerischer Auseinandersetzungen, war es auch, was Stein vom Erwerb von Ländereien auf dem linken Rheinufer abhielt[2074]. Seine von Bitterkeit durchtränkte Ironie gegenüber dem Nachbarstaat nahm im Lauf der Jahre nochmals zu. 1826 meinte er beispielsweise: „In Frankreich treibt man es dumm und toll genug. Diese Majorität in den Kammern, Einseitigkeit, Andächtelei, Gleichgültigkeit gegen das Nationalinteresse, dagegen große Achtung für die Essenszeit, six heures, six heures et demie!!!! La clôture“[2075].

Gleichwohl hat ihn der Ausbruch der Revolution dann überrascht. Noch im Mai 1829 hatte er auf Warnungen Gagerns, in Frankreich braue sich wieder etwas zusammen, sehr gelassen reagiert[2076]: der gegenwärtige Zustand der öffentlichen Meinung und der inneren Einrichtungen habe mit der Situation von 1789 nicht das geringste gemein. Von Leuten, die in der Revolutionszeit und im Kaiserreich aufgewachsen seien, sei nicht zu erwarten, dass sie die alten Erfahrungen wiederholen wollten. Es habe sich eine breite Schicht von Eigentümern gebildet; „freche Sittenlosigkeit und Religionsverachtung“ würden nicht mehr als Beweise von Bildung und Freisinnigkeit angesehen. Diese neuen Töne, die eine an sich positive Grundhaltung gegenüber der Regierung Martignac widerspiegeln, hatten zwar seine Geringschätzung der kulturellen Leistungen der Franzosen nicht revidieren können und auch nicht sein Verdikt über die Verwaltungsmaßnahmen während der napoleonischen Zeit[2077], aber innenpolitisch sah er Frankreich doch in einer Phase relativer Stabilität. Die ersten Sorgen über die zukünftige Entwicklung stellten sich Anfang Januar 1830 ein[2078], wenige Tage später war Stein, auch unter dem Eindruck eines Artikels Gagerns in der Augsburger *Allgemeinen Zeitung*[2079], aber schon wieder der Meinung, „das Geschrei dieses geschwätzigen, Treiberei liebenden Volkes“ scheine sich zu vermindern[2080]. Dann aber Ende

Januar doch: „Was wird aus Frankreich werden? Die Sache der Liberalen ist in Hinsicht auf Zweck und Mittel schlecht, bei den einen beleidigter Ehrgeiz, bei den andern Wunsch, innre Unruhen zu erregen, nirgends ernster, reiner Wille zum Guten. [...] Es dauert der revolutionierte, fieberhafte Zustand fort. [...] Das Verwilligen oder Verweigern von Abgaben ist nichts Willkürliches, es kann nur nach bestimmten Grundsätzen, mit Beobachtung großer, heiliger Pflichten ausgeübt werden“[2081]. Stein sah in den viel zu häufigen Ministerwechseln und in den Diskussionen um die Dynastie die eigentliche *Crux* der französischen Politik[2082]. Im Mai dann seine Einschätzung: „In Frankreich Kampf der Parteien, nicht wegen irgendeines Missbrauchs der obersten Gewalt, wegen despotischer Eingriffe in die Verfassung, nein, sondern über Einfluss, Befriedigung der Eitelkeit, Selbstsucht [...;] wohin führt das?“[2083] Wenige Tage später wurde der höchste Alarmzustand erreicht: „Die Gärung in Frankreich schreitet in einem höchst beunruhigenden Grad fort, die Ernennung eines so verhassten, einseitigen und leidenschaftlichen Mannes wie Herrn v. Peyronnet [zum Innenminister, H. D.] konnte in dem Augenblick der durch Auflösung und Wahlen herbeigeführten Krise nur aufreizend wirken. Mir scheinen die Folgen unberechenbar“[2084].

Zum Ausbruch der Revolution in Frankreich kam es im Gefolge der Veröffentlichung der Ordonnanzen am 26. Juli 1830, durch die Karl X. und das Ministerium Polignac gestürzt wurden. Am Tag, als das bekannt wurde, hatte Stein ein längeres Gespräch mit dem Staatsprokurator Anselm Franz Joseph Liel, der die Nachrichten aus Koblenz mitgebracht hatte. Ernst von Bodelschwingh, der sich in den fraglichen Tagen im Hause Stein aufhielt, sammelte am nächsten Vormittag in Ems neue Informationen und traf abends Stein im Garten des Schlosses. Nach seinem mündlichen Bericht an Pertz, der ihn dann in seiner Stein-Biographie verwendete, rief Stein ihm schon von weitem zu, was er Neues mitbringe. Bodelschwinghs Antwort „die Pariser Revolution“ „erschütterte ihn sichtbar; er ließ sich die Details, soweit sie mir [Bodelschwingh, H. D.] bekannt waren, erzählen und äußerte dann: ‚Also noch einmal soll das böse Volk Verwirrung über Europa bringen; wenn sie einmal losbrechen wollten und mussten, so wollt ich doch, sie hätten gewartet, bis ich tot wäre‘“. Stein sei, so Bodelschwingh, auch in den folgenden Tagen „sichtbar bewegt, trübe gestimmt“ gewesen und habe düster in die Zukunft geschaut[2085].

Die ganz trübe Grundstimmung war aber nur eine Sache von Tagen. Bereits unter dem 12. August ließ er Ferdinand August Spiegel wissen, dass die Unruhen in Frankreich doch einen ganz anderen Charakter hätten als die Revolution von 1789. „Mäßigung, Achtung des Eigentums und baldige Rückkehr zur Ordnung unterscheiden jene von dieser“. Beide Seiten, die Ultras und die Liberalen, hätten diese „Erschütterung der Grundpfeiler der bürgerlichen Ordnung“ wohl vermeiden können. Ihm, Stein, scheine es, „dass die großen Besitzer des industriellen und kommerziellen Reichtums die Leitung der Bewegung ergriffen, deren Resultat sein wird ein sehr geschwächtes Königtum, ein von allem politischen Einfluss entferntes Priestertum, eine freisinnige Provinzial- und Gemeindeverfassung, eine verminderte Armee“[2086].

Völlig daneben lag Stein mit dieser Einschätzung, wie die Folgezeit zeigen sollte, nicht. Im Spätherbst 1830 war er sich schon ziemlich sicher, dass die Revolution nicht mehr nach Europa überschwappen werde[2087]; in seinen Augen war die belgische Revolution, die die Vereinbarungen des Wiener Kongresses *ad absurdum* geführt habe, viel gefährlicher geworden, viel „verabscheuungswürdiger“[2088]. Freilich war dieses Nachdenken Konjunkturen unterworfen; Anfang November sprach er Spiegel gegenüber wieder von der Möglichkeit, dass aus dem ganzen französischen Wirrwarr ein auswärtiger Krieg entstehen könnte, von dem dieses Volk allenfalls durch Geldmangel und durch seinen Wunsch nach ruhigem Genuss des Eigentums abgehalten werden könne. Wenn es aber doch Deutschland angreife, dann müsse „das eitle, lügenhafte, selbstsüchtige, gemütlose, irreligiöse Franzosenvolk [...] tüchtige Stöße erhalten“[2089].

Auch wenn es nicht zum Krieg kam, war sich Stein sicher, dass die Ereignisse in Frankreich und in Belgien wenigstens indirekt auf die deutschen Verhältnisse rückwirken würden. Das *Charte*-Experiment musste als gescheitert angesehen werden – waren damit nicht alle Hoffnungen auf den Transfer dieses Modells auf die deutschen Bundesstaaten hinfällig? Es kommt vor dem Hintergrund dessen, was oben zu berichten war, einer kleinen Sensation nahe, dass er im Herbst 1830 trotzdem noch einmal die Frage aufwarf, ob jetzt der richtige Zeitpunkt sei, um die (von ihm seit Jahren geforderten) Reichsstände für die gesamten preußischen Lande zu bilden – „jetzt, in diesem aufgeregten Moment“[2090]. Stein gab die Antwort selbst: nichts dränge, man habe ja einen „höchst verehrungswürdigen und verehrten“ König, der alles schon zu seiner Zeit richten werde. In der Krisensituation des Spätjahres 1830 nahm Stein Abschied von einer seiner politischen Visionen, die fünfzehn Jahre in seinem politischen „Weltbild“ ziemlich obenan rangiert hatte; dass er nach außen vor dem Hintergrund des Ständebegehrens des 3. Provinziallandtags an der Einlösung des Verfassungsversprechens von 1815 festhielt[2091], wurde politisch nicht mehr relevant.

Stein beklagte bei alledem besonders den Sturz der älteren bourbonischen Linie, der er als Protagonist des monarchischen Systems seit jeher – man erinnere sich seiner Reaktion auf den Königsmord von 1793 – besonders verbunden war, beklagte die weitere Schwächung der ohnehin schon zu beschränkten königlichen Gewalt, beklagte aber vor allem das persönliche Schicksal Karls X., dem er namentlich Verdienste um die Befreiung Griechenlands zusprach und bei aller Bigotterie, Schwäche und Lenkbarkeit durch Klerus und Heuchler, die er durchaus auch sah[2092], ganz obenan auf seiner Bewertungsskala setzte[2093].

Auch wenn die Julirevolution längst nicht jene europäischen Auswirkungen hatte wie die von 1789 und sich, abgesehen von lokalen Unruhen in Grenzregionen zu Frankreich, vor allem in Belgien fortsetzte, hat Stein seine grundsätzliche Sicht der Franzosen bestätigt gefunden. Den Franzosen sprach er mehr denn je die Fähigkeit ab, eine halbwegs moderne – um es in der Sprache unserer Zeit zu formulieren – Zivilgesellschaft zu bilden. Aufschlussreich, frühere Äußerungen bestätigend, ein Absatz aus einem Brief an seine älteste Tochter: „Die bürgerliche Freiheit muss auf religiös-sittliche und intellektuelle Bildung gegründet sein. Besitzen diese die Franzosen? Gemütlosigkeit, Selbstsucht, Inkonsequenz sind die Grundzüge ihres Charakters. Und ihre Erziehungsanstalten? 14000 Gemeinden ohne Schulen, fehlerhaft eingerichtete Gymnasien, Universitäten. Die Religion – entweder von dem gebildeten Teil verworfen als etwas Veraltertes oder in Zeremonien, Beichten, Fasten und sonstigen äußerlichen Gebräuchen bestehend“[2094]. Die Franzosen – unfähig, ein Gemeinwesen zu bilden, das mit Steins Ideal eines Gemeinwesens auch nur einige Ähnlichkeit hätte! Revolutionen – Ausfluss des Sittenverfalls und des Mangels an wahrer Religiosität!

Das war dann auch seine Konsequenz: Noch mehr Mühe muss darauf verwendet werden, die Menschen intellektuell und charakterlich zu bilden, sie zu erziehen, in ihnen die Liebe zum Guten wecken. All das war in seinen Augen nur möglich, wenn eine Basis in der „geoffenbarten Religion“ gelegt wurde. Politische Erziehung, moralische Erziehung und religiöse Erziehung hatten Hand in Hand zu gehen; nur wenn dieser Erziehungsprozess glücklich und erfolgreich verlaufe, werde das Gespenst der Revolution gebannt werden können. Das war sein Vermächtnis für die nächste Generation. Die nächste Revolution zu erleben, die von 1848, blieb ihm verwehrt, denn die damaligen konstitutionellen Forderungen hätten ihm wohl weit mehr zugesagt als der Kampf gegen die *Charte*.

Aber es blieb nicht bei der Julirevolution und der politischen Veränderung in den Niederlanden, die Stein im Spätherbst 1830 vielleicht noch mehr als die Ereignisse in Frankreich beschäftigte: Um die Gärungen in Italien wusste er[2095], der polnische Aufstand kam hinzu, der Stein nun vollends glauben machte, ganz Europa stehe in Flammen, das mühsam errichtete System des Wiener Kongresses werde endgültig kollabieren. Fritz Schlosser teilte er sich wie folgt mit: „Die Masse der bedenklichen und unglücksschwangeren Ereignisse hat sich seit den letzten Tagen des Novembers fürchterlich vermehrt. Der polnische Aufstand kann unberechenbare Folgen haben. Welches ist seine Ausdehnung? Wohin geht seine Richtung?“[2096]. Nach dem Abschluss des 3. Provinziallandtags war er vollends der Meinung, dass zwischen den Ereignissen in West und Ost ein irgendwie gearteter Zusammenhang bestehe. Jedenfalls schätzte er die Lage so ein, dass bei einer schnellen Lösung der polnischen Frage die belgische um so leichter werde bereinigt werden können. Wo seine – des ehemaligen Beraters Zar Alexanders I. – Sympathien lagen, ließ er nicht im Dunkeln: „Es liegt in diesem Volk viel Großes, Edles. Es hatte große Beschwerden gegen den Großfürsten Konstantin, gegen die russischen Beamten. Sie blieben enthört"[2097]. Im März 1831 voll Bedauern dann die Gewissheit, dass die polnische Sache „geendigt" sei. Den Aufstand habe man zwar nicht billigen können – das Legitimitätsprinzip ist *suprema lex* –, aber das tapfere geistvolle Volk sei zu bedauern. Die Teilung sei ein politisches Verbrechen gewesen, unzweifelhaft seien die Bewohner des Königreichs von der russischen Beamtenschaft zudem aufgereizt worden[2098].

Aber es war nicht nur der ständige sorgenvolle Blick über den Rhein und über die Warthe, der Steins letzte Lebensjahre prägte: er nahm auch an den anderen politischen Entwicklungen in Europa lebhaften Anteil (was letztlich Friedrich Meineckes These von dem weltbürgerlich-europäischen Akzent in Steins Denken bestätigt). Capodistrias war es, der ihm schon in Wien einen langen Aufsatz „De la nation grecque"[2099] überreicht und damit in eine bisher für ihn fremde Welt eingeführt hatte, der ihn an seinen Überlegungen zum griechischen Freiheitskampf teilhaben ließ[2100] und ihm die Sache der Griechen nahezubringen suchte[2101] – die er dann Dritten gegenüber auch engagiert vertrat[2102] – und der Stein davon zu überzeugen wusste, im September 1825 für fünf Jahre je 400 Francs zur Unterstützung der Griechenvereine zur Verfügung zu stellen[2103]. Ihn, Capodistrias, hat er in gewisser Hinsicht bewundert für seinen Entschluss, den russischen Dienst zu quittieren und sich ganz der Sache des griechischen Volkes zu verschreiben[2104]. Eine „revolutionäre" Aufstandsbewegung gegen eine „legitime" Obrigkeit zu unterstützen, war im Prinzip Steins Sache ja nicht; er fand sich unter dem Eindruck von Capodistrias' Überzeugungskraft dann aber doch dazu bereit, weil es hier um die Wiedererstehung einer Nation auf der Grundlage von „lumières, mœurs, et religion" gehe[2105], eines Volkes, „in dem sich trotz seiner Herabwürdigung durch dreihundertjährige Misshandlungen einzelne helleuchtende Punkte zeigen"[2106], eines Volkes, das bewundernswürdige Züge von Tapferkeit, Vaterlandsliebe, Frömmigkeit" erkennen lasse[2107]. Die Griechen als *tertium comparationis* – kein Wunder, dass er sich auch literarisch intensiv mit ihnen zu beschäftigen begann, Freunde zur Unterstützung der griechischen Sache zu bewegen suchte[2108] und ihnen einschlägige Bücher empfahl[2109]!

Dass dabei – bei Stein so wie bei vielen Intellektuellen, die sich für die griechische Sache begeisterten – eine Menge Stilisierung im Spiel war, soll nicht unerwähnt bleiben. Der griechische Aufstand, der nicht zufällig von einer Kolonie exilierter Kaufleute im russischen Odessa seinen Ausgang nahm, hatte massiv kommerzielle Hintergründe, die in dem durch die französische Absenz im östlichen Mittelmeer begünstigten Aufschwung und wachsenden Selbstbewusstsein einer Wirtschaftselite gründeten. Er hatte aber auch eine unverkennbare mächtepolitische Dimension mit den beiden Komponenten, dass Russland aus der Emanzipation der Griechen vom Osmanischen Reich einflusspolitischen Gewinn ziehen zu können hoffte und dass Großbritannien sich ein neues Terrain für seinen Handel erschließen wollte. Bei allem Pathos, mit dem der griechische Aufstand im Sinn einer „Rückholung" des Ursprungslandes europäischer Zivilisation begleitet wurde und über das Netzwerk der Griechenvereine letztlich zu einer europäischen Angelegenheit wurde, darf diese nackte Interessenpolitik zweier Großmächte nicht übersehen werden.

Noch kaum in den Fokus der Forschung gelangt sind die Bemühungen Steins, eine nationale oder internationale Eingreiftruppe auf die Beine zu stellen, um den griechischen Freiheitskampf zu unterstützen – und das wenige Monate nach seinem Eingeständnis Capodistrias gegenüber, nicht mehr wirklich mitarbeiten zu können: „Affaibli par l'âge, paralysé par ma position, je ne puis que vous accompagner des mes vœux..."[2110]. Stein war über Österreichs Politik in Bezug auf die griechische Frage empört – „Die Politik des Fürsten Metternich ist pfiffig, lähmend, unedel. Er brauchte nicht, um die russischen Vergrößerungen zu hindern, die Griechen zu unterdrücken und das Mordmesser der Türken zu schleifen und zu leiten"[2111] – und überlegte offenbar ernsthaft, an den Großmächten vorbei Politik auf eigene Faust zu machen. Den unmittelbaren Anlass gab offenbar die Niederlage der Türken gegen die durch den Londoner Vertrag verbündeten Mächte in der Seeschlacht bei Navarino (20. Oktober 1827). Anscheinend war bei Capodistrias' letztem Zusammentreffen mit Stein im Mai 1827 der Gedanke eines deutschen Hilfskorps in allgemeiner Form diskutiert worden. Jetzt war es an Stein, darauf zurückzukommen: auf die „idée de former un corps de troupes allemandes pour la défense et la colonisation"[2112]. Aufschlussreich ist in dieser Hinsicht ein Schreiben des früheren Freikorpsführers und nunmehrigen, in Münster stationierten Generalmajors Adolf von Lützow an Stein, dessen Frau im übrigen in Münster einen schöngeistigen Zirkel unterhielt, von dem nicht ausgeschlossen werden kann, dass Stein ihn hin und wieder besuchte. Lützow, nach Steins Worten gegenüber Capodistrias „un militaire d'un grade supérieur, d'un nom connu par des brillants faits d'armes en 1813"[2113], bezog sich auf einen Bericht aus Ancona, den Stein ihm zur Kenntnis gebracht hatte, offenbar verbunden mit der Anfrage, ob die Aufstellung eines solchen Unterstützungskorps überhaupt denkbar sei. Lützow machte das selbstredend von der Zustimmung des preußischen Königs abhängig, sah in der Zusammenbringung eines wenigstens 6.000 Mann umfassenden deutschen Korps aber überhaupt keine Schwierigkeiten, zumal wenn die deutschen Staaten zur Beteiligung gewonnen werden und England und Russland ihren Segen dazu geben würden[2114]. Lützow empfand diese Perspektive als überaus wünschenswert[2115] und war von der Aussicht, in der griechischen Sache sozusagen an vorderster Front mitzumachen, so begeistert, dass er sogar erwog, sich von der preußischen Armee freistellen zu lassen und befristet in der russischen Armee mitzumachen. Stein übermittelte diesen Brief Lützows unmittelbar nach dem Jahreswechsel 1827/28 an Capodistrias, begleitet von einem wahren Loblied auf Lützow[2116]. Warum dieses Projekt dann scheiterte, lassen die Akten des Stein-Nachlasses nicht erkennen; Stein stand jedenfalls noch im Januar 1829 mit Lützow in Kontakt, der damals an einer Jagd in Cappenberg teilnahm[2117]. In der Korrespondenz seit dem Frühjahr 1828, die die Griechenfrage erwähnt, findet es jedoch keinen Widerhall mehr[2118].

Aber Griechenland blieb in Steins Blickfeld: Ebenfalls 1829 versuchte Stein[2119], den Major Wilhelm von Scharnhorst, einen Sohn des 1813 gefallenen Generals und Schwiegersohn Gneisenaus, nach Griechenland zu vermitteln zum Aufbau des dortigen Militärwesens[2120]. Capodistrias reagierte auf den Gedanken und die ins Auge gefasste Person positiv[2121], aber warum es in der Sache nicht weiterging, bleibt vorläufig im Dunkeln. Das minderte aber Steins Interesse am Schicksal des griechischen Volkes nicht; von seiner Lektüre her und seinen Informationen, die ihm regelmäßig zugingen, muss Stein zu den bestinformierten Männern in Mitteleuropa gezählt werden. Und er verband seine Kommentare fast regelmäßig mit Ausfällen gegen die Großmächte, namentlich gegen Österreich. Er habe, so ließ er Gagern Ende August 1829 empört wissen, präzise Nachrichten, dass Metternich und Gentz die Niederlage der griechischen Freischärler in großem Stil gefeiert hätten[2122]. Man kann sich des Eindrucks nicht erwehren, dass die griechische Sache zu einer wirklichen Herzensangelegenheit geworden war. Im Frühherbst 1829 versuchte Stein gar, die Frage, wer an die Spitze eines künftigen griechischen Staates treten solle, durch ein Plädoyer für den Prinzen Leopold von Coburg mitzulenken, nachdem er in Nassau bei mehreren Begegnungen mit dem Prinzen dessen grundsätzliches Interesse ausgelotet hatte[2123]. Steins Vorschlag fand sogar offene Ohren, die Mächte sollten dem Sachsen-Coburger in der Tat im Februar 1830 den griechischen Thron anbieten, auf den er einige Monate später dann aber doch verzichtete (um ein Jahr später den belgischen Thron zu besteigen) – zum Bedauern Steins[2124], der mit dem Prinzen in Verbindung blieb[2125] und sich nach dem Kronangebot schon in einen intensiven Gedankenaustausch mit dem Kandidaten eingelassen hatte, wie die deutschen Erfahrungen für die innere Entwicklung Griechenlands fruchtbar gemacht werden könnten und wie Lützow in den Heeresaufbau einbezogen werden könne[2126]. Stein noch einmal als graue Eminenz, als ein Mann, der die Fäden spinnt? Manches scheint dafür zu sprechen.

Es passt in dieses Bild eines Mannes, der das europäische Geschehen aufmerksam verfolgte und gar mitzugestalten suchte, dass seine Blicke an den geographischen Grenzen Europas nicht haltmachten. Wie schon während seines böhmischen Exils, wandte sich Stein Mitte der 1820er Jahre erneut Außereuropa zu: Er konsumierte Literatur über die beiden Amerika[2127], über West- und Südafrika, über Australien, über Asien und konnte sich geradezu berauschen an dem freien Spiel „menschlicher Kräfte in diesen ungeheuren Ländern [Lateinamerikas] unter englischem und amerikanischem Einfluss, Rückwirkung dieser neuen Ströme von Kultur und Industrie auf Europa"[2128]. Er war, ganz ähnlich wie im Fall Griechenland, begeistert von dem „Heldenmut eines jugendlich kräftigen Volkes", den er in Lateinamerika am Werk sah – nicht ohne die Erwartung hinzuzufügen, „dass Erziehung, Industrie, Handel und wahre, nicht in äußeren Zeichen bestehende Religion auch dies in so vielen Beziehungen liebenswürdige Volk veredeln werde"[2129]. Es sprudelte förmlich aus ihm heraus, wenn er im Frühjahr 1825 dem gerade zum Erzbischof von Köln erhobenen Grafen Spiegel schrieb: „Wir leben in einer großen, ereignis- und folgenreichen Zeit; die Befreiung vom südlichen Amerika, das Entstehen und Kräftigfortschreiten sechs neuer Staaten, die die Natur verschwenderisch und üppig mit allen ihren schönsten Gaben versehen, die wahrscheinliche Unabhängigkeit von Griechenland und deren Einfluss auf Kleinasien, die von England ausgesprochene Verwerfung des Prohibitivsystems und sein Aussprechen eines freien Handels, endlich die Verbreitung der christlichen Religion in Australien, im westlichen und südlichen Afrika, die Untergrabung des Polytheism und Mahomethanism durch Wiederbelebung der syrischen und armenischen Kirche, durch Errichtung der Schulen unter den Hindus, alles dieses sind Ereignisse, deren Folgen für Zivilisation und Religion unberechenbar sind"[2130]. Stein hatte begonnen, global zu denken – das machte die Enttäuschung über die Entwicklung in Deutschland dann vielleicht leichter erträglich.

Dennoch: trotz seines Interesses an der Entwicklung auf dem südlichen Balkan, trotz seines ungebrochenen Interesses am gesellschaftlich-politischen Fortgang in Großbritannien und in Frankreich, trotz seiner Reisekoordinaten, die sich mit Moskau und England und mit St. Petersburg und Neapel begrenzten – ein Europäer im wahrsten Sinn des Wortes wurde Stein nie. Die europäischen Staaten boten ihm eher Anschauungsmaterial, wie ihre jeweiligen Systeme Deutschland befruchten könnten oder welche Elemente ihrer Verfassung auf keinen Fall rezipiert oder gar imitiert werden sollten. Bezugspunkt aller seiner „europäischen" – heute würde man sagen: transnationalen – Interessen blieb immer die deutsche Entwicklung, für die er vorbildhafte oder abschreckende Beispiele suchte. Eine Denkschrift, in der er, wie viele seiner Zeitgenossen, etwa Knesebeck, einmal zusammenfassend über die Zukunft des Kontinents reflektiert hätte, ist nie konzipiert worden, und dass er Perthes' Plan einer groß angelegten *Geschichte der europäischen Staaten* eher leidenschaftslos begrüßte[2131], liegt auf dieser Linie.

Damit koinzidiert, dass Stein nach seiner Schweiz-Italienreise 1820/21 keine Reise ins europäische Ausland mehr unternommen hat. An seiner grundsätzlichen Mobilität hat das nicht gelegen: Vergegenwärtigt man sich seine häufigen Reisen in den 1820er Jahren zwischen Nassau, Frankfurt, Köln und Bonn (wo er oft mit Freunden zusammentraf), Herten, wo er den an den Folgen eines Schlaganfalls leidenden Nesselrode besuchte, Cappenberg und Münster, Berlin, Weimar, Buchwald, Thurnau und Heidelberg, kann man kaum davon sprechen, er sei des Kutschendaseins überdrüssig gewesen. Aber die Niederlande oder Skandinavien, die iberische Halbinsel oder vielleicht noch einmal, diesmal unter besseren Vorzeichen, Großbritannien: nichts dergleichen findet sich in seinen „politischen Träumereien“. Es war nach wie vor die Zukunft Preußens und des Deutschen Bundes, die ihn primär beschäftigte – zu einem die Zukunft Europas hinterfragenden Intellektuellen wurde Stein nicht mehr.

***

Todessehnsucht, bei Stein schon seit den 1790er Jahren ein in Phasen wiederkehrendes Thema, wurde in den 1820er Jahren regelmäßig durch das Ableben von Weggefährten und engen Freunden ausgelöst bzw. verstärkt. Steins Lebenszeit überstieg den Durchschnitt seiner Zeitgenossen nicht unerheblich, was im Umkehrschluss bedeutete, dass viele seiner Vertrauten vor ihm verstarben. Seit den mittleren 1820er Jahren wurde es, ganz unbeschadet seiner Fähigkeit, neue interessante Persönlichkeiten um sich zu scharen, erheblich einsamer um ihn. Jugendfreunde wie etwa Franz Wilhelm von Spiegel, der ehemalige kurkölnische Hofkammerpräsident und Bonner Universitätskurator, hatten gar schon wesentlich früher das Zeitliche gesegnet, in diesem Fall nachhaltig betrauert und mit dem ihn zusätzlich nobilitierenden Prädikat versehen, er sei ein tüchtiger, kräftiger Vaterlandsfreund gewesen[2132]. Solms-Laubach, Gesprächspartner über alle möglichen Verfassungsfragen und *Monumenta*-Weggefährte, war 1822 verstorben; Stein bekundete betroffen, einen „wahren Freund“ verloren zu haben[2133]. Ganz ähnlich erschütterte ihn der Tod Kaiser Alexanders I., mit dem ihn das Schlüsselerlebnis schlechthin, die Befreiung Europas vom napoleonischen Joch, verband[2134]: der Verlust eines edlen, wohlwollenden, treuen, nachsichtigen Beschützers, des Wiederherstellers seines äußeren Glückes[2135]. Steins alter Freund Hövel, von ihm in seiner westfälischen Beamtenzeit nachhaltig gefördert und über viele Jahre hinweg ein Gesprächspartner von Fragen der Anpflanzung von Bäumen bis zu den politischen Ereignissen in Nord- und Südamerika[2136], starb während des 1. Provinziallandtags im Herbst 1826 und veranlasste nicht nur eine warmherzige Würdigung im Plenum des Landtags[2137], sondern auch einen ergreifenden Kondolenzbrief an die Witwe, in dem er die 30jährige Freundschaft beschwor und die Bedeutung des Verstorbenen für sich zum Ausdruck brachte: „Er war in dem liebevollen Umgang mit seinen Freunden milde, lehrreich, frohsinnig, […] seine Heiterkeit, seine Teilnahme an allem Guten, Edlen gründeten sich auf sein Wohlwollen, seinen vielseitig gebildeten Geist; bei ihm fand der Freund in jeder Verlegenheit Rat, bei jeder Bedenklichkeit Belehrung, und wohltätig wirkte auf Bekümmerte der

Anblick der Zufriedenheit, die sich in seinem ganzen Wesen ausdrückte"[2138]. Ganz besonders berührte ihn der Tod seines Fast-Nachbarn Graf Nesselrode im Herbst 1824, den er nach dessen Schlaganfall oft in Herten besucht hatte[2139]. Insbesondere hat ihn auch der vorzeitige Tod des Weimarer Großherzogs, seines Altersgenossen Karl August, im Frühsommer 1828 nachhaltig betroffen gemacht: eines Mannes, mit dem ihn, wie er der Gräfin Luise von Voß schrieb, seit 43 Jahren ein „freundschaftliches Verhältnis" verband und an dem er namentlich seine „Liebe zu den Wissenschaften, seine unermüdliche Tätigkeit, sein tüchtiges Benehmen in den unglücklichen Zeiten der Fremdherrschaft" zu schätzen gelernt hatte[2140]. Rechnet man zurück, ergibt sich als Zeitpunkt ihres Kennenlernens die Fürstenbundzeit, als die Kontakte aber zunächst in schriftlicher Form vor sich gegangen waren. Damals hatte der Herzog freilich bereits andere Verbindungen zur Familie Stein aufgebaut, sei es zur Gräfin Werthern, sei es zu Steins älterem Bruder Johann Friedrich, wobei sich die Beziehungen zu Karl vom Stein eher zögerlich intensiviert hatten, weil beide von ihrem Wesen her doch sehr unterschiedlich waren[2141]. Für Stein wurde der Herzog dann aber mehr und mehr zu einem hochgeschätzten Gesprächspartner; nicht zufällig hat er an zwei Wendepunkten seines Lebens – nach seiner ersten Entlassung und auf dem Weg zu seinem zweiten Ministeriat – gerade in Weimar Station gemacht. Beide waren sich im Herbst 1813 wohl noch näher als bisher schon gekommen, als Stein in seiner Funktion als Beauftragter des Zaren für den bevorstehenden Krieg im persönlichen Gespräch die Modalitäten des Anschlusses des mitteldeutschen Fürstentums an die Verbündeten verhandelte. Steins indirekte Einflussnahme hatte mit hoher Wahrscheinlichkeit auch das weimarische Verfassungsprojekt von 1815/16 gefördert. Die substantielle Korrespondenz hatte sich seitdem, selbstredend mit Unterbrechungen, fortgesetzt[2142], und sie haben sich wohl auch mehr als einmal in Ems oder in Nassau persönlich getroffen. Eine dieser Begegnungen hat Arndt in seinen *Wanderungen und Wandelungen* näher geschildert: eine Szene, in der Stein in einer größeren Runde sich „schmutzige Gespräche" des Herzogs verbat und dieser es zum Erstaunen der Anwesenden nicht zum Eklat kommen ließ[2143]. Im Frühjahr 1823 hatte Stein ihn eigens von Frankfurt aus in Weimar besucht, ihn aber leicht erkrankt vorgefunden, was seine Begegnung mit vielen alten Bekannten, darunter auch Goethe, aber nicht gehindert hatte[2144].

Ähnlich betroffen wie Karl Augusts Tod machte ihn nur ein Jahr später der Karoline von Humboldts, die er zutiefst verehrte, mit der er bezaubernde Briefe wechselte, die er immer wieder einlud und auf deren Gut er ja auch wiederholt Station gemacht hatte: eine durch „Geist, Bildung und Charakter so herrlich ausgezeichnete" Frau, wie er dem Witwer schrieb, deren Verlust nur „der ruhige Hinblick auf die Heimat, zu der wir bestimmt sind", erträglich mache[2145]. Geheimrat Kunth, sein „langjähriger, bewährter Freund im edelsten Sinn des Wortes"[2146], folgte ihr im Spätherbst 1829 in den Tod.

„Lange“, so prognostizierte Stein[2147], „werden wir wohl nicht voneinander getrennt bleiben“. Schließlich, wenige Monate vor seinem eigenen Tod, die Nachricht von Niebuhrs Ableben – ein unersetzlicher Verlust nicht nur für die Wissenschaft[2148] – und die vom Hinscheiden seines Jugendfreundes aus Göttinger Zeiten Franz von Reden[2149] – „das Wiedersehen tröstet, und für mich ist es nicht entfernt“.

Stein hat das alles tief mitgenommen – er hat am Ende des zweiten und am Beginn des dritten Jahrzehnts des 19. Jahrhunderts häufig von seiner Vereinzelung gesprochen, vom „Vereinzeltstehen unter einem neuen Geschlecht, das man nicht versteht, das einen nicht begreift“[2150]. Gagern gegenüber beschwor er in einem melancholischen Brief vom Hochsommer 1824 das „Verschwinden der Zeitgenossen, unter ihnen der Freunde der Jugend, der Gefährten unserer Tätigkeit [...]; statt ihrer“, so fuhr er fort, „stehen wir unter einem uns fremden Geschlecht, und unverständlich und wir ihnen, isoliert, freunde- und freudenlos“[2151]. Verluste ihm nahe stehender Menschen verstärkten bei Stein fast regelmäßig die eigene Todessehnsucht. Eine ganz andere Stufe der Trauer aber wurde mit dem Ableben seiner Frau, der Mutter seiner beiden Töchter, erreicht.

Sie hatte vieles mit ihm geteilt und noch mehr vermisst: häufige Wohnungswechsel, die lange Trennung von ihm während des Exils und der Befreiungskriege, schließlich der Wohnortwechsel von Prag nach Berlin. Sie hatte die Erziehung der beiden Töchter, unbeschadet der vielen Ratschläge des Ehemanns und Vaters, im wesentlichen in die eigene Hand nehmen müssen und war deswegen nicht mit in die Nassauer oder Cappenberger Idylle gezogen, sondern hatte nach dem Ende der napoleonischen Ära ihren Erstwohnsitz in Frankfurt genommen, im Haus des Bankiers Mülhens, und war nur sommers für einige Wochen zu ihrem Mann gezogen. Stein hielt sich zwar in den Jahren seit 1815 häufig in Frankfurt auf, aber ein „normales“ Familienleben war das trotzdem nicht. Freilich: Die Ehen bedeutender Männer sind selten „normal“.

Wenn der Eindruck nicht täuscht, hatte seit 1817/18 der Briefwechsel mit den Töchtern ein größeres Gewicht erhalten als der mit der Ehefrau, mit der Stein in früheren Jahren eine durchaus als verständnisvoll zu charakterisierende, freilich gelegentlich auch von ein wenig schlechtem Gewissen begleitete, im übrigen immer auf Französisch geführte Korrespondenz unterhalten hatte. Hatte es wegen des Erwerbs des entlegenen Cappenberg doch Meinungsverschiedenheiten gegeben? Am 25. August 1819 hat Stein seiner Frau aus Cappenberg einen Brief geschrieben, in dem es hauptsächlich um Cappenberger Verwaltungsangelegenheiten ging[2152]. Am 3. September abends alarmierte Henriette den Vater mit der Nachricht, dass die Mutter ernsthaft erkrankt sei. Stein, gerade in Köln unterwegs, replizierte am 6. aus Cappenberg, er sei sicher, dass sie dank der Medizin schon wieder ganz hergestellt sei[2153]. Zwei Tage später fragte er bei Henriette nach, ob die milde

Witterung schon das Ihre zur Wiederherstellung der Gesundheit seiner Frau getan habe[2154] – eine tiefere Beunruhigung ließ der Brief aber noch nicht erkennen, der in seinem zweiten Teil vielmehr erläuterte, warum sich Stein so dezidiert für Cappenberg und gegen Nassau entschieden habe. Nach neuen Schreiben Henriettes und der zufällig in Nassau weilenden Schwester Marianne stellte sich bei Stein erst am 11. eine größere Sorge ein[2155], aber einen Grund für die sofortige Reise nach Nassau sah er nicht, um so weniger, als die Nassauer Frauen wieder eine gewisse Entwarnung gaben[2156]. Am 15. abends gegen 8 Uhr ist die geborene Gräfin Wallmoden-Gimborn dann verstorben, an, wie es in der Todesanzeige mit fast peinlicher Akribie heißt, „einer sehr heftigen Ruhr, welche wegen vieljähriger Schwäche des Unterleibes in völlige Lähmung der Verdauungswerkzeuge übergegangen war“[2157].

Stein, am Abend des 13. von einer Estaffette alarmiert und am Morgen des 15. in Nassau eingetroffen, ist in der Todesstunde bei ihr gewesen. Er hat noch am Todestag den Kölner Künstler Imhoff, der dann auch den Grabstein herstellen sollte[2158], zwecks Abnahme einer Totenmaske einbestellt[2159] und einen mit dem Datum des 15. September versehenen Nachruf niedergeschrieben, der dann als Privatdruck veröffentlicht wurde. Hier hat Stein dann die „Entbehrungen, Anstrengungen, Aufopferungen“ der Verewigten offen angesprochen, die sich seiner eigenen Karriere und seinem Schicksal schuldeten. „Dulden und Entbehren“, das schrieb Stein ihr als ihre größte Tugend zu, und jedem Leser dieses Nachrufs war klar, was der Ehemann damit meinte. Unter anderen Umständen hätte dieses Leben nicht schon nach 47 Jahren zu seinem Ende kommen müssen.

Der Witwer und die beiden Töchter verließen unmittelbar nach der Beisetzung in Frücht Nassau, um im Rheingau, in Winkel, Abstand zu gewinnen – der äußere Anlass und Zweck war eine Henriette ärztlicherseits verordnete Traubenkur[2160]. Nun allein verantwortlich für zwei Töchter, mag Stein das Loch empfunden haben, das der Tod der Ehepartnerin gerissen hatte (und zu deren Erinnerung er in seiner Privatkorrespondenz ein Jahr lang Briefpapier mit Trauerrand benutzen sollte[2161]). Es war freilich nicht anzunehmen, dass Trauer nun sein ganzes weiteres Leben ausfüllen würde. Gleichwohl hatte die sich den Rheingauer Wochen anschließende Schweiz-Italien-Reise, von der in anderem Zusammenhang berichtet wurde, neben vielen anderen Facetten auch die der Trauerarbeit.

Denn Trauer, Tristesse ob des Verlustes von Personen, die ihm nahegestanden hatten und deren Verlust – weich, wie er auch sein konnte – ihn stark und oft bis zu den Tränen rührte, provozierte in aller Regel ein Gegenmittel, und das bringt keine Überraschung: Arbeit, Pflichterfüllung, *activitas*. Es waren die politischen Verhältnisse, die ihn wieder beschäftigten: Schon die Ausläufer des Wartburgfests von 1817, dessen Berechtigung und Sinnhaftigkeit er nicht in Frage stellte, dessen Pervertierung zu einem Gleichheit aller fordernden Forum, dessen Tendenz dahin gehe, „die ganze bürgerliche Gesellschaft in einen großen auseinandergeflossenen Brei aufzulösen“, er aber ebenso scharf verurteilte[2162], dann die Frage des Verhältnisses des Deutschen Bundes zur Katholischen Kirche, insbesondere das Problem der Konkordate und, innerpreußisch, das der Mischehen, nicht zuletzt die Unruhe am Ende des zweiten Jahrzehnts des 19. Jahrhunderts mit den geglückten und misslungenen Attentaten auf Persönlichkeiten des öffentlichen Lebens, mit einer aufgeheizten Stimmung, die ihn Schlimmes befürchten ließ und gegen die es in seinen Augen nur ein Heilmittel gab: die umgehende Gewährung von Verfassungen in allen Bundesstaaten, um revolutionären Agitationen gar keinen Nährboden zu geben. Es war natürlich absurd, was in Frankfurt und in Wiesbaden, diesem „Krähwinkel“, im Spätsommer 1819 kolportiert wurde, dass Stein mit den Konspirationen in Verbindung stehe, aber der Vorgang zeigt, wie schnell die Reaktion bereit war, alle, die etwas zu verändern suchten (und sich dabei auf dem Boden der Bundesakte befanden!), in die semi-revolutionäre Ecke zu stellen[2163]. Das alles war weit entfernt von einer „Verfassung für Deutschland“, wie es im Regest eines Briefs an Gagern heißt[2164], sondern zielte auf einen präziseren Rahmen, den man dann wenig später in der Wiener Schlussakte bereitstellte, und auf die allseitige Befolgung des Verfassungsauftrags des Art. 13 der Bundesakte.

Gerade diese Rolle des Beobachters und Kommentators des „Zeitgeistes“ und der politischen Entwicklung, unterstreicht noch einmal, dass Stein, der Privatmann ohne jedes staatliche Amt, für viele kein bequemer Zeitgenosse war. Die leitenden Beamten in den Berliner Ministerien werden ihn mehr als einmal innerlich verflucht haben, wenn er sich zum wiederholten Mal völlig ungefragt in Meinungsbildungsprozesse einmischte oder Berliner Entscheidungen offen verwarf; seinem Freund Spiegel wird es die Zornesröte ins Gesicht getrieben haben, wenn er ihn nach der Einrichtung einer neuen Behörde, die Spiegel als Mitglied des Staatsrats mit betrieben hatte, wissen ließ, das sei ein „Missgriff“, eine völlig „überflüssige, lähmende Behörde“[2165]. Um eine Denkschrift über den Aufbau der preußischen Verwaltung gemäß den Instruktionen für die Oberpräsidenten[2166] hatte ihn wahrlich niemand gebeten. Stein fühlte sich als das öffentliche Gewissen Preußens, des Staates, dem er gedient hatte und den er als den seinen ansah – und aus vermeintlichen und tatsächlichen Fehlentwicklungen machte er kein Hehl. Das Wort des *elder statesman* hatte Gewicht, Stein wusste das auch, und deswegen kommentierte er alles und jedes, was er für abträglich oder verhängnisvoll hielt. Preußens (gute) Zukunft lag ihm auf der Seele, und da er in den König und manche Mitglieder der neuen politischen Elite der Nach-Stein-Ära kein großes Zutrauen setzte, griff er immer wieder zur Feder und wurde zu dem Mahner schlechthin, insbesondere soweit es um die ständischen Rechte und Art. 13 der Bundesakte ging[2167], dessen Umsetzung er bei seinen anfangs noch häufigen Aufenthalten in Frankfurt immer wieder bitter und oft auch sarkastisch kommentierte[2168]. Stein, um es in dieses Bild zu kleiden, ersetzte eine ganze Phalanx von oppositionellen Blättern. Generell schätzte er deswegen, trotz oder gerade wegen Karlsbad, den Nutzen kritischer Periodika außerordentlich hoch ein; seine Tochter Henriette ließ er im Frühjahr 1828 im Blick auf deren dezente Kritik an der Augsburger *Allgemeinen Zeitung* wissen: „Une critique, même sévère, est nécessaire pour corriger l'égoïsme bavard, diffus, s'admirant soi-même“[2169]. Gerade die Pressefreiheit war ihm unter den Freiheitsrechten, deren Anwalt er seit den Befreiungskriegen mehr und mehr geworden war, ein besonders hohes Gut.

Dabei ist unübersehbar, dass seine Kritik mit der Zeit immer bissiger, sarkastischer wurde. An seinem Feindbild, dem Beamten, der sich geist- und phantasielos mit den Verrichtungen begnügte, die ihm höheren Orts aufgetragen worden waren, hatte er seit seiner westfälischen Zeit immer wieder sein Mütchen gekühlt. In einem Brief an Gagern trieb er diese Kritik dann auf die Spitze: Kritik an jenen „Buralisten“, den Angehörigen der „geistlosen Regierungsmaschinen“, die vier Dinge auszeichneten: besoldet (also nach Vermehrung der Besoldung strebend), buchgelehrt (in einer Buchstabenwelt und nicht in der wirklichen lebend), interesselos (weil mit keiner der Bürgerklassen in Verbindung stehend) und eigentumslos (also ohne wirkliches Interesse am Staat). Und dann weiter: „Sie erheben ihr Gehalt aus der Staatskasse und schreiben, schreiben, schreiben im stillen, mit wohlverschlossenen Türen versehenen Büro, unbekannt, unbemerkt, ungerühmt, und ziehen ihre Kinder wieder zu gleich brauchbaren Schreibmaschinen an. Eine Maschine, die militärische, sah ich fallen, 1806 den 14. Oktober [Jena und Auerstedt, H. D.]; vielleicht wird auch die Schreibmaschinerie ihren 14. Oktober haben“[2170]. Ähnliche Bemerkungen über die „Peitsche Gottes für Deutschlands“, über die „mit dem inneren Leben des Staates unbekannten Mietlinge“, über jene Menschen, die an den Fortschritten des menschlichen Geistes keinen Anteil nähmen und für die Weiterbildung ein Fremdwort sei[2171], finden sich zuhauf und mündeten nicht selten in Anklagen gegen den Habsburgerstaat, der als Hort der Reaktion immer mehr zu Steins Zielscheibe wurde[2172]. Ob er seinen Stephans-Orden wohl noch oft getragen hat?

13. Tod und Nachleben

Wer annähme, für die letzten Lebensjahre Steins flössen die Quellen spärlicher als für seine politischen Glanzzeiten, ginge in die Irre. Die aus seinem westfälischen Refugium geführten Korrespondenzen sind viel dichter als die vorangegangener Zeitabschnitte, viele seiner Besucher fassten ihre Eindrücke von der Person, ihrem Gestus und Habitus, ihrer Ausstrahlung, auch schriftlich, etwa, besonders bekannt, Ernst Moritz Arndt. Auch aus seiner engeren Umgebung haben Personen, die ihn mehr oder weniger regelmäßig erlebten wie etwa sein Oberförster und nachmaliger Rentmeister Poock, zur Feder gegriffen, um ihr Bild der Nachwelt zu vermitteln – es wurde bereits referiert. Von besonderer Tiefe ist ein unmittelbar nach seinem Tod publizierter Bericht seines seit 1829 diese Funktion ausübenden[2173] Leibarztes Dr. Johann Heinrich Franz Wiesmann, der insbesondere für Steins letzte Tage und Stunden viel Authentizität beanspruchen kann. Er wird im übrigen in seinen wesentlichen Zügen bestätigt durch einige Briefe des Cappenberger Vikars und Lehrers Alexander Hochgesang an den Kölner Erzbischof Spiegel.

Ein so stark von einer „Aufgabe" – heute würde man von „Mission" sprechen – erfüllter Mensch wie Stein war selbstredend auch seinerseits um sein Bild in der öffentlichen Meinung bemüht.

Einen ausgesprochen hohen Stellenwert hatte es für ihn, dass sein Bild in der (Zeit)Geschichtsschreibung nicht getrübt oder gar verfälscht wurde – wenn es darum ging, trat die mit Bescheidenheit gepaarte Souveränität, die ihn sonst auszeichnete, deutlich zurück. Als sich in einer *Histoire critique et militaire des guerres de la révolution* eines französischen Autors ein mit seiner Person bzw. seiner vermeintlichen Rolle beim Fall von Mainz in Zusammenhang stehender Fehler fand – eine offensichtliche Namensverwechslung und ein falsches Verb! –, zögerte Stein nicht, energisch dagegen vorzugehen[2174] und die sofortige Korrektur bzw. die Einrückung eines *Erratum* zu verlangen, was der Autor, General Jomini, zunächst auch zusagte[2175], dann aber doch unterließ[2176]. Im nachhinein kamen dem Autor nämlich doch wieder Bedenken, weil er einem, wie er meinte, glaubwürdigen Zeugen vertraut hatte[2177]. Stein reagierte gereizt, drohte, die Sache an die Presse zu geben[2178]. Von dieser unliebsamen Angelegenheit ist offenbar seine lange freundschaftliche Beziehung zu Pozzo di Borgo zumindest stark belastet worden, kündigte Pozzo Stein doch im November 1821 unmissverständlich an, in dieser leidigen Sache nicht mehr den

„intermediaire" spielen zu wollen.[2179] Die Korrespondenz zwischen beiden bricht damit ab.

Noch kurioser ist ein in den Akten befindlicher Vorgang, der aber noch nicht das Interesse der Forschung gefunden hat. Im Stein-Nachlass findet sich ein in Schönschrift verfertigtes und mit dem Datum 17. Februar 1830 versehenes Heft[2180], in dem es um die Memoiren eines Autors namens Bourrienne geht, in deren 8. Band er aufgrund einer Erklärung eines Gewährsmanns namens Sahla mitteilte, Stein habe Sahla dafür gewinnen wollen, den bayerischen Staatsminister Montgelas zu vergiften. Bourrienne hatte sich zwar nicht völlig mit diesem Vorwurf identifiziert, aber immerhin Fragen gestellt, die nahelegten, dass er den Verdacht nicht für unbegründet hielt. Stein, Autor oder zumindest doch Auftraggeber des genannten Dokuments, warf vor allem – das Muster der Jomini-Kontroverse wiederholte sich – die Frage auf, ob Bourrienne als Historiker nicht verpflichtet gewesen sei, der Glaubwürdigkeit oder gar Richtigkeit eines solchen Vorwurfs nachzugehen, der einen 73jährigen Greis treffe, der kurz vor seinem Tod stehe. Bourrienne habe 15 Jahre lang Zeit gehabt, die Anschuldigung zu verifizieren oder zu falsifizieren: alles habe er unterlassen! Der Vorwurf könne nur entsprungen sein einer „tête en délire, fièvreuse, et exaltée au suprême degré par les souffrances que l'horrible blessure causait au jeune Sahla". Bourrienne habe also seine Aufgabe als Historiker sträflich vernachlässigt und in seinen Memoiren einen Verdacht stehengelassen, von dem vermutet werden könne: *semper aliquid haeret.* Stein habe daraufhin unter dem 12. November 1829 eine „Gegendarstellung" an verschiedene Blätter gegeben[2181], in der er darauf hinwies, dass er Sahla nur ein einziges Mal in seinem Leben – in Paris 1814 – begegnet sei, aber nie in Wien 1815, worauf sich die von Sahla kolportierte Begebenheit bezogen habe. Jeder, der ihn, Stein, kenne, wisse, dass der bloße Gedanke absurd sei und auch überhaupt nicht in die politische Situation des Jahres 1815 passe. Er, Stein, habe Metternich über Gagern[2182] um eine Ehrenerklärung gebeten, die dieser mit Schreiben vom 5. Dezember 1829 auch in der Tat abgegeben habe[2183]. Es sei also festzuhalten, dass die inkriminierte Passage in Bourriennes Memoiren eine „conte absurde" sei und dass Bourrienne sich mit ihrer Wiedergabe der Lächerlichkeit preisgegeben habe. Auf eine entsprechende Aufforderung, die fragliche Passage zu ändern, habe Bourrienne erklärt, das erst in der 3. Auflage tun zu können und dass er auf Steins Unverschämtheit in den Gazetten nicht reagiere. Als ob man eine Korrektur, die der deutsche Verleger bereits durch die Tilgung des Namens Steins durch Asterixe vorgenommen habe[2184], nicht auch durch einen beigelegten Zettel in der 2. Auflage vornehmen könne, als ob man nicht auch in den öffentlichen Blättern sich von dieser Passage distanzieren könne! Es stehe nach dem Metternich-Brief unabweisbar fest, dass die Sahla-Geschichte insgesamt und in den Details eine einfache Lüge sei. Auch seine sonstigen Bemühungen, zwischen Stein und den preußischen König einen Keil zu treiben, seien absurd.

Welche Bedeutung Stein dem Vorgang und der Integrität seines guten Namens beimaß, mag daraus ersehen werden, dass er die oben wiedergegebene Schrift dann auch im Druck unter dem Titel *Herr von Bourrienne und Sahla* erscheinen ließ: eine 20seitige Broschüre, die von der Brönnerschen Buchhandlung in Frankfurt verlegt wurde[2185], zu deren guten Kunden Stein über viele Jahre gezählt hatte. Auch wenn er des Preisverfalls im Agrarsektor und der Unterstützung der *Monumenta* wegen in den 1820er Jahren finanziell sicher nicht auf Rosen gebettet war: für die Reinhaltung seines Namens und sein Bild in der Geschichte musste allemal Geld da sein (auch wenn die Schrift zugegebenermaßen nur in kleiner Auflage erschien[2186]). Stein sorgte persönlich dafür, dass Rezensionsexemplare breit gestreut wurden[2187] und auch seine guten Freunde in halb Europa über den Vorgang in Kenntnis gesetzt wurden[2188] – bei dem einen oder anderen sollte das die Reaktion auslösen, vielleicht habe er sich ein wenig zu viel entrüstet[2189]. Sein guter Name durfte keinen Schatten erhalten, da wurde dann schon alles in Bewegung gesetzt! Der Vorgang umfasst im Stein-Nachlass zwei dicke Konvolute mit 41 Einzelnummern. Im Spätherbst 1829 und im Winter 1829/30 verließ fast kein Schreiben das Cappenberger Arbeitszimmer, das nicht mehr oder weniger ausführlich auf die Bourrienne-Angelegenheit zu sprechen gekommen wäre!

Auf einer ganz ähnlichen Linie liegt seine kleine Kontroverse mit Gagern, der 1823 den 1. Teil seiner Memoiren *Mein Anteil an der Politik* erscheinen ließ, der Stein in die Klage ausbrechen ließ, wie sehr er sich gewünscht hätte, das Manuskript vor der Drucklegung einzusehen. Es folgen dann einige sachliche Korrekturen und Ergänzungen, etwa zum Basler Frieden, dessen Abschluss Stein bekanntlich nicht in Berlin erlebt hatte, dann aber zu den Seiten 195 und 219 zwei Ausstellungen, die seine Person betrafen[2190]. Stein war hochempfindlich, wenn es um – in diesem Fall höchstens leichte – Verzeichnungen seines politischen Lebens und Wirkens ging! Seine im Januar 1823 konzipierte Autobiographie sollte, auch wenn sie ursprünglich nicht für den Druck vorgesehen war, allen solchen möglichen Verzeichnungen entgegenwirken. Bezeichnenderweise reichte sie, von Kronprinz Ludwig von Bayern veranlasst[2191], just bis zum Frühsommer 1814, also bis zum Höhepunkt von Steins dienstlicher Tätigkeit.

Um so erfreuter war Stein – wer wäre es nicht? –, wenn Maßnahmen, die er politisch zu verantworten gehabt hatte, von der kritischen Geschichtswissenschaft angemessen gewürdigt wurden. Der Breslauer Historiker Friedrich von Raumer[2192], dessen *Geschichte der Hohenstaufen* Stein in seinem Freundes- und Bekanntenkreis eine ganze Zeitlang wärmstens empfohlen hatte, publizierte 1828, möglicherweise mit ausgelöst durch die mehrjährige Diskussion über die Reform der Reform, eine Schrift *Über die preußische Städteordnung, nebst einem Vorwort über die bürgerliche Freiheit nach französischen und deutschen Begriffen*. Stein dankte bewegt für die Übersendung der „gehaltreichen Abhandlung“[2193], schloss sich dem Ansatz des Verfassers an, die Erfahrungen würden zu einer ganz eigenen Quelle, und stimmte in Bezug auf Bürgerrecht und Wahlformen voll mit seiner Einschätzung überein. Dass die Städteordnung von 1808 nicht in jeder Hinsicht das Jahrhundertwerk schlechthin gewesen war, war Stein seit langem bewusst – wenn man ihm aber wenigstens Gerechtigkeit widerfahren ließ, war Steins Welt in Ordnung. Er hat das Werk Raumers dann freudig weiterempfohlen[2194].

Die Sorge um das eigene Bild im öffentlichen Bewusstsein meinte noch ein zweites: Stiftungen zum Gemeinwohl. Als sich 1818 die (Wieder-) Gründung einer Universität im preußischen Bonn abzeichnete, an die dann sein Vertrauter Arndt berufen werden sollte, zögerte Stein nicht, dem zuständigen Minister für diese „junge Musenpflanzschule", zum „Gebrauch der Bewohner des Rheinathens" seine – ein offensichtliches *understatement*! – „mäßige Mineraliensammlung" als Geschenk anzubieten, in der sich „mehrere ausgesuchte und auch seltene, nicht mehr brechende Mineralien und Fossilien" befänden[2195]. Zu der Übereignung ist es dann tatsächlich gekommen. Auch das war, bei allem Altruismus und aller Nüchternheit, was denn sonst nach seinem Tod mit der Sammlung geschehen würde, Arbeit am eigenen Bild: eine neue Institution in ihrer Geburtsstunde beschenken, das würde in der Öffentlichkeit und den Annalen der Universität sicher entsprechend vermerkt werden. Der in Köln residierende zuständige Oberpräsident Solms-Laubach, Universitätskurator und zum engeren Freundeskreis Steins zählend, hat diesen Hintergrund sofort erkannt; seinem Dank fügte er hinzu, es sei „höchst aufmunternd für die Universität, unter den Namen ihrer ersten Beförderern den verehrten Namen Euer Excellenz anführen zu können, und deswegen ist es ihr doppelt wichtig, den Grund zu ihren Sammlungen mit einem Beweis der Freigebigkeit Euer Excellenz legen zu können"[2196]. Mäzenatentum als Arbeit am eigenen Geschichtsbild. Der Vorgang wurde selbstredend auch in Berlin registriert[2197].

Das andere Beispiel, das hier angesprochen werden soll, ist seine Beteiligung am Wiederaufbau der Marienburg in Ostpreußen. Der dortige Oberpräsident Heinrich Theodor von Schön, ein enger, inzwischen aber auf Distanz gegangener Mitarbeiter Steins in der Reformzeit, hatte eine Initiative gestartet, um dieses Denkmal wiedererstehen zu lassen, dem damals, ähnlich wie wenig später dem Kölner Dom, die Rolle eines Nationalsymbols zugesprochen wurde. Stein, obwohl wegen seines Engagements für die *Monumenta* finanziell mit dem Rücken zur Wand stehend, entschloss sich zur Finanzierung zweier „Granitpfeiler in der Halle vor dem großen Gang"[2198]: nicht nur, weil zwei seiner Brüder dem Deutschen Orden angehört hatten, sondern weil dies ein Unternehmen mit einer nationalen Ausstrahlung war, bei dem er nicht fehlen durfte. Wenn es um die deutsche Geschichte ging, konnte Stein, der *praeceptor Germaniae*, nicht abseits stehen; dass dann auch noch sein Wappen an einem der Pfeiler angebracht wurde[2199], war sicher eine gern gesehene Begleiterscheinung.

Im Vergleich mit seinen Bemühungen, sich durch Stiftungen einen Platz im kollektiven Gedächtnis der Deutschen zu sichern und dafür zu sorgen, dass sich in die Zeitgeschichtsforschung keine gravierenden Fehler zu seinen Ungunsten einschlichen, nehmen sich die Ansätze, sich über das „Bild" einen Platz im Geschichtsbild seiner Nation zu sichern, ausgesprochen bescheiden aus. Die Forschung[2200] hat inzwischen zur Genüge herausgearbeitet, dass das Bild für Stein einen sehr intimen, familiären Charakter hatte und er zu seinen Lebzeiten nicht darum bemüht war, sein Porträt in den „guten Stuben" möglichst vieler preußischer Haushalte hängen zu sehen. Verglichen mit seinem Bekanntheitsgrad, ist die Zahl der von ihm überlieferten Bilder denn auch begrenzt. Daran mag sein Wissen, nicht in der Gefahr zu stehen, zum Apoll seines Zeitalters gekürt zu werden, seinen Anteil gehabt haben, sicher auch seine (verschiedentlich bezeugte) Abneigung gegenüber dem Porträt-Sitzen, in erster Linie aber seine Überzeugung, dass ein Bild in erster Linie dazu diene, den nächsten Menschen eine Erinnerung zu hinterlassen. Das Porträt als private *Memoria* – das musste jede Großproduktion von Stechern oder Lithographen zum Erliegen bringen. Diese unverkennbare Zurückhaltung Steins verhinderte es dann auch, dass Stein von den ganz großen Künstlern seiner Zeit verewigt wurde, etwa dem Maler Anton Graff, der seine Schwester Johanna Luise von Werthern porträtierte, von Bertel Thorvaldsen, den er in Rom kennenlernte, von dem Bildhauer Christian Rauch, der für ihn die Büsten der verbündeten Monarchen für seinen Nassauer Turm schuf. Es muss deswegen hier genügen, einen kleinen Einblick in die insgesamt nur 16 zeitgenössischen Abbildungen des Freiherrn vom Stein zu geben.

Ein erstes Porträt – eine nur 8 auf 8 cm große, ovale Miniatur auf Elfenbein – wurde von einem anonymen Münchener Künstler bereits während seiner „Kavaliersreise" 1778 angefertigt (und wurde dann August Wilhelm Rehberg geschenkt): ein Porträt, das bereits die für Stein charakteristische hohe Stirn, die prägnante Nase und den eher schmalen Mund wiedergibt[2201]. Bekannt wurde dann namentlich Christoph Rincklakes Porträt aus dem November 1804[2202], das kurz vor der Übersiedlung Steins nach Berlin entstand, ihn aber schon in der Kleidung eines preußischen Ministers zeigt. Noch viel stärker als auf dem Jugendbild, zieht hier der mächtige Schädel die Augen auf sich, unterstützt noch durch den hellen trichterförmigen Brustausschnitt, der den Blick sozusagen zwingend auf das Gesicht lenkt: die blitzenden Augen, erneut die markante Nase und die schmalen Lippen assoziieren Energie, Entschlossenheit, Durchsetzungsvermögen, lassen vielleicht aber auch ahnen, dass der gegen sich und andere strenge Mann kein Partner für bloßen *small talk* war. Dieses Gemälde, von dem die örtlichen Kunsthistoriker sagen, es sei ein „Meisterwerk" Rincklakes, machte nun rasch „Karriere": es wurde unmittelbar nach Fertigstellung wenigstens eine Kopie angefertigt, die möglicherweise seit dem Amtsantritt von Steins Nachfolger Vincke in Münster in der dortigen Kriegs- und Domänenkammer hing und nach 1808 wohl in Privatbesitz überging (und sich heute im Westfälischen Landesmuseum für Kunst und Kulturgeschichte Münster befindet). Vor allem aber bildete es die Vorlage für ein Schabkunstblatt des Münsterschen bzw. (seit 1802) in Oldenburg ansässigen Graphikers Franz Michaelis, das möglicherweise auch von Stein selbst in größerer Zahl zu Geschenkzwecken – das Private dominiert auch hier! – erworben wurde. Das Rincklakesche Gemälde, das dann später – so zu Beginn des 20. Jahrhunderts vermutlich von Franz Kiederich – noch mehrmals kopiert wurde, zierte als Frontispiz die erste Stein-Biographie von Georg Heinrich Pertz und war übrigens auch die Vorlage zur ersten (bundesrepublikanischen) Gedenkbriefmarke Steins im Jahr 1957.

Über andere Gemälde bzw. Zeichnungen ist weniger bekannt. Aus der Zeit um 1800 datiert eine en-face-Zeichnung Friedrich Burys, Goethes Begleiter auf seiner Italien-Reise, die Stein, fast an das Schönheitsideal der Antike gemahnend, mit einem etwas runderen Gesicht zeigt; sie wurde Steins vertrauter Korrespondenzpartnerin Karoline von Berg geschenkt[2203]. Wohl um 1809, also nach dem zweiten Ministeriat, entstand eine Kreidezeichnung, als deren Künstlerin die Freiin Karoline von Riedesel angenommen werden muss, die auf dem Redenschen Schloss Buchwald lebte, wo die viel Lebendigkeit ausstrahlende Zeichnung der begabten adligen Autodidaktin auch verblieb[2204]. 1814 schließlich schuf Peter Joseph Lützenkirchen eine vor allem Steins Augen betonende qualitätvolle Elfenbeinminiatur[2205], die auch als Vorlage für graphische Verbreitung diente.

Die Serie der Porträts setzte sich offenbar erst auf der Italienreise 1820/21 fort. Im Frühjahr 1821 hat ihn der Nazarener Julius Schnorr von Carolsfeld gezeichnet: ein zartes Porträt,das zugleich die innere Ruhe und die Energie Steins gut wiedergibt und in den zusammengekniffenen Augen seine Distanz erkennen lässt[2206]. Das Original erhielt Niebuhr, die beiden gleichzeitig oder wenig später entstandenen Kopien gingen an die dänische Kronprinzessin und an Bunsen. An den römischen Porträtsitzungen nahm auch Schnorrs junger Freund und Kollege Friedrich Olivier teil, der eine eigene Zeichnung herstellte, die sich seit 1950 im Frankfurter Städel befindet[2207]. Aus dem letzten Lebensjahrzehnt Steins sind keine Porträts mehr bekannt.

Aber es blieb nicht bei der eindimensionalen Kunst. Während seiner Italienreise hat Stein im Frühjahr 1821 dem Bildhauer Johann Leeb Modell gesessen für eine mächtige Marmorbüste, die der bayerische Kronprinz Ludwig in Auftrag gegeben hatte und von ihm erbat und die zur Aufstellung in der Walhalla bestimmt war. Dass dieser Plan dann offenbar mit einer anderen Büste umgesetzt wurde und die auf Leeb – oder auch auf Schaller? – zurückgehende Büste Steins Tochter Henriette geschenkt wurde[2208], ist dabei zweitrangig. Hier verweigerte sich Stein der „Öffentlichkeit" einmal nicht. Schon vorher (1818) hatte er dem Kölner Bildhauer Peter Joseph Imhoff fünf Stunden lang Modell gesessen[2209] für eine Tonbüste, die ihn fast antik-vergeistigt – erneut mit der markant hervorgehobenen Nase – zeigt[2210], jenem Mann, der auch für den plastischen Schmuck an Steins Nassauer „Turm" verantwortlich war[2211] und später am Grabmal in Frücht eingesetzt werden sollte. An der Büste schieden sich freilich die Geister[2212].

Trotz seiner Zurückhaltung im ikonographischen Bereich: Der Nachruhm war für Stein kein unwichtiges Thema. Es war längst nicht so, wie er in einem Schreiben an den Verlag Cotta zum Ausdruck brachte, der bei ihm wegen Überlassung seiner „Denkwürdigkeiten" angefragt hatte und den er wissen ließ, er habe zwar einige Notizen, die aber völlig ungeordnet seien, und im übrigen wolle er auch gar nicht von sich selbst und seinem „Würken" sprechen, „denn es lässt sich überhaupt der Antheil schwer bestimmen, den man an einer Begebenheit hat". Das war eine sicher richtige und auch gut klingende Antwort, aber dass Stein seine eigene Rolle in dem kritischen Jahrzehnt zwischen 1804 und 1815 nicht unterschätzte, wird durch vieles belegt. Insofern kann seiner Antwort an das Verlagshaus, von der er annehmen durfte, dass sie nicht einfach in der Registratur abgelegt werden würde, ein gerüttelt Maß an *understatement* wohl kaum abgesprochen werden.

An seinem eigenen Bild hat er schließlich noch mit dem Letzten modelliert, auf das ein Mensch Einfluss hat. Seine Grabinschrift, nach seinem Tod in unendlich vielen Publikationen verbreitet, hatte er schon etliche Jahre vor seinem Ableben vorformuliert, und sie war mit Bestimmtheit nicht nur als Trost für die Familie gedacht, sondern auch auf Publikumswirksamkeit berechnet. Nach den Lebensdaten heißt es dort:

> [...] der Letzte seines über sieben Jahrhunderte
> an der Lahn blühenden Rittergeschlechts
> demütig vor Gott, hochherzig gegen Menschen,
> der Lüge und des Unrechts Feind,
> hochbegabt in Pflicht und Treue,
> unerschütterlich in Acht und Bann,
> des gebeugten Vaterlandes ungebeugter Sohn,
> im Kampf und Sieg Deutschlands Mitbefreier.
> Ich habe Lust abzuscheiden
> Und bei Christo zu sein.

Ein Gutteil der Momente, die dann zum Aufblühen einer fast unvergleichbaren Memorialkultur beitrugen, war in dieser Grabinschrift direkt und indirekt angesprochen: die Herkunft, die Demut vor Gott, Charaktereigenschaften, darunter besonders die Pflichterfüllung und die Treue, sein preußisches Schicksal, sein Sieg über den, der ihn in Acht und Bann getan hatte.

***

Gekränkelt hatte er seit längerem – nicht nur seine nachlassende Sehkraft machte ihm zu schaffen[2213], die er, ob Schwarzer Star oder nicht[2214], bei einem Düsseldorfer Facharzt behandeln ließ[2215], der aber nicht verhindern konnte, dass er faktisch einseitig erblindete, nicht nur die Podagra meldete sich immer wieder einmal zu Wort[2216], immer wieder hatte er bei nahendem Jahresende auch orakelt, das vor ihm liegende Jahr werde bestimmt sein letztes sein[2217]. Komplimente wie das Karoline von Humboldts aus dem Frühjahr 1818 – „Er ist doch ein lieber, jugendlich feuriger alter Mann"[2218] – waren seltener geworden. Immerhin hob der Hamburger Syndikus Karl Sieveking, der Stein vor seiner Reise nach Südamerika im Frühjahr 1827 in Cappenberg besuchte, noch seine erstaunliche Rüstigkeit hervor[2219]. Er versuchte zwar, einigermaßen gesund zu leben – mit Roisdorfer Wasser, mit einer mit Eiderdaunen gestopften Bettdecke, die nicht zu schwer war[2220] –, aber das Übermaß des Genusses von Schweinefleisch und die späte Mittagstafel – um 4 Uhr nachmittags – gaben seinem Arzt schon länger zu denken[2221]. Und dann forderte auch das Alter – 1827 war er 70 Jahre alt geworden – mehr und mehr seinen Tribut. Er hatte schon seit Jahren seine Dinge in Ordnung zu bringen versucht – von Testament und Fideikommiss war die Rede, im Frühherbst 1828 brachte er einen offenbar für die Töchter bestimmten minutiösen Sachstandsbericht über die Verwaltung seiner Güter zu Papier[2222]. Betrübt war er, dass die Ehen seiner beiden Töchter lange, in seinen Augen zu lange kinderlos blieben[2223] – die Fehlgeburt Henriettes hat ihn tief gebeugt[2224], die gute Nachricht aus Hannover und das dortige freudige Ereignis in Gestalt eines Jungen – dem ersten von drei Kindern, die aus der Verbindung Thereses mit dem Grafen Kielmannsegg hervorgingen – konnten das offenbar nicht mehr ganz aufwiegen, zumal die belgische Revolution Anfang Oktober 1830 manches überschattete. Aber insgesamt hatte er seinen Frieden mit sich und seinem Leben gemacht. Im Januar 1830 hatte er Luise von Löw nach einem Rückblick auf sein Leben anvertraut: „Der Gott der Liebe hat mich geleitet. Er hat aus manchen Übeln Gutes hervorgebracht, die Fesseln, die mich an das Irdische festhielten, gelöst und mich auf das Höhere, Übersinnliche zurückgeführt"[2225]. Wenige Wochen später hatte er einem Mitarbeiter gegenüber seine Todessehnsucht mit dem Gleim-Gedicht „Was ist der Tod?" angesprochen[2226].

Ende Januar 1831, unmittelbar nach der Rückkehr vom 3. Provinziallandtag in Münster nach Cappenberg, nahmen die Beschwerden, die zunächst bloß wie eine starke Erkältung erschienen[2227], zu, man befürchtete einen nahenden Schlagfluss, was seinen Arzt bewog, rund um die Uhr bei ihm zu sein. Man zog noch einen weiteren Arzt aus Münster, den Professor und Regimentsarzt Dr. Wutzer hinzu, der mit Wiesmann darin übereinstimmte, dass eine Gichterkrankung mit im Spiel war. Das bewog beide, dem Rekonvaleszenten – denn die Krise ging vorüber – bestimmte diätetische Vorschriften zu machen und ihm eine Änderung seines Essrhythmus vorzuschlagen. Und der Rekonvaleszent war nach wie vor voller Pläne: Für den Sommer plante er eine Reise nach Pyrmont, um dort seine Tochter Therese wiederzusehen und ihren kleinen Jungen kennenzulernen. Am 18. Juni bestätigte er nochmals seine Reisepläne, die seine Abreise aus Cappenberg am 28. vorsahen[2228]. Um den 20. Juni holte sich Stein neuerlich eine schwere Erkältung, die ihm zunehmend das Atemholen erschwerte und Wiesmann abermals bewog, sich auf Cappenberg einzulogieren, um ständig abrufbereit zu sein. Ab der unruhigen Nacht vom 28. zum 29. Juni hat sich Stein auf sein erwartetes Ableben eingestellt: Verfügungen getroffen, wie es mit seiner Beisetzung gehalten werden solle, alle seine Beamten in einer Art letzten Audienz verabschiedet. Nachmittags um 17.45 Uhr ist er dann, wie ein Augenzeuge es formulierte, an einer „Lungenlähmung oder Schlagfluss" gestorben, nach allem, was wir wissen, bis zuletzt bei vollem Bewusstsein und voll christlicher Zuversicht. Am 29. Juni fand eine Leichensektio statt[2229].

Seiner langjährigen Hausdame, Fräulein Schröder, übrigens auch Erzieherin der Töchter Steins, verdanken sich Angaben zu den näheren Umständen seines Todes[2230]: Die ersten Beschwerden, so teilte sie Steins Schwester mit, seien am 22. aufgetreten, er sei dann über Besuche, die ihn sonst erfreut hätten, eher beschwert gewesen; tags darauf habe er seinen eigenen Tod angekündigt, sich beruhigt gezeigt, dass alle seine Dinge geordnet seien, und die Verfügung getroffen, als erstes nach seinem Tod Vincke zu benachrichtigen. Dann noch einmal Hoffnung: das Fieber ging zurück, nicht aber die Kurzatmigkeit und die Mattheit. Das Vorlesen der Zeitung und sonstiger gewünschter Lektüre sei wie immer erfolgt, am Sonntag habe er auch einer publizierten Predigt von Friedrich Karl Timotheus Emmerich über den Text „Kommet alle zu mir, die ihr mühselig und beladen seid" zugehört. Dienstags reflektierte er selbst darüber, dass Gott ihm ein langes, reichlich gesegnetes Leben geschenkt habe, am Vortag seines Todes aß er noch mit gutem Appetit und trank sogar Portwein. Nachts dann die Zuspitzung, der herbeigerufene Doktor kam zu dem Befund, dass die Knoten in seiner Lunge sich geöffnet hätten, der Zustand sei hoffnungslos, auch ein Aderlass habe keine Linderung mehr gebracht. Man schickte nach Pastor Blume in Lünen, der ihm das Abendmahl reichte. Stein versammelte dann alles seine Bedienten um sein Bett und dankte jedem einzelnen, bat zugleich um Verzeihung, wenn er einen einmal beleidigt haben sollte, ordnete also in offenbar bewegender Weise sein Haus. Nach dem Abendmahl habe er sich dann auf seine linke Seite gedreht und sei eingeschlafen. Die Anwesenden waren übereinstimmend der Meinung, es sei ein „großes" Sterben gewesen, ganz in der Einfachheit, Würde und Größe, die ihn zeitlebens ausgezeichnet hatte.

Die von seinen Töchtern und deren Ehemännern unterzeichnete gedruckte Todesanzeige[2231] vermerkt mit Recht, dass er „mit völliger Geistesgegenwart und der Freudigkeit, die lebendiger, christlicher Glaube und die Erinnerung an ein Leben gewähren, das nah und fern, durch Wort und That, bis zum letzten Augenblick vielen und daurenden Seegen verbreitet hat", verstorben sei.

Die Nachricht von seinem Tod machte schnell die Runde. Wiesmann, sein Leibarzt, publizierte umgehend im Verlag Regensberg in Münster einen Bericht über Steins „Lebensabend"[2232], Arndt verfasste einen „Nekrolog", der dann später in seine *Wanderungen und Wandelungen* Aufnahme fand. Die persönlichen Betroffenheitsbekundungen sind Legion. So notierte etwa Vincke in seinem Tagebuch: „ [...] ein unersetzlicher Verlust für die Provinz, die er als seine Heimat betrachtete, in der er so lange erfolgreich gewirkt und deren Wohl auch später sein lebendiges Bestreben gewidmet blieb. [...] Trotz mehrerer heftiger Entzweiungen war er ein Freund, von mir hochverehrt. Ihm ist wohl, denn er starb als echter Christ einen Tod, wie jeder ihn sich wünschen muss"[2233]. Der Münsteraner Bischof Droste-Vischering zeigte sich „sehr betrübt und erschüttert"; das sei ein großer und harter Verlust, insbesondere auch für die Cappenberger Gemeinde[2234]. Besonders betroffen waren die „Monumentisten", denen mit Stein das eigentliche Gerüst des ganzen Vorhabens wegbrach. Pertz, gerade noch auf dem Weg zu einem Treffen mit dem Präsidenten Stein, schrieb an Böhmer: „Wir verlieren in ihm beide einen väterlichen Freund, die Monumenta ihren wärmsten Beschützer, das Vaterland vielleicht seinen letzten großen Mann, der Reinheit, Kraft und persönliches Ansehen genug besaß, um in den herannahenden Stürmen sein Führer zu sein. Er lässt eine Lücke hinter sich, die niemand wieder ausfüllen wird"[2235]. Und Böhmer sprach in einem Kondolenzbrief an den Schwiegersohn Graf Giech von dem „unersetzlichen Verlust", den das „gesammte deutsche Vaterland erlitten" habe und davon, wie sehr es es bedaure, ihm nicht mehr die vollendeten Kaiserregesten habe vorlegen zu können[2236]. Jeder trauerte auf seine Weise.

Die schriftlich eingehenden Beileidsbekundungen waren Legion, darunter auch die merkwürdig hölzerne des preußischen Königs, bar jedes persönlichen Wortes[2237], die an Vincke adressiert war. Auch Steins Oberverwalter Poock gingen viele Kondolenzbriefe zu. Die örtliche Israelitische Gemeinde ließ durch ihren Vorsteher Mayer Hirsch ein (holpriges, aber gut gemeintes) Gedicht überreichen, das mit dem Bild Stein – Diamant spielte[2238]. Die Presse würdigte ihn in vielen wohlgesetzten Nachrufen – bei den Akten befindet sich beispielsweise der im Kieler *Korrespondenzblatt* vom 24. August 1831 abgedruckte Text[2239] und der mehrteilige Nachruf in den *Blättern für Geist, Gemüth und Publizität:Didaskalia*. Die ersten Gedichte erschienen im Druck, u. a. eine Elegie des in Lünen lebenden autodidaktischen Schriftstellers Jakob Vincent Cirkel[2240].

Freilich sollte auch kein einseitiges Bild entstehen. In der preußischen „Presselandschaft" hat Steins Ableben längst nicht jenen Widerhall gefunden, den man hätte erwarten können und sollen: Der *Kölner Anzeiger* vermerkte zwar Steins Ableben, nahm von einer Würdigung aber Abstand, die dem zur selben Zeit verstorbenen früheren Stein-Mitarbeiter Sack, zuletzt Oberpräsident in Pommern, durchaus zuteil wurde. Das Muster wiederholt sich im *Rheinisch-Westfälischen Anzeiger*, der unter dem 2. Juli 1831 zwar den soeben verstorbenen rheinischen Oberpräsidenten Ingersleben würdigte, aber über Steins Ableben kein Wort verlor. In beiden Fällen, denen andere zur Seite gestellt werden könnten, handelte es sich schließlich um Kommunen bzw. Regionen, denen Stein eng verbunden gewesen war! Die Forschung hat in diesem Punkt noch Nachholbedarf, aber zumindest der Gedanke legt sich nahe, dass den betreffenden Redaktionen von staatlichen Funktionsträgern dezent nahegelegt wurde, es mit der Berichterstattung über Stein nicht zu übertreiben.

Von den Nachrufen ist der in der *Allgemeinen Zeitung* am ergiebigsten und am tiefdringendsten. In der zusammenfassenden Würdigung hob der Autor vor allem auf Steins Eingebettetsein in zwei Zeitalter ab. „Er fühlte seinen deutschen Ritter und den Stolz auf graue Ahnherrn, alten Besiz und altes Geschlecht, aber er hatte diesen Ritter auch idealisirt. Ihm sollte der Edelmann seyn der Ewigrüstige, der Immergewappnete, durch Rath und That für König und Vaterland Wirksame; ihm sollte der Landherr seyn der tapfere, einfache Landmann, der erste Bauer, ein Beispiel von Arbeit, Ordnung, Sparsamkeit, Zucht, mit der Hand und mit dem Kopf und mit allen seinen Kräften der Gemeine, dem Kreise und der Landschaft angehörend. Und so war, lebte und wirkte der Mann auch, streng in seinen Grundsäzen, einfach in seinen Sitten, enthaltsam und mässig in seinen Genüssen, sparsam in seiner Haushaltung, im Kleinen schonend, gewinnend, erhaltend, damit er im Großen und für große Zwecke stets viel zu verwenden hätte". Und dann weiter zu seinem Wesen: „Er konnte von einer Lebendigkeit, Heiterkeit und Liebenswürdigkeit in der Unterhaltung und im Wortgefechte seyn, die alles Frische und Geistreiche mit einem unwiderstehlichen Zauber fortrissen, wenn aus der übersprudelnden Feuerfülle ein blizender Wiz und seine übermüthige Laune überströmten; in ernster Stimmung aber, wenn von hohen Verhältnissen und Angelegenheiten der Menschheit, wenn von Gegenständen der Religion und Tugend, wenn vom Vaterlande und seinem Heile geredet ward – mit welcher Macht ergoss sich dann dieses edle und stolze Gemüth für alles Schöne und Große, begeisternd für Jeden, der irgend einen Funken dafür in sich trug". In Verbindung mit dem, was sich anschloss – Stein ein Feuriger und Wilder, zugleich aber auch ein Milder und Weicher –, ist das eine der gelungensten Charakterstudien Steins, auch wenn uns die Sprache einigermaßen fremd geworden ist[2241]. Die Sprache ist freilich die Arndts, so dass mit guten Gründen davon ausgegangen werden kann, dass er der Autor dieses Beitrags war.

Seiner letzten Verfügung gemäß, die er offenbar am Tag oder wenige Tage vor seinem Tod niedergeschrieben hatte und sich auf seinem Schreibpult fand, wurde Stein, der Wahlwestfale, nicht in Cappenberg, sondern in seiner nassauischen Heimat, in der Familiengruft bei der evangelischen Kirche in Frücht, beigesetzt, die er schon 1808 zu seiner letzten Ruhestätte bestimmt hatte und um deren Ausbau und Ausstattung er sich intensiv, vor allem seit der Umbettung der Eltern und der Gemahlin 1821,[2242] persönlich gekümmert hatte. Die Gestaltung der Grabinschrift, für die Stein, wie wir hörten, erste Vorstellungen entwickelt hatte, wurde nach seinem Tod zu einer fast nationalen Angelegenheit, die viele seiner engeren Freunde veranlasste, zur Feder zu greifen und Textentwürfe zu liefern[2243]. Der Leichnam blieb – nach der Einbalsamierung – zunächst noch zehn Tage in Cappenberg, tagtäglich mit einem je einstündigen Totengeläut zur Mittagszeit geehrt. Am 9. Juli 1831 begann die Überführung auf seinem eigenen Wagen mit seinen vier Rappen, zunächst in Begleitung der lokalen und regionalen Honoratioren und des Oberpräsidenten Vincke zu Fuß nach Lünen und dann von Pfarrgrenze zu Pfarrgrenze mit einer jeweils neuen Kohorte trauernder Ehrengäste. Es bedarf keiner ausgeprägten mathematischen Fähigkeiten, um sich auszurechnen, dass ein Leichenzug über eine solche Entfernung, zumal mit zwei Rheinübergängen bei Köln und bei Koblenz verbunden, eine Angelegenheit von Tagen war[2244]. Nach dem Eintreffen der Sarglafette in Nassau um die Mittagszeit des 13. Juli wurde seine Leiche zunächst noch einige Tage in „seinem" Turm aufgebahrt – eine Entscheidung mit hohem Symbolwert –, ehe sie am 23. Juli 1831 in Frücht im Beisein seiner Töchter und Schwiegersöhne und unter Beteiligung der Bevölkerung, darunter einer sehr großen Zahl Schulkinder[2245], von dem Nassauer Pfarrer Dieckmann beigesetzt wurde[2246]. Die nassauische Regierung hatte – in den Stunden des Todes treten die Differenzen zurück – sogar volles Geläut angeordnet[2247]! Die Platzierung und Ausgestaltung seines Grabplatzes – an der Seite seiner Eltern – hatte ihn seit über 20 Jahren beschäftigt[2248]. Stein, der (sparsame) Verwaltungsmann, hätte seine Freude daran gehabt, dass man über die Kosten seiner Beisetzung penibel Buch führte und Rechnung legte und auf einen Betrag von 723 Gulden und fünfdreiviertel Ohm Wein kam[2249].

Die Eröffnung seines Testaments[2250], dessen erste Version schon 1808 verfasst[2251], dessen spätere Fassung 1818 in Münster hinterlegt[2252] und das nach dem Tod der Ehefrau dann 1821 in seine endgültige Form[2253] gebracht, aber im Dezember 1829 noch einmal durch ein Kodizill abgeändert worden war, fand am 25. Juli im Oberlandesgericht zu Münster statt und brachte wohl kaum große Überraschungen. Die westfälischen Güter samt allen Mobilien und Immbilien unter ausdrücklicher Bezugnahme auf den Familienfideikommiß von 1774 gingen an die jüngste Tochter Theresia, inzwischen vermählte Gräfin von Kielmannsegg; die ältere Tochter Henriette, die ursprünglich mit 100.000 Gulden abgefunden werden sollte, sollte in den Genuss des Nießbrauchs der Rentei Nassau kommen, die nach ihrem Tod aber an den Fideikommiss zurückfallen sollte. Den Anregungen seines Schwiegersohnes Kielmannsegg, vielleicht doch an eine Realteilung des Gesamtbesitzes zu denken, hatte Stein unter Bezugnahme auf den Fideikommiss von 1774 und die besondere Rolle des Adels im Staat kategorisch abgelehnt[2254]. Für den (nicht eingetretenen) Fall des vorzeitigen Todes Thereses oder den Fall ihrer Nichtvermählung waren Eventualklauseln vorgesehen. Zum Testamentsvollstrecker und ggf. auch zum Vormund der bei der Niederschrift des Testaments noch minderjährig gewesenen Theresia hatte Stein den Freiherrn von Romberg zu Brünighausen, also im weiteren Sinn einen Nachbarn, bestimmt, mit Stein aber auch über die *Monumenta* verbunden. Da die Töchter längst volljährig waren, blieb diese Bestimmung bedeutungslos. In einem Kodizill zu seinem Testament hatte Stein 1829[2255] auch seine Dienstboten mit Legaten bedacht und seiner Tochter Henriette anheimgegeben, für ihre Erzieherin und Freundin (und erprobte Vorleserin) Mademoiselle Schröder zu sorgen. Zwei Jahre nach Steins Tod wurde vom zuständigen Werner Land- und Stadtgericht ein umfangreiches Inventar seiner „Mobiliar-Verlassenschaft" erstellt[2256], das im übrigen noch der Auswertung harrt.

Epilog

Es gibt in der neueren Geschichtswissenschaft einen offenkundigen Trend, Stein von dem hohen Podest, auf das ihn Historiker ganz unterschiedlicher Provenienz und „Lagerzugehörigkeit" seit eineinhalb Jahrhunderten gehoben haben, wieder herunterzuholen. Man muss dafür nicht den Begriff des „Denkmalsturzes" bemühen, aber die Tendenz geht in diese Richtung. Einige Stimmen wurden schon im Vorwort zitiert, andere folgten im Verlauf der Narration. Ganz abwegig sind solche Trends nicht. Sieht man einmal davon ab, dass jede Historikergeneration ohnehin die wissenschaftliche Verpflichtung hat, die Urteile der Vorgängergeneration(en) mit neuen methodischen Ansätzen und Fragestellungen (und oft auch auf der Grundlage neu zugänglich gewordenen Quellenmaterials) auf den Prüfstand zu stellen, kommen wohl noch andere Momente hinzu, die solche Revisionismen begünstigen: dass unsere Gegenwart mit vermeintlichen „Supermännern", den politischen Schwerstgewichten, ihre Schwierigkeiten hat und mit den vermeintlich „stimmigen" Umsetzungen von Lebensentwürfen ohnehin. Viele der Klischees, mit denen Stein bedacht wurde, haben sich – auch im Verlauf unserer Darstellung – als nicht oder nur schwer haltbar erwiesen: Liberal ist Stein nur in einem sehr begrenzten Sinn gewesen (er war freilich auch alles andere als rundum illiberal), andererseits greift auch das Etikett des Konservativen zu kurz: ein höchst beachtliches Maß an Reformorientiertheit ist nicht zu übersehen. Aber welches Gesellschaftsmodell verbarg sich dahinter? Erschöpfte sich Stein in der bloßen Verwaltung, ohne eine politisch-soziale Vision zu haben?

Schon diese ersten Fragen zwingen im Sinn der (notwendigen) Entmythsierung Steins dazu, manchen auch neueren Veröffentlichungen, obwohl sie methodisch weit weniger „platt" sind als ältere Studien, in ihrer Apodiktik, Stein undifferenziert in die eine oder die andere Schublade zu stecken, ausgesprochen kritisch zu begegnen. Die noch vor wenigen Jahrzehnten verfochtenen Klischees „Stein war immer konservativ" (Vogel) oder „Stein wurde wieder konservativ und wandte sich von dem Gedanken politischer Selbstbestimmung der Staatsbürger völlig ab" (Gembruch) sind so nicht mehr haltbar. Der Mann, der bis an sein Lebensende im Adel – vor allem dem reichsritterschaftlichen, solange er noch existiert hatte – die Stütze schlechthin des Gemeinwesens erblickte (und sich offenbar noch bis kurz vor seinem Tod, auch auf der Grundlage des auf seine Anweisung hin geordneten Familienarchivs[2257], mit einer historischen Aufarbeitung der *Jura*

Immediatae Nobilitatis beschäftigte[2258] und Exzerpte über die Entstehung des Adels zusammentrug[2259]), der sich freudigen Herzens in den Dienst seiner Adelskorporation stellte und die Privilegien seiner Adelszugehörigkeit genoss, scheiterte mit seiner Vision einer gesellschaftlichen Konsolidierung Preußens durch Umbau letztlich an seiner eigenen Sozialgruppe, dem preußischen Landadel, der sich als konservative Opposition gegen seine Reformen positionierte und für den Stein immer eine Art „Jakobiner" blieb, den es zu bekämpfen galt. Und dann steht neben dem vermeintlich rückwärts gewandten, an alten Traditionen und Institutionen orientierten Konservativen, der durch Konservative gestürzt wird, der moderne Mensch, der sich für die Technisierung der Welt interessiert und sie betreibt, der seine Blicke geradezu „globalistisch" nach Außereuropa lenkt, der mit den „modernsten" Künstlern seiner Zeit auf vertrautem Fuß steht (ohne wirklich ein Kunstkenner geworden zu sein). Und neben diesem Stein dann wieder der, den die Revolutionsfurcht fast zersetzt, der, der den (revolutionären) griechischen Befreiungskampf unterstützt, der für den Aufstand der Polen Verständnis hat und den der Belgier ebenso scharf verurteilt usw. Wo beginnen die Zuordnungen, wo enden sie? Stein war ein Mensch, der seine konservativen, seine liberalen, seine liebenswert oder ärgerlich altfränkischen und seine „modernen" Seiten hatte, der zu verschiedenen Zeiten dies oder jenes betonte, der Entwicklungen durchmachte, wie jeder Mensch. Warum, so ist im Rückblick zu fragen, kaprizierten sich 150 Jahre Geschichtsschreibung darauf, ihn präzise einer der geistigen Bewegungen seiner Zeit, einem der großen politisch-ideologischen „Lager" zuschreiben zu wollen und nur die eine oder die andere Zuordnung gelten zu lassen? Jeder „Nachweis", er sei so oder so strukturiert gewesen – und wie viele andere Etiketten wurden ihm angehängt, das des Aufklärers und das des Romantikers, das des Organizisten und das des Naturrechtlers, das des Monarchisten und das des Demokraten, das des Fortsetzers und das des Zerstörers friderzianischen Preußentums –, muss zum Scheitern verurteilt sein, nicht zuletzt auch deswegen, weil sich in dem unendlich großen Corpus seiner Briefe und seiner Denkschriften irgendwo alles belegen und begründen lässt. Seine viele tausend Briefe wurden nicht in jedem Fall und aus jeder Stimmung heraus mit der Absicht konzipiert, einem bestimmten Bild der künftigen Geschichtsschreibung in die Karten zu spielen.

Eine komplexe, in sich widersprüchliche Persönlichkeit, die mit nur einem Zuordnungsmerkmal nicht zu fassen ist: Hans Rothfels brachte 1931 die ganze Dialektik der Persönlichkeit Steins auf den Punkt: „Er war der einfachsten und insoweit der volkstümlichsten Empfindungen fähig, einer abgründig-revlutionären Leidenschaft, und blieb doch ein halbfeudaler Aristokrat; er forderte ein Gemeinwesen deutscher Nation und umkleidete dieses Ziel mit dem Erinnerungsgehalt des alten übernationalen Reiches; er war ein Gegner fürstlicher Allmacht und zeitweise der Dynastien überhaupt, aber was er Freiheit und ‚Bürgerrecht' nannte, war altfränkisch gefärbt, und mit einem Grundzug seines Wesens hing er dem historischen Rechte an; er hatte ein tiefes Verständnis für die sozialen Schäden seiner Zeit, das Heilmittel jedoch, das er empfahl, war wieder zu gutem Teile rückwärts gewandt, ein norddeutsches Ideal des angesessenen Eigentümers, verbunden mit patriarchalischen Vorstellungen des 18. Jahrhunderts – für die modernen Massen und ihre Probleme hätte der Reichsfreiherr nichts anderes wie strengste Ablehnung und entschiedenste Abneigung gehabt"[2260]. Neben dem *caveat* der unzulässigen Aktualisierung: der Typus einer rundum widersprüchlichen – oder, um allen pejorativen Beigeschmack zu vermeiden: komplexen und Entwicklungsstufen durchlaufenden – Persönlichkeit!

Damit stellt sich zugleich die Frage der Bilanz eines politischen Lebens. Ein Gescheiterter, der außer einer begonnenen Bauernbefreiung, einer mühsamen, in sich nicht völlig stimmigen – und deswegen später selbst in Frage gestellten – Städteordnung sowie einer nur zum Teil geglückten Modernisierung der Behördenorganisation nichts Beständiges hinterlassen hat? Hat er selbst das so empfunden? Es gibt Indizien dafür: sein völliger Rückzug in die Privatheit von Cappenberg nach dem Wiener Kongress, seine Mitwirkung an der Reform der Reform der Städteordnung, seine vielen Bekundungen, dass das Preußen seit Hardenberg nicht mehr „sein" Preußen sei. Wie aber verträgt sich die Einstufung des Scheiterns – durch ihn selbst und durch die kritische Wissenschaft – mit der geradezu panegyrischen Verehrung, die ihm seit seinem Tod zuteil wird – von den verschiedenen politischen Systemen, die Deutschland seitdem ihren Stempel aufdrückten, bis zu den sehr divergierenden politischen Lagern und Berufsgruppen, die in ihm einen Ahnherrn sahen, ob es nun die Bergleute oder die Verwaltungswissenschaftler, die Kommunalpolitiker oder die Bauern waren? Stein hat keineswegs für alle diese Gruppen als Referenzpunkt ausgedient, aber es geht heute andererseits auch nicht mehr an, ihn zum Prototyp des Deutschen, zu dem Deutschen schlechthin, der Napoleon mannhaft entgegengetreten und von ihm in Acht und Bann getan worden sei, der die Misswirtschaft am Berliner Hof gegeißelt habe und auch vor Fürstenthronen nicht gewankt sei, den Reformer *par excellence*, der Preußen auf seine spätere Vormachtstellung vorbereitet, der Deutschland den Weg in die Moderne gewiesen habe, zu stilisieren. Das war noch eine recht begrenzte Moderne, die Stein vorschwebte – zumindest wenn wir die Maßstäbe des 20. Jahrhunderts anlegen. Das kann zwar nicht der Maßstab des Historikers sein, aber weil das Moderne bei Stein häufig extrem stark betont wurde, sei doch darauf verwiesen, dass auch nur protodemokratische Elemente noch nicht zu seinem Weltbild zählten, dass in seinen Gesellschaftsvorstellungen der Adel seine Schlüsselrolle behalten sollte, dass er nie ein Verständnis für die Unterschichten- oder Proletariatsproblematik seiner Zeit entwickelte, dass – wir kommen darauf zurück – die Judenemanzipation für ihn ein Fremdwort blieb.

Immerhin hat auf der anderen Seite ein großer Kenner der Materie, Hugo Preuß, einer der geistigen Väter der Weimarer Verfassung, 1917 Stein als „Deutschlands größten inneren Staatsmann" bezeichnet, und gerade weil es sich um einen so politisch denkenden Mann wie Preuß handelt, muss seine Bewertung, Stein sei verantwortlich für „den größten, tiefgreifendsten, großartigst gedachten Versuch einer politischen Neuorientierung, den die ganze preußische und deutsche Geschichte kennt", ernstgenommen werden. Freilich: Die besondere Situation des Krisenjahres 1917 mag – ganz zu schweigen von Preuß' schon früher zu registrierender Tendenz, Stein zum linksliberalen Leitbild „eines von Grund auf demokratisch sich selbst regierenden Staates in Anspruch zu nehmen"[2261] – den Rückblick dann doch vielleicht etwas verklärt und eine Gesamtkonzeption unterstellt haben, die bei Stein so sicher noch nicht vorhanden war. Steins Reformen waren erste tastende Schritte in eine noch völlig unbekannte Zukunft. Allerdings sind die ersten Schritte oft die entscheidenden, und dass sie überhaupt gewagt wurden, bleibt auf immer sein Verdienst. Er mag, mehr als andere, ein Gespür dafür gehabt haben, dass eine wirklich radikale Reform sich nur aus einer existentiellen Krise heraus generieren kann. Nur eine Situation, vermeintlich an einem Punkt Null zu stehen und den staatlichen Kollaps vor Augen zu haben, ermöglicht Einschnitte, die an die Substanz und an ein tradiertes Weltbild gehen. Steins Tragik war nicht, dass eine heftige Opposition seiner Standesgenossen zum Lavieren zwang und deswegen manches verwässert wurde, sondern dass ihm der Weg abgeschnitten wurde, die Teilreformen zu einer gesamtgesellschaftlichen Reform auszuweiten. Sein „Politisches Testament" enthält zumindest Andeutungen, wohin die Reise hätte gehen können.

Dass seine Reformen dabei stark verwaltungsorientiert waren, dass sich für ihn soziale Reformen über Strukturreformen zu realisieren hatten, unterscheidet Stein nicht grundsätzlich von anderen Reformern des beginnenden 19. Jahrhunderts, die vielleicht einen weniger klingenden Namen haben. Gravierender im Blick auf die Zuordnungsversuche und die Bilanzierung seines reformerischen Lebenswerks ist, dass Stein an den Einzelheiten dieses Reformwerks relativ wenig Anteil genommen hat, dass er das ihm aus dem Moment heraus gut Scheinende dort nahm, wo es ihm angeboten wurde, welche Theorie auch immer dahinterstehen mochte. Sein Reformwerk ist nicht eklektizistisch gewesen, aber es war auch nicht aus einem Guss – dazu waren seine Mitarbeiter, von denen er in erheblichem Maß abhängig war, viel zu unterschiedlich, dazu war die Zeit auch viel zu turbulent, und von daher erklärt es sich dann auch, dass er sich später in Teilen wieder von dem distanzieren konnte, was er früher selbst eingeleitet und durchgesetzt hatte.

Mit Preuß' Einschätzung kontrastiert auf das schärfste, um an den Beginn dieses Buches zurückzukehren, Hans-Ulrich Wehlers Stein-Verdikt, wie er es in seiner *Deutschen Gesellschaftsgeschichte* pointierend formulierte[2262]. Gerade weil es sich um ein in und von der Öffentlichkeit breit rezipiertes Werk handelt, ist darauf im Rahmen dieser Bilanz noch einmal zurückzukommen. Wehler verortet Stein vor allem im Kontext der preußischen Reformen, die für ihn wesentlicher Bestandteil eines preußischen Staatsmythos sind und die von einer ebenso langlebigen wie einflussreichen Strömung der (deutschen) Geschichtsschreibung „als nachahmenswertes Muster einer sowohl progressiven als auch einer konservativen Politik verklärt" worden seien. Diesem Befund wird man nicht einmal *à fond* widersprechen können – Ideologiekritik ist für diese Phase der preußischen Politik mehr als für viele andere angesagt! In diesem „in einem Goldrahmen gefassten Kolossalgemälde" sei Stein zu „der deutschen Historiographie liebstem Kind" avanciert, mit ihm, diesem „zeitweilig frühliberal gefärbten, vorwiegend jedoch altständisch-romantisierend denkenden, reformkonservativen Beamten" habe sich die ältere Historikergeneration bis hin zu einem wahren Stein-Kult identifizieren können. Aber: Ist es Stein wirklich zum Vorwurf zu machen, dass seine „vielgerühmte Nassauer Denkschrift nur Verwaltungsverbesserungen erwog", wo dies doch ihr unmittelbarer Anlass war, und geht es an, all das, was in ihr zur Heranführung des Bürgers an den Staat, zur Ethik des Dienstes am und für den Staat, enthalten ist, zu übersehen? Ist es wirklich richtig, dass Stein die „monarchisch drapierte bürokratische Staatsführung prinzipiell nie in Frage stellte", wo doch seine Denkschriften aus dem Jahr 1808 zur Genüge ausweisen, wie sehr er den Monarchen zu „entmachten" suchte und eine Art prämodernes Kabinettssystem zu etablieren suchte? Kann man sagen, dass Stein als leitender Kabinettsminister auf der ganzen Linie gescheitert sei, ohne die Rahmenbedingungen – ein besetztes und kollabiertes Land, ein zahlungsunfähiger Staat, die Kürze der Zeit, die ihm zur Verfügung stand – auch nur mit einem Wort anzusprechen? Geht es an, seine Rolle nach seiner zweiten Entlassung auf diejenige zu beschränken, „ohnmächtige Beratervorschläge" gemacht zu haben, auf diejenige, die über „erbitterte Kritik" eines „nörgelnden, verknöcherten Konservativismus" nicht mehr hinausgekommen sei, ohne dabei zu würdigen, dass Stein den ganzen politischen Denkprozess erst angestoßen hat, er also durchaus, auch wenn die wenigsten seiner Gedanken in die Bundesakte Eingang gefunden haben, eine politische Schlüsselrolle spielte? Kann man guten Gewissens seine Leistung als Verwaltungsbeamter bei der Organisierung des antinapoleonischen Krieges bagatellisieren, ist es tragbar, seine Sympathien und sein Engagement für die liberalen Verfassungen oder für die griechische Aufstandsbewegung zu unterschlagen? Die früheren und erheblichen Verzeichnungen des Stein-Bildes sollen nicht in Abrede gestellt werden; nur: auch Wehler verzeichnet und verkürzt, er nimmt, vom Modernisierungs-Paradigma gefangen, vor allem längst nicht den „ganzen" Stein in den Blick.

Was also bleibt unter dem Strich? Sicher das Aufstoßen eines Tores in die Moderne, auch wenn vielleicht nur ein halber Flügel aufgestoßen wurde, sicher ein intensives Nachdenken über gesellschaftliche Repräsentation und ihre ständischen Komponenten (und die Fähigkeit, Irrwege wie etwa den der Hinzuziehung ständischer Repräsentanten in die Verwaltungsabläufe auch wieder aufzugeben), sicher ein Beitrag zum Diskurs über die „bürgerliche Gesellschaft", die ja auch von den Frühliberalen lange noch patriarchalisch-korporativ gedacht wurde[2263], sicher auch die politische Umsetzung des älteren Gedankens, dass sich Verfassungen nur geschichtlich fortentwickeln lassen. Man kann mit guten Gründen ausstellen, dass ihn die verschiedenen politischen Systeme Deutschlands im 19. und 20. Jahrhundert für sich reklamierten und ihn instrumentalisierten: ein klein wenig spiegelt das aber auch wider, als wie flexibel sich Steins Ideen erwiesen.

Die aus den genannten Gründen überschaubaren Leistungen des Staatsmanns hat die einschlägige Literatur meist damit kompensiert, es sei nicht entscheidend, was er getan habe, sondern was er gewesen sei. Theodor Heuß sprach 1956 im Einführungsessay zu dem biographischen Sammelwerk der „Großen Deutschen" nicht zufällig davon, dass es nicht allein sein „gesetzgeberisches Reformertum" sei, das ihm Größe verleihe, „sondern die moralische Leidenschaft, unter die sein öffentliches Wirken gestellt war, und der Adel seiner Resignation"[2264]. Die moralische Leidenschaft: das war in erster Linie sein Hass und seine Verachtung der Franzosen und Bonapartes, eine Facette seiner Gesamtpersönlichkeit, die heute problematischer erscheint als im frühen 19. Jahrhundert. Und der Adel der Resignation: das war dann wohl doch eher die Einsicht, mit dem Verfassungskonstrukt von 1815 nicht mehr zurande zu kommen und keine Chance mehr zu haben, unter den strukturellen Vorgaben der wiedergefundenen Normalität und vor der Folie der beginnenden Restauration mit einer Erfolgsperspektive noch einen zweiten Anlauf zur Überwindung des Reformstaus in Preußen machen zu können. Es dürfte relativ wenige historische Persönlichkeiten geben, die ihrer Leidenschaft und ihrer Resignation wegen zu den ganz Großen gezählt werden. Nüchterne Historiker tun sich mit Einschätzungen, dass das ideale Wollen[2265] ausschlaggebend für historische Größe sei, vielleicht heute auch schwerer als Persönlichkeiten des öffentlichen Lebens in den 1950er Jahren.

Stein aber auch als ein Mann mit vielen Ecken und Kanten, mit Schwächen, ein Mann mit Inkonsequenzen. Der Münsteraner Oberbürgermeister Hüffer, ein Liberaler, Stein seit den 1820er Jahren eng verbunden, hat in seinen um 1850 verfassten Lebenserinnerungen nicht nur den Facettenreichtum der historischen Gestalt gewürdigt, sondern auch den „schwachen" Stein thematisiert: „Manche seiner Anhänger möchten ihn als einen Heros aufstellen von blankem Stahl, der aller menschlichen Schwäche bar als Typus des Rechts und der Wahrheit dagestanden hätte. Nichts ist weniger wahr! Der außerordentliche Mann hatte von menschlichen Schwächen seinen gebührenden Teil mitbekommen und hatte des auch kein Hehl"[2266]. Eine besonders dunkle Seite der Gesamtpersönlichkeit kann in diesem Zusammenhang nicht unter den Tisch fallen, sein Verhältnis zur jüdischen Minderheit. Den Bekundungen, die Juden in das Frankfurter Verfassungsleben einzubinden, manchen Bestimmungen in der Städteordnung, die die Vorstellung eines ganz unverkrampften Verhältnisses zwischen christlicher und jüdischer Bürgerschaft zu assoziieren scheinen, stehen antijüdische Äußerungen gegenüber, die an Aggressivität kaum zu überbieten sind. Stein geißelte etwa die „Verderblichkeit der jüdischen Horde", „so zu unserem Unglück in diesem Zeitalter so viel Geldmacht und mannigfaltigen Einfluss an sich gerissen hat"[2267] – er hatte, soweit erkennbar, in seinem Leben nur einmal mit einem Juden unliebsame Erfahrungen gemacht, als es um die Begleichung von Schulden seines Bruders Gottfried ging[2268]. Humboldt, sicher ein zuverlässiger Gewährsmann, berichtete von Ausfällen Steins gegen die Juden, mit denen er am liebsten die Nordküste Afrikas besiedeln wolle[2269]. Auch seine Bemerkungen anlässlich lokaler Judenverfolgungen im Hochsommer 1819, dass das, was die Juden im Moment erlitten, „ihnen sehr gesund" sei und sie eine „Züchtigung" verdienten[2270], gehen in dieselbe Richtung. Die Emanzipation der Juden hat er für einen falschen Schritt gehalten, Juden in Staatsämtern waren für ihn nicht denkbar. Das mag, wenn man etwa an parallele Äußerungen und Schriften von Friedrich Rühs denkt, der Zeit nicht gar so verwerflich geklungen haben wie Menschen des beginnenden 21. Jahrhunderts, die die Erfahrung eines extrem antisemitischen Regimes und von Auschwitz verinnerlicht haben. Aber die Gegenüberstellung zwischen Städteordnung und Frankfurter Verfassung einerseits und den späteren extrem judenfeindlichen Äußerungen zeigt zumindest, dass sein Weltbild nicht in jeder Hinsicht geschlossen war, sondern Entwicklungen, auch solche nach rückwärts, aufwies – wie es bei den meisten Menschen der Fall sein dürfte.

Bei alledem und trotzdem hat er auf seine Mitmenschen beeindruckend und in hohem Maß einnehmend gewirkt. Wenn man „manche Sonderbarkeiten", von denen einer unserer Gewährsleute, Wilhelm von Humboldt, spricht (und die Stein im übrigen auch, selbstkritisch, wie er sein konnte, bewusst waren – gegenüber Arndt äußerte er einmal unter Hinweis auf die dämonische Gefährlichkeit seiner Natur, aus ihm hätte, wenn seine Mutter und seine ältere Schwester Marianne nicht gegengesteuert hätten, wohl auch ein „Bösewicht" werden können[2271]), einmal abstreicht, blieb die Einschätzung: „Stein gehört [...] doch immer zu den geistvollsten und selbst witzigsten Menschen"[2272]. Humboldt kam zu dieser Einschätzung im vollen Wissen darum, dass „seine Manier der meinigen schnurstracks entgegengesetzt" sei[2273]. Anders als Humboldt, war ihm alles Philosophisch-Metaphysische obsolet, anders als Humboldt ging ihm auch jeder Sinn für Diplomatie, Konvenienzen und Geschmeidigkeit als Kennzeichen eines „Staatsmanns" ab. Sonderbarkeiten: das waren seine „fürchterliche Schroffheit"[2274], seine Art, an jeden Menschen die höchsten moralischen und ethischen Ellen anzulegen, denen die wenigsten genügen konnten, seine mitunter beißende Ironie. Exemplarisch ließe sich das an seinem Verhältnis zu Altenstein näher aufzeigen, das Theodor von Schön in seiner Autobiographie wie folgt auf den Punkt brachte: „Stein und Altenstein waren zwei sich gerade widersprechende Naturen. Es war voraus zu sehn, dass diese Verbindung nicht lange dauern konnte. Altenstein, breit langsam, unbehülflich, unklar wurde von Stein bald übergerannt, und wie Stein bei solcher Gelegenheit beißenden Witz nicht unterdrücken konnte, so musste sein Benehmen gegen Altenstein diesen allerdings gegen Stein aufregen“[2275]. Und dass das dann zu Reaktionen auf Seiten Altensteins führte, wie ein für Hardenberg bestimmtes Gutachten aus dem Jahr 1808 ausweist, liegt in der Natur der Sache: „Das Gefühl und die Grundsätze sind zu sehr im Streit bei ihm [Stein, H. D.]; er ist nicht kalt genug, nicht konsequent genug, er hat zu wenig Ausdauer“[2276].

Aber sein Charme, die Ernsthaftigkeit und Tiefe seiner Äußerungen, die Art seiner Gesprächsführung, auch die Fähigkeit (um den Begriff ‚Kunst' zu vermeiden), wie er seine Überzeugungen in Schriftliches verpackte[2277], haben dieses Defizit dann doch wohl mehr als aufgewogen. Lassen wir noch einmal Wilhelm von Humboldt sprechen, den feinen Beobachter, den immer hinter die Fassaden Schauenden, der im Anschluss an einen der langen Spaziergänge mit Stein im Lahntal ihn im Mai 1819 wie folgt charakterisierte: „Das Gespräch mit Stein geht nie aus, es finden sich unaufhörlich eine Menge Vorfälle und Dinge, an die es sich anknüpft, ohne dabei stehen zu bleiben. Er hat ganz unstreitig die klarste und parteiloseste Ansicht der Dinge wie sie sind, was vielleicht nicht einmal immer so sein Fall war, es aber gewiss jetzt ist. Er fühlt am meisten, was geschehen müsste, und ist selbst noch milde und vorsichtig in der Art, es herbeizuführen“[2278]. Und einige Tage später fügte er hinzu: „Er ist wirklich einer der trefflichsten Menschen, von einer Schärfe und Bestimmtheit der Grundsätze, wie es ungemein selten ist, und von einer Billigkeit und Gutmütigkeit, die man ebenso wenig leicht findet“[2279].

Menschen, denen nur ernsthafte, reflektierte, gewissermaßen druckfähige und eherne Worte über die Lippen kommen, mögen viel Ausstrahlung besitzen, mögen beeindrucken, aber wenn ihnen der Sinn für die Leichtigkeit des Seins völlig abgeht, wenn ihnen ein leicht dahingeworfenes, vielleicht sogar etwas schlüpfriges Wort eines Gesprächspartners mit einem anderen Naturell Falten auf die Stirn treibt und gar heftige Verweise provoziert – dann kann der Umgang mit ihnen auch sehr anstrengend sein. Stein erwartete Menschen, die voll konzentriert waren auf die wirklich wichtigen Dinge – die Fasanenjagd betrieb man, aber man machte sie nicht zum Zentrum einer Abendunterhaltung. Das mag bei den Mittagessen mit den Bauern seiner Herrschaft einmal anders gewesen sein, aber schon bei seinen Besuchen in den „Häusern“ des benachbarten westfälischen Adels werden Ton und Niveau des Gesprächs eine qualitativ höchsten Ansprüchen genügende Stufe erreicht haben: ernst, grundsätzlich, ein wenig (oder auch ein wenig mehr) moralisierend.

Seine Lebensphilosophie hat er am knappsten in einem kurzen Brief an den Grafen Peter Ludwig Alexander Johann Friedrich von Itzenplitz[2280] skizziert, der eigentlich gar nicht zu seinen engsten und vertrautesten Briefpartnern zählte. Den Anlass hatten einige – in Steins Ohren überzogene – Lobesworte des zwölf Jahre Jüngeren geliefert. Im Leben, so Stein, komme es gar nicht so sehr auf das Wissen, sondern auf das Wollen an und auf den Charakter. Jenes, das Wollen, könne durch „Streben nach religiöser Veredelung gestärkt und gerichtet werden". Das sicherste Mittel, um eine Sache gelingen zu machen, sei, „daß man sich selbst vergisst und nur der Sache lebt".

Stein hat in diesem Brief sein beneidenswertes enzyklopädisches Wissen sicher unter den Scheffel gestellt, aber in seinem Insistieren auf dem Vorrang des Wollens sich selbst mit Bestimmtheit gut getroffen. Es war die Überzeugung von der Richtigkeit einer Sache, die Stein so viel Geradlinigkeit verleiht, wobei er freilich im einzelnen durchaus auch einmal zurückstecken konnte. Dieses Überzeugt-Sein von der Sache mildert dann auch das Urteil über sein manchmal hochfahrendes, manchmal verletzend direktes Wesen, mit dem er selbst vor standesmäßig deutlich über ihm rangierenden Menschen nicht einknickte. Der Sachbezug, etwas um der Sache willen zu tun, dürfte eins der Momente sein, die seine Popularität mit verursacht haben: Stein, so glaub(t)en viele, ging es immer um die Sache an sich, nie um „Macht". Menschen, die etwas bewirken wollen, ohne Macht und Einfluss zumindest im Hinterkopf zu haben, sind in allen Gesellschaften gleich welcher Couleur rar – Stein muss diesem kleinen Kreis von Menschen wohl zugerechnet werden.

Kein Machtmensch, kein Machtversessener, „lediglich" einer, der dem Ideal eines Gemeinwesens nachjagte, das nicht das der Politik seiner Tage war. Der Dank des „Vaterlands" – des preußischen *notabene*, vom nassauischen gar nicht zu reden – hat denn auch lange auf sich warten lassen: ein allenfalls spröder Kondolenzbrief des Monarchen, kein Staatsbegräbnis, kein Trauerakt, offenbar sogar eine Tendenz, der regionalen Presse nahezulegen, es mit den Lobeshymnen auf den Verstorbenen nicht zu weit zu treiben. Schon seit dem Wiener Kongress war die offizielle preußische Politik – ungeachtet einer gewissen Nähe Steins zum Kronprinzen – deutlich auf Distanz gegangen; der Schwarze-Adler-Orden, das westfälische Landtagsmarschallamt, die (brüskierend späte) Aufnahme in den Staatsrat können darüber nicht hinwegtäuschen. Die Gründe liegen auf der Hand: Stein hatte den preußischen Staat auf einen Weg zu führen versucht, der nicht der des Monarchen und der staatstragenden Adelselite war; seine Affinität zum Ständewesen und zu den liberalen Tendenzen in Drittländern wurde in Berlin wenig goutiert, daß er, berechtigt oder nicht, sogar in den Fokus der Mainzer Zentraluntersuchungskommission geriet, hat sein Prestige weiter gemindert. Es war wohl erst die demonstrative Teilnahme der Königsfamilie an der Einweihung des Nassauer Stein-Denkmals 1872, das signalisierte, daß die Dynastie ihren Frieden mit Stein gemacht hatte und bereit war, ihn in die „Meistererzählung" der preußischen Geschichte zu integrieren.

„Demütig vor Gott, hochherzig gegen Menschen" – so haben seine Töchter seinem ausdrücklichen Wunsch gemäß auf seinem Grabmal sein Leben zusammenzufassen gesucht. Die Demut vor Gott, die Wahrhaftigkeit seiner Religiosität wird man dem Lutheraner ohne Einschränkung auch im Abstand von 175 Jahren attestieren können – daß das heutige Luthertum ein anderes Verhältnis zum Judentum hat als Stein, schuldet sich der geschichtlichen Erfahrung. Mit der Hochherzigkeit gegen Menschen ist es dagegen eine etwas andere Sache. Hochherzig ist er sicher gegenüber den Personen gewesen, die ihm unmittelbar anvertraut waren, seinen Bedienten, seinen engsten Mitarbeitern, auch seinen Töchtern. Bei seinen Geschwistern, insbesondere seinem Bruder Gottfried und seiner Schwester Johanna Luise, reduziert sich die Hochherzigkeit schon deutlich, gegenüber anderen, etwa den Berliner Kabinettsräten oder in den späteren Jahren gegenüber Hardenberg und seiner Entourage, gegenüber Metternich und Gentz, konnte die Hochherzigkeit dann wohl auch in blanken Haß umschlagen. Was die Töchter mit der (von Stein bereits vor-entworfenen!) Grabinschrift indes wohl zum Ausdruck bringen wollten, das war seine Fähigkeit zur Freundschaft – Reden, Karoline von Berg, Wilhelm von Humboldt oder Gneisenau mögen dafür stehen – und seine Feinfühligkeit, Menschen mit dem Respekt zu begegnen, der ihnen gebührte (und den sie verdienten). Daß er seinem Altersgenossen und Fast-Nachbarn Metternich, wie er reichsritterschaftlicher Herkunft und aus Koblenz gebürtig, nie Verständnis entgegenbrachte, veranschaulicht schlagend, dass für ihn die gemeinsame geographische oder soziale Herkunft kein Kriterium war, um einen Menschen so oder so zu bewerten.

Stein ist in einem großen einschlägigen Referenzwerk – anders als seine Zeitgenossen Goethe oder Wilhelm von Humboldt – zwar nicht unter die deutschen „Erinnerungsorte" eingereiht worden[2281], aber von seinem hohen Stellenwert im kollektiven Gedächtnis der Deutschen her war das wohl eher ein Versehen. Im Unterschied zu Goethe oder Bismarck, zwei Gestalten des 19. Jahrhunderts, die immer wieder als *tertia comparationis* herangezogen wurden, wurde Stein freilich zu seinen Lebzeiten für ein ganz breites Publikum nie „populär" und blieb auch in der rezeptionsgeschichtlichen Betrachtung eher ein Reservatbezirk der Intellektuellen und der politischen Elite. Stein, so sieht das die die Forschung bilanzierende Literatur inzwischen, konnte im 19. Jahrhundert von allen politischen Lagern für sich reklamiert werden, um dann eine über den Parteien stehende Stellung als Führergestalt der deutschen Geschichte zu gewinnen, gleichzeitig Ausdruck einer im Geschichtsbild der Deutschen wachsenden Aversion gegen Parteienwesen und einer zunehmenden Hinwendung zu den „großen Männern“ der Nationalgeschichte[2282].

Gleichwohl, und um nicht missverstanden zu werden: Seine Zuordnung zu den markanten Deutschen soll nicht in Zweifel gezogen werden. Seine Vision, die Bürger mitbestimmend und mitverantwortlich in das Staatsleben einzubeziehen, einen Geist des Gemeinsinns, des politischen Pflichtgefühls und der Freiwilligkeit zu implementieren, soziale Barrieren niederzureißen, die Selbstverwaltung zu einem hohen Gut der politischen Kultur zu machen: das sind sicher Verdienste, die immer für sich stehen werden. Die alles andere in den Schatten stellende Lichtgestalt des frühen 19. Jahrhunderts war er freilich auch nicht – rückwärtsgewandter, mit manchen Illusionen gepaarter Progressivismus, eine bei allem „Wollen“ abgebrochene Gesellschaftsreform, die Rolle eines „Märtyrers“, dem wirkliches Märtyrertum aber dann doch erspart blieb, hohe Verdienste bei der Organisation des Widerstands gegen Napoleon, aber auch Ungeschick und weit davon entfernt, die Nachkriegsordnung entscheidend mitzubestimmen, ein sinnvolles und zeitgemäßes Vorhaben, die Quellen zur deutschen Geschichte aufarbeiten zu lassen, das aber, begleitet von manchen Rückschlägen, über sehr mühsame Anfänge noch nicht hinaus gelangte, solche und andere Momente lassen zögern, Etikettierungen dieser Art – Lichtgestalt, größter innerer Staatsmann – zu folgen.

Anmerkungen

1 Rößler. Das Büchlein erschien in der Reihe „Persönlichkeit und Geschichte" (Bd. 2); Herre. – Im folgenden wird bei Titeln, die sich in der Bibliographie finden, jeweils nur der Autorenname mit Seitenzahl zitiert, ggf. mit einem Kurzitel. Die nicht in die Bibliographie aufgenommenen Titel werden bei der Ersterwähnung vollständig zitiert.

2 Im folgenden: BuaS.

3 Im folgenden: Reformministerium.

4 QQKleinstaaten.

5 Im folgenden: Entstehung DB.

6 Hardenberg TB (2000).

7 Schön, PS 1 (2006).

8 Vgl. dazu Peter Brommer, Das Freiherr vom Steinsche Archiv zu Nassau, in: Lebendiges Rheinland-Pfalz 18 (1981), H. 3, S. 74–76.

9 Hans-Ulrich Wehler, Deutsche Gesellschaftsgeschichte, Bd. 1, München 1987.

10 Ebd., S. 397.

11 Reinhart Koselleck, Preußen zwischen Reform und Revolution: Allgemeines Landrecht, Verwaltung und soziale Bewegung von 1791 bis 1848, Stuttgart 1967.

12 Erhellend dazu u. a. Joachim Berger, Anna Amalia von Sachsen-Weimar-Eisenach (1739–1807). Denk- und Handlungsräume einer ‚aufgeklärten' Herzogin, Heidelberg 2003, S. 18ff.

13 Vgl. etwa die Rezension der Stein-Biographien Gerhard Ritters und Erich Botzenharts in: Journal of Modern History 7 (1935), S. 186 (E. N. Anderson).

14 Hintze, S. 415.

15 Hugo Preuß, Staat, Recht und Freiheit, Tübingen 1926 (ND Hildesheim 1964), S. 124.

16 Vgl. Heinz Duchhardt, Die Stein-Jubiläen des 20. Jahrhunderts, in: Duchhardt/Teppe, S. 179–191; Duchhardt, Stein-Bild.

17 Sebastian Haffner, Preußen ohne Legende, Hamburg 1978, S. 176.

18 Dazu jetzt: Wolfgang Stelbrink, Freiherr vom Stein und die Deutsche Gemeindeordnung von 1935, in: Duchhardt/Teppe, S. 193–219.

19 Guter Einstieg: Hans Erich Bödeker (Hrsg.), Biographie schreiben, Göttingen 2003.

20 Ewald Frie, Friedrich August Ludwig von der Marwitz 1777–1837. Biographie eines Preußen, Paderborn 2001.

21 Vgl. auch den Überblick von Thomas Stamm-Kuhlmann, Die Stein-Rezeption in der Historiographie des „langen" 19. Jahrhunderts, in: Duchhardt/Teppe, S. 159–178.

22 Einige der in dem genannten Werk nicht abgedruckten Anekdoten zudem in Nl SteinCapp 1432.

23 Arndt, S. 216.

24 Meinecke, Weltbürgertum und Nationalstaat, München 1908, jetzt zu benutzen in der Ausgabe: Friedrich Meinecke, Werke, Bd. 5, Stuttgart 1962.

25 In: Der Gemeindevertreter Jg. 3 (1957), Nr. 1, auch in: Kommunalpolitische Blätter H. 21 vom 10. Nov. 1957, S. 680ff. Für die Zusammenstellung zeichnete Jakob Schneider verantwortlich.

26 Duchhardt, Stein-Jubiläen, in: Duchhardt/Teppe.

27 Gagern, Mein Antheil, Bd. 4 (1833).

28 Preußen und Frankreich von 1795 bis 1807. Diplomatische Correspondenzen, hrsg. von Paul Bailleu, 2 Bde., Leipzig 1881–1887.

29 Botzenhart verstarb am 18. Oktober 1956; vgl. die Würdigung von Wilhelm Steffens, in: Die Öffentliche Verwaltung 10 (1957), H. 1, S. 16–19.

30 Langwerth von Simmern, S. 327.

31 Schaefer, Henriette Caroline, S. 71.

32 Vgl. das farbige und detaillierte, an den Familienakten entlang schreitende Lebensbild von Langwerth von Simmern, S. 255–370.

33 Vgl., auch zum folgenden, die Aufsatzsammlung von Bach.

34 Die "Kontrahenten" waren Schaefer und Hartlieb von Wallthor, Fragen.

35 Ritter I, S. 12.

36 Ritter I, S. 23.

37 Stern, S. 233f.

38 Vgl. Stern.

39 Hartlieb von Wallthor, Fragen, S. 86f.

40 Stern.

41 Stein an Frau vom Stein, 1812 XII 13–19: BuaS 3, Nr. 566, S. 825. Stein hielt sich damals in St. Petersburg auf.

42 BuaS 8, Nr. 2, S. 8f. Abb. ebd.

43 Stein an Hiemer, 1782 VIII 1: BuaS 8, Nr. 20, S. 20f.

44 Stein an Geusau, 1792 III 3: BuaS 1, Nr. 276, S. 312f.

45 Stein an Frau vom Stein, 1814 II 17: BuaS 4, Nr. 803, S. 540f.

46 Stein an Marianne vom Stein, 1814 III 16: BuaS 4, Nr. 962, S. 641.

47 Stein an Pfr. Stein, 1820 I 30: BuaS 6, Nr. 192, S. 213f.

48 Stein an Gräfin Reden, 1829 VIII 3: BuaS 7, Nr. 557, S. 620f.

49 Stein an Krummacher, 1829 XII 17: BuaS 7, Nr. 626, S. 694–697.

50 Stein an Salzer (i.e. Gottfried vom Stein), 1831 III 6: BuaS 7, Nr. 959, S. 1090.

51 Vgl. Hardenbergs Tagebuch zu 1772: „Sehr ernstlich verliebt in Luise Stein, die ich heyrathen wollte. Meine Eltern aber widersetzten sich, weil ich nur eine reiche Frau haben sollte" (Hardenberg TB, S. 110).

52 Leopold von Ranke, Hardenberg in der Geschichte des preußischen Staates von 1793–1813, Leipzig 1879, S. 37.

53 Vgl. Raumer, Stein und Goethe, S. 26.

54 Beide Zitate: Ritter I, S. 15.

55 Stein an Karoline v. Berg, 1792 VI 9: BuaS 1, Nr. 281, S. 318.

56 Stein an Arndt, 1827 XI 17: BuaS 7, Nr. 231, S. 245.

57 BuaS 8, Nr. 5, S. S. 16ff.

58 Die Autobiographie ist von Kurt von Raumer mustergültig ediert worden und in BuaS 9, S. 864–910 nach dieser Ausgabe noch einmal abgedruckt. Zitiert wird im folgenden nach dem Wiederabdruck.

59 NlSteinCapp S 739.

60 Edition: Mehr als irgend eine andere in Deutschland bekannt. Die Göttinger Universität im Bericht des „Universitätsbereisers" Friedrich Gedike aus dem Jahre 1789, hrsg. von Hartmut Boockmann, Göttingen 1996.

61 Die Matrikel-Nummer war 9626; vgl. BuaS 1, S. 5, Anm. 5.

62 Biographie: BuaS 1, S. 7, Anm. 1.

63 BuaS 1, Nr. 1 (an Frau vom Stein, 1773 Oktober 11), S. 1.

64 Abschrift der Urkunde: NlSteinCapp 502. Druck: BuaS 8, Nr. 3, S. 10–16.

65 Druck: BuaS 8, Nr. 4, S. 16.

66 Beispiel: Stein an Marianne vom Stein, 1812 III 7: BuaS 3, Nr. 430, S. 615.

67 Stein an Oberlandesgericht Münster, 1825 X 14: BuaS 6, Nr. 913, S. 895; Stein an Oberlandesgericht Münster, 1825 XI 2: BuaS 6, Nr. 920, S. 900f.; Protokollarische Erklärung Steins, 1825 XI 21: BuaS 6, Nr. 927, S. 907ff.

68 NlSteinCapp 363.

69 Hopffgarten an Vater Stein, 1772 VIII 4: NlSteinCapp 1040.

70 Zehmen an Vater Stein, 1772 VIII 7: NlSteinCapp 1040.

71 NlSteinCapp 1040.

72 Domkämmerer Segnitz an Vater Stein, 1773 VI 19: NlSteinCapp 1040. Abb. der Aufschwörtafel: BuaS 8, vor S. 1; Erläuterung S. 1ff.

73 Domprobst Zinck an Vater Stein, 1773 X 1: NlSteinCapp 1040.

74 Die Akte ist wiedergegeben bei Weber, S. 748.

75 Jetzt: Martin Peters, Altes Reich und Europa. Der Historiker, Statistiker und

Publizist August Ludwig (v.) Schlözer (1735-1809), Münster [usw.] 2003.

76 Vgl. Salzmann an Frau vom Stein, 1773 XI 30: BuaS 1, Nr. 16, S. 25.

77 Peters (wie Anm. 75), S. 101–106.

78 Salzmann an Frau vom Stein, 1774 II 6: BuaS 1, Nr. 28, S. 47.

79 BuaS 1, Nr. 9 (Salzmann an Frau vom Stein, 1773 Nov. 6/7), S. 17.

80 Beispiele: Stein an Karoline von Berg, 1792 IX 2: BuaS 1, Nr. 286, S. 326 (Rehberg); Stein an Spiegel, 1829 III 10: BuaS 7, Nr. 480, S. 537.

81 Stein an Reden, 1810 I 17: BuaS 3, Nr. 183, S. 257.

82 Raumer, Der junge Stein, S. 525. Vgl. auch Weniger, Rehberg und Stein: eine besonders tief eindringende quellennahe Dissertation!

83 Stein an Karoline von Berg, 1792 IX 2: BuaS 1, Nr. 286, S. 325.

84 Weniger, Rehberg und Stein, S. 14.

85 Stein an Franz von Reden, 1826 II 22: BuaS 6, Nr. 958, S. 949.

86 BuaS 1, Nr. 18 (Salzmann an Frau vom Stein, 1773 Dez.), S. 29.

87 Vgl. Braubach, Brüder Spiegel.

88 Götz von Selle, Ein akademischer Orden in Göttingen um 1770, Göttingen 1927.

89 Über Steins studentische Entourage in Göttingen vgl. auch Braubach, Franz Wilhelm von Spiegel.

90 Salzmann an Frau vom Stein, 1773 XI 6/7: BuaS 1, Nr. 9, S. 17.

91 Salzmann an Frau vom Stein, 1773 XI 24: BuaS 1, Nr. 14, S. 23.

92 Salzmann an Frau vom Stein, 1773 XII 12: BuaS 1, Nr. 17, S. 27.

93 BuaS 1, Nr. 18 (Salzmann an Frau vom Stein, 1773 XII), S. 29f.

94 Frau vom Stein an Stein, [1774 Jan.]: BuaS 1, Nr. 24, S. 40f.

95 Vgl. Raumer, Der junge Stein, S. 507.

96 Salzmann an Frau vom Stein, 1774 V 15: BuaS 1, Nr. 45, S. 74.

97 Salzmann an Frau vom Stein, 1774 III 2: BuaS 1, Nr. 32, S. 54.

98 Salzmann an Frau vom Stein, 1774 III 30: BuaS 1, Nr. 37, S. 63f.

99 Auszug aus dem Protokoll der Loge Joseph zu den 3 Helmen, 1777 VII 5: BuaS 1, Nr. 78, S.112.

100 Vgl. Monika Neugebauer-Wölk, Reichsjustiz und Aufklärung. Das Reichskammergericht im Netzwerk der Illuminaten, Wetzlar 1993, S. 19 und passim.

101 Salzmann an Frau vom Stein, 1774 VI 5: BuaS 1, Nr. 47, S. 77f.

102 Salzmann an Frau vom Stein, 1774 V 4: BuaS 1, Nr. 42, S. 71; Salzmann an Frau vom Stein, 1774 VI 19: BuaS 1, Nr. 49, S. 81f.

103 Schon: Salzmann an Frau vom Stein, 1773 Dez. 25/26: BuaS 1, Nr. 20, S. 33; dann auch: Salzmann an Frau vom Stein, 1774 I 2: BuaS 1, Nr. 22, S. 36f. Definitiv: Salzmann an Frau vom Stein, 1774 VII: BuaS 1, Nr. 53, S. 89; Salzmann an Frau vom Stein, 1774 VII 31: BuaS 1, Nr. 55, S. 91; Salzmann an Frau vom Stein, 1774 VIII 7: BuaS 1, Nr. 56, S. 93.

104 BuaS 1, S. 104, Anm. 1.

105 Christlieb an Frau vom Stein, 1775 XII 4: BuaS 1, Nr. 75, S. 111.

106 Raumer, Der junge Stein, S. 515.

107 Stern, S. 239, Anm. 2.

108 Beispiel: BuaS I, Nr. 19 (Salzmann an Frau vom Stein, 1773 XII 18/19), S. 32.

109 Stein an Frau vom Stein, 1773 X 26/30: BuaS 1, Nr. 6, S. 13.

110 Salzmann an Frau vom Stein, 1773 X 24: BuaS 1, Nr. 5, S. 11; Salzmann an Frau vom Stein, 1773 XI 21: BuaS 1, Nr. 13, S. 22.

111 Stein an Frau vom Stein, 1773 X 14: BuaS 1, Nr. 2, S. 4f. mit Anm.10.

112 Feder an Gemmingen, 1774 XI 28: BuaS 1, Nr. 63, S. 100.

113 von Selle.

114 Vgl. Heinz Duchhardt, Die politische Umwelt, in: Joseph Martin Kraus in seiner Zeit, hrsg. von Friedrich W. Riedel, München/Salzburg 1982, S. 7–15, hier S. 11.

115 Salzmann an Frau vom Stein, 1774 VII 13: BuaS 1, Nr. 52, S. 87.

116 Stein an Frau vom Stein, 1773 X 26/30: BuaS 1, Nr. 6, S. 13.

117 Vgl. Lehmann I, S. 51.

118 Vgl. den Sammelband: Joachim Rees/

Winfried Siebers/Hilmar Tilgner (Hrsg.), Europareisen politisch-sozialer Eliten im 18. Jahrhundert, Berlin 2002.

119 Stein an Frau vom Stein, 1773 X 11: BuaS 1, Nr. 1, S. 1. – Zu Person, sozialem Umfeld und Leistungen Harpprechts vgl. im übrigen jetzt Sigrid Jahns, Das Reichskammergericht und seine Richter. Verfassung und Sozialstruktur eines höchsten Gerichts im Alten Reich, Teil 2, Bd. 2, Köln/Weimar/Wien 2003, S. 989–1002.

120 BuaS 1, S. 108, Anm. 1.

121 Lehmann I, S. 25.

122 Vgl. Werner Schmidt-Scharff, Die Matrikel der Praktikanten am Reichskammergericht in Wetzlar 1693–1806, in: Archiv für Sippenforschung 11 (1934), S. 297–317, hier S. 311. Mit Stein zeitgleich befanden sich zwei weitere Mitglieder des rheinischen Ritterschaftsadels in Wetzlar, ein Schenk von Schmidtburg und ein Fechenbach. – Zum Praktikantenalltag der damaligen Zeit vgl. auch Hartmut Schmidt, Der Rechtspraktikant Goethe, Wetzlar 1993.

123 Stein an Reden, 1777 XI 20: BuaS 1, Nr. 79, S. 113f.

124 Zum Kontext vgl. T. C. W. Blanning, Reform and Revolution in Mainz, 1743–1803, Cambridge 1974, jetzt auch: Bernd Blisch, Friedrich Carl Joseph von Erthal (1774–1802) Erzbischof, Kurfürst, Erzkanzler, Frankfurt/M. 2005, insbes. Kap. IV.

125 BuaS 9, S. 866.

126 Salzmann an Frau vom Stein, 1774 II 23: BuaS 1, Nr. 30, S. 52.

127 Kopie: StAFfm S2/59.

128 Zum Widerhall der militärischen Erfolge Friedrichs II. in der Literatur und Publizistik jetzt Johannes Kunisch, Friedrich der Große. Der König und seine Zeit, München 2004, S. 439f.

129 Ritter I, S. 17f.

130 Vgl. Horst Dippel, Deutschland und die amerikanische Revolution. Sozialgeschichtliche Untersuchung zum politischen Bewusstsein im ausgehenden 18. Jahrhundert, Köln 1972.

131 Michael Maurer, Aufklärung und Anglophilie in Deutschland, Göttingen/Zürich 1987.

132 Stein an Welcker, 1823 III 25: BuaS 6, Nr. 583, S. 611; Stein an Welcker, 1824 XII 15: BuaS 6, Nr. 792, S. 779.

133 Stein an Welcker, 1824 I 17: BuaS 6, Nr. 675, S. 679.

134 Stein an Welcker, 1824 IV 23: BuaS 6, Nr. 717, S. 713.

135 Willibald Steinmetz, Steins Institutionenbegriff und das Beispiel des englischen Parlaments, in: Duchhardt/Teppe, S. 1–27.

136 Autobiographie: BuaS 9, S. 865.

137 Auszugsweise Wiedergabe des ersten Entwurfs: Behr/Kloosterhuis, Q 11, S. 591–599.

138 Vincke an Stein, 1800 VIII 8: BuaS 1, Nr. 451, S. 496ff.

139 Stein an Gagern, 1828 XI 19: BuaS 7, Nr. 391, S. 420; Stein an Prinzessin Wilhelm (Marianne), 1828 XI 20: BuaS 7, Nr. 392, S. 422.

140 Stein an Arnim, 1825 VI 2: BuaS 6, Nr. 809, S. 857.

141 Stein an Reden, 1790 VII 10: BuaS 1, Nr. 263, S. 298.

142 Vgl. Weniger, Rehberg und Stein, S. 44.

143 Stein an Eichhorn, 1818 V 15: BuaS 5, Nr. 685, S. 774.

144 Stein an Wilhelm von Humboldt, 1819 V 17: BuaS 6, Nr. 70, S. 86ff.

145 Stein an Mirbach, 1823 IX 2: BuaS 6, Nr. 622, S. 639.

146 Stein an Vincke, 1814 VII 7: BuaS 5, Nr. 68, S. 57.

147 Als „Einstieg“ in ein oft behandeltes Thema: Günther Heydemann, Carl Ludwig Sand. Die Tat als Attentat, Hof 1985.

148 Stein an Solms-Laubach, 1819 IV 3: BuaS 6, Nr. 48, S. 66.

149 Zit. nach Salewski, S. 112.

150 Stein an Reden, 1794 V 10/21: BuaS 1, Nr. 319, S. 372f.

151 Ritter I, S. 20.

152 So Welskopp, S. 351.

153 Stein an Reden, 1790 XII 14: BuaA 1, Nr. 268, S. 303.

154 Stein an Hövel, 1824 XII 30: BuaS 6, Nr. 798, S. 784f.; Stein an Niebuhr, 1824 XII

31: BuaS 6, Nr. 800, S. 785ff.; Stein an Romberg, 1824 (so!) XII 31: BuaS 6, Nr. 801, S. 788f.

155 Stein an Merveldt, 1829 XII 15: BuaS 7, Nr. 624, S. 692.

156 Stein an Reden, 1790 VIII 1: BuaS 1, Nr. 264, S. 298f.

157 So eine Formulierung Herres, S. 60.

158 Ritter I, S. 160.

159 Stein an Reden, 1782 V 16: BuaS 1, Nr. 102, S. 140.

160 Hartlieb von Wallthor, Innere Staatsordnung Deutschlands, S. 83.

161 Zur Sache vgl. Karl Otmar von Aretin, Kaiser Joseph II. und die Reichskammergerichtsvisitation 1767–1776, Wetzlar 1991.

162 Vgl. Volker M. Schütterle, Großbritannien und Preußen in spätfriderizianischer Zeit (1763–1786), Heidelberg 2002.

163 Stein an Frau vom Stein, 1773: BuaS 1, Nr. 7, S. 14.

164 Vgl. auch Lehmann I, S. 51.

165 Immediat-Eingabe Frau vom Stein, 1779 I 9: BuaS 1, Nr. 80, S. 114f.

166 Ritter I, S. 40.

167 Beider Gesuch an die kaiserliche Hofkammer, die Bergwerke besichtigen zu dürfen: BuaS 1, Nr. 83, S. 117.

168 Srbik.

169 BuaS 1, S. 3, Anm. 10.

170 So Herre, S. 37.

171 BuaS 9, S. 866f.

172 Stein an Gräfin Reden, 1817 I 7: BuaS 5, Nr. 496, S. 583.

173 Sack an Stein, 1829 V 23: NlSteinCapp 1267.

174 Stein an Frau von Löw, 1824 IX 13: BuaS 6, Nr. 767, S. 755.

175 Ernennungsdiplom, 1780 II 2: NlStein Capp 1041, dort auch seine „Dienststellenbeschreibung, 1780 II 4. Druck: BuaS 8, Nr. 8, S. 18f.

176 Extrakt für die Kabinetts-Vorträge, 1780 II 4: BuaS 1, Nr. 85, S. 118f.; Kabinetts-Ordre an Heinitz, 1780 II 4: BuaS 8, Nr. 7, S. 18.

177 Vgl. Lehmann I, S. 38.

178 Aktenstücke 98–101 in: BuaS 1, S. 138f.

179 Ernennungsdiplom, 1782 III 8: NlStein Capp 1041.

180 Bestallungsdekret, 1784 II 16: NlStein Capp 1041, dort auch seine „Dienststellenbeschreibung“, 1784 II 16.

181 Biographie Sacks: BuaS 1, S. 283, Anm. 4.

182 Stein an Frau vom Stein, 1782 Nov. 21: BuaS 1, Nr. 107, S. 144.

183 Für die Vermutung Ritters (I, S. 35), beide hätten sich schon beim Studium in Göttingen kennengelernt, spricht nichts.

184 Vgl., auch zum folgenden, Perlick.

185 Stein an Reden, 1781 VI 26: BuaS 1, Nr. 90, S. 123f.

186 Druck: BuaS 1, Nr. 92, S. 126–130.

187 Stein an Reden, 1781 III 31: BuaS 1, Nr. 88, S. 121.

188 Vgl. Raumer, Der junge Stein, S. 500.

189 Stein an Reden, 1788 VIII 3: BuaS 1, Nr. 249, S. 284.

190 Stein an Reden, 1783 IX 11: BuaS 1, Nr. 118, S. 157.

191 Ritter I, S. 48.

192 Sehr lesenswert die Beiträge von Horst Carl und Meinhard Pohl in dem Sammelband: Georg Mölich [u. a.] (Hrsg.), Preußens schwieriger Westen. Rheinisch-preußische Beziehungen, Konflikte und Wechselwirkungen, Duisburg 2003.

193 Vgl. Lehmann I, S. 91.

194 BuaS 9, S. 867.

195 Vgl. Welskopp, S. 359.

196 So Wolfhard Weber, Berg- und Hüttenwesen, in: Panorama der Fridericianischen Zeit, hrsg. von Jürgen Ziechmann, Bremen 1985, S. 486–488, hier S. 486.

197 Vgl. Lehmann I, S. 78.

198 Das Zitat in: Stein an Reden, 1785 II 26 (BuaS 1, Nr. 152, S. 205).

199 Die Zahlen nach NN., Karl Reichsfreiherr vom und zum Stein, S. 139.

200 Stein an Heinitz, 1784 VI 11: BuaS 1, Nr. 132, S. 175.

201 Z. B.: Stein an Heinitz, 1784 VII 10: BuaS 1, Nr. 135, S. 181.

202 Stein an Reden, 1786 VII 8: BuaS 1, Nr. 206, S. 241.

203 Welskopp, S. 365.

204 Verfügung Steins, 1784 VIII 27: NlStein Capp 1436 (Kopie aus StAMünster).

205 So Raumer, Stein, S. 71.

206 Protokoll, 1784 IX 17: NlSteinCapp 1436 (Kopie aus StAMünster). Druck: BuaS 8, Nr. 14, S. 23–27.

207 Welskopp, S. 364.

208 Akten: NlSteinCapp 1437 (Kopien aus StAMünster).

209 Wiebeking, Vorschläge zur Verbesserung des Wasserbaues, Darmstadt o. J. [1796].

210 Dortmund 1804.

211 BuaS 1, S. 167, Anm. 5.

212 Die Zahlen nach Serlo, S. 1018.

213 Vgl. auch Peter Burg, Die deutsche Trias in Idee und Wirklichkeit. Vom Alten Reich zum Deutschen Zollverein, Stuttgart 1989.

214 Immediat-Bericht des Auswärtigen Departements, 1785 V 2: BuaS 1, Nr. 154, S. 207.

215 1785 V 15: BuaS 1, Nr. 156, S. 208.

216 Stein an Reden, 1785 V 15: BuaS 1, Nr. 157, S. 209f.

217 Stein an Hertzberg oder Finckenstein, 1785 V 22: BuaS 1, Nr. 159, S. 210f.

218 BuaS 1, Nr. 161, S. 211.

219 Das war korrekt; er war in Bonn mit dem ihm freundschaftlich verbundenen englischen Gesandten Heathcote zusammengetroffen; vgl. Lehmann I, S. 74.

220 Stein an Hertzberg, 1785 VI 14: BuaS 1, Nr. 162, S. 212.

221 BuaS 1, Nr. 163, S.213.

222 Die Fürstenbundgründung stellt ein zentrales Kapitel in Karl Otmar Frhr. von Aretins Grundlagenwerk dar: Heiliges Römisches Reich 1776–1806. Reichsverfassung und Staatssouveränität, 2 Bde., Wiesbaden 1967.

223 Bericht Steins, 1775 VII 5: BuaS 1, Nr. 165, S. 214.

224 Bericht Steins, 1775 VII 15: BuaS 1, Nr. 168, S. 214f.

225 Zum Kontext vgl. auch Karl Otmar Frhr. von Aretin, Die Mission des Grafen Romanzoff im Reich 1782–1797, in: Deutsche Frage und europäisches Gleichgewicht (Festschrift für Andreas Hillgruber), Köln 1985, S. 15–29.

226 Stein an Hertzberg, 1785 X 21: BuaS 1, Nr. 191, S. 223.

227 Stein an Reden, 1785 X 31/XI 9: BuaS 1, Nr. 194, S. 224.

228 BuaS 9, S. 868.

229 Stein an Reden, 1786 I 29: BuaS 1, Nr. 198, S. 227.

230 Stein an Reden, 1786 II 10: BuaS 1, Nr. 199, S. 228f.

231 1786 III 6: BuaS 1, Nr. 202, S. 232–235.

232 Das genaue Itinerar verdankt sich einem Brief Steins an seinen Vater: 1786 V 5 (BuaS 1, Nr. 203, S. 236).

233 Stein an Reden, 1786 V 12: BuaS 1, Nr. 204, S. 237f. Reden war im übrigen befremdet (Stein an Reden, 1786 VII 8: BuaS 1, Nr. 206, S. 240f.); danach korrespondierte Stein kurzzeitig auf deutsch mit ihm, um später aber wieder zum Französischen zurückzukehren.

234 Immediat-Bericht Heinitz', 1786 XI 15: BuaS 1, Nr. 209, S. 241. Heinitz erbat darin eine fünfmonatige Beurlaubung Steins zwecks Besichtigung der englischen Berg- und Hüttenwerke und der Metallfabriken.

235 BuaS 9, S. 868.

236 Greville an Boulton, 1787 I 27: BuaS 1, Nr. 211, S. 243.

237 Stein an Boulton, 1787 I 29: BuaS 1, Nr. 212, S. 244.

238 Pro-Memoria-Steins, 1787 II 5: BuaS 1, Nr. 214, S. 246ff.

239 Stein an Banks, 1787 II 5: BuaS 1, Nr. 213, S. 245.

240 BuaS 1, Nr. 215, S. 249ff.

241 Es handelte sich um die Brauerei Barclay & Perkins in dem Londoner Stadtteil Pimlico.

242 Gründliche Aufarbeitung durch Ritter, Quellenfund.

243 Stein an Trebra, 1787 II 8: BuaS 8, Nr. 18, S. 27.

244 Raspe an Boulton, 1787 II 26: BuaS 1, Nr. 221, S. 257f.

245 Boulton an Vivian, 1787 III 17 : BuaS 1, Nr. 231, S. 267. Auch: Watt an Boulton, 1787 VI 21: BuaS 1, Nr. 236, S. 269.

246 BaS 1, Nr. 223, S. 259f.

247 Stein an Watt, [1787]: BuaS 1, Nr. 238, S. 270f.

248 Stein an Reden, 1790 VII 10: BuaS 1, Nr. 263, S. 296ff.

249 BuaS 1, Nr. 239, S. 271. Ernennungsreskript: 1787 XI 7: NlSteinCapp 1041.

250 Vgl. Lehmann I, S. 97.
251 BuaS 1, Nr. 247, S. 282. Ernennungsreskript 1788 VII 27: NlSteinCapp 1041.
252 BuaS 9, S. 869.
253 Ernennungsdekret 1793 II 18: NlStein Capp 1041.
254 Eingabe Steins, 1803 V 6: NlSteinCapp 1041.
255 Stein an Marianne vom Stein, 1784 XII 4: BuaS 1, Nr. 144, S. 195.
256 Beispiel: Stein an Marianne vom Stein, 1785 II 8: BuaS 1, Nr. 150, S. 202.
257 BuaS 9, S. 867.
258 Zit. bei Hartlieb von Wallthor, Grafschaft Mark, S. 60.
259 Der gesiegelte und unterschriebene Kontrakt vom 18. März 1791 in NlSteinCapp 1039.
260 Nachweisung: NlSteinCapp 1039.
261 Kapitel an Friedrich Wilhelm III., 1791 III 24: NlSteinCapp 1039.
262 Bettendorf an Stein, 1791 VII 2: NlStein Capp 1039.
263 Original: NlSteinCapp 1039.
264 NlSteinCapp 1039.
265 Schulenburg an NN, 1800 Nov. 8: Nl SteinCapp 1039.
266 Punktation 1801 I 6./15: NlSteinCapp 1039. Zustimmung des Königs, 1801 III 10: NlSteinCapp 1039.
267 Stein an mittelrheinische Reichsritterschaft, 1802 VIII 28: BuaS 8, Nr. 111, S. 93f.
268 Neben Ritter beschäftigen sie auch Lehmann nicht.
269 Welskopp, S. 353, auch zum folgenden.
270 Stein an Reden, 1788 IV 2: BuaS 1, Nr. 245, S. 277.
271 Denkschrift 1788 III 10: BuaS 1, Nr. 243, S. 273ff.
272 Berichte an Generaldirektorium, 1789 II 8 (BuaS 1, Nr. 259, S. 293) bzw. 1789 VIII 16 (BuaS 1, Nr. 261, S. 293).
273 Stein an Reden, 1790 XI 5: BuaS 1, Nr. 267, S. 302; Stein an Reden, 1790 XII 14: BuaS 1, Nr. 268, S. 303.
274 Ritter I, S. 61.
275 Bericht Steins an das Generaldirektorium, 1793 XI 22: BuaS 1, Nr. 315, S. 362ff.
276 Stein an Reden, 1788 VII 3: BuaS 1, Nr. 248, S. 282f.
277 Bericht Steins an Generaldirektorium, 1788 X 8: BuaS 1, Nr. 251, S. 287f.
278 Vgl. u. a. Steins Immediat-Bericht über die Landtagsverhandlungen 1792, 1792 I 18 : BuaS 8, Nr. 33, S. 33–40.
279 Beispiel für einen Bericht des Landtagskommissars Stein: 1792 I 18: NlStein Capp 1436 (Kopie aus StAMünster).
280 Bericht Steins an Generaldirektorium, 1793 XII 14: BuaS 1, Nr. 317, S. 366-369.
281 Stein an Reden, 1792 VII 23: BuaS 1, Nr. 283, S. 322.
282 Stein an Lucchesini, 1792 X 30: BuaS 1, Nr. 293, S. 335f.
283 So Horst Carl, Der Mythos des Befreiungskrieges. Die „martialische Nation" im Zeitalter der Revolutions- und Befreiungskriege 1792–1815, in: Föderative Nation. Deutschlandkonzepte von der Reformation bis zum Ersten Weltkrieg, hrsg. von Dieter Langewiesche/Georg Schmidt, München 2000, S. 63–82, hier S. 68. Auf diesen wichtigen Aufsatz, der die ältere und jüngere kriegs- und mentalitätsgeschichtliche Literatur exzellent aufarbeitet, sei generell verwiesen.
284 Ritter I, S. 103.
285 Schulenburg an Stein, 1792 X 30: BuaS 1, Nr. 291, S. 334.
286 1793 III 4: BuaS 1, Nr. 305, S. 349.
287 Stein an Lucchesini, 1793 V 22: BuaS 1, Nr. 310, S. 353f.
288 Lehmann I, S. 106.
289 Stein an Reden, 1793 VIII 15: BuaS 1, Nr. 312, S. 357f.
290 Stein an Karoline v. Berg, 1793 X 3: BuaS 1, Nr. 314, S. 361.
291 Lehmann I, S. 158.
292 Stein an Heinitz, 1794 VI 6; Stein an Generaldirektorium, 1794 VI 13: BuaS 1, Nr. 320 bzw. 321, S. 373ff.
293 Stein an Rump, 1794 VII 6: BuaS 1, Nr. 323, S. 376.
294 Promemoria Steins, 1794 VII 7; BuaS 1, Nr. 324, S. 377.
295 Eversmann an Stein, 1794 VIII 25: BuaS 1, Nr. 336, S. 391ff.
296 Promemoria Steins, 1794 VIII 7: BuaS 1, Nr. 330,S.384f.

[297] Stein an Wallmoden, 1794 X 22: BuaS 1, Nr. 343, S. 403.

[298] Akten: NlSteinCapp 1435 (Kopien aus StAMünster).

[299] Lehmann I, S. 166.

[300] Stein an Jourdan, 1794 XII 1: BuaS 1, Nr. 348, S. 408f.

[301] Stein an Wallmoden, 1795 II 5: BuaS 1, Nr. 355, S. 412.

[302] Ministerial-Reskript an Stein, 1794 XII 18: BuaS 1, Nr. 351, S. 410; Immediat-Bericht Steins, 1795 II 1: BuaS 1, Nr. 354, S. 411f.

[303] Stein an Wallmoden, 1795 II 27: BuaS 1, Nr. 361, S. 415.

[304] Kabinetts-Ordre an Stein, 1795 IV 25: BuaS 1, Nr. 367, S. 417.

[305] Stein an Heinitz, 1795 V 28: BuaS 1, Nr. 370, S. 419.

[306] Kabinetts-Ordre an Stein, 1795 VIII 17: BuaS 8, Nr. 53, S. 52.

[307] Kabinetts-Ordre an Stein, 1795 VI 29: BuaS 1, Nr. 373, S. 421. Steins Reaktion: Stein an Generaldirektorium, 1795 VII 31: BuaS 1, Nr. 377, S. 422.

[308] Adresse der Deputierten von Hagen an Stein, 1795 IX 29: BuaS 1, Nr. 382, S. 425ff.

[309] Ritter I, S. 102.

[310] Stein an Hövel, 1802 IX 3: BuaS 1, Nr. 478, S. 560.

[311] Stein an Wallmoden, 1795 VI 22: BuaS 1, Nr. 371, S. 420.

[312] Stein an Reden, 1783 VI 18: BuaS 1, Nr. 115, S. 152.

[313] Vgl. den Bericht über ihren Tod und ihr Begräbnis bei Hartlieb von Wallthor, Fragen, S. 89ff.

[314] Stein an Johann Friedrich vom Stein, 1788 X 30: BuaS 1, Nr. 256, S. 290f.

[315] Anweisung Steins für ein Grabmal, 1829 IX 21: NlSteinCapp 1020.

[316] Vgl. Kloft, S. 203ff.

[317] Stein an Karoline v. Berg, 1793 VIII 24: BuaS 1, Nr. 313, S. 358.

[318] Stein an Gräfin Werthern, 1799 VIII 4: BuaS 1, Nr. 433, S. 487.

[319] Stein an Marianne vom Stein, 1783 VIII 10: BuaS 1, Nr. 117, S. 155.

[320] Vgl. Raumer, Der junge Stein, S. 524.

[321] Stein an Reden, 1790 XI 5: BuaS 1, Nr. 267, S. 302.

[322] Stein an Reden, 1790 XII 16: BuaS 1, Nr. 269, S. 304.

[323] Lehmann I, S. 151.

[324] Ob tatsächlich im Kontext seiner Bemühungen um den Chausseebau, wie Lehmann (I, S. 152) meint, ist eher fraglich.

[325] Stein an Reden, 1791 IV 12: BuaS 1, Nr. 270, S. 306.

[326] Stein an Karoline v. Berg, 1792 IV 22: BuaS 1, Nr. 278, S. 314.

[327] Stein an Karoline v. Berg, 1792 VI 9: BuaS 1, Nr. 281, S. 318.

[328] Stein an Karoline v. Berg, 1792 VII 23: BuaS 1, Nr. 284, S. 323.

[329] Schön, PS I, S. 109.

[330] Zum Verhältnis Steins zu Niedersachsen vgl. auch Hartlieb von Wallthor, Hannover.

[331] Weniger, Rehberg und Stein, S. 24.

[332] Beispiel: Stein an Karoline v. Berg, 1792 IX 9: BuaS 1, Nr. 287, S. 327.

[333] Stein an Karoline v. Berg, 1792 IX 2: BuaS 1, Nr. 286, S. 326.

[334] Stein an Wilhelmine von Wallmoden, 1792 XII 3: BuaS 1, Nr. 299, S. 342f.

[335] Stein an Karoline v. Berg, 1792 XII 29: BuaS 1, Nr. 302, S. 347.

[336] Stein an Karoline v. Berg, 1793 III 5: BuaS 1, Nr. 306, S. 350.

[337] Stein an Frau vom Stein, 1808 VIII 6: BuaS 2, Nr. 770, S. 805.

[338] Stein an Imhoff, 1822 II 27: BuaS 6, Nr. 460, S. 483; Stein an Imhoff, 1822 XII 3: BuaS 6, Nr. 550, S. 584.

[339] Vgl. Lehmann I, S. 156.

[340] Eigenhändige Verfügung des Königs, 1793 V 9: NlSteinCapp 1044.

[341] Humboldt an Karoline von Humboldt, 1819 IV 12: BW Humboldt VI, Nr. 194, S. 523.

[342] Humboldt an Karoline von Humboldt, 1814 I 4: BW Humboldt IV, Nr. 111, S. 211.

[343] Humboldt an Karoline von Humboldt, 1819 I 7: BW Humboldt VI, Nr. 166, S. 428.

[344] Ritter I, S. 77.

[345] Ministerial-Reskript an Stein, 1796 V 12: BuaS 1, Nr. 388, S. 431.

346 Bestallung Steins, 1796 VI 21: BuaS 1, Nr. 389, S. 431.

347 Stein an Gräfin Wallmoden, 1796 VIII 6: BuaS 1, Nr. 392, S. 433f.

348 1795 VI 22: NlSteinCapp 968. Ähnliche Schreiben gingen an die Generäle Jourdan und Kléber: ebd.

349 U. a. Stein an Wieler, 1796 VI 5: BuaS 8, Nr. 61, S. 56.

350 Stein an Karoline v. Berg, 1796 X 10: BuaS 1, Nr. 398, S. 437.

351 Stein an Prinz Louis Ferdinand, 1796 XII 18: BuaS 1, Nr. 401, S. 441.

352 Stein an Generaldirektorium, 1796 XI 13: BuaS 1, Nr. 399, S. 437.

353 Stein an Prinz Louis Ferdinand, 1796 XI 17: BuaS 1, Nr. 400, S. 438f.

354 Immediat-Bericht Steins, 1797 I 10: BuaS 1, Nr. 403, S. 442f.

355 Denkschrift Steins, 1797 VI 1: BuaS 1, Nr. 413, S. 453–458.

356 BuaS 9, S. 869.

357 Stein an Heinitz, 1798 II 1: BuaS 1, Nr. 417, S. 462ff.

358 Stein an Heinitz, 1798 II 11: BuaS 1, Nr. 418, S. 465ff.

359 Christian Wilhelm (von) Dohm (1751–1820), der Verfasser der berühmten Schrift „Über die bürgerliche Verbesserung der Juden“, seit 1779 als Archivar und Kriegsrat in preußischen Diensten.

360 1767–1814, nachmaliger Präsident der Regierungsdeputation in Paderborn.

361 Stein an Heinitz, 1798 II 13: BuaS 1, Nr. 419, S. 468f.

362 Immediat-Bericht Steins, 1798 VIII 15: BuaS 1, Nr. 423, S. 471f.

363 BuaS 1, S. 476, Anm. 2.

364 Votum Steins, 1799 II 22: BuaS 1, Nr. 428, S. 478–481.

365 Stein an Rohr, 1800 I 17: BuaS 1, Nr. 442, S. 491f.

366 Bericht Steins, 1799 I 30: BuaS 1, Nr. 427, S. 476ff.

367 Stein an Karoline v. Berg, 1799 IV 28: BuaS 1. Nr. 431, S. 485.

368 Vgl. den Essay von David E. Barclay in: Preußens Herrscher. Von den ersten Hohenzollern bis Wilhelm II., hrsg. von Frank-Lothar Kroll, München 2000, S. 179–196.

369 1801 I 16: BuaS 1, Nr. 453, S. 503.

370 Stein an Sack, 1802 XI 17: BuaS 1, Nr. 498, S. 593.

371 Bericht Steins, 1801 X 5: BuaS 1, Nr. 458, S. 527ff.

372 Der Verkauf zog sich dann noch bis 1802 hin: Stein an Wallmoden, 1802 VIII 27: BuaS 1, Nr. 477, S. 559; Stein an Hövel, 1802 IX 3: BuaS 1, S. 560; Stein an Direktorium der mittelrheinischen Reichsritterschaft, 1802 VII 12: BuaS 8, Nr. 108, S. 89–92.

373 Stein an Vincke, 1802 III 17: BuaS 1, Nr. 463, S. 532. Kaufvertrag von Birnbaum, 1802 III 13: BuaS 8, Nr. 104, S. 83.

374 Stein an Karoline v. Berg, 1802 IV 22: BuaS 1, Nr. 464, S. 533f.

375 Ritter I, S. 118.

376 Vgl. Ritter I, S. 121.

377 Stein an Schulenburg, 1802 VI 10: BuaS 1, Nr. 466, S. 538.

378 Stein an Sack, 1802 VI 10: BuaS 1, Nr. 467, S. 539.

379 Wilhelm Weidinger, Maximilian Graf von Lodron (1757–1823). Ein Generalkommissär im Umbruch von Bayerns Verwaltung, in: Zeitschrift für bayerische Landesgeschichte 69 (2006), S. 151–202.

380 Welskopp, S. 362.

381 Zit. bei Lehmann I, S. 154.

382 Stein an Pfarrer von Frücht, 1802 IX 20: BuaS 1, Nr. 482, S. 566.

383 Stein an Reden, 1794 II 22: BuaS 1, Nr. 318, S. 371.

384 Zit. bei Rudolf Weber-Fas, Goethe als Jurist und Staatsmann, Frankfurt/M. 1974, S. 11.

385 In seinen um 1809 entstandenen „Staatswissenschaftliche Betrachtungen“.

386 Die Akten für 1803 in NlSteinCapp 1434.

387 Welskopp, S. 370.

388 Jürgen Kloosterhuis, „Westfaleneid“ und „peine des coeurs“ – Vorgaben für Vinkkes Landratsamt, in: Behr/Kloosterhuis, S. 19–34.

389 Stein an Vincke, 1803 III 9: BuaS 1, Nr. 524, S. 661.

390 Stein an Vincke, 1804 XI 9: BuaS 1, Nr. 586, S. 769; Kabinetts-Ordre, 1804 XI 10:

BuaS 1, Nr. 587, S. 770f.; Stein an Vincke, o. D.: BuaS 1, Nr. 591, S. 773f.

391 Stein an Hövel, 1795 IV 3: BuaS 1, Nr. 365, S. 416f.

392 Stein an Karoline v. Berg, 1802 X 6: BuaS 1, Nr. 488, S. 576.

393 Stein an Franz von Fürstenberg, 1802 XII 4: BuaS 8, Nr. 121, S. 104f.

394 Vgl. Burgbacher.

395 Stein an Franz von Fürstenberg, 1803 III 22: BuaS 8, Nr. 127, S. 108.

396 Zivil-Organisationskommission an Generalvikar, 1802 X 26: BuaS 8, Nr. 118, S. 101f.

397 Zu ihm erschöpfend: Der Kreis von Münster. Briefe und Aufzeichnungen Fürstenbergs, der Fürstin Gallitzin und ihrer Freunde, hrsg. von Siegfried Sudhof, 2 Teilbde., Münster 1962–1964.

398 Stein an Sack, 1803 I 5: BuaS 1, Nr. 510, S. 622.

399 Vgl. Richtering, S. 7.

400 Stein an Sack, 1802 X 10: BuaS 1, Nr. 489, S. 577.

401 Stein an Karoline von Romberg, 1821 VIII 20: BuaS 6, Nr. 367, S. 379.

402 Stein an Gräfin Reden, 1823 XII 30: BuaS 6, Nr. 667, S. 673.

403 Stein an Spiegel, 1824 II 23: BuaS 6, Nr. 690, S. 689f.

404 Stein an Bischof Droste-Vischering, 1828 X 30: BuaS 7, Nr. 381, S. 413f.

405 Stein an Sack, 1802 IX 11: BuaS 1, Nr. 481, S. 563f.

406 BuaS 1, Nr. 581, S. 762–765.

407 Schützengesellschaft an Stein, 1791 V 31: NlSteinCapp 890; Stein an Schützengesellschaft, 1791 VII 4: BuaS 8, Nr. 30, S. 22.

408 Lehmann I, S. 133f.

409 Marcus Weidner, Landadel in Münster 1600–1760, 2 Bde., Münster 2000.

410 Stein an Reden, 1781 III 31: BuaS 1, Nr. 88, S. 121.

411 Stein an Reden, 1781 V 18: BuaS 1, Nr. 89, S. 123.

412 Stein an Sack, 1802 VII 25: BuaS 1, Nr. 475, S. 557.

413 Stein an Henriette vom Stein, 1819 VII 8: BuaS 6, Nr. 88, S. 108.

414 Stein an Sack, 1802 VI 18: BuaS 1, Nr. 468, S. 540.

415 Stein an Sack, 1802 X 17: BuaS 1, Nr. 491, S. 579.

416 Stein an Sack, 1803 I 19: BuaS 1, Nr. 512, S. 627.

417 Vgl. Harm Klueting, Die Säkularisation der Niederlassungen der Augustiner-Chorherren des niederrheinisch-westfälischen Raumes, in: Reform – Sequestration – Säkularisation. Die Niederlassungen der Augustiner-Chorherren im Zeitalter der Reformation und am Ende des Alten Reiches, hrsg. von Winfried Müller, Paring 2005, S. 149–163, hier S. 158f.

418 Stein an Sack, 1802 VII 1: BuaS 1, Nr. 470, S. 548.

419 Klueting, Säkularisation (wie Anm. 417), S. 161.

420 Stein an Sack, 1802 XII 31: BuaS 1, Nr. 509, S. 619.

421 Stein an Sack, 1803 I 5: BuaS 1, Nr. 510, S. 621.

422 Zuhorn, S. XXI.

423 Stein an Sack, 1802 VII 1: BuaS 1, Nr. 470, S. 548.

424 Stein an Sack, 1802 VII 4: BuaS 1, Nr. 471, S. 549f.

425 Stein an Sack, 1802 VII 14: BuaS 1, Nr. 472, S. 551f.

426 Stein an Sack, 1802 VIII 19: BuaS 1, Nr. 476, S. 558.

427 Stein an Sack, 1802 IX 9: BuaS 1, Nr. 480, S. 562.

428 Stein an Sack, 1802 IX 11: BuaS 1, Nr. 481, S. 563.

429 Stein an Schulenburg, 1802 X 2: BuaS 1, Nr. 486, S. 572.

430 Stein an Schulenburg 1802 IX 21: BuaS 1, Nr. 484, S. 568.

431 Stein an Sack, 1803 II 5: BuaS 1, Nr. 515, S. 632. Konkretion: Stein an Schulenburg, 1803 V 10: BuaS 1, Nr. 528, S. 674f.

432 Stein an Karoline v. Berg, 1802 XI 13: BuaS 1, Nr. 496, S. 590.

433 Stein an Sack, 1802 X 2: BuaS 1, Nr. 485, S. 570.

434 Stein an Karsten, 1803 IX 29: BuaS 8, Nr. 135, S. 112; Stein an Angern, 1803 IX 30: BuaS 1, Nr. 544, S. 708–710.

435 Stein an Sack, 1802 X 5: BuaS 1, Nr. 487, S. 575f.
436 Stein an Sack, 1802 XI 17: BuaS 1, Nr. 498, S. 593.
437 Stein an Schulenburg, 1802 XII 28: BuaS 1, Nr. 508, S. 613–618.
438 U. a.: Stein an Sack, 1802 XII 20: BuaS 1, Nr. 507, S. 611.
439 Stein an Sack, 1803 II 12: BuaS 1, Nr. 516, S. 633.
440 Immediat-Eingabe Steins, 1803 X 17: BuaS 1, Nr. 546, S. 711.
441 Immediat-Bericht Steins, 1804 II 21: BuaS 1, Nr. 565, S. 725f.
442 Denkschrift Steins, 1803 III 2: BuaS 1, Nr. 521, S. 644–654.
443 U. a.: Stein an Sack, 1802 XII 10: BuaS 1, Nr. 505, S. 609.
444 Stein an Sack, 1803 I 29: BuaS 1, Nr. 513, S. 628.
445 Stein an Sack, 1802 XII 8: BuaS 1, Nr. 504, S. 608f.
446 BuaS 9, S. 869.
447 Ministerialreskript an Stein, 1803 XI 8: BuaS 1, Nr. 549, S. 712.
448 Wieler an Stein, 1803 XII 17: BuaS 1, Nr. 557, S. 717f.
449 Stein an Wieler, 1803 XII 21: BuaS 1, Nr. 558, S. 719.
450 Wieler an Stein, 1804 I 5: BuaS 1, Nr. 559, S. 719f.
451 1803 XII 16: NlSteinCapp 27.
452 Stein an Wieler, 1804 I 13: BuaS 1, Nr. 560, S. 720.
453 Gedrucktes Besitzergreifungspatent, 1803 XII 20: NlSteinCapp 26.
454 Stein an Nassau-Usingen, 1804 I 13: BuaS 1, Nr. 561, S. 721f.
455 Votum Marschalls von Bieberstein, undat.: BuaS 1, Nr. 562, S. 723; Gutachten der nassauischen Regierung, 1804 II 1: BuaS 1, Nr. 564, S. 724f.
456 Circulare, 1803 XII 14: NlSteinCapp 27.
457 NlSteinCapp 29.
458 NlSteinCapp 27.
459 Die entsprechenden Korrespondenzen in NlSteinCapp 29.
460 Protokoll der Sitzung vom 8. Sept. 1806: NlSteinCapp 29.
461 Schütz von Holzhausen an Stein, 1807 März 29: NlSteinCapp 29.
462 Wieler an Gärtner, 1807 IX 7: NlStein Capp 29.
463 Denkschrift Steins, 1804 X 22: BuaS 1, Nr. 576, S. 738–758.
464 Denkschrift Steins, 1803 II 16: BuaS 1, Nr. 517, S. 634–641.
465 Stein an Angern, undat.: BuaS 1, Nr. 584, S. 768.
466 Eingabe der Kammer an Generaldirektorium, 1804 XI 30: BuaS 1, Nr. 596, S. 777f.
467 Ich nenne hier die überzeugende Charakteristik, die Neugebauer liefert (2, S. 55ff.), weiterhin den Essay von David E. Barclay (wie Anm. 368).
468 Zit. bei Walther Hubatsch, Grundlinien preußischer Geschichte. Königtum und Staatsgestaltung 1701–1871, Darmstadt 1985, S. 64.
469 So der Untertitel der großen Biographie von Thomas Stamm-Kuhlmann, auf die ein für allemal verwiesen wird: König in Preußens großer Zeit. Friedrich Wilhelm III., der Melancholiker auf dem Thron, Berlin 1992.
470 Neugebauer, Bd. 2, S. 70.
471 Schorn-Schütte, S. 24ff.
472 So Herre, S. 98.
473 Ritter I, S. 187.
474 Kabinetts-Ordre, 1804 X 27: BuaS 1, Nr. 578, S. 759f. Bestallungsdekret, 1804 X 28 : NlSteinCapp 1041.
475 Angern an Beyme, 1803 VI 10: BuaS 1, Nr. 533, S. 686f.
476 Anweisung Beymes, 1803 VI 15: BuaS 1, Nr. 535, S. 687.
477 Beyme an Schulenburg, 1804 X 6: BuaS 1, Nr. 573, S. 737.
478 Pro-Memoria Borgstede, 1804 X 9: BuaS 1, Nr. 575, S. 738. Borgstede war freilich eine Art Konkurrent!
479 Beyme machte sich in einem Brief an Schulenburg vom 30. September 1804, also noch zu Lebzeiten des tödlich erkrankten Struensee, für Stein stark: BuaS 1, Nr. 571, S. 735f.
480 Schulenburg an Beyme, 1803 VI 19: BuaS 1, Nr. 536, S. 688.
481 Stein an Reden, 1790 XII 16: BuaS 1, Nr. 269, S. 304f.

482 Stein an Johann Friedrich vom Stein, 1797 II 8: BuaS 1, Nr. 404, S. 445.
483 Stein an Beyme, 1804 XI 3: BuaS 1, Nr. 582, S. 765f.
484 Schön, PS I, S. 140.
485 Vgl. Andrea Hofmeister, Presse und Staatsform in der Reformzeit, in: Duchhardt/Teppe, S. 29–47, hier S. 39.
486 Herre, S. 72.
487 Huch, Freiherr vom Stein, S. 21.
488 Schorn-Schütte, S. 44f.
489 Stein an Reden, 1781 XII 16: BuaS 1, Nr. 93, S. 131.
490 Stein an Charlotte César, 1784 XII 19: BuaS 1, Nr. 145, S. 196.
491 Grundsätzlich zur Berliner Salonkultur um 1800 Petra Wilhelmy, Der Berliner Salon im 19. Jahrhundert (1780–1914), Berlin 1989.
492 Schorn-Schütte, S. 35f.
493 Bailleu, Preußen und Frankreich (wie Anm. 28), S. 117.
494 Akten: NlSteinCapp S 891.
495 Niebuhr an Stein, 1807 I 7: BuaS 2, Nr. 320, S. 335.
496 Immediatbericht Steins, 1804 XII 31: BuaS 2, Nr. 4, S. 1f.
497 U. a. Immediatbericht Steins, 1805 XI 6: BuaS 2, Nr. 118, S. 126f.
498 Kabinettsordre an Stein, 1805 XI 5: BuaS 2, Nr. 117, S. 126.
499 Die Korrespondenz mit Kunth aus den besonders kritischen Jahren 1809–1811, als Stein im böhmischen Exil weilte, in NlSteinCapp 1154.
500 So Ritter I, S. 207.
501 Denkschrift Steins, 1806 IV 26/27: BuaS 2, Nr. 194, S. 206–214.
502 Ritter I, S. 229.
503 So Botzenhart, Stein, S. 103.
504 Vgl. Neugebauer, Bd. 2, S. 74.
505 Zit. bei Ritter I, S. 216.
506 Rößler, S. 40.
507 Theorie der Statistik, Göttingen 1804.
508 Harm Klueting, Die Lehre von der Macht der Staaten. Das außenpolitische Machtproblem in der „politischen Wissenschaft“ und in der praktischen Politik im 18. Jahrhundert, Berlin 1986.
509 Stein an Beyme, 1805 V 5: BuaS 2, Nr. 46, S. 64f.
510 Es wurde faktisch im Mai 1805 eingerichtet; Immediatbericht Steins, 1805 V 31: BuaS 2, Nr. 54, S. 69f.
511 Immediatbericht Steins, 1806 VIII 24: BuaS 2, Nr. 248, S. 259.
512 Stein an Perthes, 1829 V 26: BuaS 7, Nr. 536, S. 600.
513 Denkschrift Steins über die Verwaltung des Salzwesens, 1805 I 7: BuaS 2, Nr. 8, S. 5ff.
514 Immediatbericht Steins, 1805 I 17: BuaS 2, Nr. 11, S. 11f.
515 Stein an Angern, 1805 II 20: BuaS 2, Nr. 24, S. 33ff.
516 Autobiographie: BuaS 9, S. 870.
517 Stein an Beyme, 1805 I 19: BuaS 2, Nr. 12, S. 13.
518 Denkschrift Steins über die Verwaltung des Salzwesens, 1805 I 7: BuaS 2, Nr. 8, S. 5ff.
519 Stein an Beyme, 1805 I 23: BuaS 2, Nr. 14, S. 16f.
520 Immediatbericht Steins, 1805 IV 9: BuaS 2, Nr. 38, S. 52ff.
521 Publicandum die Aufhebung der Salzadministration betreffend, 1805 V 14: BuaS 2, Nr. 49, S. 67.
522 Immediatbericht Steins, 1806 IV 22: BuaS 2, Nr. 187, S. 203.
523 Immediatbericht Steins, 1805 II 11: BuaS 2, Nr. 18, S. 22f.
524 Immediatbericht Steins, 1805 II 24: BuaS 2, Nr. 25, S. 40.
525 Immediatbericht Steins, 1805 II 13: BuaS 2, Nr. 20, S. 25–28.
526 Stein an Beyme, 1805 V 5: BuaS 2, Nr. 45, S. 64.
527 Stein an Beyme, 1805 XI 13: BuaS 2, Nr. 121, S. 132f.
528 Stein an Beyme, 1806 II 17: BuaS 2, Nr. 161, S. 175.
529 Stein an Beyme, 1806 III 20: BuaS 2, Nr. 172, S. 183.
530 Stein an Beyme, 1806 II 21: BuaS 2, Nr. 164, S. 180.
531 Immediatbericht Steins, 1806 IV 8: BuaS 2, Nr. 180, S. 196.
532 Immediatbericht Steins, 1806 VI 7: BuaS

2, Nr. 233, S. 245f.

533 Immediatbericht Schulenburgs und Steins, 1805 VI 4: BuaS 2, Nr. 55, S. 70.

534 Immediatbericht Steins und Angerns, 1805 III 16: BuaS 2, Nr. 32, S. 45.

535 Z. B.: Immediatbericht Steins, 1806 II 16: BuaS 2, Nr. 159, S. 173.

536 Immediatbericht Steins, 1805 IV 26: BuaS 2, Nr. 43, S. 63; Stein an Beyme, 1805 IV 26: BuaS 2, Nr. 44, S. 63.

537 Immediatbericht Steins, 1805 VI 19: BuaS 2, Nr. 57, S. 71f.

538 Immediatbericht Steins, 1805 XI 8: BuaS 2, Nr. 120, S. 131f.

539 Immediatbericht Steins, 1806 III 22: BuaS 2, Nr. 173, S. 184.

540 Stein an Itzenplitz, 1825 III 11: BuaS 6, Nr. 838, S. 824.

541 Stein an Merveldt, 1828 X 4: BuaS 7, Nr. 373, S. 405.

542 Stein an Seydel, 1830 XII 30: BuaS 7, Nr. 896, S. 1015f.; Stein an Landsberg-Velen, 1831 I 4: BuaS 7, Nr. 905, S. 1020; Stein an Vincke, 1831 I 8: BuaS 7, Nr. 910, S. 1024; Stein an Romberg, 1831 I 13: BuaS 7, Nr. 915, S. 1027.

543 Stein an Lassaulx, 1829 IX 24: BuaS 7, Nr. 577, S. 642.

544 Vgl. Ritter I, S. 207.

545 Immediatbericht Steins, 1805 VIII 1: BuaS 2, Nr. 61, S. 74f.

546 Kabinettsordre an Stein, 1805 IX 24: BuaS 2, Nr. 67, S. 80; Immediatbericht Steins, 1805 IX 25: BuaS 2, Nr. 68, S. 80.

547 Aufzeichnungen Steins, 1805 IX 25: BuaS 2, Nr. 69, S. 80f.

548 Kabinettsordre an Stein, 1805 IX 28: BuaS 2, Nr. 71, S. 82.

549 Stein an Beyer u. a., 1805 IX 29: BuaS 2, Nr. 74, S. 83.

550 Aufzeichnung Steins, 1805 IX 30: BuaS 2, Nr. 76, S. 84.

551 Immediatbericht Steins, 1805 X 9: BuaS 2, Nr. 83, hier S. 96f.

552 Immediatbericht Steins, 1805 X 20: BuaS 2, Nr. 101, S. 106.

553 Kabinettsordre an Stein, 1805 X 15: BuaS 2, Nr. 87, S. 98.

554 Stein an Frick, 1805 X 27: BuaS 2, Nr. 108, S. 118; Stein an Schulenburg, 1805 X 27: BuaS 2, Nr. 109, S. 119.

555 Stein an Labes, 1805 X 17: BuaS 2, Nr. 96, S. 104f.

556 BuaS 2, Nr. 94, S. 103f.

557 BuaS 2, Nr. 103, S. 112f.

558 Immediatbericht Steins, 1805 X 26: BuaS 2, Nr. 104, S. 113–117.

559 Kabinettsordre an Stein, 1805 XI 1: BuaS 2, Nr. 111, S. 121.

560 5 Bde., 1786–1808.

561 Vgl. Matthias Pape, Johannes von Müller. Seine geistige und politische Umwelt in Wien und Berlin, 1793–1806, Bern/Stuttgart 1989.

562 Stein an Hardenberg, 1805 XI 2: BuaS 2, Nr. 113, S. 122.

563 Müller an Stein, 1805 XI 4: BuaS 2, Nr. 116, S. 125f.

564 So Ritter I, S. 218.

565 Stein an Hardenberg, undat.: BuaS 2, Nr. 134, S. 150f.

566 Stein an Hardenberg, 1805 XII 18: BuaS 2, Nr. 139, S. 152.

567 Stein an Hardenberg, 1805 XII 25: BuaS 2, Nr. 142, S. 154f.

568 Immediatbericht Steins, 1806 I 16: BuaS 2, Nr. 147, S. 158–161. Am Ende wurde das Papiergeld dann verausgabt; Verordnung vom 4. Februar 1806: BuaS 2, Nr. 155, S. 169.

569 Stein an Vincke, 1806 I 30: BuaS 2, Nr. 152, S. 165.

570 Vgl. auch Weniger, Rehberg und Stein, S. 30.

571 Eingehend, auch zum folgenden, Krauel, Preuß.-engl. Konflikt.

572 Stein an Haugwitz, 1806 IV 22: BuaS 2, Nr. 186, S. 202f.

573 Immediatbericht Steins, 1806 IV 18: BuaS 2, Nr. 183, S. 200f.

574 Immediatbericht Steins, 1806 IV 14: BuaS 2, Nr. 181, S. 197f.

575 Schön, PS I, S. 143.

576 Konferenzprotokoll, 1806 IV 25: BuaS 2, Nr. 191, S. 205.

577 Aufzeichnung Hardenbergs, 1806 VI 14: BuaS 2, Nr. 236, S. 246.

578 Stein an Haugwitz, 1806 IV 27: BuaS 2, Nr. 195, S. 214f.; Stein an Haugwitz, 1806 V 4: BuaS 2, Nr. 204, S. 222.

579 Stein an Haugwitz, 1806 V 2: BuaS 2, Nr. 200, S. 219f.
580 Stein an Rüchel, 1806 V 5: BuaS 2, Nr. 207, S. 223f.
581 Zit. bei Fritz Gause, Geschichte der Stadt Königsberg, Bd. 2, Köln/Graz 1968, S. 308.
582 Hardenberg TB, S. 420, mit Anm. 73.
583 1806 V 28: BuaS 2, Nr. 229, S. 242ff.
584 Krauel, Denkschrift.
585 Krauel, Preuß.-engl. Konflikt, S. 450.
586 Immediateingabe Steins und anderer, 1806 VIII 25/31: BuaS 2, Nr. 249, S. 259–263.
587 Hardenberg TB, S. 463f.; auch:1806 IX 6: BuaS 2, Nr. 256, S. 265f.
588 BuaS 2, Nr. 257, S. 266–269.
589 Hardenberg TB, 1806 IX 9/10: S. 466; auch: BuaS 2, Nr. 258, S. 269.
590 Blücher an Stein, 1806 IX 12: BuaS 2, Nr. 259, S. 269f.
591 Autobiographie: BuaS 9, S. 873.
592 Immediatbericht Steins, 1806 IX 22: BuaS 2, Nr. 264, S. 272–275.
593 Immediatbericht Steins, 1806 IX 26: BuaS 2, Nr. 267, S. 279–286.
594 Aufzeichnungen Steins, undat.: BuaS 2, Nr. 266, S. 276–279.
595 Bemerkungen Steins zu Altensteins Entwurf einer Denkschrift, 1806 X 6: BuaS 2, Nr. 269, S. 287f.
596 Immediatbericht verschiedener Minister, 1806 X 23: BuaS 2, Nr. 271, S. 291f.
597 Immediatbericht Stein/Voß, 1806 XI 3: BuaS 2, Nr. 273, S. 293f.
598 Kabinettsordre an Schulenburg, 1806 XI 4: BuaS 2, Nr. 274, S. 294.
599 Gause (wie Anm. 581), Bd. 2, S. 306f.
600 So Ritter I, S. 247.
601 So Ritter I, S. 247.
602 Vgl. auch Carl, Mythos (wie Anm. 283), S. 77.
603 Stein an Hardenberg, 1806 XI 18: BuaS 2, Nr. 278, S. 296.
604 Immediatbericht-Entwurf Steins, 1806 XI 9: BuaS 2, Nr. 277, S. 295f.
605 Stein an Hardenberg, 1806 XI 18: BuaS 2, Nr. 282, S. 298.
606 Stein an Köckritz, 1806 XI 21: BuaS 2, Nr. 284, S. 300.
607 Protokollauszug 1806 XI 21: BuaS 2, Nr. 285, S. 301.
608 Protokollauszug 1806 XI 22: BuaS 2, Nr. 286, S. 301f.
609 So Ritter I, S. 251.
610 Instruktion für die Kommissare Rohr und Jacobi, 1806 XI 28: BuaS 2, Nr. 288, S. 303f. Die weiteren Akten in NlStein Capp 1428.
611 Kabinettsordre an Stein, 1806 XI 29: BuaS 2, Nr. 289, S. 304f.
612 Beyme an Stein, 1806 XI 29: BuaS 2, Nr. 290, S. 305f.
613 Lombard wurde später dann *secrétaire perpétuel* der Berliner Akademie der Wissenschaften; vgl. Kabinettsdekret an Akademie, 1807 X 15: BuaS 2, Nr. 409, S. 470.
614 Schulenburg an Stein, 1806 XII 2: BuaS 2, Nr. 291, S. 306.
615 1806 XII 3: BuaS 2, Nr. 292, S. 306–310. Konzept: NlSteinCapp 30.
616 1806 XII 10: BuaS 2, Nr. 295, S. 311–315.
617 Undat.: BuaS 2, Nr. 296, S. 315f.
618 1806 XII 14: BuaS 2, Nr. 298, S. 317–320.
619 Schulenburg an Stein, 1806 XII 18: BuaS 2, Nr, 301, S. 321.
620 Kabinettsordre, 1806 XII 19: BuaS 2, Nr. 305, S. 322f.
621 1806 XII 19 : BuaS 2, Nr. 306, S. 323f.
622 Denkschrift Steins, 1806 XII 20: BuaS 2, Nr. 307, S. 324f.
623 Autobiographie: BuaS 9, S. 874.
624 Immediatbericht Rüchels, 1806 XII 28: BuaS 2, Nr. 309, S. 326f.
625 Köckritz an Stein, 1806 XII 30: BuaS 2, Nr. 310, S. 327f.
626 Friedrich Wilhelm an Stein, 1807 I 3: BuaS 2, Nr. 312, S. 328ff.
627 Zu diesem Bericht Steins eingehend Krauel, Denkschrift.
628 Ritter I, S. 268.
629 Hartung, S. 10.
630 Immediatgesuch Steins, 1807 I 3: BuaS 2, Nr. 313, S. 332.
631 Kabinettsordre an Stein, 1807 I 4: BuaS 2, Nr. 316, S. 333.
632 Zirkular Steins an Schulenburg, Voß und Schroetter, 1807 I 3: BuaS 2, Nr. 314, S. 332f.

633 Rüchel an Stein, 1807 I 3: BuaS 2, Nr. 315, S. 333.
634 Voß an Stein, 1807 I 4: BuaS 2, Nr. 318, S. 334.
635 Niebuhr an Stein, 1807 I 7: BuaS 2, Nr. 320, S. 334ff.; auch: Niebuhr an Stein, 1807 I 10: BuaS 2, Nr. 321, S. 336ff.
636 Kunth an Stein, 1807 I 25: BuaS 2, Nr. 324, S. 340.
637 Niebuhr an Stein, 1807 I 31: BuaS 2, Nr. 325, S. 341.
638 Stein an Niebuhr, 1807 II 10: BuaS 2. Nr. 330, S. 349.
639 Niebuhr an Stein,1807 III 10: BuaS 2, Nr. 340, S. 359.
640 Niebuhr an Stein, 1807 III 10. NlStein Capp 1199.
641 Stein an Gräfin Werthern, 1807 III 7: BuaS 2, Nr. 338, S. 356.
642 Stein an Niebuhr, 1807 II 10: BuaS 2, Nr. 330, S. 349.
643 Lehmann I, S. 41.
644 Stein an Niebuhr, 1807 II 16: BuaS 2, Nr. 334, S. 353.
645 Stein an Reden, 1807 V 29: BuaS 2, Nr. 349, S. 374.
646 Hardenberg an Stein, 1807 II 6/10: BuaS 2, Nr. 327, S. 344ff.
647 BuaS 2, S. 345, Anm. 3.
648 Stein an Niebuhr, 1807 II 7/8: BuaS 2, Nr. 329, S. 348.
649 Stein an Niebuhr, 1807 II 16: BuaS 2, Nr. 334, S. 352.
650 Stein an Reden, 1807 IV 5: BuaS 2, Nr. 342, S. 364. Offenbar hatte Stein Schillers „Braut von Messina" wiedergelesen und zudem das vierteilige Werk von Ruthière, Histoire de l'Anarchie de Pologne.
651 Stein an Niebuhr, 1807 IV 13: NlStein Capp 1199.
652 Stein an Reden, 1807 IV 5: BuaS 2, Nr. 342, S. 363.
653 Ueber die Staatsverwaltung deutscher Länder, Hannover 1807.
654 Pröve, S. 546.
655 Stein hat sich nie schriftlich zu Rehbergs Abhandlung geäußert!
656 Ritter I, S. 176.
657 Theo Stammen, ‚Denkschriften' als literarische Form, in: Duchhardt/Teppe, S. 105–124, hier S. 117.
658 NlSteinCapp 30.
659 So der Titel eines Buches von Barbara Stollberg-Rilinger: Vormünder des Volkes? Konzepte landständischer Repräsentation in der Spätphase des Alten Reiches, Berlin 1999.
660 Denkschrift 1804 X 30: BuaS 1, Nr. 581, S. 764.
661 Vgl. auch Alfred Hartlieb von Wallthor, Vincke, Stein und die Stände in Westfalen, in: Behr/Kloosterhuis, S. 225–240.
662 So Peter Burg, Steins ‚Nassauer Denkschrift' und die preußische Kommunalverfassung, in: Duchhardt/Teppe, S. 125–137, hier S. 125.
663 I, S. 182.
664 Wehler, Gesellschaftsgeschichte (wie Anm. 9) I, S. 399.
665 So etwa Palm, S. 129.
666 Stein an Hardenberg, 1807 XII 8: BuaS 2, Nr. 479, S. 561.
667 Auerswald an Stein, 1808 I 28: BuaS 2, Nr. 576, S. 639.
668 NlSteinCapp 1267.
669 Teile der Korrespondenz Blüchers mit Stein in NlSteinCapp 1076.
670 Vgl. den Brief der Königin an Friedrich Wilhelm III., 1807 V 22: BW Luise Nr. 214, insbes. S. 328.
671 Stein an Niebuhr, 1807 IV 24: BuaS 2, Nr. 345, S. 367f.
672 Blücher an Stein, 1807 IV: BuaS 2, Nr, 347, S. 369.
673 Sack an Stein, 1807 V 26: BuaS 2, Nr. 348, S. 373.
674 Sack an Stein, 1807 VII 28: NlSteinCapp 1267.
675 Frau v. Heinitz an Stein, 1807 VI 16: BuaS 2, Nr. 352, S. 379.
676 Vgl. Gause (wie Anm. 581), Bd. 2, S. 309.
677 BuaS 2, Nr. 355, S. 404f.
678 Luise Radziwill an Stein, 1807 VII 9: BuaS 2, Nr. 356, S. 406f.
679 So Ritter I, S. 304.
680 Hardenberg TB, S. 528.
681 Hardenberg an Stein, 1807 VII 10: BuaS 2, Nr. 357, S. 408ff.
682 BuaS 9, S. 876.

683 Immediatschreiben Steins, undat.: BuaS 2, Nr. 371, S. 429.
684 So auch Welskopp, S.368.
685 Stein an Reden, 1807 VII 21: BuaS 2, Nr. 364, S. 419.
686 Quellen zu den Reformen in den Rheinbundstaaten, München 1992–2005. Bisher sind sieben Bände erschienen; der zu Baden steht noch aus.
687 BuaS 2, Nr. 380, S. 436f.
688 Stein an Reden, 1807 VIII 15: BuaS 2, Nr. 373, S. 430f.
689 Zit. bei Schorn-Schütte, S. 73.
690 Hardenberg TB, S. 543.
691 Karoline v. Berg an Stein, 1807 IX 26: BuaS 2, Nr. 380, S. 436f.
692 Gause (wie Anm. 581), Bd. 2, S. 326.
693 BuaS 9, S. 876.
694 Autobiographie: BuaS 9, S. 877.
695 Hardenberg TB, S. 529.
696 Stein an Frau vom Stein, 1807 X 2: BuaS 2, Nr. 381, S. 447.
697 Luise an Stein, [1807 X 3]: BuaS 2, Nr. 382, S. 447.
698 Beyme an Stein, 1807 X 6: BuaS 2, Nr. 387, S. 452.
699 Zit. bei Ritter I, S. 311.
700 Stein an Reden, 1807 X 17: BuaS 2, Nr. 412, S. 472.
701 Beyme an Stein, 1808 VI 2: BuaS 2, Nr, 711, S. 742.
702 Immediatbericht Steins, 1807 X 3: BuaS 2, Nr. 383, S. 448f.
703 Kabinettsordre an Stein, 1807 X 4: BuaS 2, Nr. 384, S. 449f.
704 Stein an Frau vom Stein, 1807 X 11: BuaS 2, Nr. 401, S. 462.
705 Stein an Frau vom Stein, 1808 VIII 6: BuaS 2, Nr. 730, S. 777 (Sendung einer Schachtel Bernstein durch Kurier).
706 Z. B.: Stein an Frau vom Stein, 1808 V 8: BuaS 2, Nr. 692, S. 727f.
707 Gause (wie Anm. 581), Bd. 2, S. 325f.
708 Zit. bei Ritter I, S. 314.
709 Luise an Karoline von Berg, Ende Mai 1808, zit. bei Schorn-Schütte, S. 74.
710 So Ritter I, S. 322.
711 Quellen Bauernbefreiung, Nr. 12, S. 66–75.
712 So Ritter I, S. 323.
713 Zu Schön jetzt die Einleitung zu der Edition von Bd. 1 der PS, dort weitere Literatur.
714 So Rößler, S. 52.
715 Rößler, S. 52.
716 So Hubatsch, Ostpreußischen Liberalen, S. 44.
717 Vincke an Staatsministerium, 1815 II 22: Behr/Kloosterhuis, Q 13, S. 602f. Es ging damals um die Einführung einer „Nationalkokarde".
718 Patent Josephs II., 1781 XI 1: Quellen Bauernbefreiung, Nr. 8, S. 55f.
719 Generalreskript Markgraf Karl Friedrichs, 1783 VII 23: Quellen Bauernbefreiung, Nr. 10, S. 59–62.
720 Grundlegend: Christof Dipper, Bauernbefreiung in Deutschland 1790–1850, Stuttgart 1980, passim, für Preußen S. 57.
721 Stein an Hahnsche Buchhandlung, 1801 I 26: BuaS 8, Nr. 96, S. 80.
722 Aufzeichnungen Steins zum Kabinettsvortrag, 1807 X 8: BuaS 2, Nr. 394, S. 454ff.
723 Edikt den erleichterten Besitz und den freien Gebrauch des Grundeigentums sowie die persönlichen Verhältnisse der Landbewohner betreffend, 1807 X 9: BuaS 2, Nr. 397, S. 457–460; auch: Quellen Bauernbefreiung, Nr. 22, S. 102–105.
724 BuaS 2, Nr. 590, S. 651ff.
725 Kabinettsordre an Gerlach, 1807 X 28: BuaS 2, Nr. 418, S. 477f.
726 Aufzeichnungen für den Kabinettsvortrag vom 8. 10. 1807: Quellen Bauernbefreiung, S. 106.
727 Randverfügung Steins zur Immediateingabe schlesischer Gutsbesitzer, 1807 XI 26: BuaS 2, Nr. 458, S. 550.
728 Stein an Minister Schroetter, 1808 VIII 4: BuaS 2, Nr. 765, S. 800.
729 Kabinettsordre an Borgstede, 1807 XII 30: BuaS 2, Nr. 529, S. 606.
730 Eingabe der Gutsbesitzer des Kreises Stolp vom 2. 11. 1811: Quellen Bauernbefreiung, S. 127.
731 Denkschrift Steins, 1808 VI 14: BuaS 2, Nr. 722, S. 753–759.
732 Vgl. Ritter I, S. 357.

733 Ritter I, S. 357.
734 So Vogel, S. 38.
735 Preuß.
736 Ritter I, S. 379.
737 Hermann Witte, Bauernbefreiung und Städteordnung und die Ostpreußen, Kitzingen 1951, S. 14.
738 Vgl. u. a.: Anweisung Steins, [1808 VII 25]: BuaS 2, Nr. 756, S. 794.
739 Dazu Ritter I, S. 380 sowie Hubatsch, Ostpreußischen Liberalen, S. 38f.
740 Paul Nolte, Stände, Selbstverwaltung und politische Nation. Die Ordnungsvorstellungen Steins in der deutschen Geschichte (1800–1945), in: Duchhardt/Teppe, S. 139–158, hier S. 142.
741 Stein an Schroetter, 1808 VI 27: BuaS 2, Nr. 729, S. 767.
742 Stein an Schroetter, 1808 VII 17: BuaS 2, Nr. 745, S. 779–782.
743 Georg-Christoph von Unruh, Die Veränderungen der preußischen Staatsverwaltung durch Sozial- und Verwaltungsreformen, in: Deutsche Verwaltungsgeschichte, Bd. 2, Stuttgart 1983, S. 399–469, hier S. 419.
744 Druck u. a.: Reformministerium III, S. 1038–1062.
745 So Ritter I, S. 407.
746 Bericht der Spezial-Organisations-Kommission für Münster, 1803 VII 28: BuaS 1, Nr. 540, S. 694–700.
747 Beilage zum 18. Stück der Königlich privilegierten Berlinischen Zeitung von 1809, 11. Febr., S. 235ff. (Aus welchem Gesichtspunkt muß die neue Städte-Ordnung betrachtet werden?). Ex. in: NlSteinCapp 72.
748 Vgl. Gause (wie Anm. 581) Bd. 2, S. 336f.
749 Gause, Bd. 2, S. 338.
750 So Hubatsch, Ostpreußischen Liberalen, S. 33.
751 Gause (wie Anm. 581), Bd. 2, S. 398ff.
752 Johannes Sembritzki, Geschichte der königlich-preußischen See- und Handelsstadt Memel, Memel 1926[2], S. 322.
753 Conze, S. 60.
754 Ritter I, S. 404.
755 Kunth an Stein, 1809 IV 7: BuaS 3, Nr. 79, S. 109.
756 Kunth an Stein, 1809 IV 25: BuaS 3, Nr. 90, S. 122.
757 Sack an Stein, 1809 V 22: BuaS 3, Nr. 104, S, 139.
758 Kunth an Stein, 1809 VI 24: BuaS 3, Nr. 117, S. 152.
759 Stein an Rochow,1825 XI 28: BuaS 6, Nr. 929, S. 911ff.; Denkschrift Steins, undat.: BuaS 6, Nr. 993, S. 913ff.
760 Stein an Itzenplitz, 1825 VI 18: BuaS 6, Nr. 876, S. 865.
761 Bemerkungen Steins [...] über die Einführung der Städteordnung, undat.: BuaS 6, Nr. 983, S. 972–977; Steins Bemerkungen zu Niebuhrs Denkschrift, 1826 X 17: BuaS 7, Nr. 55, S. 69ff.; Stein an Schuckmann, 1827 XII 9 (faktisch eine Denkschrift): BuaS 7, Nr. 241, S. 257–260.
762 Stein an Itzenplitz, 1825 IX 2: BuaS 6, Nr. 904, S. 888; Stein an Gneisenau, 1830 I 22: BuaS 7, Nr. 656, S. 736ff..
763 Stein an Itzenplitz, 1826 V 8: BuaS 6, Nr. 990, S. 983f.
764 Stein an Spiegel, 1829 II 28/III 2: BuaS 7, Nr. 472, S. 529f.; Stein an Schuckmann, 1829 III 15: BuaS 7, Nr. 482, S. 537–545.
765 Stein an Knoblauch, 1829 III 19: BuaS 7, Nr. 489, S. 553.
766 Stein an Vincke, 1831 III 31: BuaS 7, Nr. 966, S. 1100.
767 Zit. bei Erich Becker, Die staatspolitische Bedeutung der Preußischen Städteordnung vom 19. November 1808, in: Festschrift für Karl Gottfried Hugelmann, Bd. 1, Aalen 1959, S. 37–75, hier S. 45.
768 Einen Einblick in die Auseinandersetzungen in einer westfälischen Stadt gewährt Gerd Filbry, Die Einführung der Revidierten Preußischen Städteordung von 1831 in der Stadt Münster, in: Westfälische Zeitschrift 107 (1957), S. 169–234. Grundsätzlich und mit weitem Zugriff: Norbert Wex, Staatliche Bürokratie und städtische Autonomie. Entstehung, Einführung und Rezeption der Revidierten Städteordnung von 1831 in Westfalen, Paderborn 1997.
769 29 (1907/08), S. 405–408; 827–832.
770 10 (1907), S. 253–257.

771 13 (1908), Sp. 1241–1244.
772 1908, S. 1025f.
773 25 (1908), S. 211–214.
774 2 (1908), S. 1627–1630.
775 133 (1908), S. 298–321.
776 142 (1908), S. 691–695.
777 125 (1908), S. 161–183.
778 Heinrich Wendt, Die Stein'sche Städteordnung in Breslau. Denkschrift der Stadt Breslau zur Jahrhundertfeier der Selbstverwaltung, Breslau 1909.
779 Reformministerium I, S. VII.
780 Die im engeren Sinn mit der Biographie Steins in Zusammenhang stehenden Quellen sind durch die BuaS erschlossen. Die Aktenedition „Reformministerium" bringt zusätzliches Material, das in der Regel von dritten Personen ausgeht und viele Facetten der Reformdiskussion zusätzlich beleuchtet. Für einen allgemeinen Überblick über Steins Reformpolitik war es nicht zwingend erforderlich, diese ergänzenden Materialien einzuarbeiten. Bei einer Spezialuntersuchung würde sich das anders darstellen. Zu einem guten Teil dupliziert die Ost-Berliner Sammlung selbstredend die BuaS.
781 Reorganisation.
782 Promemoria Steins zur Denkschrift Altensteins vom 11. September 1807, 1807 X 15: BuaS 2, Nr. 408, S. 466.
783 Hardenberg an Stein, 1807 X 8: BuaS 2, Nr. 393, S. 453f.
784 Dokumentation: Reformministerium II, S. 430–452, 480–483.
785 Hardenberg TB, S. 554.
786 Friedrich Wilhelm III. an Stein, 1808 I 18: BuaS 2, Nr. 552, S. 622f.
787 Organisationsplan der oberen Behörden des preußischen Staates, undat. [1807 XI]: BuaS 2, Nr. 449, S. 506–545; Immediatbericht Steins, 1808 II 24: BuaS 2, Nr. 610, S. 664ff.
788 Reformministerium, III, Nr. 333, S. 1149ff.
789 BuaS 2, Nr. 519, S. 588–597.
790 Stein an König, 1807 XII 26/27: BuaS 2, Nr. 518, S. 588.
791 Haas, S. 12.
792 Vgl. Ritter I, S. 420.
793 Vgl. Ritter I, S. 458f.
794 So eine Formulierung von Neugebauer, Bd. 2, S. 78.
795 Neugebauer, Bd. 2, S. 101.
796 Grundlegend und erschöpfend Eberhard Weis, Montgelas, 2 Bde., München 1971–2005.
797 Vgl. jetzt Christian Würtz, Johann Niklas Friedrich Brauer (1754–1813). Badischer Reformer in napoleonischer Zeit, Stuttgart 2005.
798 So Ritter II, S. 11.
799 Votum Steins zum Immediatbericht der Friedenskommission, 1807 X 30: BuaS 2, Nr. 421, S. 481; Stein an Immediatkommission, 1808 III 11: BuaS 2, Nr. 627, S. 679.
800 Immediatreskript an die Friedenskommission, 1807 X 6: BuaS 2, Nr. 386, S. 451.
801 Änderung der Politik: Kabinettsordre an Schroetter, 1807 X 7: BuaS 2, Nr. 392, S. 453.
802 Beispiel: Kabinettsdekret an Stadt Memel, 1807 X 7: BuaS 2, Nr. 391, S. 453; vgl. auch Anweisung Steins zum Kabinettsdekret, 1807 X 12: BuaS 2, Nr. 403, S. 463.
803 Ministerialreskript an die Friedenskommission, 1807 X 7: BuaS 2, Nr. 390, S. 452.
804 Fragen des Prinzen Wilhelm an Stein mit dessen Antworten, undat.: BuaS 2, Nr. 426, S. 485ff.
805 Votum Steins, undat.: BuaS 2, Nr. 442, S. 496; Immediatreskript an Friedenskommission, 1807 XII 2: BuaS 2, Nr. 465, S. 554f.
806 Niemeyer an Stein, 1807 XI 16: BuaS 2, Nr. 438, S. 494f.
807 Anweisung Steins an Massow, [1807 XI 25]: BuaS 2, Nr. 454, S. 546f.
808 Aufzeichnungen Steins, undat.: BuaS 2, Nr. 487, S. 567; Kabinettsordre an Schroetter, 1807 XII 11: BuaS 2, Nr. 488, S. 568.
809 Vgl. Hintze, S. 435.
810 Votum Steins zum Immediatbericht der Friedenskommission, [Anfang 1807 XI]: BuaS 2, Nr. 424, S. 483f.

811 BuaS 2, Nr. 625, S. 677f.
812 Vollmacht, 1808 II 28: BuaS 2, Nr. 620, S. 673f.
813 Votum Steins zum Bericht der Friedenskommission, 1807 X 19: BuaS 2, Nr. 414, S. 475f.
814 Ministeralreskript an Friedenskommission, 1807 XI 10: BuaS 2, Nr. 428, S. 488f.
815 Stein an Prinz Wilhelm, 1807 XII 26: BuaS 2, Nr. 515, S. 587f.
816 Prinz Wilhelm an Stein, 1808 I 24: BuaS 2, Nr. 564, S. 630.
817 Votum Steins, 1808 I 25: BuaS 2, Nr. 567, S. 632.
818 Stein an Alexander von Humboldt, 1808 I 27: BuaS 2, Nr. 572, S. 637.
819 Vgl. auch Hardenberg TB, S. 597.
820 Castillon und Gerhard an Stein, 1808 VIII 5: BuaS 2, Nr. 769, S. 805.
821 Autobiographie: BuaS 9, S. 877.
822 Stein an Gerhard, 1808 VII 21: BuaS 2, Nr. 750, S. 791.
823 Stein an Massow 1808 IV 16: BuaS 2, Nr. 665, S. 702.
824 Immediatbericht Steins, 1808 V 8: BuaS 2, Nr. 691, S. 726f.
825 Zum Ganzen: Klaus Vetter, Kurmärkischer Adel und preußische Reformen, Berlin 1979.
826 Gembruch, Marwitz. Neuestens auch: Ewald Frie, Friedrich August Ludwig von der Marwitz 1777–1837. Biographie eines Preußen, Paderborn 2001.
827 Immediatkommission an Stein, 1807 XI 4: BuaS 2, Nr. 425, S. 484, mit Randvermerk Steins.
828 Stein an Reden, 1807 VII 7: BuaS 2, Nr. 351, S. 378f.
829 Stein an Reden, 1810 VIII 9: BuaS 3, Nr. 247, S. 338f.
830 Vgl. Redel, S. 79.
831 Niebuhr an Stein, 1808 I 4: BuaS 2, Nr. 535, S. 609.
832 Stein an Vincke, 1808 II 17: BuaS 2, Nr 593, S. 655.
833 Immediatbericht Steins, 1807 XII 30: BuaS 2, Nr. 527, S. 605.
834 Immediatbericht Steins, 1808 VIII 4: BuaS 2, Nr. 764, S. 799f.
835 Königin Luise an Stein, 1808 V 1: BuaS 2, Nr. 688, S. 724.
836 Vgl. u. a. Ministerialreskript an Sack, 1808 I 20 : BuaS 2, Nr. 557, S. 624f. ; Ministerialreskript an Gerlach, 1808 I 20 : BuaS 2, Nr. 558, S. 627.
837 Stein an Kanzler Schroetter, 1808 V 12: BuaS 2, Nr. 696, S. 731f.
838 1808 II 18: BuaS 2, Nr. 595, S. 656ff.
839 Immediatbericht Steins, 1808 IV 29: BuaS 2, Nr. 684, S. 720f.
840 Stein an Altenstein, 1808 IV 29: BuaS 2, Nr. 685, S. 722.
841 Ministerialreskript an Sack, 1808 II 20: BuaS 2, Nr. 602, S. 661f.
842 Stein an Frau vom Stein, 1808 IV 9: BuaS 2, Nr. 661, S. 698.
843 Büsching an Stein, 1808 IV 26: BuaS 2, Nr. 681, S. 714f.
844 Stein an Frau vom Stein, 1808 IV 30: BuaS 2, Nr. 686, S. 723.
845 Stein an Altenstein, 1808 V 15: BuaS 2, Nr. 697, S. 733.
846 Bemerkungen Steins zu Gneisenaus Entwurf, undat.: BuaS 2, Nr. 734, S. 772.
847 Scharnhorst an Stein, 1808 VII 3: BuaS 2, Nr. 738, S. 776f.
848 Kabinettsdekret an die Initiatoren, 1808 VI 30: BuaS 2, Nr. 733, S. 771.
849 Autobiographie: BuaS 9, S. 883.
850 Vgl. Ernstberger, Tugendbund.
851 Grundsätzlich: Rainer Wohlfeil, Spanien und die deutsche Erhebung 1808–1814, Wiesbaden 1965.
852 Vgl. Ritter II, S. 49.
853 Thimme.
854 Vgl. dazu eingehend Ritter II, S. 53ff.
855 Grundlegend und ein für allemal verwiesen sei auf: Hans Haußherr, Hardenberg. Eine politische Biographie, Teil III: Die Stunde Hardenbergs, Köln/Graz 1965[2]. Ferner: Peter Gerrit Thielen, Karl August von Hardenberg, 1750–1822, Köln 1967.
856 So Ritter II, S. 83.
857 Hardenberg TB, S. 133.
858 Autobiographie: BuaS 9, S. 887.
859 Stein an Reden, 1788 V 4: BuaS 1, Nr. 246, S. 281.
860 Stein an Reden, 1790 VI 13: BuaS 1, Nr. 262, S. 295.

861 Stein an Nagler, 1808 II 19: BuaS 2, Nr. 599, S. 661.
862 Hardenberg an Stein, 1808 II 24: BuaS 2, Nr. 611, S. 666ff.
863 Vgl. Haußherr, Stein und Hardenberg, S. 276.
864 Hofmeister, in: Duchhardt/Teppe, S. 39.
865 Nagler an Altenstein, 29. April 1807: Reorganisation, S. 176.
866 Stein an Hardenberg, 1814 II 9: BuaS 4, Nr. 766, S. 515.
867 Stein an Gneisenau, 1816 II 19: BuaS 5, Nr. 390, S. 469.
868 Zitat: Hartung, S. 20.
869 Hardenberg TB, S. 948.
870 Stein an Hardenberg, 1821 III 8: BuaS 6, Nr. 313, S. 335.
871 Hardenberg TB, S. 948.
872 Stein an Merveldt, 1822 XII 6: BuaS 6, Nr. 553, S. 586.
873 Stein an Gagern, 1826 V 1: BuaS 6, Nr. 987, S. 980.
874 Autobiographie: BuaS 9, S. 887f.
875 Haußherr, Stein und Hardenberg, S. 267.
876 Stein an Hardenberg, 1807 III 8/9: BuaS 2, Nr. 339, S. 357.
877 Ritter I, S. 205.
878 Immediatbericht Steins, 1808 VII 27: BuaS 2, Nr. 760, S. 797.
879 Immediatbericht Steins, 1808 VIII 14: BuaS 2, Nr. 777, S. 812.
880 Undat.: BuaS 2, Nr. 785, S. 821–824; Scharnhorst an Stein, 1808 VIII 23: BuaS 2, Nr. 788, S. 825f.
881 Vincke weilte vom 5. März bis wenigstens in den August 1808 hinein in Berlin, wo Stein mit den Franzosen verhandelte.
882 Denkschrift Steins, 1808 VIII 11: BuaS 2, Nr. 776, S. 808–812.
883 Autobiographie: BuaS 9, S. 878.
884 Scharnhorst an Stein, 1808 VIII 8: BuaS 2, Nr. 772, S. 806f.
885 Akten: NlSteinCapp 49. Stein war daran nur am Rande beteiligt.
886 Stein an Wittgenstein, 1808 VIII 15: BuaS 2, Nr. 779, S. 813–816. Das Original des Briefes ist verloren; deswegen sind auch die Anmerkungen mit zu lesen.
887 Breese an Stein, 1808 VIII 26: BuaS 2, Nr. 798, S. 839f.
888 Kabinettsordre an Bismarck, 1808 VIII 27: BuaS 2, Nr. 800, S. 840f.
889 Im „Moniteur“ und im „Journal de l’Empire“.
890 Denkschrift Steins, 1808 VIII 30: BuaS 2, Nr. 804, S. 844ff.
891 Denkschrift Steins, 1808 IX 8: BuaS 2, Nr. 811, S. 850ff.
892 Denkschrift Steins, 1808 IX 14: BuaS 2, Nr. 816, S. 857–860.
893 Stein an Alexander I., 1808 IX 21: BuaS 2, Nr. 824, S. 866f.
894 Goltz an Stein, 1808 X 10: BuaS 2, Nr. 850, S. 888f.
895 Denkschrift Steins, 1808 X 12: BuaS 2, Nr. 851, S. 889ff.
896 Petition an Stein, 1808 X 14: BuaS 2, Nr. 852, S. 891–895.
897 Friedrich Wilhelm III. an Stein, 1808 X 16: BuaS 2, Nr. 854, S. 896f.
898 Immediatbericht Steins, 1808 X 28: BuaS 2, Nr. 871, S. 908ff.
899 Immediatbericht Voß’, 1808 XI 14/15: BuaS 2, Nr. 898, S. 939–944.
900 Immediatbericht Steins, 1808 X 18: BuaS 2, Nr. 856, S. 898f. Eine Entscheidung darüber war vom König vertagt worden: Friedrich Wilhelm III. an Stein, 1808 X 20: BuaS 2, Nr. 862, S. 902.
901 Kabinettsordre an Stein, 1808 XI 24: BuaS 2, Nr. 909, S. 988.
902 Beschluß der General-Konferenz, 1808 X 19: BuaS 2, Nr. 859, S. 901; Immediatbericht Schroetters und Steins, 1808 XI 9: BuaS 2, Nr. 889, S. 928–933; Kabinettsordre an Schroetter und Stein, 1808 XI 19: BuaS 2, Nr. 901, S. 946f.
903 Immediateingabe von Stände- und Städtevertretern Ostpreußens, 1808 X 29: BuaS 2, Nr. 875, S. 913f.
904 Gedicht Süverns auf Stein, undat., veröff. in der „Königsberger Zeitung“ vom 27. Okt. 1808: BuaS 2, Nr. 870, S. 908; Gedicht Süverns auf Stein, undat., veröff. in der „Königsberger Zeitung“ vom 3. Nov. 1808: BuaS 2, Nr. 881, S. 918f.
905 Schön, PS I, S. 204.
906 Vgl. Schorn-Schütte, S. 77, mit dem dort zitierten Brief an den Bruder Georg.
907 Autobiographie: BuaS 9, S. 882f.

908 Schön, PS I, S. 201.
909 Sack an Stein, 1808 XI 26: BuaS 2, Nr. 913, S. 994ff.
910 Vgl. auch Scheffner an Friedrich Wilhelm III., 1808 XII 4: BuaS 2, Nr. 917, S. 999.
911 Vgl., auch zum folgenden, Branig.
912 Stein an Hardenberg, 1805 X 3: BuaS 2, Nr. 77, S. 84f.
913 Stein an Wittgenstein, 1807 XII 18: BuaS 2, Nr. 498, S. 577f.
914 Unmittelbare Reaktion: Wittgenstein an Stein, 1808 IX 23: BuaS 2, Nr. 827, S. 869–872; Wittgenstein an Stein, 1808 XI 22: BuaS 2, Nr. 905, S. 981–984.
915 Wittgenstein an Stein, 1809 III 20: BuaS 3, Nr. 73, S. 77–102.
916 Zit. bei Branig, S. 31.
917 Vgl. auch Hardenberg TB, S. 605: „Lettre de Stein extrèmement imprudente..."
918 Armeebefehl Napoleons, 1808 XII 16: BuaS 3, Nr. 1, S. 1.
919 Die Aechtung Steins.
920 Lehmann III, S. 9ff.
921 Gneisenau an Stein, 1809 I 14: BuaS 3, Nr. 23, S. 24.
922 Meldung der „Vossischen Zeitung", 1808 XII 13: BuaS 2, Nr. 920, S. 1000.
923 Hardenberg TB, S. 618.
924 Clavin an Ransleben, 1809 V 11: BuaS 3, Nr. 99, S. 136.
925 Hardenberg TB, S. 621.
926 Stein an Frau vom Stein, 1809 I 9: BuaS 3, Nr. 12, S. 13.
927 Reden an Stein, 1808 IX 24: BuaS 2, Nr. 831, S. 875.
928 Stein an Gräfin Werthern, 1808 XII 19: BuaS 3, Nr.2, S. 2.
929 Zit. bei Peter Veddeler, Vincke zwischen „Kollaboration" und Widerstand während der französischen Fremdherrschaft, in: Behr/Kloosterhuis, S. 35–62, hier S. 48. Das Tagebuch befindet sich im Staatsarchiv Münster. In dem genannten Band werden einige Auszüge aus ihm mitgeteilt.
930 Prinzessin Wilhelm an Stein, 1808 XI 26: BuaS 2, Nr. 912, S. 994.
931 Stein an Königin Luise, 1808 III 13: BuaS 2, Nr. 631, S. 681f.; Luise an Stein, 1808 III 31: BuaS 2, Nr. 653, S. 693f.
932 Scheffner an Stein, 1808 IV 18: BuaS 2, Nr. 669, S. 705.
933 Rundschreibens Steins, 1808 XI 24: BuaS 2, Nr. 910, S. 988–992.
934 Schön, PS I, S. 216ff.
935 Vgl. Schön, PS I, S. 520f.
936 Vgl. Schön, PS I, S. 247.
937 Nr. 10, 1817 II 5: Ex. in NlSteinCapp 48.
938 Nr. 5, 1817 I 15: Ex. in NlSteinCapp 48.
939 Vgl. Hartung, S. 13.
940 Schön, PS I, S. 222.
941 Redel, S. 29.
942 Kurzbiographie: BuaS 1, S. 70, Anm. 7. Vgl. auch: Stein an Frau vom Stein, 1809 I 13: BuaS 3, Nr. 17, S. 19; Stein an O'Donell, an Metternich, an Stadion, alle 1809 I 13: BuaS 3, Nrr. 18–20, S. 20–23.
943 NlSteinCapp S 11.
944 Raumer, Stein und Österreich, in: Raumer, Stein, S. 109f.
945 Immediatschreiben Steins, 1809 I 5: BuaS 3, Nr. 9, S. 10f.
946 Sächsisches Publikandum, 1809 I 13: BuaS 3, Nr. 16, S. 18f.
947 Stein (alias Carl Frücht) an Frau Wieler, undat.: BuaS 3, Nr. 57, S. 55.
948 Vgl. Domarus, S. 23.
949 Sack an Stein, 1809 V 4: BuaS 3, Nr. 96, S. 131.
950 U. a.: Prinzessin Luise Radziwill an Stein, 1809 I 29: BuaS 3, Nr. 40, S. 37f.
951 Scharnhorst an Stein, 1809 I 16: BuaS 3, Nr. 25, S. 25f.
952 Schön an Stein, 1809 IV 11: BuaS 3, Nr. 81, S. 110.
953 Stein an Gneisenau, 1809 V 14: BuaS 3, Nr. 101, S. 137.
954 Denkschrift Steins, 1811 III 27: BuaS 3, Nr. 342, S. 490-495.
955 Stein an Kunth, 1811 V 3: BuaS 3, Nr. 355, S. 511.
956 Stein an Hardenberg, 1811 IV 10: BuaS 3, Nr. 347, S. 501.
957 Stein an Hardenberg und Kunth, 1811 VII 14: BuaS 3, Nr. 377, S. 553f.
958 Stein an Frau vom Stein, 1809 I 26: BuaS 3, Nr. 34, S. 32f.
959 Stein an Reden, 1809 I 29: BuaS 3, Nr. 39, S. 37.

960 Reden an Stein, 1809 II 28: BuaS 3, Nr. 56, S. 54.
961 Stein an Gräfin Reden, 1809 III 6: BuaS 3, Nr. 62, S. 63.
962 Vortrag Stadions mit Verfügung des Kaisers, 1809 I 17: BuaS 3, Nr. 585, S. 845.
963 Vgl. Ernstberger, Exil Prag-Brünn.
964 Sack an Stein, 1809 II 4: BuaS 3, Nr. 42, S. 38f.
965 Stein an Reden, 1809 II 8: BuaS 3, Nr. 45, S. 41.
966 Stein an Reden, 1809 II 20: BuaS 3, Nr. 51, S. 50.
967 Kunth an Stein, 1809 III 25: BuaS 3, Nr. 74, S. 103.
968 Vortrag Stadions, 1809 I 20: BuaS 3, Nr. 586, S. 846f.
969 Stein an Reden, 1809 III 27: BuaS 3, Nr. 75, S. 105.
970 Stein an Gneisenau, 1809 III 27: BuaS 3, Nr. 76, S. 107.
971 Stein an O'Donell, 1809 IV 16: BuaS 3, Nr. 85, S. 114.
972 Stein an Reden, 1809 IV 30: BuaS 3, Nr. 92, S. 125.
973 Stein an Kunth, 1809 V 7: BuaS 3, Nr. 97, S. 134.
974 Stein an Reden, 1809 V 14: BuaS 3, Nr. 100, S. 136.
975 Stein an Reden, 1809 V 24: BuaS 3, Nr. 106, S. 142.
976 Stein an Götzen, 1809 VII 12: BuaS 3, Nr. 124, S. 158.
977 Vgl. Raumer, Stein, S. 116.
978 Stein an Gräfin Reden, 1809 X 2: BuaS 3, Nr. 152, S. 199f.
979 Schleiermacher an Stein, undat.: BuaS 3, Nr. 370, S. 536f.
980 Humboldt an Karoline von Humboldt, 1808 XII 18: BW Humboldt III, Nr. 24, S. 48.
981 Kunth an Stein, 1809 II 21: BuaS 3, Nr. 53, S. 52.
982 Beispiel: Kunth an Stein, 1809 III 17: BuaS 3, Nr. 71, S. 75.
983 So u. a. von Vincke; vgl. Veddeler, in: Behr/Kloosterhuis, S. 49.
984 Schön an Stein, 1809 IV 11: BuaS 3, Nr. 81, S. 110.
985 Stein an Reden, 1810 VII 22: BuaS 3, Nr. 241, S. 335f.
986 Gutachten 1808 VII 13: Behr/Kloosterhuis, Q 7, S. 563–580.
987 Gutachten 1808 IX 20: Behr/Kloosterhuis, Q 9, S. 580–586.
988 Dazu Peter Burg, Vincke und die preußischen Reformen, in: Behr/Kloosterhuis, S. 63–85.
989 Ebd., S. 84.
990 Stein an Gruner, 1812 IX 11: BuaS 3, Nr. 521, S. 740.
991 Redel, S. 97.
992 Kunth an Stein, 1811 III 5: BuaS 3, Nr. 325, S. 473.
993 Stein an Hardenberg, 1811 VII 28: BuaS 3, Nr. 383, S. 559.
994 Beispiel: Stein an Kunth, 1825 IV 25: BuaS 6, Nr. 850, S. 835f.
995 Stein an Therese von Kielmannsegg, 1829 V 14: BuaS 7, Nr. 530, S. 593.
996 Stein an Spiegel, 1829 IV 16: BuaS 7, Nr. 512, S. 576; Stein an Welcker, 1829 IV 16: BuaS 7, Nr. 513, S. 576.
997 Kodizill Steins zu seinem Testament, 1829 XII 19: BuaS 7, Nr. 628, S. 700.
998 U. a. Raumer, Stein, S. 122f.
999 U. a.: Stein an Götzen, 1809 VII 5: BuaS 3, Nr. 120, S. 155.
1000 Stein an Prinzessin Luise Radziwill, [1809 VI 25]: BuaS 3, Nr. 119, S. 154.
1001 Stein an Götzen, 1809 VI 8: BuaS 3, Nr. 112, S. 148.
1002 Vgl. Weniger, Rehberg und Stein, S. 81.
1003 Stein an Oranien, 1809 VIII 20: BuaS 3, Nr. 135, S. 171f.; Stein an Oranien,1809 VIII 23: BuaS 3, Nr. 136, S. 172–175.
1004 Ritter II, S. 100.
1005 Gentz an Stein, 1809 VIII 27: BuaS 3, Nr. 137, S. 179.
1006 Schön, PS I, S. 350.
1007 Denkschrift Steins, 1809 VIII: BuaS 3, Nr. 138, S. 180–183.
1008 Hubatsch, Böhm. Exil, S. 670.
1009 Stein an Gentz, 1809 IX 6: BuaS 3, Nr. 139, S. 183ff.
1010 Stein an Gentz, 1809 IX 9: BuaS 3, Nr. 140, S. 185ff.
1011 Hubatsch, Böhm. Exil, S. 669.
1012 Gentz an Stein, 1809 IX 10; Oranien an

Stein, 1806 IX 26: BuaS 3, Nrr.142 bzw. 146, S. 188f. bzw. 193.

1013 Gentz an Stein, 1809 IX 29: BuaS 3, Nr. 149, S. 195f. Der Plan musste dann aufgegeben werden: Gentz an Stein, 1809 X 26: BuaS 3, Nr. 158, S. 207f.

1014 Kolowrat an Stein, 1809 X 25: BuaS 3, Nr. 157, S. 207.

1015 Stein an Gräfin Reden, 1809 XI 3; Stein an Reden, 1809 XI 6: BuaS 3, Nrr. 163, 164, S. 216ff.

1016 Stein an Reden, 1809 XI 6: BuaS 3, Nr. 164, S. 218.

1017 Merckel an Stein, 1809 XII 12: BuaS 3, Nr. 172, S. 242.

1018 Stein an Reden, 1809 XI 29: BuaS 3, Nr. 170, S. 226.

1019 Stein an O'Donell, 1809 XI 22: BuaS 3, Nr. 168, S. 224.

1020 Steins Charakteristik des preußischen Hofes, undat.: BuaS 3, Nr. 179, S. 249–253, hier S. 252.

1021 Beispiel: Pozzo di Borgo an Stein, 1810 I 25: BuaS 3, Nr. 189, S. 263–267.

1022 Stein an Pozzo di Borgo, 1810 II: BuaS 3, Nr. 196, S. 277.

1023 Stein an O'Donell; Stein an Metternich, beide 1810 I 19: BuaS 3, Nrr. 186, 187, S. 260ff.

1024 Metternich an Stein, 1810 II 8: BuaS 3, Nr. 191, S. 269.

1025 Stein an Reden, 1810 IV 15: BuaS 3, Nr. 209, S. 303.

1026 Stein an Welcker, 1824 IV 23: BuaS 6, Nr. 717, S. 713.

1027 Stein an Kunth, 1825 IV 19: BuaS 6, Nr. 850, S. 835.

1028 Stein an Reden, 1810 III 21: BuaS 3, Nr. 202, S. 288.

1029 Denkschrift Steins, 1810 III: BuaS 3, Nr. 206, S. 295–298.

1030 Bewertung der Heirat: Pozzo di Borgo an Stein, 1810 III 6: NlSteinCapp 1221.

1031 Metternich d. Ä. an Hager, 1810 V 17: BuaS 3, Nr. 598, S. 851; Binder an Stein, 1810 V 30: BuaS 3, Nr. 218, S. 312f.

1032 Binder an Stein, 1810 V 12: BuaS 3, Nr. 215, S. 310.

1033 Vgl. auch Raumer, Stein, S. 106f.

1034 Stein an Reden, 1810 VI 3: BuaS 3, Nr. 222, S. 314.

1035 Stein an Reden, 1810 VI 14: BuaS 3, Nr. 224, S. 316.

1036 Stein an Merckel, 1810 VI 14: BuaS 3, Nr. 226, S. 318.

1037 Wallis an Hager, 1810 VI 16: BuaS 3, Nr. 603, S. 852f.

1038 Vgl. den bei Fournier, S. 138–147 mitgeteilten Brief des Prager Stadthauptmanns Mertens an Kolowrat, 1812 III 24, in dem die gesamte Entourage Steins aufgelistet wird.

1039 Zu Steins böhmischem Exil vgl. umfassend Fournier.

1040 Sack an Stein, 1810 IX 11: BuaS 3, Nr. 257, S. 351ff.

1041 1810 IX 13–15: Hardenberg TB, S. 704.

1042 Zu den Einzelheiten: Ritter II, S. 113ff.

1043 Bericht der Prager Stadthauptmannschaft, 1810 VII 4: BuaS 3, Nr. 606, S. 853.

1044 Humboldt an Stein, 1810 X 18: BuaS 3, Nr. 275, S. 414.

1045 Vgl. Neugebauer, Bd. 2, S. 106.

1046 Gneisenau an Stein, 1811 VI 26: BuaS 3, Nr. 364, S. 523.

1047 Stein an Münster, 1811 I 11: BuaS 3, Nr. 310, S. 456.

1048 1811 I 11: BuaS 3, Nr. 309, S. 456.

1049 Stein an Marianne vom Stein, 1811 III 19: BuaS 3, Nr. 337, S. 484f.

1050 Stein an Gentz, undat.: BuaS 2, Nr. 358, S. 513f.

1051 Gentz an Stein, 1811 V 20: BuaS 3, Nr. 357, S. 512f.

1052 Handschriftlicher Entwurf, 1811 I 6: Nl SteinCapp 1198.

1053 Gneisenau an Stein, 1811 VI 26: BuaS 3, Nr. 364, S. 524f.

1054 Stein an Gentz, [1811 VI]: BuaS 3, Nr, 366, S. 528.

1055 Stein an Marianne vom Stein, 1811 VII 9: BuaS 3, Nr. 373, S, 539.

1056 Humboldt an Karoline von Humboldt, 1815 IX 9: BW Humboldt V, Nr. 28, S. 64f.

1057 Stein an Gagern, 1817 V 17: BuaS 5, Nr. 536, S. 628.

1058 Stein an Gagern, 1819 IV 9: BuaS 6, Nr. 51, S. 69.

1059 Stein an Gagern, 1819 VIII 5: BuaS 6, Nr. 101, S. 121.

1060 Elberfeld 1829. Vgl. Stein an Liel, undat.: BuaS 7, Nr. 593, S. 654.

1061 Mein Antheil an der Politik. Bd. 4. Wichtige Ergänzung: Klötzer, Stein und Gagern.

1062 Gagern an Stein, 1829 IX 13: Klötzer, Stein und Gagern, Nr. 29, S. 142.

1063 Autobiographische Aufzeichnungen Steins, 1811 VII 12: BuaS 3, Nr. 375, S. 541–553. – Diese Praxis war in seiner Generation weit verbreitet; auch Montgelas sollte nach seinem Sturz 1817 Rechenschaftsberichte schreiben.

1064 Ebd., S. 553.

1065 Rößler, S. 77.

1066 Hubatsch, Böhm. Exil, S. 667.

1067 Denkschrift Steins, 1811 VIII 24: BuaS 3, Nr. 394, S. 570ff.

1068 Denkschrift Steins, 1811 IX 17: BuaS 3, Nr. 398, S. 575–579.

1069 Stein an Münster, 1811 X 6: BuaS 3, Nr. 403, S. 582ff.

1070 Stein an Hardenberg, undat.: BuaS 3, Nr. 417, S. 600f.

1071 Stein an Reden, 1811 XI 14: BuaS 3, Nr. 411, S. 595.

1072 Niebuhr an Stein, 1811 XI 10: BuaS 3, Nr. 408, S. 590–594.

1073 Stein an Niebuhr, 1811 XI 28: BuaS 3, Nr. 412, S. 596f.

1074 Kurprinz Wilhelm an Stein, undat.; Stein an Kurprinz Wilhelm, undat.: BuaS 3, Nrr. 419, 420, S. 603ff.

1075 Stein an Gräfin Lanskoronska, 1812 I 26: BuaS 3, Nr. 424, S. 610.

1076 Vgl. Obermann, S. 705f.

1077 Aufzeichnungen Steins, 1812 IV 14: BuaS 3, Nr. 443, S. 630–633.

1078 Gneisenau an Stein, 1812 IV 2: BuaS 3, Nr. 438, S. 623f.

1079 Alexander I. an Stein, 1812 III 27: BuaS 3, Nr. 440, S. 627f.

1080 Mertens an Kolowrat, 1812 V 27: BuaS 3, Nr. 626, S. 861f.

1081 Hubatsch, S. 678.

1082 Zusageschreiben Steins, 1812 V 23: BuaS 3, Nr. 450, S. 638f.

1083 Dieter Langewiesche, Föderativer Nationalismus als Erbe der deutschen Reichsnation. Über Föderalismus und Zentralismus in der deutschen Nationalgeschichte, in: ders./Georg Schmidt (Hrsg.), Föderative Nation. Deutschlandkonzepte von der Reformation bis zum Ersten Weltkrieg, München 2000, S. 215–242, hier S. 215.

1084 Denkschrift Steins, [1808 IX 18]: BuaS 2, Nr. 821, S. 861ff.

1085 Mertens an Kolowrat, 1812 V 27: BuaS 3, Nr. 626, S. 862.

1086 Humboldt an Karoline von Humboldt, 1812 VI 12: BW Humboldt IV, Nr. 1, S. 4.

1087 Promemoria Steins, 1812 V 23: BuaS 3, Nr. 452, S. 639–645.

1088 Aufzeichnungen Gruners, 1812 V 27: BuaS 3, Nr. 456, S. 648f.

1089 Landespräsidium an Stein, 1812 V 26: BuaS 3, Nr. 455, S. 648.

1090 Autobiographie: BuaS 9, S. 889f.

1091 Denkschrift, 1812 VI 18: BuaS 3, Nr. 461, S. 652–657.

1092 Korr.: NlSteinCapp 1118.

1093 Alexander I. an Stein, 1812 VI 18: BuaS 3, Nr. 462, S. 657.

1094 Stein an Alexander I., 1812 VI 20: BuaS 3, Nr. 463, S. 658ff.

1095 Zit. bei Ritter II, S. 105.

1096 Vgl. Hofmeister, in: Duchhardt/Teppe, S. 41.

1097 Stein an Gruner, 1812 VI 22: BuaS 3, Nr. 466, S. 660ff.; vgl. auch Gruner an Stein, 1812 VII 10: NlSteinCapp 1118, Punkte 3–5; Gruner an Stein, 1812 VII 30: Nl SteinCapp 1118, Punkte 2–4.

1098 Entwurf der Instruktion, undat.: BuaS 3, Nr. 467, S. 662–665.

1099 Denkschrift Steins, 1812 VI 27: BuaS 3, Nr. 470, S. 666–669.

1100 Stein an Alexander I., 1812 VI 30: BuaS 3, Nr. 474, S. 671f.

1101 Stein an Münster, 1812 VI 30: BuaS 3, Nr. 475, S. 672f.

1102 BuaS 3, Nr. 478, S. 677f.

1103 Vgl. Obermann, S. 708ff.

1104 Stein an Prinz Georg von Oldenburg, 1812 VII 9: BuaS 3, Nr. 482, S. 681.

1105 Lützow an Stein, 1812 VII 3: BuaS 3, Nr. 479, S. 679.

1106 Gruner an Stein, 1812 VII 10: BuaS 3, Nr. 484, S, 686.

1107 Denkschrift Steins, 1812 VII 27: BuaS 3,

Nr. 496, S. 700f.

1108 Vgl. auch Arndt, S. 16.

1109 Stein an Alexander I., 1812 VII 11: BuaS 3, Nr. 487, S. 689ff.

1110 Stein an Alexander I., 1812 VIII 18: BuaS 3, Nr. 511, S. 724f.

1111 Pozzo di Borgo an Stein, 1812 VII 18: BuaS 3, Nr. 490, S. 693ff.

1112 Gneisenau an Stein, 1812 VII 14: BuaS 3, Nr. 488, S. 691f.

1113 Kotschubey an Stein, 1812 VII 23: BuaS 3, Nr. 493, S. 698.

1114 Stein an Kotschubey, 1812 VII 27: BuaS 3, Nr. 494, S. 699.

1115 Stein an Frau vom Stein, 1812 VII 27–VIII 9: BuaS 3, Nr. 498, S. 703.

1116 Stein an Frau vom Stein, 1812 IX 27: BuaS 3, Nr. 530, S. 772.

1117 Stein an Frau vom Stein, 1812 IX 18/19: BuaS 3, Nr. 526, S. 752.

1118 Arndt, S. 60.

1119 Stein an Gräfin Orloff, 1820 I 29: BuaS 6, Nr. 191, S. 213.

1120 Arndt, S. 50.

1121 Arndt, S. 56.

1122 Arndt, S. 52f.

1123 Arndt, S. 56.

1124 Vgl. auch Arndt, S. 34.

1125 Gruner an Stein, 1812 VII 30: BuaS 3, Nr. 499, S. 707.

1126 Stein an Alexander I., 1812 VIII 18; BuaS 3, Nr. 511, S. 723.

1127 Chasôt an Stein, 1812 VIII 23: BuaS 3, Nr. 513, S. 725–728.

1128 Stein an Münster, 1812 IX 25: BuaS 3, Nr. 529, S. 770f. Auch: Stein an Gneisenau, 1812 IX 29: BuaS 3, Nr. 532, S. 774.

1129 Münster an Stein, 1812 VIII [14]: BuaS 3, Nr. 514, S. 728ff.; dann aber: Gneisenau an Stein, 1812 IX 1: BuaS 3, Nr. 515, S. 731ff.

1130 Stein an Münster, 1812 IX 12: BuaS 3, Nr. 520, S. 737.

1131 Stein an Gruner, 1812 IX 11: BuaS 3, Nr. 521, S. 740.

1132 Denkschrift Steins, 1812 IX 17: BuaS 3, Nr. 522, S. 742ff.

1133 Die französische Fassung dieser Denkschrift, also jener, die Alexander vorgelegt wurde: BuaS 3, Nr. 524, S. 745–751.

1134 Alexander I. an Stein, undat.: BuaS 3, Nr. 539, S. 786; Stein an Alexander I., 1812 X 16: BuaS 3, Nr. 540, S. 787f.

1135 Münster an Stein, 1812 X 23: BuaS 3, Nr. 541, S. 788.

1136 Schön, PS I, S. 292.

1137 Stein an Gneisenau, 1812 X 28: BuaS 3, Nr. 543, S. 790.

1138 Stein an Frau vom Stein, 1812 XI 8–10: BuaS 3, Nr. 548, S. 802.

1139 Denkschrift Steins, 1812 XI 1: BuaS 3, Nr. 545, S. 794ff.

1140 Münster an Stein, 1812 XI 3: BuaS 3, Nr. 546, S. 796ff.

1141 Stein an Gneisenau, 1812 XII 1: BuaS 3, Nr. 560, S. 818/820.

1142 Stein an Wallmoden,1812 XII 1: BuaS 3, Nr. 561, S. 820.

1143 Stein an Münster, 1812 XI 14: BuaS 3, Nr. 550, S. 804f.

1144 Denkschrift Steins, 1812 XI 17: BuaS 3, Nr. 551, S. 805–811.

1145 Vgl. auch Ritter II, S. 157.

1146 Stein an Münster, 1812 XII 1: BuaS 3, Nr. 559, S. 818.

1147 Münster an Stein, 1812 XII 10: BuaS 3, Nr. 563, S. 822.

1148 Vgl. auch Arndt, S. 32f.

1149 Gneisenau an Stein, undat.: BuaS 3, Nr. 578, S. 837–840.

1150 Pozzo di Borgo an Stein, 1812 XII 11: BuaS 3, Nr. 565, S. 824.

1151 So Ritter II, S. 159.

1152 Denkschrift Steins, 1812 XII 18: BuaS 3, Nr. 570, S. 829–832.

1153 Sitzungsprotokoll des Komitees für die Deutsche Legion, 1812 XII 18: BuaS 3, Nr. 571, S. 832.

1154 Denkschrift Steins, 1812 XII: BuaS 3, Nr. 584, S. 843f.

1155 Stein an Alexander I., 1812 XII 28: BuaS 3, Nr. 581, S. 841.

1156 Stein an Friedrich Wilhelm III., 1812 XII 28: BuaS 3, Nr. 582, S. 841f.

1157 Schön, PS I, S. 285ff.

1158 Stein an Frau vom Stein, 1813 II 3: BuaS 4, Nr. 25, S. 30.

1159 Arndt, S. 47.

1160 Raumer, Stein, S. 47.

1161 Stein an Frau vom Stein, 1813 I 12–17: BuaS 4, Nr. 4, S. 9.

1162 Schön, PS I, S. 287.
1163 Russische Vollmacht für Stein, 1813 I 18: BuaS 4, Nr. 6, S. 13f.
1164 Stein an Auerswald, 1813 I 22: BuaS 4, Nr. 7, S. 14.
1165 Stein an Brandt, 1813 II 4: BuaS 4, Nr. 27, S. 31f.
1166 Stein an Alexander I., 1813 II 5–7: BuaS 4, Nr. 33, S. 37.
1167 Wolkonsky an Stein, 1813 I 30: BuaS 4, Nr. 17, S. 23.
1168 Ostpreußische Regierung an Stein, 1813 II 1: BuaS 4, Nr. 20, S. 27.
1169 Akten: NlSteinCapp 107.
1170 Stein an ostpreußische Regierung, 1813 II 2: BuaS 4, Nr. 21, S. 27f.
1171 Ostpreußische Regierung an Stein, 1813 II 2: BuaS 4, Nr. 22, S. 28.
1172 Westpreußische Regierung an Stein, 1813 II 5: BuaS 4, Nr. 29, S. 33f.
1173 Stein an westpreußische Regierung, 1813 II 11: BuaS 4, Nr. 38, S. 42; Konzept: Nl SteinCapp 107.
1174 Nesselrode an Stein, 1813 I 21: NlStein Capp 107.
1175 Ostpreuß. Regierung an Stein, 1813 II 6: NlSteinCapp 107.
1176 Münster an Stein, 1813 I 16: BuaS 4, Nr. 5, S. 12; Münster an Stein, 1813 I 26: BuaS 4, Nr. 14, S. 19f.
1177 Kutusov an Stein, 1813 I 22: BuaS 4, Nr. 8, S. 14.
1178 Hardenberg an Stein, 1813 II 1: BuaS 4, Nr. 19, S. 26f.
1179 Stein an Frau vom Stein, 1813 I 23: BuaS 4, Nr. 11, S. 18.
1180 Münster an Stein, 1813 I 26: BuaS 4, Nr. 14, S. 20.
1181 Friedrich von Dohna an Stein, 1813 I: BuaS 4, Nr. 18, S. 24ff.
1182 Stein an Alexander I., 1813 II 10: BuaS 4, Nr. 35, S. 39.
1183 Stein an Frau vom Stein, 1813 II 19: BuaS 4, Nr. 39, S. 43.
1184 Stein an Frau vom Stein, 1813 III 7: BuaS 4, Nr. 44, S. 47.
1185 BuaS 9, S. 898.
1186 Arndt, S. 99.
1187 Stein an Frau vom Stein, 1813 III 10: BuaS 4, Nr. 45, S. 48.
1188 Stein an Alexander I., 1813 III 11: BuaS 4, Nr. 46, S. 49f.
1189 Denkschrift Steins, 1813 III 16: BuaS 4, Nr. 51, S. 53–58.
1190 Vgl. Ritter II, S. 192.
1191 Stein an Schön, 1813 III 19: BuaS 4, Nr. 53, S. 58f.
1192 Paul Lenel. Beiträge zur Biographie des preußischen Staatsrats von Rehdiger, in: Historische Zeitschrift 124 (1921), S. 220–249. Dort auch eine Reihe von Briefen, die Rehdigers Verhältnis zu Stein beleuchten.
1193 BuaS 4, Nr. 74, S. 76ff. – Vgl. auch Kielmannsegg, S. 12.
1194 Ritter II, S. 197.
1195 Druck: QQKleinstaaten, Nr. 1, S. 1f.; Entstehung DB Nr. 1, S. 5ff.
1196 Ritter II, S. 198.
1197 Beispiel: Eichhorn an Stein, 1813 III 19: BuaS 4, Nr. 54, S. 59.
1198 Publikandum des Verwaltungsrats, 1813 IV 18: BuaS 4, Nr. 120, S. 106f.
1199 Stein an Uvarov, 1813 III 28: BuaS 4, Nr. 61, S. 68.
1200 Stein an Alopaeus, 1813 IV 10; BuaS 4, Nr. 77, S. 80f.
1201 Instruktion des Verwaltungsrats für Alopaeus, 1813 IV 26: BuaS 4, Nr. 187, S. 134f.
1202 Stein an sächsische Immediatkommission, 1813 IV 10: BuaS 4, Nr. 79, S. 82f.; dazu dann Nr. 82, S. 84.
1203 Zezschwitz an Stein, undat.: BuaS 4, Nr. 81, S. 83f.
1204 Scharnhorst an Stein, undat.: BuaS 4, Nr. 87, S. 89.
1205 Kielmannsegg, S. 14.
1206 Verwaltungsrat an Reisach, 1813 IV 21: BuaS 4, Nr. 162, S. 121.
1207 Stein an sächsische Immediatkommission, 1813 IV 13: BuaS 4, Nr. 94, S. 93f.; Zirkular des Verwaltungsrats, 1813 IV 18: BuaS 4, Nr. 125, S. 108.
1208 Stein an Blücher, 1813 IV 13: BuaS 4, Nr. 95, S. 94.
1209 Stein an Hardenberg, 1813 IV 13: BuaS 4, Nr. 97, S. 96.
1210 Blücher an Zentralkommission, 1813 IV 15: BuaS 4, Nr. 103, S. 98.

1211 Kurfürst Wilhelm an Stein, 1813 IV 15: BuaS 4, Nr. 105, S. 99f.; Stein an Kurfürst Wilhelm, 1813 IV 17: BuaS 4, Nr. 113, S. 103.

1212 Denkschrift Steins, 1813 IV 26: BuaS 4, Nr. 183, S. 130–133.

1213 In seinem Nachlaß findet sich ein subtiles, freilich mitten im Text abbrechendes Lebens- und Charakterbild: NlStein Capp 111.

1214 Vgl. Schön, PS I, S. 326.

1215 Entwurf einer Proklamation an Sachsen, undat.: BuaS 4, Nr. 205, S. 142f.

1216 Stein an Münster, 1813 III 21: BuaS 4, Nr. 56, S. 61f.; Münster an Stein, 1813 IV 21: BuaS 4, Nr. 157, S. 119f.

1217 Gagern an Stein, 1813 IV 26: BuaS 4, Nr. 177, S. 128.

1218 Stein an Gagern, 1813 VI 26: BuaS 4, Nr. 178, S. 129.

1219 Stein an Gagern, 1813 IV 27; BuaS 4, Nr. 190, S. 136.

1220 Vgl. Schön, PS I, S. 332.

1221 Stein an Münster, 1813 V 19: BuaS 4, Nr. 246, S. 163.

1222 Ritter II, S. 208f.

1223 Entwurf der Bekanntmachung, 1813 V: BuaS 4, Nr. 251, S. 167.

1224 Stein an Kotschubey, 1813 V 31: BuaS 4, Nr. 259, S. 171f.

1225 Kotschubey an Stein, 1813 VI 22: BuaS 4, Nr. 271, S. 187.

1226 Arndt, S. 142.

1227 Stein an Frau vom Stein, 1813 VI 18: BuaS 4, Nr. 274, S. 185.

1228 BuaS 4, Nr. 280, S. 188–192.

1229 Stein an Frau vom Stein, 1813 VI 22: BuaS 4, Nr. 277, S. 187.

1230 Humboldt an Karoline von Humboldt, 1813 VI 13: BW Humboldt IV, Nr. 17, S. 27.

1231 Vgl. Arndts Charakterisierung: S. 139.

1232 Vgl. Seebaß, S. 59f.

1233 Schön, PS I, S. 342f.

1234 Zur Sache selbst, die sich in einen ganzen „Schlagabtausch in Flugblättern" einordnet, vgl. Weis (wie Anm. 796), Bd. 2, S. 501f.

1235 Alopaeus an Stein, 1813 VI 12: BuaS 4, Nr. 268, S. 181.

1236 Stein an Frau vom Stein, 1813 VI 11: BuaS 4, Nr. 267, S. 181.

1237 Arndt, S. 137.

1238 Vgl. auch Stolberg-Wernigerode.

1239 Gagern an Stein, 1813 VI 28: BuaS 4, Nr. 281, S. 192f.

1240 Stein an Frau vom Stein, 1813 VI 28: BuaS 4, Nr. 283, S. 193.

1241 Gneisenau an Stein, 1813 VII 11: BuaS 4, Nr. 302, S. 205–208.

1242 Stein an Münster, 1813 VII 17: BuaS 4, Nr. 310, S. 210ff.

1243 Denkschrift Steins, 1813 VII 18: BuaS 4, Nr. 311, S. 212ff.

1244 Stein an Gneisenau, 1813 VII 19: BuaS 4, Nr. 312, S. 214f.

1245 Stein an Frau vom Stein, 1813 VII 19: BuaS 4, Nr. 313, S. 216.

1246 Prinzessin Wilhelm an Stein, 1813 VIII 17: BuaS 4, Nr. 340, S. 231.

1247 Promemoria Steins, 1813 VIII 19: BuaS 4, Nr. 341, S. 232f.

1248 BuaS 4, Nr. 348, S. 238–242.

1249 BuaS 4, Nr. 349, S. 242–248; Entstehung DB, Nr, 3, S. 17–25.

1250 Stein an Hardenberg, 1813 IX 4: BuaS 4, Nr. 353, S. 250.

1251 Entstehung DB, S. XXXII.

1252 Hundt, Verfassungsfrage, S. 153.

1253 So Ritter II, S. 222.

1254 QQKleinstaaten; Entstehung DB; Hundt, Politik der Mindermächtigen.

1255 Vgl. etwa das Loblied von Pozzo di Borgo: an Stein, 1814 VII 17: NlSteinCapp 1221.

1256 Stein an Hardenberg, 1813 IX 13: BuaS 4, Nr. 357, S. 258.

1257 Stein an Frau vom Stein, undat.: BuaS 4, Nr. 365, S. 264; Stein an Rehdiger, 1813 IX 22: BuaS 4, Nr. 366, S. 264f.

1258 Vgl. Ritter II, S. 229.

1259 Stein an Münster, 1813 IX 16: BuaS 4, Nr. 358, S. 259f.

1260 Vgl. den in BuaS 4, S. 368, Anm. 5 zitierten Brief Omptedas an Münster.

1261 Humboldt an Karoline von Humboldt, 1813 IX 13: BW Humboldt IV, Nr. 58, S. 113.

1262 Stein an Gneisenau, 1813 IX 20: BuaS 4, Nr. 362, S. 262.

1263 Kielmannsegg, S. 20.
1264 Stein an Rehdiger, 1813 IX 20: BuaS 4, Nr. 363, S. 263.
1265 Humboldt an Karoline von Humbldt, 1813 IX 25: BW Humboldt IV, Nr. 64, S. 124.
1266 Denkschrift Steins, 1813 IX 25: BuaS 4, Nr. 367, S. 265f.
1267 Humboldt an Stein, 1813 X 4: BuaS 4, Nr. 374, S. 270; Hardenberg an Stein, 1813 X 5: BuaS 4, Nr. 375, S. 272.
1268 Hardenberg TB, S. 744.
1269 Humboldt an Karoline von Humboldt, 1813 X 8: BW Humboldt IV, Nr. 69, S. 135.
1270 Z. B. verwendete Stein in seiner Autobiographie den Begriff: BuaS 9, S. 902.
1271 Stein an Frau vom Stein, 1813 X 21: BuaS 4, Nr. 382, S. 280.
1272 BuaS 4, Nr. 383, S. 280–283.
1273 Entwurf: NlSteinCapp 108.
1274 Kielmannsegg, S. 23.
1275 BuaS 4, Nr. 385, S. 284. Ex. in: NlStein Capp 108.
1276 Protokoll. 1813 X 22: NlSteinCapp 108.
1277 Stein an Repnin, 1813 X 23: BuaS 4, Nr. 384, S. 283f.
1278 Stein an Rehdiger, undat.: BuaS 4, Nr. 366, S. 265.
1279 Stein an Hardenberg, 1813 X 25: BuaS 4, Nr. 394, S. 288f.
1280 Vgl. Rößler, S. 93.
1281 Sächsischer Gouvernementsrat an Stein, 1813 X 28: BuaS 4, Nr. 399, S. 293ff.
1282 Gedruckte Verordnungen: NlSteinCapp 108.
1283 Instruktion für die Gouverneure, Entwurf, 1813 X 25: NlSteinCapp 108.
1284 Schaeffer an Stein, 1814 III 29: NlStein Capp 111.
1285 Alopaeus an Stein, 1813 X 2: BuaS 4, Nr. 373, S. 269.
1286 Stein an Alexander I., 1813 X 24: BuaS 4, Nr. 387, S. 285.
1287 Stein an Hardenberg, 1813 XI 1: BuaS 4, Nr. 407, S. 302.
1288 Vgl. Schüler, S. 50.
1289 Denkschrift Steins, 1813 X 30: BuaS 4, Nr. 406, S. 300f.
1290 Denkschrift Steins, 1813 XI 21: BuaS 4, Nr. 461, S. 332f.
1291 Stein an Hardenberg, 1813 XII 3: BuaS 4, Nr. 522, S. 356, mit Anm. 1 (Verweis auf Druck der Denkschrift).
1292 Arndt, S. 154.
1293 Denkschrift Steins, 1813 XII 25: BuaS 4, Nr. 599, S. 394ff.; Entstehung DB, Nr. 14, S. 89–92.
1294 Protokoll, 1813 XI 24: BuaS 4, Nr. 475, S. 338ff.
1295 Ritter II, S. 235.
1296 Protokoll der Sitzung des Verwaltungsrats, 1813 XI 19: BuaS 4, Nr. 451, S. 326f.
1297 Stein an Repnin, 1813 XI 26: BuaS 4, Nr. 486, S. 346f,; Stein an Philipp von Hessen-Homburg, 1813 XII 12: BuaS 4, Nr. 565, S. 378.
1298 Bestallung für Gruner, 1813 XI 19: BuaS 4, Nr. 453, S. 328. Vgl. im übrigen Paul Wentzcke, Justus Gruner, der Begründer der preußischen Herrschaft im Bergischen Lande, Heidelberg 1913.
1299 Vincke an Stein, 1813 XI 18: BuaS 4, Nr. 443, S. 322.
1300 Sack an Stein, 1814 II 18: BuaS 4, Nr. 806, S. 542; Stein an Sack, 1814 III 5: BuaS 4, Nr. 881, S. 588. Das Bekanntmachungsdekret vom 10. III. 1814: NlSteinCapp 1267.
1301 Stein an Delius, 1813 XI 17: BuaS 4, Nr. 442, S. 320f.
1302 Entlassung Delius': Stein an Delius, 1814 IV 29: BuaS 4, Nr. 1124, S. 743f.
1303 Delius an Stein, 1813 XI 15: BuaS 4, Nr. 435, S. 318f. – Über Delius' Kaufmannskarriere vgl. auch Andreas Schulz, Vormundschaft und Protektion. Eliten und Bürger in Bremen 1750–1880, München 2002, S. 465 und passim (dort unter „Frederik“).
1304 Stein an Therese vom Stein, 1813 XI 2: BuaS 4, Nr. 409, S. 302f.
1305 Stein an Frau vom Stein, 1813 XI 18: BuaS 4, Nr. 446, S. 324.
1306 Stein an Marianne vom Stein, 1813 XI 18: BuaS 4, Nr. 450, S. 326.
1307 Stein an Marianne vom Stein, 1813 XI 30: BuaS 4, Nr. 506, S. 353.
1308 Stein an Frau vom Stein, 1813 XI 20: BuaS 4, Nr. 455, S. 329.
1309 Stein an Frau vom Stein, 1813 XII 5: BuaS 4, Nr. 529, S. 361.

1310 Stein an Marianne vom Stein, 1814, I 24: BuaS 4, Nr. 719, S. 475: Metzler sei ein „alter, erbärmlicher Mensch".

1311 Stein an Hardenberg, 1813 XII 3: BuaS 4, Nr. 522, S. 357.

1312 Stein an Hardenberg, 1813 XII 8: BuaS 4, Nr. 541, S. 367f.

1313 Hügel an Stein, 1813 XII 14: BuaS 4, Nr. 576, S. 381f.; vgl. auch Hügel an Stein, 1813 XII 17: BuaS 4, Nr. 581, S. 384. Zu Hügel vgl. im übrigen Ulrike Dorda, Johann Aloys Joseph Reichsfreiherr von Hügel (1754–1825). Ein Leben zwischen Kaiser und Reich im napoleonischen Deutschland, Würzburg 1969.

1314 Philipp von Hessen-Homburg an Stein, 1813 XII 27: BuaS 4, Nr. 609, S. 399f.; Hügel an Stein, 1813 XII 28: BuaS 4, Nr. 613, S. 401; Hügel an Stein, 1814 I 2: BuaS 4, Nr. 636, S. 426.

1315 Hügel an Stein, 1814 IV 23: BuaS 4, Nr. 1094, S. 723ff.

1316 Bürgermeister und Rat an Stein, 1814 V 10: BuaS 4, Nr. 1183, S. 777.

1317 Stein an Gruner, 1814 V 11: BuaS 4, Nr. 1191, S. 779; Denkschrift Steins, 1814 V 12: BuaS 4, Nr. 1197, S. 782ff.

1318 So die Begründung des Bürgermeisters; Auszug aus dem Ratsprotokoll vom 28. Nov. 1816: StAFfm Suppl.Tom 91, Nr. 46. Dort auch der ursprüngliche Text des Diploms, der mit folgenden Wendungen endet: „[..] Dafür, was Euer Excellenz fürs Vaterland gethan, soll kein Monument der Gewöhnlichkeit dancken. Aber so lange Germanien frei ist und der Rhein teutsch, wird jeder mit Ehrfurcht den Nahmen des Mannes nennen, der auf den Trümmern fremder Willkühr Freiheit und Unabhängigkeit gründete. Teutschlands Staedte aber, und Frankfurt insbesondere, verdancken Euer Excellenz so viel – Alles, was wir aus den Stürmen der Zeit, die Cronen gab und Cronen nahm, gerettet haben, ist so ganz nur Ihr Werk – dass wir uns den stolzen Wunsch erlauben [...]". Das endgültige Diplom war um einiges weniger pathetisch.

1319 Ehrenbürgerbrief, 1816 XI 28: BuaS 5, Nr. 483, S. 570f. Steins Dankschreiben (1817 II 4), in dem er das hohe Lied der Stadt Frankfurt singt, in: StAFfm Suppl Tom 91, Nr. 46. Vgl. auch Wolfgang Klötzer, Frankfurt am Main von der Französischen Revolution bis zur preußischen Okkupation 1789–1866, in: Frankfurt am Main. Die Geschichte der Stadt in neun Beiträgen, Sigmaringen 1991, S. 303–348, hier S. 313.

1320 Stein an Hügel, 1814 VI 18: BuaS 5, Nr. 24, S. 22.

1321 Stein an Hügel, 1814 VI 19: BuaS 5, Nr. 27, S. 24f.

1322 Stein an Hügel, 1814 VII 2: BuaS 5, Nr. 60, S. 50f.

1323 Stein an Stadt Frankfurt, 1817 II 4: Nl SteinCapp 1105.

1324 So Ritter II, S. 240.

1325 Stein an Frau vom Stein, 1813 XII 21: BuaS 4, Nr. 589, S. 388.

1326 Stein an Araktschejev, 1813 XII 28: BuaS 4, Nr. 616, S. 403.

1327 Stein an Gneisenau, 1813 XII 29: BuaS 4, Nr. 617, S. 403f.

1328 1813 XII 23: BuaS 4, Nr. 594, S. 390–393.

1329 1813 XII 25: BuaS 4, Nr. 599, S. 394ff.

1330 BuaS 4, Nr. 621, S. 406f.

1331 BuaS 4, Nr. 632, S. 413–424.

1332 Ritter II, S. 259.

1333 Bemerkungen Steins, 1814 I 3: BuaS 4, Nr. 641, S. 428ff.

1334 Vgl. Ritter II, S. 262f.

1335 Stein an Frau vom Stein, 1813 XII 31: BuaS 4, Nr. 627, S. 410f.

1336 Stein an Arndt, 1814 I 7: BuaS 4, Nr. 662, S. 438.

1337 Hier ist etwa an seine Flugschrift: Was bedeutet Landsturm und Landwehr?, Königsberg 1813, zu erinnern.

1338 Stein an Hügel, 1814 I 14: BuaS 4, Nr. 681, S. 453f.

1339 Berlin 1815. Das Buch, dem Vorwort zufolge im August 1815 abgeschlossen, erschien noch 1815. Vgl. zu ihm Heinz Duchhardt, Friedrich Rühs (1779–1820) und die deutsch-französischen Beziehungen, in: Nation und Europa. Studien zum internationalen Staatensystem im 19. und 20. Jahrhundert (Festschrift für Peter Krüger), Stuttgart 2001, S. 61-66.

1340 Ernst Moritz Arndt, Ueber Volkshaß und ueber den Gebrauch einer fremden Sprache, o. O 1815, S. 15.

1341 Vgl. zu dieser Schrift Michael Jeismann, Das Vaterland der Feinde. Studien zum nationalen Feindbegriff und Selbstverständnis in Deutschland und Frankreich 1792–1918, Stuttgart 1992, S. 66f.

1342 Ich denke hier vor allem an das eben genannte Buch von Jeismann. – Die breite aktuelle Diskussion über „Patriotismus" und „Nationalbewusstsein" in der spätnapoleonischen Zeit kann im Rahmen dieser Biographie nicht erschöpfend nachgewiesen werden; vgl. als jüngsten „Einstieg" Walter Demel, Landespatriotismus und Nationalbewusstsein im Zeitalter der Aufklärung und der Reformen, in: Archivalische Zeitschrift 88 (2006) (Festschrift Hermann Rumschöttel), S. 79–97.

1343 Vgl. den Anm. 283 genannten Aufsatz von Carl, Mythos.

1344 Vgl. Bernd v. Münchow-Pohl, Zwischen Krieg und Reform. Untersuchungen zur Bewusstseinslage in Preußen 1809–1812, Göttingen 1987.

1345 Arndt an Stein, 1819 VI 19: NlSteinCapp 1062.

1346 Stein an Vincke, 1814 II 19: BuaS 4, Nr. 815, S. 547: Vorschlag, Arndt als Professor in Münster anzustellen, „oder ist die Lehranstalt aufgehoben?". Stein an Hardenberg, 1814 X 14: BuaS 5, Nr. 177, S. 165: Bitte, Arndt eine Professur an einer preußischen Universität zu übertragen, bis dahin aber seine augenblickliche Besoldung weiterlaufen zu lassen.

1347 Gruner an Stein, 1814 VI 3: BuaS 4, Nr. 1316, S. 836.

1348 Arndt an Stein, 1818 VI 10: NlSteinCapp 1062.

1349 Stein an Müller, 1807 X 21, mit Anm. 1: BuaS 8, Nr. 167, S. 127.

1350 Stein an Görres, 1819 VII 26: BuaS 6, Nr. 97, S. 117.

1351 Stein an Witzleben, 1827 VI 1: BuaS 7, Nr. 184, S. 202f.

1352 Stein an Karoline v. Berg, 1799 III 24: BuaS 1, Nr. 430, S. 484.

1353 Stein an Solms-Laubach, 1814 I 28: BuaS 4, Nr. 728, S. 484.

1354 Vgl. Anke John, Wunschbilder und realpolitische Visionen. Münsters und Steins Deutschlandpläne im Vergleich, in: Duchhardt/Teppe, S. 85–104.

1355 1823 V 23: BuaS 6, Nr. 598, S. 619f.

1356 Stein an Frau vom Stein, 1814 I 4: BuaS 4, Nr. 647, S. 432.

1357 Gneisenau an Stein, 1814 I 9: BuaS 4, Nr. 668, S. 441ff.

1358 Gneisenau an Stein, 1814 II 6: BuaS 4, Nr. 756, S. 505.

1359 Zu ihm jetzt zusammenfassend (mit weiterer Literatur) Heinz Duchhardt, in: Europa-Historiker, hrsg. von Heinz Duchhardt/Małgorzata Morawiec/Wolfgang Schmale/Winfried Schulze, Bd. 3, Göttingen 2007, S. 43–62.

1360 Vgl. Ritter II, S. 194.

1361 Vgl. Huch, Erwecker.

1362 Stein an Bremer Bürgerschaft, 1816 VII 16: BuaS 5, Nr. 436, S. 513. Diplom: Nl Stein Capp 912. Die Verleihung wurde begründet mit Steins Verdiensten um die „politische Wiedergeburt" der Stadt Bremen.

1363 Gruner an Stein, 1819 I 6: NlSteinCapp 1118.

1364 Denkschrift Steins, 1814 I 11: BuaS 4, Nr. 671, S. 444ff.; Allgemeine Grundsätze..., 1814 I 12: BuaS 4, Nr. 672, S. 446–449.

1365 Gruner an Stein, 1814 I 28: BuaS 4, Nr. 732, S. 487.

1366 Schwarzenberg an Stein, 1814 I 29: BuaS 4, Nr. 735, S. 488; Reaktion Steins: Stein an Baldacci, 1814 I 30: BuaS 4, Nr. 736, S. 488ff.

1367 Stein an Schwarzenberg, 1814 II 3: BuaS 4, Nr. 752, S. 502; Schwarzenberg an Stein, 1814 II 5: BuaS 4, Nr. 753, S. 502; Stein an Hardenberg, 1814 II 5: BuaS 4, Nr. 754, S. 502ff.

1368 Beispiel: Stein an den Großherzog von Baden, 1814 I 13: BuaS 4, Nr. 679, S. 452f.

1369 Beispiel: Stein an Bassenheim, 1814 II 6: BuaS 4, Nr. 758, S. 509f.

1370 Stein an Türckheim, 1814 III 29: BuaS 4, Nr. 1000, S. 672ff.

1371 Stein an Charlotte César, undat.: BuaS 8, Nr. 17, S. 27.

1372 Stein an Charlotte Streckeisen, 1792 VIII 4: BuaS 8, Nr. 36, S. 41f.; Stein an Charlotte Streckeisen, 1793 III 6/8: BuaS 8, Nr. 43, S. 47f.; Stein an Charlotte Streckeisen, 1793 VI 14: BuaS 8, Nr. 47, S. 49; Stein an Charlotte Streckeisen, 1797 II 21: BuaS 8, Nr. 71, S. 61; Stein an Charlotte Streckeisen, 1799 I 21: BuaS 8, Nr. 80, S. 70f.

1373 Vgl. Charlotte Streckeisens warmen Brief an Stein, 1820 V 25: Hartlieb von Wallthor, Schweizerreise, Beilage 2, S. 114.

1374 Stein an Frau vom Stein, 1814 I 12/13: BuaS 4, Nr. 677, S. 451f., auch zum folgenden.

1375 Stein an Mülinen, 1820 I 25: BuaS 6, Nr. 187, S. 207f.

1376 Text: QQKleinstaaten, Nr. 4, S. 6–11.

1377 Wrede an Stein, 1814 I 22: BuaS 4, Nr. 708, S. 468f. Steins Reaktion: Stein an Wrede, 1814 I 25: BuaS 4, Nr. 721, S. 476, mit dem Vermerk, er habe den Schriftwechsel auch Metternich vorgelegt.

1378 Hardenberg TB, S. 770.

1379 Stein an Gneisenau, 1814 I 24: BuaS 4, Nr. 716, S. 474.

1380 Stein an Frau vom Stein, 1814 I 27: BuaS 4, Nr. 727, S. 483.

1381 Arndt, S. 160.

1382 Ritter II, S. 246.

1383 Stein an Frau vom Stein, 1814 I 30: BuaS 4, Nr. 739, S. 493.

1384 Münster an Stein, 1814 II 3: BuaS 4, Nr. 750, S. 501, mit Anm. 3.

1385 Münster an Stein, 1814 II 3: BuaS 4, Nr. 750, S. 501.

1386 Ritter II, S. 246.

1387 Gneisenau an Stein, 1814 II 2: BuaS 4, Nr. 745, S. 495f.

1388 Stein an Alexander I., 1814 III 6: BuaS 4, Nr. 887, S. 591f. (Sachsen).

1389 Stein an Alexander I., 1814 II 10: BuaS 4, Nr. 767, S. 515ff.

1390 Stein an David Alopaeus, 1814 III 29: BuaS 4, Nr. 1002, S. 675.

1391 Stein an Lieven, 1814 III 10: BuaS 4, Nr. 928, S. 614–620.

1392 Z. B.: Zirkular Steins (an die Generalgouverneure in Vesoul, Dijon, Orléans und Colmar), 1814 II 13: BuaS 4, Nr. 788, S. 527f.

1393 Zirkular Steins, 1814 III 5: BuaS 4, Nr. 879, S. 587f.

1394 Hardenberg an Stein, 1814 III 9: BuaS 4, Nr. 921, S. 608f.

1395 Akten: NlSteinCapp 111.

1396 Stein an Baldacci, 1814 III 23: BuaS 4, Nr. 977, S. 654.

1397 Stein an Hardenberg, 1814 III 27: BuaS 4, Nr. 991, S. 661f.

1398 Denkschrift Steins, 1814 III 10: BuaS 4, Nr. 927, S. 612ff. Auch: Entstehung DB Nr. 19, S. 108ff.

1399 Entstehung DB, S. XL.

1400 Stein an Frau vom Stein, 1814 III 14: BuaS 4, Nr. 957, S. 640.

1401 Gemeinsame Note, 1814 IV 4: BuaS 4, Nr. 1024, S. 687.

1402 Stein an Marianne vom Stein, 1814 IV 2: BuaS 4, Nr. 1017, S. 685.

1403 Stein an Marianne vom Stein, 1814 IV 14: BuaS 4, Nr. 1058, S. 703f.

1404 Stein an Frau vom Stein, 1814 IV 27: BuaS 4, Nr. 1109, S. 733f.

1405 Vgl. seine Idées sur les mesures... : Nl SteinCapp 111.

1406 Stein an Frau vom Stein, 1814 IV 17: BuaS 4, Nr. 1065, S. 707.

1407 Autobiographie: BuaS 9, S. 908.

1408 Gagern an Stein, 1814 IV 19: BuaS 4, Nr. 1072, S. 712.

1409 Stein an Hardenberg, 1814 IV 17: BuaS 4, Nr. 1066, S. 708f. – Vgl. auch: Stein an Hardenberg, 1814 V 8: BuaS 4, Nr. 1170, S. 770; Sack an Stein, 1814 V 24: BuaS 4, Nr. 1278, S. 820f.

1410 Druck: Entstehung DB, Nr. 27, S.153–168.

1411 Vgl. Ritter II, S. 254.

1412 Arndt, S. 172.

1413 Stein an Alexander I., 1814 V 4: BuaS 4, Nr. 1146, S. 754f.

1414 Beispiel: Stein an Marschall, 1814 V 14: BuaS 4, Nr. 1205, S. 789.

1415 Beispiel: Barclay de Tolly an Stein, 1814 V 15: BuaS 4, Nr. 1212, S. 791f.

1416 Stein an Wolkonsky, 1814 V 18: BuaS 4, Nr. 1231, S. 798; Stein an Gries und Hach, 1814 V 25: BuaS 4, Nr. 1285, S. 823.

1417 Stein an Hardenberg, 1814 V 22: BuaS 4, Nr. 1255, S. 808.

1418 Stein an Frau vom Stein, 1814 VI 12/15: BuaS 4, Nr. 1355, S. 860.

1419 Stein an Frau vom Stein, 1814 IV 30: BuaS 4, Nr. 1127, S. 745.

1420 Stein an Solms-Laubach, 1814 V 1: BuaS 4, Nr. 1134, S. 749.

1421 Beispiel: Gagern an Stein, 1814 V 8: BuaS 4, Nr. 1176, S. 773.

1422 Stein an Marianne vom Stein, 1814 V 23: BuaS 4, Nr. 1261, S. 813.

1423 Kielmannsegg, S. 196.

1424 Stein an Gruner, 1814 VI 14: BuaS 5, Nr. 1, S. 1ff.

1425 Stein an Schmitz-Grollenburg, 1814 VI 15: BuaS 5, Nr. 10, S. 8f.

1426 Vgl. Kielmannsegg, S. 194.

1427 Karl-Georg Faber, Andreas van Recum 1765–1828. Ein rheinischer Kosmopolit, Bonn 1969. – Zur Problematik generell – Elitenkontinuität, Elitenaustausch nach politischen Einschnitten – vgl. jetzt auch Gabriele B. Clemens, Diener dreier Herren – Die Beamtenschaft in den linksrheinischen Gebieten vom Ancien Régime bis zur Restauration , in: Helga Schnabel-Schüle/Andreas Gestrich (Hrsg.), Fremde Herrscher – fremdes Volk. Inklusions- und Exklusionsfiguren bei Herrschaftswechseln in Europa, Frankfurt 2006, S. 73–102:

1428 Stein an Spiegel, 1822 III 2: BuaS 6, Nr. 462, S. 484.

1429 Stein an Prinzessin Wilhelm von Preußen, 1814 VI 18: BuaS 5, Nr. 25, S. 23.

1430 Hardenberg TB, S. 793.

1431 Stein an Oppel, 1814 VI 21: BuaS 5, Nr. 31, S. 27.

1432 Vgl. Thiede, Handelspolitik.

1433 Stein an Hardenberg, 1814 VI 23: BuaS 5, Nr. 34, S. 28f.; Stein an Rühle von Lilienstern, 1814 VI 23: BuaS 5, Nr. 41, S. 33–36.

1434 Stein an Albini, 1814 VI 26: BuaS 5, Nr. 47, S. 42. Zu Albini vgl. im übrigen Gerhard Menzel, Franz Joseph von Albini, 1748–1816. Ein Staatsmann des alten Reiches. Zu Wandel und Fortleben der Reichstradition bei der Neugestaltung Deutschlands 1787–1815, in: Mainzer Zeitschrift 69 (1974), S. 1–126.

1435 Stein an Hufeland, 1814 VI 28: BuaS 5, Nr. 52, S. 44.

1436 Z. B. Stein an Golovkin, undat.: BuaS 5, Nr. 57, S. 47f.

1437 Stein an Marschall, undat.: BuaS 5, Nr. 59, S. 49f.

1438 Stein an Alexander I., 1814 VII 9: BuaS 5, Nr. 70, S. 58ff.

1439 Stein an Kurfürst Wilhelm, 1814 VII 15: BuaS 5, Nr. 77, S. 64f.

1440 Bemerkungen Steins, 1814 VII 16: BuaS 5, Nr. 80, S. 67–71. Die beiden Fassungen der „41 Artikel“ ebd., Nr. 758, S. 841–852.

1441 Stein an Frau vom Stein, 1814 VII 19: BuaS 5, Nr. 88, S. 85.

1442 Stein an Alexander I., 1814 VII 12: Nl SteinCapp 111.

1443 Entscheidung Steins über den Entwurf, 1814 VII 16: BuaS 5, Nr. 81, S. 71ff.; Entscheidung Steins über den Entwurf, 1814 VII 19: BuaS 5, Nr. 85, S. 75–82.

1444 Dohm an Stein, 1814 VIII 3: BuaS 5, Nr. 100, S. 95.

1445 Görres an Stein, 1814 VIII 4: BuaS 5, Nr. 101, S. 95ff.

1446 Stein an Gagern, 1814 VIII 9: BuaS 5, Nr. 108, S. 103.

1447 Ritter II, S. 273.

1448 Stein an Repnin, 1814 VIII 8: BuaS 5, Nr. 105, S. 102.

1449 Stein an Solms-Laubach, 1814 VIII 12: BuaS 5, Nr. 117, S. 111.

1450 Stein an Marschall, 1814 VIII 10: BuaS 5, Nr. 112, S. 106.

1451 Arndt, S. 161.

1452 Denkschrift Steins, 1814 VIII 24: BuaS 5, Nr. 136, S. 124–127.

1453 Spiegel an Stein, 1814 VIII 19: BuaS 5, Nr. 125, S. 116f.

1454 Vgl. auch Braubach, Brüder Spiegel, S. 78f. Zu Spiegel umfassend Lipgens.

1455 Kleist an Stein, 1814 VIII 30: BuaS 5, Nr. 139, S. 128f.; vgl. auch Stein an Phull, undat.: BuaS 5, Nr. 142, S. 132f.

1456 Knesebeck an Stein, 1814 IX 28, samt Anlage: NlSteinCapp 148. Wiederabdruck der Schrift: Option Europa. Deutsche, polnische und ungarische Europapläne des 19. und 20. Jahrhunderts, hrsg. von Włodzimierz Borodziej/Heinz

Duchhardt/Małgorzata Morawiec/Ignác Romsics, Bd. 3, Göttingen 2005, S. 3–20.

1457 Bucholtz an Stein, 1814 VIII 17: NlStein Capp 213.

1458 Akten: NlSteinCapp 111.

1459 Bemerkungen Steins, undat.: BuaS 5, Nr. 156, S. 141–145.

1460 Entstehung DB, Nr. 32, S. 189–193.

1461 Stein an Frau vom Stein, 1814 IX 7: BuaS 5, Nr. 151, S. 139.

1462 Stein an Frau vom Stein, 1814 IX 17: BuaS 5, Nr. 160, S. 147.

1463 Stein an Frau vom Stein, 1814 XII 8: BuaS 5, Nr. 227, S. 222.

1464 Stein an Frau vom Stein, 1814 IX 8: BuaS 5, Nr. 174, S. 163.

1465 Stein an Frau vom Stein, 1814 XII 17: BuaS 5, Nr. 228, S. 222.

1466 BuaS 5, Nr. 161, S. 148ff.

1467 Stein an Frau vom Stein, 1814 XI 28: BuaS 5, Nr. 166, S. 153.

1468 Stein an Frau vom Stein, 1814 IX 28: BuaS 5, Nr. 166, S. 153.

1469 U. a.: Beherzigungen vor dem Wiener Kongreß, 1814.

1470 BuaS 5, Nr. 172, S. 158f.

1471 Denkschrift Steins, undat.: BuaS 5, Nr. 173, S. 160ff.

1472 Stein an Repnin, 1814 X 24: BuaS 5, Nr. 185, S. 173.

1473 Denkschrift Steins für Hardenberg, 1814 X 26: BuaS 5, Nr. 188, S. 176.

1474 Alexander I. an Castlereagh, 1814 X 30: BuaS 5, Nr. 192, S. 180–183.

1475 BuaS 5, S. 324.

1476 BuaS 5, S. 333.

1477 Tagebuch Stein, BuaS 5, S. 349f.

1478 Stein an Hardenberg, 1814 X 14: BuaS 5, Nr. 178, S. 165 (Frankfurt).

1479 Stein an Repnin, 1814 X 21: BuaS 5, Nr. 183, S. 172.

1480 Stein an Alexander I., 1814 XI 4: BuaS 5, Nr. 197, S. 186ff.

1481 Ediert in Entstehung DB.

1482 Humboldt an Stein, 1814 XI 1: QQKleinstaaten, Nr. 81, S. 429f.

1483 Entwurf Steins zu einer russischen Note, undat. [1814 XI 5]: BuaS 5, Nr. 198, S. 188ff.; 2. Entwurf: BuaS 5, Nr. 202, S. 193f.

1484 Stein an Fürstin Amalie von Anhalt-Schaumburg, 1816 VII 19: BuaS 5, Nr. 438, S. 515.

1485 Stein an Frau vom Stein, 1814 XI 16: BuaS 5, Nr. 206, S. 197.

1486 Marschall an Stein, undat. [1814 XI 16]: BuaS 5, Nr. 207, S. 198f.; Stein an Hardenberg, 1814 XI 16: BuaS 5, Nr. 208, S. 199f. – Zur Politik der „Mindermächtigen" in Wien sei generell auf die Studie von Hundt, Mindermächtige deutsche Staaten, verwiesen. – Viel Material über die Entstehung der „Kaisernote" in QQKleinstaaten.

1487 Entstehung DB, S. LXXXIII.

1488 Bemerkungen Steins..., 1814 XII 25–29: BuaS 5, Nr. 234, S. 226–231.

1489 Seine Mitglieder waren im einzelnen Metternich und Wessenberg (Österreich), Humboldt und Hardenberg (Preußen), Wrede (Bayern), Münster und Ernst Christian Hardenberg (Hannover), Linden bzw. Wintzingerode (Württemberg).

1490 Tagebuch Stein: BuaS 5, S. 336.

1491 Tagebuch Stein: BuaS 5, S. 328.

1492 Entwurf Steins, 1814 XI 16: BuaS 5, Nr. 210, S. 201ff.

1493 Stein an Capodistrias, 1814 XI 23: BuaS 5, Nr. 213, S. 206.

1494 Sitzungsprotokoll, 1814 XI 24: BuaS 5, Nr. 214, S. 207.

1495 Stein an Gagern, 1822 III 16: BuaS 6, Nr. 471, S. 493.

1496 BuaS 5, S. 357.

1497 Vgl. auch Hartlieb von Wallthor, Schweizerreise, S. 95.

1498 Stein an Hardenberg, 1814 XII 4: BuaS 5, Nr. 224, S. 218f.

1499 Stein an Hardenberg, undat. [1814 XII 22]: BuaS 5, Nr. 230, S. 223f.

1500 Denkschrift Steins, 1814 XII 27: BuaS 5, Nr. 233, S. 225f.

1501 Vgl. auch Friedrich Schütz, Die Mainzer Deputation auf dem Wiener Kongreß, in: Mainzer Zeitschrift 69 (1974), S. 146–163.

1502 Vgl. die Zusammenstellung von Augenzeugenberichten aus Leipzig in seinem Nachlaß: NlSteinCapp 111.

1503 Tagebuch Stein: BuaS 5, S. 358.

1504 Gersdorff an Stein, 1814 XII 31: BuaS 5, Nr. 235, S. 231f.

1505 Denkschrift Steins, 1815 I 13: BuaS 5, Nr. 240, S. 234–241.
1506 Stein an Capodistrias, 1815 I 15: BuaS 5, Nr. 241, S. 241f.
1507 1815 II 9: NlSteinCapp 111.
1508 Druck: Entstehung DB, Nr. 186, S. 1124–1127.
1509 Tagebuch Stein: BuaS 5, S. 362.
1510 Denkschrift Steins, 1815 II 17: BuaS 5, Nr. 268, S. 274ff.
1511 Tagebuch Stein: BuaS 5, S. 364.
1512 Tagebuch Stein: BuaS 5, S. 368.
1513 Stein an Hardenberg, 1815 II 27: BuaS 5, Nr. 272, S. 278f.
1514 Tagebuch Stein: BuaS 5, S. 365.
1515 Tagebuch Stein: BuaS 5, S. 366.
1516 Humboldt an Karoline von Humboldt, 1815 II 23: BW Humboldt IV, Nr. 246, S. 485.
1517 So Ritter II, S. 301f.
1518 So Wolfram Pyta, Stein und die europäische Friedensordnung seit dem Wiener Kongreß, in: Duchhardt/Teppe, S. 65–84, hier S. 70.
1519 Denkschrift Steins, 1815 II 1: BuaS 5, Nr. 256, S. 258–262.
1520 Tagebuch Stein: BuaS 5, S. 369f.
1521 Stein an Frau vom Stein, 1815 III 18: BuaS 5, Nr. 280, S. 286.
1522 Stein an Reden, 1815 IV 23: BuaS 5, Nr. 298, S. 302.
1523 Vgl. den in Steins Nachlaß liegenden Bericht: NlSteinCapp 179.
1524 Ritter II, S. 304.
1525 Tagebuch Stein: BuaS 5, S. 373.
1526 Denkschrift Steins, 1815 IV 3: BuaS 5, Nr. 292, S. 299f.; Denkschrift Steins, 1815 V 1: BuaS 5, Nr, 303, S. 305ff.
1527 Tagebuch Stein: BuaS 5, S. 375.
1528 Tagebuch Stein: BuaS 5, S. 383.
1529 Grundsätzlich: Wolfgang Mager, Das Problem der landständischen Verfassungen auf dem Wiener Kongreß 1814/15, in: Historische Zeitschrift 217 (1974), S. 296–346.
1530 Denkschrift Steins, 1815 V 24: BuaS 5, Nr. 314, S, 314.
1531 Aufzeichnung Steins, 1815 VI 20: BuaS 5, Nr. 324, S. 390ff.
1532 Entstehung DB, Nr. 262, S. 1559ff.
1533 Denkschrift Steins, 1815 I 13: BuaS 5, Nr. 240, S. 240.
1534 Entstehung DB, S. XCIV.
1535 Metternich an Stein, 1815 V 28: BuaS 5, Nr. 315, S. 314; Stein an Franz I., 1815 V 31: BuaS 5, Nr. 316, S. 315.
1536 NlSteinCapp 1027.
1537 Akten: NlSteinCapp 109. Die Kasse schloß übrigens mit einem Überschuß von über einer halben Million Gulden!
1538 Capodistrias an Stein, 1815 VI 11: BuaS 5, Nr. 321, S. 387.
1539 Stein an Vincke, 1815 II 7: BuaS 5, Nr. 262, S. 267.
1540 Stein an Frau vom Stein, 1815 V 15: BuaS 5, Nr. 310, S. 311.
1541 Blücher an Stein, 1815 VI 22: BuaS 5, Nr. 326, S. 393.
1542 BuaS 5, Nr. 328, S. 394ff.
1543 Ritter II, S. 278.
1544 Stein an Hardenberg, 1815 VII 9: BuaS 5, Nr. 332, S. 401.
1545 Stein an Leopold von Anhalt-Dessau, 1815 XII 7: BuaS 5, Nr. 365, S. 447f.
1546 Humboldt an Karoline von Humboldt, 1815 X 14: BW Humboldt V, Nr. 44, S. 100.
1547 Hardenberg an Stein, 1815 VII 26: BuaS 5, Nr. 337, S. 404.
1548 NlSteinCapp 1432.
1549 Goethe an Stein, 1816 VI 1: BuaS 5, Nr. 415, S. 494 (Übersendung des Aufsatzes).
1550 Humboldt an Karoline von Humboldt, 1816 VI 25: BW Humboldt V, Nr. 126, S. 273.
1551 Vgl. Raumer, Stein und Goethe, S. 31.
1552 Hartlieb von Wallthor, Stein und Goethe, S. 387.
1553 Arndt hat Goethe jedenfalls gesehen (S. 123), berichtet aber nichts von einer Begegnung Steins mit Goethe.
1554 Vgl. Hering, S. 291.
1555 Goethe an Stein, 1815 VIII 10: BuaS 5, Nr. 340, S. 406f.
1556 So Raumer, Stein und Goethe, S. 18.
1557 Vgl. Raumer, Stein und Goethe, S. 41.
1558 Stein an Capodistrias, 1815 VII 31: BuaS 5, Nr. 339, S. 405f.
1559 Aufzeichnungen: BuaS 5, S. 414f.
1560 Denkschrift Steins, 1815 VIII 18: BuaS 5,

Nr. 341, S. 407–410.

1561 Aufzeichnungen: BuaS 5, S. 418.

1562 Arndt, S. 174f.

1563 Aufzeichnungen: BuaS 5, S. 423.

1564 Stein an Goethe, 1815 IX 17: BuaS 5, Nr. 346, S. 425.

1565 NlSteinCapp 109.

1566 Pozzo di Borgo und Pfürdt an Stein, 1814 IX 5: NlSteinCapp 1221.

1567 Dohm an Stein, 1814 VIII 3: Nl Stein Capp 845.

1568 Stein an Gagern, 1819 VIII 5: BuaS 6, Nr. 101, S. 121.

1569 Karoline von Humboldt an Humboldt, 1816 I 20: BW Humboldt V, Nr. 74, S. 171.

1570 Es sei nur daran erinnert, daß Hardenberg nach dem Wiener Kongreß nicht nur gefürstet, sondern auch mit den Gütern Quilitz, Rosenthal und Lietzen ausgestattet wurde.

1571 Kabinettsordre an Stein, 1816 I 17: BuaS 5, Nr. 374, S. 455; Hardenberg an Stein, 1816 I 19: BuaS 5, Nr. 375, S. 455f.; Stein an Friedrich Wilhelm III., 1816 II 13: BuaS 5, Nr. 386, S. 467.

1572 Stein an Gagern, 1829 III 19: BuaS 7, Nr. 488, S. 551.

1573 Stein an Marianne vom Stein, 1821 X 29: BuaS 6, Nr. 391, S. 406.

1574 BW Humboldt VI, S. 206.

1575 Stein an Gagern, 1819 V 22: BuaS 6, Nr. 73, S. 91.

1576 NlSteinCapp 1087.

1577 U.a.: Arndt an Stein, 1823 XI 26: Nl Stein Capp 1062.

1578 Beispiel: Stein an Spiegel, 1824 V 10: BuaS 6, Nr. 725, S. 719.

1579 Stein an Hövel, 1825 VII 22: BuaS 6, Nr. 893, S. 877.

1580 Stein an Spiegel, 1825 VII 31: BuaS 6, Nr. 896, S. 880.

1581 Stein an Gräfin Reden, 1826 VI 29: BuaS 7, Nr. 13, S. 11.

1582 Stein an Gagern, 1826 VII 9: BuaS 7, Nr. 16, S. 15.

1583 Stein an Spiegel, 1829 IX 18: BuaS 7, Nr. 575, S. 639.

1584 Stein an Pertz, 1823 XII 16: BuaS 6, Nr. 665, S. 671 (Besuch Niebuhrs).

1585 Stein an Henriette vom Stein, 1818 IV 29: BuaS 5, Nr. 682, S. 771.

1586 Stein an Gagern, 1818 V 21: BuaS 5, Nr. 694, S. 781.

1587 Vgl. Richtering, S. 24. – Bodelschwingh wird Stein schon wegen seiner Teilnahme am Befreiungskrieg sympathisch gewesen sein, in dessen Verlauf er schwer verwundet worden war, aber auch seines „beamtenliberalen“ Weltbildes wegen. Kurzzeitig war in der Familie Bodelschwinghs sogar einmal der Gedanke einer möglichen Vermählung Ernsts mit einer der beiden Stein-Töchter aufgetaucht. Vgl. jetzt Siegfried Bahne, Ernst von Bodelschwingh – ein preußischer Staatsmann und Politiker aus Westfalen in der Zeit der Restauration, Revolution und Reaktion, in: Westfälische Zeitschrift 146 (1996), S. 173–189.

1588 Stein an Friedrich von Schlegel, undat.: BuaS 5, Nr. 447, S. 523.

1589 Edition in: Goethekult und katholische Romantik. Fritz Schlosser (1780–1851), hrsg. von Helmut Hinkel, Mainz 2002, S. 324.

1590 Ebd., S. 325.

1591 Ebd., S. 333.

1592 Stein an Pertz, 1822 I 25: BuaS 6, Nr. 432, S. 444.

1593 Goethekult (wie Anm. 1589), S. 336. Stein an Wilhelm von Humboldt, 1822 VI 8: BuaS 6, Nr. 499, S. 522.

1594 Goethekult (wie Anm. 1589), S. 336.

1595 Ebd., S. 337.

1596 Ebd., S. 338.

1597 Ebd., S. 340.

1598 Ebd., S. 343.

1599 Stein an Merveldt, 1829 VIII 11: BuaS 7, Nr. 561, S. 626.

1600 Vgl. Mathy.

1601 Gradenwitz.

1602 BuaS 1, S. 310, Anm. 2.

1603 Vgl. auch Kloft, S. 206ff.

1604 Stein an Imhoff, 1818 IV 13: BuaS 5, Nr. 672, S. 757f.

1605 Stein an Henriette vom Stein, 1818 VIII 29: BuaS 5, Nr. 718, S. 812f.; Stein an Imhoff, 1818 XI 16: BuaS 5, Nr. 743, S. 830.

1606 Ps 115,1.

1607 Rauch an Stein, 1818 III 7: NlSteinCapp 865.

1608 Stein an Niebuhr, 1817 VII 21: BuaS 5, Nr. 553, S. 643f.

1609 Stein an Vincke, undat.: BuaS 5, Nr. 485, S. 572.

1610 Stein an Wallraf, 1816 X 18: BuaS 8, Nr. 226, S. 165.

1611 Niebuhr an Stein, 1817 XI 15: BuaS 5, Nr. 586, S. 666; Stein an Niebuhr, 1820 V 13: BuaS 6, Nr. 248, S. 266.

1612 Beispiel: Stein an Gneisenau, 1829 XI 3: BuaS 7, Nr. 596, S. 655f.; Stein an Frau v. Horn, 1829 XI 5: BuaS 7, Nr. 598, S. 657f.

1613 Stein an Therese von Kielmannsegg, 1829 XI 3: BuaS 7, Nr. 597, S. 656. Es ging hier um Stägemanns „Historische Erinnerungen in lyrischen Gedichten".

1614 Stein an Gräfin Rantzau und Frau v. Löw, 1816 IX 16: BuaS 5, Nr. 467, S. 557f.

1615 Stein an Rechberg, undat.: BuaS 6, Nr. 589, S. 614.

1616 Stein an Imhoff, 1819 IV 23: BuaS 6, Nr. 59, S. 77.

1617 Stein an Henriette vom Stein, 1818 VIII 29: BuaS 5, Nr. 718, S. 812.

1618 Stein an Cotta, 1815 XI 17: BuaS 5, Nr. 361, S. 444.

1619 Stein an Marianne vom Stein, 1815 XII 15: BuaS 5, Nr. 366, S. 448f.

1620 U. a.: Bethmann an Stein, 1816 VII 20: BuaS 5, Nr. 439, S. 515f.

1621 Stein an Brönner, 1816 I 10: BuaS 5, Nr. 371, S. 453; Stein an Brönner, 1822 XII 18: BuaS 6, Nr. 556, S. 589.

1622 Stein an Antonie von Brentano, 1816 III 16: BuaS 5, Nr. 398, S. 475.

1623 Stein an Goethe, 1816 VI 26: BuaS 5, Nr. 420, S. 498f. mit Anm. 1.

1624 Stein an Gagern, 1821 XI 17: BuaS 6, Nr. 398, S. 412.

1625 Humboldt an Karoline von Humboldt, 1815 XII 8: BW Humboldt V, Nr. 62, S. 147.

1626 Stein an Vincke, 1815 IX 25: BuaS 5, Nr. 348, S. 426.

1627 Stein an Vincke, 1816 VII 10: BuaS 5, Nr. 432, S. 511.

1628 Stein an Vincke, 1816 IX 3: BuaS 5, Nr. 461, S. 551.

1629 Stein an Spiegel, 1823 VII 24: BuaS 6, Nr. 612, S. 630.

1630 Stein an Therese von Kielmannsegg, 1829 II 28: BuaS 7, Nr. 471, S. 527f.; vgl. auch Richtering, S. 3.

1631 Denkschrift Steins, 1816 VIII 20: BuaS 5, Nr. 455, S. 537–540.

1632 Die Literatur zu Vinckes Oberpräsidentenzeit ist in letzter Zeit erheblich angewachsen. Neben dem oben verschiedentlich zitierten Sammelband von Behr/Kloosterhuis ist u. a. zu nennen Heide Barmeyer, Der Oberpräsident Vincke und die Provinz Westfalen, in: Westfälische Zeitschrift 146 (1996), S. 153–171, und dies., Politik und Familie im Leben Ludwig Vinckes 1826/27, in: Westfälische Zeitschrift 150 (2000), S. 21–41.

1633 Vgl. Lipgens, 1. Halbband, Kap. 2.

1634 Vgl. Lipgens, 1. Halbband, S. 89 und 172.

1635 Stein an Hardenberg, 1810 XI 15: BuaS 3, Nr. 279, S. 421.

1636 Spiegel an Stein, 1807 VIII 2: BuaS 2, Nr. 368, S. 426ff.

1637 Buchholtz an Stein, 1814 VIII 17: Nl SteinCapp 213.

1638 Stein an Vincke, 1814 II 19: BuaS 4, Nr. 815, S. 547.

1639 Stein an Spiegel, 1814 VIII: BuaS 5, Nr. 143, S. 134.

1640 Stein an Frau vom Stein, 1814 IX 17: BuaS 5, Nr. 160, S. 147f.

1641 Lipgens, 1. Halbbd., S. 248.

1642 Beispiel: Stein an Spiegel, 1818 IX 23: BuaS 5, Nr. 730, S. 823.

1643 Stein an Spiegel, 1824 VIII 15: BuaS 6, Nr. 763, S. 751.

1644 Stein an Spiegel, 1826 I 9: BuaS 6, Nr. 946, S. 935.

1645 Stein an Spiegel, 1821 XII 21: BuaS 6, Nr. 420, S. 433.

1646 Spiegel an Stein, 1818 III 13: BuaS 5, Nr. 656, S. 739.

1647 Stein an Spiegel, 1818 III 1: BuaS 5, Nr. 642, S. 731f.

1648 Stein an Spiegel, 1823 V 28: BuaS 6, Nr. 600, S. 621.

1649 Vgl. Richtering, S. 19.

1650 Stein an Karoline von Humboldt, 1822 I 26: BuaS 6, Nr. 433, S. 445.

1651 Stein an Karoline von Humboldt, 1826 I 18: BuaS 6, Nr. 948, S. 937f.

1652 Stein an Kolbe, 1828 V 6: BuaS 7, Nr. 325, S. 346f.

1653 Akten: NlSteinCapp 888.

1654 Stein an Fritz Schlosser, 1829 V 7: BuaS 7, Nr. 529, S. 591f.; Stein an Fritz Schlosser, 1829 VII 15: BuaS 7, Nr. 551, S. 613f.; Stein an Fritz Schlosser, 1829 VIII 6: BuaS 7, Nr. 559, S. 623.

1655 Stein an Fritz Schlosser, 1831 V 21: BuaS 7, Nr. 998, S. 1148.

1656 Vgl. den Gemäldeausschnitt in BuaS 8, bei S. 160. – Zu Schnorrs „Tod Barbarossas" vgl. jetzt Gerd Dethlefs, Der Freiherr vom Stein und der Tod Barbarossas, in: Jahrbuch des Kreises Unna 2007, S. 104–109.

1657 Wilhelm I. von Württemberg an Stein, 1817 I 7: BuaS 5, Nr. 497, S. 584f.; Stein an König Wilhelm, undat.: BuaS 5, Nr. 503, S. 590f.

1658 Stein an Mirbach, 1817 III 8: BuaS 5, Nr. 508, S. 596. Stein war der württembergischen Königsfamilie insbesondere durch die aus Russland stammende Königin Katharina Pawlowna verbunden, die er seit 1812 kannte und deren Tod im Januar 1819 ihn tief berührte. Vgl. Stein an König Wilhelm I., 1819 IV 3: BuaS 6, Nr. 49, S. 67f.

1659 Stein an Gagern, 1825 XI 3: BuaS 6, Nr. 921, S. 901.

1660 Stein an Stägemann, 1816 III 29: BuaS 5, Nr. 400, S. 478.

1661 Stein an Solms-Laubach, 1817 XII 26: BuaS 5, Nr. 599, S. 683.

1662 Hans Tümmler, Ernst August von Gersdorff, Weimars Reformminister der Goethezeit. Ein Schüler des Freiherrn vom Stein, Köln 1980.

1663 Stein an Gneisenau, 1816 II 13: BuaS 5, Nr. 387, S. 467f.

1664 Vgl. Domarus, S. 28.

1665 Friedrich von Nassau an Stein, 1814 III 4: BuaS 4, Nr. 875, S. 583f.

1666 Vgl. Schüler, S. 56f.

1667 Stein an Marschall, undat.: BuaS 5, Nr. 13, S. 12.

1668 Marschall an Stein, 1814 III 11: BuaS 4, Nr. 940, S. 626ff.

1669 Stein und Walderdorff an den Herzog, 1816 VI 26: NlSteinCapp 214.

1670 Eingabe Steins und Walderdorfffs, 1816 VI 26: BuaS 5, Nr. 421, S. 499–502.

1671 Herzog Wilhelm an Stein, 1816 VI 29: NlSteinCapp 214.

1672 Herzog Wilhelm an Stein, 1816 VI 28: BuaS 5, Nr. 422, S. 501f.; Herzog Wilhelm an Stein, 1816 VI 29: BuaS 5, Nr. 423, S. 503; Stein an Herzog Wilhelm, 1816 VI 29: BuaS 5, Nr. 424, S. 503f.

1673 Stein an Eichhorn, 1816 VII 2: BuaS 5, Nr. 427, S. 506.

1674 Stein an Fürstin Amalie von Anhalt-Schaumburg, 1816 VII 6: BuaS 5, Nr. 431, S. 509f.

1675 Solms-Laubach an Stein, 1816 VII 23: BuaS 5, Nr. 441, S. 517.

1676 Stein an Herzog Wilhelm, 1816 VIII 27: BuaS 5, Nr. 456, S. 541.

1677 Stein an Fürstin Amalie von Anhalt-Schaumburg, 1816 XII 24: BuaS 5, Nr. 491, S. 576f.; Vorstellung Steins und anderer, undat.: BuaS 5, Nr. 493, S. 577–580.

1678 Stein an Görres, 1817 III 24: BuaS 5, Nr. 515, S. 603f.; Stein an Görres, 1817 III 27: BuaS 5, Nr. 516, S. 604; Stein an Cotta, 1817 IV 3: BuaS 5, Nr. 520, S. 610f.

1679 Zeitungsartikel Steins, undat.: BuaS 5, Nr. 550, S. 639–642.

1680 Beispiel: Stein an Görres, 1817 V 26: BuaS 5, Nr. 540, S. 631.

1681 Stein an nassauische Regierung, 1817 XII 14: BuaS 5, Nr. 595, S. 677ff.

1682 Korr. in NlSteinCapp 214.

1683 Stein an Marschall, 1818 I 9: BuaS 5, Nr, 615, S. 702.

1684 Marschall an Stein, 1818 II 17: BuaS 5, Nr. 633, S. 721.

1685 Stein an Marschall 1818 II 23: BuaS 5, Nr. 638, S. 723.

1686 Denkschrift Steins, undat.: BuaS 5, Nr. 640, S. 725ff.; Denkschrift Steins, 1818 III 1: BuaS 5, Nr. 641, S. 727–730.

1687 Preuschen an Stein, 1818 III 6: BuaS 5, Nr. 643, S. 732.

1688 Stein an Dalwigk, 1818 III 6: BuaS 5, Nr. 644, S. 732f.

1689 Dalwigk an Stein, 1818 III 7: BuaS 5, Nr. 645, S. 733f.

1690 Stein an Dalwigk, 1818 III 7: BuaS 5, Nr. 646, S. 734.
1691 Stein an Wintzingerode, 1818 III 7: BuaS 5, Nr. 648, S. 735.
1692 Wangenheim an Stein, 1818 III 7: BuaS 5, Nr. 649, S. 735f. Dazu aber ergänzend: Wangenheim an Stein, 1818 III 13: BuaS 5, Nr. 658, S. 741.
1693 Stein an Preuschen, 1818 III 9: BuaS 5, Nr. 652, S. 737.
1694 So Schüler, S. 91.
1695 Die Akten – mit Einschluß von Steins Erklärung vom 29. Sept. 1818 – in Nl Stein Capp 1052.
1696 Vgl. Schüler, S. 96f.
1697 Vgl. auch Gembruch, Stein und Nassau, S. 147.
1698 Stein an Gagern, 1821 XII 4: BuaS 6, Nr. 404, S. 415.
1699 Stein an Gagern, 1821 XI 2: BuaS 6, Nr. 393, S. 407.
1700 Stein an Gagern, 1826 V 14: BuaS 6, Nr. 991, S. 988.
1701 Stein an Gagern, 1828 III 27: BuaS 7, Nr. 299, S. 320; Stein an Gagern, 1828 IV 11: BuaS 7, Nr. 307, S. 329ff.
1702 Stein an Marianne vom Stein, 1829 IV 12: BuaS 7, Nr. 508, S. 572f.
1703 Horst Dippel, Die kurhessische Verfassung von 1831 im internationalen Vergleich, in: Historische Zeitschrift 282 (2006), S. 619–644.
1704 Stein an Gagern, 1830 X 1: BuaS 7, Nr. 793, S. 907.
1705 Stein an Merveldt, 1830 X 2: BuaS 7, Nr. 794, S. 908.
1706 Stein an Landsberg-Velen, 1831 V 1: BuaS 7, Nr. 992, S. 1138f.
1707 Nolte, S. 106.
1708 So im Prinzip auch noch: Stein an Gräfin Edling, 1818 II 11: BuaS 5, Nr. 628, S. 713f.
1709 NlSteinCapp 218.
1710 Stein an Solms-Laubach, 1819 VI 2: BuaS 6, Nr. 78, S. 96f.
1711 Stein an Karoline von Humboldt, 1819 X 19: BuaS 6, Nr. 136, S. 160.
1712 Stein an Solms-Laubach, 1819 X 23: BuaS 6, Nr. 141, S. 165.
1713 Stein an Gagern, 1826 VIII 31: BuaS 7, Nr. 34, S. 29.
1714 Vgl. Eberhard Weber, Die Mainzer Zentraluntersuchungskommission, Karlsruhe 1970, S. 86ff.
1715 Stein an Hövel, 1819 XI 16: BuaS 6, Nr. 151, S. 172f.
1716 Stein an Hövel, 1819 XII 20: BuaS 6, Nr. 166, S. 188.
1717 Zeugnis Steins, 1822 II 9: BuaS 6, Nr. 448, S. 472f.
1718 Görres an Stein, 1827 III 4: NlSteinCapp 1114.
1719 Vgl. Ritter II, S. 316.
1720 So Neugebauer, Bd. 2, S. 112.
1721 Vgl., auch zum folgenden, Botzenhart, Bibliothek, S. 331–372. Botzenhart stützt sich auf das im Februar 1831 angefertigte Bücherverzeichnis, das dort (NlStein Capp 1035) aber als „offenbar unvollständig" charakterisiert wird.
1722 Stein an Karoline von Berg, 1804 VII 15: BuaS 8, Nr. 155, S. 122. Damit ist übrigens auch Schöns Behauptung (PS I, S. 577) zu korrigieren, vor 1808 habe Stein überhaupt nichts von Goethe gelesen.
1723 Vgl. die Zitatenlese bei Hartlieb von Wallthor, Stein und Goethe, S. 385.
1724 Beispiel: Stein an Reden, 1781 XII 29: BuaS 1, Nr. 94, S. 132.
1725 Stein an Hövel, 1822 I 19: BuaS 6, Nr. 429, S. 440f. Vgl. auch Richtering, S. 15.
1726 Kabinettsordre an Stein, 1826 V 17: BDA 6, S. 383.
1727 BDA 6, S. 383. Stein an Friedrich Wilhelm III., 1826 V 26: BuaS 7, Nr. 1, S. 1; Stein an Vincke, 1826 V 16: BuaS 7, Nr. 2, S. 1.
1728 Stein an Kunth, 1814 VI 17: BuaS 5, Nr. 19, S. 16ff.
1729 Stein an Vincke, 1816 I 6: BuaS 5, Nr. 370, S. 452f.
1730 Stein an Vincke, 1816 I 6: BuaS 5, Nr. 370, S. 453.
1731 Denkschrift Steins, 1817 III 31: BuaS 5, Nr. 517, S. 605–608.
1732 Arndt an Stein, 1818 I 18: BuaS 5, Nr. 618, S. 704f.
1733 Schlosser hat 1817 ein Buch publiziert: Ständische Verfassung, ihr Begriff, ihre Bedingung, Möglicherweise handelt es sich dabei um seine Dissertation.

1734 Denkschrift Steins, 1818 II 13: BuaS 5, Nr. 631, S. 715–719.

1735 Stein an Kronprinz Friedrich Wilhelm, 1822 XI 10: BuaS 6, Nr. 540, S. 576.

1736 Besonders klar: Stein an Niebuhr, 1822 II 8: BuaS 6, Nr. 446, S. 468.

1737 Stein an Gräfin Voß, 1826 III 26: BuaS 6, Nr. 973, S. 966.

1738 Vgl. etwa seine Briefe an Capodistrias, Gersdorff und die Fürstin Amalia von Anhalt-Schaumburg in Bd. 5 der BuaS; u. a. auch Gersdorff an Stein, 1816 VIII 6: BuaS 5, Nr. 449, S. 524f.

1739 Memorandum 1816 VIII 20: BuaS 5, Nr. 455, S. 537–540.

1740 Stein an Chr. Schlosser, 1818 VI 19: BuaS 5, Nr. 709. S. 800. – Wie stark (oder weniger ausgeprägt) bei Stein Positionen des Frühliberalismus vorhanden waren, wird auch in jüngster Vergangenheit heftig diskutiert; vgl. u.a. Paul Nolte, in: Duchhardt/Teppe; Willibald Steinmetz, in: Duchhardt/Teppe; Frank-Lothar Kroll, Verfassungsidee und Verfassungswirklichkeit im Zeitalter der Stein-Hardenbergschen Reformen, in: Verfassung und Verwaltung. Festschrift für Kurt G. A. Jeserich, Köln/Weimar/Wien 1994, S. 159–183.

1741 Stein an Nesselrode, 1817 X 10: BuaS 5, Nr. 578, S. 662.

1742 Denkschrift Steins, 1817 V 2: BuaS 5, Nr. 530, S. 619–622.

1743 So 1817 VI 2: NlSteinCapp 248 (Kopie).

1744 Stein an Chr. Schlosser, 1817 V 1: BuaS 5, Nr. 528, S. 616ff.

1745 Stein an Görres, 1818 II 2: BuaS 5, Nr. 626, S. 710f.

1746 Stein an Hövel, 1818 IV 29: BuaS 5, Nr. 683, S. 772; auch: Stein an Spiegel, undat.: BuaS 5, Nr. 687, S. 775.

1747 Entwurf Steins, undat.: BuaS 5, Nr. 607, S. 687ff.

1748 Denkschrift Steins, 1818 III 27: BuaS 5, Nr. 666, S. 746–751.

1749 NlSteinCapp 248.

1750 1819 II 25: BuaS 6, Nr. 26, S. 25–38; Entwurf: NlSteinCapp 258.

1751 Humboldt an Karoline von Humboldt, 1819 II 5: BW Humboldt VI, Nr. 175, S. 462f. Vgl. auch Schreiber. Vgl. außerdem: Siegfried A. Kaehler, Wilhelm von Humboldt und der Staat, München/Berlin 1927, S. 391ff.

1752 Stein an Spiegel, 1819 I 30: BuaS Nr. 12, S. 10f.

1753 Humboldt an Karoline von Humboldt, 1819 I 22: BW Humboldt VI, Nr. 169, S. 438ff.

1754 Stein an Hövel, 1819 III 29: BuaS 6, Nr. 43, S. 60.

1755 Stein an Hövel, 1820 I 20: BuaS 6, Nr. 184, S. 205.

1756 Stein an Merveldt, 1822 I 17: BuaS 6, Nr. 428, S. 439f.

1757 Bemerkungen über die allgemeinen Grundsätze..., 1822 XI 1/3: BuaS 6, Nr. 536, S. 556–570; Bemerkungen über den Entwurf einer landständischen Verfassung..., 1822 XI 6: BuaS 6, Nr. 537, S. 570–574.

1758 Vgl. Hartlieb von Wallthor, in: Behr/Kloosterhuis, S. 235.

1759 Das sah auch Stein sehr klar: Stein an Gräfin Reden, 1823 II 18: BuaS 6, Nr. 571, S. 601; Stein an Hövel, 1823 III 1: BuaS 6, Nr. 575, S. 604.

1760 Stein an Hövel, 1822 X 8: BuaS 6, Nr. 526, S. 547ff.

1761 Steins Handakten: NlSteinCapp 252.

1762 Stein an Merveldt, 1825 IV 29: BuaS 6, Nr. 855, S. 840.

1763 Stein an Spiegel, 1825 VII 31: BuaS 6, Nr. 896, S. 881; Stein an Vincke, 1825 VIII 3: BuaS 6, Nr. 897, S. 881f.

1764 Stein an Spiegel, 1823 VIII 25: BuaS 6, Nr. 620, S. 636f.

1765 Stein an Vincke, 1825 V 6: BuaS 6, Nr. 860, S. 846; Stein an Friedrich Wilhelm III., 1825 V 7: BuaS 6, Nr. 861, S. 848.

1766 Immediatbericht Vinckes, 1826 IV 25: NlSteinCapp 252.

1767 Stein an Rochow, 1826 VIII 30: BuaS 7, Nr. 33, S. 28.

1768 Ansprache Steins, 1826 X 29: BuaS 7, Nr. 62, S. 77f.

1769 Vgl. seine Briefe an den Archivar Caspar Geisberg, der ihm dieses Quartier vermittelte, bei Hartlieb von Wallthor, Unbekannte Briefe, Nrr. 3 und 4.

1770 Denkschrift Steins, 1826 IX 21: BuaS 7,

Nr. 40, S. 48–51; Denkschrift Steins, 1826 X 2: BuaS 7, Nr. 47, S. 60ff. Die am 29. Oktober 1826 verabschiedete Geschäftsordnung: BuaS 7, Nr. 63, S. 78–84.

1771 Stein an Gräfin Voß, 1825 XI 7: BuaS 6, Nr. 924, S. 904.

1772 Denkschrift Steins, 1826 IX 11: BuaS 7, Nr. 37, S. 31–46, hier S. 32.

1773 Stein an Rochow, 1826 V 24: BuaS 7, Nr. 3, S. 2f.

1774 Manfred Botzenhart, Bittere Niederlagen. Vincke im Kampf um die Kommunalverfassung, 1815–1841, in: Behr/Kloosterhuis, S. 195–208.

1775 Stein an Merveldt, 1826 X 12: BuaS 7, Nr. 49, S. 64.

1776 Stein an Romberg, 1826 XI 19: BuaS 7, Nr. 92, S. 106.

1777 Stein an Gräfin Voß, 1826 XII 12: BuaS 7, Nr. 116, S. 121.

1778 Denkschrift Steins, 1826 IX: BuaS 7, Nr. 44, S. 53–58.

1779 Beispiel: Randbemerkungen Steins zu einem Katastergutachten, 1826 X 31; BuaS 7, Nr. 64, S. 84ff.; Stein an den Katasterausschuß, 1826 X 31: BuaS 7, Nr. 65, S. 86f.; Bemerkungen Steins zum Katasterwesen, 1826 XI 5: BuaS 7, Nr. 71, S. 89f.; Stein an Vincke, 1826 XI 9: BuaS 7, Nr. 78, S. 92ff.; Denkschrift Steins, 1826 XI 10: BuaS 7, Nr. 83, S. 96–99.

1780 Beispiel: Stein an Vincke, 1827 VI 18: BuaS 7, Nr. 191, S. 209ff.

1781 Stein an Spiegel, 1827 VI 20: BuaS 7, Nr. 192, S. 213.

1782 Beispiel: Stein an Romberg, 1826 XII 4: BuaS 7, Nr. 108, S. 116f.

1783 Stein an Mirbach, 1826 X 14: BuaS 7, Nr. 51, S. 67.

1784 Stein an Vincke, 1826 XII 29: BuaS 7, Nr. 125, S. 126f.

1785 Stein an Rochow, 1827 I 3: BuaS 7, Nr. 132, S. 134.

1786 Stein an Kronprinz Friedrich Wilhelm, 1829 I 25: BuaS 7, Nr. 449, 505f.

1787 BDA 6, S. 475f.

1788 Stein an Rochow, 1827 I 3: BuaS 7, Nr. 132, S. 133–137.

1789 Stein an Vincke, 1827 I 6: BuaS 7, Nr. 134, S. 137f.

1790 Druck: BuaS 7, Nr. 156, S. 163; BDA 6, S. 474 (Regest).

1791 Stein an Vincke, 1827 II 9: BuaS 7, Nr. 150, S. 154f.; Stein an Viebahn, 1827 II 11: BuaS 7, Nr. 151, S. 155f.

1792 Der erste westphälische Landtag, Münster 1827. Vgl. Stein an Gagern, 1827 XI 2: BuaS 7, Nr. 224, S. 240.

1793 Beispiel: Stein an Spiegel, 1827 III 23: BuaS 7, Nr. 171, S. 186f.

1794 Stein an Marianne vom Stein, 1827 III 16: BuaS 7, Nr. 170, S. 185.

1795 Stein an Friedrich Wilhelm III., 1827 V 3: BuaS 7, Nr. 174, S. 191.

1796 Stein an Luise Radziwill, 1827 IV 24: BuaS 7, Nr. 172, S. 187f.

1797 Stein an Mirbach, 1827 V 19: BuaS 7, Nr. 177, S. 193.

1798 Stein an Spiegel, 1827 V 28: BuaS 7, Nr. 180, S. 198.

1799 Stein an Henriette von Giech, 1829 XI 28: BuaS 7, Nr. 612, S. 674.

1800 Stein an Vincke, 1827 V 23: BuaS 7, Nr. 178, S. 195, mit Anm. 1.

1801 Vgl. jetzt Hubert Glaser, „zu Göthe wäre ich gerne und hatte in die Glashäuser zu wandern". König Ludwig I. von Bayern über seine Reise nach Weimar, 26. bis 30. August 1827, in: Zeitschrift für bayerische Landesgeschichte 69 (2006), S. 219–276.

1802 Vgl. Raumer, Stein und Goethe, S. 49f.

1803 Beispiel: Stein an Innenministerium, 1828 I 24: BuaS 7, Nr. 265, S. 280f.

1804 Stein an Prinz Wilhelm, 1830 X 13: BuaS 7, Nr. 800, S. 914ff.

1805 Stein an Spiegel, 1828 VIII 30: BuaS 7, Nr. 364, S. 388.

1806 Stein an Friedrich Wilhelm III., 1828 XI 4: BuaS 7, Nr. 385, S. 415f.; Stein an Vinkke, 1828 XI 4: BuaS 7, Nr. 386, S. 416.

1807 Stein an Geisberg, 1828 X 5: BuaS 7, Nr. 375, S. 408.

1808 Vgl. Steins Eröffnungsrede, 1828 XI 23: BuaS 7, Nr. 393, S. 424ff.: „Manche Gegenstände, so auf dem ersten Landtag verhandelt worden, erfordern gegenwärtig eine wiederholte Beratung, der wir uns mit Gewissenhaftigkeit, leidenschaftsloser Unbefangenheit und Gründlichkeit zu unterziehen verpflichtet sind".

1809 Bemerkungen..., 1828 XI 24: BuaS 7, Nr. 395, S. 442–452.

1810 Stein an Vincke, 1828 XII 21: BuaS 7, Nr. 416, S. 470f.

1811 Stein an Vincke, 1829 VI 23: BuaS 7, Nr. 543, S. 607; Stein an Spiegel, 1829 VII 5: BuaS 7, Nr. 548, S. 611f.

1812 Promemoria Steins, 1828 XII 9: BuaS 7, Nr. 401, S. 455ff.

1813 Stein an Viebahn, 1828 XII 28: BuaS 7, Nr. 422, S. 478ff.

1814 Stein an Hüffer, 1829 I 9: BuaS 7, Nr. 428, S. 485.

1815 Stein an Hüffer, 1829 I 9: BuaS 7, Nr. 429, S. 485f.

1816 Stein an Merveldt, 1829 I 16: BuaS 7, Nr. 437, S. 493.

1817 Stein an Hüffer, 1829 I 14: BuaS 7, Nr. 431, S. 487.

1818 Stein an Viebahn, 1829 I 18: BuaS 7, Nr. 439, S. 495; Stein an Hüffer, 1829 I 20: BuaS 7, Nr. 440, S. 496. Druck: Der zweite Westfälische Landtag, Münster 1830.

1819 Stein an Kronprinz Friedrich Wilhelm, 1829 I 25: BuaS 7, Nr. 449, S. 505ff.

1820 Stein an Therese von Kielmannsegg, 1829 II 21: BuaS 7, Nr. 465, S. 521.

1821 Stein an Therese von Kielmannsegg, 1829 II 19: BuaS 7, Nr. 463, S. 520.

1822 Stein an Therese von Kielmannsegg, 1830 IV 19: BuaS 7, Nr. 710, S. 820.

1823 Stein an Friedrich Wilhelm III., 1830 XI 6: BuaS 7, Nr. 815, S. 932f.

1824 Stein an Hüffer, 1830 XI 1: BuaS 7, Nr. 809, S. 924ff.

1825 Stein an Landsberg-Velen, 1830 XI 16: BuaS 7, Nr. 829, S. 949f.

1826 Stein an Vincke, 1830 XI 6: BuaS 7, Nr. 816, S. 933.

1827 Beispiel: Denkschrift Steins über die Vererbung der Bauernhöfe, 1830 XII 13: BuaS 7, Nr. 866, S. 989–997.

1828 Beide Zitate aus einem Brief Steins an Viebahn, 1830 XI 18: BuaS 7, Nr. 830, S. 951.

1829 Es muß sich um das Werk gehandelt haben: Grundriss der Haupt-Revolutionen in Europa seit dem Umsturz des Abendländischen Kayserthums, bis auf unsere Zeiten, Frankfurt/M. 1773.

1830 NlSteinCapp 935.

1831 Stein an Landsberg-Velen, 1830 XII 15: BuaS 7, Nr. 869, S. 998ff.

1832 Stein an Hüffer, 1831 I 22: BuaS 7, Nr. 921, S. 1033.

1833 Stein an Vincke, 1831 II 22: BuaS 7, Nr. 951, S. 1076ff.

1834 Stein an Gneisenau, 1831 II 18: BuaS 7, Nr. 949, S. 1071–1075.

1835 Hartlieb von Wallthor, in: Behr/Kloosterhuis, S. 236.

1836 Vgl. Richtering, S. 22, sowie besonders Johannes Bauermann, Ludwig Vincke und Therese vom Stein, in: Dauer und Wandel in der Geschichte (Festgabe für Kurt von Raumer), Münster 1966, S. 397–411.

1837 Stein an Rappard, 1829 XII 26: BuaS 7, Nr. 635, S. 707.

1838 Stein an Schlebrügge, 1829 VIII 24: BuaS 7, Nr. 566, S. 630.

1839 Beispiel: Stein an Schlebrügge, 1829 XII 20: BuaS 7, Nr. 629, S. 701.

1840 Denkschrift, 1830 I 4: BuaS 7, Nr. 641, S. 717f.

1841 Stein an Kunth, 1816 IV 9: BuaS 5, Nr. 404, S. 483ff.

1842 Stein an Kunth, 1816 IV 19: BuaS 5, Nr. 406, S. 486.

1843 Zur Person: Hartlieb von Wallthor, Unbekannte Briefe, S. 158.

1844 1816 IX 1: BuaS 5, Nr. 459, S. 542–545 (Geisberg); 1816 IX 1: BuaS 5, Nr. 460, S. 546–550 (Poock).

1845 Beispiel: Stein an Wylich, 1821 VI 30: Buas 6, Nr. 343, S. 358 (Lehrstelle für den Sohn seines Gärtners, für den Stein Lehr- und Kostgeld bezahlen wolle).

1846 Stein an Poock, 1823 III 1: BuaS 6, Nr. 576, S. 605.

1847 NlSteinCapp 1026.

1848 Stein an Henriette von Giech, 1825 XI 3: BuaS 6, Nr. 922, S. 902.

1849 Vgl. Seebaß, S. 90f.

1850 Stein an Gräfin Kielmannsegg, 1816 IX 4: BuaS 5, Nr. 462, S. 552.

1851 Beispiel: Stein an Merveldt, 1829 XI 10: BuaS 7, Nr. 600, S. 659.

1852 Stein an Gräfin Rottenhan, undat.: BuaS 5, Nr. 464, S. 555.

1853 Stein an Vincke, 1823 X 23: BuaS 6, Nr. 641, S. 654; Stein an Marianne vom Stein, 1824 III 18: BuaS 6, Nr. 702, S. 700.

1854 Beispiel: Stein an Merveldt, 1821 XI 9: BuaS 6, Nr. 396, S. 411.

1855 Zeichnung von Anton Radl (1824), reproduziert in: BuaS 6, bei S. 704.

1856 Stein an Jasmund, 1827 XI 11: BuaS 7, Nr. 228, S. 243.

1857 Akten: NlSteinCapp 330.

1858 Arndt, S. 199.

1859 NlSteinCapp 964.

1860 Stein an Itzenplitz, 1826 I 9: BuaS 6, Nr. 945, S. 934.

1861 Vgl. Schoof, S. 366ff.

1862 Stein an Marianne vom Stein, 1824 VIII 10: BuaS 6, Nr. 759, S. 748.

1863 Stein an Fritz Schlosser, 1825 I 6: BuaS 6, Nr. 807, S. 795.

1864 Stein an Spiegel, 1828 XII 10: BuaS 7, Nr. 402, S. 458.

1865 Stein an Gräfin Voß, 1825 XI 7: BuaS 6, Nr. 924, 904.

1866 Stein an Eiselen, 1812 III 10: BuaS 3, Nr. 431, S. 615f,; vgl. auch Stein an Bandelow, 1816 II 23: BuaS 5, Nr. 394, S. 471f.

1867 Gemeint ist der Pädagoge und Historienschreiber Johann Hübner (1688–1731), der zuletzt Rektor des Hamburger Johanneums gewesen war.

1868 Stein an Therese vom Stein, 1814 II 16: BuaS 4, Nr. 799, S. 535.

1869 Stein an Kunth, 1816 III 16: BuaS 5, Nr. 397, S. 474.

1870 BuaS 5, Nr. 385, S. 463–467.

1871 Stein an Reden, 1809 VI 10: BuaS 3, Nr. 113, S. 149.

1872 Immediatschreiben Steins, 1808 VII 25: BuaS 2, Nr. 752, S. 792.

1873 Stein an Gräfin Brühl, 1811 III 7: BuaS 3, Nr. 328, S. 475.

1874 Vgl. Duchhardt, Westfälischer Friede.

1875 BuaS 9, S. 3.

1876 Stein an Therese vom Stein, 1816 X 30: BuaS 5, Nr. 477, S. 565; vgl. auch Stein an Therese vom Stein, 1817 IV 1: BuaS 5, Nr. 518, S. 609.

1877 Büsching und Hagen an Stein, 1807 XII 16: BuaS 2, Nr. 496, S. 573f.

1878 Stein an Büsching und Hagen, 1808 I 7: BuaS 2, Nr. 541, S. 615.

1879 Büsching an Stein, 1819 V 11: NlStein Capp 845.

1880 Stein an Büchler, 1819 VII 20: BuaS 6, Nr. 94, S. 114f.

1881 Nach wie vor unersetzt Bresslau, sowie aus dem Gedenkjahr 1907 der Aufsatz von Hering. – Vgl. aus jüngerer Vergangenheit insbesondere noch Horst Fuhrmann, „Sind eben alles Menschen gewesen". Gelehrtenleben im 19. und 20. Jahrhundert, dargestellt am Beispiel der Monumenta Germaniae Historica und ihrer Mitarbeiter, München 1996; Gerhard Schmitz, zur Entstehungsgeschichte der Monumenta Germaniae Historica, in: Zur Geschichte der Gleichung „germanisch – deutsch". Sprache und Namen, Geschichtet und Institutionen, hrsg. von Heinrich Beck [u.a.], Berlin/New York 2004, S. 503–522.

1882 Bresslau, S. 6f.

1883 NlSteinCapp 1099.

1884 Bresslau, S. 11.

1885 Bresslau, S. 17.

1886 Bresslau, S. 20.

1887 Nachtrag zur Autobiographie: BuaS 9, S. 911.

1888 Stein an Arndt, 1826 III 30: BuaS 6, Nr. 977, S. 969.

1889 Stein an Cornelius, 1824 IX 21: BuaS 6, Nr. 770, S. 757f.

1890 Arndt an Stein, 1818 XI 29: NlSteinCapp 1062.

1891 Arndt an Stein, 1822 XII 1: NlStein Capp 1062; Arndt an Stein, 1823 I 26: NlSteinCapp 1062 und NlSteinCapp 880.

1892 Cotta an Stein, 1816 II 2: BuaS 5, Nr. 382, S. 460.

1893 Stein an Eichhorn, 1816 V 7: BuaS 5, Nr. 410, S. 490.

1894 Stein an Pertz, 1822 III 14: BuaS 6, Nr. 470, S. 492.

1895 Goethe an Stein, 1816 XI 6: BuaS 5, Nr, 480, S. 568.

1896 Stein an Büchler, undat.: BuaS 6, Nr. 223, S. 243.

1897 Hartlieb von Wallthor, Stein und Goethe, S. 391f.

1898 Stein an Büchler, undat.: BuaS 6, Nr. 10, S. 9.

1899 Nur zwei Belege: Stein an Merian, 1820 I 29: BuaS 6, Nr. 190, S. 211f.; Stein an Merian, 1820 V 8: BuaS 6, Nr. 243, S. 261.

1900 Es sei hier z. B. noch darauf verwiesen, wie Stein den langjährigen englischen Kriegsminister Henry John Temple Viscount Palmerston in seine Monumenta-Aktivitäten einzubinden versuchte; Stein an Temple, 1822 I 9: BuaS 6, Nr. 426, S. 438.

1901 Vgl. Bresslau, S. 88f.

1902 Vgl. die kurze biographische Skizze von Bresslau, S. 21.

1903 Akten: BuaS 6, Nrr. 5ff.

1904 BuaS 6, Nr. 38, S. 50ff.

1905 Bresslau, S. 37.

1906 Stein an Gudenau, 1814 VII 17: BuaS 5,. Nr. 764, S. 878.

1907 Stein an Bischof Fürstenberg, 1818 VIII 19: BuaS 5, Nr. 715, S. 810f. Entwurf: Nl SteinCapp 880.

1908 Stein an Romberg, 1819 II 25: BuaS 6, Nr. 24, S. 22f.; Stein an Spiegel, 1819 II 25: BuaS 6, Nr. 25, S. 24.

1909 Stein an Hövel, 1826 II 16: BuaS 6, Nr. 955, S. 946.

1910 Stein an Sack, 1803 II 2: BuaS 1, Nr. 514, S. 630.

1911 Vgl. Bresslau, S. 26f.

1912 Vgl. auch Lipgens, 1. Halbbd., S. 270f.

1913 Stein an Wylich, 1818 VIII 24: BuaS 5, Nr. 716, S. 812; Stein an Spiegel, 1818 X 13: BuaS 5, Nr. 738, S. 827f.

1914 Stein an Büchler, 1818 VII 6: BuaS 5, Nr. 710, S. 802f.

1915 Lipgens, 1. Halbbd., S. 270.

1916 Stein an Spiegel, 1819 XII 14: BuaS 6, Nr. 164, S. 186.

1917 Stein an Büchler, 1821 I 3: BuaS 6, Nr. 301, S. 324f.

1918 Stein an Solms-Laubach, 1821 XI 1: BuaS 6, Nr. 392, S. 406f.

1919 Stein an Marianne vom Stein, 1821 X 29: BuaS 6, Nr. 391, S. 406.

1920 Was den Tatsachen entsprach; vgl. Bresslau, S. 54.

1921 Stein an Friedrich Wilhelm III., 1821 VI 27: BuaS 6, Nr. 341, S. 355ff.

1922 Stein an Kronprinz Friedrich Wilhelm, 1821 VI 27: BuaS 6, Nr. 342, S. 357f.

1923 BuaS 6, S. 356, Anm. 1.

1924 Stein an Spiegel, 1823 III 17: BuaS 6, Nr. 580, S. 608.

1925 Bresslau, S. 55.

1926 Stein an Merian, 1821 VII 1: BuaS 6, Nr. 344, S. 359.

1927 Stein an Büchler, 1821 X 23: BuaS 6, Nr. 382, S. 399.

1928 Vgl. Bresslau, S. 57.

1929 Vgl. Bresslau, S. 64f.

1930 Stein an Luise v. Löw, 1824 X 26: BuaS 6, Nr. 779, S. 766.

1931 Vgl. Bresslau, S. 185.

1932 Beispiel: Stein an Fritz Schlosser, 1825 V 30: BuaS 6, Nr. 866, S. 854.

1933 Stein an Böhmer, 1825 VI 9: BuaS 6, Nr. 871, S. 861.

1934 Akten: NlSteinCapp 880.

1935 Stein an Spee, 1829 I 29: BuaS 7, Nr. 452, S. 509.

1936 Stein an Eichhorn, 1816 V 13: BuaS 5, Nr. 414, S. 493.

1937 Stein an Eichhorn, 1816 VI 22: BuaS 5, Nr. 419, S. 497f.

1938 Stein an Spiegel, 1825 V 30: BuaS 6, Nr. 867, S. 856.

1939 Niebuhr an Stein, 1817 XI 15: BuaS 5, Nr. 586, S. 666–669.

1940 Stein an Merian, 1820 III 27: BuaS 6, Nr. 219, S. 237f.

1941 Vgl. Arnold Esch, Leone XIII, l'apertura dell'Archivio Segreto Vaticano e la storiografia, in: Leone XIII e gli studi storici, hrsg. von Cosimo Semeraro, Città del Vaticano 2004, S. 20–43, hier S. 21. Ferner: Arnold Esch, Die deutschen Mediävisten und Italien in der ersten Hälfte des 19. Jahrhunderts. Aus Italien-Briefen von Mitarbeitern der Monumenta Germaniae Historica vor der Gründung des Historischen Instituts in Rom, in: Deutsches Ottocento. Die deutsche Wahrnehmung Italiens im Risorgimento, hrsg. von Arnold Esch und Jens Petersen, Tübingen 2000, S. 187–234.

1942 Stein an Niebuhr, 1821 V 11: NlStein Capp 1199.

1943 Stein an Büchler, 1821 I 31: BuaS 6, Nr.

304, S. 328 (Bericht über Recherchen im Katalog der Vatikanischen Bibliothek). In der Folge wurde Stein allerdings der Einblick in weitere Kataloge der Vaticana verwehrt: Stein an Niebuhr, 1821 II 24: BuaS 6, Nr. 307, S. 330.

1944 5 (1824), S. 1–514. Vgl. auch Bresslau, S. 104–115.

1945 Lipgens, 1. Halbbd., S. 305.

1946 Christlieb an Frau vom Stein, 1775 IV 19: BuaS 1, Nr. 68, S. 105.

1947 Stein an Capodistrias, 1820 XII 28: Nl SteinCapp 1087.

1948 Hartlieb von Wallthor, Schweizerreise, S. 91.

1949 Vgl. zum folgenden auch, viel mehr ins Detail gehend, als dies hier möglich ist, Hartlieb von Wallthor, Schweizerreise.

1950 Stein an Marianne vom Stein, 1816 V 4: BuaS 5, Nr. 408, S. 488f.

1951 Stein an Marianne vom Stein, 1820, III 30: BuaS 6, Nr. 221, S. 241.

1952 Stein an Charlotte Streckeisen, 1820 V 16: BuaS 6, Nr. 252, S. 272.

1953 Vgl. Hartlieb von Wallthor, Informationsquellen.

1954 Stein an Ebel, 1820 VII 15: BuaS 6, Nr. 273, S. 290.

1955 Vgl. die Tagebuchaufzeichnungen Emanuel Streckeisens bei Hartlieb von Wallthor, Schweizerreise, Beilage 3, S. 114f.

1956 Stein an Mülinen, 1820 VIII 23: BuaS 6, Nr. 278, S. 295.

1957 Stein an Fritz Schlosser, 1829 II 27: BuaS 7, Nr. 470, S. 525.

1958 Görres an Stein, 1819 VII 20: NlStein Capp 1114.

1959 Stein an Rengger, 1820 IX 1: BuaS 6, Nr. 284, S. 301.

1960 Vgl. Hartlieb von Wallthor, Schweizerreise, S. 107ff.

1961 Stein an Ebel, 1820 VIII 10: BuaS 6, Nr. 276, S. 293.

1962 Stein an Luise von Löw, 1820 IX 5: BuaS 6, Nr. 285, S. 302.

1963 Stein an Gagern, 1822 VIII 16: BuaS 6, Nr. 512, S. 535.

1964 Stein an Aarauer Bibliothekskommission, 1820 VII 19: BuaS 6, Nr. 275, S. 292.

1965 Vgl. Schön, PS I, S. 347.

1966 Stein an Büchler, 1820 VIII 27: BuaS 6, Nr. 279, S. 296.

1967 Stein an Gagern, 1820 IX 9: BuaS 6, Nr. 287, S. 307.

1968 Stein an Spiegel, 1820 X 28: BuaS 6, Nr. 296, S. 316f.

1969 Stein an Gräfin Wrbna-Freudenthal, 1821 III 9: BuaS 6, Nr. 314, S. 335ff.

1970 Stein an Bunsen, 1821 III 17: BuaS 6, Nr. 316, S. 338.

1971 Stein an Niebuhr, 1821 IV 3: BuaS 6, Nr. 322, S. 343.

1972 Stein an Niebuhr, 1824 III 30: BuaS 6, Nr. 706, S. 703.

1973 Promemoria Steins, undat.: BuaS 6, Nr. 324, S. 344; Stein an Bunsen, 1821 IV 7: BuaS 6, Nr. 325, S. 345; Stein an Bunsen, 1821 VII 11: BuaS 6, Nr. 353, S. 368. Das Veit-Porträt Thereses in BuaS 8, bei S. 192.

1974 BuaS 6, S. 338, Anm. 2.

1975 Stein an Bunsen, 1821 IV 10: BuaS 6, Nr. 326, S. 345.

1976 Stein an Niebuhr, 1821 IV 21: BuaS 6, Nr. 330, S. 347.

1977 Stein an Mülinen, 1822 II 15: BuaS 6, Nr. 451, S. 475.

1978 Stein an Niebuhr, 1821 IV 11: Nl Stein Capp 1199.

1979 Edition samt Transkription und Kommentar: Frese.

1980 Bresslau, S. 72.

1981 Stein an Büchler, 1818 XII 7: BuaS 5, Nr. 745, S. 831.

1982 Savigny an Eichhorn (an Stein weitergeleitet), 1816 III 15: NlSteinCapp 868.

1983 Vgl. Georg Kunz, Historische Vereine im 19. Jahrhundert zwischen regionaler Geschichtskultur und Provinzialintegration, in: Westfalen 79 (2001), S. 9–31; Gabriele Clemens, Sanctus amor patriae. Eine vergleichende Studie zu deutschen und italienischen Geschichtsvereinen im 19. Jahrhundert, Tübingen 2004.

1984 Sack an Stein, 1828 III 20: NlSteinCapp 1267.

1985 Sack an Stein, 1830 VII 29: NlSteinCapp 1267.

1986 Kunz (wie Anm. 1983), S. 11.

1987 Ebd., S. 11.
1988 Diplom: NlSteinCapp 902.
1989 Stein an Sternberg-Manderscheid. 1826 VII 29: BuaS 7, Nr. 23, S. 20.
1990 Diplom: NlSteinCapp 892.
1991 Diplom: NlSteinCapp 896.
1992 Diplom mit Begleitbrief: NlSteinCapp 906.
1993 Diplom mit Anschreiben Vinckes: Nl SteinCapp 904. Stein an Vincke, 1828 I 17: BuaS 7, Nr. 261, S. 276f. – Steins Beitritt zu dem Verein trug maßgeblich dazu bei, das höchst belastete Verhältnis zu Vincke etwas zu entspannen. Bestätigt wird das durch eine ausdrückliche Entschuldigung, an einer Vereinssitzung Ende Mai 1828 nicht teilnehmen zu können – just zu einer Zeit, als er sich bemüßigt fühlte, sich wegen seines unangemessenen Tons bei Vincke zu entschuldigen. Stein an Schorlemer, 1828 V 28: BuaS 7, Nr. 333, S. 356.
1994 Vgl. Zuhorn.
1995 Diplom: NlSteinCapp 901. Vgl. Stein an Schleiermacher, 1827 IX 13: BuaS 7, Nr. 212, S. 233.
1996 Diplom: NlSteinCapp 903.
1997 Diplom mit Anschreiben: NlSteinCapp 908.
1998 Büsching an Stein, 1819 V 11: NlStein Capp 845.
1999 Diplom: NlSteinCapp 894.
2000 In der oben Anm. 1983 genannten Studie von Clemens nicht berücksichtigt.
2001 Diplom: NlSteinCapp 898.
2002 Stein an Hüffer, 1829 III 16: BuaS 7, Nr. 483, S. 545.
2003 NlSteinCapp 911. Annahme Steins: BuaS 7, Nr. 708, S. 818f.
2004 Stein an Fliedner, 1826 X 16: BuaS 7, Nr. 52, S. 67; vgl. auch Stein an Fritz Schlosser, 1827 II 16: BuaS 7, Nr. 155, S. 163; Stein an Spee, 1828 V 3: BuaS 7, Nr. 322, S. 344.
2005 Stein an Rheinisch-Westfälische Gefängnisgesellschaft, 1829 I 6: BuaS 7, Nr. 425, S. 482f.
2006 Stein an Spiegel, 1828 III 19: BuaS 7, Nr. 296, S. 316.
2007 Stein an Lindpaintner, 1829 VIII 16: BuaS 7, Nr. 564, S. 629.
2008 Beispiel: Stein an Lassaulx, 1829 IX 24: BuaS 7, Nr. 577, S. 642.
2009 Stein an Henriette von Giech, 1828 XII 16: BuaS 7, Nr. 408, S. 463.
2010 Stein an Hüffer, 1830 V 15: BuaS 7, Nr. 724, S. 839.
2011 Stein an Arnim-Boitzenburg, 1830 V 24: BuaS 7, Nr. 729, S. 844f.
2012 Stein an Prinzessin Wilhelm (Marianne) von Preußen, 1830 I 24: BuaS 7, Nr. 658, S. 740ff.
2013 Stein an Bäumer, 1830 I 26: BuaS 7, Nr. 660, S. 743–747.
2014 Bresslau, S. 121–124.
2015 Korr. Böhmer – Stein: NlSteinCapp 282.
2016 Beispiel: Jakob Grimm an Stein, 1824 II 2: NlSteinCapp 855 (Ulfilas). Das Vorhaben gelangte nicht zu einem glücklichen Abschluß.
2017 Stein an Pertz, 1828 XI 6: BuaS 7, Nr. 388, S. 418.
2018 Stein an Pertz, 1821 IX 16: BuaS 6, Nr. 372, S. 384.
2019 Stein an Pertz, 1821 X 23: BuaS 6, Nr. 385, S. 402.
2020 Eingehend Bresslau, S. 115–121.
2021 Stein an Spiegel, 1821 XII 11: BuaS 6, Nr. 413, S. 426.
2022 Stein an Romberg, 1821 X 29: BuaS 6, Nr. 390, S. 405.
2023 Bresslau, S. 51.
2024 Stein an Niebuhr, 1823 II 15: BuaS 6, Nr. 567, S. 598. Ähnlich auch, mit deutlicher Spitze gegen Altenstein, Stein an Bluhme, 1824 VIII 2: BuaS 6, Nr. 755, S. 743.
2025 Wolfram Pyta, Konzert der Mächte und kollektives Sicherheitssystem: Neue Wege zwischenstaatlicher Friedenswahrung in Europa nach dem Wiener Kongreß 1815, in: Jahrbuch des Historischen Kollegs 1996, München 1997, S. 133–173.
2026 Gneisenau an Stein, 1818 VI 12: BuaS 5, Nr. 705, S. 793–796.
2027 Humboldt an Karoline von Humboldt, 1818 VIII 25: BW Humboldt VI, Nr. 115, S. 281.
2028 Stein an Gagern, 1818 X 29: BuaS 5, Nr. 740, S. 828.
2029 Stein an Mirbach, 1818 X 8: BuaS 5, Nr. 734, S. 825.

2030 Stein an Henriette vom Stein, 1818 XI 15: BuaS 5, Nr. 742, S. 830.
2031 Stein an Gneisenau, 1819 II 27: BuaS 6, Nr. 27, S. 28ff.
2032 Ritter II, S. 320.
2033 Stein an Spiegel, 1823 IX 25: BuaS 6, Nr. 633, S. 645. Ein Aquarell von Luise van Panhuys reproduziert in BuaS 7, bei S. 24.
2034 Stein an Fritz Schlosser, 1830 IV 25: BuaS 7, Nr. 713, S. 824.
2035 Stein an Gneisenau, 1829 IV 30: BuaS 7, Nr. 519, S. 582ff.; Stein an Turgenjew, 1829 IV 30: BuaS 7, Nr. 520, S. 584f.
2036 Beispiel: Stein an Böhmer, 1823 VIII 23: BuaS 6, Nr. 617, S. 635; Stein an Böhmer, 1823 IX 2: BuaS 6, Nr. 621, S. 637f..
2037 Stein an Goethe, 1816 VI 26: BuaS 5, Nr. 420, S. 498f.; Stein an Frau von Brentano, 1818 I 22: BuaS 5, Nr. 619, S. 705f.
2038 Ein Beispiel von vielen: Stein an Hövel, 1818 IX 7: BuaS 5, Nr. 724, S. 816f.
2039 Stein an Therese vom Stein, 1818 IX 21: BuaS 5, Nr. 729, S. 822.
2040 Richtering, S. 14.
2041 Stein an Merveldt, 1824 V 28: BuaS 6, Nr. 737, S. 728f.
2042 Stein an Merveldt, 1827 II 24: BuaS 7, Nr. 161, S. 175f.
2043 Stein an Merveldt, 1829 IV 21: BuaS 7, Nr. 514, S. 577.
2044 Stein an Henriette vom Stein, 1820 V 28: BuaS 6, Nr. 256, S. 275.
2045 Stein an Marianne vom Stein, 1823 X 14: BuaS 6, Nr. 637, S. 651.
2046 Charlotte Streckeisen an Stein, 1820 IX 22: Hartlieb von Wallthor, Schweizerreise, Beilage 11, S. 121.
2047 Stein an Gräfin Reden, 1822 I 26: BuaS 6, Nr. 434, S. 445.
2048 Stein an Gräfin Reden, 1822 IV 16: BuaS 6, Nr. 483, S. 509.
2049 Stein an Gräfin Reden, 1822 VI 7: BuaS 6, Nr. 498, S. 521.
2050 Vgl. Richtering, S. 27.
2051 Stein an Gräfin Reden, 1822 II 26: BuaS 6, Nr. 458, S. 481.
2052 Stein an Gräfin Solms-Laubach, 1822 VI 29: BuaS 6, Nr. 505, S. 526.
2053 BW Humboldt VII, S. 114.
2054 Stein an Gräfin Reden, 1822 VIII 1: BuaS 6, Nr. 509, S. 530f.
2055 Stein an Marianne vom Stein, 1822 IX 2: BuaS 6, Nr. 515, S. 536.
2056 Stein an Wilhelm und Karoline von Humboldt, 1822 IX 29: BuaS 6, Nr. 519, S. 539f.; Stein an Henriette vom Stein, 1822 X 22: BuaS 6, Nr. 529, S. 551.
2057 Stein an Marianne vom Stein, 1822 X 21: BuaS 6, Nr. 532, S. 553.
2058 Stein an Gräfin Reden, 1824 V 2: BuaS 6, Nr. 722, S. 717.
2059 Stein an Marianne vom Stein, 1824 XII 19: BuaS 6, Nr. 796, S. 782; Stein an Marianne vom Stein, 1825 I 7: BuaS 6, Nr. 808, S. 797; Stein an Itzenplitz, 1826 VI 28: BuaS 7, Nr. 11, S. 10; Stein an Gräfin Reden, 1826 VI 29: BuaS 7, Nr. 13, S. 11.
2060 Stein an Gräfin Luise Rottenhan, 1827 V 27: BuaS 7, Nr. 179, S. 197.
2061 Stein an Gagern, 1822 IX 17: BuaS 6, Nr. 517, S. 537.
2062 Stein an Marianne vom Stein, 1823 XI 29: BuaS 6, Nr. 656, S. 664.
2063 Stein an Gräfin Reden, 1824 IV 2: BuaS 6, Nr. 708, S. 707.
2064 Stein an Marianne vom Stein, 1824 V 24: BuaS 6, Nr. 735, S. 727.
2065 Stein an Gräfin Reden, 1824 IV 2: BuaS 6, Nr. 708, S. 706f.
2066 Stein an Marianne vom Stein, undat.: BuaS 6, Nr. 785, S. 770.
2067 Stein an Marianne vom Stein, 1824 XII 19: BuaS 6, Nr. 796, S. 782. Vor allem aber: Stein an Giech, 1825 I 4: BuaS 6, Nr. 804, S. 792.
2068 Stein an Marie von Clausewitz, 1825 II 25: BuaS 6, Nr. 834, S. 820.
2069 Stein an Fritz Schlosser, 1825 X 7: BuaS 6, Nr. 912, S. 894.
2070 Stein an Marianne vom Stein, 1828 VI 24: BuaS 7, Nr. 357, S. 380.
2071 Stein an Henriette von Giech, 1828 VIII 17: BuaS 7, Nr. 363, S. 386.
2072 Vgl., auch zum folgenden, Gembruch, Politische Entwicklung, S. 94ff.
2073 Stein an Niebuhr, 1821 XII 20: BuaS 6, Nr. 418, S. 429.
2074 Stein an Marianne vom Stein, 1822 XII 28: BuaS 6, Nr. 560, S. 592.
2075 Stein an Gagern, 1826 [VI 16]: BuaS 7,

Nr. 8, S. 8.

2076 Stein an Gagern, 1829 V 25: BuaS 7, Nr. 535, S. 598.

2077 Stein an Liel, 1829 XII 2: BuaS 7, Nr. 615, S. 677ff.

2078 Stein an Spiegel, 1830 I 10: BuaS 7, Nr. 646, S. 725.

2079 25.–27. Dezember 1829, Beilagen.

2080 Stein an Gagern, 1830 I 21: BuaS 7, Nr. 654, S. 732.

2081 Stein an Gagern, 1830 I 23/29: BuaS 7, Nr. 657, S. 739f.

2082 Stein an Gagern, 1830 II 28: BuaS 7, Nr. 676, S. 776.

2083 Stein an Gagern, 1830 V 14: BuaS 7, Nr. 723, S. 838.

2084 Stein an Merveldt, 1830 V 29: BuaS 7, Nr. 731, S. 846f.

2085 BuaS 7, S. 885, Anm. 2; selbstverständlich auch Pertz 6, S. 954f.

2086 Stein an Spiegel, 1830 VIII 12: BuaS 7, Nr. 773, S. 886.

2087 Stein an Luise Radziwill, 1830 XI 2: BuaS 7, Nr. 812, S. 928.

2088 Stein an Schorlemer, 1830 XI 3: BuaS 7, Nr. 813, S. 930.

2089 Stein an Spiegel, 1830 XI 6: BuaS 7, Nr. 819, S. 936.

2090 Stein an Viebahn, 1830 XI 18: BuaS 7, S. 830, S. 951.

2091 Stein an Gneisenau, 1831 II 18: BuaS 7, Nr. 949, S. 1074.

2092 Stein an Marianne vom Stein, 1830 VIII 30: BuaS 7, Nr. 776, S. 891.

2093 Stein an Gagern, 1830 VIII 25: BuaS 7, Nr. 775, S. 890.

2094 Stein an Henriette von Giech, 1830 IX 3: BuaS 7, Nr. 778, S. 893.

2095 Stein an Schorlemer, 1831 III 13: BuaS 7, Nr. 964, S. 1098.

2096 Stein an Fritz Schlosser, 1830 XII 11: BuaS 7, Nr. 863, S. 985.

2097 Stein an Luise v. Löw, 1831 II 7: BuaS 7, Nr. 937, S. 1055. Ganz ähnlich auch: Stein an Marianne vom Stein, 1831 III 3: BuaS 7, Nr. 958, S. 1089.

2098 Stein an Spiegel, 1831 III 9: BuaS 7, Nr. 963, S. 1096. Die bundes- und europaweite Polenbegeisterung, die sich aus den politischen Flüchtlingen generierte, erreichte Stein nicht mehr; vgl. dazu jetzt den Ausstellungskatalog: Solidarność 1839. Niemcy i Polacy po Postwaniu Listopadowym/Polenbegeisterung. Deutsche und Polen nach dem Novemberaufstand 1830, Warszawa/Berlin 2006.

2099 De la nation grecque sous le point de vue politique, historique et religieux, 1814: NlSteinCapp 111.

2100 Capodistrias an Stein, 1815 XII 28: BuaS 5, Nr. 367, S. 450f.

2101 Capodistrias an Stein, 1822 IX 16: Nl SteinCapp 1087; Stein an Capodistrias 1822 IX 17: NlSteinCapp 1087.

2102 Stein an Niebuhr, 1821 XII 10: BuaS 6, Nr. 411, S. 421.

2103 Capodistrias an Stein, 1825 IX 6: NlStein Capp 1087, mit eigenhändiger Verfügung Steins vom 13. September. Druck: BuaS 6, Nr. 908, S. 891f. – Zum „Netzwerk“ der Griechenvereine generell vgl. Nathalie Klein, „L'Humanité, le Christianisme, et la Liberté“. Die internationale philhellenische Vereinsbewegung der 1820er Jahre, Mainz 2000.

2104 Capodistrias an Stein, 1827 VIII 8: Nl SteinCapp 1087; Stein an Capodistrias, 1817 VIII 23: NlSteinCapp 1087.

2105 Stein an Capodistrias, 1816 I 29: BuaS 5, Nr. 379, S. 457f.

2106 Stein an Gagern, 1822 IX 17: BuaS 6, Nr. 517, S. 538.

2107 Stein an Itzenplitz, 1824 XII 14: BuaS 6, Nr. 791, S. 779.

2108 Stein an Karoline von Humboldt, 1826 V 20: BuaS 6, Nr. 992, S. 990.

2109 Stein an Mirbach, 1825 I 2: BuaS 6, Nr. 803, S. 791; Stein an Gagern, 1826 VII 1: BuaS 7, Nr. 14, S. 13; Stein an Spiegel, 1827 XI 27: BuaS 7, Nr. 235, S. 250.

2110 Stein an Capodistrias, 1827 VIII 23: BuaS 7, Nr. 208, S. 230.

2111 Stein an Gagern, 1826 II 27: BuaS 6, Nr. 961, S. 952.

2112 Stein an Capodistrias, 1827 XI 18: BuaS 7, Nr. 232, S. 247.

2113 Stein an Capodistrias, 1827 XI 18: BuaS 7, Nr. 232, S. 247.

2114 Lützow an Stein, 1827 XII 30: NlStein Capp 1170.

2115 Lützow an Stein, 1828 III 31: Nl Stein Capp 1170.
2116 Stein an Capodistrias, 1828 I 4: BuaS 7, Nr. 248, S. 266f.
2117 Stein an Therese von Kielmannsegg, 1829 I 15: BuaS 7, Nr. 434, S. 490.
2118 Beispiel: Stein an Gagern, 1828 III 14: BuaS 7, Nr. 290, S. 312.
2119 Stein an Capodistrias, 1828 VII 25: BuaS 7, Nr. 359, S. 382.
2120 Capodistrias an Stein, 1829 II 12: Nl SteinCapp 1087.
2121 Stein an Gneisenau, 1829 IV 11: BuaS 7, Nr. 506, S. 569f.
2122 Stein an Gagern, 1829 VIII 31: BuaS 7, Nr. 569, S. 633.
2123 Stein an Gagern, 1829 IX 21: BuaS 7, Nr. 576, S. 640f. Zu Leopolds „abgebrochener" Kandidatur vgl. jetzt auch von einem dynastiegeschichtlichen Zugriff her Thomas Nicklas, Von der Regionalität zum europäischen Konnubium. Sachsen-Coburgs Heiratspolitik zwischen Früher Neuzeit und 19. Jahrhundert, in: Jahrbuch für Europäische Geschichte 8 (2007) (im Druck).
2124 Stein an Therese von Kielmannsegg, 1830 VI 13: BuaS 7, Nr. 742, S. 858. Die Enttäuschung Steins spiegelt sich v.a. in einer Passage eines Schreibens an Spiegel, 1830 VI 15: BuaS 7, Nr. 747, S. 862: „Statt die Schwierigkeiten zu beseitigen, statt das von ihm begonnene Unternehmen zu vollenden, zieht er feige die Hand vom Pflug, indem er die durch den nahen Tod des Königs Georg IV. sich entwickelnden Veränderungen berechnet. Ein Mann von diesem unkräftigen Charakter ist durchaus nicht geeignet, in das Leben kräftig einzugreifen; er hat keine Farbe". Vgl. auch den an Kühle kaum noch zu übertreffenden Brief Steins an Leopold, 1830 VI 23: BuaS 7, Nr. 754, S. 870f.
2125 Stein an Therese von Kielmannsegg, 1830 III 18: BuaS 7, Nr. 689, S. 796.
2126 Stein an Leopold von Coburg, 1830 III 19: BuaS 7, Nr. 690, S. 798–804. Vgl. auch Stein an Gagern, 1830 III 13: BuaS 7, Nr. 686, S. 792.
2127 Beispiel: Stein an Brönner, 1827 VII 29: BuaS 7, Nr. 200, S. 220; Stein an Gagern, 1827 VIII 22: BuaS 7, Nr. 207, S. 229.
2128 Stein an Kunth, 1825 IV 19: BuaS 6, Nr. 850, S. 835f.
2129 Stein an Gagern, 1829 XI 12: BuaS 7, Nr. 603, S. 664.
2130 Stein an Spiegel, 1825 IV 26: BuaS 6, Nr. 852, S. 837f.
2131 Stein an Perthes, 1825 VII 16: BuaS 6, Nr. 891, S. 876.
2132 Stein an Ferdinand August von Spiegel, 1815 IX 21: BuaS 5, Nr. 347, S. 425f.
2133 Stein an Spiegel, 1822 III 2: BuaS 6, Nr. 462, S. 484.
2134 Stein an Anstett, 1825 XII 20: BuaS 6, Nr. 935, S. 918f.; Stein an Kotschubey, 1826 I 2: BuaS 6, Nr. 939, S. 922.
2135 Stein an Gräfin Voß, 1826 I 7/8: BuaS 6, Nr. 943, S. 931.
2136 Vgl. Richtering, S. 15.
2137 BuaS 7, S. 91, Anm. 4.
2138 Stein an Wilhelmine von Hövel, 1827 I 8: BuaS 7, Nr. 136, S. 139.
2139 Stein an Luise von Löw, 1824 X 26: BuaS 6, Nr. 779, S. 766.
2140 Stein an Gräfin Voß, 1828 VI 14: BuaS 7, Nr. 355, S. 378; vgl. auch Tümmler.
2141 Tümmler, S. 35.
2142 Beispiel: Stein an Karl August, 1819 IV 9: BuaS 6, Nr. 52, S. 70f.
2143 Arndt, S. 170.
2144 Stein an Henriette vom Stein, 1823 IV 11: BuaS 6, Nr. 591, S. 615.
2145 Stein an Humboldt, 1829 IV 4: BuaS 7, Nr. 499, S. 563.
2146 Stein an Merveldt, 1829 XII 1: BuaS 7, Nr. 614, S. 676.
2147 Stein an Fritz Schlosser, 1829 XII 26: BuaS 7, Nr. 636, S. 710.
2148 Stein an Therese von Kielmannsegg, 1831 II 28: BuaS 7, Nr. 953, S. 1082.
2149 Stein an Therese von Kielmannsegg, 1831 IV 5: BuaS 7, Nr. 974, S. 1112.
2150 Stein an Marianne vom Stein, 1822 IV 13: BuaS 6, Nr. 482, S. 508.
2151 Stein an Gagern, 1824 VII 19: BuaS 6, Nr. 751, S. 740.
2152 Stein an Frau vom Stein, 1819 VIII 25: BuaS 6, Nr. 109, S. 131f.

2153 Stein an Frau vom Stein, 1819 IX 6: BuaS 6, Nr. 111, S. 134.
2154 Stein an Henriette vom Stein, 1819 IX 8: BuaS 6, Nr. 113, S. 136.
2155 Stein an Marianne vom Stein, 1819 IX 11: BuaS 6, Nr. 114, S. 139f.
2156 Stein an Henriette vom Stein, 1819 IX 13: BuaS 6, Nr. 117, S. 142.
2157 BuaS 6, Nr. 118, S. 143.
2158 Anweisung Steins für die Anlage der Früchter Familiengruft, 1821 VII 11: BuaS 6, Nr. 354, S. 369.
2159 Stein an Imhoff, 1819 IX 15: BuaS 6, Nr. 120, S. 146.
2160 Stein an Antonie von Brentano, 1819 IX 21: BuaS 6, Nr. 121, S. 146f.
2161 Beispiel: Stein an Niebuhr, 1820 V 13: NlSteinCapp 1199.
2162 Stein an Gersdorff, 1817 XII 10: BuaS 5, Nr. 592, S. 673ff.
2163 Stein an Gagern, 1819 VIII 30: BuaS 6, Nr. 110, S. 132ff.
2164 Stein an Gagern, 1819 IX 29: BuaS 6, Nr.127, S. 153.
2165 Stein an Spiegel, 1817 XI 19: BuaS 5, Nr. 589, S. 670f.
2166 1819 III 24: BuaS 6, Nr. 40, S. 53–58.
2167 Beispiel: Stein an Altenstein, 1818 I 6: BuaS 5, Nr. 612, S. 699f.
2168 Beispiel: Stein an Spiegel, 1818 I 11: BuaS 5, Nr. 617, S. 703f.
2169 Stein an Henriette von Giech, 1828 V 2: BuaS 7, Nr. 321, S. 343.
2170 Stein an Gagern, 1821 VIII 24: BuaS 6, Nr. 368, S. 381.
2171 Stein an Arnim-Boitzenburg, 1829 III 31: BuaS 7, Nr. 495, S. 558.
2172 Stein an Niebuhr, 1821 XII 10: BuaS 6, Nr. 411, S. 422f.
2173 Stein an Therese von Kielmannsegg, 1829 II 21: BuaS 7, Nr. 465, S. 521.
2174 Akten: NlSteinCapp 23. Vgl. auch: Stein an Pozzo di Borgo, 1821 X 27: BuaS 6, Nr. 388, S. 403f.; Stein an Jomini, 1821 X 27: BuaS 6, Nr. 389, S. 404f.
2175 Jomini an Stein, 1821 III 24: NlStein Capp 23.
2176 NN an Stein, undat.: NlSteinCapp 23.
2177 Jomini an Stein, 1821 XI 15: NlStein Capp 23.
2178 Stein an Merian, 1822 III 12: BuaS 6, Nr. 467, S. 490; Stein an Jomini, 1822 III 12: BuaS 6, Nr. 468, S. 491.
2179 Pozzo di Borgo an Stein, 1821 XI 27: Nl SteinCapp 1221.
2180 NlSteinCapp 24. Eigenhändiges Konzept Steins: NlSteinCapp 26.
2181 Eigenhändiges Konzept: NlSteinCapp 26. Druck: BuaS 7, Nr. 602, S. 661ff.
2182 Stein an Gagern, 1829 XI 25: NlStein Capp 26.
2183 Original: NlSteinCapp 26.
2184 Kummer an Stein, 1830 I 19: NlStein Capp 26.
2185 Einige Exemplare in: NlSteinCapp 25. Druck: BuaS 7, Nr. 669, S. 759–765.
2186 Brönnersche Buchhandlung an Stein, 1830 V 11: NlSteinCapp 26.
2187 Stein an Schlosser, 1830 II 20: NlStein Capp 26.
2188 Stein an Laharpe, 1830 III 20: NlStein Capp 26. Laharpes Antwort, 1830 V 12: NlSteinCapp 26. Vgl. auch Stein an Therese von Kielmannsegg, 1830 II 26: BuaS 7, Nr. 675, S. 773.
2189 Gneisenau an Stein, 1829 XII 21: Nl SteinCapp 26.
2190 Stein an Gagern, 1823 I 16: BuaS 6, Nr. 563, S. 593ff.
2191 Stein an Kronprinz Ludwig, 1823 II 14: BuaS 6, Nr. 566, S. 596.
2192 Zu ihm jetzt der Essay von Małgorzata Morawiec in: Europa-Historiker, hrsg. von Heinz Duchhardt/Małgorzata Morawiec/Wolfgang Schmale/Winfried Schulze, Bd. 2, Göttingen 2007, S. 77–100.
2193 Stein an Raumer, 1828 II 21: BuaS 7, Nr. 276, S. 296f.
2194 Stein an Gagern, 1828 II 25: BuaS 7, Nr. 279, S. 299.
2195 Stein an Solms-Laubach, 1818 IV 23: BuaS 5, Nr. 679, S. 769.
2196 Solms-Laubach an Stein, 1818 X 29: Nl SteinCapp 887.
2197 Stein an Friedrich Wilhelm III., 1819 VII 12: BuaS 6, Nr. 90, S. 110.
2198 Stein an Schön, 1823 II 22: BuaS 6, Nr. 574, S. 603.
2199 Stein an Schön, 1823 VII 4: BuaS 6, Nr. 611, S. 630.

2200 Zu nennen ist hier insbesondere das Buch von Appuhn (1975).

2201 Reproduktion: Appuhn, S. 29.

2202 Das Original des Porträts befindet sich im Familienbesitz auf Schloß Nassau. Die gleich zu besprechende Kopie, die ursprünglich seit dem Amtsantritt von Steins Nachfolger Vincke in der Kriegs- und Domänenkammer in Münster hing, befindet sich seit 1999 im Westfälischen Landesmuseum für Kunst und Kulturgeschichte Münster. Sie war zwischenzeitlich, nachdem sie 1807/08 vor den Franzosen in Sicherheit gebracht worden war, in Privatbesitz. Reproduktion: Appuhn, S. 31.

2203 Reproduktion: Appuhn, S. 37.

2204 Reproduktion: Appuhn, S. 39.

2205 Reproduktion: Appuhn, S. 43.

2206 Reproduktion: Appuhn, S. 55.

2207 Reproduktion: Appuhn, S. 61.

2208 Stein an Ludwig I. von Bayern, 1825 XI 29: BuaS 6, Nr. 931, S. 915. Über das bis heute offenbar nicht recht geklärte Problem der verschiedenen Büsten ebd. S. 916, Anm. 1.

2209 Stein an Henriette vom Stein, 1818 V 8: BuaS 5, Nr. 684, S. 773. Reproduktion: Appuhn, S. 53.

2210 Abbildung: BuaS 5, bei S. 768.

2211 Stein an Imhoff, 1819 I 18: BuaS 6, Nr. 4, S. 3.

2212 Stein an Henriette vom Stein, 1819 VIII 9: BuaS 6, Nr. 102, S. 123.

2213 Stein an Niebuhr, 1817 VII 21: BuaS 5, Nr. 553, S. 644; Stein an Marianne vom Stein, 1817 VII 29: BuaS 5, Nr. 554, S. 644.

2214 Humboldt an Karoline von Humboldt, 1817 IX 15: BW Humboldt V, Nr. 186, S. 394.

2215 Stein an Marianne vom Stein, 1817 IX 18: BuaS 5, Nr. 566, S. 652.

2216 Stein an Niebuhr, 1817 XII 12: BuaS 5, Nr. 594, S. 676.

2217 Eichhorn an Stein, 1817 I 5 (unter Bezugnahme auf einen nicht erhaltenen Brief Steins vom 30. Oktober des Vorjahres): BuaS 5, Nr. 495, S. 581.

2218 Karoline von Humboldt an Humbold, 1818 III 12: BW Humboldt VI, Nr. 59, S. 148.

2219 Zit. bei Appuhn, S. 15.

2220 Stein an Therese von Kielmannsegg, 1830 I 9: BuaS 7, Nr. 644, S. 722.

2221 Hochgesang an Erzbischof Spiegel, 1826 II 26: Hartlieb von Wallthor, Lebensende, S. 86.

2222 Bericht Steins, 1828 IX: BuaS 7, Nr. 372, S. 395–405.

2223 Stein an Therese von Kielmannsegg, 1829 XI 30: BuaS 7, Nr. 613, S. 675.

2224 Stein an Therese von Kielmannsegg, 1830 III 26: BuaS 7, Nr. 695, S. 809; Stein an Luise v. Rottenhan, 1830 III 27: BuaS 7, Nr. 697, S. 810f.

2225 Stein an Luise v. Löw, 1830 I 21: BuaS 7, Nr. 655, S. 734.

2226 Stein an Viebahn, 1830 II 24: BuaS 7, Nr. 673, S. 769f.

2227 Stein an Henriette von Giech, 1831 I 24: BuaS 7, Nr. 926, S. 1042.

2228 Stein an Therese von Kielmannsegg, 1831 VI 18: BuaS 7, Nr. 1015, S. 1167.

2229 Protokoll: NlSteinCapp 1022.

2230 NlSteinCapp 1022.

2231 NlSteinCapp 1022. Druck: BuaS 7, Nr. 1017, S. 1168f.

2232 Wiesmann. Ex. u. a. in: NlSteinCapp 1021.

2233 Zit. bei Hartlieb von Wallthor, in: Behr/ Kloosterhuis, S. 240.

2234 Zit. in: BuaS 7, S. 1171.

2235 Zit. bei Bresslau, S. 185.

2236 Böhmer an Kielmannsegg, 1831 VIII 10: NlSteinCapp 842.

2237 NlSteinCapp 1022.

2238 NlSteinCapp 1022.

2239 NlSteinCapp 1022.

2240 NlSteinCapp 1022. – Zu den relativ engen persönlichen Beziehungen Steins zu Cirkel vgl. jetzt Udo Kaiser, Jakob Vincenz Cirkel – ein vergessener Dichter, in: Jahrbuch des Kreises Unna 2007, S. 75–78.

2241 Exemplare der Würdigung in NlStein Capp 1037.

2242 Protokoll des Umbettungsvorgangs: 1821 X 11: NlSteinCapp 1020; ebd. auch die Texte der bei dieser Gelegenheit gehaltenen Ansprachen und Gebete.

2243 NlSteinCapp S 1023.

2244 Dazu in Kürze Heinz Duchhardt, Steins

letzte Reise, in: ders. (Hrsg.), Der ‚alte' Stein, Göttingen 2007 (im Druck).
2245 Akten: NlSteinCapp S 1021.
2246 Dieckmanns Trauerreden liegen gedruckt vor: Worte der Trauer und des Trostes bei der am 23. Juli 1831 Statt gehabten Beerdigung [...] gesprochen, Koblenz 1831, VIII, 11 S.
2247 Akten: NlSteinCapp 1021.
2248 Stein an Frau vom Stein, 1808 VI 19: BuaS 2, Nr. 724, S. 761.
2249 Aufstellung. NlSteinCapp 1021.
2250 BuaS 6, Nr. 373, S. 385–389 (dat. 1821 IX 30).
2251 Stein an Frau vom Stein, 1808 V 25: BuaS 2, Nr. 709, S. 740.
2252 Stein an Therese vom Stein, 1818 IX 21: BuaS 5, Nr. 729, S. 822.
2253 Stein an Präsidium des Münsterschen Oberlandesgerichts, 1821 IX 3: BuaS 6, Nr. 370, S. 382.
2254 Stein an Kielmannsegg, 1829 X 30: BuaS 7, Nr. 590, S. 650ff.
2255 Kodizill Steins, 1829 XII 19: BuaS 7, Nr. 628, S. 699f.
2256 NlSteinCapp 1034.
2257 Stein an Rochow, 1826 VI 24: BuaS 7, Nr. 9, S. 8.
2258 Eigenhändiges, 82 Bl. umfassendes Konvolut in NlSteinCapp 914.
2259 NlSteinCapp 916.
2260 Rothfels, S. 5f.
2261 So Nolte, in: Duchhardt/Teppe, S. 154.
2262 Wehler, Deutsche Gesellschaftsgeschichte (wie Anm. 9), I, S. 397ff.
2263 Lothar Gall, Liberalismus und „bürgerliche Gesellschaft". Zu Charakter und Entwicklung der liberalen Bewegung in Deutschland, in: Historische Zeitschrift 220 (1975), S. 324–356.
2264 Die Großen Deutschen, hrsg. von Hermann Heimpel/Theodor Heuß/Benno Reifenberg, Bd. 1, Berlin 1956, S. 14.
2265 Sinngemäß so auch Botzenhart, Stein, S. 126
2266 Zit. nach Hüffer, S. 118f.
2267 Stein an Gerning, 1816 VII 13: BuaS 5. Nr. 434, S. 512.
2268 Stein an Hiemer, 1782 VIII 1: BuaS 8, Nr. 10, S. 20f.
2269 Humboldt an Karoline von Humboldt, 1816 IV 9: BW Humboldt V, Nr. 100, S. 228.
2270 Stein an Therese vom Stein, 1819 VIII 25: BuaS 6, Nr. 108, S. 131.
2271 Arndt, S. 54, noch einmal S. 162.
2272 Humboldt an Karoline von Humboldt, 1813 X 13: BW Humboldt IV, Nr. 72, S. 139f.
2273 Humboldt an Karoline von Humboldt, 1814 I 4: BW Humboldt IV, Nr. 111, S. 210.
2274 Humboldt an Karoline von Humboldt, 1813 XI 26; BW Humboldt IV, Nr. 94, S. 181.
2275 Schön, PS I, S. 206.
2276 Zit. bei Ritter II, S. 82.
2277 Humboldt an Karoline von Humboldt, 1819 II 22: BW Humboldt VI, Nr. 182, S. 489.
2278 Humboldt an Karoline von Humboldt, 1819 V 21: BW Humboldt VI, Nr. 206, S. 544.
2279 Humboldt an Karoline von Humboldt, 1819 V 28: BW Humboldt VI, Nr. 209, S. 553.
2280 Stein an Itzenplitz, 1824 X 23: BuaS 6, Nr. 778, S. 764f.
2281 Deutsche Erinnerungsorte, hrsg. von Étienne François und Hagen Schulze, 3 Bde., München 2001.
2282 Vgl. den eindringlichen Forschungsüberblick von Gembruch, Tendenzen.

Siglen und Abkürzungsverzeichnis

BDA: Freiherr vom Stein, Briefwechsel, Denkschriften und Aufzeichnungen, bearb. von Erich Botzenhart, 7 Bde. (1931–1937)

BuaS: Freiherr vom Stein, Briefe und amtliche Schriften, bearb. von Erich Botzenhart, neu hrsg. von Walther Hubatsch, 10 Bde. (1957–1974)

BW Humboldt: Wilhelm und Caroline von Humboldt in ihren Briefen, hrsg. von Anna von Sydow (1910–1916)

BW Luise: Briefwechsel der Königin Luise mit Ihrem Gemahl Friedrich Wilhelm III. 1793–1810, hrsg. von Karl Griewank (o. J.)

Duchhardt/Teppe: Heinz Duchhardt/Karl Teppe (Hrsg.), Karl vom und zum Stein: Der Akteur, der Autor, seine Wirkungs- und Rezeptionsgeschichte (2003)

Entstehung DB: Quellen zur Geschichte des Deutschen Bundes, Abteilung 1, Bd. 1: Die Entstehung des Deutschen Bundes 1813–1815, bearb. von Eckhardt Treichel (2000)

Hardenberg: TB: Karl August von Hardenberg 1750–1822). Tagebücher und autobiographische Aufzeichnungen, hrsg. von Thomas Stamm-Kuhlmann (2000)

Lehmann: Max Lehmann, Freiherr vom Stein, 3 Bde. (1902–1905)

NlSteinCapp: Graf von Kanitzsches Archiv Cappenberg, Nachlaß Stein

QQKleinstaaten: Quellen zur kleinstaatlichen Verfassungspolitik auf dem Wiener Kongreß. Die mindermächtigen deutschen Staaten und die Entstehung des Deutschen Bundes 1813–1815, hrsg. von Michael Hundt (1996)

Pertz: Georg Heinrich Pertz, Das Leben des Ministers Freiherrn vom Stein, 7 Bde. (1849–1855)

Reformministerium: Das Reforministerium Stein. Akten zur Verfassungs- und Verwaltungsgeschichte aus den Jahren 1807/08, hrsg. von Heinrich Scheel, 3 Bde. (1966–68)

Reorganisation: Die Reorganisation des preußisches Staates unter Stein und Hardenberg, 1. Teil, hrsg. von Georg Winter, Bd. 1 (1931)

Ritter: Gerhard Ritter, Stein, eine politische Biographie, 2 Bde. (1931)

Schön, PS: Theodor von Schön, Persönliche Schriften. Bd. 1: Die autobiographischen Fragmente, hrsg. von Bernd Sösemann (2006)

StAFfm: Stadtarchiv Frankfurt

Quellen und Literatur

Ungedruckte Quellen

Graf von Kanitzsches Archiv Cappenberg, Nachlaß Stein (*NlSteinCapp*)
11, 21, 23, 24, 25, 26, 27, 29, 30, 48, 49, 72, 107, 108, 109, 111, 148, 179, 213, 214, 218, 248, 252, 330, 363, 502, 729, 842, 845, 855, 865, 868, 880, 887, 888, 890, 891, 892, 894, 896, 899, 901, 902, 903, 904, 906, 908, 911, 912, 914, 916, 935, 961, 968, 1020, 1021, 1022, 1023, 1026, 1027, 1037, 1039, 1040, 1041, 1044, 1052, 1062, 1076, 1087, 1099, 1110, 1105, 1114, 1118, 1154, 1170, 1196, 1199, 1221, 1240, 1267, 1425, 1428, 1432, 1434, 1435, 1436, 1437.

Stadtarchiv Frankfurt (*StAFfm*), Senatssupplikationen Tom 91, Nr. 46; S2/59.

Gedruckte Quellen

Freiherr vom Stein, Briefe und amtliche Schriften, bearb. von Erich Botzenhart, neu hrsg. von Walther Hubatsch, 10 Bände, Stuttgart/Berlin/Köln/Mainz 1957–1974 (*BuaS*).

Freiherr vom Stein, Briefwechsel, Denkschriften und Aufzeichnungen, bearb. von Erich Botzenhart, 7 Bde., Berlin 1931–1937 (*BDA*).

Die Autobiographie des Freiherrn vom Stein, hrsg. von Kurt von Raumer, Münster 1960

Briefwechsel der Königin Luise mit ihrem Gemahl Friedrich Wilhelm III. 1793–1810, hrsg. von Karl Griewank, Leipzig o. J. (*BW Luise*).

Das Reformministerium Stein. Akten zur Verfassungs- und Verwaltungsgeschichte aus den Jahren 1807/08, hrsg. von Heinrich Scheel, 3 Bde., [Ost-] Berlin 1966–1968 (*Reformministerium*).

Die Erhebung gegen Napoleon 1806–1815, hrsg. von Hans-Bernd Spies, Darmstadt 1981.

Die Reorganisation des preußischen Staates unter Stein und Hardenberg. 1. Teil: Allgemeine Verwaltungs- und Behördenreform, hrsg. von Georg Winter, Bd. 1: Vom Beginn des Kampfes gegen die Kabinettsregierung bis zum Wiedereintritt des Ministers vom Stein, Leipzig 1931 (*Reorganisation*).

[Gagern, Hans Christoph Ernst von], Mein Antheil an der Politik. Bd. 4: In der Einsamkeit: Die Briefe des Freiherrn von [!] Stein an den Freiherrn von Gagern von 1815 – 1831, Stuttgart/Tübingen 1833.

Geschichte der preußischen Politik 1807–1815, bearb. von Paul Hassel, 1. (einziger) Teil: 1807–1808, Leipzig 1881.

Johann Heinrich Franz Wiesmann, Seiner Excellenz des ehemaligen Kgl. Preußischen Staatsministers vom und zum Stein Lebensabend, Münster 1831.

Johann Hermann Hüffer, Lebenserinnerungen, Briefe und Aktenstücke, hrsg. von Wilhelm Steffens, Münster 1952.
Karl August von Hardenberg 1750–1822. Tagebücher und autobiographische Aufzeichnungen, hrsg. und eingeleitet von Thomas Stamm-Kuhlmann, München 2000 (*Hardenberg TB*).
Quellen zur Geschichte der deutschen Bauernbefreiung, hrsg. von Werner Conze, Göttingen 1957.
Quellen zur Geschichte des Deutschen Bundes. Abt. I: Quellen zur Entstehung und Frühgeschichte des Deutschen Bundes 1813–1830, Bd. 1 (in zwei Halbbänden): Die Entstehung des Deutschen Bundes 1813–1815, bearb. von Eckhardt Treichel, München 2000 (*Entstehung DB*).
Quellen zur kleinstaatlichen Verfassungspolitik auf dem Wiener Kongreß. Die mindermächtigen deutschen Staaten und die Entstehung des Deutschen Bundes 1813–1815, hrsg. von Michael Hundt, Hamburg 1996 (*QQKleinstaaten*).
Theodor von Schön, Persönliche Schriften. Bd. 1: Die autobiographischen Fragmente, hrsg. von Bernd Sösemann, bearb. von Albrecht Hoppe, Köln/Weimar/Wien 2006 (*Schön, PS*).
Von Valmy bis Leipzig. Quellen und Dokumente zur Geschichte der preußischen Heeresreform, bearb. von Georg Eckert, Hannover 1955.
Wilhelm und Caroline von Humboldt in ihren Briefen, hrsg. von Anna von Sydow, Bde. 4–7, Berlin 1910–1916 (*BW Humboldt*)

Literatur

Es werden im folgenden nur Titel mit einem direkten Bezug zu Stein aufgeführt. Die weitere Literatur zur Epoche, zu allgemeinen Tendenzen des Zeitalters und „Nebenakteuren" findet sich in den Fußnoten und kann über das Personenregister erschlossen werden.

Anrich, Ernst, War Stein Romantiker?, in: Historische Zeitschrift 153 (1936), S. 290–305.
Appuhn, Horst, Das Bildnis des Freiherrn vom Stein, Köln/Berlin 1975.
Arndt, Ernst Moritz, Meine Wanderungen und Wandelungen mit dem Reichsfreiherrn Heinrich Karl Friedrich vom Stein [1858], hrsg. v. Robert Geerds, Leipzig o. J.
Bach, Adolf, Das Elternhaus des Freiherrn vom Stein, Bonn 1966[3].
Behr, Hans-Joachim/Kloosterhuis, Jürgen (Hrsg.), Ludwig Freiherr Vincke. Ein westfälisches Profil zwischen Reform und Restauration in Preußen, Münster 1994
Botzenhart, Erich, Die Staats- und Reformideen des Freiherrn vom Stein. Ihre geistigen Grundlagen und ihre politischen Vorbilder, Tübingen 1927.
Botzenhart, Erich, Die Bibliothek des Freiherrn vom Stein, in: Vierteljahrschrift für Sozial- und Wirtschaftsgeschichte 22 (1929), S. 331–372.
Botzenhart, Erich, Stein und Westfalen, in: Westfalen 15 (1930), S. 1–12, 70–80.
Botzenhart, Erich, Freiherr vom Stein, in: Westfälische Lebensbilder 2, Münster 1931, S. 91–127.
Botzenhart, Erich, Freiherr vom Stein, Münster 1952.
Botzenhart, Erich, Karl Freiherr vom Stein 1757–1831, in: Die Großen Deutschen, hrsg. von Hermann Heimpel/Theodor Heuß/Benno Reifenberg, Bd. 1, Berlin 1956, S. 413–432.

Branig, Hans, Fürst Wittgenstein. Ein preußischer Staatsmann der Restaurationszeit, Köln/Wien 1981.

Braubach, Max, Der Freiherr vom Stein und die Brüder Spiegel, in: Westfalen 35 (1957), S. 72–80.

Braubach, Max, Der Freiherr vom Stein und Franz Wilhelm von Spiegel in Göttingen, in: Westfalen 37 (1959), S. 45–49.

Bresslau, Harry, Geschichte der Monumenta Germaniae historica, Hannover 1921.

Burg, Peter, Reichsfreiherr Karl vom Stein, Münster 1989.

Burgbacher, Wilhelm, Die Verdienste des Freiherrn vom Stein um die Gründung der evangelischen Gemeinde Münster i.W. 1802–1804, in: Jahrbuch des Vereins für westfälische Kirchengeschichte 32 (1931), S. 1–14.

Conrad, Hermann, Freiherr vom Stein als Staatsmann im Übergang vom Absolutismus zum Verfassungsstaat, Köln-Braunsfeld 1958.

Conze, Werner, Die preußische Reform unter Stein und Hardenberg. Bauernbefreiung und Städteordnung, Stuttgart 1963[3].

Domarus, M[ax], Steins Verweigerung des nassauischen Untertaneneides und ihre Vorgeschichte, in: Nassauische Annalen 52 (1932), S. 18–49.

Duchhardt, Heinz/Teppe, Karl (Hrsg.), Karl vom und zum Stein: Der Akteur, der Autor, seine Wirkungs- und Rezeptionsgeschichte, Mainz 2003.

Duchhardt, Heinz, „... weil [...] Stein die Sonne war, um welche all die anderen kreisten". Das Stein-Bild im Wandel der Zeiten, Mainz/Stuttgart 2004.

Duchhardt, Heinz, Der Freiherr vom Stein und der Westfälische Friede, in: Zeitschrift für Historische Forschung 32 (2005), S. 221–232.

Dülffer, Jost (Hrsg.), Kriegsbereitschaft und Friedensordnung in Deutschland 1800–1814, Münster 1995.

Duncker, Albert, Der Freiherr vom Stein und die deutsche Frage auf dem Wiener Kongreß, Hanau 1873.

Ernstberger, Anton, Österreich und der preußische Tugendbund 1809, in: A. E., Franken – Böhmen – Europa. Gesammelte Aufsätze, Kallmünz 1959, S. 562–581.

Ernstberger, Anton, Freiherr vom Stein im Exil Prag–Brünn 1809, in: A. E., Franken – Böhmen – Europa. Gesammelte Aufsätze, Kallmünz 1959, S. 596–621.

Fournier, August, Stein und Gruner in Österreich, in: Historische Studien und Skizzen 3 (1912), S. 99–212.

Frese, Werner, Reisen in die Schweiz und nach Italien 1821. Ein Leitfaden des Freiherrn vom Stein, Münster 1983.

Gembruch, Werner, Freiherr vom Stein im Zeitalter der Restauration, Wiesbaden 1960.

Gembruch, Werner, Die politische Entwicklung in Frankreich während der Zeit der Restauration im Urteil des Freiherrn vom Stein, in: Nassauische Annalen 77 (1966), S. 93–120.

Gembruch, Werner, Gedanken von Stein und Marwitz zur Agrar-, Gewerbe- und Steuerpolitik. Eine vergleichende Betrachtung, in: Nassauische Annalen 82 (1971), S. 181–214.

Gembruch, Werner, Freiherr vom Stein und Nassau, in: Nassauische Annalen 85 (1974), S. 133–150.

Gembruch, Werner, Nationalistische und personalistische Tendenzen in der Stein-Historiographie, in: Nassauische Annalen 90 (1979), S. 81–97.

Gradenwitz, Otto, Der Freiherr vom Stein an Fritz Schlosser auf Stift Neuburg bei Heidelberg. 29 Briefe und eine Skizze. Nebst einem Anhang, Heidelberg 1910.

Haas, Stefan, Die Kultur der Verwaltung. Die Umsetzung der preußischen Reformen 1800–1848, Frankfurt/New York 2005.

Hafter, Herbert, Der Freiherr vom Stein in seinem Verhältnis zu Religion und Kirche, Berlin 1932.

Hartlieb von Wallthor, Alfred, Das Lebensende des Freiherrn vom Stein. Nach den Briefen des Paters Alexander Hochgesang an den Kölner Erzbischof Spiegel, in: Westfalen 35 (1957), S. 81–88.

Hartlieb von Wallthor, Alfred, Unbekannte Briefe des Freiherrn vom Stein an Caspar Geisberg aus den Jahren 1826–1831, in: Westfälische Zeitschrift 107 (1957), S. 153–168.

Hartlieb von Wallthor, Alfred, Unveröffentlichte Briefe des Freiherrn vom Stein an Heinrich Kamp aus der Zeit des 1. Westfälischen Provinziallandtags, in: Westfälische Forschungen 10 (1957), S. 86–94.

Hartlieb von Wallthor, Alfred, Die Schweizerreise des Freiherrn vom Stein im Jahre 1820, in: Basler Zeitschrift für Geschichte und Altertumskunde 62 (1962), S. 87–124.

Hartlieb von Wallthor, Alfred, Fragen um die Mutter des Freiherrn vom Stein, in: Nassauische Annalen 77 (1966), S. 68–92.

Hartlieb von Wallthor, Alfred, Stein und Goethe. Funde und Notizen zu ihren Beziehungen und Begegnungen, in: Dauer und Wandel in der Geschichte (Festgabe für Kurt von Raumer), Münster 1966, S. 384–396.

Hartlieb von Wallthor, Alfred, Der Freiherr vom Stein in seinem Verhältnis zur Grafschaft Mark, in: Beiträge zur Geschichte Dortmunds und der Grafschaft Mark 74/75 (1981/82), S. 57–70.

Hartlieb von Wallthor, Alfred, Karl Reichsfreiherr vom Stein und die innere Staatsordnung Deutschlands, in: Nassauische Annalen 93 (1982), S. 75–84.

Hartlieb von Wallthor, Alfred, Landeskundliche Informationsquellen des Freiherrn vom Stein über die Schweiz und Italien auf seiner Reise von 1820 und 1821, in: Nassauische Annalen 101 (1990), S. 137–151.

Hartlieb von Wallthor, Alfred, Der Freiherr vom Stein und Hannover, in: Niedersächsisches Jahrbuch für Landesgeschichte 66 (1994), S. 233–259.

Hartung, Fritz, Freiherr vom Stein, in: Zeitschrift für die gesamte Staatswissenschaft 91 (1931), S. 1–22.

Haußherr, Hans, Stein und Hardenberg, in: Historische Zeitschrift 190 (1960), S. 267–289.

Hering, Robert, Freiherr vom Stein, Goethe und die Anfänge der „Monumenta Germaniae historica", in: Jahrbuch des Freien Deutschen Hochstifts 1907, S. 278–323.

Herre, Franz, Freiherr vom Stein. Sein Leben – seine Zeit, Köln 1973.

Hintze, Otto, Stein und der preußische Staat, in: Historische Zeitschrift 94 (1905), S. 412–446.

Holz, Walter K. B., Freiherr v. Stein. Deutschlands erstes Denkmal für Freiherrn v. Stein auf Hagener Boden, in: Der Märker 6 (1957), S. 186ff.

Hubatsch, Walther, Stein und die ostpreußischen Liberalen, in: Hermann Conrad (Hrsg.), Freiherr vom Stein als Staatsmann im Übergang vom Absolutismus zum Verfassungsstaat, Köln-Braunsfeld 1958, S. 29–47.

Hubatsch, Walther, Der Freiherr vom Stein in Böhmen und Mähren 1809 bis 1812, in: Spiegel der Geschichte. Festgabe für Max Braubach, Münster 1964, S. 662–680.

Huch, Ricarda, Der Freiherr vom Stein, in: Der Staat seid Ihr! Zeitschrift für deutsche Politik 1931, S. 260–263, wiederabgedruckt in dies., Gesammelte Werke 10, Köln 1966, S. 11–23.

Huch, Ricarda, Stein. Der Erwecker des Reichsgedankens, Berlin 1932.

Hundt, Michael, Die mindermächtigen deutschen Staaten auf dem Wiener Kongreß, Mainz 1996.

Hundt, Michael, Stein und die deutsche Verfassungsfrage in den Jahren 1812 bis 1815, in: Reich oder Nation? Mitteleuropa 1780–1815, hrsg. von Heinz Duchhardt/Andreas Kunz, Mainz 1998, S. 141–180.

Hundt, Michael, Frieden und internationale Ordnung im Zeitalter der Französischen Revolution und Napoleons I. (1789–1815), in: Wie Kriege enden. Wege zum Frieden von der Antike bis zur Gegenwart, hrsg. von Bernd Wegner, Paderborn 2002, S. 121–160.

Ibbeken, Rudolf, Preußen 1807–1813. Staat und Volk als Idee und Wirklichkeit, Köln/Berlin 1970.

Kamnitzer, Heinz, Stein und das „Deutsche Comité" in Russland 1812/1813, in: Zeitschrift für Geschichtswissenschaft 1 (1953), S. 50–92.

Kielmannsegg, Peter Graf von, Stein und die Zentralverwaltung 1813/14, Stuttgart 1964.

Klötzer, Wolfgang, Neues Schrifttum über den Freiherrn vom Stein, in: Nassauische Annalen 69 (1958), S. 292–298.

Klötzer, Wolfgang, Stein und Gagern. Eine Nachlese zu ihrer Korrespondenz, in: Nassauische Annalen 72 (1971), S. 126–142.

Kloft, Jost, Analekten zur Großen Stein-Ausgabe, in: Nassauische Annalen 29 (1981), S. 202–208.

Krauel, R., Eine Denkschrift des Freiherrn vom Stein aus dem Jahre 1806, in: Historische Zeitschrift 102 (1909), S. 556–566.

Krauel, R., Stein während des preußisch-englischen Konflikts im Jahre 1806, in: Preußische Jahrbücher 137 (1909), S. 429–457.

Langwerth von Simmern, Heinrich Frhr., Aus Krieg und Frieden. Kulturhistorische Bilder aus einem Familienarchiv, Wiesbaden o.J. [1906].

Lappe, Josef, Der Freiherr vom Stein als Gutsherr auf Kappenberg, Münster 1920.

Lehmann, Max, Freiherr vom Stein, 3 Bde., Leipzig 1902–1905.

Lipgens, Walther, Ferdinand August Graf Spiegel und das Verhältnis von Kirche und Staat 1789–1835, 2 Teilbde., Münster 1965.

Maste, Ernst, Freiherr vom Stein, in: Aus Politik und Zeitgeschichte 1981, H. B24, S. 3–12.

Mathy, Helmut, Fritz Schlosser, Freiherr vom Stein und die Anfänge der Monumenta Germaniae Historica, in: Goethekult und katholische Romantik. Fritz Schlosser (1780–1851), hrsg. von Helmut Hinkel, Mainz 2002, S. 121–127.

Meier, Ernst von, Die Reform der Verwaltungsorganisation unter Stein und Hardenberg, München 1912².

Mommsen, Wilhelm, Stein – Ranke – Bismarck. Ein Beitrag zur politischen und sozialen Bewegung des 19. Jahrhunderts, München 1954.

Neugebauer, Wolfgang, Die Hohenzollern. Bd. 2: Dynastie im säkularen Wandel. Von 1740 bis in das 20. Jahrhundert, Stuttgart 2003.

NN, Karl Reichsfreiherr vom und zum Stein und sein Wirken im westfälischen Bergbau, in: Das Werk 29 (1957), H. 4, S. 136–142.

Noack, Ulrich, Christentum und Volksstaat in der politischen Ethik des Freiherrn vom Stein, in: Historische Zeitschrift 147 (1932), S. 40–52.

Nolte, Paul, Staatsbildung als Gesellschaftsreform. Politische Reformen in Preußen und den süddeutschen Staaten 1800–1820, Frankfurt/M. 1990.

Nürnberger, Richard, Freiherr vom Stein und das 19. Jahrhundert. Selbstverwaltung und politische Erziehung, in: Staat und Gesellschaft im politischen Wandel (Festschrift W. Bußmann), Stuttgart 1979, S. 17–30.

Obermann, Karl, Über den Anteil des Freiherrn vom Stein an der Vorbereitung der Erhebung von 1813, in: Wissenschaftliche Annalen 6 (1957), S. 704–712.

Palm, Claus, Stein – ein rheinischer Staatsmann aus Nassau/Lahn, in: Kommunales Echo 16 (1981), S. 129–132.

Perlick, Alfons, Freiherr vom Stein in Schlesien, in: Schlesien 2 (1957), S. 166–175.

Pertz, Georg Heinrich, Das Leben des Ministers Freiherrn vom Stein, 7 Bde., Berlin 1849–1855.

Preuß, Hugo, Die wirtschaftliche und soziale Bedeutung der Stein-Hardenbergschen Reform, Berlin 1908.

Preußische Reformen – Wirkungen und Grenzen. Aus Anlaß des 150. Todestages des Freiherrn vom und zum Stein, [Ost-] Berlin 1982.

Pröve, [Heinrich], Stein und Rehberg, in: Niedersachsen 36 (1931), S. 543–547.

Raack, Richard C., The fall of Stein, Cambridge, Mass. 1965.

Raumer, Kurt von, Deutschland, Preußen und Westfalen im Lebenswerk des Freiherrn vom Stein, in: Westfälische Forschungen 9 (1956), S. 45–53.

Raumer, Kurt von, Was bedeutet uns Stein heute [?], Münster 1958.

Raumer, Kurt von, Arndt und das heutige Bild des Freiherrn vom Stein, in: Westfälische Forschungen 11 (1958), S. 150.

Raumer, Kurt von, Freiherr vom Stein. Reden und Aufsätze, Münster 1961.

Raumer, Kurt von, Der Freiherr vom Stein und Goethe, in: Historische Zeitschrift 201 (1965), S. 13–56.

Redel, Hartmut: Friedrich Wilhelm Graf von Reden – ein preußischer Reformbeamter im Umkreis des Freiherrn vom Stein (untersucht anhand des Briefwechsels), MA-Arbeit Hagen 2004 (ungedruckt).

Richtering, Helmut, Der Freiherr vom Stein und der westfälische Adel, Münster 1982

Ritter, Gerhard, Der Freiherr vom Stein und die politischen Reformprogramme des Ancien Régime in Frankreich, in: Historische Zeitschrift 137 (1928), S. 442–497, 138 (1928), S. 24–46.

Ritter, Gerhard, Stein. Eine politische Biographie, 2 Bde., Stuttgart/Berlin 1931.

Ritter, Gerhard, Die nationale Geschichtsschreibung und das Stein-Porträt, in: Vergangenheit und Gegenwart 22 (1932), S. 1–21.

Ritter, Gerhard, Der literarische Ertrag des Steingedächtnisjahres 1931, in: Neue Jahrbücher für Wissenschaft und Jugendbildung 8 (1932), S. 264–278.

Ritter, Gerhard, Die Aechtung Steins, in: Nassauische Annalen 52 (1932), S. 1–17.

Ritter, Gerhard, Vom jungen Stein, in: Historische Zeitschrift 148 (1933), S. 71–88.

Ritter, Gerhard, Ein überraschender Quellenfund zur Englandreise des Freiherrn vom Stein 1787, in: Göttingische Gelehrte Anzeigen 200 (1938), S. 329–339.

Roebers, Jakob, Die Einrichtung der Provinzialstände in Westfalen und die Wahlen zum ersten Westfälischen Provinziallandtag, Münster 1914.

Rößler, Hellmuth, Reichsfreiherr vom Stein, Göttingen 1957.

Rothfels, Hans, Stein und der deutsche Staatsgedanke, Königsberg 1931.

Salewski, Michael, Der Freiherr vom Stein und die Französische Revolution, in: Die Deutschen und die Revolution, hrsg. von Michael Salewski, Göttingen 1984, S. 106–127.

Schaefer, Albert, Henriette Caroline Freifrau vom Stein, geb. Langwerth von Simmern, 1721–1783, in: Nassauische Lebensbilder 6, Wiesbaden 1961, S. 66–96.

Schaefer, Albert, War die Mutter des Freiherrn vom Stein katholisch?, in: Nassauische Annalen 73 (1962), S. 271–273.

Schieder, Theodor/Hubatsch, Walther, Das Jahr 1813 und der Freiherr vom Stein, Münster 1964.

Schnabel, Franz, Freiherr vom Stein, Leipzig/Berlin 1931

Scholz, Hans-Jürgen, Die kulturellen Anschauungen des Freiherrn vom Stein, Phil. Diss. Marburg 1962.

Schoof, Wilhelm, Freiherr vom Stein und Jacob Grimm, in: Muttersprache. Zeitschrift zur Pflege und Erforschung der deutschen Sprache 67 (1957), S. 366ff.

Schorn-Schütte, Luise, Königin Luise. Leben und Legende, München 2003.

Schreiber, Arndt, Wilhelm von Humboldt und Karl Freiherr vom Stein – Ueber Einrichtung landständischer Verfassungen in den Preußischen Landen, Heidelberg 1949.

Schüler, Winfried, Das Herzogtum Nassau 1806–1866. Deutsche Geschichte im Kleinformat, Wiesbaden 2006.

Schwab, Dieter, Die ‚Selbstverwaltungsidee' des Freiherrn vom Stein und ihre geistigen Grundlagen. Zugleich ein Beitrag zur Geschichte der politischen Ethik im 18. Jahrhundert, Frankfurt/M. 1971.

Seebaß, Friedrich, Karl Freiherr vom Stein: Minister und Christ, Gießen/Basel 1957.

Seeley, John Robert, Life and times of Stein, 3 Bde., Cambridge 1878, dt. Gotha 1883–1887.

Selle, Götz von, Stein und Hardenberg als Göttinger Studenten, in: Göttingische Nebenstunden 5 (1927), S. 45ff.

Serlo, W., Freiherr vom Stein als Bergmann, in: Glückauf 67 (1931), S. 1016ff.

Siemann, Wolfram, Vom Staatenbund zum Nationalstaat. Deutschland 1806–1871, München 1994.

Singer, Heinz, Die Mitarbeiter des Freiherrn vom Stein bei seinen Reformideen, Phil. Diss. Heidelberg 1954.

Srbik, Heinrich von, Die bergmännischen Anfänge des Freiherrn vom Stein 1779 und ihr Nachklang 1811/12, in: Historische Zeitschrift 146 (1932), S. 476–496.

Steffens, Wilhelm, Vom Erbe des Freiherrn vom Stein. Ein Gedenkblatt für Erich Botzenhart, in: Die Öffentliche Verwaltung 10 (1957), H. 1, S. 16–19.

Stern, Alfred, Die Mutter des Freiherrn vom Stein und Lavater. Nach ihrem Briefwechsel, in: Historische Zeitschrift 93 (1904), S. 230–252.

Stolberg-Wernigerode, Otto Graf zu, Stein und das System Metternich, in: Süddeutsche Monatshefte 29 (1931/32), S. 323–328.

Thiede, Klaus, Die Staats- und Wirtschaftsauffassung des Freiherrn vom Stein, Jena 1927.

Thiede, Klaus, Freiherr vom Stein und die deutsche Handelspolitik, in: Wirtschaftliches Archiv 34 (1931), S. 212–229.

Thimme, Friedrich, Zu den Erhebungsplänen der preußischen Patrioten im Sommer 1808, in: Historische Zeitschrift 86 (1901), S. 78–110.

Tümmler, Hans, Freiherr vom Stein und Carl August von Weimar, Köln/Berlin 1974.

Vogel, Barbara (Hrsg.), Preußische Reformen 1807–1820, Königstein 1980.

Vogel, Barbara, Der Freiherr vom Stein als nationale Identifikationsfigur, in: Journal für Geschichte 3 (1981), H. 4, S. 36–42.

Weber, Werner, Der Freiherr vom Stein als Göttinger Student, in: Die Öffentliche Verwaltung 10 (1957) H. 27, S. 747ff.

Welskopp, Thomas, Sattelzeitgenosse. Freiherr Karl vom Stein zwischen Bergbauverwaltung und gesellschaftlicher Reform in Preußen, in: Historische Zeitschrift 271 (2000), S. 347–372.

Weniger, Erich, Rehberg und Stein, in: Niedersächsisches Jahrbuch 2 (1925), S. 1–123.

Weniger, Erich, Über den Freiherrn vom Stein, in: Die Sammlung 12 (1957), S. 481–486.

Winter, Georg, Die Behördenreform des Freiherrn vom Stein 1806–1808, in: Beamtenjahrbuch 18 (1931), S. 295–300.

Zuhorn, Karl, Der Freiherr vom Stein als Freund der westfälischen Geschichte, in: Westfälische Zeitschrift 107 (1957), S. XIII–XXXVI.

Personenregister

Kursiv ausgeworfen sind die Autoren der Forschungsliteratur.